Wolfgang Hamer
Tarifvertrag für den öffentlichen Dienst (TVöD)

Wolfgang Hamer

Tarifvertrag für den öffentlichen Dienst

Basiskommentar zum TVöD mit den
Überleitungstarifverträgen für Bund (TVÜ-Bund)
und Gemeinden (TVÜ-VKA)

2., aktualisierte Auflage

Bund-Verlag

Bibliografische Information der Deutschen Nationalbibliothek
Die Deutsche Nationalbibliothek verzeichnet diese Publikation in der Deutschen Nationalbibliografie; detaillierte bibliografische Daten sind im Internet über http://dnb.d-nb.de abrufbar.

2, aktualisierte Auflage 2006
© 2006 by Bund-Verlag GmbH, Frankfurt am Main
Herstellung: Birgit Fieber
Umschlag: Angelika Richter, Heidesheim
Satz: Dörlemann Satz, Lemförde
Druck: Ebner & Spiegel, Ulm
Printed in Germany 2006
ISBN-10: 3-7663-3754-8
ISBN-13: 978-3-7663-3754-2

Alle Rechte vorbehalten,
insbesondere die des öffentlichen Vortrags,
der Rundfunksendung
und der Fernsehausstrahlung,
der fotomechanischen Wiedergabe,
auch einzelner Teile.

www.bund-verlag.de

Vorwort

Der TVöD und die ihn ergänzenden Tarifvertragsbestimmungen reformieren das Tarifrecht für den öffentlichen Dienst in Ablösung der vorangegangenen Tarifverträge BAT, BMT-G und MTArb grundlegend. Im Gegensatz zum Bund und den Kommunen hatten sich die Länder dieser Tarifreform zunächst entzogen. Im Mittelpunkt des neuen Tarifrechts stehen das veränderte Entgeltsystem und die Bestimmungen zur Flexibilisierung der Arbeitszeiten. In beiden Feldern eröffnen sich neue Chancen sowohl für die Arbeitgeber- als auch für die Arbeitnehmerseite. Es ist gelungen, ein vereinfachtes neues Entgeltgruppensystem zu schaffen, das die Gegensätze zwischen Arbeitern und Angestellten aufhebt und stärker auf die bei den Beschäftigten vorhandenen, für das Aufgabengebiet notwendigen Qualifikationen abstellt. Leistungs- und erfolgsabhängige Entgeltbestandteile unterliegen einer umfassend geregelten Beteiligung der Beschäftigten und ihrer betrieblichen Vertretung. Die neuen Möglichkeiten der Flexibilisierung der Arbeitszeit können für mehr Freiräume der Arbeitnehmer genutzt werden. Arbeitszeit ist in Arbeitszeitkonten besser abrechenbar, die Belastung am Arbeitsplatz besser kontrollierbar.

Die zahlreichen unterschiedlichen Arbeitsaufgaben im öffentlichen Dienst und das Bestreben nach gerechter Ordnung der Lohn- und Arbeitsbedingungen hatten zu einer kaum noch überschaubaren Differenzierung in den einzelnen Tarifvorschriften geführt. Die hierdurch bedingte rechtliche Komplexität förderte Rechtsstreitigkeiten und weitere Nuancierungen durch die Rechtsprechung, die zum BAT bereits so umfangreich waren, dass hierzu eine gesonderte Entscheidungssammlung entstanden ist. Kommentare zum BAT umfassen meist mehrere Bände von Loseblattsammlungen, die für den Laien und auch manchen Praktiker kaum durchschaubar sind.

Das neue Tarifrecht hat neben der Modernisierung auch den Anspruch zu vereinfachen. Dieses Vorhaben ist nur teilweise gelungen. Die Normen zur leistungsorientierten Bezahlung und Arbeitszeitflexibilisierung fordern das Zustandekommen freiwilliger Dienst- und Betriebsvereinbarungen, sind also als Konsensmodelle ausgestaltet. Kommt es in diesen Bereichen zu Konflikten, sind die hiermit verbundenen arbeitsrechtlichen Fragen schwieriger Natur. Gleiches gilt für das neue Entgeltgruppensystem und die noch ausstehenden neuen Eingruppierungsmerkmale.

Vorwort

Der Basiskommentar knüpft an die Kommentierung des BAT/BAT-O an und konzentriert sich auf diejenigen Fallgestaltungen, die in arbeitsrechtlichen Auseinandersetzungen zumindest von Zeit zu Zeit eine Rolle spielen. Er bemüht sich im Rahmen des Möglichen um Transparenz und stellt durch zahlreiche Querverweise die Verbindung der Regelungen zueinander dar. Ein besonderes Gewicht liegt in der – trotz der Kürze des Kommentars – umfassenden Darstellung der neueren Rechtsprechung. In der zweiten Auflage des Kommentars werden die ersten redaktionellen Änderungen, die neueste Rechtsprechung und die ersten Meinungen in der Literatur zum TVöD berücksichtigt.

Es werden der Allgemeine Teil des Tarifvertrags und die Überleitungstarifverträge kommentiert, Vorschriften des Besonderen Teils nur, soweit sie für die öffentlichen Verwaltungen allgemeine Bedeutung haben.

Wolfgang Hamer
Fachanwalt für Arbeitsrecht, Potsdam

Inhaltsverzeichnis

Vorwort 5

Abkürzungsverzeichnis 12

Tarifvertrag für den öffentlichen Dienst (TVöD)
– Gesetzestext mit Erläuterungen – 17

Abschnitt I: Allgemeine Vorschriften 17

§ 1	Geltungsbereich	17
§ 2	Arbeitsvertrag, Nebenabreden, Probezeit	32
§ 3	Allgemeine Arbeitsbedingungen	44
§ 4	Versetzung, Abordnung, Zuweisung, Personalgestellung .	63
§ 5	Qualifizierung	70

Abschnitt II: Arbeitszeit 73

§ 6	Regelmäßige Arbeitszeit	74
§ 7	Sonderformen der Arbeit	91
§ 8	Ausgleich für Sonderformen der Arbeit	95
§ 9	Bereitschaftszeiten	102
	Anhang zu § 9	102
§ 10	Arbeitszeitkonto	106
§ 11	Teilzeitbeschäftigung	111

Abschnitt III: Eingruppierung und Entgelt 116

§ 12	Eingruppierung	116
§ 13	Eingruppierung in besonderen Fällen	116
	§§ 22 ff. BAT	117
§ 14	Vorübergehende Übertragung einer höherwertigen Tätigkeit	143
§ 15	Tabellenentgelt	147
§ 16	Stufen der Entgelttabelle	149
	Anhang zu § 16	150
§ 17	Allgemeine Regelungen zu den Stufen	156
§ 18	Leistungsentgelt	160

Inhaltsverzeichnis

§ 19	Erschwerniszuschläge	172
§ 20	Jahressonderzahlung	173
§ 21	Bemessungsgrundlage für die Entgeltfortzahlung	175
§ 22	Entgelt im Krankheitsfall	177
§ 23	Besondere Zahlungen	197
§ 24	Berechnung und Auszahlung des Entgelts	199
§ 25	Betriebliche Altersversorgung	204

Abschnitt IV: Urlaub und Arbeitsbefreiung 211

§ 26	Erholungsurlaub	211
§ 27	Zusatzurlaub	225
§ 28	Sonderurlaub	227
§ 29	Arbeitsbefreiung	231

Abschnitt V: Befristung und Beendigung des Arbeitsverhältnisses 236

§ 30	Befristete Arbeitsverträge	236
§ 31	Führung auf Probe	241
§ 32	Führung auf Zeit	242
§ 33	Beendigung des Arbeitsverhältnisses ohne Kündigung	245
§ 34	Kündigung des Arbeitsverhältnisses	254
§ 35	Zeugnis	269

Abschnitt VI: Übergangs- und Schlussvorschriften 273

§ 36	Anwendung weiterer Tarifverträge (VKA)	273
§ 37	Ausschlussfrist	274
§ 38	Begriffsbestimmungen	285
§ 39	In-Kraft-Treten, Laufzeit	288

Besonderer Teil Verwaltung 289

Abschnitt VII: Allgemeine Vorschriften 289

§ 40	Geltungsbereich	289
§ 41	Allgemeine Pflichten	290
§ 42	Saisonaler Ausgleich	302
§ 43	Überstunden	303
§ 44	Reise- und Umzugskosten, Trennungsgeld	305

Abschnitt VIII: Sonderregelungen *(nicht abgedruckt)* 310

Tarifvertrag zur Überleitung der Beschäftigten der kommunalen Arbeitgeber in den TVöD und zur Regelung des Übergangsrechts (TVÜ-VKA) 311

Inhaltsverzeichnis

1. Abschnitt: Allgemeine Vorschriften 311

§ 1 Geltungsbereich 311
§ 2 Ablösung bisheriger Tarifverträge durch den TVöD ... 312

2. Abschnitt: Überleitungsregelungen 314

§ 3 Überleitung in den TVöD 314
§ 4 Zuordnung der Vergütungs- und Lohngruppen 314
§ 5 Vergleichsentgelt 315
§ 6 Stufenzuordnung der Angestellten 317
§ 7 Stufenzuordnung der Arbeiterinnen und Arbeiter 319

3. Abschnitt: Besitzstandsregelungen 320

§ 8 Bewährungs- und Fallgruppenaufstiege 320
§ 9 Vergütungsgruppenzulagen 322
§ 10 Fortführung vorübergehend übertragener höherwertiger Tätigkeit 323
§ 11 Kinderbezogene Entgeltbestandteile 324
§ 12 Strukturausgleich 324
§ 13 Entgeltfortzahlung im Krankheitsfall 325
§ 14 Beschäftigungszeit 326
§ 15 Urlaub 326
§ 16 Abgeltung 327

4. Abschnitt: Sonstige vom TVöD abweichende oder ihn ergänzende Bestimmungen 328

§ 17 Eingruppierung 328
§ 18 Vorübergehende Übertragung einer höherwertigen Tätigkeit nach dem 30. September 2005 331
§ 19 Entgeltgruppen 2 Ü und 15 Ü, Anwendung der Entgelttabelle auf Lehrkräfte 332
§ 20 Jahressonderzahlung für die Jahre 2005 und 2006 333
§ 21 Einmalzahlungen für 2006 und 2007 334
§ 22 Sonderregelungen für Beschäftigte im bisherigen Geltungsbereich der SR 2a, SR 2b und SR 2c zum BAT/BAT-O 335
§ 23 Erschwerniszuschläge, Schichtzulagen 335
§ 24 Bereitschaftszeiten 336
§ 25 Übergangsregelung zur Zusatzversorgungspflicht der Feuerwehrzulage 336
§ 26 Angestellte als Lehrkräfte an Musikschulen 336
§ 27 Angestellte im Bibliotheksdienst 336
§ 28 Abrechnung unständiger Bezügebestandteile 337

5. Abschnitt: Besondere Regelungen für einzelne Mitgliederverbände der VKA ... 337

§ 29	Tarifgebiet Ost	337
§ 30	KAV Berlin	337
§ 31	Besondere Regelung KAV Bremen	339
§ 32	AV Hamburg	340
§ 33	Gemeinsame Regelung	341

6. Abschnitt: Übergangs- und Schlussvorschriften ... 342

§ 34	In-Kraft-Treten, Laufzeit	342

Tarifvertrag zur Überleitung der Beschäftigten des Bundes in den TVöD und zur Regelung des Übergangsrechts (TVÜ-Bund) 343

1. Abschnitt: Allgemeine Vorschriften ... 343

§ 1	Geltungsbereich	343
§ 2	Ersetzung bisheriger Tarifverträge durch den TVöD	344

2. Abschnitt: Überleitungsregelungen ... 345

§ 3	Überleitung in den TVöD	345
§ 4	Zuordnung der Vergütungs- und Lohngruppen	345
§ 5	Vergleichsentgelt	345
§ 6	Stufenzuordnung der Angestellten	347
§ 7	Stufenzuordnung der Arbeiterinnen und Arbeiter	347

3. Abschnitt: Besitzstandsregelungen ... 348

§ 8	Bewährungs- und Fallgruppenaufstiege	348
§ 9	Vergütungsgruppenzulagen	349
§ 10	Fortführung vorübergehend übertragener höherwertiger Tätigkeit	351
§ 11	Kinderbezogene Entgeltbestandteile	351
§ 12	Strukturausgleich	352
§ 13	Entgeltfortzahlung im Krankheitsfall	353
§ 14	Beschäftigungszeit	353
§ 15	Urlaub	354
§ 16	Abgeltung	354

4. Abschnitt: Sonstige vom TVöD abweichende oder ihn ergänzende Bestimmungen ... 355

§ 17	Eingruppierung	355
§ 18	Vorübergehende Übertragung einer höherwertigen Tätigkeit nach dem 30. September 2005	357

Inhaltsverzeichnis

§ 19	Entgeltgruppen 2 Ü und 15 Ü	358
§ 20	Jahressonderzahlung 2006	358
§ 21	Abrechnung unständiger Bezügebestandteile	359
§ 22	Bereitschaftszeiten	359
§ 23	Sonderregelungen für besondere Berufsgruppen	359

5. Abschnitt: Übergangs- und Schlussvorschrift 360

§ 24 In-Kraft-Treten, Laufzeit 360

Erläuterungen zu den Überleitungstarifverträgen für Bund und Gemeinden 361

I. Gegenstand der Überleitungstarifverträge 361
II. Geltungsbereich 362
III. Ablösung bisheriger Tarifverträge 362
IV. Entgelt 363
 1. Zuordnung zu den Entgeltgruppen 363
 2. Eingruppierung 365
 3. Vergleichsentgelt 366
 4. Stufenzuordnung der Angestellten 368
 5. Stufenzuordnung der Arbeiter 370
 6. Bewährungs- und Fallgruppenaufstiege 371
 7. Vergütungsgruppenzulagen 372
 8. Fortführung vorübergehend übertragener höherwertiger Tätigkeiten 373
 9. Kinderbezogene Entgeltbestandteile 373
 10. Strukturausgleich 373
V. Sonstige Besitzstandsregelungen 374
VI. Jahressonderzahlung für die Jahre 2005 und 2006 374
VII. Einmalzahlungen für 2006 und 2007 375

Stichwortverzeichnis 376

Abkürzungsverzeichnis

a. A.	andere Ansicht
a. a. O.	am angegebenen Ort
ABM	Arbeitsbeschaffungsmaßnahme
Abs.	Absatz
AFG	Arbeitsförderungsgesetz
AK-GG	Kommentar zum Grundgesetz für die Bundesrepublik Deutschland (Alternativkommentar), 2. Auflage 1989
Altvater	Altvater/Hamer/Ohnesorg/Peiseler, Bundespersonalvertretungsgesetz, Kommentar für die Praxis, 5. Auflage 2004
Ang	Angestellte
AO	Abgabenordnung
AP	Hueck/Nipperdey/Dietz, Nachschlagewerk des Bundesarbeitsgerichts – Arbeitsrechtliche Praxis
ArbG	Arbeitsgericht
ArbGG	Arbeitsgerichtsgesetz
ArbZG	Arbeitszeitgesetz
Art.	Artikel
ASiG	Gesetz über Betriebsärzte, Sicherheitsingenieure und andere Fachkräfte für Arbeitssicherheit
ATO	Angestelltentarifordnung
AuR	Arbeit und Recht (Fachzeitschrift)
AVG	Angestelltenversicherungsgesetz
BAG	Bundesarbeitsgericht
BAGE	Entscheidungssammlung des Bundesarbeitsgerichts
BAT	Bundes-Angestelltentarifvertrag
BAT-O	Bundes-Angestelltentarifvertrag Ost
BAvAV	Tarifvertrag für die Bundesanstalt für Arbeitsvermittlung und Arbeitslosenversicherung
BB	Betriebs-Berater (Zeitschrift)
BBG	Bundesbeamtengesetz
BDSG	Bundesdatenschutzgesetz
BeckOK	Beck'scher Online-Kommentar, Stand 31. 1. 2006

Abkürzungsverzeichnis

BErzGG	Bundeserziehungsgeldgesetz
BeschFG 1995	Beschäftigungsförderungsgesetz
BetrAVG	Gesetz zur Verbesserung der betrieblichen Altersversorgung
BetrVG	Betriebsverfassungsgesetz
BGB	Bürgerliches Gesetzbuch
BGBl	Bundesgesetzblatt
BGH	Bundesgerichtshof
BGHZ	Entscheidungssammlung des Bundesgerichtshofs in Zivilsachen
BhVBund	Allgemeine Verwaltungsvorschrift über die Gewährung von Beihilfen in Krankheits-, Geburts- und Todesfällen nach § 200 BBG
BKGG	Bundeskindergeldgesetz
BMBl.	Bundesministerblatt
BMI	Bundesminister des Innern
BMT-G II	Bundesmanteltarifvertrag Gemeinden (Arbeiter)
BNV	Bundesnebentätigkeitsverordnung
Böhm/Spiertz	Böhm/Spiertz/Sponer/Steinherr, BAT Kommentar, Loseblattsammlung
BPersVG	Bundespersonalvertretungsgesetz
BPolBG	Bundespolizeibeamtengesetz
Brbg	Brandenburg
BRKG	Bundesreisekostengesetz
BRRG	Beamtenrechtsrahmengesetz
BSG	Bundessozialgericht
BSHG	Bundessozialhilfegesetz
BT-K	Besonderer Teil Krankenhäuser
BT-V	Besonderer Teil Verwaltung
BUrlG	Bundesurlaubsgesetz
Buschmann/Ulber	Kommentar zum Arbeitszeitgesetz
BVerfG	Bundesverfassungsgericht
BVerfGE	Entscheidungssammlung des Bundesverfassungsgerichts
BVerwG	Bundesverwaltungsgericht
BVerwGE	Entscheidungssammlung des Bundesverwaltungsgerichts
BVFG	Bundesvertriebenen- und Flüchtlingsgesetz
Clemens/Scheuring	Clemens/Scheuring/Steingen/Wiese, BAT Kommentar, Loseblattsammlung
DAAD	Deutscher Akademischer Auslandsdienst
DB	Der Betrieb (Fachzeitschrift)
DDR	Deutsche Demokratische Republik

Abkürzungsverzeichnis

DFVLR	Tarifvertrag für die Angestellten der Deutschen Forschungs- und Versuchsanstalt für Luft- und Raumfahrt e.V.
DGB	Deutscher Gewerkschaftsbund
DKP	Deutsche Kommunistische Partei
DKK	Däubler/Kittner/Klebe (Hrsg.), Betriebsverfassungsgesetz mit Wahlordnung, Kommentar für die Praxis
DÖV	Die öffentliche Verwaltung (Fachzeitschrift)
DWV	Verwaltungsvorschrift für die Bundesdienstwohnungen
EinigungsV	Einigungsvertrag
EntgeltfortzG	Entgeltfortzahlungsgesetz
Erl.	Erläuterung
EStG	Einkommenssteuergesetz
etc.	und andere
EuGH	Europäischer Gerichtshof
EUV	Erholungsurlaubsverordnung
EV	Einigungsvertrag
EzA	Entscheidungssammlung zum Arbeitsrecht
EzBAT	Entscheidungssammlung zum Bundes-Angestelltentarifvertrag
f.; ff.	folgende
FDGB	Freier Deutscher Gewerkschaftsbund
FDJ	Freie Deutsche Jugend
FlG	Gesetz betreffend die privat-rechtlichen Verhältnisse der Flößerei
Fn.	Fußnote(n)
GAD	Gesetz über den auswärtigen Dienst
Gagel	Gagel (Hrsg.), Arbeitsförderungsgesetz, Kommentar
GG	Grundgesetz
ggf.	gegebenenfalls
GKÖD	Gesamtkommentar für das öffentliche Dienstrecht
Grüner	Sozialgesetzbuch, Kommentar, Loseblattsammlung
GS	Großer Senat (BAG)
Hagemeier	Hagemeier/Kempen/Zachert/Zilius, Tarifvertragsgesetz, Kommentar für die Paxis
i.d.R.	in der Regel
i.S.	im Sinne
i.S.d.	im Sinne des/der

Abkürzungsverzeichnis

i.V.m.	in Verbindung mit
ILO	Internationale Arbeitsbehörde
JArbSchG	Jugendarbeitsschutzgesetz
KR	Bader, Becker, Hillebrecht, Gemeinschaftskommentar zum Kündigungsschutzgesetz und zu sonstigen kündigungsschutzrechtlichen Vorschriften, 7. Auflage 2004
KSchG	Kündigungsschutzgesetz
LAG	Landesarbeitsgericht
LAGE	Entscheidungen der Landesarbeitsgerichte (Nachschlagewerk)
Lepke	Kündigung bei Krankheit, 11. Auflage 2006
LohnFG	Lohnfortzahlungsgesetz
m.w.N.	mit weiteren Nachweisen
MfS	Ministerium für Staatssicherheit der DDR
MTA	Manteltarifvertrag für Angestellte der Bundesanstalt für Arbeit
MTArb	Manteltarifvertrag für die Arbeiterinnen und Arbeiter des Bundes und der Länder
MTV	Manteltarifvertrag
MuSchG	Mutterschutzgesetz
n.v.	nicht veröffentlicht
NJW	Neue Juristische Wochenschrift (Fachzeitschrift)
Nr.	Nummer
Nrn.	Nummern
NW	Nordrhein-Westfalen
NZA	Neue Zeitschrift für Arbeitsrecht
o.g.	oben genannte
ÖTV	Gewerkschaft Öffentliche Dienste, Transport und Verkehr
PersR	Der Personalrat (Fachzeitschrift)
PK-BAT	Praxiskommentar zum BAT, 2. Auflage 1992
Rn.	Randnummer
RVO	Reichsversicherungsordnung
s.	siehe
s.a.	siehe auch
Schaub	Arbeitsrechts-Handbuch, 8. Aufl.
SchwbG	Schwerbehindertengesetz

Abkürzungsverzeichnis

SED	Sozialistische Einheitspartei Deutschlands
SGB	Sozialgesetzbuch
SR	Sonderregelungen
Stahlhacke/Preis/Vossen	Kündigung und Kündigungsschutz im Arbeitsverhältnis, 9. Auflage 2005
StGB	Strafgesetzbuch
StrahlenschutzVO	Strahlenschutzverordnung
SVG	Soldatenversorgungsgesetz
TdL	Tarifgemeinschaft deutscher Länder
TGV	Trennungsgeldverordnung
TO.A	Tarifordnung A für Angestellte im öffentlichen Dienst
TV	Tarifvertrag
TV AL II	Tarifvertrag für die Arbeitnehmer bei den Stationierungsstreitkräften
TV Solo	Tarifvertrag Normalvertrag Solo
TV SozA	Tarifvertrag zur sozialen Absicherung vom 9.7.1992 in der Fassung des 2. Änderungstarifvertrags vom 5.5.1998
TVArb	Tarifvertrag für Arbeiter
TVG	Tarifvertragsgesetz
TzBfG	Teilzeit- und Befristungsgesetz
u.U.	unter Umständen
Unterabs.	Unterabsatz
Uttlinger/Breier	Uttlinger/Breier/Kiefer/Hoffmann, BAT Kommentar, Loseblattsammlung
v.H.	vom Hundert
VBL	Versorgungsanstalt des Bundes und der Länder
ver.di	Vereinte Dienstleistungsgewerkschaft
vgl.	vergleiche
VKA	Vereinigung der kommunalen Arbeitgeberverbände
VO	Verordnung
VVG	Gesetz über den Versicherungsvertrag
Wiedemann	Tarifvertragsgesetz, Kommentar, 6. Auflage 1999
z.B.	zum Beispiel
z.T.	zum Teil
ZPO	Zivilprozessordnung
ZTR	Zeitschrift für Tarifrecht

Tarifvertrag für den öffentlichen Dienst (TVöD)

vom 13. September 2005

– Gesetzestext mit Erläuterungen –

Abschnitt I
Allgemeine Vorschriften

§ 1
Geltungsbereich

(1) Dieser Tarifvertrag gilt für Arbeitnehmerinnen und Arbeitnehmer – nachfolgend Beschäftigte genannt –, die in einem Arbeitsverhältnis zum Bund oder zu einem Arbeitgeber stehen, der Mitglied eines Mitgliedverbandes der Vereinigung der kommunalen Arbeitgeberverbände (VKA) ist.

(2) Dieser Tarifvertrag gilt nicht für

a) Beschäftigte als leitende Angestellte im Sinne des § 5 Abs. 3 BetrVG, wenn ihre Arbeitsbedingungen einzelvertraglich besonders vereinbart sind, sowie Chefärztinnen/Chefärzte,

b) Beschäftigte, die ein über das Tabellenentgelt der Entgeltgruppe 15 hinausgehendes regelmäßiges Entgelt erhalten,

Niederschriftserklärung zu § 1 Abs. 2 Buchst. b:
Bei der Bestimmung des regelmäßigen Entgelts werden Leistungsentgelt, Zulagen und Zuschläge nicht berücksichtigt.

c) bei deutschen Dienststellen im Ausland eingestellte Ortskräfte,

d) Arbeitnehmerinnen/Arbeitnehmer, für die der TV-V oder der TV-WW/NW gilt, sowie für Arbeitnehmerinnen/Arbeitnehmer, die in rechtlich selbstständigen, dem Betriebsverfassungsgesetz unterliegenden und dem fachlichen Geltungsbereich des TV-V oder des TV-WW/NW zuzuordnenden Betrieben mit in der Regel mehr als 20 zum Betriebsrat wahlberechtigten Arbeitnehmerinnen/Arbeitnehmern beschäftigt sind und Tätigkeiten auszuüben haben, welche dem fachlichen Geltungsbereich des TV-V oder des TV-WW/NW zuzuordnen sind,

Protokollerklärung zu Absatz 2 Buchst. d:
[1]Im Bereich des Kommunalen Arbeitgeberverbandes Nordrhein-Westfalen (KAV NW) sind auch die rechtlich selbstständigen Betriebe oder sondergesetzlichen Verbände, die kraft Gesetzes dem Landespersonalvertretungsgesetz des

§ 1 TVöD

Landes Nordrhein-Westfalen unterliegen, von der Geltung des TVöD ausgenommen, wenn die Voraussetzungen des § 1 Abs. 2 Buchst. d im Übrigen gegeben sind. [2]§ 1 Abs. 3 bleibt unberührt.

e) Arbeitnehmerinnen/Arbeitnehmer, für die ein TV-N gilt, sowie für Arbeitnehmerinnen/Arbeitnehmer in rechtlich selbstständigen Nahverkehrsbetrieben, die in der Regel mehr als 50 zum Betriebs- oder Personalrat wahlberechtigte Arbeitnehmerinnen/Arbeitnehmer beschäftigen,

f) Angestellte, für die der TV Ang iöS, der TV Ang-O iöS, der TV Ang aöS oder der TV Ang-O aöS gilt,

g) Beschäftigte, für die ein Tarifvertrag für Waldarbeiter tarifrechtlich oder einzelarbeitsvertraglich zur Anwendung kommt, sowie die Waldarbeiter im Bereich des Kommunalen Arbeitgeberverbandes Bayern,

h) Auszubildende, Schülerinnen/Schüler in der Gesundheits- und Krankenpflege, Gesundheits- und Kinderkrankenpflege, Entbindungspflege und Altenpflege, sowie Volontärinnen/Volontäre und Praktikantinnen/Praktikanten,

i) Beschäftigte, für die Eingliederungszuschüsse nach den §§ 217 ff. SGB III gewährt werden,

k) Beschäftigte, die Arbeiten nach den §§ 260 ff. SGB III verrichten,

l) Leiharbeitnehmerinnen/Leiharbeitnehmer von Personal-Service-Agenturen, sofern deren Rechtsverhältnisse durch Tarifvertrag geregelt sind,

m) geringfügig Beschäftigte im Sinne von § 8 Abs. 1 Nr. 2 SGB IV,

n) künstlerisches Theaterpersonal, technisches Theaterpersonal mit überwiegend künstlerischer Tätigkeit und Orchestermusikerinnen/Orchestermusiker,

o) Seelsorgerinnen/Seelsorger bei der Bundespolizei,

p) Beschäftigte als Hauswarte und/oder Liegenschaftswarte bei der Bundesanstalt für Immobilienaufgaben, die aufgrund eines Geschäftsbesorgungsvertrages tätig sind,

q) Beschäftigte im Bereich der VKA, die ausschließlich in Erwerbszwecken dienenden landwirtschaftlichen Verwaltungen und Betrieben, Weinbaubetrieben, Gartenbau- und Obstbaubetrieben und deren Nebenbetrieben tätig sind; dies gilt nicht für Beschäftigte in Gärtnereien, gemeindlichen Anlagen und Parks sowie in anlagenmäßig oder parkartig bewirtschafteten Gemeindewäldern,

r) Beschäftigte in Bergbaubetrieben, Brauereien, Formsteinwerken, Gaststätten, Hotels, Porzellanmanufakturen, Salinen, Steinbrüchen, Steinbruchbetrieben und Ziegeleien,

s) Hochschullehrerinnen/Hochschullehrer, wissenschaftliche und studentische Hilfskräfte und Lehrbeauftragte an Hochschulen, Akademien und wissenschaftlichen Forschungsinstituten sowie künstlerische Lehrkräfte an Kunsthochschulen, Musikhochschulen und Fachhochschulen für Musik,

Protokollerklärung zu Absatz 2 Buchst. s:
Ausgenommen sind auch wissenschaftliche Assistentinnen/Assistenten, Verwalterinnen/Verwalter von Stellen wissenschaftlicher Assistentinnen/Assistenten und Lektorinnen/Lektoren, soweit und solange entsprechende Arbeitsverhältnisse am 1. Oktober 2005 bestehen oder innerhalb der Umsetzungsfrist des § 72 Abs. 1 Satz 8 HRG begründet werden (gilt auch für Forschungseinrichtungen); dies gilt auch für nachfolgende Verlängerungen solcher Arbeitsverhältnisse.

Niederschriftserklärung zu § 1 Abs. 2 Buchst. s:
Die Tarifvertragsparteien gehen davon aus, dass studentische Hilfskräfte Beschäftigte sind, zu deren Aufgabe es gehört, das hauptberufliche wissenschaftliche Personal in Forschung und Lehre sowie bei außeruniversitären Forschungseinrichtungen zu unterstützen.

t) Beschäftigte des Bundeseisenbahnvermögens.

(3) ¹Durch landesbezirklichen Tarifvertrag ist es in begründeten Einzelfällen möglich, Betriebe, die dem fachlichen Geltungsbereich des TV-V oder des TV-WW/NW entsprechen, teilweise oder ganz in den Geltungsbereich des TVöD einzubeziehen. ²Durch landesbezirklichen Tarifvertrag ist es in begründeten Einzelfällen (z. B. für Bereiche außerhalb des Kerngeschäfts) möglich, Betriebsteile, die dem Geltungsbereich eines TV-N entsprechen, in den Geltungsbereich

a) des TV-V einzubeziehen, wenn für diesen Betriebsteil nicht mehr als 50 zum Betriebs- oder Personalrat wahlberechtigte Arbeitnehmerinnen/Arbeitnehmer beschäftigt, oder

b) des TVöD einzubeziehen.

Der TVöD ist der **Manteltarifvertrag** für die Beschäftigten des **öffentlichen Dienstes**. Über seinen betrieblichen Geltungsbereich hinaus (vgl. Rn. 8) hat er für viele private Arbeitgeber aufgrund einzelvertraglicher Verweisung Bedeutung. In ihm sind die allgemeinen Arbeitsbedingungen geregelt, die üblicherweise nicht in jeder Tarifrunde Veränderungen unterliegen.

Ein **Tarifvertrag** ist eine schuldrechtliche Vereinbarung zwischen tariffähigen Parteien (§ 2 TVG), die **Normen** für die tarifgebundenen Arbeitsvertragsparteien, insbesondere zu Fragen des Inhalts, den Abschluss und die Beendigung von Arbeitsverhältnissen, in einem bestimmten Geltungsbereich setzt (§§ 1 und 4 TVG).

§ 1 TVöD

Eine Vereinbarung zwischen tariffähigen Parteien, die für die Arbeitsverhältnisse Normen enthält, ist zwar grundsätzlich auch dann als Tarifvertrag anzusehen, wenn es an einer ausdrücklichen Bezeichnung als Tarifvertrag fehlt. Gibt es dagegen in einer solchen Vereinbarung enthaltene deutliche Hinweise, dass die Vertragsparteien keinen Tarifvertrag abschließen wollen, kann es sich um einen sonstigen **Koalitionsvertrag** zugunsten Dritter handeln (BAG vom 5.11.1997 – 4 AZR 872/95, ZTR 1998, 265 ff.). Ein solcher Koalitionsvertrag ist zwar wie ein Tarifvertrag auszulegen, hat jedoch nicht die gleichen Wirkungen. Insbesondere gilt er nicht mit dessen zwingender Wirkung (vgl. Rn. 10), und es tritt nach seiner Beendigung keine Nachwirkung ein (vgl. Rn. 18).

3 **Tariffähig** sind einerseits Arbeitgeberverbände und einzelne Arbeitgeber, andererseits Gewerkschaften. Eine **Gewerkschaft** im tarifvertragsrechtlichen Sinne liegt nur dann vor, wenn die Arbeitnehmervereinigung sich als satzungsgemäße Aufgabe gesetzt hat, Tarifverträge abzuschließen. Ferner muss sie frei gebildet, gegnerfrei, unabhängig und auf überbetrieblicher Grundlage organisiert sein. Schließlich ist zu fordern, dass sie genügend Durchsetzungskraft gegenüber dem sozialen Gegenspieler besitzt, um ihre Aufgabe als Tarifpartnerin sinnvoll erfüllen zu können (BAG, AP Nr. 36 zu § 2 TVG; BVerfG, AP Nr. 31 zu § 2 TVG). Letzteres ist zu vermuten, wenn es der Arbeitnehmervereinigung bereits einmal gelungen ist, einen Tarifvertrag abzuschließen (BAG, AP Nr. 30 zu § 2 TVG). Werden dagegen in Tarifverträgen keine allgemeinen Arbeitsbedingungen geregelt, sondern nur bezahlte Freistellungsansprüche von Mitarbeitern für die Verbandstätigkeit der Arbeitnehmerorganisation, so lässt sich hieraus nicht ableiten, dass die Organisation die ausreichende Durchsetzungskraft hat, zukünftig auch allgemeine Arbeitsbedingungen tariflich zu regeln. Somit fehlt einer solchen Arbeitnehmerorganisation – im entschiedenen Fall dem Interessenverband »Bedienstete der technischen Überwachung« (BTÜ) – die Gewerkschaftseigenschaft (BAG, Beschluss vom 6.7.2000 – 1 ABR 10/99, AuR 2001, 78).

4 Obwohl der TVöD grundsätzlich keine **Öffnungsklausel** für bezirkliche oder örtliche Tarifverträge enthält, ist es den Tarifvertragsparteien im Rahmen ihrer Satzung unbenommen, ergänzende oder auch ändernde Vereinbarungen zu schließen, die dann nach dem Grundsatz der Spezialität die allgemeinen Bestimmungen verdrängen (s. a. Rn. 5).

5 Schließen Betriebs- oder Personalrat, Arbeitgeber und die zuständige Gewerkschaft einen »**Konsolidierungsvertrag**«, der die Verkürzung von Ansprüchen aus einem Tarifvertrag vorsieht, so handelt es sich im Zweifel um einen Tarifvertrag; denn eine Betriebs- oder Dienstvereinbarung mit diesem Inhalt wäre nach § 77 Abs. 3 BetrVG oder entsprechenden personalvertretungsrechtlichen Vorschriften rechtsunwirksam (BAG vom 7.11.2000 – 1 AZR 175/00, ZTR 2001, 362). Ein solcher Tarifvertrag hat die Wirkungen eines Haustarifvertrages, der als speziellere und zeitlich nachfolgende Regelung Vorrang gegenüber dem geltenden Flächentarif-

TVöD § 1

vertrag hat und diesen soweit einschränkt, auch wenn die Regelungen des Konsolidierungsvertrages ungünstiger sind (vgl. hierzu auch BAG vom 24.1.2001 – 4 AZR 655/99, ZTR 2001, 312f.).

Auf **Arbeitnehmerseite** wurde der TVöD abgeschlossen durch: **6**

– die Vereinte Dienstleistungsgewerkschaft (**ver.di**), zugleich auch stellvertretend für die anderen beteiligten DGB-Gewerkschaften GEW, GdP und IG BAU,

– die Gemeinschaft von Gewerkschaften und Verbänden des öffentlichen Dienstes (**GGVöD**). Der GGVöD gehört die Gemeinschaft tariffähiger Verbände im Deutschen Beamtenbund (GtV) an, in der 28 im Deutschen Beamtenbund organisierte Verbände Mitglieder sind, u.a. die christlich demokratische Postgewerkschaft (CGP), der Verband Deutscher Straßenwärter (VDStra), der Deutsche Berufsverband der Sozialarbeiter und Sozialpädagogen e.v., der Berufsverband der Sozialarbeiter, Sozialpädagogen, Heilpädagogen (BSH), der Deutsche Handels- und Industrieangestellten-Verband (DHV), der Verband der Angestellten im öffentlichen Dienst e.v. (VAÖD), der Verband der weiblichen Angestellten e.v. (VWA) und die Gewerkschaft öffentlicher Dienst im christlichen Gewerkschaftsbund Deutschlands (GÖD).

Alle genannten Verbände und Dachorganisationen sind tariffähig. Die **7** **Vereinte Dienstleistungsgewerkschaft e.V. (ver.di)** hat die **Gesamtrechtsnachfolge** der ÖTV durch Fusion mit vier weiteren Gewerkschaften, einschließlich der DAG angetreten. Die schuldrechtlichen und normativen tariflichen Rechte der vorangegangenen Tarifverträge – soweit sie noch in Kraft sind – wirken daher für ver.di und ihre Mitglieder fort.

Der Marburger Bund hat die ver.di erteilte Vollmacht zum Abschluss dieses Tarifvertrages vor der Unterzeichnung – am 9. September 2005 – widerrufen. Für seine Mitglieder gilt der TVöD daher nicht aufgrund gegenseitiger Tarifbindung, aber durch arbeitsvertragliche Bezugnahme als »ersetzender« Tarifvertrag (im Ergebnis ebenso, mit anderer Begründung: BeckOK-Wendl, § 1 Rn. 6a ff.).

Auf Seiten der **Arbeitgeber** haben den TVöD abgeschlossen: **8**

– die Bundesrepublik Deutschland als einzelner Arbeitgeber und

– als **Arbeitgeberverband** die Vereinigung kommunaler Arbeitgeberverbände (**VKA**), in der der größte Teil der Gemeinden, Gemeindeverbände (insbesondere Landkreise) und deren Betriebe Mitglieder sind.

Die Tarifgemeinschaft deutscher Länder (TdL), in der alle Bundesländer mit Ausnahme von Berlin und Hessen Mitglieder sind, hat einen eigenen Tarifvertrag abgeschlossen (TV-L). Die Einigung im dortigen Tarifkonflikt erfolgte erst am 19.5.2006. Der Wortlaut dieses Tarifvertrags stand zum Redaktionsschluss noch nicht im Detail fest. Es sind nur Eckpunkte vereinbart. Im Wesentlichen sollen aber die meisten Bestimmungen des TVöD übernommen werden.

§ 1 TVöD

Der TVöD gilt daher auf Arbeitgeberseite für die **Bundesrepublik Deutschland** und die **Kommunen** und sonstigen Arbeitgeber, die Mitglied eines kommunalen Arbeitgeberverbandes sind; dieser kommunale Arbeitgeberverband muss wiederum Mitglied der Vereinigung der kommunalen Arbeitgeberverbände (**VKA**) sein. Für die **Länder** und deren Tarifgemeinschaft deutscher Länder (TdL) findet dieser Tarifvertrag keine Anwendung. Die bisherigen Tarifverträge wurden zum Teil auch von der TdL gekündigt, wirken aber zunächst nach §4 Abs. 3 TVG nach, bis sie durch eine andere Abmachung – den neuen TV-L, der zum 1.11.2006 in Kraft tritt – ersetzt werden.

9 Soweit die Länder als **Stadtstaaten** Mitglieder der VKA sind, gilt der Tarifvertrag insoweit auch für sie. Sonderregelungen gelten somit für die Stadtstaaten **Berlin, Hamburg** und **Bremen,** in denen das neue Tarifrecht Anwendung findet. Die Überleitung der Kommunalbeschäftigten Berlins richtet sich nach §30 TVÜ-VKA. Das Land Berlin ist seit 2003 nicht mehr Mitglied eines Arbeitgeberverbandes der VKA und war zuvor bereits nicht mehr Mitglied der TdL. Das Tarifrecht wird über Anwendungstarifverträge (insbesondere Anwendungs-TV vom 31.7.2003) wirksam.

Die Überleitung der Kommunalbeschäftigten der Bundesländer Bremen und Hamburg ergibt sich aus §§31, 32 TVÜ-VKA.

10 Die **Rechtsnormen** des Tarifvertrages wirken unmittelbar und zwingend (wie ein Gesetz) nur zwischen den cbtarifgebundenen Parteien, also zwischen der Bundesrepublik Deutschland, den Mitgliedern der VKA einerseits und den Mitgliedern der vertragschließenden Gewerkschaften andererseits. Ist ein öffentlicher Arbeitgeber nicht Mitglied der VKA oder ein Beschäftigter nicht Mitglied einer vertragschließenden Gewerkschaft, so kommt der TVöD allenfalls auf Grund einer entsprechenden Verweisung im Arbeitsvertrag oder durch entsprechende Nebenabrede (vgl. hierzu §2 Rn. 1ff.) zur Anwendung (siehe aber Rn. 18).

Zweifelhaft ist, ob ein Arbeitgeber die Tarifbindung dadurch umgehen kann, dass er außerordentliches Mitglied eines Arbeitgeberverbandes »ohne Tarifbindung« wird und ob eine Satzung eines Arbeitgeberverbandes dies zulassen könnte (offen gelassen in BAG vom 24.2.1999 – 4 AZR 62/98, Pressemitteilung des BAG 14/99).

Die Tarifgebundenheit des Arbeitnehmers entsteht erst im Zeitpunkt des tatsächlichen Beitritts zur Gewerkschaft. Ein **rückwirkender Beitritt** kann die Tarifgebundenheit nicht zu einem früheren Zeitpunkt herstellen. Bestimmt die Gewerkschaftssatzung nicht ausdrücklich etwas anderes, so ist der Arbeitnehmer der Gewerkschaft erst beigetreten, wenn seine Beitrittserklärung von der zuständigen Stelle der Gewerkschaft akzeptiert worden ist. Denn wie beim Vereinseintritt bedarf der Gewerkschaftseintritt der übereinstimmenden Willenserklärung des Arbeitnehmers und der Gewerkschaft (BAG vom 22.11.2000 – 4 AZR 688/99, ZTR 2001, 410f.).

TVöD § 1

Die tarifvertraglichen Vorschriften des TVöD können mit verfassungsrechtlichen, gesetzlichen, anderen tariflichen, richterrechtlichen, arbeitsvertraglichen Bestimmungen oder denjenigen einer Dienst- oder Betriebsvereinbarung in **Konkurrenz** stehen. Hier gilt im Wesentlichen Folgendes: Die Regelungen des **Grundgesetzes**, insbesondere die Grundrechte sind vorrangig. Tarifvertragliche Vorschriften müssen sich in diesem Rahmen halten. Soweit sie hiergegen verstoßen, sind sie nichtig (vgl. hierzu Rn. 27). Gleiches gilt für höherrangiges europäisches Recht. **11**

Der 4. Senat des BAG setzte sich in einer Entscheidung, die sich mit der Herausnahme von Werkstudenten aus dem Geltungsbereich eines Tarifvertrages befasste, eingehend mit der **Grundrechtsbindung der Tarifvertragsparteien** auseinander (BAG vom 30.8.2000 – 4 AZR 563/99, ZTR 2001, 168 ff.). Nach Meinung des Senats unterliegen die Tarifvertragsparteien keiner unmittelbaren Grundrechtsbindung, insbesondere auch nicht an Art. 3 Abs. 1 GG. Sie sind vielmehr wegen ihres insoweit vorrangigen Grundrechts der Koalitionsfreiheit aus Art. 9 Abs. 3 GG bis zur Grenze der Willkür frei, in eigener Selbstbestimmung den persönlichen Geltungsbereich ihrer Tarifregelungen festzulegen. Die Grenze der Willkür ist erst dann überschritten, wenn die Differenzierung im persönlichen Geltungsbereich unter keinem Gesichtspunkt, auch koalitionspolitischer Art, plausibel erklärbar ist.

Von **gesetzlichen Vorschriften** können Tarifverträge immer zugunsten des Arbeitnehmers abweichen; es gelten dann die günstigeren Tarifnormen. Ein Gesetz, das dies verbieten wollte, würde gegen Art. 9 Abs. 3 GG verstoßen und wäre insofern nichtig. Nach Meinung des Bundesverfassungsgerichts ist ein solcher Eingriff nur ganz ausnahmsweise zulässig, wenn dies durch gewichtige, grundrechtlich geschützte Belange – im entschiedenen Fall zur Erhaltung und zur Verbesserung der Leistungs- und Funktionsfähigkeit der Hochschulen und Forschungseinrichtungen – erforderlich ist (BVerfG vom 24.4.1996 – 1 BvR 712/96, ZTR 1996, 55 ff.).

Darüber hinaus sind die meisten arbeitsrechtlichen Gesetzesvorschriften auch insoweit tarifdispositiv, dass hiervon zuungunsten der Arbeitnehmer abgewichen werden kann. Weicht ein Tarifvertrag allerdings zuungunsten des Arbeitnehmers von zwingendem Gesetzesrecht ab, werden seine für den Arbeitnehmer ungünstigeren Normen insoweit von der gesetzlichen Schutzvorschrift verdrängt.

Liegt eine Konkurrenz mit anderen **tariflichen Vorschriften** vor, ist diese nur relevant, wenn auch insoweit Tarifgebundenheit (Rn. 10) besteht. Ist dies der Fall, gilt die speziellere Tarifnorm. Lässt sich nicht ermitteln, welche Regelung spezieller ist, gilt der spätere Tarifvertrag, der regelmäßig den früheren ablöst, so dass es hier ausdrücklicher Bestimmungen zum Außer-Kraft-Treten nicht bedarf.

Da eine Vielzahl arbeitsrechtlicher Fragen nicht normativ geregelt ist, sind diese durch die Rechtsprechung zu beantworten. Das BAG ist durch § 45

§ 1 TVöD

Abs. 4 ArbGG ausdrücklich zur Rechtsfortbildung aufgerufen. Dieses **Richterrecht** ist grundsätzlich tarifdispositiv, soweit nicht zwingende verfassungsrechtliche oder einfachgesetzliche Grundsätze fortentwickelt worden sind.

Hinsichtlich **arbeitsvertraglicher Vereinbarungen** gilt das **Günstigkeitsprinzip** uneingeschränkt. Arbeitsverträge können daher nur günstigere, vom Tarifvertrag abweichende Arbeitsbedingungen enthalten, wenn der Tarifvertrag nicht ausdrücklich eine anderslautende **Öffnungsklausel** enthält. Hierauf können sich jedoch nur die tarifgebundenen (Rn. 10) **Gewerkschaftsmitglieder** berufen, weil der TVöD **nicht allgemeinverbindlich** ist. Unorganisierte Arbeitnehmer können auch nicht aufgrund des Gleichbehandlungsgrundsatzes verlangen, dass die tariflichen Vorschriften angewandt werden. Selbst wenn kommunalrechtliche Vorschrfiten vorsehen, dass die Kommunalbeschäftigten wie Landesbeschäftigte zu vergüten sind, folgt hieraus nicht ein Anspruch des Arbeitnehmers auf entsprechende Leistungen (vgl. hierzu BAG vom 6.8.1998 – 6 AZR 7/97, ZTR 1999, 85).

Bei dem **Günstigkeitsvergleich** ist ein objektiver Maßstab anzulegen (Wiedemann/Stumpf, § 4 Rn. 140). Eine arbeitsvertragliche Verlängerung der regelmäßigen Arbeitszeit ist hiernach auch dann nicht günstiger, wenn der Arbeitnehmer dies subjektiv so empfindet (ArbG Stuttgart, AuR 1995, 277). Es sind nur diejenigen Regelungen miteinander zu vergleichen, die in einem sachlichen Zusammenhang stehen (vgl. Wiedemann/Stumpf, § 3 Rn. 243 f.). Das Günstigkeitsprinzip gilt auch im öffentlichen Dienst (BAG, AP Nr. 8 zu § 4 TVG Günstigkeitsprinzip).

Dienst- oder Betriebsvereinbarungen können dort nichts Wirksames regeln, wo abschließende tarifliche Regelungen bestehen oder üblicherweise tarifliche Vereinbarungen geschlossen werden. Dies ist auch der Fall, wenn die Normen der Betriebs- oder Dienstvereinbarung günstiger sind, es sei denn, der Tarifvertrag enthält eine Öffnungsklausel. Personal- und Betriebsräten verbleibt daher nur derjenige Raum für Regelungen, den die Tarifvertragsparteien offen gelassen haben. Für nicht tarifgebundene Arbeitgeber gilt nichts anderes (BAG, EzA § 77 BetrVG 1972 Nr. 55).

12 Soweit Tarifregelungen (des Besonderen Teils Verwaltung) auf das **Beamtenrecht** oder auf die bei dem Arbeitgeber bestehenden Vorschriften oder Bestimmungen verweisen, wird eine solche, auch **dynamische Blankettverweisung** nach ständiger Rechtsprechung des BAG für zulässig gehalten (vgl. hierzu BAG, § 2 MTV Angestellte DFVLR, AP Nr. 1; BAG, § 39 TV Angestellte Bundespost, Nrn. 1 und 2; BAG, AP Nr. 7 zu § 44 BAT; Hagemeier, § 1 TVG, Anmerkung 239; kritisch hierzu PK-BAT-Hannig, Rn. 41, 42 vor § 1; Gröbing, AuR 1982, 116 ff.).

13 Der **räumliche Geltungsbereich des Tarifvertrags** beschränkt sich grundsätzlich auf das Gebiet der Bundesrepublik Deutschland, gilt allerdings auch für Beschäftigte in **Auslandsdienststellen** des Bundes.

TVöD § 1

Der **betriebliche Geltungsbereich** des TVöD umfasst alle Dienststellen und 14
Betriebe des Bundes und der Gemeinden und Gemeindeverbände, soweit
Letztere jeweils Mitglieder der VKA sind. In einigen Gemeinden, die nicht
Mitglieder der VKA sind, gelten gesonderte Tarifverträge. **Betriebe in privater Rechtsform**, die von Gemeinden geführt werden, unterliegen dem
TVöD nur dann, wenn eine Mitgliedschaft in der VKA besteht.

Hinsichtlich des **fachlichen Geltungsbereichs** enthält Abs. 2 zahlreiche **Aus-** 15
nahmen. Sonderregelungen finden sich in den Besonderen Teilen des Tarifvertrags.

Für den **persönlichen Geltungsbereich** besteht zunächst die Voraussetzung, 16
dass es sich um ein **Arbeitsverhältnis** handelt. Durch den Begriff der »Beschäftigten« wird der persönliche Geltungsbereich nicht erweitert (a.A.
BeckOK-Wendl, § 1 Rn. 2 TVöD). Das Bestehen eines Arbeitsverhältnisses ist immer dann unproblematisch, wenn ein entsprechender Arbeitsvertrag ausdrücklich als solcher geschlossen wurde.

Auch wenn ein anderes Vertragsverhältnis, z.B. ein **Werkvertrag**, ein
»**Honorarvertrag**«, ein Vertrag als »**freier Mitarbeiter**« begründet wurde,
kann es sich um ein Arbeitsverhältnis handeln, sobald mit dieser Vertragsgestaltung arbeitsrechtliche oder tarifliche Schutzvorschriften umgangen
werden sollen. Besitzt ein solcher Vertrag die wesentlichen Merkmale eines
Arbeitsverhältnisses, also insbesondere das Merkmal der persönlichen
Abhängigkeit, so ist von einem Arbeitsverhältnis und daher der Tarifunterworfenheit auszugehen. Die persönliche Abhängigkeit ist insbesondere
immer dann gegeben, wenn sich der Beschäftigte einer dienstlichen oder
betrieblichen Ordnung, insbesondere hinsichtlich der Arbeitszeit- oder
Urlaubsgestaltung, zu unterwerfen hat (vgl. hierzu insbesondere LAG
Köln, LAGE § 611 BGB Nr. 29, das weitergehende Kriterien aufstellt; zu
Lehrkräften an Volkshochschulen: BAG, EzA § 611 BGB Arbeitnehmerbegriff Nr. 56). Zur arbeitsrechtlichen Abgrenzung des Arbeitnehmerbegriffs kann auch auf § 7 Abs. 4 SGB IV zurückgegriffen werden, wonach
die Arbeitnehmereigenschaft alternativ bereits vorliegt, wenn der Erwerbstätige selbst keine Arbeitnehmer beschäftigt, regelmäßig und im Wesentlichen nur für einen Auftraggeber tätig ist, typische Arbeitsleistungen eines
abhängig Beschäftigten weisungsgebunden oder in die Arbeitsorganisation
des Auftraggebers integriert erbringt oder nicht aufgrund eigener unternehmerischer Tätigkeit am Markt auftritt (a.A. ArbG Berlin vom 15.9.1999 –
39 Ca 3536/98, AfP 2000, 203f.; a.A. Hohmeister, NZA 1999, 337, 338).
Der 5. Senat des BAG hatte die Frage, ob § 7 Abs. 4 SGB IV arbeitsrechtliche Bedeutung hat, bislang offen gelassen. Die in der Vorschrift vorgesehenen Voraussetzungen, unter denen der Beschäftigtenstatus der betreffenden Person vermutet wird, sind nach seiner Meinung jedenfalls dann ohne
Bedeutung, wenn die gegenseitigen Rechte und Pflichten der Parteien aus
ihrem Rechtsverhältnis dem Rechtsanwender bereits bekannt sind, etwa
aufgrund von Urkunden, unstreitigem Vorbringen, einer Beweisaufnahme
oder amtlichen Ermittlungen. Dann sind diese Rechte und Pflichten ohne

§ 1 TVöD

Rücksicht auf die bloßen Beweisanzeichen in § 7 Abs. 4 SGB IV rechtlich zu würdigen. Für eine tatsächliche Vermutung ist dann kein Raum (BAG vom 15.12.1999 – 5 AZR 3/99, NZA 2000, 534 ff.).

Ein Rundfunkmitarbeiter, der überwiegend mit archivarischen Tätigkeiten, Sortier- und Suchaufgaben für Musikredakteure beschäftigt wird, ist in der Regel Arbeitnehmer und nicht programmgestaltend tätig, auch wenn er für 2 von 40 Wochenstunden für die Sprechertätigkeit und die Aufzeichnung einer für die Rundfunkwelle bestimmende Comedyfigur herangezogen wird. Der Arbeitgeber kann die Rückzahlung überzahlter Honorare verlangen, soweit der Arbeitnehmerstatus eines freien Mitarbeiters rückwirkend festgestellt wird. Der Rückzahlungsanspruch ist dann gem. § 814 BGB ausgeschlossen, wenn eine Rundfunkanstalt Grundsätze für die Bewertung von Tätigkeiten als Arbeitnehmer aufstellt und den Arbeitnehmer entgegen dieser Grundsätze als freien Mitarbeiter beschäftigt. In diesem Fall ist das positive Wissen gem. § 814 BGB anzunehmen (LAG Brandenburg vom 19.5.2005 – 3 Sa 597/03 und 598/03, Revision eingelegt unter 5 AZR 706/05).

17 Der Tarifvertrag gilt für alle Arbeitnehmerinnen und Arbeiternehmer, die bei den soeben genannten Arbeitgebern beschäftigt sind (Beschäftigte). Die Unterscheidung in **Arbeiter und Angestellte** ist tariflich aufgehoben. Tarifliches Ziel war es, eine vollständige **Gleichbehandlung** der ehemaligen Arbeiter und Angestellten zu erreichen. Diese grundlegende Wertung der Tarifvertragsparteien wirkt sich auch auf die Auslegung einzelner Bestimmungen des neuen Tarifrechts aus. Regelungen, die weiterhin Differenzierungen zu den bisherigen Arbeitern und Angestellten vornehmen, sind nur dann zulässig, wenn für die Differenzierung ein sachlicher Grund vorhanden ist. So ist es z.B. zweifelhaft, ob man die bisherigen Arbeiter der Sparkassen von dem leistungs- und erfolgsabhängigen Teil der Sparkassensonderzahlung ausschließen kann. Auch personal- und betriebsverfassungsrechtlich wird die Gleichstellung der Arbeiter und Angestellten Auswirkungen haben, da eine Gruppenbildung insoweit nicht mehr geboten ist. Es bedarf aber einer entsprechenden gesetzlichen Umsetzung im jeweiligen Personalvertretungsgesetz.

18 Der **zeitliche Geltungsbereich** des TVöD hängt zunächst von dem Zeitpunkt der beiderseitigen **Tarifgebundenheit** (Rn. 10 ff.) ab. Ist der Arbeitgeber Verbandsmitglied und tritt der Angestellte einer vertragschließenden Gewerkschaft bei, so gilt der Tarifvertrag für ihn unmittelbar mit dem Beitritt. Durch den **Austritt des Arbeitgebers** aus dem Arbeitgeberverband (Gleiches gilt für den Gewerkschaftsaustritt) ändert sich an der Tarifgebundenheit zunächst nichts. Der Tarifvertrag gilt vielmehr unmittelbar und zwingend weiter, bis er endet (§ 3 Abs. 3 TVG; zur Weitergeltung vgl. auch BAG, EzA § 3 TVG, Nr. 11). Dagegen kann ein Arbeitgeber aus dem fachlichen Geltungsbereich eines Tarifvertrages herauswachsen, wenn er künftig Aufgaben wahrnimmt, die nicht mehr unter den fachlichen Geltungsbereich des bisher einschlägigen Tarifvertrages fallen (BAG vom

TVöD § 1

10.12.1997 – 4 AZR 247/96, EzA-Schnelldienst 1/98, 4 f.). Verweist ein Arbeitsvertrag auf einen konkret benannten Tarifvertrag in der jeweils geltenden Fassung, so ist diese Bezugsnahmeklausel bei einem Verbandswechsel des Arbeitgebers in der Regel dahingehend korrigierend auszulegen, dass die Verweisung auf den jeweils für den Betrieb geltenden Tarifvertrag erfolgt. Dies gilt jedenfalls dann, wenn die neuen Tarifverträge von derselben Gewerkschaft abgeschlossen wurden (BAG vom 4.9.1996 – 4 AZR 135/95, EzA § 3 TVG Bezugnahme auf Tarifvertrag Nr. 7).

Daneben wird der zeitliche Geltungsbereich durch seine **Laufzeit** bestimmt. **19** Er wird erst wirksam, wenn er von den Tarifvertragsparteien unterzeichnet ist, da er der **Schriftform** bedarf (§ 1 Abs. 2 TVG), kann jedoch rückwirkend in Kraft treten (zur Ausschlussfrist in diesem Zusammenhang siehe § 37 Rn. 8). Tarifverträge werden im öffentlichen Dienst meist weit nach dem in der Presse verkündeten Tarifabschluss unterzeichnet und erst dann wirksam, jedoch bereits meist vorher umgesetzt.

Die Laufzeit endet entsprechend der vereinbarten Befristung oder durch die Ausübung einer vereinbarten ordentlichen Kündigung. Ein Tarifvertrag ist grundsätzlich auch außerordentlich kündbar. Es muss jedoch ein wichtiger Grund vorliegen, der es unzumutbar erscheinen lässt, das vereinbarte Ende den und den Ablauf der ordentlichen Kündigungsfrist abzuwarten. Zuvor hat die kündigende Partei mögliche mildere Mittel auszuschöpfen, insbesondere auch Nachverhandlungen zur Verkürzung der Laufzeit (BAG vom 18.12.1996 – 4 AZR 829/96, Pressemitteilung des BAG 52/96; bestätigt durch BAG vom 18.6.1997 – 4 AZR 710/95, EzA § 1 TVG Fristlose Kündigung Nr. 3).

Wird der Tarifvertrag wirksam gekündigt oder ist seine Laufzeit anderweitig (z.B. durch Befristung) beendet, gelten seine Rechtsnormen nach § 4 **20** Abs. 5 TVG solange weiter, bis sie durch eine andere tarifliche oder einzelvertragliche Abmachung ersetzt worden sind, auch wenn der Arbeitgeber mit dem Zeitpunkt der Beendigung des Tarifvertrags aus dem Verband austritt (BAG, a.a.O.). In diesem **Nachwirkungsstadium** ist es also möglich, in Arbeitsverträgen von den nur nachwirkenden Tarifvorschriften abzuweichen. Der Arbeitgeber kann sogar die nachwirkenden Normen ggf. durch eine betriebsbedingte Änderungskündigung zu Fall bringen.

Die Nachwirkung von Inhaltsnormen eines Tarifvertrages soll sich nach **21** Meinung des BAG (vom 22.7.1998 – 4 AZR 503/97, EzA § 4 TVG Nachwirkung Nr. 27) auch dann nicht auf ein erst im Nachwirkungszeitraum begründetes Arbeitsverhältnis erstrecken, wenn der neu eingestellte Arbeitnehmer als Gewerkschaftsmitglied tarifgebunden ist. Wird eine ungünstigere arbeitsvertragliche Regelung durch eine günstigere tarifliche Vereinbarung zeitweilig überlagert, so lebt die ungünstigere arbeitsvertragliche Vereinbarung nach Ablauf des Tarifvertrages nicht wieder als »andere Abmachung« im Sinne des § 4 Abs. 5 TVG auf, wenn beide Parteien tarifgebunden sind (LAG Rheinland-Pfalz vom 27.6.1998 – 8 Sa 233/98, ZTR 1998, 473).

§ 1 TVöD

Die Nachwirkung eines Tarifvertrags gem. §4 Abs. 5 TVG ist nach Meinung des 4. Senats des BAG auch dann statisch, wenn die nachwirkende Tarifnorm dynamisch auf eine in einem anderen Tarifvertrag vereinbarte Regelung, die nach dem Beginn der Nachwirkung geändert worden ist, verweist. In diesem Fall erstrecke sich die Nachwirkung nicht auf im Nachwirkungszeitraum vereinbarte Änderungen der in Bezug genommenen Regelungen (BAG vom 10.3.2004 – 4 AZR 140/03, ZTR 2004, 407f.).

22 Nach der Beendigung des Tarifvertrages besteht für die Tarifvertragsparteien keine (relative) **Friedenspflicht**, so dass nicht nur neue Tarifforderungen erhoben, sondern diese auch mit dem Mittel des **Arbeitskampfes** durchgesetzt werden können. Auch wenn ein Tarifvertrag wegen des Austritts des Arbeitgebers aus dem Verband nach §3 Abs. 3 TVG weitergilt, kann die zuständige Gewerkschaft gegen den ausgetretenen Arbeitgeber einen Arbeitskampf führen, um den Abschluss eines Haustarifvertrages zu erzwingen (LAG Rheinland-Pfalz vom 20.12.1996 – 7 Sa 1247/96, ZTR 1998, 26).

23 Nach §4 Abs. 4 Satz 1 TVG kann das Gewerkschaftsmitglied auf seine tariflichen Rechte nicht verzichten. Dies gilt selbst für einen gerichtlichen Vergleich. Allerdings lässt das BAG einen so genannten »**Tatsachenvergleich**« zu: Bezieht sich das Nachgeben des Arbeitnehmers auf eine Ungewissheit im Tatsächlichen, z.B. die Zahl der geleisteten Überstunden oder der noch zu gewährenden Urlaubstage, so ist ein solcher Vergleich wirksam (hierzu zuletzt: BAG vom 5.11.1997 – 4 AZR 682/95, EzA §4 TVG **Verzicht** Nr. 3 m.w.N.).

24 Der räumliche Geltungsbereich des Tarifvertrages umfasst das gesamte Bundesgebiet. Die Trennung in **Ost und West** ist weitestgehend aufgehoben. Für den Geltungsbereich des bisherigen BAT-O finden nur noch andere Entgelttabellen Anwendung, die dem Tarifniveau West nach den vereinbarten Schritten angepasst werden. Ferner fehlen hier die Unkündbarkeits- und Sonderregelungen für befristete Arbeitsverhältnisse. Zum Teil ist auch das Übergangsrecht ungünstiger. Wegen der Abgrenzung der Tarifgebiete siehe §38 Abs. 1 Buchst. a.

25 Gewährt der öffentliche Arbeitgeber Beschäftigten im Beitrittsgebiet **übertarifliche Leistungen** und nimmt er hiervon andere ohne sachlichen Differenzierungsgrund aus, so haben letztere Arbeitnehmer einen Anspruch auf entsprechende **Gleichbehandlung**, solange diese übertariflichen Leistungen erbracht werden (BAG vom 26.10.1995 – 6 AZR 125/95). So darf die Bundesrepublik Deutschland bei außertariflichen Leistungen (hier: Zulage für Schreibkräfte) nicht zwischen den Tarifgebieten West und Ost differenzieren (BAG vom 23.4.1997 – 10 AZR 603/96, ZTR 1997, 507f.).

Wird in Verkennung der Rechtslage eine zu hohe Vergütung gezahlt, können sich andere Beschäftigte hierauf nicht berufen und entsprechende

TVöD § 1

Gleichbehandlung verlangen (BAG vom 26.11.1998 – 6 AZR 335/97, ZTR 1999, 362ff.).

Die **Sonderregelungen** im Besonderen Teil für verschiedene Bereiche haben den Zweck, betriebliche oder dienstliche Besonderheiten oder Eigenarten bestimmter Beschäftigungsverhältnisse zu berücksichtigen. Als speziellere Vorschriften gehen sie den allgemeinen des TVöD vor. Sonderregelungen finden sich insbesondere für den Bereich der Verwaltung, für Krankenhäuser und Pflegeeinrichtungen, Sparkassen, Flughäfen und Entsorgungsbetriebe. **26**

§ 1 Abs. 2 enthält abschließend die Ausnahmen vom betrieblichen, persönlichen oder fachlichen Geltungsbereich des TVöD. Den Tarifvertragsparteien steht es grundsätzlich frei, den Geltungsbereich eines Tarifvertrages selbst zu bestimmen und bestimmte Personengruppen auszunehmen. Hierbei müssen sie jedoch die verfassungsrechtlichen Vorgaben beachten (BAG, AP Nr. 4 zu § 3 BAT). Insbesondere ist eine **Differenzierung ohne sachlichen Grund** oder wegen der in Art. 3 Abs. 2 GG ausdrücklich genannten Tatbestände verboten. Der BAT enthielt in der Vergangenheit verschiedene Ausnahmetatbestände, insbesondere für Teilzeitbeschäftigte, die in der Rechtsprechung des BAG und des EuGH keinen Bestand hatten und die daraufhin tarifvertraglich gestrichen wurden. Allerdings ist die verfassungsrechtliche Auseinandersetzung um einige Ausnahmetatbestände noch nicht beendet. **27**

Mit **leitenden Angestellten** kann nach Buchst. a eine außertarifliche Vereinbarung geschlossen werden, so dass der TVöD nicht zur Anwendung kommt (zum Begriff des leitenden Angestellten vgl. Beschluss des BAG vom 23.1.1986 – 6 ABR 51/81, EzA § 5 BetrVG Nr. 42). Ausgenommen sind ferner diejenigen, die ein über das Tabellenentgelt der Entgeltgruppe 15 hinausgehendes regelmäßiges Entgelt erhalten (Buchst. b). Bei dem vorzunehmenden Vergleich ist auf die individuelle Vergütung des AT-Angestellten abzustellen. Allerdings werden Leistungsentgelt, Zulagen und Zuschläge nicht berücksichtigt (siehe Niederschriftserklärung Nr. 1 zu TVöD). **28**

Sinkt die **außertarifliche Vergütung** z.B. durch Tariferhöhungen unter diese Grenze, findet der TVöD wieder Anwendung.

Für die so genannten **Ortskräfte** in **Auslandsdienststellen** (Buchst. c) gelten z.T. besondere Tarifverträge. Für die zu Auslandsdienststellen des Bundes entsandten Beschäftigten finden die Sonderregelungen im Besonderen Teil Verwaltung Anwendung. Der EuGH hat mit Urteil vom 30.4.1996 entschieden, dass eine belgische so genannte Ortskraft an der **deutschen Botschaft in Algier** einen Anspruch darauf hat, dass auf ihr Arbeitsverhältnis der TV-Ang Ausland Anwendung findet, der günstiger ist als die dort ortsüblich getroffenen Bestimmungen nach § 33 GAD. In der bisherigen Praxis sieht der EuGH eine unterschiedliche Behandlung wegen der Staatszugehörigkeit in Bezug auf die Arbeitsbedingungen, die zu unterbleiben habe; dabei spiele es keine Rolle, dass eine Beschäftigung außerhalb der Euro- **29**

§ 1 TVöD

päischen Union vorliege. Denn ein Bezug zum Gemeinschaftsgebiet reiche aus (EuGH vom 30.4.1996 – C 214/94, NZA 1996, 971).

30 In **Nahverkehrsbetrieben** (Buchst. e) gelten besondere Spartentarifverträge, so dass sie vom Geltungsbereich dieses Tarifvertrags ausgenommen sind.

31 Für **Tierärzte auf Schlachthöfen** gelten nach Buchst. f gesonderte Tarifverträge. Ihr Ausschluss von der Zusatzversorgung ist nach Meinung des BAG gerechtfertigt, da dies durch andere geldwerte tarifliche Vorteile aufgewogen werde (BAG, ZTR 1996, 265).

32 Für **Auszubildende** nach dem Berufsbildungsgesetz, Krankenpflegegesetz etc. gemäß Buchst. h gelten besondere Tarifverträge.

Die Herausnahme von **Praktikanten** und **Volontären** aus dem Geltungsbereich begegnet keinen verfassungsrechtlichen Bedenken, da der Hauptzweck des Vertragsverhältnisses in der Tätigkeit zu Ausbildungszwecken besteht, nicht dagegen in der Zahlung einer Vergütung. Auch für sie bestehen z. T. besondere Tarifverträge.

Nach Buchst. i und k sollen auch Angestellte, die in **Maßnahmen nach §§ 260ff. SGB III** beschäftigt werden oder für die Eingliederungszuschüsse nach §§ 217ff. SGB III gewährt werden, vom Geltungsbereich des TVöD ausgenommen sein. Hiergegen bestehen verfassungsrechtliche Bedenken, weil eine Diskriminierung dieser Beschäftigtengruppen sachlich nicht begründet ist (zu den ABM-Beschäftigten vgl. LAG Hamm, LAGE §242 BGB Gleichbehandlung Nr. 18; a.A. BAG vom 17.12.1997, ZTR 1998, 217f.). Dies gilt insbesondere für die Beschäftigten nach §222a SGB III, für die bisher der BAT/BAT-O galt.

33 Ausgenommen vom Geltungsbereich sind nunmehr auch **Leiharbeitnehmer** von Personal-Service-Agenturen, sofern deren Rechtsverhältnisse durch Tarifvertrag geregelt sind. Dies gilt auch, soweit Kommunen selbst als Verleiher auftreten (Buchst. l).

34 Gemäß Buchst. m sollen **geringfügig Beschäftigten** i.S.d. § 8 Abs. 1 Nr. 2. SGB IV vom Geltungsbereich dieses Tarifvertrages ausgenommen werden. Das BAG hatte bereits entschieden, dass die Herausnahme geringfügig Beschäftigter nicht durchweg sachlich begründet ist und daher gegen den Gleichheitssatz verstößt. Insbesondere besteht kein zulässiger Differenzierungsgrund bei der Dauer des Erholungsurlaubes, der Arbeitsbefreiung, der Vergütung etc. (BAG vom 28.3.1996 – 6 AZR 501/95, ZTR 96, 549f.). Allenfalls bei der Zusatzversorgung wäre eine Herausnahme dieses Personenkreises aus dem Geltungsbereich vertretbar (BAG vom 22.2.2000 – 3 AZR 845/98, NZA 2000, 659ff.). Diese Grundsätze gelten auch dann, wenn vom Geltungsbereich nur diejenigen geringfügig Beschäftigten ausgenommen werden sollen, deren Arbeitsverhältnisse nach § 8 Abs. 1 Nr. 2. SGB IV längstens zwei Monate oder 50 Arbeitstage im Kalenderjahr bestehen. Für ständige geringfügig Beschäftigte findet der Tarifvertrag bereits nach dessen Wortlaut Anwendung.

TVöD § 1

Nach Buchst. n sind das künstlerische Personal an **Theatern** und die **Orchestermusiker** von der Anwendung des TVöD ausgenommen. Dies gilt auch für das technische Theaterpersonal, das überwiegend künstlerisch tätig ist. Letzteres kann nur vermutet werden, wenn dies im Arbeitsvertrag ausdrücklich vereinbart ist. Auch wenn eine solche Vereinbarung, die nach § 2 Abs. 3 schriftlich geschlossen werden muss, besteht, kann die Vermutung der überwiegend künstlerischen Tätigkeit von dem Angestellten widerlegt werden. Für das künstlerische Theaterpersonal sind die Arbeitsverhältnisse durch besondere Tarifverträge geregelt (z. B. TV Solo). Nach diesen Tarifverträgen entscheiden in bürgerlichen Rechtsstreitigkeiten die **Schiedsgerichte** unter Ausschluss des Arbeitsgerichtsweges, im ersten Rechtszug die Bezirksschiedsgerichte Berlin, Hamburg, Köln, Frankfurt/Main und München, im zweiten Rechtszug das Oberschiedsgericht Frankfurt/Main. 35

Nach Buchst. g ist ein Teil der Beschäftigten an **Hochschulen** und **wissenschaftlichen** oder **künstlerischen Einrichtungen** vom Geltungsbereich ausgenommen. Das BAG ist der Meinung, dass die Herausnahme der **Lektoren** nicht gegen den Gleichheitsgrundsatz verstoße (BAG, AP Nr. 4 zu § 3 BAT; LAG Rheinland-Pfalz vom 15.5.1997 – 5 Sa 134/97; BAG vom 12.10.2004 – 3 AZR 571/03, ZTR 2005, 358f.). Von der Zusatzversorgung sind nur Lektoren nach § 2 Abs. 1 Versorgungstarifvertrag i. V. m. § 3 Buchst. g TVöD ausgenommen, die gemäß § 57 b Abs. 3 HRG in einem wirksam befristeten Arbeitsverhältnis beschäftigt werden (BAG vom 26.1.1999 – 3 AZR 381/97, ZTR 1999, 361 f.). 36

Die Herausnahme von angestellten **Professoren** aus dem Geltungsbereich des TVöD und der hiermit verbundene Ausschluss aus der Zusatzversorgung ist nach Auffassung des 3. Senats des BAG mit Art. 3 Abs. 1 GG vereinbar, weil es sich um eine durch die Freiheit von Forschung und Lehre in besonderer Weise privilegierte Arbeitnehmergruppe handele, die mit den typischen Arbeitnehmern im überkommenen Anwendungsbereich des Tarifrechts für den öffentlichen Dienst nicht vergleichbar sei (BAG vom 19.3.2002 – 3 AZR 121/01, EzA-Schnelldienst 7/2002, 3).

Eine **wissenschaftliche Hilfskraft** nimmt solche wissenschaftlichen Hilfstätigkeiten wahr, für die eine abgeschlossene Hochschulausbildung nicht erforderlich ist. Bestellt werden kann hierzu, wer in seiner Hochschulausbildung soweit fortgeschritten ist, dass er zur Wahrnehmung wissenschaftlicher Hilfstätigkeiten geeignet erscheint. Daher findet dieser Ausnahmetatbestand nicht auf wissenschaftliche Hilfskräfte Anwendung, die einen Hochschulabschluss bereits haben und wissenschaftlich tätig sind (vgl. PK-BAT-Hannig, § 3 Rn. 11 m.w.N.).

Die Tarifvertragsparteien gehen davon aus, dass **studentische Hilfskräfte** Beschäftigte sind, zu deren Aufgabe es gehört, das hauptberufliche wissenschaftliche Personal in Forschung und Lehre sowie bei außeruniversitären Forschungseinrichtungen zu unterstützen (Niederschriftserklärung Nr. 2

§§ 1, 2 TVöD

zum TVöD). Ein als studentische Hilfskraft eingestellter Beschäftigter mit der Aufgabe, das Internetportal der Universitätsverwaltung neu zu gestalten, ist nicht als wissenschaftliche Hilfskraft tätig und damit nicht nach Buchst. s vom Geltungsbereich des TVöD ausgeschlossen. Es ist für die Bewertung der Tätigkeit als die einer wissenschaftlichen Hilfskraft auch nicht ausreichend, dass sie der Studienberatung zuzuordnen ist. Das Tatbestandsmerkmal der »wissenschaftlichen Hilfskraft« ist vielmehr auch bei einer Tätigkeit in der Studienberatung nur erfüllt, wenn die ausgeübte Tätigkeit ihrer Art nach eine wissenschaftliche Dienstleistung ist (BAG vom 8.6.2005 – 4 AZR 396/04, ZTR 2006, 29–31).

Die an Universitätskliniken zur **Weiterbildung zum Facharzt** in der Patientenversorgung tätigen Ärzte sind keine wissenschaftlichen Hilfskräfte i.S.d. § 2 Buchst. g TVöD (BAG, NZA 1991, 378).

Lehrbeauftragte sind in der Regel nebenberuflich Beschäftigte, mit denen kein Arbeitsverhältnis, sondern häufig ein Werkvertrag begründet ist.

Während die wissenschaftlichen Lehrkräfte dem TVöD unterliegen, ist dieser Tarifvertrag für **künstlerische Lehrkräfte** an entsprechenden Einrichtungen unanwendbar.

Verwalter von Stellen wissenschaftlicher Assistenten gibt es seit In-Kraft-Treten des Hochschulrahmengesetzes 1976 nicht mehr.

§ 2
Arbeitsvertrag, Nebenabreden, Probezeit

(1) **Der Arbeitsvertrag wird schriftlich abgeschlossen.**

(2) ¹Mehrere Arbeitsverhältnisse zu demselben Arbeitgeber dürfen nur begründet werden, wenn die jeweils übertragenen Tätigkeiten nicht in einem unmittelbaren Sachzusammenhang stehen. ²Andernfalls gelten sie als ein Arbeitsverhältnis.

(3) ¹Nebenabreden sind nur wirksam, wenn sie schriftlich vereinbart werden. ²Sie können gesondert gekündigt werden, soweit dies einzelvertraglich vereinbart ist.

(4) ¹Die ersten sechs Monate der Beschäftigung gelten als Probezeit, soweit nicht eine kürzere Zeit vereinbart ist. ²Bei Übernahme von Auszubildenden im unmittelbaren Anschluss an das Ausbildungsverhältnis in ein Arbeitsverhältnis entfällt die Probezeit.

1 Während Abs. 1 vorschreibt, den **Arbeitsvertrag** schriftlich abzuschließen, bestimmt Abs. 3 Satz 1 dass Nebenabreden nur wirksam sind, wenn sie schriftlich vereinbart werden. Das zwingende, konstitutive **Schriftformerfordernis** bezieht sich daher ausdrücklich nur auf die **Nebenabreden**. Hieraus ist der Gegenschluss zu ziehen, dass die **Hauptabreden** des Arbeitsvertrages **formfrei** zustande kommen können, also auch mündlich oder durch schlüssiges Verhalten der Vertragsparteien.

Der Zweck dieser Differenzierung liegt darin, die Begründung eines Arbeitsverhältnisses nicht zu strengen Formerfordernissen zu unterstellen, da die Arbeitsbedingungen im Großen und Ganzen tariflich geregelt sind und der Regelungsbedarf im Arbeitsvertrag demzufolge gering ist. Dagegen sollen Nebenabreden, die meist atypische Arbeitsvertragsbedingungen zum Gegenstand haben oder über tarifliche Ansprüche hinausgehen, dem strengeren Schriftformerfordernis unterliegen, um eilfertige außer- oder übertarifliche Zulagen zu begrenzen oder zumindest zu dokumentieren.

Sowohl Haupt- als auch Nebenabreden regeln das einzelne Arbeitsverhältnis. **Generelle Regelungen** der Arbeitsverhältnisse in einer Dienststelle, einem Dienststellenzweig etc. fallen demzufolge nicht unter § 2, gleichgültig, in welcher Weise sie arbeitsrechtliche Ansprüche zu begründen vermögen (vgl. Rn. 8).

Um eine **Hauptabrede** handelt es sich dann, wenn im Wesentlichen die Hauptpflichten des Arbeitsverhältnisses, also die Pflicht zur Arbeitsleistung oder die Pflicht zur Gehaltszahlung, betroffen sind. **Nebenabreden** sind demzufolge alle Vereinbarungen, die sich im Wesentlichen auf Nebenpflichten des Arbeitsverhältnisses beziehen. Die Abgrenzung ist nicht immer einfach und in der Rechtsprechung nicht immer gelungen.

Zu den **Hauptabreden** gehören nach der Rechtsprechung auch:

- die Vereinbarung mit einem Schulhausmeister, freiwillige Reinigungsflächen als Aufgabenbereich zu übernehmen (BAG, AP Nr. 9 zu § 17 BAT),
- die Zusage einer höheren Vergütung für den Mehraufwand eines Schulhausmeisters bei der Bedienung einer Heizungsanlage (BAG vom 17.12.1997, ZTR 1998, 269),
- die Zusage einer höheren als der tarifvertraglich vorgesehenen Vergütung (BAG, AP Nr. 2 zu § 4 BAT),
- die Vereinbarung außertariflicher Schicht- und Wechselschichtzulagen (BAG, AP Nr. 12 zu § 242 BGB Betriebliche Übung).

Dagegen sollen zu den **Nebenabreden** des Arbeitsvertrages gehören:

- die Vereinbarung einer Trennungsgeldentschädigung (BAG, AP Nr. 9 zu § 4 BAT; BAG, AP Nr. 3 zu § 19 TVArbBundespost),
- die Gewährung eines Essengeldzuschusses (BAG, AP Nr. 8 zu § 4 BAT),
- die Gewährung eines Fahrtkostenzuschusses (BAG, AP Nr. 6 zu § 4 BAT),
- der Beitragszuschuss an Kranken- und Unterstützungsvereine (BAG, AP Nr. 5 zu § 4 BAT),

§ 2 TVöD

- pauschalierte Fliegerzulagen (BAG, AP Nr. 4 zu § 4 BAT),
- Zuweisung von Ärzten zu den einzelnen Stufen des Bereitschaftsdienstes (BAG, AP Nr. 11 zu § 4 BAT),
- Schmutz- und Erschwerniszuschläge (BAG, AP Nr. 1 zu § 29 MTB II),
- der unentgeltliche Busverkehr für Personal (BAG, AP Nr. 16 zu § 75 BPersVG).

Auffällig ist in der Rechtsprechung des BAG eine Tendenz, auch geldwerte Leistungen des Arbeitgebers dann den Nebenabreden zuzuordnen, wenn diese Leistungen einen besonderen persönlichen Aufwand ausgleichen sollen (siehe hierzu BAG, AP Nr. 1 zu § 3 TVArb Bundespost).

3 Das **deklaratorische Schriftformerfordernis** des Abs. 1 dient Beweiszwecken beider Vertragsparteien. Die Inhalte des **schriftlichen Arbeitsvertrages** haben die Vermutung der Vollständigkeit für sich, so dass jede Partei, die darüber hinausgehende Abreden geltend macht, im Arbeitsgerichtsprozess hierfür darlegungs- und beweispflichtig ist.

Beispiel:
Wird z.B. im schriftlichen Arbeitsvertrag vereinbart, dass der Beschäftigte als Verwaltungsangestellter eingestellt wird und die Eingruppierung in eine bestimmte Entgeltgruppe erfolgt, so spielt es regelmäßig keine Rolle, dass zuvor eine konkrete Stelle ausgeschrieben wurde und sich der Arbeitnehmer hierauf beworben hat. Vereinbart ist nicht die konkrete Tätigkeit, sondern der Einsatz als Verwaltungsangestellter mit allen Tätigkeiten, die der vereinbarten Entgeltgruppe entsprechen. Da nach dem schriftlichen Arbeitsvertrag erkennbar breite Einsatzmöglichkeiten vereinbart sind, konkretisiert sich das Arbeitsverhältnis in der Folgezeit auch nicht ohne weiteres auf eine bestimmte Tätigkeit (vgl. hierzu BT-Verwaltung § 41, Rn. 17).

4 Der Beschäftigte hat einen **Anspruch** darauf, dass ihm eine vom Arbeitgeber unterschriebene **Ausfertigung des Arbeitsvertrages** ausgehändigt wird. Einzelheiten darüber, was der schriftliche Arbeitsvertrag mindestens enthalten muss, finden sich im Nachweisgesetz vom 20.7.1995 (BGBl. I S. 946). Dieses Gesetz basiert auf der EG-Nachweisrichtlinie (RL 91/533-EWG vom 18.10.1991, S. 32), die seit dem 1.7.1993 unmittelbar anwendbar ist und über das Nachweisgesetz hinausgeht (vgl. auch LAG Hamm, EzBAT § 23 a Bewährungsaufstieg Nr. 33).

Nach § 2 Abs. 1 Satz 2 NachwG sind die folgenden wesentlichen Vetragsbedingungen schriftlich niederzulegen:

(1) der Name und die Anschrift der Vertragsparteien,

(2) der Zeitpunkt des Beginns des Arbeitsverhältnisses,

(3) bei befristeten Arbeitsverhältnissen die vorhersehbare Dauer des Arbeitsverhältnisses,

TVöD § 2

(4) der Arbeitsort oder, falls der Arbeitnehmer nicht nur an einem bestimmten Arbeitsort tätig sein soll, ein Hinweis darauf, dass der Arbeitnehmer an verschiedenen Orten beschäftigt werden kann,

(5) eine kurze Charakterisierung oder Beschreibung der vom Arbeitnehmer zu leistenden Tätigkeit,

(6) die Zusammensetzung und die Höhe des Arbeitsentgeltes einschließlich der Zuschläge, Zulagen, Prämien und Sonderzahlungen sowie andere Bestandteile des Arbeitsentgeltes und deren Fälligkeit,

(7) die vereinbarte Arbeitszeit,

(8) die Dauer des jährlichen Erholungsurlaubes,

(9) die Fristen für die Kündigung des Arbeitsverhältnisses,

(10) ein in allgemeiner Form gehaltener Hinweis auf die Tarifverträge, Betriebs- und Dienstvereinbarungen, die auf das Arbeitsverhältnis anzuwenden sind.

Die Angaben nach § 2 Abs. 1 Satz 2 Nr. 6 bis 9 NachwG können ersetzt werden durch einen Hinweis auf die einschlägigen Tarifverträge, Betriebs- oder Dienstvereinbarungen und ähnliche Regelungen, die für das Arbeitsverhältnis gelten.

Die Verpflichtung zu einer kurzen Charakterisierung oder Beschreibung der vom Arbeitnehmer zu leistenden Tätigkeit gem. § 2 Abs. 1 Satz 2 Nr. 5 NachwG erfüllt der Arbeitgeber des öffentlichen Dienstes im Anwendungsbereich des TVöD regelmäßig durch eine Arbeitsplatz- oder **Stellenbeschreibung**. Dieser Nachweis kann auch in einer Stellenausschreibung enthalten sein. In diesen Fällen besteht keine Verpflichtung des öffentlichen Arbeitgebers, den Nachweis durch Angabe der Vergütungs- und Fallgruppe zu führen (BAG vom 8.6.2005 – 4 AZR 406/04, ZTR 2005, 582–584).

Nach Abs. 2 können **mehrere Arbeitsverhältnisse** zu demselben Arbeitgeber nur begründet werden, wenn die Tätigkeiten nicht in einem unmittelbaren Sachzusammenhang stehen. Wird hiergegen verstoßen, ist von einem einheitlichen Arbeitsverhältnis auszugehen. Ein unmittelbarer Sachzusammenhang ist immer dann gegeben, wenn die übertragenen Tätigkeiten im Wesentlichen das gleiche Aufgabengebiet betreffen (vgl. hierzu auch PK-BAT-Hannig, § 4 Rn. 9a). Ein solcher Zusammenhang kann auch vorliegen, wenn die beiden Arbeitsverhältnisse zeitlich auseinanderfallen, selbst wenn eine beschäftigungslose Zeit dazwischenliegt. 5

Die Vorschrift hat insbesondere Bedeutung bei der Frage, ob ein späteres befristetes Teilzeitarbeitsverhältnis mit demselben Arbeitgeber sachlich begründet werden kann.

Eine **Nebenabrede**, die unter Verletzung der tariflichen **Schriftform** getroffen wurde, ist nach § 125 Abs. 1 Satz 1 BGB nichtig. Die Schriftform ist nur 6

§ 2 TVöD

gewahrt, wenn die **Urkunde**, die die Nebenabrede enthält, von beiden Arbeitsvertragsparteien unterzeichnet ist (§ 126 Abs. 2 Satz 1 BGB). Werden zwei oder mehr Ausfertigungen der Nebenabrede erstellt, so genügt es, wenn jede Partei die für die andere Partei bestimmte Urkunde unterzeichnet (§ 126 Abs. 2 Satz 2 BGB).

Besteht die Urkunde aus mehreren Blättern, so muss die Zusammengehörigkeit der Urkunde durch körperliche Verbindung erkennbar gemacht werden (z.B. durch ein Zusammenklammern) oder jede einzelne Seite der Urkunde unterschrieben sein (vgl. hierzu auch Palandt-Heinrichs, § 126 BGB Rn. 4).

7 Durch eine Nebenabrede werden die arbeitsvertraglichen Bedingungen ergänzt und daher Bestandteil des gesamten Arbeitsvertrages. Eine **Teilkündigung** des Arbeitsvertrages ist grundsätzlich unzulässig, da dies eine Umgehung des § 2 KSchG darstellen würde (so auch BAG, AP Nr. 1 zu § 620 Teilkündigung). Dagegen hält es das BAG für zulässig, eine Teilkündigungsmöglichkeit ausdrücklich, z.B. im Rahmen einer Nebenabrede zu vereinbaren (BAG, AP Nr. 6 zu § 4 BAT; kritisch hierzu PK-BAT-Hannig, § 4 Rn. 16). Eine Nebenabrede über die Betreuung einer Sporthalle im Wege der Ableistung von Überstunden soll nach Meinung der 3. Kammer des LAG Düsseldorf (vom 11.5.1999 – 3 Sa 297/99, EzBAT § 35 BAT Nr. 13) bei entsprechendem Vorbehalt gekündigt werden können. Dies gelte auch für den Fall, dass der Schulhausmeister dadurch im Monat DM 1300,– weniger verdiene.

Lässt man die Teilkündigung zu, so sind zumindest die Kündigungsfristen des § 34 Abs. 1 einzuhalten, und die Teilkündigung ist nach §§ 1, 2 KSchG auf ihre soziale Rechtfertigung hin überprüfbar (a.A. KR-Wolf, Grundsätze, Rn. 143f.; BAG, AP Nr. 3 zu § 620 BGB Teilkündigung, die die Teilkündigung für zulässig halten, wenn keine Störung des Äquivalenz- und Ordnungsgefüges des Arbeitsvertrages herbeigeführt wird).

Eine **befristete Nebenabrede** ist ähnlich wie ein befristetes Arbeitsverhältnis (§ 30) arbeitsgerichtlich danach überprüfbar, inwieweit für die Befristung ein sachlicher Grund besteht.

Gegen eine **auflösende Bedingung** in einer Nebenabrede bestehen grundsätzlich Bedenken (vgl. hierzu BAG, EzA § 620 BGB Bedingung Nr. 1).

Auch ein **Widerrufsvorbehalt** dürfte wegen der Umgehungsmöglichkeit des Kündigungsschutzrechts in der Regel unzulässig sein, jedenfalls wenn der Tarifvertrag diese Möglichkeit nicht ausdrücklich eröffnet.

8 Das BAG wendet § 2 Abs. 3 auch auf evtl. Ansprüche des Angestellten aus so genannter **betrieblicher Übung** an. Diese richterrechtliche Anspruchsgrundlage kommt zum Zuge, wenn der Arbeitgeber wiederholt bestimmte Leistungen erbringt, die den Arbeitnehmer begünstigen, und er darauf vertrauen kann, dass sie auch in der Zukunft erbracht werden.

Das BAG ist der Auffassung, dass bei Arbeitnehmern im **öffentlichen Dienst** nur ausnahmsweise ein Vertrauen entstehen könne, dass derartige Leistungen auch für die Zukunft versprochen werden sollen, wenn hierfür keine Rechtsgrundlage gegeben ist, da der öffentliche Arbeitgeber regelmäßig nur Leistungen auf tariflicher oder gesetzlicher Grundlage gewähre (BAGE 49, 31). Dieser Ausgangspunkt ist bereits deshalb fehlerhaft, weil im öffentlichen Dienst tatsächlich zahlreiche **Leistungen** außer- oder **übertariflicher** Art erbracht werden, auf die im Grunde kein Rechtsanspruch besteht. Der öffentliche Arbeitgeber verhält sich also nicht anders als der private; beide reagieren mit derartigen Leistungen auf die Anforderungen des Arbeitsmarktes oder die kollektive Interessenwahrnehmung ihrer Beschäftigten.

Darüber hinaus betrachtet das BAG die »Betriebliche Übung« auch als **Nebenabrede** i.S. des §2 Abs. 3, wenn überwiegend Nebenpflichten aus dem Arbeitsverhältnis betroffen sind (BAG, EzBAT §4 Betriebliche Übung Nr. 3). Dem ist zu widersprechen, weil es sich um keine einzelvertragliche Abrede handelt, sondern der individuelle Anspruch nur auf Grund einer allgemeinen, kollektiven Ordnung begründet wird (so auch ArbG Berlin vom 20.2.1979 – 21 Ca 217/78, n.v.; siehe auch PK-BAT-Hannig, Rn. 22 zu §4).

In Ausnahmefällen hält es das BAG für möglich, dass sich der Arbeitgeber nicht auf die mangelnde Schriftform berufen kann, weil dies eine **unzulässige Rechtsausübung** darstelle (vgl. z.B. BAG, AP Nr. 8 zu §4 BAT und Nr. 16 zu §75 BPersVG). Die Bewertungen hierzu fallen sehr unterschiedlich aus: So soll sich ein öffentlicher Arbeitgeber nach einer 13-jährigen Gewährung eines **Essengeldzuschusses** noch auf die fehlende Schriftform berufen können (BAG, AP Nr. 8 zu §4 BAT). Dagegen soll die Berufung auf die Schriftform unzulässig sein, wenn jahrelang eine außertarifliche **Trennungsentschädigung** mit einem formalisierten Antragsverfahren gewährt wird (BAG, AP Nr. 1 zu §3 TVArb Bundespost). Wirbt der Arbeitgeber in der Stellenanzeige und im Einstellungsgespräch mit der Zahlung einer außertariflichen »**Erschwerniszulage**« und wird diese über zehn Jahre ohne Vorbehalte gewährt, so ist die Berufung auf die fehlende Schriftform ausgeschlossen. Die Zahlung der Zulage ist durch betriebliche Übung Inhalt der vertraglichen Vereinbarung geworden (LAG Hessen vom 16.7.1993 – 9 Sa 747/92). Hat ein Vorstand einer Anstalt des öffentlichen Rechts in einem internen Beschluss festgelegt, dass jeder Arbeitnehmer nach vierjähriger Bewährung in der Verbandstätigkeit nach beamtenrechtlichen Grundsätzen versorgt wird und setzt er diesen Beschluss mehr als acht Jahre auch tatsächlich um, entsteht dadurch eine betriebliche Übung, die Ansprüche auf eine entsprechende betriebliche Altersversorgung begründet, ohne dass es auf die Schriftform ankommt (BAG vom 16.7.1996 – 3 AZR 352/95, EzA §1 BetrAVG Betriebliche Übung Nr. 1).

Besteht ein Mangel an Pflegekräften und zahlt ein Arbeitgeber deshalb in Anlehnung an die tarifliche Regelung über eine Pflegezulage eine übertarif-

§ 2 TVöD

liche Zulage in entsprechender Höhe, um Pflegekräfte zu gewinnen oder im Betrieb zu erhalten (Arbeitsmarkt-Zulage), so ist er nicht nach dem Gleichbehandlungsgrundsatz verpflichtet, neu einzustellenden Pflegekräften diese Zulage zu gewähren, wenn nach seiner sachlichen begründeten Prognose ein Mangel an Pflegekräften nicht mehr besteht (BAG vom 21.3.2001 – 10 AZR 444/00, ZTR 2001, 368 ff.).

9 Ein Beschäftigter des öffentlichen Dienstes kann sich auf **politische Erklärungen des Dienststellenleiters** auch dann nicht berufen, wenn sie Bestandteil einer personalwirtschaftlichen Gesamtkonzeption sind. Die Weisung eines Bundesministers an einen Boten des Auswärtigen Amtes, von Bonn nach Berlin umzuziehen, hat die 13. Kammer des LAG Köln im Urteil vom 13.6.2000 (13 [2] Sa 480/00, ZTR 2001, 36 ff.) für zulässig erachtet, obwohl vorher anderslautende politische Erklärungen abgegeben waren. Das LAG zitiert hier zunächst die Rechtsprechung des BAG, wonach dem öffentlich-rechtlichen Grundsatz der **Selbstbindung der Verwaltung** im Rahmen von privatrechtlichen Beziehungen zwischen Arbeitnehmern und öffentlichen Arbeitgebern grundsätzlich keine anspruchsbegründende Wirkung zukomme. Ebenso wie für die unmittelbare Anwendung von Erlassen und Verordnungen sei auch für die Anwendung dieses, dem Verwaltungsrecht angehörenden Grundsatzes, insoweit kein Raum. Die Verwaltung könne sich zwar durch den Erlass von **Verwaltungsvorschriften** oder durch sonstige Erklärungen grundsätzlich binden. Eine solche Selbstbindung wird jedoch durch Erklärungen selbst der Bundesregierung, eines Bundesministers oder eines Staatssekretärs nicht herbeigeführt, weil diese keinen eigenen Anordnungs- oder Normcharakter enthalten.

10 Ob und zu welchen Bedingungen ein Arbeitsverhältnis begründet wird, unterliegt grundsätzlich der **Vertragsfreiheit**. Der 9. Senat des BAG meint, dass eine Entscheidung des Dienstherrn, eine **Stelle nur für Beamte** und nicht auch für Angestellte auszuschreiben, grundsätzlich mit dem Funktionsvorbehalt des Art. 4 GG vereinbar sei (BAG vom 11.8.1998 – 9 AZR 155/97, ZTR 1999, 225 f.).

Unter gewissen Voraussetzungen kann der öffentliche Arbeitgeber jedoch verpflichtet sein, einen bestimmten Bewerber einzustellen. Art. 33 Abs. 2 GG eröffnet jedem Deutschen den gleichen Zugang zu jedem öffentlichen Amt nach Maßgabe der Merkmale Eignung, Befähigung und fachliche Leistung. Das gilt nicht nur für Einstellungen, sondern auch für Beförderungen und ist von der öffentlichen Hand bei der Festlegung der Anforderungsprofile zu berücksichtigen. Wird eine **Stelle für Beamte und für Beschäftigte** ausgeschrieben, dürfen keine Anforderungen gestellt werden, die nur von Beamten, nicht aber von Beschäftigten erfüllt werden können, es sei denn, diese Ungleichbehandlung ist rechtlich begründet (BAG vom 8.9.2001 – 9 AZR 410/00, ZTR 2002, 236 f.).

Sieht ein Tarifvertrag die **Übernahme eines Auszubildenden** in ein Arbeitsverhältnis für eine begrenzte Dauer vor und weigert sich der Arbeitgeber zu Unrecht, ein solches Arbeitsverhältnis zu begründen, so steht dem ausgeschiedenen Auszubildenden Schadensersatz in Höhe des entgangenen Arbeitsentgelts zu (BAG vom 14.10.1997 – 7 AZR 298/96 und 7 AZR 811/96, NZA 1998, 775 ff.).

Da bei der Besetzung eines öffentlichen Amtes das Prinzip der Bestenauslese gilt, kann sich ein **Einstellungsanspruch** aus Art. 33 Abs. 2 GG ergeben. Bei einer Konkurrenz zwischen Versetzungs- und Beförderungsbewerbern um eine vakante Stelle kann sich der Dienstherr ohne Bindung an das Prinzip der Bestenauslese nach personalwirtschaftlich bestimmtem Ermessen für den Versetzungsbewerber entscheiden (LAG Köln vom 6.9.2001 – 10 Sa 407/01, ZTR 2002, 138 f.). **11**

Ein Bewerber, der sich zu Unrecht benachteiligt fühlt, kann im Wege der arbeitsrechtlichen **Konkurrentenklage** und im Wege einer entsprechenden einstweiligen Verfügung verlangen, dass die Besetzung des Arbeitsplatzes mit einem anderen weniger qualifizierten Bewerber zunächst unterbleibt (LAG Brandenburg vom 3.9.1997 – 7 Sa 451/97; BAG vom 2.12.1997 – 9 AZR 445/96, EzA Art. 33 GG Nr. 17). Ist das Bewerbungsverfahren allerdings durch die endgültige Besetzung der Stelle abgeschlossen, hat sich dadurch auch die Konkurrentenklage erledigt. Ein Schadensersatzanspruch kann vor den ordentlichen Gerichten nur im Falle einer schuldhaften Amtspflichtverletzung durchgesetzt werden (BAG, a.a.O.). Eine vollzogene Stellenbesetzung im öffentlichen Dienst ist auf die Klage eines Konkurrenten auch dann nicht rückgängig zu machen, wenn hierdurch gegen Rechtsvorschriften verstoßen wurde. Das verfassungsrechtliche Gebot effektiven Rechtsschutzes wird dadurch gewahrt, dass jedem Mitbewerber die Möglichkeit eröffnet wird, vor der endgültigen Besetzung der Stelle einstweiligen Rechtsschutz in Anspruch zu nehmen. Deshalb muss er rechtzeitig von der beabsichtigten Bestellung eines Mitbewerbers unterrichtet werden (BAG vom 28.5.2002 – 9 AZR 751/00, EzA-Schnelldienst 12/2002, 3). Die Konkurrentenklage ist nicht nur bei der Einstellung, sondern auch bei der nur internen Übertragung einer tariflich höher zu bewertenden Stelle möglich. Dies gilt auch, wenn diese Stelle nicht ausgeschrieben ist, sondern im Zuge von Umorganisationsmaßnahmen besetzt werden soll.

Nicht jede Erklärung einer öffentlich-rechtlichen juristischen Person, die auf die Einstellung eines Bewerbers gerichtet ist, muss ein Angebot auf Abschluss eines Arbeitsverhältnisses darstellen. U.U. kann auch die Begründung eines Beamtenverhältnisses gewollt sein. Der Ruf zur **Übernahme einer Professur** an einer Fachhochschule enthält kein Angebot auf Abschluss eines Arbeitsvertrages, sondern stellt nur eine Erkundung der grundsätzlichen Bereitschaft des Bewerbers dar. Ein Arbeitsverhältnis wird erst nach einer Einigung in dem sich anschließenden Berufungsverfahren begründet (BAG vom 9.7.1997 – 7 AZR 424/96, EzA § 145 BGB Nr. 1). **12**

Unklarheiten bestehen häufig bezüglich der Auslegung **arbeitsvertraglicher Verweisungen:** **13**

§ 2 TVöD

Verweise ein Arbeitsvertrag nur auf einen Manteltarifvertrag und enthalte dieser seinerseits Verweisungen auf einen Entgelttarifvertrag, so könne aus dieser Verweisungskette nicht entnommen werden, dass auch die Geltung des Entgelttarifvertrags arbeitsvertraglich in Bezug genommen werden solle, meint das LAG Nürnberg (vom 22.5.2001 – 6 Sa 562/00, ZTR 2001, 463, im Anschluss an BAGE 67, 374).

Nach Meinung des Sächsischen LAG (vom 16.8.2000 – 7 Sa 525/98, ZTR 2001, 328) bedeutet die arbeitsvertragliche **Bezugnahme auf den »BAT«** ohne den Zusatz »Ost« oder »O« im Zweifel eine Bezugnahme auf den Bundes-Angestelltentarifvertrag (West), auch wenn der BAT-O tariflich unmittelbar zur Anwendung gelangt. Dagegen meint das BAG (vom 16.11.200 – 6 AZR 377/99, PersR 2001, 313), dass die arbeitsvertragliche Bezugnahme auf den BAT grundsätzlich den Sinn habe, dasjenige zu vereinbaren, was für die tarifgebundenen Angestellten gelten solle. Enthält eine Stellenausschreibung die Angabe der tariflichen Vergütungsgruppe mit dem Zusatz »BAT«, so könne der Arbeitnehmer hieraus nicht entnehmen, dass eine übertarifliche Vergütung versprochen werden soll, wenn der BAT-O für dieses Arbeitsverhältnis unmittelbar und zwingend zur Anwendung komme.

Aus der arbeitsvertraglichen Vereinbarung einer Vergütung nach Vergütungsgruppe II a BAT und der gleichzeitigen Verweisung auf den BAT und die diesen ergänzenden, ändernden oder ersetzenden Bestimmungen folgt noch nicht, dass damit auch die Anlage 1 a zum BAT in Bezug genommen sein muss, wenn die Anwendung der Anlage 1 a zum BAT z.B. nach Nr. 5 der Vorbemerkungen zu allen Vergütungsgruppen ausgeschlossen ist, weil es sich um eine **Lehrkraft** im dortigen Sinne handelt (BAG v. 4.4.2001 – 4 AZR 194/00, ZTR 2001, 465f.).

14 Die Fragen, wie **arbeitsvertragliche Bezugnahmen auf Tarifverträge** auszulegen sind, sind in der Rechtsprechung weiterhin umstritten. Insbesondere unterliegt die bisherige Auffassung des 4. Senats des BAG, ein tarifgebundener Arbeitgeber wolle mit der arbeitsvertraglichen Verweisung grundsätzlich nur die Gleichstellung der Unorganisierten mit den Gewerkschaftsmitgliedern erreichen (»**Gleichstellungsabrede**«), der Kritik in der Rechtsprechung erster und zweiter Instanz.

Eine Bezugnahmeklausel (»Das Arbeitsverhältnis richtet sich nach den Vorschriften des BAT vom 23. Februar 1961 und den diesen ergänzenden, ändernden oder ersetzenden Tarifverträgen.«) im Arbeitsvertrag hat entgegen der bisherigen Rechtsprechung des 4. Senats des BAG regelmäßig rechtsbegründende und dynamische Wirkung. Für die Anwendbarkeit des jeweiligen – den BAT ergänzenden – Tarifvertrages kommt es bei einer solchen Bezugnahmeklausel nicht darauf an, ob und inwieweit die Arbeitsvertragsparteien tarifgebunden i.S. von § 3 Abs. 1 TVG sind. Der vorbehaltlose Vollzug der Tariflohnerhöhung (hier des Vergütungstarifvertrages zum BAT Nr. 33 vom 5.3.1999) nach Betriebsübergang ist ein ausreichender

Anhaltspunkt dafür, dass sich der Betriebserwerber entsprechend der arbeitsvertraglichen Bezugnahmeklausel auch in Zukunft der Regelungsmacht der Tarifvertragsparteien des Öffentlichen Dienstes unterwerfen wollte (LAG Rheinland-Pfalz vom 4.5.2004 – 5 Sa 28/04, n.v., Revision eingelegt unter 4 AZR 321/04).

Die Auffassung des 4. Senats des BAG zur so genannten Gleichstellungsabrede widerspricht auch nach Meinung der 16. Kammer des LAG Niedersachsen dem Wortlaut der meisten getroffenen Vereinbarungen, in denen geregelt ist, dass das Arbeitsverhältnis nach dem BAT und den diesen ergänzenden, ändernden oder ersetzenden Tarifverträgen abzuwickeln ist. Ob der Arbeitgeber letztlich tarifunterworfen ist oder nicht, ist für den Arbeitnehmer grundsätzlich nicht durchschaubar. Liegt eine Tarifunterworfenheit des Arbeitgebers vor, so kann zwar grundsätzlich auf einen Willen des Arbeitgebers geschlossen werden, er wolle Arbeitnehmer bei einer solchen Abrede nicht besser stellen als die tarifunterworfenen Arbeitnehmer. Die Arbeitnehmer auf der anderen Seite sind jedoch in großem Umfange daran interessiert, die Geltung eines Tarifvertrages zu vereinbaren, insbesondere dann, wenn es um die Anwendung des BAT und der damit zusammenhängenden Regelungen geht. Der Arbeitnehmerseite ist regelmäßig nicht bekannt, inwieweit eine Tarifgebundenheit des Arbeitgebers besteht. Für sie ist deshalb nicht erkennbar, welches Interesse der Arbeitgeber bei Abschluss einer solchen Vereinbarung hat, ob er eine schlichte Gleichstellung begehrt oder ob er, etwa weil er nicht tarifgebunden ist, die Regelungen des BAT und der damit zusammenhängenden Tarifverträge insgesamt unabhängig von einer Gleichstellung mit anderen Mitarbeitern anwenden will. Ist der Zweck, den die Arbeitgeberseite mit der Abrede erfolgt, für den Vertragspartner aber nicht erkennbar, insbesondere für einen Arbeitnehmer als typischer Vertragspartner auch nicht ohne weiteres ersichtlich, können die Motive des Arbeitgebers letztlich nicht zum Gegenstand der Auslegung des Arbeitsvertrags werden. Grundsätzlich hat ein Arbeitnehmer bei Vertragsschluss auch keine Veranlassung, sich nach der Tarifgebundenheit des Arbeitgebers näher zu erkundigen. Es stellt nach Ansicht der Kammer eine Überziehung der Anforderungen an den jeweiligen Arbeitnehmer dar, wenn von ihm verlangt wird, dass er sich zur Interpretation der Regelung des Arbeitsvertrages nach der Tarifgebundenheit erkundigt. Wird ihm vielmehr ein Arbeitsvertrag vorgelegt, nach dem konkrete Regelungen über die Anwendbarkeit von Tarifverträgen vorhanden sind, geht ein Arbeitnehmer vielmehr typischerweise davon aus, dass diese Tarifverträge auch insgesamt Anwendung finden und diese auch solange gelten, solange diese Tarifverträge im Arbeitsleben anzuwenden sind, weil der Arbeitsvertrag nach wie vor Gültigkeit hat (LAG Niedersachsen vom 27.8.2004 – 16 Sa 502/04, LAGE § 3 TVG Bezugnahme auf Tarifvertrag Nr. 9).

Nach der jüngsten Rechtsprechung des 4. Senats des BAG beabsichtigt dieser, die Auslegungsregel der »Gleichstellungsabrede« nicht mehr auf

§ 2 TVöD

arbeitsvertragliche Bezugnahmeklauseln anzuwenden, die mit In-Kraft-Treten des Schuldrechtsmodernisierungsgesetzes ab dem 1. Januar 2002 vereinbart worden sind, d.h. seit der Geltung der Unklarheitenregelung in § 305c Abs. 2 BGB auch für Arbeitsverträge (BAG vom 14.12.2005 – 4 AZR 536/04).

Eine **dynamische Verweisung** in einem Arbeitsvertrag auf die für den Arbeitgeber einschlägigen Tarifverträge ist auch nach Meinung des 4. Senats des BAG nur dann eine so genannte Gleichstellungsabrede, wenn der Arbeitgeber im Zeitpunkt ihrer vertraglichen Vereinbarung an diese Tarifverträge gem. § 3 TVG gebunden ist (BAG vom 1.12.2004 – 4 AZR 50/04, DB 2005, 778 f.).

Die Formulierung »Das Gehalt wird in Anlehnung an den BAT (für Gemeinden), VergGr IV a frei vereinbart und beträgt DM [Betrag] monatlich brutto!« in dem Arbeitsvertrag mit einem nicht tarifgebundenen Arbeitgeber begründet für den Arbeitnehmer einen **zeitdynamischen Entgeltanspruch** nach dieser Vergütungsgruppe (so bereits: BAG vom 13.11.2002 – 4 AZR 351/01, PersR 2004, 1).

15 Die tarifliche **Probezeit** hat nur geringe Bedeutung. Bis zum 31.3.1991 hatte sie noch Einfluss auf die Kündigungsfrist (jetzt: § 34 Abs. 1 Satz 1 TVöD). Anknüpfungspunkt für diese kurze Kündigungsfrist von zwei Wochen ist jedoch nunmehr nur noch der Zeitraum der ersten sechs Monate des Arbeitsverhältnisses.

16 Die Probezeit entspricht der **Wartezeit** nach § 1 Abs. 1 KSchG von sechs Monaten. Unabhängig von der jeweiligen Länge der Probezeit ist das **Kündigungsschutzgesetz** nach einem sechsmonatigen rechtlichen Bestand des Arbeitsverhältnisses anwendbar. Eine evtl. Kündigung ist also auf ihre soziale Rechtfertigung hin überprüfbar, soweit die übrigen Voraussetzungen gegeben sind (vgl. hierzu § 34 Rn. 3). Nach Meinung des 2. Senats des BAG kann auch ein öffentlicher Arbeitgeber innerhalb der 6-monatigen Wartezeit des § 1 Abs. 1 KSchG ohne eingehende Begründung an der Eignung des Arbeitnehmers zweifeln und eine Kündigung aussprechen (BAG vom 1.7.1999 – 2 AZR 926/98, ZTR 1999, 562 ff.). Die Vorinstanz, das LAG Niedersachsen (vom 16.9.1998 – 15 Sa 317/98) hatte die Auffassung vertreten, dass eine derartige Kündigung substantiiert zu begründen sei. Habe der öffentliche Arbeitgeber nach den Kriterien des Art. 33 Abs. 2 GG prognostiziert, dass der Bewerber für die ausgeschriebene Stelle der Geeignetste sei, und ihn eingestellt, könne er dem Arbeitnehmer in der Probezeit nicht grundlos kündigen. Es müssten vielmehr Tatsachen gegeben sein, die die getroffene Prognose als fehlerhaft erscheinen ließen. Dieser Meinung hat sich das BAG nicht angeschlossen.

17 Ein Probearbeitsverhältnis kann befristet oder unbefristet begründet werden. Wird keine ausdrückliche **Befristungsabrede** (vgl. § 34 Rn. 3) getroffen, besteht ein unbefristetes Arbeitsverhältnis mit vorgeschalteter Probezeit. Die Befristung eines Probearbeitsverhältnisses ist nur bis zur Dauer von sechs Monaten zulässig. Ein längerer Befristungszeitraum stellt regelmäßig eine Umgehung des Kündigungsschutzrechtes dar (a.A. BAG v. 31.8. 1994 – 7 AZR 983/93, AP Nr. 163 zu § 620 BGB Befristeter Arbeitsvertrag und BAG v. 23.6.2004 – 7 AZR 636/03, AP Nr. 12 zu § 14 TzBfG). Wird in einem Formulararbeitsvertrag des öffentlichen Dienstes (außerhalb des Geltungsbereichs des § 30 TVöD), der für eine befristete Zeit abgeschlossen ist, eine Probezeit vereinbart, liegt darin eine stillschweigende Vereinbarung der **Kündbarkeit** innerhalb der Probezeit mit der gesetzlichen oder tariflichen Mindestkündigungsfrist (BAG vom 4.7.2001 – 2 AZR 88/00, ZTR 2002, 172).

Es wäre unzulässig, das Arbeitsverhältnis unter der **auflösenden Bedingung** der Nichtbewährung in der Probezeit einzugehen, da der Eintritt einer solchen Bedingung nicht zweifelsfrei feststellbar wäre (s. hierzu Stahlhacke/Preis, Rn. 39 ff.).

Wird ein **Auszubildender** nach Abschluss seiner Berufsausbildung von demselben Arbeitgeber übernommen, besteht keine Probezeit (§ 2 Abs. 4 Satz 2). Gleiches gilt, wenn zuvor bereits **ununterbrochen** ein **Arbeitsverhältnis** bestand und lediglich eine anderweitige Tätigkeit übertragen wird. **18**

Auf die Probezeit kann einvernehmlich verzichtet werden. Es kann auch eine kürzere Probezeit vereinbart werden. Da die Vereinbarung der Probezeit nur Nebenpflichten begründet, bedarf der **Verzicht** oder die **Verkürzung** der Schriftform nach Abs. 3. **19**

Eine besondere **Vergütungsvereinbarung** während der Probezeit ist tariflich nicht vorgesehen. Auch in dieser Zeit ist der Angestellte nach §§ 12, 13 TVöD (ehemals §§ 22 ff. BAT/BAT-O) einzugruppieren. Die häufig vorkommende Praxis, in der Probezeit eine niedrigere **Eingruppierung** vorzunehmen, ist daher tarifwidrig, wenn die Tarifmerkmale der höheren Vergütungsgruppe erfüllt sind. In einem Eingruppierungsrechtsstreit muss der Angestellte jedoch darlegen und beweisen, dass die tarifliche Eingruppierung in der Probezeit unzutreffend war (vgl. hierzu § 13 Rn. 16). **20**

Wird ein Beschäftigter aus einem befristeten Probearbeitsverhältnis in ein unbefristetes Arbeitsverhältnis übernommen, so ist der **Personal**- oder **Betriebsrat** vor der Festeinstellung erneut zu beteiligen (BVerwG, PersR 1989, 198). Dies gilt nicht, wenn ein unbefristetes Probearbeitsverhältnis bestand oder die Befristung rechtsunwirksam war. **21**

Soll das Arbeitsverhältnis in der Probezeit gekündigt werden, so ist der Personal- oder Betriebsrat nach dem jeweils geltenden Personalvertretungs- oder Betriebsverfassungsgesetz zu beteiligen. Auch in diesem Beteiligungsverfahren sind der Interessenvertretung die Gründe für die beabsichtigte Kündigung im Einzelnen mitzuteilen, auch wenn das Kündigungsschutzgesetz noch nicht zur Anwendung kommt (vgl. BAG, EzA § 102 BetrVG Nr. 85).

Eine Besonderheit ist die Vergabe von Führungspositionen auf Probe (siehe hierzu § 31). **22**

§ 3
Allgemeine Arbeitsbedingungen

(1) Die Beschäftigten haben über Angelegenheiten, deren Geheimhaltung durch gesetzliche Vorschriften vorgesehen oder vom Arbeitgeber angeordnet ist, Verschwiegenheit zu wahren; dies gilt auch über die Beendigung des Arbeitsverhältnisses hinaus.

(2) ¹Die Beschäftigten dürfen von Dritten Belohnungen, Geschenke, Provisionen oder sonstige Vergünstigungen in Bezug auf ihre Tätigkeit nicht annehmen. ²Ausnahmen sind nur mit Zustimmung des Arbeitgebers möglich. ³Werden den Beschäftigten derartige Vergünstigungen angeboten, haben sie dies dem Arbeitgeber unverzüglich anzuzeigen.

(3) ¹Nebentätigkeiten gegen Entgelt haben die Beschäftigten ihrem Arbeitgeber rechtzeitig vorher schriftlich anzuzeigen. ²Der Arbeitgeber kann die Nebentätigkeit untersagen oder mit Auflagen versehen, wenn diese geeignet ist, die Erfüllung der arbeitsvertraglichen Pflichten der Beschäftigten oder berechtigte Interessen des Arbeitgebers zu beeinträchtigen.

(4) ¹Der Arbeitgeber ist bei begründeter Veranlassung berechtigt, die/den Beschäftigte/n zu verpflichten, durch ärztliche Bescheinigung nachzuweisen, dass sie/er zur Leistung der arbeitsvertraglich geschuldeten Tätigkeit in der Lage ist. ²Bei der beauftragten Ärztin/dem beauftragten Arzt kann es sich um eine Betriebsärztin/einen Betriebsarzt handeln, soweit sich die Betriebsparteien nicht auf eine andere Ärztin/einen anderen Arzt geeinigt haben. ³Die Kosten dieser Untersuchung trägt der Arbeitgeber.

(5) ¹Die Beschäftigten haben ein Recht auf Einsicht in ihre vollständigen Personalakten. ²Sie können das Recht auf Einsicht auch durch eine/n hierzu schriftlich Bevollmächtigte/n ausüben lassen. ³Sie können Auszüge oder Kopien aus ihren Personalakten erhalten.

1 Abs. 1: Die Schweigepflicht der Beschäftigten im öffentlichen Dienst geht über die allgemeine arbeitsrechtliche Verschwiegenheitspflicht hinaus und verfolgt andere Ziele. Jeder Arbeitnehmer unterliegt der arbeitsvertraglichen Nebenpflicht, betriebliche Angelegenheiten nicht zu offenbaren, soweit hierdurch berechtigte wirtschaftliche Interessen des Arbeitgebers beeinträchtigt werden können (vgl. im Einzelnen hierzu Schaub, §54). Darüber hinaus ist im öffentlichen Dienst das Vertrauen des Bürgers in die **Verschwiegenheit der Verwaltung** insbesondere durch §30 VwVfG geschützt, wonach Angelegenheiten seines persönlichen Lebensbereiches von der Behörde nicht unbefugt offenbart werden dürfen. Die Schweigepflicht des Beschäftigten im öffentlichen Dienst muss hiermit korrespondieren. Darüber hinaus muss eine Ruhe- und Schutzzone gewährleistet sein, in der Verwaltungsentscheidungen effizient vorbereitet werden können (vgl. hierzu im Einzelnen PK-BAT-Bruse, §9 Rn. 3).

Im Gegensatz zu **Beamten** (z.B. §61 BBG) erstreckt sich die Schweigepflicht des Beschäftigten nicht automatisch auf alle ihm in seiner dienstlichen Tätigkeit bekannt gewordenen Angelegenheiten.

Die Verschwiegenheitspflicht nach Abs. 1 setzt zunächst voraus, dass es **2** sich um eine **Angelegenheit der Verwaltung** oder des Betriebes handelt. Hierzu gehören grundsätzlich alle Interna der Verwaltungsorganisation und der Verwaltungsabläufe, alle Verwaltungsvorgänge und innerdienstlichen Vorgänge der eigenen Verwaltung, nicht dagegen private Angelegenheiten, die sich nur innerhalb der Dienststelle abspielen.

Angelegenheiten anderer Dienststellen begründen die Verschwiegenheitspflicht dann, wenn der Beschäftigte auf Grund dienstlicher Vorgänge hiervon Kenntnis erhält.

Ungeschriebenes Tatbestandsmerkmal des Abs. 1 ist, dass der Beschäftigte **3** auf dienstlichem Wege Kenntnis erlangt hat. Hierzu ist es allerdings nicht erforderlich, selbst mit der Angelegenheit zuständigkeitshalber befasst gewesen zu sein. **Dienstliche Kenntniserlangung** liegt immer dann vor, wenn der Beschäftigte ohne sein Arbeitsverhältnis von der Angelegenheit nichts erfahren hätte (PK-BAT-Bruse, §9 Rn. 5).

Geheimhaltungsbedürftig ist eine Angelegenheit nach Abs. 1 nur dann, **4** wenn es sich um ein Geheimnis handelt. Geheim ist dasjenige, was nur einem begrenzten Personenkreis bekannt ist. Ist dagegen eine Tatsache, die möglicherweise geheimhaltungsbedürftig war, bereits in allgemein zugänglichen Quellen veröffentlicht worden (z.B. in der Presse), so ist das Geheimnis zerstört und die Angelegenheit daher nicht mehr geheimhaltungsbedürftig. Allerdings ist der Beschäftigte hiernach nicht befugt, diesbezüglich weitere Details zu offenbaren, die der Allgemeinheit noch nicht bekannt sind.

Ein Geheimnis können nicht nur **Tatsachen** darstellen, sondern z.B. auch **5** **Auffassungen** der Behörde zu bestimmten Vorgängen oder Rechtsfragen.

Gesetzlich vorgeschrieben ist die Verschwiegenheit allgemein für die Verwaltung insbesondere in §30 VwVfG, wonach Angelegenheiten des **persönlichen Lebensbereiches des Bürgers** von der Behörde grundsätzlich nicht offenbart werden dürfen (vgl. hierzu Rn. 1). Darüber hinaus bestehen spezielle Vorschriften, z.B.:

- das in §35 SGB I geschützte **Sozialgeheimnis**,
- das **Steuergeheimnis** nach §30 AO, dessen Verletzung strafrechtliche Konsequenzen hat (§355 Abs. 1 und 2 Nr. 1 StGB),
- das **Datengeheimnis** nach §5 BDSG,
- das **Post- und Fernmeldegeheimnis** nach Art. 10 GG, dessen Verletzung nach §354 StGB strafbar ist,
- das **Bankgeheimnis** nach §46 BT-Sparkassen.

Das durch §203 StGB geschützte **Privatgeheimnis** fällt zusätzlich nur dann **6** unter §3 Abs. 1, wenn es dem Beschäftigten auf dienstlichem Wege be-

§ 3 TVöD

kannt geworden ist. Im Gegensatz zum Dienstgeheimnis beansprucht das Privatgeheimnis absoluten Schutz auch gegenüber dem eigenen Arbeitgeber und Vorgesetzten des Angestellten, insbesondere wenn es sich gleichzeitig um ein **Berufsgeheimnis** handelt (vgl. die Tatbestände des § 203 Abs. 1 Nr. 1, 2, 4 a und 5 StGB; zum Umfang der ärztlichen Schweigepflicht vgl. Rn. 36.

Personalvertretungsrechtlich gelten besondere Schweigepflichtvorschriften (vgl. z. B. § 10 BPersVG).

Soweit es sich nicht bereits um ein gesetzlich geschütztes Geheimnis handelt, kann die Verschwiegenheitspflicht des Arbeitgebers durch Weisung begründet werden. Die diesbezügliche **Weisung des Arbeitgebers** hat sich in den Grenzen des § 315 Abs. 1 BGB zu bewegen und ist daher nach billigem Ermessen zu treffen. Jeder sachliche dienstliche Grund des Arbeitgebers reicht jedoch aus, eine entsprechende Anordnung zu erlassen. Die Anweisung, wonach sämtliche dienstliche Angelegenheiten der Geheimhaltungspflicht unterworfen sein sollen, ist jedoch wegen mangelnder hinreichender Bestimmtheit unwirksam, da es dem Angestellten überlassen bliebe, die Abgrenzung der wirklich geheimhaltungsbedürftigen Angelegenheit selbst vorzunehmen (vgl. hierzu PK-BAT-Bruse, § 9 Rn. 20).

7 Auch wenn eine Angelegenheit der Verschwiegenheit unterliegt, ist die **Offenbarung** des Geheimnisses unter bestimmten Voraussetzungen zulässig:

Das nach § 203 Abs. 2 StGB geschützte **Privatgeheimnis** und die Berufsgeheimnisse des § 203 Abs. 1 i. V. m. Abs. 3 StGB dürfen grundsätzlich nur dann offenbart werden, wenn eine Einwilligung (**Schweigepflichtsentbindungserklärung**) des Betroffenen vorliegt.

Ein **Dienstgeheimnis** nach Abs. 1 kann dagegen anderen Angehörigen derselben Dienststelle, einer anderen Dienststelle desselben oder eines anderen Verwaltungszweiges dann offenbart werden, wenn dies zur Erfüllung ihrer gesetzlichen Aufgaben im Rahmen ihrer Zuständigkeit als erforderlich erscheint und die Weitergabe nicht ausdrücklich gesetzlich verboten ist (z. B. Steuergeheimnis nach § 30 AO, Geheimhaltungsvorschriften in § 32 Bundesbankgesetz, § 46 Abs. 8 BBG und § 12 Statistikgesetz). Dies gilt insbesondere auch im Rahmen der **Amtshilfe** (Art. 35 Abs. 1 GG). Soweit der Beschäftigte im Einzelfall Zweifel hat, ob er die Informationen verwaltungsintern weitergeben darf, sollte er die Entscheidung an seinen Vorgesetzten zurückdelegieren.

Der Beschäftigte, der im Zivilprozess als **Zeuge** vernommen wird, bedarf keiner **Aussagegenehmigung** des Arbeitgebers, da § 376 Abs. 1 ZPO nur auf die besonderen beamtenrechtlichen Vorschriften verweist (so auch Zöller, ZPO, § 376 Anm. 4). Der Beschäftigte hat jedoch ein **Zeugnisverweigerungsrecht** nach § 383 Abs. 1 Nr. 6 ZPO, soweit es sich um Dienstgeheimnisse handelt und er nicht von seinem Arbeitgeber von der Schweigepflicht entbunden wurde (§ 385 Abs. 2 ZPO). Im Falle von Berufs- und

Privatgeheimnissen bedarf es auch in diesem Falle einer Schweigepflichtsentbindungserklärung des Betroffenen.

Insbesondere zur **Wahrnehmung eigener Angelegenheiten** hat der Beschäftigte gegenüber dem öffentlichen Arbeitgeber unter Umständen einen Anspruch auf Entbindung von der Schweigepflicht nach Abs. 1. Hier sind die gegenseitigen Interessen gegeneinander abzuwägen. Ein berechtigtes Interesse hat der Beschäftigte immer dann, wenn er ohne die Offenbarung eines Dienstgeheimnisses einen Prozess gegen den eigenen Arbeitgeber oder andere Personen nicht erfolgreich führen könnte. Ist die Offenbarung des Dienstgeheimnisses für den Arbeitgeber von untergeordneter Bedeutung oder sind die diesbezüglichen Informationen nur einem begrenzten Personenkreis zugänglich (z.B. dem Prozessbevollmächtigten des Angestellten, dem Gericht, den gegnerischen Prozessbevollmächtigten), so kann die Weigerung des Arbeitgebers, die Schweigepflichtsentbindungserklärung zu erteilen, einen Verstoß gegen die Rücksichtnahmepflicht darstellen (BAG, AP Nr. 1 zu §611 BGB Schweigepflicht; PK-BAT-Bruse, §9 Rn. 21).

Da **Personalratsmitglieder** ihrerseits der Schweigepflicht, z.B. nach §10 BPersVG, unterliegen, können Dienstgeheimnisse nach Abs. 1 ihnen gegenüber grundsätzlich dann offenbart werden, wenn dies zur Wahrnehmung eigener Interessen des Beschäftigten erforderlich ist. Gleiches gilt keinesfalls für Privat- oder Berufsgeheimnisse. **8**

Ein Dienstgeheimnis darf auch im engen **Familien- oder Freundeskreis** nicht offenbart werden. Grundsätzlich gilt dies auch gegenüber **Mitarbeitern der Dienststelle**, soweit diese dienstlich nicht mit der Angelegenheit befasst sind (s. Rn. 7). **9**

Auch wenn Art. 5 Abs. 1 Satz 2 GG die Medienfreiheit garantiert, ist die »Flucht in die **Öffentlichkeit**« dem Beschäftigten bezüglich eines Dienstgeheimnisses grundsätzlich nicht gestattet. Eine Ausnahme besteht nur dann, wenn ein schwerer Verstoß gegen den Kernbereich des Verfassungsrechts oder gegen oberste Rechts- und Verfassungswerte vorliegt (BVerfG, AP Nr. 5 zu Art. 5 Abs. 1 GG; s. zu den Einzelheiten PK-BAT-Bruse, §9 Rn. 34f.).

Verboten ist grundsätzlich die Weitergabe oder die persönliche Aneignung dienstlicher oder betrieblicher **Unterlagen** irgendwelcher Art, soweit diese nicht ausschließlich den Angestellten persönlich betreffen. Diese Unterlagen oder Daten dürfen auch nicht fotokopiert oder auf elektronischem Wege unerlaubt weiterverwendet werden. **10**

Auch hier hat der Beschäftigte unter Umständen einen Anspruch gegenüber dem Arbeitgeber, dass eine entsprechende Genehmigung erteilt wird, wenn dies zur Wahrnehmung eigener Angelegenheiten erforderlich ist. Unterlagen betreffen einen Beschäftigten dann persönlich, wenn Angelegenheiten seiner Person z.B. in einem Schreiben im Mittelpunkt stehen (etwa Beschwerde eines Bürgers über das dienstliche Verhalten eines Beschäftigten).

§ 3 TVöD

11 Der Beschäftigte hat dienstliche Unterlagen, entsprechende Kopien, Aufzeichnungen etc. auf Verlangen des Arbeitgebers jederzeit an ihn herauszugeben.

12 Nach § 3 Abs. 1 2. Halbsatz wirkt die Schweigepflicht auch über den Zeitpunkt der **Beendigung des Arbeitsverhältnisses** hinaus. Diese Pflicht kann tariflich wirksam begründet werden, weil es sich um eine Beendigungsnorm i.S. des § 1 Abs. 1 TVG handelt (a.A. PK-BAT-Bruse, § 9 Rn. 40).

13 Die Verletzung der Verschwiegenheitspflicht stellt eine arbeitsvertragliche Nebenpflichtverletzung dar, die in der Regel zur Abmahnung berechtigt. Bei einem schwerwiegenden Verstoß, der bereits als einmaliger Vorfall das für das Arbeitsverhältnis notwendige Vertrauensverhältnis zerstört, oder in einem Wiederholungsfall kommt auch eine verhaltensbedingte ordentliche oder gar außerordentliche Kündigung in Betracht.

14 Nach §§ 331, 332 StGB stehen **Vorteilsannahme** und **Bestechlichkeit** unter Strafandrohung. § 3 Abs. 2 verbietet darüber hinaus die Annahme von Belohnungen, Geschenken, Provisionen oder sonstigen Vergünstigungen in Bezug auf die dienstliche Tätigkeit ohne Zustimmung des Arbeitgebers, um das Vertrauen des Bürgers in die Unbestechlichkeit und Sauberkeit der öffentlichen Verwaltung zu schützen.

15 **Belohnungen** sind alle **Vorteile**, die einen **Vermögenswert** haben. Daher fallen immaterielle Vorteile, z.B. die geschlechtliche Hingabe, nicht unter diesen Begriff, soweit diese nicht gewerbsmäßig erfolgt (so auch PK-BAT-Bruse, § 10 Rn. 2; a.A. Fürst, GKÖD IV, T, § 10 Rn. 4). Auch Vermächtnisse sind Belohnungen (BAG, AP Nr. 1 zu § 10 BAT). Gleiches gilt für Gebrauchsvorteile und unentgeltliche Nutzungen, gleichgültig, ob ein Rechtsanspruch hierauf begründet wird. Auf den Wert der Belohnung kommt es grundsätzlich nicht an (vgl. aber Rn. 18).

Geschenke sind unentgeltliche Zuwendungen, unabhängig davon, ob ein Rechtsanspruch begründet wird, so dass auch das mündliche Schenkungsversprechen, das formunwirksam ist, hierunter fällt. Um ein Geschenk handelt es sich auch dann, wenn der Beschäftigte hierfür zwar eine außerdienstliche Gegenleistung zu erbringen hat, die Gegenleistung jedoch nach wirtschaftlichen Maßstäben nur gering ausfällt (z.B. Gefälligkeitsrabatte).

16 Im Unterschied zu den Strafvorschriften der §§ 331, 332 StGB liegt ein Bezug zur dienstlichen Tätigkeit bereits vor, wenn der Beschäftigte die Zuwendung ohne seine dienstliche Stellung oder Aufgabe nicht erhalten hätte. Ein Kausalzusammenhang zu einer bestimmten **dienstlichen Tätigkeit** ist daher weder in sachlicher noch in zeitlicher Hinsicht erforderlich.

17 Von der **Annahme** der Belohnung oder des Geschenkes ist auszugehen, wenn der Beschäftigte den hiermit verbundenen Vermögensvorteil oder das diesbezügliche Versprechen akzeptiert und den gebotenen Vorteil selbst nutzt oder anderen zugänglich macht, ohne dass eine Annahme im strengen Sinne der §§ 145 ff. BGB vorliegen muss. Der Beschäftigte muss jedoch Kenntnis von der Zuwendung haben.

Jede, auch nur **geringwertige Zuwendung** bedarf der **Zustimmung des** **Arbeitgebers.** Diese kann vorab (Einwilligung) oder auch nachträglich (Genehmigung) erteilt werden (vgl. §§ 182 ff. BGB; a. A. PK-BAT-Bruse, § 10 Rn. 8, der nur die Einwilligung für möglich hält). Verlässt sich der Beschäftigte jedoch auf die nachträgliche Genehmigung, geht er das Risiko ein, dass diese nicht erteilt wird und damit ein Verstoß gegen die Pflichten aus Abs. 2 vorliegt. **18**

Der Beschäftigte hat keinen Anspruch auf Erteilung der Zustimmung des Arbeitgebers, auch wenn es sich um geringwertige Aufmerksamkeiten handelt. Die Zustimmung ist auch keine Leistungsbestimmung, die nach § 315 Abs. 1 BGB nach billigem Ermessen vorzunehmen wäre (a. A. BAG, AP Nr. 1 zu § 10 BAT; PK-BAT-Bruse, § 10 Rn. 10). Denn es handelt sich um keine Leistung im Rahmen des Arbeitsvertragsverhältnisses.

Die Zustimmung bedarf keiner bestimmten Form. Deshalb kann auch in der Duldung einer bestimmten Praxis konkludent die Einwilligung zur Annahme z. B. geringwertiger Aufmerksamkeiten (wie z. B. von Werbegeschenken von geringem Wert) gesehen werden. Gleiches wird man nicht unterstellen können, wenn der Arbeitgeber pflichtwidrig regelmäßig duldet, dass Zuwendungen von erheblichem Wert in Bezug auf die dienstliche Tätigkeit erbracht werden.

Der Beschäftigte ist verpflichtet, dem Arbeitgeber ein Angebot auf Zuwendungen in Bezug auf seine dienstliche Tätigkeit unverzüglich mitzuteilen (Abs. 2 Satz 3). Dies gilt bereits im Zeitpunkt des Versprechens, nicht erst im Zeitpunkt der Gewährung der Leistung. Unverzüglich handelt der Beschäftigte nur dann, wenn er die **Mitteilung** nicht schuldhaft verzögert (§ 121 BGB). **19**

Bei einem **Verstoß** gegen Abs. 2 wird in der Regel eine ordentliche verhaltensbedingte Kündigung, möglicherweise sogar eine außerordentliche Kündigung des Arbeitsverhältnisses begründet sein, ohne dass es der Abmahnung bedarf, insbesondere wenn zugleich eine strafbare Handlung nach §§ 331, 332 StGB vorliegt (BAG, AP Nr. 65 zu § 626 BGB; LAG Köln, DB 1984, 1101; VG Frankfurt vom 28. 8. 2000 – 23 L 1910/00 [V], PersV 2001, 123 ff.; LAG Köln vom 7. 7. 2000 – 11 Sa 396/00; BAG v. 15. 11. 2001 2 AZR 605/00). Gleiches gilt bei der unterlassenen Mitteilung nach Abs. 2. Wird die Mitteilung nur verzögert, wird in der Regel zunächst nur eine Abmahnung in Betracht kommen. **20**

Hat ein Beschäftigter ein Geschenk nach § 3 Abs. 2 TVöD unzulässigerweise erhalten, so ist die Schenkung nicht unwirksam. Denn das Verbot des TVöD richtet sich nur gegen den Beschäftigten (BGH vom 14. 12. 1999 – X ZR 34/98, AuR 2000, 24). Alle Zuwendungen, die der Beschäftigte nach Abs. 1 unrechtmäßig erhält, stehen aber dem Arbeitgeber zu. Der Beschäftigte ist als unberechtigter Fremdgeschäftsführer zur Herausgabe, auch

§ 3 TVöD

von **Schmiergeldern,** an den Arbeitgeber verpflichtet (BAG, AP Nrn. 1, 4 und 5 zu § 687 BGB).

Der Einwand des Arbeitnehmers, er habe das Schmiergeld wegen spekulativer Aktiengeschäfte verbraucht, ist im Rahmen seiner **Herausgabepflicht** unbeachtlich (LAG Berlin vom 30.11.2004 – 3 Sa 1634/04, ZTR 2005, 332f.).

21 Abs. 3: Die **Nebentätigkeit** des Beschäftigten richtet sich nicht mehr, wie im BAT, nach beamtenrechtlichen Bestimmungen. Die Freiheit der Berufswahl aus Art. 12 Abs. 1 GG umfasst grundsätzlich auch das Recht, mehrere Berufe zu wählen und gleichzeitig nebeneinander auszuüben (BVerfGE 7, 377, 397; 9, 39, 48; 21, 173 ff.). Nebentätigkeitsbeschränkungen stellen daher ein Hindernis der Berufswahlfreiheit dar, die nur als zulässig angesehen werden, soweit dies zum Schutz besonders wichtiger Gemeinschaftsgüter zwingend erforderlich ist (BVerfGE 21, 173ff.).

Daher unterliegt der Beschäftigte nach allgemeinen arbeitsrechtlichen Grundsätzen bei der Ausübung einer Nebentätigkeit nur folgenden **Beschränkungen:**

– Er darf bei der Ausübung der Nebentätigkeit keine berechtigten Interessen des Arbeitgebers tangieren (keine Beeinträchtigung der geschuldeten Arbeitsleistung, kein Verstoß gegen ein zulässiges Wettbewerbsverbot etc.).

– Die Summe der Arbeitszeit aus dem Haupt- und Nebenarbeitsverhältnis darf die Grenze der höchstzulässigen Arbeitszeit nicht übersteigen (§§ 3 ff. ArbZG).

– Die Nebentätigkeit darf nicht als Schwarzarbeit ausgeübt werden (zum Begriff vgl. § 1 Schwarzarbeitsgesetz vom 29.1.1982 in der Fassung vom 17.12.1997).

– Die Nebentätigkeit darf nicht während des Erholungsurlaubs ausgeübt werden (vgl. hierzu § 26 Rn. 17).

Darüber hinausgehende Beschränkungen der Nebentätigkeit auch eines Beschäftigten im öffentlichen Dienst sind daher mit der Berufsfreiheit aus Art. 12 Abs. 1 Satz 1 GG nicht vereinbar. Für Nebentätigkeiten, die in diesem Rahmen erlaubt sind, bedarf es keiner Zustimmung des Arbeitgebers. Es besteht in diesen Fällen aber eine Anzeigepflicht. Eine Nebentätigkeit liegt nur dann vor, wenn Interessen des Hauptarbeitsverhältnisses hierdurch überhaupt tangiert werden können. Dies ist regelmäßig nur dann der Fall, wenn eine **entgeltliche Tätigkeit** ausgeübt wird, die einen nicht unerheblichen Umfang hat oder mit den Aufgaben des Beschäftigten in seiner Haupttätigkeit möglicherweise unvereinbar ist.

22 Der Arbeitgeber kann dem Beschäftigten nur solche **dienstlichen Interessen** entgegenhalten, an deren Wahrung er ein berechtigtes Interesse hat (BAG, AP Nr. 28 zu § 626 BGB). Daher sind rein **arbeitsmarktpolitische Gesichtspunkte** irrelevant (LAG Düsseldorf, ZTR 1995, 485f.; LAG

Hamm, ZTR 1995, 550f.). Die Beeinträchtigung muss darüber hinaus von nennenswertem Gewicht sein. Schließlich ist eine gegenseitige **Interessenabwägung** vorzunehmen (hierzu PK-BAT-Bruse, § 11 Rn. 19). Im Einzelnen gilt Folgendes:

Der Nebentätigkeit sind inhaltliche Grenzen zu setzen, wenn die Gefahr der Interessen- und **Pflichtenkollision** besteht. Hierbei ist zu berücksichtigen, dass der Bürger auf die Unabhängigkeit und Sauberkeit der öffentlichen Verwaltung vertrauen können muss (BVerfG, AP Nr. 37 zu Art. 12 GG). Kann der Eindruck entstehen, dass der Beschäftigte auf Grund seiner Nebentätigkeit Pflichten vernachlässigt oder private mit öffentlichen Pflichten vermengt, so darf eine diesbezügliche Nebenbeschäftigung untersagt werden. Wann eine solche Interessen- oder Pflichtenkollision in Betracht kommt, kann nur im Einzelfall entschieden werden. Die stundenweise Nebentätigkeit eines Krankenpflegers außerhalb seiner Arbeitszeit als Krankentransporteur oder als Personenbeförderer für ein Taxiunternehmen lässt grundsätzlich nicht besorgen, dass hierdurch dienstliche Interessen beeinträchtigt werden. Betreibt der Krankenpfleger während der Arbeitszeit in der Klinik Patientenwerbung für sein Taxiunternehmen, ist der Krankenhausträger zur Untersagung der Nebentätigkeit berechtigt (LAG Hessen vom 18.2.2005 – 3 Sa 804/04).

Selbstverständlich ist es z.B. nicht hinnehmbar, dass ein Finanzamtsangestellter, der mit Steuerbescheiden befasst ist, gleichzeitig in einem Steuerberatungsbüro tätig wird. Im öffentlichen Dienst (nicht dagegen in privaten Betrieben) beschäftigten Juristen ist die Nebentätigkeit als Rechtsanwalt zu untersagen (BVerfG, NJW 1993, 317ff.). Dagegen unterliegt es z.B. keinen Bedenken, wenn eine Erzieherin, die im Umfang von 30 Stunden im öffentlichen Dienst beschäftigt ist, weitere 10 Stunden in einer privaten Kindereinrichtung tätig ist, auch wenn hierin im Grunde eine Konkurrenztätigkeit liegt, die dem öffentlichen Arbeitgeber jedoch regelmäßig keinen Schaden zufügt.

Ein **Omnibusfahrer**, dessen wöchentliche Arbeitszeit 38,5 Stunden beträgt, kann keine Nebentätigkeitsgenehmigung für eine Fahrtätigkeit von 15 Wochenstunden im Güterverkehr verlangen (BAG vom 26.6.2001 – 9 AZR 343/00, ZTR 2002, 30ff.). Das tarifvertragliche Verbot jeglicher Nebentätigkeit, die mit dem Lenken von Fahrzeugen verbunden ist, verstößt nicht gegen die durch Art. 12 GG geschützte Berufsausübungsfreiheit. Im Interesse der Sicherheit des Straßenverkehrs muss vor jeder Aufnahme einer mit dem Lenken eines Fahrzeuges verbundenen Nebentätigkeit sichergestellt sein, dass die besonderen Vorschriften über Ruhens-, Lenk- und Höchstarbeitszeiten eingehalten werden. Das setzt eine effektive Kontrollmöglichkeit des Hauptarbeitgebers auch über die während der Nebentätigkeit anfallenden Arbeitszeiten voraus.

Die Gefahr der Interessen- und Pflichtenkollision erhöht sich mit der Bedeutung der Aufgabe des Beschäftigten in der öffentlichen Verwaltung.

§ 3 TVöD

Das Ansehen der öffentlichen Verwaltung kann durch eine Nebenbeschäftigung nur ausnahmsweise betroffen sein. Hier gelten die gleichen Maßstäbe wie bei der Bewertung des außerdienstlichen Verhaltens des Beschäftigten (vgl. § 41 Rn. 10).

Eine **Sparkassenangestellte**, die in ihrer Nebentätigkeit bei einem Versicherungsunternehmen als Sekretärin arbeitet, hat nach Meinung des LAG Rheinland-Pfalz kein Recht auf Erteilung einer Nebentätigkeitsgenehmigung. Ihr sei zuzumuten, sich eine Nebentätigkeit außerhalb des Finanzbereichs zu suchen. Der Umstand, dass die Sparkasse der Angestellten in der Vergangenheit bereits zweimal eine Nebentätigkeitsgenehmigung für die gleiche Tätigkeit erteilt hat, führe nicht dazu, dass nunmehr eine dritte Genehmigung zu erteilen ist (LAG Rheinland-Pfalz vom 29.1.2003 – 9 Sa 1148/02, ZTR 2003, 618f.).

23 Selbst § 66 BBG bzw. entsprechende Vorschriften der Landesbeamtengesetze erklären bestimmte Nebentätigkeiten für ausdrücklich genehmigungsfrei. Als **künstlerische** und daher nicht genehmigungspflichtige Nebentätigkeit gilt auch die musikalische Darbietung durch den Beschäftigten in einer Kurkapelle (BAG, AP Nr. 2 zu § 11 BAT; wegen des Begriffs der künstlerischen Tätigkeit siehe auch LAG Hamm vom 29.1.1999 – 5 Sa 902/98, n.v.). Eine **schriftstellerische** oder **wissenschaftliche Tätigkeit** ist hiernach ebenso wenig genehmigungsbedürftig wie die selbständige Gutachtertätigkeit von Hochschulangestellten.

24 Soweit sich die Nebentätigkeit in den oben beschriebenen Grenzen hält, bedarf sie keiner **Zustimmung** des Arbeitgebers. Es besteht aber eine Anzeigepflicht, soweit es sich begrifflich um eine Nebentätigkeit handelt. Der Arbeitgeber ist verpflichtet, eine gleichwohl beantragte Genehmigung nach billigem Ermessen gem. § 315 Abs. 1 BGB zu erteilen, damit für den Beschäftigten Rechtssicherheit besteht. Seine Ermessensausübung ist gerichtlich überprüfbar. Werden nach der Erteilung der Genehmigung zulässige Versagungsgründe bekannt, so kann der Arbeitgeber die Genehmigung widerrufen, wenn die Genehmigung nicht unwiderruflich erteilt wurde. Geschieht dies, so soll dem Beschäftigten allerdings eine angemessene Frist zur Abwicklung der Nebentätigkeit eingeräumt werden, soweit die dienstlichen Interessen dies gestatten (entsprechend § 5 Abs. 5 BNV). Eine Nebentätigkeitserlaubnis kann der Arbeitgeber nicht widerrufen, wenn das in diesem Zusammenhang vereinbarte **Nutzungsrecht** für die Inanspruchnahme von Personal, Einrichtungen und Material nicht mehr kostendeckend ist. Vielmehr steht es dem Arbeitgeber in diesem Falle allenfalls zu, nach den Grundsätzen des Wegfalls der Geschäftsgrundlage ein höheres Nutzungsentgelt nach billigem Ermessen einseitig festzusetzen (LAG Hamm vom 17.7.1997 – 17 Sa 288/97, EzBAT Nr. 6 zu § 11 BAT).

25 Eine **Nebenbeschäftigung bei demselben öffentlichen Arbeitgeber** ist grundsätzlich dem Hauptarbeitsverhältnis zuzurechnen (vgl. hierzu § 2 Rn. 5).

Im Gegensatz zu § 64 BBG bzw. entsprechenden landesbeamtenrechtlichen Vorschriften ist es nicht möglich, vom Beschäftigten eine Nebentätigkeit zu verlangen, weil dies eine unzulässige Zwangsarbeit darstellen würde, die nur im Rahmen einer gerichtlich angeordneten Freiheitsentziehung zulässig ist (Art. 12 Abs. 3 GG; ebenso ausführlich PK-BAT-Bruse, § 11 Rn. 36). Aus diesem Grunde sind die diesbezüglichen Sonderregelungen für Ärzte insoweit unverbindlich.

Abs. 4: Der Arbeitgeber hat die Möglichkeit der **Einstellungsuntersuchung**. 26
Der Arbeitsvertrag kann unter der **aufschiebenden Bedingung** des Nachweises der körperlichen Eignung des Beschäftigten geschlossen werden. Der Nachweis kann auch vor **Abschluss des Arbeitsvertrages** verlangt werden. Der Arbeitgeber kann den Abschluss des Arbeitsvertrages verweigern, wenn der Beschäftigte den Nachweis trotz rechtzeitiger Aufforderung nicht erbringt, ohne dass er sich auf Art. 33 Abs. 2 GG berufen könnte.

Gegenstand der **ärztlichen Bescheinigung** ist die **körperliche Eignung**, nach 27
der tariflichen Definition der **Gesundheitszustand** und die **Arbeitsfähigkeit** des Beschäftigten. Der ärztliche Untersuchungsgegenstand darf wegen der hiermit verbundenen Betroffenheit des Grundrechte des Beschäftigten (allgemeines Persönlichkeitsrecht, Recht auf körperliche Integrität) grundsätzlich nicht umfassender sein als das zulässige **Fragerecht des Arbeitgebers** nach dem Gesundheitszustand eines Bewerbers. Nach der Rechtsprechung des BAG hat sich der Arbeitgeber darauf zu beschränken, nur diejenigen Fragen zu stellen, die für die zukünftig geschuldete Tätigkeit relevant sind (vgl. im Einzelnen BAG, AP Nrn. 15 und 17 zu § 123 BGB; PK-BAT-Bruse, § 7 Rn. 8 ff.). Insbesondere sind folgende Fragestellungen zulässig:

– »Liegt eine Krankheit bzw. eine Beeinträchtigung des Gesundheitszustandes vor, durch die die Eignung für die vorgesehene Tätigkeit auf Dauer oder in periodisch wiederkehrenden Abständen eingeschränkt ist?«

– »Liegen ansteckende Krankheiten vor, die zwar nicht die Leistungsfähigkeit beeinträchtigen, jedoch die zukünftigen Kollegen oder Kunden gefährden?«

– »Ist zum Zeitpunkt des Dienstantrittes bzw. in absehbarer Zeit mit einer Arbeitsunfähigkeit (§ 22 Rn. 4 ff.) zu rechnen, z.B. durch eine geplante Operation, eine bewilligte Kur oder eine z.Z. bestehende akute Erkrankung?« (vgl. hierzu BAG, AP Nr. 26 zu § 123 BGB)

Auch der untersuchende Arzt muss sich auf diese Fragestellungen beschränken und hat nicht zu überprüfen, ob der Beschäftigte in jeder Hinsicht gesund ist oder wegen irgendwelcher Erkrankungen in der Vergangenheit in ärztlicher Behandlung war (so auch PK-BAT-Bruse, § 7 Rn. 12).

Über den **Umfang der Einstellungsuntersuchung** entscheidet nach den o.g. 28
Vorgaben der Arzt selbst. **Körperliche Eingriffe** im Zusammenhang mit der

§ 3 TVöD

Untersuchung bedürfen der Zustimmung des Beschäftigten. Eine Zustimmung darf nur erwartet werden, soweit nach dem Ergebnis seiner Befragung und einer einfachen körperlichen Untersuchung an der körperlichen Eignung Zweifel bestehen und ein einfacher, risikoloser Eingriff geeignet ist, diese Zweifel zu klären (Blutentnahme). Die Zustimmung zu einer Blutentnahme zwecks Durchführung eines **HIV-Antikörpertests** darf regelmäßig nicht erwartet werden (vgl. hierzu PK-BAT-Bruse, § 7 Rn. 17 m.w.N.).

Psychiatrische neurologische **Untersuchungen** können in diesem Zusammenhang regelmäßig nicht verlangt werden, zumal hier eine verlässliche Diagnose in der Regel nur auf Grund einer längeren Beobachtung möglich ist. **Psychologische Eignungstests** fallen ebenfalls nicht unter den Anspruch des Arbeitgebers auf Einstellungsuntersuchung (PK-BAT-Bruse, § 7 Rn. 22 m.w.N.).

29 Die **Person des untersuchenden Arztes** bestimmt der Arbeitgeber. Grundsätzlich handelt es sich um die Betriebsärztin oder den Betriebsarzt. Durch Vereinbarung mit dem Personal- oder Betriebsrat kann ein anderer Arzt bestimmt werden. Der beauftragte Arzt unterliegt in vollem Umfang der **ärztlichen Schweigepflicht.** Ob und in welchem Umfang das Untersuchungsergebnis an den Arbeitgeber weitergeleitet wird, entscheidet allein der Arbeitnehmer. Er ist zunächst vom Arzt über das Ergebnis der Untersuchung im Einzelnen zu informieren. Sodann muss ihm die Möglichkeit zugestanden werden, seine Bewertung zurückzuziehen, ohne dass der Arbeitgeber über den Gesundheitszustand informiert wird (PK-BAT-Bruse, § 7 Rn. 25; Butte, DB 1985, 1532).

In der Einwilligung des Bewerbers zur Einstellungsuntersuchung liegt keine, auch nur eingeschränkte Schweigepflichtsentbindungserklärung i.S. des § 203 StGB gegenüber dem Arzt. Dieser darf dem Arbeitgeber grundsätzlich nur das positive oder negative Ergebnis der Eignung mitteilen. Dieses schlichte »Ja« oder »Nein« unterfällt nicht der ärztlichen Schweigepflicht. Ein weitergehendes Erkenntnisinteresse des Arbeitgebers ist nicht anzuerkennen, weil es allenfalls der Befriedigung menschlicher Neugier dient (so auch Schmidt, BB 1969, 631; PK-BAT-Bruse, § 7 Rn. 27).

Wird nur eine eingeschränkte Arbeitsplatztauglichkeit bescheinigt, hat es der Arbeitnehmer in der Hand, welche Informationen er dem Arbeitgeber nach Kenntnisnahme des Untersuchungsergebnisses zukommen lassen will.

30 Das **Ergebnis** der vom Arbeitgeber veranlassten ärztlichen Untersuchung ist verbindlich und kann nicht durch Vorlage anderer ärztlicher Zeugnisse korrigiert werden. Kommt es allerdings unter Verletzung der o.g. Fragerechtsbeschränkungen oder auf Grund der Verletzung der ärztlichen Schweigepflicht zustande und versagt der Arbeitgeber daraufhin die Einstellung, so ergibt sich ein Einstellungsanspruch u.U. aus Art. 33 Abs. 2 GG (vgl. hierzu PK-BAT-Bruse, § 7 Rn. 30).

Der Anspruch des Arbeitgebers auf **Untersuchungen nach der Einstellung** 31
unterscheidet sich grundlegend von seinen Ansprüchen im Rahmen der
Einstellungsuntersuchung. Nach Abs. 4 kann jeder Beschäftigte bei gegebener Veranlassung durch einen Arzt auf seine Dienstfähigkeit untersucht
werden, um die aktuelle oder künftige **Arbeitsfähigkeit** festzustellen.

Der Anspruch auf ärztliche Untersuchung während des laufenden Arbeits- 32
verhältnisses besteht nur bei **gegebener Veranlassung**. Bei Zweifeln an der
Arbeitsfähigkeit müssen greifbare Tatsachen vorliegen, welche gewichtige
Zweifel daran begründen, dass der Beschäftigte – auch unter Berücksichtigung einer evtl. Schwerbehinderung – aktuell oder auf Dauer in der Lage
ist, den gesundheitlichen Anforderungen seines Arbeitsplatzes gerecht zu
werden (vgl. im Einzelnen PK-BAT-Bruse, §7 Rn. 39).

Nach Auffassung des BAG (AP Nr. 1 zu §7 BAT) kann der sachliche 33
Grund für die Anordnung einer Untersuchung sowohl in der Fürsorgepflicht für den Beschäftigten als auch im sonstigen Pflichtenkreis des Betriebes oder der Verwaltung liegen. Der Arbeitgeber muss dem Beschäftigten den Untersuchungszweck mitteilen und im Einzelnen begründen,
warum er eine Untersuchung für erforderlich hält. Die Begründung muss
sich im Rahmen der in Abs. 4 genannten Tatbestände bewegen.

Ein einmaliger Vorgang (hier mögliche Leseschwierigkeiten beim Sortieren von Protokollisten) kann keine »gegebene Veranlassung« darstellen,
nach Monaten eine ärztliche Untersuchung vom Arbeitnehmer zu verlangen (ArbG Minden vom 17.3.1999 – 2 Ca 1455/98, n.v.).

Ist der Anspruch des Arbeitgebers auf ärztliche **Untersuchung** begründet, 34
so ist der Beschäftigte verpflichtet, an dieser Untersuchung aktiv teilzunehmen. Er hat auf Fragen des Arztes in angemessenen Grenzen über vorangegangene Erkrankungen zu antworten und einfache körperliche Eingriffe
zu dulden (vgl. hierzu Rn. 28).

Der Arbeitgeber ist in der Wahl des Arztes nach Abs. 4 beschränkt. In der 35
Regel ist die Betriebsärztin oder der Betriebsarzt zuständig. Durch Regelungsabsprache oder Dienst- bzw. Betriebsvereinbarung können sich die
Betriebsparteien, also Personal- oder Betriebsrat und Dienststelle oder
Arbeitgeber auf einen anderen Arzt verständigen. Er muss von den Parteien des Arbeitsverhältnisses unabhängig sein, so dass ein Amtsarzt, der
beim Arbeitgeber tätig ist, nicht beauftragt werden kann (BAG, AP Nr. 2
zu §59).

Der untersuchende Arzt unterliegt der **ärztlichen Schweigepflicht** (vgl. 36
Rn. 29). Mit der Wahrnehmung des Untersuchungstermins entbindet der
Beschäftigte den Arzt hiervon gegenüber dem Arbeitgeber nicht stillschweigend (PK-BAT-Bruse, §7 Rn. 61; a.A. Böhm/Spiertz, §7 Rn. 20).
Auch kann der Beschäftigte durch pauschale Erklärung gegenüber dem
Arbeitgeber den Arzt nicht generell von der Schweigepflicht entbinden
(Hinrichs, DB 1980, 2287, 2289).

§ 3 TVöD

Soweit der Arzt die Frage nach der Dienstfähigkeit uneingeschränkt positiv oder diejenige nach ansteckenden Krankheiten negativ beantworten kann, unterliegt er keiner Schweigepflicht. Weitere Informationen an den Arbeitgeber sind regelmäßig weder erforderlich noch zulässig (vgl. hierzu Rn. 29).

Der Beschäftigte kann beanspruchen, den Befund vom Arzt zu erfahren; denn es besteht eine **Rechenschaftspflicht des Arztes** gegenüber dem Patienten (BSG, NJW 1978, 2337 ff.). Dies schließt grundsätzlich auch ein Einsichtsrecht des Beschäftigten in die für die Untersuchungen geführten Unterlagen ein.

37 Soweit Untersuchungsergebnisse über den körperlichen, geistigen oder seelischen Gesundheitszustand des Beschäftigten zulässigerweise in dessen **Personalakten** gelangt sind, sind sie vertraulich zu behandeln und ggf. in verschlossenen Umschlägen aufzubewahren (so auch BAG, DB 1987, 2571; vgl. Rn. 43).

38 Das **Untersuchungsergebnis** im laufenden Arbeitsverhältnis hat keine präjudizierende Wirkung. Auch wenn dauernde Arbeitsunfähigkeit festgestellt wird, kann das Arbeitsverhältnis nicht ohne weiteres gekündigt oder nach § 33 Abs. 2 oder 4 als aufgelöst angesehen werden. Trotz einer eventuell bereits vorliegenden amtsärztlichen Stellungnahme müsste der Beschäftigte zunächst aufgefordert werden, einen Rentenantrag zu stellen. Dieses Verfahren kann wegen des Vorrangs der sozialversicherungsrechtlichen Feststellung nicht abgekürzt werden, zumal nicht zu unterstellen ist, dass sich der Amtsarzt mit den Begriffen der Erwerbs- und Berufsunfähigkeit bereits auseinandergesetzt hat.

Weigert sich der Angestellte, bei gegebener Veranlassung einer berechtigten Untersuchungsanordnung zu folgen, so kann die Untersuchung nicht gerichtlich erzwungen zumindest nicht vollstreckt werden. Allerdings kann nach entsprechender Abmahnung eine fristgemäße Kündigung in Betracht kommen (vgl. hierzu im Einzelnen PK-BAT-Bruse, § 7 Rn. 71). Macht ein Arbeitnehmer nach einer einschlägigen Abmahnung durch die neuerliche Weigerung, sich untersuchen zu lassen, die Versuche des Arbeitgebers, Art und Schwere einer von ihm beim Arbeitnehmer vermuteten **psychischen Erkrankung** und seine Dienstfähigkeit aufzuklären, schuldlos zunichte, so kann der Arbeitgeber das Arbeitsverhältnis – ausnahmsweise – auch dann aus verhaltensbedingten Gründen (außerordentlich) kündigen, wenn der Arbeitnehmer durch ebenfalls schuldloses Fehlverhalten das Arbeitsverhältnis unzumutbar belastet hat und mit Wiederholungen zu rechnen ist. Das gilt auch bei tariflichem Ausschluss der ordentlichen Kündigung (LAG Frankfurt vom 18.2.1999 – 12 Sa 716/97, LAGE § 1 KSchG Verhaltensbedingte Kündigung Nr. 70).

39 Die **Kosten** der Untersuchungen trägt in allen Fällen der Arbeitgeber. Hierunter fallen sowohl die unmittelbaren Kosten als auch die mittelbaren Kosten wie Verdienstausfall, Wege- und Reisekosten. Liegt der Untersu-

TVöD § 3

chungstermin nicht in der Arbeitszeit, so kann der Beschäftigte zum Ausgleich des Zeitaufwandes Arbeitsbefreiung beanspruchen. Dies gilt nicht bei arbeitsmedizinischen Vorsorgeuntersuchungen, welche nach Unfallverhütungsvorschriften angeordnet werden können (vgl. BAG, DB 1983, 1984; BAG, AP Nrn. 5, 12 zu § 611 Lohnanspruch).

Sonstige **arbeitsmedizinische Untersuchungen** ergeben sich ggf. aus den **Unfallverhütungsvorschriften**, insbesondere aus §§ 32 bis 46 Jugendarbeitsschutzgesetz, §§ 17, 18, 47 und 48 Bundesseuchengesetz und der StrahlenschutzVO vom 13. 10. 1976 (BGBl. I S. 2905). 40

Die Möglichkeit **betriebsärztlicher Untersuchungen** besteht auch nach § 3 Abs. 1 Nr. 2 ASiG. Hiernach ist der Arbeitnehmer jedoch nicht verpflichtet, sich der betriebsärztlichen Untersuchung zu unterziehen (so auch ArbG Stuttgart, DB 1983, 2094; siehe aber BAG vom 14. 11. 1989 – 1 ABR 82/88 zur Einschränkung des Grundrechts auf freie Arztwahl).

Nach **Absatz 5** besteht ein Anspruch auf Einsicht in die vollständigen **Personalakten**. Der Tarifvertrag enthält keine Definition des Personalaktenbegriffes. Da die Vorschrift eine eigenständige tarifliche Regelung enthält, die nicht auf das **Beamtenrecht** verweist, sind Anlehnungen an das Beamtenrecht zur Ermittlung des Personalaktenbegriffes nicht möglich (vgl. hierzu Geulen, Die Personalakte in Recht und Praxis, 1984, 143 f.; PK-BAT-Bruse, § 13 Rn. 4). Dies hindert den öffentlichen Arbeitgeber jedoch nicht, die Modalitäten der Personalaktenführung in den zulässigen Grenzen einheitlich für Beschäftigte und Beamte zu regeln. 41

Die Frage, ob der Arbeitgeber verpflichtet ist, Personalakten zu führen (vgl. Böhm/Spiertz, § 13 Rn. 2), ist deshalb rein theoretischer Natur, weil Personalakten unabhängig von dem Willen der Arbeitsvertragsparteien entstehen (zum materiellen und formellen Personalaktenbegriff siehe unten). Denn das Arbeitsverhältnis bringt es mit sich, dass den Beschäftigten betreffende Vorgänge, die in Schriftstücken und Datenträgern enthalten sind, fortlaufend aufkommen. Dies beginnt mit dem Bewerbungsvorgang, dem Abschluss des Arbeitsvertrages, einer Stellenbewertung, der Aufnahme der notwendigen Daten für die Ermittlung des zutreffenden Ortszuschlages, dienstliche Beurteilungen usw. Zum einen bedarf es notwendigerweise der vollständigen Dokumentation derartiger Vorgänge. Zum anderen besteht die latente Gefahr, dass hierdurch mosaikartig ein vollständiges Bild von der Person des Angestellten gezeichnet wird, welches ermöglicht, auch Einblicke zu erlangen, die für die Praktizierung des Arbeitsverhältnisses nicht erforderlich sind. Ferner ist zu besorgen, dass durch die Gewichtung bestimmter Vorgänge in der Personalakte ein schiefes Bild gezeichnet wird. Schließlich können Schriftstücke in die Personalakte gelangen, die falsche Tatsachenbehauptungen und unzutreffende Wertungen enthalten. Hierdurch ist potenziell immer das **Persönlichkeitsrecht** des Beschäftigten aus Art. 2 Abs. 1 GG tangiert. Denn notwendigerweise betreffen die in der Personalakte enthaltenen Daten nicht nur die dienst-

§ 3 TVöD

lichen Aufgaben des Beschäftigten, sondern darüber hinaus auch seine Privat- oder gar Intimsphäre. Zur Wahrung seiner Persönlichkeitsrechte bedarf es daher folgender grundsätzlicher Vorgaben:

- In der Personalakte ist nur das zu dokumentieren, was für das Arbeitsverhältnis wirklich wesentlich ist (arbeitsvertragsbezogene Limitierung).
- Es sind nur objektiv richtige Tatsachenbehauptungen und zutreffende Wertungen in die Personalakte aufzunehmen (Objektivierung).
- Die zu den Personalakten gehörenden Vorgänge sind vollständig in die formelle Personalakte aufzunehmen (Vollständigkeitsgrundsatz).
- Die vollständigen Personalakten müssen dem Beschäftigten zugänglich sein (Transparenz).
- Es muss sichergestellt sein, dass Unbefugte keinen Zugriff auf Daten aus den Personalakten haben (Grundsatz der Vertraulichkeit und des Datenschutzes).

Zu unterscheiden ist zwischen dem materiellen und formellen Personalaktenbegriff.

Der **materielle Personalaktenbegriff** umfasst alle Vorgänge, die auf Grund ihrer Eigenheit zu den Personalunterlagen zu nehmen sind. Hierzu gehören grundsätzlich alle Schriftstücke, die den Beschäftigten in seinem Arbeitsverhältnis betreffen, so dass möglichst ein vollständiges, wahrheitsgemäßes und sorgfältiges Bild über die persönlichen und Dienstverhältnisse des Beschäftigten gezeichnet wird (BAG, AP Nr. 82 zu § 611 Fürsorgepflicht; BAG, AuR 1981, 124; vgl. hierzu auch Geulen, a. a. O., 40; PK-BAT-Bruse, § 13 Rn. 7 ff.).

Die hierzu gehörigen Vorgänge sind in einer **formellen Personalakte**, also der tatsächlich existierenden Personalakte zusammenzufassen.

Diese Unterscheidung hat deshalb praktische Bedeutung, weil es durchaus denkbar ist und in der Praxis vorkommt, dass sich Vorgänge, die materiell zu den Personalakten gehören, ausschließlich in Sachakten befinden, wodurch möglicherweise ein unvollständiges Bild entsteht und dem Beschäftigten die Möglichkeiten der Einsichtnahme erschwert werden. Hier kann der Beschäftigte verlangen und ggf. auch gerichtlich durchsetzen, dass solche Vorgänge zur (formellen) Personalakte genommen werden. Umgekehrt ist es möglich, dass die formelle Personalakte Dokumente enthält, die materiell nicht zu den Personalakten gehören. In diesem Falle besteht ein entsprechender Entfernungsanspruch und u. U. auch ein Vernichtungsanspruch (vgl. hierzu Rn. 52).

42 Der notwendige **Inhalt der Personalakte** kann nicht abschließend positiv umschrieben werden. Ein gewisser Mindestinhalt ist jedoch durch arbeits- und tarifrechtliche Erfordernisse vorgegeben. Hierzu gehören:

- Einstellungsvorgänge (Bewerbungsschreiben, Lebenslauf, Qualifikationsnachweise, Arbeitsvertrag)

TVöD § 3

- Ergebnis der Einstellungsuntersuchung
- Feststellungen zur Beschäftigungszeit
- Feststellungen über die Einstufung nach § 16
- spätere interne Bewerbungen des Beschäftigten
- dienstliche Beurteilungen
- Nachweise über Zeiten ohne Arbeitsleistung
- Unterlagen über gegenseitige finanzielle Ansprüche

Es sind nur solche Vorgänge in die Personalakte aufzunehmen, die für das Arbeitsverhältnis bedeutsam und gewichtig sind (ArbG Berlin vom 30.10.1986 – 17 Ca 84/86, n.v.). Von unbedeutenden Schriftstücken, die für die Beurteilung des Beschäftigten nachteilig sein können, ist die Personalakte freizuhalten (LAG Niedersachsen, AP Nr. 85 zu § 611 BGB Fürsorgepflicht).

Strafurteile gegen den Beschäftigten, welche dem Arbeitgeber auf Grund der zwischen dem Bundesjustizminister und den Landesjustizverwaltungen vereinbarten Anordnung über Mitteilung in Strafsachen (MiStRA) übersandt werden, sind nur dann zur Personalakte zu nehmen, wenn sie einen Bezug zum Arbeitsverhältnis haben, also zu arbeitsvertraglichen Konsequenzen berechtigen (zum Entfernungsanspruch vgl. BAG, AP Nr. 83 zu § 611 BGB Fürsorgepflicht).

Nach Abs. 5 gilt der Grundsatz der **Vollständigkeit der Personalakte**, so dass die Vorgänge grundsätzlich auf Dauer aufzunehmen sind. Hierdurch wird nicht ausgeschlossen, dass Schriftstücke ausnahmsweise nur vorübergehend enthalten sind. Dies ist insbesondere dann geboten, wenn sie mit dem Zeitablauf ihre Bedeutung verlieren. Häufigster Fall ist die vorübergehende Aufnahme von **Abmahnungsschreiben** oder ähnlichen Rügen, Tadeln etc. bzw. gegen den Angestellten vorgebrachte Beschwerden. Teilweise haben die öffentlichen Arbeitgeber Richtlinien entwickelt, innerhalb welcher **Tilgungsfrist** derartige Vorgänge aus den Personalakten zu entfernen sind. Besteht eine solche, nicht zwingende Regelung oder Verwaltungspraxis, hat der Arbeitgeber diese gleichmäßig auf alle Beschäftigten anzuwenden.

43

Zur Kontrolle der Vollständigkeit der Personalakte ist es erforderlich, die einzelnen Blätter fortlaufend zu nummerieren. Werden später zulässigerweise Schriftstücke aus der Personalakte entfernt, so ist die Akte neu durchzuzählen. Die Anlage von Fehlblättern sollte auf Ausnahmefälle beschränkt bleiben, etwa wenn lediglich ein Blatt zu entfernen ist (so auch PK-BAT-Bruse, § 13 Rn. 17).

Der Grundsatz der **Vertraulichkeit** gebietet es, nur einem eng begrenzten Personenkreis Zugang zu Personalunterlagen zu verschaffen (BAG, DB 1987, 2571). In der Regel sind dies der Dienststellenleiter und die mit der Personalaktenverwaltung beschäftigten zuständigen Mitarbeiter.

Enthält die Personalakte Unterlagen über den **Gesundheitszustand** des Beschäftigten, die über die reine Eignungsfeststellung hinausgehen, sind derartige Unterlagen in einem verschlossenen Umschlag in der Akte aufzubewahren, damit sichergestellt wird, dass von ihrem Inhalt nur von berechtigten Personen bei entsprechendem Bedarf Kenntnis genommen wird (vgl. auch Rn. 37). Gleiches gilt hinsichtlich anderer sensibler Daten, z.B. Ergebnisse einer Sicherheitsüberprüfung und Unterlagen nach dem Stasi-Unterlagengesetz. Die Vertraulichkeit dieser Unterlagen kann auch dadurch gesichert werden, dass sie in gesonderten und besonders verschlossenen Akten enthalten sind, auf die die Personalakte jedoch verweisen muss.

Außenstehenden Dritten darf die Personalakte grundsätzlich nicht zugänglich gemacht werden, soweit keine Vollmacht des Beschäftigten vorliegt (vgl. hierzu Rn. 46). Ein Verstoß hiergegen löst Schadensersatzansprüche, einschließlich eines Schmerzengeldanspruches aus (BAG, AP Nr. 8 zu §611 BGB Persönlichkeitsrecht; BAG, AP Nr. 13 zu §847 BGB). Letzteres gilt auch hinsichtlich der **Weitergabe der Personalakte** an andere Arbeitgeber des öffentlichen Dienstes. Die häufig zu beobachtende Praxis, die Personalakten ohne Zustimmung des Beschäftigten weiterzugeben, ist rechtswidrig (so auch PK-BAT-Bruse, §13 Rn. 22ff.). Insbesondere kann eine solche Praxis nicht mit einem Amtshilfeersuchen nach Art. 35 GG begründet werden, da das Beschäftigtenverhältnis privatrechtlicher Natur ist.

44 Die **doppelte** oder mehrfache **Personalaktenführung** ist unzulässig. Denn hierdurch werden die Möglichkeiten, die Vertraulichkeit zu gewährleisten, eingeschränkt. Ferner besteht die Gefahr mangelnder Kongruenz mehrfach geführter Personalakten. Diese Gefahren werden nicht aufgewogen durch Praktikabilitätsgesichtspunkte, weil es ggf. möglich ist, die Akten bei entsprechendem Bedarf zu versenden (vgl. hierzu Rn. 46).

45 **Dienst-** und **Betriebsvereinbarungen** über die Personalaktenführung sind im Rahmen des Bundespersonalvertretungsgesetzes, Betriebsverfassungsgesetzes und der Landespersonalvertretungsgesetze zulässig. Es handelt sich um Fragen der »Ordnung« der Dienststelle oder des Betriebes. Dementsprechend besteht regelmäßig ein Mitbestimmungsrecht des Personal- oder Betriebsrats.

46 Der Beschäftigte hat ein **Einsichtsrecht** in die vollständigen Personalakten. Er kann die Einsicht selbst vornehmen oder eine andere Person hiermit beauftragen. Bevollmächtigter kann jede geschäftsfähige natürliche Person sein, die jedoch eine zu den Akten zu nehmende **Vollmacht** vorzulegen hat (Abs. 5 Satz 2). Die Vollmacht muss das Einsichtsrecht ausdrücklich beinhalten und sich auf eine oder mehrere bestimmte Person/en beziehen. Sie kann daher nicht auf ein Gremium, wie den Personalrat, oder eine juristische Person, z.B. eine Gewerkschaft, lauten. Das Einsichtsrecht für bevollmächtigte **Rechtsanwälte** ergibt sich unmittelbar aus §3 BRAO.

Die Person des Bevollmächtigten kann nach Abs. 5 Satz 2 nur in Ausnahmefällen zurückgewiesen werden, wenn Interessenkollisionen zu besorgen sind oder der bevollmächtigten Person in der Personalakte befindliche dienstliche Informationen nicht zugänglich gemacht werden dürfen. Soweit das Einsichtsrecht auf gesetzlichen Vorschriften beruht (§ 3 BRAO, § 68 Abs. 2 Satz 3 BPersVG, § 83 Abs. 1 Satz 2 BetrVG), ist eine Zurückweisung des Bevollmächtigten nicht möglich. **Gewerkschaftsbeauftragte** stehen den Rechtsanwälten entsprechend § 11 Abs. 1 ArbGG gleich.

Das Einsichtsrecht beschränkt sich nicht nur auf alle Bestandteile der formellen Personalakte und deren Nebenakten, sondern auch auf die Bestandteile der **Sachakten,** in denen materiell zur Personalakte gehörende Schriftstücke enthalten sind. Auf **elektronischen Datenträgern** enthaltene Daten sind in geeigneter Form zugänglich zu machen (in der Regel auszudrucken). **47**

Der Angestellte kann verlangen, dass ihm die Akten am Beschäftigungsort zur Einsicht überlassen werden. Sie sind ggf. dorthin zu übersenden. Das Akteneinsichtsrecht beinhaltet die Möglichkeit, **Fotokopien** des gesamten Akteninhalts zu fertigen (a.A. Böhm/Spiertz, § 13 Rn. 8, Fürst, GKÖD IV, T, § 13 Rn. 13, die der Auffassung sind, dass es dem Beschäftigten verwehrt sei, eine kopierte Zweitakte herzustellen; wie hier PK-BAT-Bruse, § 13 Rn. 36; Geulen, a.a.O., 147). **48**

Die Häufigkeit des Einsichtsrechts ist nur durch die Grenzen des Rechtsmissbrauchs beschränkt. Die Tatsache der Einsichtnahme darf in den Akten vermerkt werden (so auch PK-BAT-Bruse, § 13 Rn. 29; a.A. Fürst, GKÖD IV, Rn. 13). **49**

Der Einsichtsanspruch besteht auch nach Beendigung des Arbeitsverhältnisses, jedoch nicht unbegrenzt, sondern in entsprechender Anwendung des § 37 mindestens weitere sechs Monate, darüber hinaus, wenn ein triftiger Grund zur Einsichtnahme geltend gemacht wird (BAG, AP Nr. 1 zu § 611 BGB Fürsorgepflicht; EzBAT § 13 BAT Personalakten Nr. 30; PK-BAT-Bruse, § 13 Rn. 34).

Der Beschäftigte hat ein Recht auf **rechtliches Gehör** vor der Aufnahme negativer Beschwerden und Behauptungen. Dies ist im Gegensatz zu § 13 Abs. 2 BAT zwar nicht mehr ausdrücklich tariflich geregelt, ergibt sich aber aus den Rücksichtnahmepflichten des Arbeitgebers nach § 242 BGB. **50**

Unter den Begriff der **Beschwerden** fallen in erster Linie Werturteile über das Verhalten oder die Arbeitsleistung des Beschäftigten, gleichgültig aus welcher Quelle diese Meinungsäußerungen stammen.

Eine **Behauptung** tatsächlicher Art muss die Rechtsstellung des Beschäftigten zumindest berühren, um den Anspruch auf rechtliches Gehör auszulösen.

Eine besondere **Form der Anhörung** ist nicht vorgeschrieben. Die interessengerechte Abwicklung besteht in der Übersendung bzw. Übergabe des

§ 3 TVöD

zur Aufnahme in die Personalakte vorgesehenen Schriftstückes oder einer Kopie an den Beschäftigten mit dem ausdrücklichen Hinweise auf die Rechte aus Abs. 5 (so auch PK-BAT-Bruse, § 13 Rn. 44). Dem Beschäftigten ist eine angemessene **Überlegungsfrist** einzuräumen, die mindestens eine Woche betragen sollte, damit er die Möglichkeit hat, ggf. Rechtsrat einzuholen.

Im Rahmen einer **Rücksprache** kann der Beschäftigte ein Personalratsmitglied seines Vertrauens hinzuziehen.

Dem Arbeitnehmer steht es frei, eine **Stellungnahme** abzugeben. Seine Äußerung ist nur dann zur Personalakte zu nehmen, wenn auch das ihn belastende Schriftstück in den Personalakten verbleibt. Da diese Vorschrift dem Schutz des Beschäftigten dient, kann er verlangen, dass seine Äußerung nicht zur Personalakte genommen wird.

Wird gegen das Gebot des rechtlichen Gehörs verstoßen, so kann allein aus diesem Grunde grundsätzlich die **Entfernung** des den Beschäftigten belastenden Schriftstückes aus der Personalakte verlangt werden (BAG, DB 1990, 841; PK-BAT-Bruse, § 13 Rn. 48; Nebendahl, ZTR 1990, 418).

51 **Abmahnungen** und ähnliche Rügen können für den Beschäftigten negative Tatsachenbehauptungen oder Wertungen enthalten, so dass die Anhörung obligatorisch ist (BAG, AP Nr. 2 zu § 13 BAT). Enthält die Abmahnung unzutreffende Wertungen oder Tatsachen, ist sie aus den Personalakten zu entfernen und zu vernichten. Dieser Anspruch kann im Wege des Leistungsantrages arbeitsgerichtlich geltend gemacht werden.

Die Zweckmäßigkeit der Verfolgung des Tilgungsanspruches stellt sich für den Beschäftigten wie folgt dar: Wird die Abmahnung in einen späteren Kündigungsrechtsstreit eingeführt, so kann er sich noch in diesem darauf berufen, dass die Abmahnung unwirksam war, ohne dass ihm entgegengehalten werden könnte, er habe zum damaligen Zeitpunkt nicht auf die Abmahnung reagiert (BAG, EzA § 611 BGB Abmahnung Nr. 5). Insofern dient es selten der Wahrung seiner Rechtspositionen, wenn eine erteilte Abmahnung sofort arbeitsgerichtlich angegriffen wird, zumal der Entfernungsanspruch regelmäßig nicht der tariflichen Ausschlussfrist des § 37 unterliegt (vgl. hierzu § 37 Rn. 3). Ebenso wenig ist es erforderlich, Gegendarstellungen abzugeben. Soll ein späterer Entfernungsanspruch auf jeden Fall gesichert werden, reicht es vollständig aus, diesen ohne weiteren Kommentar schriftlich geltend zu machen. Die Durchführung eines Arbeitsgerichtsverfahrens um eine Abmahnung dient unabhängig vom Prozessergebnis in der Regel nur dem Arbeitgeber: Obsiegt dieser in dem Verfahren, kann er sich in einem Wiederholungsfall auf eine sichere Abmahnung stützen und das Arbeitsverhältnis möglicherweise sozial gerechtfertigt kündigen. Unterliegt er, so steht fest, dass die Abmahnung nicht für eine spätere Kündigung herangezogen werden kann. Gleichwohl ist der Arbeitgeber nicht gehindert, die Lehren aus dem Arbeitsgerichtsverfahren zu ziehen und nach den Vorgaben des Urteils eine möglicherweise modifizierte Abmahnung auszusprechen, da sein Abmahnungsrecht nicht der Verwirkung unterliegt (§ 37 Rn. 3).

Auch dienstliche **Beurteilungen** (Dienstleistungsberichte) unterliegen dem Anhörungsrecht des Beschäftigten, und zwar bereits im Zeitpunkt der Entwurfsfassung (LAG Berlin vom 20.11.1980 – 4 Sa 65/80). Dies gilt auch dann, wenn der Dienstleistungsbericht nur negative Wertungen enthält (a.A. PK-BAT-Bruse, § 13 Rn. 41). 52

Sind die Wertungen einer dienstlichen Beurteilung unzutreffend oder enthält der Dienstleistungsbericht falsche Tatsachenbehauptungen, können eine entsprechende **Berichtigung** oder, soweit eine Aufnahme in die Personalakten bereits erfolgt ist, die Entfernung und Vernichtung verlangt werden. Ist die dienstliche Beurteilung unzulässigerweise nicht zu den Personalakten genommen worden, kann entweder verlangt werden, eine berichtigte Fassung zu den Personalakten zu nehmen oder aber die bisherige Fassung zu vernichten.

Der Arbeitgeber hat in einer solchen arbeitsgerichtlichen Auseinandersetzung konkret darzulegen und ggf. zu beweisen, auf welche Tatsachen er seine einzelnen Wertungen stützt; pauschale Tatsachenbehauptungen sind zu substantiieren (BAG, AP Nr. 2 zu § 1 TVG Tarifliche Übung).

Der Entfernungsanspruch erstreckt sich auch auf **andere Schriftstücke**, die auf Grund ihres Inhalts geeignet sind, das berufliche Fortkommen des Beschäftigten zu behindern. Darüber hinaus sind auch Vorgänge zu tilgen, die auf Grund des Zeitablaufes bedeutungslos geworden sind (vgl. hierzu LAG Niedersachsen, AP Nr. 85 zu § 611 BGB Fürsorgepflicht; BAG, DB 1988, 1702, zur Dokumentation der Warnstreikteilnahme). 53

Besteht ein Entfernungsanspruch, beinhaltet dieser regelmäßig auch den Anspruch auf Vernichtung des Schriftstückes, wenn eine Aufbewahrung außerhalb der Personalakten in bestimmten Sachakten nicht aus zwingenden Gründen erforderlich ist. 54

Der Entfernungs- und Vernichtungsanspruch verjährt in drei Jahren (§ 195 BGB). Bezüglich der tariflichen Ausschlussfrist s. § 37 Rn. 3.

§ 4
Versetzung, Abordnung, Zuweisung, Personalgestellung

(1) ¹Beschäftigte können aus dienstlichen oder betrieblichen Gründen versetzt oder abgeordnet werden. ²Sollen Beschäftigte an eine Dienststelle oder einen Betrieb außerhalb des bisherigen Arbeitsortes versetzt oder voraussichtlich länger als drei Monate abgeordnet werden, so sind sie vorher zu hören.

Protokollerklärungen zu Absatz 1:
1. Abordnung ist die Zuweisung einer vorübergehenden Beschäftigung bei einer anderen Dienststelle oder einem anderen Betrieb desselben oder eines anderen Arbeitgebers unter Fortsetzung des bestehenden Arbeitsverhältnisses.

§ 4 TVöD

2. *Versetzung ist die Zuweisung einer auf Dauer bestimmten Beschäftigung bei einer anderen Dienststelle oder einem anderen Betrieb desselben Arbeitgebers unter Fortsetzung des bestehenden Arbeitsverhältnisses.*

Niederschriftserklärung zu § 4 Abs. 1:
Der Begriff »Arbeitsort« ist ein generalisierter Oberbegriff; die Bedeutung unterscheidet sich nicht von dem bisherigen Begriff »Dienstort«.

(2) ¹Beschäftigten kann im dienstlichen/betrieblichen oder öffentlichen Interesse mit ihrer Zustimmung vorübergehend eine mindestens gleich vergütete Tätigkeit bei einem Dritten zugewiesen werden. ²Die Zustimmung kann nur aus wichtigem Grund verweigert werden. ³Die Rechtsstellung der Beschäftigten bleibt unberührt. ⁴Bezüge aus der Verwendung nach Satz 1 werden auf das Entgelt angerechnet.

Protokollerklärung zu Absatz 2:
Zuweisung ist – unter Fortsetzung des bestehenden Arbeitsverhältnisses – die vorübergehende Beschäftigung bei einem Dritten im In- und Ausland, bei dem der Allgemeine Teil des TVöD nicht zur Anwendung kommt.

(3) ¹Werden Aufgaben der Beschäftigten zu einem Dritten verlagert, ist auf Verlangen des Arbeitgebers bei weiter bestehendem Arbeitsverhältnis die arbeitsvertraglich geschuldete Arbeitsleistung bei dem Dritten zu erbringen (Personalgestellung). ²§ 613a BGB sowie gesetzliche Kündigungsrechte bleiben unberührt.

Protokollerklärung zu Absatz 3:
¹Personalgestellung ist – unter Fortsetzung des bestehenden Arbeitsverhältnisses – die auf Dauer angelegte Beschäftigung bbei einem Dritten. ²Die Modalitäten der Personalgestellung werden zwischen dem Arbeitgeber und dem Dritten vertraglich geregelt.

1 Nach allgemeinen arbeitsrechtlichen Grundsätzen ist die Versetzung oder Abordnung an einen anderen Arbeitsort grundsätzlich nur dann durch das Weisungsrecht des Arbeitgebers gedeckt, wenn die Beschäftigung typischerweise mit einem Ortswechsel verbunden ist oder ein Versetzungsvorbehalt ausdrücklich oder konkludent arbeitsvertraglich vereinbart ist (BAG, AP Nr. 2 zu § 611 BGB Beschäftigungspflicht). Demgegenüber erweitert § 4 das Direktionsrecht des öffentlichen Arbeitgebers, indem er Versetzungen und Abordnungen aus dienstlichen oder betrieblichen Gründen grundsätzlich zulässt, so dass ein vertraglicher Versetzungs- oder Abordnungsvorbehalt entbehrlich ist. Enthält der Arbeitsvertrag dagegen ausdrücklich die Bestimmung des Beschäftigungsorts, kommt eine Änderung nur einvernehmlich oder durch Änderungskündigung in Betracht, da es sich um eine für den Beschäftigten günstigere Vereinbarung handelt (§ 1 Rn. 11). Haben die Parteien in einem im öffentlichen Dienst üblichen Mus-

TVöD § 4

tervertrag zunächst den Beginn und die Art der Beschäftigung vereinbart und die Dienststelle bezeichnet, bei der der Beschäftigte eingestellt wird, und nachfolgend die Geltung eines Tarifvertrags verabredet, der die Versetzung an eine andere Dienststelle regelt, ist die tarifliche Versetzungsbefugnis des Arbeitgebers in der Regel nicht ausgeschlossen. Einen eingeschränkten Umfang hat das tarifliche Direktionsrecht des öffentlichen Arbeitgebers nur dann, wenn die Parteien dazu eindeutige Absprachen treffen (BAG vom 21.1.2004 – 6 AZR 583/02, ZTR 2004, 298 ff.).

Der Begriff der **Versetzung** ist weder tariflich noch personalvertretungsrechtlich definiert. Allerdings kann an den personalvertretungsrechtlichen, in der Rechtsprechung konkretisierten Begriff angeknüpft werden. Das BAG stellt dagegen auf den organisatorischen Dienststellenbegriff ab (BAG vom 22.1.2004 – 1 AZR 495/01, PersR 2005, 162 ff.). Es ist hierunter eine Anordnung des Arbeitgebers zu verstehen, welche dem Beschäftigten auf Dauer eine Tätigkeit bei einer anderen Dienststelle oder in einem anderen Betrieb desselben Arbeitgebers zuweist (BAG, AP Nr. 3 zu § 25 BAT; AP Nr. 6 zu § 44 BAT). Keine Versetzung, sondern möglicherweise eine **Umsetzung** ist die Zuweisung einer andersartigen Arbeit ohne Wechsel der Dienststelle oder des Betriebes. Eine Umsetzung ist in den Schranken des Direktionsrechts (vgl. hierzu § 41 BT-Verwaltung Rn. 1 ff.) zulässig. Bestehen zwischen Arbeitnehmern Spannungen, kann der Arbeitgeber einen Arbeitnehmer umsetzen, ohne dass er gehalten ist, anstelle der Umsetzung eine Abmahnung auszusprechen (BAG vom 24.4.1996 – 5 AZR 1031/94, EzA § 611 BGB Direktionsrecht Nr. 18). **2**

Nicht jeder **Ortswechsel** ist mit einer Versetzung verbunden, z.B. wenn die Dienststelle mehrere Nebenstellen unterhält und sich diese auf ein weites Gebiet erstrecken (z.B. Landkreisverwaltungen). Nur wenn eine personalvertretungsrechtlich verselbständigte Teil- oder Nebendienststelle vorliegt, liegt begrifflich auch eine Versetzung vor. Gleiches wird anzunehmen sein, wenn die objektiven Verselbständigungsmöglichkeiten einer Teil- oder Nebendienststelle gegeben sind, die Verselbständigung jedoch nur personalvertretungsrechtlich nicht herbeigeführt wurde. Denn die Individualansprüche des Beschäftigten können nicht davon abhängen, ob sich der Dienststellenleiter, der Personalrat oder die Arbeitnehmer für eine Verselbständigung entscheiden. **3**

Gegen eine Versetzung einer angestellten Personalüberhangskraft des Landes Berlin auf der Grundlage des § 12 BAT, entsprechend § 4 Abs. 1 TVöD, § 1 Abs. 2 StPoolG BE in den **Stellenpool** bestehen grundsätzlich keine rechtlichen Bedenken (LAG Berlin vom 24.5.2005 – 3 Sa 2534/04, Revision eingelegt unter 9 AZR 571/05).

Die **Abordnung** unterscheidet sich von der Versetzung im Wesentlichen durch das Zeitmoment; sie ist eine vorübergehende Versetzung. Wie diese setzt sie einen Dienststellenwechsel voraus. **4**

65

§ 4 TVöD

Nach der Protokollerklärung Nr. 1 zu § 4 Abs. 1 ist nunmehr die Abordnung nicht nur von der Dienststelle des bisherigen Arbeitgebers, sondern auch **zu einem anderen öffentlichen oder privaten Arbeitgeber** zulässig. In diesem Falle bleiben die Arbeitgeberpflichten beim bisherigen Arbeitgeber voll erhalten. Der Beschäftigte unterliegt nur den dienstlichen Weisungen des anderen Arbeitgebers. Wie sich aus dem Gegenschluss des § 4 Abs. 2 ergibt, muss bei dem anderen Arbeitgeber der TVöD gelten.

5 Von der Abordnung und Versetzung unterscheidet sich die von § 4 nicht erfasste **Umsetzung**, die im Rahmen des Direktionsrechts zulässig ist (§ 41 BT-Verwaltung Rn. 1 ff.). Hierunter wird sowohl der Wechsel des Arbeitsortes innerhalb der Dienststelle oder des Betriebes verstanden als auch die Übertragung eines anderen Aufgabenbereiches, der mit gewissen Änderungen verbunden ist, die nicht ganz unerheblich sind. Verwirrung kann dadurch entstehen, dass im Geltungsbereich des BetrVG Umsetzungen im tariflichen Sinne betriebsverfassungsrechtlich als Versetzung i.S.d. § 95 Abs. 3 BetrVG anzusehen sind. Der Versetzungsbegriff des § 4 Abs. 1 ist keineswegs identisch mit demjenigen aus § 95 Abs. 3 BetrVG.

6 Eine Versetzung oder Abordnung ist nur aus **dienstlichen oder betrieblichen Gründen** möglich. Es muss sich hier zwar um keine dringenden betrieblichen Erfordernisse von der Intensität des § 1 Abs. 2 KSchG handeln. Im Streitfall hat der Arbeitgeber jedoch substantiiert darzulegen, aus welchen tatsächlichen Gründen eine zukünftige Beschäftigung in einer anderen Dienststelle oder in einem anderen Betrieb erforderlich ist.

Die Gründe können sich auch aus der **Person** oder dem Verhalten **des Beschäftigten** ergeben, wenn hieraus dienstliche oder betriebliche Gründe resultieren. Da nach dem Wortlaut des Abs. 1 Satz 1 rein personen- oder verhaltensbedingte Gründe eine Versetzung oder Abordnung nicht rechtfertigen, sind hier strenge Maßstäbe anzulegen (so auch PK-BAT-Bruse, § 12 Rn. 6).

Liegen die Ursachen im **Verhalten des Beschäftigten**, ist grundsätzlich wie vor einer Kündigung zunächst das mildere Mittel der Abmahnung zu wählen, wenn nicht das für die weitere Zusammenarbeit in der Dienststelle notwendige Vertrauensverhältnis durch einen einmaligen Vorgang bereits derart gestört ist, dass dem Arbeitgeber eine vorherige Abmahnung nicht zuzumuten ist. Insbesondere wenn die Versetzung mit Leistungsmängeln begründet wird, bedarf es regelmäßig einer Abmahnung (vgl. auch BAG, AP Nr. 1 zu § 12 BAT; PK-BAT-Bruse, § 12 Rn. 8).

7 Besteht bei der Versetzung aus dienstlichen oder betrieblichen Gründen eine Auswahlmöglichkeit zwischen verschiedenen vergleichbaren Angestellten, so ist in entsprechender Anwendung des § 1 Abs. 3 KSchG eine **Sozialauswahl** vorzunehmen. Im Unterschied zu den im Kündigungsschutzrecht entwickelten Grundsätzen zur Sozialauswahl kommt es im Zusammenhang mit Versetzungen und Abordnungen weniger darauf an, wie lange das Beschäftigungsverhältnis bereits bestand. Auch spielen die Unterhaltspflichten und das Alter des Beschäftigten grundsätzlich keine entscheidende Rolle. Vielmehr ist zu prüfen, für welchen Arbeitnehmer die Versetzung oder Abordnung am wenigsten belastend ist (zur Änderungskündigung: BAG, EzA §1 KSchG Soziale Auswahl Nr. 23). Ist die Maßnahme mit einer Ortsveränderung verbunden, so sind zweifellos familiäre Bindungen am Wohnort, der Besitz einer preisgünstigen Miet- oder Eigentumswohnung etc. vordergründig zu berücksichtigen. Entsprechend §1 Abs. 3 Satz 2 KSchG hat der Arbeitgeber jedoch die Möglichkeit, von dem Ergebnis einer in dieser Weisung durchzuführenden Sozialauswahl abzuweichen, wenn berechtigte dienstliche oder betriebliche Bedürfnisse die Versetzung oder Abordnung eines oder mehrerer bestimmter Beschäftigter bedingen und damit der Sozialauswahl entgegenstehen.

Schließlich ist eine **Interessenabwägung** zwischen den dienstlichen oder betrieblichen Gründen des Arbeitgebers und den berechtigten Belangen des Beschäftigten durchzuführen. Die Versetzung eines Arbeitnehmers gegen seinen Willen ist nur dann gerechtfertigt, wenn sein Interesse an der Weiterbeschäftigung in der bisherigen Dienststelle hinter dem Interesse der Allgemeinheit an der ordnungsgemäßen Durchführung der Aufgaben des öffentlichen Dienstes zurücktreten muss (BAG, AP Nr. 1 zu §12 BAT). **8**

Nach Abs. 1 Satz 2 ist der Beschäftigte anzuhören, wenn die Versetzung an einen anderen Arbeitsort erfolgt. Dies gilt auch dann, wenn sich der andere Arbeitsort noch im so genannten Einzugsgebiet (vgl. hierzu §44 BT-Verwaltung Rn. 12) befindet. Auf den beamtenrechtlichen Begriff des Dienstorts kann nicht abgestellt werden, auch wenn die Niederschriftserklärung Nr. 3 zum TVöD besagt, dass der Begriff des Arbeitsortes sich nicht vom bisherigen Begriff des Dienstortes unterscheidet, sondern ein generalisierender Oberbegriff sei. Die **Anhörungspflicht** besteht auch bei einer Abordnung, die länger als drei Monate andauern soll. War die Abordnung zunächst für einen kürzeren Zeitraum beabsichtigt und soll sie über die Dauer von drei Monaten hinaus fortgesetzt werden, so ist die Anhörung des Beschäftigten unverzüglich nachzuholen (vgl. PK-BAT-Bruse, §12 Rn. 22). **9**

Eine besondere Form der Anhörung ist nicht vorgeschrieben. Der Beschäftigte muss die Möglichkeit erhalten, sich zu der Maßnahme zu erklären. Aus diesem Grunde ist ihm eine Überlegungsfrist einzuräumen, die in Anlehnung an die Rechtsprechung des BAG zur Annahme eines Änderungsangebotes mindestens eine Woche betragen muss (BAG, EzA §2 KSchG Nr. 5).

Eine ohne diese notwendige Anhörung angeordnete Versetzung oder Abordnung ist rechtsunwirksam (vgl. hierzu PK-BAT-Bruse, §12 Rn. 11, 12).

Versetzungen, Abordnungen und Umsetzungen unterliegen mit gewissen Einschränkungen der personalvertretungs- oder betriebsverfassungsrechtlichen Beteiligung (z.B. §75 Abs. 1 BPersVG; §§99ff. BetrVG).

Personalratsmitglieder sind vor Versetzungen, Abordnungen und Umsetzungen besonders geschützt (z.B. §47 Abs. 2 BPersVG). Für **Betriebsrats-** **10**

mitglieder gilt das Benachteiligungsverbot des §78 BetrVG. Im Falle eines Betriebswechsels ist §103 BetrVG entsprechend anwendbar (angekündigt in BAG, EzA §99 BetrVG Nr. 76 a.A. BAG v. 11.7.2000, ArbuR 2002, 233).

11 Bei **schwerbehinderten Beschäftigten** besteht zwar kein spezieller Schutz gegen Versetzungen (BAG, AP Nr. 2 zu §611 BGB Direktionsrecht). Dagegen ist der Arbeitgeber gehalten, vor Ausspruch einer Versetzung die besonderen Interessen des schwerbehinderten Menschen an der Beibehaltung seines bisherigen Arbeitsplatzes im Rahmen des Förderungsanspruches nach §81 Abs. 3 SGB IX zu berücksichtigen. Die Schwerbehindertenvertretung ist nach §95 Abs. 2 SGB IX vorher rechtzeitig und umfassend zu unterrichten. Eine ohne diese Beteiligung erklärte Maßnahme ist unwirksam.

12 Eine Versetzung zu einem **anderen** öffentlichen oder privaten **Arbeitgeber** ist nach allgemeinem Arbeitsrecht ohne Zustimmung des Beschäftigten grundsätzlich nicht zulässig. Die Berufsfreiheit aus Art. 12 GG beinhaltet nach ständiger Rechtsprechung des BAG auch die Freiheit des Arbeitnehmers zu entscheiden, bei welchem Arbeitgeber er tätig werden will, so dass eine einseitige Bestimmung eines anderen Arbeitgebers durch den bisherigen Arbeitgeber verfassungsrechtlich nicht hinnehmbar ist.

Eine neue tarifliche Variante besteht aber darin, dass der Beschäftigte im dienstlichen/betrieblichen oder öffentlichen Interesse mit seiner Zustimmung vorübergehend an einen Dritten **verliehen** werden kann (Abs. 2). Die Zustimmung kann der Beschäftigte nur aus wichtigem Grund verweigern. Seine Rechtsstellung bei dem bisherigen Arbeitgeber bleibt unberührt. Bezüge aus der Verwendung bei dem anderen Arbeitgeber werden auf das Entgelt angerechnet. Hier gehen also die Arbeitgeberpflichten zu einem größeren Teil auf den neuen Arbeitgeber über, insbesondere auch die Pflicht der Gehaltszahlung. Daneben bleibt aber auch der bisherigen Arbeitgeber verpflichtet. Die Zeit dieser »**Zuweisung**« gilt als Beschäftigungszeit (§34 Rn. 21). Die einvernehmliche Zuweisung kann auch an einen **anderen Arbeitgeber** erfolgen. Es müssen bei diesem nicht die gleichen tariflichen Bestimmungen gelten. Bei der einvernehmlichen Zuweisung erhält der Beschäftigte seine Bezüge weiterhin von dem bisherigen Arbeitgeber. Die Rechtsstellung des Arbeitnehmers bleibt unverändert. Es ist zu empfehlen, die einzelnen Modalitäten der Zuweisung vertraglich zu regeln. Da die Hauptpflichten des Arbeitsverhältnisses betroffen sind, bedarf es keiner bestimmten Form (wegen weiterer Einzelheiten s. PK-BAT-Bruse, §12 Rn. 27ff.).

13 Diese **Zuweisung** nach Abs. 2 zu einer Einrichtung außerhalb des räumlichen Geltungsbereiches dieses Tarifvertrages oder zu einer anderen Einrichtung ist nur mit **Zustimmung des Beschäftigten** möglich. Die Zuweisung ohne dessen Zustimmung ist also nicht im Wege des Direktionsrechts möglich, auch wenn ein wichtiger Grund des Beschäftigten für die Verweigerung der Zustimmung fehlt. Will der Arbeitgeber die Zuweisung durchsetzen, muss er die Zustimmung des Beschäftigten arbeitsgerichtlich einklagen. In Eilfällen kann eine einstweilige Verfügung in Betracht kommen. Auch eine Abmahnung oder Kündigung wegen verweigerter Zustimmung ist solange unmöglich, wie die Angelegenheit nicht rechtskräftig oder vorläufig arbeitsgerichtlich geklärt ist. Die einmal erteilte Zustimmung kann nicht zurückgenommen oder widerrufen werden.

Die Zustimmung kann der Beschäftigte nur aus wichtigem Grund verweigern. Ein solcher liegt vor, wenn dem Beschäftigten die künftigen Arbeitsbedingungen nicht zumutbar sind. Die weitergehenden Anforderungen, die zu § 626 Abs.2 BGB gestellt werden, müssen nicht erfüllt sein (so auch BeckOK-Perreng/Wendl, § 4 TVöD Rn. 8a; a.A. Brediendiek/Fritz/Tewes, ZTR 2005, 230, 240). Für die fehlende Zumutbarkeit können objektive, aber auch subjektive Argumente des Beschäftigten geltend gemacht werden (Perreng/Wendl, a.a.O.). Entstehen die Gründe für die Verweigerung der Zustimmung erst nach ihrer Erteilung, hat der Beschäftigte einen Anspruch darauf, dass der Arbeitgeber die Aufhebung der Zuweisung nach billigem Ermessen prüft und hierüber entscheidet (§ 315 BGB). Diese Entscheidung ist arbeitsgerichtlich überprüfbar.

Mit der einvernehmlichen Zuweisung wird keine arbeitsvertragsändernde Vereinbarungen geschlossen (a.A. Bredendiek/Fritz/Tewes, ZTR 2005, 230, 240; Steinherr/Sponer, BAT § 12 Rn. 107), so dass auch die Frage obsolet ist, ob die Abrede nach § 2 Abs. 3 der Schriftform bedarf. Würde man einen Änderungsvertrag für notwendig halten, wäre die hiesige Vorschrift überflüssig. Es handelt sich um ein Bestimmungsrecht des Arbeitgebers, dessen Wirksamkeit von der erteilten oder arbeitsgerichtlich ersetzten Zustimmung des Beschäftigten abhängt. Die Aufhebung der Zuweisung ist daher einseitig, auch ohne Beteiligung der Personalrats, nicht dagegen des Betriebsrats nach der abweichenden Regelung des § 95 Abs. 3 BetrVG, möglich.

Daneben ist nach Abs. 3 die dauerhafte **Personalgestellung** möglich. Werden Aufgaben der Beschäftigten zu einem Dritten verlagert, ist auf Verlangen des Arbeitgebers bei weiter bestehendem Arbeitsverhältnis die arbeitsvertraglich geschuldete Arbeitsleistung bei dem Dritten zu erbringen. Die Modalitäten der Personalgestellung sind zwischen Arbeitgeber und Drittem vertraglich zu vereinbaren. Hierbei müssen Nachteile für den Beschäftigten vermieden werden. Der Arbeitnehmer hat einen Anspruch darauf, dass ihm der Inhalt dieser Vereinbarungen vollständig bekannt gegeben wird. Da auch im Falle der Personalgestellung der aus Art. 12 GG hergeleitete Beschäftigungsanspruch beim Arbeitgeber berührt wird, besteht entsprechend § 613a Abs. 6 BGB ein Widerspruchsrecht des Arbeitnehmers (a.A. BeckOK-Perreng/Wendl, § 4 TVöD Rn. 11). Könnte der Arbeitnehmer sein durch Art. 12 GG geschütztes Recht, sich einen ihm genehmen Arbeitgeber auszuwählen, beim Betriebsübergang nur durch eine Eigenkündigung verwirklichen, dann wäre dieses Grundrecht nur unvollkommen geschützt (BAG vom 30.10.1986 – 2 AZR 101/85, NZA

§§ 4, 5 TVöD

1987, 524–526). Gleiches gilt für die Personalgestellung. Hier bleibt das Arbeitsverhältnis zum bisherigen Arbeitgeber zwar bestehen, die Arbeitsleistung ist dagegen dauerhaft bei einem anderen Arbeitgeber zu erbringen, dessen Weisungen der Beschäftigte unterliegt.

Wird der ganze Betrieb oder die Dienststelle oder Betriebs- oder Dienststellenteile veräußert oder in eine andere Rechtsform überführt, so bleiben die Rechte des Beschäftigten nach § 613a BGB erhalten.

Die Möglichkeiten der Personalgestellung und ergänzend die Vorschriften des § 613a BGB erschweren eine betriebsbedingte Kündigung wegen Wegfalls von Aufgaben, die an Dritte verlagert werden. Nach dem Ultimaratio-Prinzip wird der Arbeitgeber diese beiden Möglichkeiten in Betracht zu ziehen haben, bevor er die Aufgaben völlig aus der eigenen Verantwortung fremd vergibt und es dem Auftragnehmer überlässt, diese Aufgaben selbst wahrzunehmen (BAG vom 27.6.2002 – 2 AZR 367/01, PersR 2004, 118; a.A. Bredendiek, ZTR 2005, 230, 242; LAG Niedersachsen vom 18.3.2005 – 10 Sa 405/04, FA 2005, 254, Revision anhängig unter 2 AZR 207/05).

§ 5
Qualifizierung

(1) ¹Ein hohes Qualifikationsniveau und lebenslanges Lernen liegen im gemeinsamen Interesse von Beschäftigten und Arbeitgebern. ²Qualifizierung dient der Steigerung von Effektivität und Effizienz des öffentlichen Dienstes, der Nachwuchsförderung und der Steigerung von beschäftigungsbezogenen Kompetenzen. ³Die Tarifvertragsparteien verstehen Qualifizierung auch als Teil der Personalentwicklung.

(2) ¹Vor diesem Hintergrund stellt Qualifizierung nach diesem Tarifvertrag ein Angebot dar, aus dem für die Beschäftigten kein individueller Anspruch außer nach Absatz 4 abgeleitet, aber das durch freiwillige Betriebsvereinbarung wahrgenommen und näher ausgestaltet werden kann. ²Entsprechendes gilt für Dienstvereinbarungen im Rahmen der personalvertretungsrechtlichen Möglichkeiten. ³Weitergehende Mitbestimmungsrechte werden dadurch nicht berührt.

(3) ¹Qualifizierungsmaßnahmen sind

a) die Fortentwicklung der fachlichen, methodischen und sozialen Kompetenzen für die übertragenen Tätigkeiten (Erhaltungsqualifizierung),

b) der Erwerb zusätzlicher Qualifikationen (Fort- und Weiterbildung),

c) die Qualifizierung zur Arbeitsplatzsicherung (Qualifizierung für eine andere Tätigkeit; Umschulung) und

d) die Einarbeitung bei oder nach längerer Abwesenheit (Wiedereinstiegsqualifizierung).

²Die Teilnahme an einer Qualifizierungsmaßnahme wird dokumentiert und den Beschäftigten schriftlich bestätigt.

TVöD § 5

(4) ¹Beschäftigte haben – auch in den Fällen des Absatzes 3 Satz 1 Buchst. d – Anspruch auf ein regelmäßiges Gespräch mit der jeweiligen Führungskraft, in dem festgestellt wird, ob und welcher Qualifizierungsbedarf besteht. ²Dieses Gespräch kann auch als Gruppengespräch geführt werden. ³Wird nichts anderes geregelt, ist das Gespräch jährlich zu führen.

(5) ¹Die Kosten einer vom Arbeitgeber veranlassten Qualifizierungsmaßnahme – einschließlich Reisekosten – werden, soweit sie nicht von Dritten übernommen werden, grundsätzlich vom Arbeitgeber getragen. ²Ein möglicher Eigenbeitrag wird durch eine Qualifizierungsvereinbarung geregelt. ³Die Betriebsparteien sind gehalten, die Grundsätze einer fairen Kostenverteilung unter Berücksichtigung des betrieblichen und individuellen Nutzens zu regeln. ⁴Ein Eigenbeitrag der Beschäftigten kann in Geld und/oder Zeit erfolgen.

(6) Zeiten von vereinbarten Qualifizierungsmaßnahmen gelten als Arbeitszeit.

(7) Gesetzliche Förderungsmöglichkeiten können in die Qualifizierungsplanung einbezogen werden.

(8) Für Beschäftigte mit individuellen Arbeitszeiten sollen Qualifizierungsmaßnahmen so angeboten werden, dass ihnen eine gleichberechtigte Teilnahme ermöglicht wird.

Abs. 1 bestimmt, dass ein hohes Qualifikationsniveau und lebenslanges Lernen im gemeinsamen Interesse vom Beschäftigten und Arbeitgeber liegen und die **Qualifizierung** somit der Steigerung von Effektivität und Effizienz des öffentlichen Dienstes, der Nachwuchsförderung und der Steigerung von beschäftigungsbezogenen Kompetenzen dient. Dieser Programmsatz ist in mehrfacher Hinsicht von Bedeutung. Zum einen erleichtert er den Betriebs- und Personalräten, entsprechende Vereinbarungen zu verlangen. Zum anderen fällt die Nichtverwirklichung dieser Grundsätze im Zusammenhang mit Zielvereinbarungen, Zielerreichungen, Leistungsbewertungen und anderen arbeitsvertraglichen Maßnahmen ins Gewicht. Unterlässt der Arbeitgeber pflichtwidrig die Qualifizierungsförderung, kann er zu seinen Gunsten nicht oder eingeschränkt Schlecht- oder Minderleistungen des Beschäftigten rügen. 1

Abs. 2 sieht vor, dass in freiwilligen Betriebs- oder Dienstvereinbarungen Qualifizierungsregelungen getroffen werden, die einen Anspruch auf **Fort- und Weiterbildung** oder Erhaltungsqualifizierung begründen oder eine Qualifizierung für eine andere Tätigkeit vorsehen bzw. der Wiedereinstiegsqualifizierung dienen. Erzwingbare Mitbestimmungsregelungen bestehen hier in der Regel nicht. Dagegen ist es tariflich auch nicht vorgesehen, dass der Arbeitgeber Qualifizierungsregelungen einseitig trifft und sich einer diesbezüglichen Dienst- oder Betriebsvereinbarung verweigert. 2

Die **Kosten** einer vom Arbeitgeber veranlassten Qualifizierungsmaßnahme einschließlich der Reisekosten werden grundsätzlich von ihm getragen (**Abs. 5**). Die Betriebsparteien sind gehalten, die Grundsätze einer fairen 3

§ 5 TVöD

Kostenverteilung unter Berücksichtigung des betrieblichen und individuellen Nutzens durch freiwillige Dienstvereinbarung zu regeln. Ein möglicher Eigenbeitrag des Beschäftigten bedarf einer Qualifizierungsvereinbarung. Hierbei ist zu berücksichtigen, dass dem Beschäftigten Fortbildungskosten nur dann auferlegt werden können, wenn die Fortbildung ihm Vorteile verschafft, die auch in anderen Arbeitsverhältnissen nutzbar sind. Soweit **Rückzahlungspflichten** bei vorzeitiger Beendigung des Arbeitsverhältnisses zu Lasten des Arbeitnehmers geschaffen werden, sind die diesbezüglichen Grundsätze des BAG hierzu zu berücksichtigen. Der Beschäftigte darf im Hinblick auf Art. 12 Abs. 1 GG nur den Ausbildungskosten entsprechend an das Arbeitsverhältnis gebunden werden.

Hat der Arbeitnehmer durch die Fortbildung keine besonders hohe Qualifikation erworben oder sind die vom Arbeitgeber aufgewendeten Fortbildungskosten nicht außergewöhnlich hoch, rechtfertigt eine Fortbildungsdauer von bis zu einem Monat nur eine Bindung des Arbeitnehmers bis zu sechs Monaten (BAG vom 5. 12. 2002 – 6 AZR 539/01, AiB-Newsletter 2003, 32). Eine Lehrgangsdauer bis zu zwei Monaten rechtfertigt in der Regel nur dann eine längere Bindung als ein Jahr nach Abschluss der Ausbildung, wenn durch die Teilnahme am Lehrgang eine besonders hohe Qualifikation verbunden mit überdurchschnittlichen Vorteilen für den Arbeitnehmer entsteht oder wenn die Fortbildung besonders kostenintensiv ist (BAG vom 15. 12. 1993 – 5 AZR 279/93, NZA 1994, 835). Eine Lehrgangsdauer von bis zu einem Jahr (Sparkassenakademie) kann eine Höchstbindungsdauer von bis zu drei Jahren rechtfertigen (BAG vom 23. 4. 1986 – 5 AZR 159/85, NZA 1986, 741). Eine längere Bindung als maximal drei Jahre ist in der Regel nicht möglich (vgl. hierzu zuletzt BAG vom 21. 7. 2005 – 6 AZR 452/04, EzA § 611 BGB 2002 Ausbildungsbeihilfe Nr. 8 m.w.N.). Ein absolutes gesetzliches Höchstmaß von fünf Jahren für die Bindungsdauer enthält § 624 BGB, wonach selbst ein auf Lebenszeit begründetes Arbeitsverhältnis vom Arbeitnehmer nach Ablauf dieser Frist gekündigt werden kann. Eine solche Bindungsdauer ist nur in Ausnahmefällen gerechtfertigt, etwa, wenn der Beschäftigte bei bezahlter Freistellung und voller Kostenübernahme eine besonders hohe Qualifikation, die mit überdurchschnittlichen Vorteilen verbunden ist, erwirbt (BAG vom 12. 12. 1979 – 5 AZR 1056/77, EzA § 70 BAT Nr. 11). Es ist nicht zulässig, an das Nichtbestehen einer im Rahmen einer Qualifizierungsmaßnahme erfolgenden Prüfung Rückzahlungsverpflichtungen anzuknüpfen, da es dem Arbeitgeber möglich ist, sich über die Fähigkeiten des Beschäftigten vor Durchführung der Qualifizierungsmaßnahme Aufschluss zu verschaffen (Küttner, Personalbuch 2006, Rn. 14).

4 Zeiten vereinbarter Qualifizierungsmaßnahmen gelten gem. **Abs. 6** als **Arbeitszeit**. Gleiches gilt erst recht für einseitig vom Arbeitgeber angeordnete oder veranlasste Maßnahmen. Für Beschäftigte mit individuellen Arbeitszeiten sollen Qualifizierungsmaßnahmen so angeboten werden, dass ihnen eine gleichberechtigte Teilnahme ermöglicht wird.

TVöD § 5, Vorbemerkungen

Die Beschäftigten haben zumindest jährlich einen Anspruch darauf, dass die jeweilige Führungskraft mit ihnen ein Gespräch über weiteren Qualifizierungsbedarf führt (**Abs. 4**).

Abs. 4 Satz 1 stellt durch den Hinweis auf Abs. 3 Buchst. d ausdrücklich klar, dass der Anspruch auch während eines Ruhens des Arbeitsverhältnisses bzw. bei Elternzeit oder längerer Erkrankung besteht. Die Gespräche können Abs. 4 auch als Gruppengespräche mit mehreren Beschäftigten gemeinsam oder als Einzelgespräche geführt werden. Sie sind regelmäßig zu führen; Abs. 4 Satz 3 legt einen zumindest jährlichen Turnus hierfür fest, soweit durch Dienst- oder Betriebsvereinbarung nichts anderes geregelt ist.

Verstößt der Arbeitgeber gegen die Vorschriften des Abs. 4, kann dies die Folge haben, dass Minderleistungen nicht abgemahnt oder zu einer leistungsbedinten Kündigung führen können. Im Falle betrieblicher Umstrukturierungsmaßnahmen kann dem Arbeitnehmer im Zusammenhang mit einer bevorstehenden beteriebsbedingten Kündigung u.U. nicht vorgehalten werden, er sei auf einen anderen Arbeitsplatz wegen mangelnder Qualifikationen nicht umzusetzen. Nach § 1 Abs. 2 Satz 3 KSchG ist eine Kündigung auch dann unwirksam, wenn die Weiterbeschäftigung des Arbeitnehmers nach zumutbaren Umschulungs- oder Fortbildungsmaßnahmen oder unter geänderten Arbeitsbedingungen möglich ist und der Arbeitnehmer sein Einverständnis hierzu erklärt hat. Sind rechtzeitige Umschulungs- oder Fortbildungsmaßnahmen wegen des fehlenden Qualifizierungsgesprächs nicht ergriffen worden, kann sich dies auf die Wirksamkeit der betriebsbedingten Kündigung auswirken.

Abschnitt II
Arbeitszeit

Vorbemerkungen

Das Volumen der wöchentlichen Arbeitszeit war in den Ländern und Kommunen im Jahre 2006 Gegenstand langwieriger **Arbeitskämpfe**. Die erzielten Tarifkompromisse haben zu einem uneinheitlichen Bild im öffentlichen Dienst geführt: Während der Großteil der Kommunalbeschäftigten im Tarifgebiet West 38,5 Stunden pro Woche arbeitet, liegen die Arbeitszeiten in den Ländern, der Kommunalverwaltung der Stadt Hamburg und den Kommunen in Niedersachsen differenziert darüber, betragen in Baden-Württemberg und im Bund 39, im Tarifgebiet Ost 40 Stunden.

Die Arbeitszeitregelungen des TVöD enthalten im Vergleich mit dem bisher geltenden Tarifrecht eine völlig neue Struktur. Erstmals werden die verschiedenen **Arbeitszeitformen** definiert und systematisch voneinander abgegrenzt. Der Begriff der Arbeitsbereitschaft kommt im neuen Tarifvertrag nicht mehr vor. Dafür wird der Begriff der **Bereitschaftszeiten** einge-

Vorbemerkungen, § 6 TVöD

führt. Es gibt verschiedene Möglichkeiten, unterschiedliche Arbeitszeitmodelle in den Betrieben und Dienststellen zu etablieren. Dies setzt allerdings stets ein zuvor durchgeführtes Mitbestimmungsverfahren von Arbeitgeber und Interessenvertretung (Betriebsparteien) oder den Abschluss eines ergänzenden Tarifvertrags voraus, sofern eine Dienstvereinbarung nicht einvernehmlich zustande kommt und der Arbeitgeber nach einem Personalvertretungsgesetz ein Letztentscheidungsrecht hätte. Soweit bestimmte Arbeitszeitgestaltungen das Vorliegen einer Betriebs- oder Dienstvereinbarung bzw. eines Tarifvertrages voraussetzen, handelt es sich um eine tarifvertragliche Verwendung und Ausgestaltung gesetzlicher Mitbestimmungstatbestände, wie sie im BetrVG, BPersVG und den Landespersonalvertretungsgesetzen enthalten sind. **Flexible Arbeitszeitmodelle** im Sinne der in diesem Tarifvertrag normierten Optionen – einschließlich möglicher Abweichungen gem. §§ 7 Abs. 1 und 2, 12 ArbZG – sind insgesamt nur zulässig, sofern die Betriebsparteien sich in einer Betriebs- oder Dienstvereinbarung entsprechend verständigen, oder, wenn eine solche Einigung nicht einvernehmlich oder durch Einigungsstellenspruch zustande kommt, durch Abschluss eines ergänzenden Tarifvertrags (vgl. nur § 6 Abs. 9 TVöD). Einseitige Maßnahmen oder Regelungen des Arbeitgebers sind somit unzulässig und unwirksam. Arbeitszeitmodelle können nur auf kollektivvertraglicher Basis realisiert werden.

§ 6
Regelmäßige Arbeitszeit

(1) [1]Die regelmäßige Arbeitszeit beträgt ausschließlich der Pausen für

a) die Beschäftigten des Bundes durchschnittlich 39 Stunden wöchentlich,

b) die Beschäftigten der Mitglieder eines Mitgliedverbandes der VKA im Tarifgebiet West durchschnittlich 38,5 Stunden wöchentlich, im Tarifgebiet Ost durchschnittlich 40 Stunden wöchentlich; im Tarifgebiet West können sich die Tarifvertragsparteien auf landesbezirklicher Ebene darauf einigen, die regelmäßige wöchentliche Arbeitszeit auf bis zu 40 Stunden zu verlängern.

[2]Bei Wechselschichtarbeit werden die gesetzlich vorgeschriebenen Pausen in die Arbeitszeit eingerechnet. [3]Die regelmäßige Arbeitszeit kann auf fünf Tage, aus notwendigen betrieblichen/dienstlichen Gründen auch auf sechs Tage verteilt werden.

(2) [1]Für die Berechnung des Durchschnitts der regelmäßigen wöchentlichen Arbeitszeit ist ein Zeitraum von bis zu einem Jahr zugrunde zu legen. [2]Abweichend von Satz 1 kann bei Beschäftigten, die ständig Wechselschicht- oder Schichtarbeit zu leisten haben, ein längerer Zeitraum zugrunde gelegt werden.

(3) [1]Soweit es die betrieblichen/dienstlichen Verhältnisse zulassen, wird die/der Beschäftigte am 24. Dezember und am 31. Dezember unter Fortzahlung des Entgelts nach § 21 von der Arbeit freigestellt. [2]Kann die Freistellung nach Satz 1 aus betrieblichen/dienstlichen Gründen nicht erfolgen, ist entspre-

TVöD § 6

chender Freizeitausgleich innerhalb von drei Monaten zu gewähren. ³Die regelmäßige Arbeitszeit vermindert sich für jeden gesetzlichen Feiertag, sowie für den 24. Dezember und 31. Dezember, sofern sie auf einen Werktag fallen, um die dienstplanmäßig ausgefallenen Stunden.

Protokollerklärung zu Absatz 3 Satz 3:
Die Verminderung der regelmäßigen Arbeitszeit betrifft die Beschäftigten, die wegen des Dienstplans am Feiertag frei haben und deshalb ohne diese Regelung nacharbeiten müssten.

(4) Aus dringenden betrieblichen/dienstlichen Gründen kann auf der Grundlage einer Betriebs-/Dienstvereinbarung im Rahmen des § 7 Abs. 1, 2 und des § 12 ArbZG von den Vorschriften des Arbeitszeitgesetzes abgewichen werden.

Protokollerklärung zu Absatz 4:
In vollkontinuierlichen Schichtbetrieben kann an Sonn- und Feiertagen die tägliche Arbeitszeit auf bis zu zwölf Stunden verlängert werden, wenn dadurch zusätzliche freie Schichten an Sonn- und Feiertagen erreicht werden.

(5) Die Beschäftigten sind im Rahmen begründeter betrieblicher/dienstlicher Notwendigkeiten zur Leistung von Sonntags-, Feiertags-, Nacht-, Wechselschicht-, Schichtarbeit sowie – bei Teilzeitbeschäftigung aufgrund arbeitsvertraglicher Regelung oder mit ihrer Zustimmung – zu Bereitschaftsdienst, Rufbereitschaft, Überstunden und Mehrarbeit verpflichtet.

(6) ¹Durch Betriebs-/Dienstvereinbarung kann ein wöchentlicher Arbeitszeitkorridor von bis zu 45 Stunden eingerichtet werden. ²Die innerhalb eines Arbeitszeitkorridors geleisteten zusätzlichen Arbeitsstunden werden im Rahmen des nach Absatz 2 Satz 1 festgelegten Zeitraums ausgeglichen.

(7) ¹Durch Betriebs-/Dienstvereinbarung kann in der Zeit von 6 bis 20 Uhr eine tägliche Rahmenzeit von bis zu zwölf Stunden eingeführt werden. ²Die innerhalb der täglichen Rahmenzeit geleisteten zusätzlichen Arbeitsstunden werden im Rahmen des nach Absatz 2 Satz 1 festgelegten Zeitraums ausgeglichen.

(8) Die Absätze 6 und 7 gelten nur alternativ und nicht bei Wechselschicht- und Schichtarbeit.

(9) Für einen Betrieb/eine Verwaltung, in dem/der ein Personalvertretungsgesetz Anwendung findet, kann eine Regelung nach den Absätzen 4, 6 und 7 in einem landesbezirklichen Tarifvertrag – für den Bund in einem Tarifvertrag auf Bundesebene – getroffen werden, wenn eine Dienstvereinbarung nicht einvernehmlich zustande kommt und der Arbeitgeber ein Letztentscheidungsrecht hat.

Protokollerklärung zu § 6:
Gleitzeitregelungen sind unter Wahrung der jeweils geltenden Mitbestimmungsrechte unabhängig von den Vorgaben zu Arbeitszeitkorridor und Rahmenzeit (Absätze 6 und 7) möglich. Sie dürfen keine Regelungen nach Absatz 4 enthalten.

§ 6 TVöD

1 Der **Begriff der Arbeitszeit** ist tariflich nicht ausdrücklich umschrieben, so dass auf die Legaldefinition des § 2 Abs. 1 ArbZG zurückzugreifen ist. Hiernach ist Arbeitszeit die Zeit vom Beginn bis zum Ende der Arbeit ohne Ruhepausen. Es wird inhaltlich auf das Vorliegen von »**Arbeit**« abgestellt, ohne dass dieser Begriff in irgendeiner arbeitsrechtlichen oder tariflichen Vorschrift näher erläutert wird. Somit ist auf den allgemeinen Sprachgebrauch abzustellen. Selbstverständlich kommt es nicht auf den physikalisch-mechanischen Begriff der Arbeit an, da nicht nur körperliche Tätigkeiten, sondern auch geistige Tätigkeiten erfasst werden. Maßgeblich ist, welche Tätigkeit nach dem Arbeitsvertrag geschuldet ist.

Es ist ohne Belang, in welcher Intensität die geschuldete Arbeitsleistung erbracht wird. Unterbrechungen der geschuldeten Tätigkeit, die keine Ruhepausen sind (vgl. Rn. 3), bleiben hierbei unberücksichtigt, wenn sie nach gewöhnlichen Umständen stattfinden. Die **gewerkschaftliche Mitgliederwerbung** gehört hierzu, wenn sie in zeitlich begrenztem Umfang stattfindet; die Arbeitszeit wird hierdurch nicht unterbrochen (BVerfG, Beschluss vom 14. 11. 1995 – 1 BvR 601/92, PersR 1996, 131). § 9 verdeutlicht, dass unter den Begriff der Arbeitszeit auch die bloße Anwesenheit an der Arbeitsstelle zwecks Aufnahme der Arbeit im Bedarfsfalle fällt. Insofern kommt es nicht in Betracht, dass der Arbeitgeber Zeiten, die der Beschäftigte an seinem Arbeitsplatz anderweitig verbringt, aus der Arbeitszeit herausrechnet. In diesen Fällen kommt entweder nur eine Arbeitszeitverlängerung nach Abs. 2 in Betracht oder, wenn es sich um eine Verletzung arbeitsvertraglicher Pflichten handelt, eine entsprechende Abmahnung oder Kündigung. Ist der Beschäftigte jedoch nicht mehr in der Lage, die Arbeit im Bedarfsfalle aufzunehmen, weil er sich nicht an einer in der Dienststelle oder dem Betrieb erreichbaren Stelle oder außerhalb des Dienstgebäudes ohne einen entsprechenden Arbeitsauftrag befindet (z. B. private Einkäufe während der Arbeitszeit), liegt keine Arbeit vor.

Die Arbeit ist also insbesondere von der Freizeit und den Ruhepausen (vgl. hierzu Rn. 3) abzugrenzen. Umstritten ist, ob Bereitschaftsdienste als Arbeitszeit anzusehen sind, soweit keine tatsächliche Arbeitsaufnahme erfolgt, und ob zwischen einem arbeitsschutz- und einem vergütungsrechtlichen Arbeitszeitbegriff unterschieden werden muss (vgl. hierzu § 8 Rn. 6); Rufbereitschaftszeiten ohne Arbeitseinsatz fallen unter keinen Umständen unter den Begriff der Arbeitszeit. Dagegen gehören Bereitschaftszeiten zur Arbeitszeit (vgl. hierzu § 9).

2 § 6 Abs. 1 befasst sich mit der **regelmäßigen Wochenarbeitszeit**. Damit werden zum einen Höchstarbeitszeiten festgelegt, zum anderen bestimmt, welche Normalarbeitszeit zu gelten hat.

Gegenüber dem Arbeitszeitgesetz enthält § 6 eigene tarifliche Regelungen, die die Vorschriften dieses Gesetzes ergänzen, einschränken, zum Teil aber auch zulässigerweise erweitern (vgl. §§ 7, 12, 15, 18, 19 ArbZG).

Soweit einzelvertraglich nichts anderes vereinbart ist, gelten die regelmäßigen Arbeitszeiten des § 6 Abs. 1 als **Normalarbeitszeiten**. Es entspricht keineswegs nur dem Willen der Tarifvertragsparteien, Höchstgrenzen für die Arbeitszeit festzulegen. Darüber hinaus ist es angestrebt, auch einen Mindeststandard des Umfangs der Beschäftigung für den Regelfall festzusetzen. Dies ergibt sich bereits aus dem Wortlaut (»regelmäßig«, nicht dagegen z.B. »höchstzulässige«). Hierdurch wird eine individuelle Vereinbarung eines **Teilzeitarbeitsverhältnisses** nicht verhindert, wie auch § 11 verdeutlicht. Dagegen ist eine generelle Einführung von Teilzeitarbeit unzulässig. Dies ergibt sich auch aus dem Gegenschluss zu § 3 TV SozA. Daher ist z.B. eine Einstellungspraxis in Teilen des öffentlichen Dienstes, Berufsanfängern grundsätzlich nur eine 3/4-Stelle anzubieten, mit § 6 Abs.1 nicht vereinbar (so auch PK-BAT-Pieper, § 15 Rn. 7; a.A. ArbG Osnabrück vom 16.9.1986 – 3 Ca 630/86).

Die regelmäßige Arbeitszeit beträgt **39 Stunden** pro Woche im Bund und **38,5 Stunden bzw. im Tarifgebiet Ost 40 Stunden** im Bereich der VKA. Bei In-Kraft-Tretens des BAT am 1.4.1961 betrug die regelmäßige Arbeitszeit noch 45 Wochenstunden, wurde 1964 auf 44, 1969 auf 43, 1971 auf 42, 1974 auf 40, 1989 auf 39 und 1990 auf 38,5 Wochenstunden herabgesetzt.

Im Geltungsbereich der VKA kommen in den Ländern Hamburg, Niedersachsen und Baden-Württemberg besondere Regelungen zur Anwendung. Die dortigen kommunalen Arbeitgeberverbände hatten die Tarifbestimmungen zur Arbeitszeit nach § 39 Abs. 3 gekündigt, um höhere Arbeitszeiten durchzusetzen. Nach Arbeitskämpfen wurden hier folgende Kompromisse erzielt:

In Hamburg ist eine nach Tarifgruppen und Betreuungspflichten gegenüber Kindern gestaffelte Arbeitszeit von 38 bis 40 Stunden pro Woche vereinbart worden.

Folgende Tabelle zeigt, wie die Arbeitszeiten von Hamburgs Kommunalbeschäftigten nach Entgeltgruppe, Alter und Elternschaft künftig gestaffelt werden:

Entgeltgruppe	Alter	Arbeitszeit ohne Kind bis 12 Jahren	Arbeitszeit mit Kind bis 12 Jahren
1 bis 9	bis 49 Jahre	39 Stunden	38,5 Stunden
1 bis 9	ab 50 Jahre	38 Stunden	38 Stunden
10 und 11	bis 55 Jahre	39,5 Stunden	39 Stunden
10 und 11	ab 56 Jahre	39 Stunden	39 Stunden
12 bis 15Ü	Alle	40 Stunden	39,5 Stunden

In Niedersachsen wurde die Arbeitszeit in der allgemeinen Verwaltung auf 39 Stunden pro Woche erhöht. Für Krankenhäuser, Kindertagesstätten, Müllabfuhr und Straßenreinigung gilt weiterhin die 38,5-Sunden-Woche.

§ 6 TVöD

In Baden-Württemberg wurde die Arbeitszeit generell auf 39 Wochenstunden erhöht.

In den Ländern des Tarifgebiets Ost beträgt die Arbeitszeit 40 Stunden. In den Ländern des Tarifgebiets West, die Mitglied der TdL sind (mit Ausnahme von Berlin und Hessen), ist eine jeweils unterschiedliche wöchentliche Arbeitszeit festgelegt. Einzelheiten ergeben sich aus dem TV-L. Die durchschnittliche regelmäßige Arbeitszeit wird für jedes Bundesland auf der Grundlage der im Februar 2006 festgestellten tatsächlichen durchschnittlichen wöchentlichen Arbeitszeit ohne Berücksichtigung der Überstunden und Mehrarbeit einvernehmlich festgelegt. Entsprechend diesen tatsächlichen Feststellungen wird die Arbeitszeit dann nach einer festgelegten Formel für alle Beschäftigten erhöht.

In Berlin (West) und Hessen gilt die 38,5-Stunden-Woche, bis auch dort neue tarifliche Vereinbarungen getroffen sind.

3   Fraglich ist, wo die **Arbeitszeit** beginnt und endet. Die ehemalige Protokollnotiz Nr. 7 zu § 15 BAT stellte auf die Arbeitsstelle ab. Dieser Begriff ist weiter als derjenige des Arbeitsplatzes (§ 15 BAT-O) und umfasst z. B. den Verwaltungs-/Betriebsbereich in dem Gebäude/Gebäudeteil, in dem der Beschäftigte arbeitet. Fest steht damit, dass die Arbeitszeit noch nicht bei Betreten des Betriebs- oder Dienstgeländes beginnt (zur tariflichen Entwicklung und Rechtsprechung vgl. PK-BAT-Pieper, § 15 Rn. 40ff.). Das BAG will diesen Begriff jedoch nach der Änderung der diesbezüglichen Protokollnotiz enger fassen als zuvor; es lässt eine **Organisationsentscheidung des Arbeitgebers** zu, eine Einheit zu bestimmen, die nicht den ganzen Betrieb oder die ganze Dienststelle, noch nicht einmal das ganze Gebäude oder den Gebäudeteil umfassen müsse; in einem Krankenhaus sei dies regelmäßig die Station (BAG vom 28.7.1994 – 6 AZR 220/94). Nach der **Übergangsvorschrift** hierzu blieben am 15.3.1991 bestehende örtliche und bezirkliche Regelungen in Kraft, die auf der bisherigen Rechtsprechung des BAG zu § 15 Abs. 7 BAT beruhen und entweder zusätzliche Geldleistungen oder zusätzliche Freizeit vorsehen. Derartige Regelungen können aber selbständig gekündigt werden (BAG, AP Nr. 26 zu § 15; BAG, NZA 1995, 177). Soweit sie bis heute nicht gekündigt wurden, sind sie auch weiterhin in Kraft.

Im TVöD finden sich zu dieser Problematik keinerlei Regelungen, so dass das allgemeine Arbeitsrecht gilt. Der Arbeitgeber kann durch eine Organisationsentscheidung, die als Annexregelung zur Arbeitszeitverteilung mitbestimmungspflichtig ist, bestimmen, wo die Arbeit begonnen und beendet wird.

Hat der Beschäftigte vor Aufnahme der Arbeit eine **Dienst- oder Schutzkleidung** anzulegen oder sich in anderer Weise im Dienstgebäude auf die Arbeit vorzubereiten, gehören diese Zeiten zur Arbeitszeit. Gleiches gilt für das Ablegen der Dienstkleidung, eine notwendige **Körperreinigung** usw.

(so auch BAG vom 28.7.1994 – 6 AZR 220/94; einschränkend: BAG vom 11.10.2000 – 5 AZR 122/99, NZA 2001, 458ff.).

Der Arbeitgeber ist berechtigt, Beginn und Ende der Arbeitszeit durch geeignete Maßnahmen zu kontrollieren. Das Ob und Wie einer solchen Kontrolle unterliegt dem Mitbestimmungsrecht der Personal- und Betriebsräte.

Pausen gehören nach Abs. 1 Satz 1 nicht zur Arbeitszeit. Hierunter ist eine Unterbrechung der Arbeit zu verstehen, in der der Arbeitnehmer weder Arbeit zu leisten hat noch mit der Aufnahme der Arbeit zu rechnen braucht. Er muss über diese Zeit, auch in örtlicher Hinsicht, frei verfügen können (vgl. hierzu auch BAG vom 27.2.1992 – 6 AZR 478/90).

Pausen müssen vom Arbeitgeber grundsätzlich nach der Uhrzeit festgelegt werden, sofern die genaue Festlegung nicht zulässigerweise der Absprache zwischen den beteiligten Arbeitnehmern überlassen ist. Jedenfalls ohne Anordnung von Bereitschaftsdienst ist es nicht zulässig, vorzuschreiben, dass sich der Arbeitnehmer während der Pause nur in bestimmten Räumen aufhalten darf, bzw. sich zur Arbeitsaufnahme bereit halten muss (LAG Baden-Württemberg vom 14.10.1998 – 3 Sa 16/98, ZTR 99, 365f.). Das Gericht hat die Frage offen gelassen, ob für Pausenzeiten überhaupt Bereitschaftsdienst oder Rufbereitschaft angeordnet werden kann.

Der Arbeitgeber hat den Dienstbetrieb so zu organisieren, dass eine Pause genommen werden kann. Dieser Pflicht genügt er nicht dadurch, dass er es dem Arbeitnehmer oder einer Arbeitnehmergruppe überlässt, eine Pausenregelung zu treffen, wenn die Umsetzung einer solchen Regelung auf Grund der Arbeitsaufgaben gar nicht möglich ist (zum Nachtdienst einer Krankenschwester in der Intensivpflege vgl. BAG, v. 27.2.92 – 6 AZR 478/90, ZTR 92, 378ff.; s.a. BAG, AP Nr. 19 zu § 15 BAT und LAG Nürnberg vom 10.6.1998 – 3 Sa 663/97, n.v.). Erfüllt der Arbeitgeber den Anspruch auf eine Pause nicht, so hat er in dieser Zeit die Vergütung fortzuzahlen. Da es sich um Überstunden handelt, fallen auch die entsprechenden Zeitzuschläge an (BAG vom 27.2.1992 – 6 AZR 478/90), wenn kein rechtzeitiger Freizeitausgleich erfolgt.

Nach § 4 Satz 1 ArbZG muss die Pause in der Regel mindestens 30 Minuten betragen, bei einer Arbeitszeit von mehr als neun Stunden mindestens 45 Minuten. Die Ruhepausen können nach Satz 2 dieser Vorschrift in Zeitabschnitten von jeweils mindestens 15 Minuten aufgeteilt werden. Die erste Pause muss spätestens nach sechs Stunden Arbeit gewährt werden (§ 4 Satz 3 ArbZG). Für Jugendliche gilt § 11 JArbSchG. Wegen der Wechselschichtpausen siehe Rn. 7.

Abs. 1 Satz 2 stellt klar, dass die regelmäßige Arbeitszeit nur im Durchschnitt eines **Berechnungszeitraumes** von bis zu einem Jahr erreicht werden muss. Die Arbeitszeit kann daher auf die einzelnen Wochen unterschiedlich verteilt werden. Hierbei sind die Grenzen des Arbeitszeitgesetzes zu beachten. Zu diesem Zwecke kann zunächst die tägliche Arbeitszeit nach

§ 3 Satz 2 ArbZG bis zu zehn Stunden ausgedehnt werden, wobei es auf den tariflichen Ausgleichszeitraum, nicht auf den gesetzlichen Ausgleichszeitraum von sechs Kalendermonaten oder 24 Wochen nach § 3 Satz 2 ArbZG ankommt (§ 7 Abs. 1 Nr. 1 Buchst. b ArbZG). Da in § 3 Satz 1 ArbZG auf Werktage, also die Tage von Montag bis Samstag, abgestellt wird, ist es denkbar, dass die Arbeitszeit bis zu 60 Arbeitsstunden pro Woche verlängert wird. Allerdings kann der zugunsten des Arbeitgebers einzurichtende Arbeitszeitkorridor nur 45 Stunden pro Woche betragen (Abs. 6; siehe auch Rn. 26). Auch geht der TVöD grundsätzlich von der Fünftagewoche aus (siehe § 6 Abs. 1 Satz 2; § 15 Abs. 2).

Die Festlegung des Ausgleichszeitraums bedarf der **Mitbestimmung** des Personal- oder Betriebsrats. Die dienstlichen oder betrieblichen Interessen sind hierbei gegen diejenigen der betroffenen Beschäftigten abzuwägen. Wird kein Ausgleichszeitraum vereinbart gilt der bisherige von 26 Wochen.

Überstundenvergütung oder -zuschläge fallen bei einer unterschiedlichen **Verteilung der wöchentlichen Arbeitszeit** auf die einzelnen Wochen im Rahmen des Ausgleichszeitraumes nur an, wenn von dem auf den Einzelnen bezogenen Dienstplan nach oben abgewichen wird und kein rechtzeitiger Freizeitausgleich erfolgt (vgl. hierzu § 7 Rn. 7 ff.).

Die Arbeitszeit kann in dem Ausgleichszeitraum auch so verteilt werden, dass in einzelnen Wochen im Ergebnis gar keine Arbeitsleistung erbracht werden muss. Die nicht auf den Urlaub entfallende **unterrichtsfreie Zeit** einer **Lehrkraft** an einer Musikschule darf hierbei in die Berechnung einbezogen werden (BAG, EzBAT § 15 BAT Nr. 19; BAG vom 26.1.1995, AP Nr. 36 zu § 15, BAT); dagegen verbietet sich der Abbau des »Ferienüberhanges« durch Änderungskündigung zum Zwecke der Reduzierung der Arbeitszeit (BAG, AP Nr. 37 zu § 2 KSchG 1969).

5 Die Einführung von **Kurzarbeit** im öffentlichen Dienst ist unzulässig, da die Modalitäten hierfür nicht (auch nicht gesetzlich) geregelt sind. Eine tarifliche Blankovollmacht zugunsten des Arbeitgebers auf Einführung von Kurzarbeit stellt eine Umgehung des § 2 KSchG dar und ist daher nichtig, auch wenn den Personal- und Betriebsräten das Mitbestimmungsrecht verbleibt (BAG, AP Nr. 1 zu § 15 BAT-O).

6 Nach Abs. 1 Satz 2 gelten für **Wechselschichtarbeit** Sonderbestimmungen. Zum Begriff der Wechselschichtarbeit vgl. § 7 Rn. 1 ff.

7 Bei **Wechselschichtarbeit** werden die gesetzlich vorgeschriebenen **Pausen** in die Arbeitszeit eingerechnet. Die Pausen werden also gewährt und bezahlt, gelten aber ausnahmsweise als Arbeitszeit und verlängern die Schicht nicht (zu den Pausen vgl. im Übrigen Rn. 3).

8 Bei Wechselschichtarbeit kann die regelmäßige Arbeitszeit auf fünf Tage, aus notwendigen betrieblichen/dienstlichen Gründen auch auf sechs Tage verteilt werden. Diese Ausnahmevorschrift enthält im Gegenschluss zunächst den Grundsatz, dass in der Regel eine Arbeitszeitverteilung gewählt werden soll, die dem Beschäftigten eine **Fünftagewoche** garantiert. Hiervon kann in Wechselschichtbetrieben ausnahmsweise abgewichen werden. Nur wenn betriebliche oder dienstliche Gründe notwendigerweise eine Verteilung auf sechs Tage erfordern, kann durch eine entsprechende Dienst- oder Betriebsvereinbarung eine solche Verteilung der Arbeitszeit vorgenommen werden. Aus dem Vergleich mit den Abs. 3 Satz 2, 4, 5 und § 8 Abs. 2 ist herzuleiten, dass »notwendige« Gründe nur solche sein können, die sich aus dem Dienst- und Arbeitsablauf unabweisbar ergeben oder ausnahmsweise geboten sind (so zutreffend: BeckOK-Welkoborsky, § 6 TVöD Rn. 5).

Wechselschichtarbeit berechtigt auch dazu, den **Ausgleichszeitraum** über ein Jahr hinaus durch Dienst- oder Betriebsvereinbarung zu verlängern. **9**

Am **24. und 31. Dezember** sind die Beschäftigten ganz von der Arbeit freigestellt, wenn die dienstlichen oder betrieblichen Verhältnisse dies zulassen. Auch diese Frage unterliegt dem nach billigem Ermessen auszuübenden Direktionsrecht des Arbeitgebers (vgl. hierzu § 41 BT-Verwaltung Rn. 13 ff.) und der Beteiligung des Personal- oder Betriebsrats. **10**

In all diesen Fällen erfolgt eine **Fortzahlung der Vergütung** nach § 21. Abweichende Regelungen gelten in Niedersachsen für die Kommunen.

Kann aus dienstlichen oder betrieblichen Gründen Arbeitsbefreiung an diesen Tagen nicht gewährt werden, hat ein entsprechender **Freizeitausgleich** an einem anderen Arbeitstag innerhalb einer Frist von drei Monaten zu erfolgen. Auch in diesem Fall sind die ständigen Bezüge fortzuentrichten. Der Freistellungsanspruch bleibt als Schadensersatzanspruch über diesen Zeitraum hinaus bestehen, erlischt aber, wenn er dann nicht innerhalb der tariflichen Ausschlussfrist des § 37 geltend gemacht wird. **11**

Eine besondere Regelung enthält Abs. 3 Satz 3 für Beschäftigte, die nach einem Dienst- oder Schichtplan grundsätzlich an allen Tagen der Woche zu arbeiten haben (z.B. **Schicht** oder **Wechselschicht**) für gesetzliche Wochenfeier- und Vorfesttage, die auf einen Werktag (alle Tage außer Sonntag) fallen. Ist ein solcher Arbeitnehmer an diesen Tagen von der Arbeit befreit, vermindert sich die regelmäßige Arbeitszeit um die dienstplanmäßig ausgefallenen Stunden. **12**

Abs. 4 lässt es zu, durch Dienst- oder Betriebsvereinbarungen weitere Abweichungen der Arbeitszeitverteilung im Rahmen der § 7 Abs. 1 und 2 und § 12 ArbZG zu vereinbaren. Es ist davon auszugehen, dass solche Abweichungen im Regelfall ausgeschlossen sind. Denn die im Arbeitszeitgesetz enthaltenen Grenzen der Arbeitszeit, Ruhezeit usw. beinhalten aus arbeitsmedizinischer Sicht die der Gesundheit der Beschäftigten zumutbaren Höchstgrenzen an Belastung. **13**

Dienst- oder Betriebsvereinbarungen können zwar Abweichungen von zwingenden Vorschriften des Arbeitszeitgesetzes theoretisch zulassen, nicht aber von zwingenden Vorschriften dieses Tarifvertrags.

§ 7 ArbZG

(1) In einem Tarifvertrag oder auf Grund eines Tarifvertrags in einer Betriebs- oder Dienstvereinbarung kann zugelassen werden,

1. abweichend von § 3
   a) die Arbeitszeit über zehn Stunden werktäglich zu verlängern, wenn in die Arbeitszeit regelmäßig und in erheblichem Umfang Arbeitsbereitschaft oder Bereitschaftsdienst fällt,
   b) einen anderen Ausgleichszeitraum festzulegen,
2. abweichend von § 4 Satz 2 die Gesamtdauer der Ruhepausen in Schichtbetrieben und Verkehrsbetrieben auf Kurzpausen von angemessener Dauer aufzuteilen,
3. abweichend von § 5 Abs. 1 die Ruhezeit um bis zu zwei Stunden zu kürzen, wenn die Art der Arbeit dies erfordert und die Kürzung der Ruhezeit innerhalb eines festzulegenden Ausgleichszeitraums ausgeglichen wird,
4. abweichend von § 6 Abs. 2
   a) die Arbeitszeit über zehn Stunden werktäglich hinaus zu verlängern, wenn in die Arbeitszeit regelmäßig und in erheblichem Umfang Arbeitsbereitschaft oder Bereitschaftsdienst fällt,
   b) einen anderen Ausgleichszeitraum festzulegen,
5. den Beginn des siebenstündigen Nachtzeitraums des § 2 Abs. 3 auf die Zeit zwischen 22 und 24 Uhr festzulegen.

(2) Sofern der Gesundheitsschutz der Arbeitnehmer durch einen entsprechenden Zeitausgleich gewährleistet wird, kann in einem Tarifvertrag oder auf Grund eines Tarifvertrags in einer Betriebs- oder Dienstvereinbarung ferner zugelassen werden,

1. abweichend von § 5 Abs. 1 die Ruhezeiten bei Rufbereitschaft den Besonderheiten dieses Dienstes anzupassen, insbesondere Kürzungen der Ruhezeit infolge von Inanspruchnahmen während dieses Dienstes zu anderen Zeiten auszugleichen,
2. die Regelungen der §§ 3, 5 Abs. 1 und § 6 Abs. 2 in der Landwirtschaft der Bestellungs- und Erntezeit sowie den Witterungseinflüssen anzupassen,
3. die Regelungen der §§ 3, 4, 5 Abs. 1 und § 6 Abs. 2 bei der Behandlung, Pflege und Betreuung von Personen der Eigenart dieser Tätigkeit und dem Wohl dieser Personen entsprechend anzupassen,
4. die Regelungen der §§ 3, 4, 5 Abs. 1 und § 6 Abs. 2 bei Verwaltungen und Betrieben des Bundes, der Länder, der Gemeinden und sonstigen Körperschaften, Anstalten und Stiftungen des öffentlichen Rechts sowie

bei anderen Arbeitgebern, die der Tarifbindung eines für den öffentlichen Dienst geltenden oder eines im Wesentlichen inhaltsgleichen Tarifvertrags unterliegen, der Eigenart der Tätigkeit bei diesen Stellen anzupassen.

(...)

§ 12 ArbZG

In einem Tarifvertrag oder auf Grund eines Tarifvertrags in einer Betriebs- oder Dienstvereinbarung kann zugelassen werden,

1. abweichend von § 11 Abs. 1 die Anzahl der beschäftigungsfreien Sonntage in den Einrichtungen des § 10 Abs. 1 Nr. 2, 3, 4 und 10 auf mindestens zehn Sonntage, im Rundfunk, in Theaterbetrieben, Orchestern sowie bei Schaustellungen auf mindestens acht Sonntage, in Filmtheatern und in der Tierhaltung auf mindestens sechs Sonntage im Jahr zu verringern,
2. abweichend von § 11 Abs. 3 den Wegfall von Ersatzruhetagen für auf Werktage fallende Feiertage zu vereinbaren oder Arbeitnehmer innerhalb eines festzulegenden Ausgleichszeitraums beschäftigungsfrei zu stellen,
3. abweichend von § 11 Abs. 1 bis 3 in der Seeschiffahrt die den Arbeitnehmern nach diesen Vorschriften zustehenden freien Tage zusammenhängend zu geben,
4. abweichend von § 11 Abs. 2 die Arbeitszeit in vollkontinuierlichen Schichtbetrieben an Sonn- und Feiertagen auf bis zu zwölf Stunden zu verlängern, wenn dadurch zusätzliche freie Schichten an Sonn- und Feiertagen erreicht werden.

§ 7 Abs. 3 bis 6 findet Anwendung.

§ 7 Abs. 1 Nr. 1a ArbZG hat keine Bedeutung, da die tariflichen Regelungen zu Bereitschaftszeiten und -diensten abschließend sind. Entsprechendes gilt für die dortige Nr. 4a.

Ein anderer Ausgleichszeitraum nach Nr. 1 und 4b dieser Vorschrift kommt auch nur für die tariflich vorgesehenen Fälle (z. B. Wechselschicht) in Betracht.

In vollkontinuierlichen Schichtbetrieben, also Wechselschichtbetrieben, kann an Sonn- und Feiertagen die tägliche Arbeitszeit auf bis zu zwölf Stunden verlängert werden, wenn dadurch zusätzliche freie Schichten an Sonn- und Feiertagen erreicht werden. Auch dies ist nur durch Dienst- oder Betriebsvereinbarungen durchsetzbar. **14**

Abs. 5 verpflichtet den Beschäftigten, verschiedene **Sonderformen der Arbeit** zu akzeptieren, ohne dass dies ausdrücklich arbeitsvertraglich vereinbart ist. Auch wenn eine arbeitsrechtliche Vereinbarung vorliegt, eine bestimmte **15**

§ 6 TVöD

Sonderform der Arbeit zu leisten, müssen die tariflichen Voraussetzungen vorliegen: eine entsprechende dienstliche oder betriebliche Notwendigkeit. Die jeweilige Sonderform muss nicht nur für die Erffüllung des dienstlichen oder betrieblichen Zweckes nützlich, sondern unumgänglich sein. Nicht allein ausreichend ist es daher, wenn durch eine Sonderform der Arbeit nur Kosten gespart werden können. Ferner ist der Arbeitgeber gehalten, dem Beschäftigten gegenüber zu begründen, warum diese Sonderform angeordnet werden soll.

Die Anordnung ist regelmäßig nur mit Zustimmung des Personal- oder Betriebsrats wirksam. Soweit die Lage der Arbeitszeit unmittelbar betroffen ist, greift das im Wesentlichen nach dem BetrVG, BPersVG und den Personalvertretungsgesetzen der Länder gleichlautende diesbezügliche Mitbestimmungsrecht ein (z.B. § 87 Abs. 1 Nr. 2 BetrVG, § 75 Abs. 3 Nr. 1 BPersVG). Bezüglich der Einführung eines Bereitschaftsdienstes oder einer Rufbereitschaft ist zunächst zu prüfen, ob ein Personalvertretungsgesetz hier ausdrücklich ein Mitbestimmungsrecht einräumt. Für den Wortlaut des § 87 Abs. 1 Nr. 2 BetrVG und § 75 Abs. 3 Nr. 1 BPersVG wird die Auffassung vertreten, ein Mitbestimmungsrecht bestehe nicht. Dies gelte zumindest für die Rufbereitschaft, da es sich hier nicht um »Arbeitszeit« handele (VGH Baden-Württemberg vom 16.9.2003 – PL 15 S 1078/03, PersR 2003, 511 f.). Dem widerspricht das BAG mit überzeugenden Argumenten: Die notwendige Beteiligung bei der Anordnung von Rufbereitschaft folgt aus einer am Zweck der Mitbestimmungsrechte des § 87 Abs. 1 Nr. 2 und Nr. 3 BetrVG orientierten Auslegung. Das Mitbestimmungsrecht des Betriebsrats soll gewährleisten, dass die Interessen der Arbeitnehmer an der Lage ihrer Arbeitszeit berücksichtigt werden. Denn mit der Festlegung von Beginn und Ende der täglichen Arbeitszeit wird zugleich über den Zeitraum bestimmt, der den Arbeitnehmern zur freien Gestaltung ihres Privatlebens zur Verfügung steht. Das rechtfertigt die betriebsverfassungsrechtliche Gleichstellung von Rufbereitschaft und Arbeitszeit, weil die Arbeitnehmer auch während der Rufbereitschaft über ihre Freizeit nur eingeschränkt disponieren können (zuletzt mit weiteren Nachweisen: BAG vom 23.1.2001 – 1 ABR 36/00, PersR 2001, 350ff.). Gleiches gilt erst recht für den Bereitschaftsdienst (BAG vom 29.2.2000 – 1 ABR 15/99, ZTR 2000, 524f.).

Auch wenn diese Voraussetzungen vorliegen, hat die Anordnung nach billigem Ermessen zu erfolgen (§ 315 BGB). Es sind also auch die Interessen des Beschäftigten zu berücksichtigen. Die Ausübung des billigen Ermessens ist arbeitsgerichtlich überprüfbar (§ 315 Abs. 3 BGB).

Die in Abs. 5 genannten Sonderformen der Arbeit sind abschließend. Andere Möglichkeiten, wie Arbeit auf Abruf, geteilte Dienste etc., sind tariflich verboten.

16 Der Beschäftigte ist verpflichtet, **Sonn- und Feiertagsarbeit** zu leisten, soweit dies zur Aufgabenerfüllung der Verwaltung oder des Betriebes erforderlich ist. Die Arbeit an Sonn- und Feiertagen muss nach den Vorschriften des Arbeitszeitgesetzes zulässig sein. Sie ist grundsätzlich nach § 9 Abs. 1 ArbZG verboten, allerdings nach Abs. 2 dieser Vorschrift für mehrschichtige Betriebe unter den dortigen Voraussetzungen zugelassen. Weitere umfangreiche Ausnahmen ergeben sich aus § 10 ArbZG. Im verwaltungsrechtlichen Verfahren über die Genehmigung von Sonn- und Feiertagsarbeit ist der hiervon betroffene Arbeitnehmer ebenfalls antrags- und klagebefugt (BVerwG vom 19.9.2000 – 1 C 17.99, AuR 2000, 382f.). Wird er von der Entscheidung der Behörde nicht durch Bescheid mit Rechtsmittelbelehrung in Kenntnis gesetzt, hat er ein Jahr Zeit, gegen diese Entscheidung Widerspruch einzulegen. Dieser hat aufschiebende Wirkung.

Auch der Arbeitsvertrag kann den Anspruch des Arbeitgebers, den Beschäftigten an Sonn- oder Feiertagen einzusetzen, beschränken. Hat der Angestellte bislang an diesen Tagen nicht gearbeitet, muss er auf Grund des Abs. 5 nicht jederzeit damit rechnen, dass für ihn ein entsprechender Einsatz erfolgt, wenn Sonn- und Feiertagsarbeit in seiner Tätigkeit oder Arbeitsstelle bislang weitestgehend unüblich waren.

Jugendliche Angestellte dürfen am 24. und 31. Dezember nach 14.00 Uhr nicht beschäftigt werden (§ 18 Abs. 1 JArbSchG; zu den Ausnahmen vgl. § 18 Abs. 2 JArbSchG). Ferner ist die Samstags- und Sonntagsarbeit für Jugendliche grundsätzlich verboten (§§ 16 Abs. 1, 17 Abs. 1 JArbSchG; zu den Ausnahmen §§ 16 Abs. 2, 17 Abs. 2 JArbSchG). **17**

Nacht-, Wechselschicht- oder Schichtarbeit muss ebenfalls nur geleistet werden, wenn dies unter den Voraussetzungen der Rn. 15 unumgänglich ist. Hierbei ist weitmöglichst auf die gesundheitlichen Belange des Arbeitnehmers Rücksicht zu nehmen. Für Jugendliche gelten §§ 12, 14 JArbSchG. **18**

Nach Abs. 5 kann der Arbeitgeber unter den dortigen Voraussetzungen **Bereitschaftsdienst** anordnen. Zum Begriff des Bereitschaftsdienstes siehe § 7 Rn. 4. **19**

Die Anordnung von Bereitschaftsdienst kommt nur in Betracht, wenn zu erwarten ist, dass zwar Arbeit anfällt, erfahrungsgemäß aber die Zeit ohne Arbeitsleistung überwiegt. Beträgt die Beanspruchung während des Bereitschaftsdienstes 50 v.H. oder mehr, ist eine solche Anordnung unzulässig. Wird eine derartige Tätigkeit gleichwohl als Bereitschaftsdienst praktiziert, handelt es sich um Arbeit und damit um Arbeitszeit, die entsprechend zu vergüten ist (so auch PK-BAT-Pieper, § 15 Rn. 22). Dagegen ist der 7. Senat des BAG der Auffassung, dass auch eine Inanspruchnahme in Höhe von mehr als 50 v.H. nicht zur Folge habe, dass es sich statt um Bereitschaftsdienst um Arbeitszeit handele, weil nach den damaligen SR 2 c, Nr. 8 zum BAT auch bei einer höheren Beanspruchung nur ein Teil als Arbeitszeit zu vergüten sei (BAG, AP Nr. 12 zu § 17 BAT). Dieser Auffassung ist deshalb nicht zu folgen, weil Mischformen zwischen Bereitschaftsdienst und Arbeitszeit nach der tariflichen Abgrenzung nicht denkbar sind. Handelt es sich nicht um Freizeit, Rufbereitschaft oder Bereitschaftsdienst, so liegt

§ 6 TVöD

Arbeit vor, die voll zu vergüten ist. Zeiten der Unterbeschäftigung bleiben unberücksichtigt; allenfalls kommt eine Verlängerung wegen Bereitschaftszeiten in Betracht (§ 9).

Bereitschaftsdienst darf nur angeordnet werden, wenn die dienstlichen oder betrieblichen Umstände dies erfordern, auch weil die Anordnung gem. § 315 BGB nach billigem Ermessen auszuüben ist. In Berufsgruppen, die üblicherweise nicht mit der Anordnung des Bereitschaftsdienstes rechnen müssen, ist die Einteilung in Bereitschaftsdienste nur auf Grund einer entsprechenden arbeitsvertraglichen Vereinbarung oder durch wirksame Änderungskündigung zu erreichen.

Der öffentliche Arbeitgeber ist zwar ggf. gegenüber seinen Angestellten berechtigt, die Erledigung von Bereitschaftsdiensten anordnen zu können. Dagegen hat er keine Verpflichtung, die weitere Erbringung der bisherigen Bereitschaftsdienste anordnen zu müssen (Urteil vom 29.6.2000 – 17 Sa 521/00, ZTR 2000, 464, ebenso: LAG Schleswig-Holstein vom 10.5.2000 – 2 Sa 24/00, nicht veröffentlicht).

20 Der EuGH hat zur arbeitszeitrechtlichen Bewertung der Bereitschaftsdienste zahlreiche noch nicht abschließend geklärte Fragen aufgeworfen:

Bereitschaftsdienst, den Ärzte eines Teams zur medizinischen Grundversorgung in Form persönlicher Anwesenheit in der Gesundheitseinrichtung leisten, ist seiner Meinung nach als **Arbeitszeit** und damit ggf. als Überstunden im Sinne der Richtlinien 89/391/EWG des Rates vom 12.6.1989 über die Durchführung von Maßnahmen zur Verbesserung der Sicherheit und des Gesundheitsschutzes der Arbeitnehmer bei der Arbeit und 93/104/EG des Rates vom 23.11.1993 über bestimmte Aspekte der Arbeitszeitgestaltung anzusehen (EuGH vom 3.10.2000 – Rs. C 303/98, PersR 2001, 134 ff.). Bei Fehlen nationaler Vorschriften zur Umsetzung des Art. 16 Nr. 2 der Richtlinie 93/104/EG oder ggf. zur ausdrücklichen Übernahme einer in Art. 17 Abs. 2, 3 und 4 der Richtlinie vorgesehenen Abweichung können diese Bestimmungen dahingehend ausgelegt werden, dass sie unmittelbare Wirkung haben und geben daher dem Einzelnen einen Anspruch darauf, dass der Bezugszeitraum für die Festlegung dieser wöchentlichen Höchstarbeitszeit zwölf Monate nicht überschreitet. Die ausdrückliche Zustimmung der gewerkschaftlichen Verhandlungspartner in einem Tarifvertrag steht der Zustimmung des Arbeitnehmers selbst im Sinne des Art. 18 Abs. 1b Buchst. i erster Gedankenstrich der Richtlinie 93/104/EG nicht gleich (EuGH, a.a.O.; zur Reichweite dieser Entscheidung siehe Ohnesorg, Das Arbeitszeitrecht heute – eine Bestandsaufnahme, PersR 2001, 99 ff.).

In Anlehnung der Richtlinie des Rates der Europäischen Union Nr. 93/104 vom 23.11.1993 darf die wöchentliche Arbeitszeit auch im **Rettungsdienst** des DRK 48 Stunden nicht überschreiten. Die maßgebliche Arbeitszeit im Sinne dieser arbeitsschutzrechtlichen Vorschriften ist die gesamte Zeitspanne, während der der Arbeitnehmer dem Arbeitgeber zur Verfügung steht und seine Tätigkeit ausübt oder Aufgaben wahrnimmt. Eine nach § 15 Abs. 2 Buchst. b BAT auf 54 Stunden verlängerte Arbeitszeit verstößt gegen die in Art 6 Nr. 2 EGRL 104/93 festgelegte Höchstarbeitszeit von 48 Stunden. Ein Anspruch auf Vergütung folgt daraus nicht. Die Arbeitszeit-Richtlinie EGRL 104/93 betrifft den öffentlichen Arbeitsschutz und sieht bei Verstößen gegen ihre Regelungen keine finanziellen Ansprüche vor (BAG vom 21.4.2005 – 6 AZR 287/04). Eine Ausnahme gilt auch nicht für Alt-Tarifverträge. Zwar bleiben nach § 25 Satz 1 ArbZG Tarifverträge, die am 1. Januar 2004 bereits galten, von der Einhaltung bestimmter gesetzlicher Höchstgrenzen bis zum 31. Dezember 2006 unberührt. Entgegen einem weit verbreiteten Verständnis wird aber von dieser Übergangsregelung die 48-Stunden-Grenze nicht erfasst. Das ergibt die gebotene europarechtskonforme Auslegung der Vorschrift (BAG vom 24.1.2006 – 1 ABR 6/05).

Die Richtlinie 93/104 über bestimmte Aspekte der Arbeitszeitgestaltung ist dahin auszulegen, dass der Bereitschaftsdienst, den ein Arzt in Form persönlicher Anwesenheit im Krankenhaus leistet, in vollem Umfang Arbeitszeit im Sinne dieser Richtlinie darstellt, auch wenn es dem Betroffenen in Zeiten, in denen er nicht in Anspruch genommen wird, gestattet ist, sich an dieser Arbeitsstelle auszuruhen, so dass sie der Richtlinie der Regelung eines Mitgliedstaats entgegensteht, nach der Zeiten, in denen ein Arbeitnehmer während eines Bereitschaftsdienstes untätig ist, als Ruhezeit eingestuft werden. Entscheidend für die Annahme, dass der von den Ärzten im Krankenhaus geleistete Bereitschaftsdienst die charakteristischen Merkmale des Begriffes »Arbeitszeit« im Sinne der Richtlinie 93/104 aufweist, ist nämlich, dass sie sich an einem vom Arbeitgeber bestimmten Ort aufhalten und diesem zur Verfügung stehen müssen, um ggf. sofort ihre Leistungen erbringen zu können. Diese Verpflichtungen, aufgrund deren die betroffenen Ärzte ihren Aufenthaltsort während der Wartezeiten nicht frei bestimmen können, sind als Bestandteil der Wahrnehmung ihrer Aufgaben anzusehen. Der bloße Umstand, dass der Arbeitgeber dem Arzt einen Ruheraum zur Verfügung stellt, in dem er sich aufhalten kann, solange keine beruflichen Leistungen von ihm verlangt werden, ändert nichts an diesem Ergebnis. Wirtschaftliche und organisatorische Einwände können diese Auslegung nicht in Frage stellen. Die Richtlinie 93/104 über bestimmte Aspekte der Arbeitszeitgestaltung ist dahin auszulegen, dass sie der Regelung seines Mitgliedstaats entgegensteht, die bei einem in Form persönlicher Anwendung im Krankenhaus gelisteten Bereitschaftsdienst – ggf. über einen Tarifvertrag oder eine aufgrund eines Tarifvertrags getroffene Betriebsvereinbarung – einen Ausgleich nur der Bereitschaftsdienstzeiten zulässt, in denen der Arbeitnehmer tatsächlich eine berufliche Tätigkeit ausgeübt hat. Eine Kürzung der tagtäglichen Ruhezeit von elf zusammenhängenden Stunden durch Ableistung eines Bereitschaftsdienstes, der zur regelmäßigen Arbeitszeit hinzukommt, fällt nur dann unter die Abweichungsbestimmungen in Art. 17 Abs. 2 Nr. 2.1 Buchst. c Ziff. i der

§ 6 TVöD

Richtlinie 93/104 über bestimmte Aspekte der Arbeitszeitgestaltung, wenn den betroffenen Arbeitnehmern gleichwertige Ausgleichsruhezeiten im unmittelbaren Anschluss gewährt werden. Darüber hinaus darf eine solche Kürzung der täglichen Ruhezeit in keinem Fall zu einer Überschreitung der in Art. 6 der Richtlinie festgesetzten Höchstdauer der wöchentlichen Arbeitszeit führen (EuGH vom 9.9.2003 – C-151/02, PersR 2003, 458 ff.).

21 Bei der **Rufbereitschaft** (zum Begriff s. §7 Rn. 5) ist der Aufenthaltsort dem Arbeitgeber anzuzeigen. Der Anzeigepflicht genügt der Beschäftigte auch dadurch, dass er über ein mobiles Telefongerät während dieser Zeit ständig erreichbar ist (BAG vom 29.6.2000 – 6 AZR 900/98, PersR 2001, 268 ff.).

22 **Überstunden** oder **Mehrarbeit** darf der Arbeitgeber anordnen, wenn diese unvorhersehbar notwendig werden, was dem Beschäftigten auf sein Verlangen hin im Einzelnen zu erläutern ist (zum Begriff siehe §7 Rn. 7ff.). Liegen diese Voraussetzungen nicht vor, so kann eine entsprechende Arbeitsleistung verweigert werden (BAG vom 27.11.1985 – 5 AZR 624/84, n.v.) Andererseits darf der Arbeitgeber nicht ohne sachlichen Grund einen einzelnen Arbeitnehmer von der Ableistung von Überstunden ausschließen, wenn alle vergleichbaren Mitarbeiter durch die Heranziehung zu Überstunden eine erhebliche Lohnsteigerung erzielen können (LAG Köln vom 22.6.1994 – 2 Sa 1087/93, EzBAT §8 BAT Direktionsrecht Nr. 22). Personal- und Betriebsräte haben bei der Anordnung von Mehrarbeit und Überstunden ein Mitbestimmungsrecht, dessen Verletzung zur Unwirksamkeit der Anordnung führt (Altvater u.a., BPersVG, §69 Rn. 11 ff. mit zahlreichen Hinweisen). Auch wenn der Arbeitnehmer arbeits- und tarifvertraglich grundsätzlich verpflichtet ist, **Überstunden** zu leisten, so hat der Arbeitgeber nach dem Rechtsgedanken des damaligen §4 Abs. 2 BeSchFG hierfür eine angemessene **Ankündigungsfrist** zu wahren, um dem Beschäftigten auf zumutbare Weise zu ermöglichen, sich auf eine vorher zeitlich nicht festgelegte Inanspruchnahme seiner Arbeitskraft einzustellen. Die Zuweisung von Überstunden für den laufenden Arbeitstag kann nur bei deutlich überwiegenden betrieblichen Interessen billigem Ermessen entsprechen (ArbG Frankfurt/Main vom 26.11.1998 – 2 Ca 4267/98, AuR 1999, 278).

Überstunden sind auf **dringende Fälle** zu beschränken. Es muss sich also um zwingende dienstliche oder betriebliche Gründe für eine eilige, unvorhergesehene Ausführung bestimmter Arbeiten handeln, die keinen Aufschub dulden oder während der regelmäßigen Arbeitszeit durch Aufteilung auf mehrere Arbeitnehmer abgewickelt werden können.

Die **Anordnungsbefugnis** für Überstunden besitzt der Arbeitgeber, also der Dienststellenleiter, Verwaltungsleiter usw. oder die vom ihm beauftragten Personen. Liegt keine wirksame Überstundenanordnung vor, so ist der Beschäftigte nicht verpflichtet, Überstunden zu leisten. Er kann sich weigern, die entsprechende Weisung des Arbeitgebers zu befolgen. Befolgt der Arbeitnehmer eine unwirksame Überstundenanordnung, so ist die geleistete

TVöD § 6

Mehrarbeitszeit gleichwohl als Überstundenarbeit anzusehen (zur Anordnung siehe auch § 7 Rn. 11).

Überstunden müssen sich in den **Arbeitszeitgrenzen** des Arbeitszeitgesetzes, insbesondere des § 3 bewegen, wonach die werktägliche Arbeitszeit zehn Stunden, die wöchentliche Arbeitszeit 60 Stunden grundsätzlich nicht überschreiten darf. Auch ist die Ruhezeit des § 5 ArbZG einzuhalten, die regelmäßig elf Stunden beträgt. Abweichungen hiervon sind nur nach § 14 ArbZG in notwendigen und außergewöhnlichen, katastrophenähnlichen Fällen denkbar.

Teilzeitbeschäftigte sind nicht verpflichtet, Bereitschaftsdienste zu leisten **23** (so auch LAG Niedersachsen vom 22.2.1978 – 3 Sa 175/77; Pieper, PersR 1986, 215; BAG vom 22.11.1991 – 6 AZR 551/89; NZA 1992, 545ff.; a.A. aber BAG vom 12.2.1992 – 5 AZR 566/90, PersR 1992, 476ff.). Gleiches gilt für Rufbereitschaft (a.A. BAG, AP Nr. 20 zu § 15 BAT), Mehrarbeit und Überstunden. Dies ist in Abs. 5 nunmehr klar gestellt. Etwas anderes gilt nur dann, wenn arbeitsvertraglich ausdrücklich vereinbart ist, dass diese Sonderformen der Arbeit praktiziert werden können.

Die Abs. 6 und 7 erlauben es dem Arbeitgeber tariflich, die Arbeitszeit **24** nach seinen Bedürfnissen zu flexibilisieren. Die hierfür vorgesehenen Modelle des Arbeitszeitkorridors und der Rahmenarbeitszeit sind abschließend und nicht erweiterbar. Sie dürfen auch nicht miteinander kombiniert werden. Die Einführung dieser Modelle erfolgt im öffentlichen Dienst ausschließlich über einvernehmliche Dienstvereinbarungen oder Tarifverträge (s. Rn. 28). Sobald ein flexibles Arbeitszeitmodell nicht ausschließlich arbeitnehmergesteuert ist, sondern der Arbeitgeber nicht nur ausnahmsweise Einfluss auf die Lage der Arbeitszeit behält, ist die Zulässigkeit des Systems an den Voraussetzungen der Abs. 6, 7 und 9 zu messen.

Der **Arbeitszeitkorridor** nach Abs. 6 ermöglicht es dem Arbeitgeber, die Arbeitszeit flexibel in einer Woche bis zu 45 Stunden auszudehnen, um innerhalb des Ausgleichszeitraums eine entsprechende Verkürzung der Wochenarbeitszeit zu ermöglichen. Der Korridor von 45 Stunden muss nicht ausgeschöpft werden. Die Flexibilisierung des Korridors selbst (z.B. 45 Stunden im Durchschnitt eines Jahres) ist nicht möglich (so auch BeckOK-Welkoborsky, § 6 TVöD Rn. 27). Das System bedarf einer einvernehmlichen Dienst- (Rn. 28) oder Betriebsvereinbarung, die auch den Umfang des Dispositions- und Direktionsrechts des Arbeitgebers und die verbleibenden Freiräume des Arbeitnehmers bestimmen kann. Gleitzeitregelungen oder weitergehende arbeitnehmergesteuerte Arbeitszeitmodelle bis hin zur so genannten Vertrauensarbeitszeit sind daneben oder kombiniert möglich. Der Arbeitszeitkorridor ist aber nicht mit Schicht- oder Wechselschicht kombinierbar und ausgeschlossen, wenn eine Rahmenarbeitszeit festgelegt ist.

Alternativ zum Arbeitszeitkorridor kann durch einvernehmliche Dienst- **25** (vgl. Rn. 28) oder Betriebsvereinbarung eine **Rahmenarbeitszeit** von bis zu

§ 6 TVöD

zwölf Stunden festgelegt werden, die zwischen 6 Uhr und 20 Uhr liegen muss. Es gelten die gleichen Grundsätze wie beim Arbeitszeitkorridor. Innerhalb dieser Rahmenarbeitszeit kann der Arbeitgeber die individuelle tägliche Arbeitszeit im Umfang seines zwischen ihm und dem Betriebs- oder Personalrat vereinbarten Dispositions- und Direktionsrechts bestimmen. Dieses Modell ist nicht mit Schicht- oder Wechselschicht kombinierbar und ausgeschlossen, wenn ein Arbeitszeitkorridor festgelegt ist.

26 **Dienst- und Betriebsvereinbarungen** zu Fragen des § 6 sind grundsätzlich nach den Personalvertretungsgesetzen und dem Betriebsverfassungsgesetz mitbestimmungspflichtig und werden im Falle der Nichteinigung ggf. durch die Einigungsstelle entschieden. Der Spruch der Einigungsstelle ist auch personalvertretungsrechtlich für den Arbeitgeber verbindlich. Nur in seltenen Ausnahmefällen hat der öffentliche Arbeitgeber ein Letztentscheidungsrecht. Das zuständige Organ kann den Spruch der Einigungsstelle nur aufheben, wenn die Regierungsverantwortung hierdurch wesentlich berührt ist. Für diesen Fall ist die tarifliche Regelung der Arbeitszeitverteilung anstatt der Dienstvereinbarung vorgesehen. Unbeschadet dessen ist es den Tarifvertragsparteien unbenommen, die Fragen der Arbeitszeitverteilung auf Bundesebene, in den Landesbezirken oder durch Haustarifverträge für einzelne Arbeitgeber weiter zu konkretisieren. Diese Tarifnormen würden die Mitbestimmung der Betriebs- und Personalräte verdrängen, soweit sie abschließende Regelungen enthalten.

Dienst- und Betriebsvereinbarungen haben sich in den Schranken der §§ 6 bis 10 zu bewegen (vgl. auch § 10 Rn. 3a).

Bezüglich der Abs. 4, 6 und 7 enthält Abs. 9 eine hierüber hinausgehende Sonderregelung. Zur Einführung des tariflichen Arbeitszeitkorridors oder der Rahmenarbeitszeit sowie zu den Ausnahmen nach §§ 7 und 12 ArbZG werden die Betriebsparteien (Dienststelle und Personalrat) wie betriebliche Tarifpartner ermächtigt, das »Ob« und »Wie« der hiermit verbundenen Regelungen durch freiwillige Dienstvereinbarung zu regeln. Freiwillig ist eine Dienstvereinbarung nur, wenn sie ohne Entscheidung der Einigungsstelle zustande kommt. Damit werden die Rechte der Betriebsparteien nach dem Personalvertretungsrecht nicht (unzulässigerweise) verändert; die Delegation der Tarifmacht auf die Betriebsparteien erfolgt vielmehr nur unter der Option, die Angelegenheiten einvernehmlich zu regeln. Gelingt dies nicht, ist der Weg für weitere Tarifregelungen offen. Eine Regelung der Angelegenheiten nach Abs. 4, 6 und 7 über die Einigungsstelle kommt dagegen nicht in Betracht.

Auch wenn ein Letztentscheidungsrecht der Dienststelle in diesen Fragen gegeben sein sollte, können die Angelegenheiten nach Abs. 4, 6 und 7 nur tariflich entschieden werden, soweit nicht zuvor eine einvernehmliche Dienstvereinbarung zustande kommt. Dies ist dann der Fall, wenn sich ein Organ über die personalvertretungsrechtliche Entscheidung wegen der wesentlichen Berührung der Regierungsverantwortung hinwegsetzen könnte oder aber z. B. aufgrund kommunaler Vorschriften eine ausschließliche Organentscheidung vorgesehen ist (ebenso: BeckOK-Welkoborsky, § 6 TVöD Rn. 40ff.). Gleiches gilt, wenn kein Personalrat gebildet ist. Es kann in diesem Fall nur tariflich verfahren werden. Die einseitige Anwendung der Abs. 4, 6 oder 7 durch den Arbeitgeber ist also in jedem Fall ausgeschlossen.

§ 7
Sonderformen der Arbeit

(1) [1]Wechselschichtarbeit ist die Arbeit nach einem Schichtplan, der einen regelmäßigen Wechsel der täglichen Arbeitszeit in Wechselschichten vorsieht, bei denen Beschäftigte durchschnittlich längstens nach Ablauf eines Monats erneut zur Nachtschicht herangezogen werden. [2]Wechselschichten sind wechselnde Arbeitsschichten, in denen ununterbrochen bei Tag und Nacht, werktags, sonntags und feiertags gearbeitet wird. [3]Nachtschichten sind Arbeitsschichten, die mindestens zwei Stunden Nachtarbeit umfassen.

(2) Schichtarbeit ist die Arbeit nach einem Schichtplan, der einen regelmäßigen Wechsel des Beginns der täglichen Arbeitszeit um mindestens zwei Stunden in Zeitabschnitten von längstens einem Monat vorsieht, und die innerhalb einer Zeitspanne von mindestens 13 Stunden geleistet wird.

(3) Bereitschaftsdienst leisten Beschäftigte, die sich auf Anordnung des Arbeitgebers außerhalb der regelmäßigen Arbeitszeit an einer vom Arbeitgeber bestimmten Stelle aufhalten, um im Bedarfsfall die Arbeit aufzunehmen.

(4) [1]Rufbereitschaft leisten Beschäftigte, die sich auf Anordnung des Arbeitgebers außerhalb der regelmäßigen Arbeitszeit an einer dem Arbeitgeber anzuzeigenden Stelle aufhalten, um auf Abruf die Arbeit aufzunehmen. [2]Rufbereitschaft wird nicht dadurch ausgeschlossen, dass Beschäftigte vom Arbeitgeber mit einem Mobiltelefon oder einem vergleichbaren technischen Hilfsmittel ausgestattet sind.

(5) Nachtarbeit ist die Arbeit zwischen 21 Uhr und 6 Uhr.

(6) Mehrarbeit sind die Arbeitsstunden, die Teilzeitbeschäftigte über die vereinbarte regelmäßige Arbeitszeit hinaus bis zur regelmäßigen wöchentlichen Arbeitszeit von Vollbeschäftigten (§ 6 Abs. 1 Satz 1) leisten.

(7) Überstunden sind die auf Anordnung des Arbeitgebers geleisteten Arbeitsstunden, die über die im Rahmen der regelmäßigen Arbeitszeit von Vollbeschäftigten (§ 6 Abs. 1 Satz 1) für die Woche dienstplanmäßig bzw. betriebsüblich festgesetzten Arbeitsstunden hinausgehen und nicht bis zum Ende der folgenden Kalenderwoche ausgeglichen werden.

(8) Abweichend von Absatz 7 sind nur die Arbeitsstunden Überstunden, die

a) im Falle der Festlegung eines Arbeitszeitkorridors nach § 6 Abs. 6 über 45 Stunden oder über die vereinbarte Obergrenze hinaus,

§ 7 TVöD

b) im Falle der Einführung einer täglichen Rahmenzeit nach § 6 Abs. 7 außerhalb der Rahmenzeit,

c) im Falle von Wechselschicht- oder Schichtarbeit über die im Schichtplan festgelegten täglichen Arbeitsstunden einschließlich der im Schichtplan vorgesehenen Arbeitsstunden, die bezogen auf die regelmäßige wöchentliche Arbeitszeit im Schichtplanturnus nicht ausgeglichen werden,

angeordnet worden sind.

1 Schichtarbeit (Abs. 2) liegt vor, wenn in einer Dienststelle, einem Betrieb oder einem entsprechenden Teil hiervon nach einem Dienstplan in unterschiedlichen Arbeitszeiten gearbeitet wird (**Schichtplan**) und ein regelmäßiger Wechsel des Einsatzes der einzelnen Arbeitnehmer erfolgt. Die Schichten müssen mindestens eine Zeitspanne von 13 Stunden umfassen. Der Zeitabstand der Schichten muss mindestens zwei Stunden betragen. Die einzelnen Schichten müssen sich nicht ablösen, sondern können sich überlappen. Auf die Lage der Arbeitszeit kommt es nicht an. Unerheblich ist es auch, ob sich die Arbeitsaufgaben in den verschiedenen Schichten unterscheiden (BAG vom 12.11.1997 – 10 AZR 27/97, ZTR 1998, 181 ff.). Regelmäßig ist der Wechsel, wenn er mindestens innerhalb eines Monats stattfindet. Ein Beschäftigter leistet Schichtarbeit, wenn er in diesem Rhythmus in verschiedenen Schichten eingesetzt wird.

2 Die **Wechselschicht** (Abs. 1 Satz 2) setzt darüber hinaus begrifflich voraus, dass von den Arbeitnehmern eines Betriebes, einer Dienststelle oder eines entsprechenden Teils wechselnde Arbeitsschichten geleistet werden. Dies ist nur dann der Fall, wenn ununterbrochen immer, bei Tag und Nacht, werktags, sonn- und feiertags gearbeitet wird. In welchem Umfang in den einzelnen Schichten Arbeit anfällt, ist dagegen nicht relevant. Auch kommt es nicht darauf an, in welcher Arbeitszeitform diese Schichten abgedeckt werden (Arbeitszeit, Arbeitsbereitschaft, Bereitschaftsdienst, Rufbereitschaft). Ebenso wenig ist es zwingend, dass es sich um einen 3-Schichten-Betrieb handelt.

3 Der Beschäftigte leistet **Wechselschichtarbeit** (Abs. 1 Sätze 1 und 3), wenn er in einem Schichtwechsel eingesetzt wird, der zur Folge hat, dass spätestens nach Ablauf eines Monats eine erneute Heranziehung zur Nachtschicht erfolgt. Zwischen den einzelnen Nachtschichtfolgen des Dienstplans darf also ein Zeitraum von durchschnittlich höchstens einem Monat liegen (BAG vom 5.6.1996 – 10 AZR 610/95, n.v.). Ein Einsatz in allen Schichten ist nicht erforderlich. Auch reicht ein einmaliger Einsatz in der Nachtschicht in diesem Turnus aus (a.A. LAG Baden-Württemberg vom 30.9.1992 – 9 Sa 74/82, das den Begriff »Nachtschichtfolge« missversteht; wie hier: LAG Rheinland-Pfalz vom 6.10.1987 – 3 Sa 581/87). Um eine **Nachtschicht** handelt es sich, wenn die in Abs. 5 definierten Nachtstunden mindestens im Umfang von zwei Stunden anfallen. Liegt Nachtschicht vor, sind alle hierin geleisteten Arbeitsstunden Nachtschichtstunden. Nachtarbeitsstunden, die in der Früh- oder Spätschicht geleistet worden sind, werden in diesem Zusammenhang nicht addiert, **Nachtschichtstunden**, die in die Tageszeit von 6.00 Uhr bis 21.00 Uhr fallen, dagegen nicht subtrahiert.

Der **Bereitschaftsdienst** (Abs. 3) unterscheidet sich von der nicht mehr tariflich geregelten »**Arbeitsbereitschaft**« und den **Bereitschaftszeiten** (§ 9) dadurch, dass sich der Arbeitnehmer außerhalb der Arbeitszeit an einem bestimmten Ort innerhalb oder außerhalb der Dienststelle oder des Betriebes aufhalten muss, um auf Anforderung hin unverzüglich die Arbeit aufnehmen zu können. Eine Anwesenheit an der Arbeitsstelle ist daher dann nicht erforderlich, wenn der Arbeitgeber einen anderen Ort für die Leistung des Bereitschaftsdienstes bestimmt. Während der Arbeitnehmer sich bei der früheren »**Arbeitsbereitschaft**« in wachem Zustand befinden musste, kann er den Bereitschaftsdienst z. B. auch schlafend verbringen. Er muss jedoch jederzeit in der Lage sein, die Arbeit unverzüglich zu beginnen. Es handelt sich somit um eine Aufenthaltsbeschränkung des Beschäftigten außerhalb der regelmäßigen Arbeitszeit mit der Verpflichtung, bei Bedarf sofort tätig zu werden (BAG, AP Nr. 12 zu § 17 BAT). **4**

Bereitschaftsdienst ist eine im Vergleich mit der Vollarbeit geringere Inanspruchnahme des Beschäftigten im Rahmen der arbeitsvertraglich geschuldeten Leistungspflicht, der gleichwohl grundsätzlich als normale Arbeitszeit gewertet wird. Der Bereitschaftsdienst liegt außerhalb der regelmäßigen (dienstplanmäßigen) Arbeitszeit. Er darf nur angeordnet werden, wenn erfahrungsgemäß die Zeit ohne Arbeitsleistung überwiegt, mithin mehr als 50 % (mindestens) beträgt.

Die **Rufbereitschaft** des Abs. 4 unterscheidet sich von dem Bereitschaftsdienst dadurch, dass der Beschäftigte den Aufenthaltsort bestimmen kann, von dem aus er jederzeit die Arbeit auf Abruf aufnehmen können muss. Im Übrigen müssen auch die Voraussetzungen für den Bereitschaftsdienst vorliegen. Rufbereitschaft liegt nicht mehr vor, wenn der Arbeitnehmer gehalten ist, seine Arbeit während dieser Zeit innerhalb einer Zeitspanne von 30 Minuten zu beginnen. Denn mit einer solchen Regelung ist nicht gewährleistet, dass der Beschäftigte seinen Aufenthaltsort frei bestimmen kann (BAG vom 31. 1. 2002 – 6 AZR 214/00, ZTR 2002, 432 ff.). Es reicht aus, wenn der Beschäftigte über ein Mobiltelefon erreichbar ist, das der Arbeitgeber ihm kostenlos zur Verfügung zu stellen hat. **5**

Rufbereitschaft unterscheidet sich vom Bereitschaftsdienst auch dadurch, dass die tatsächliche Arbeitsleistung erheblich geringer zu veranschlagen ist. Entsprechend geringer ist die tarifliche Vergütung (§ 8 Abs. 3).

Der Begriff der **Nachtarbeit** (Abs. 5) hat Bedeutung für den Begriff der Wechselschichtarbeit (Nachtstunden, Abs. 1 Satz 3) und den Zeitzuschlag nach § 8 Abs. 1 Buchst. b. **6**

Mehrarbeit (Abs. 6) fällt begrifflich nur bei Teilzeitbeschäftigten an. Es handelt sich um unregelmäßige Mehrarbeitsstunden, die über die individuell **7**

§ 7 TVöD

vereinbarte regelmäßige Wochenarbeitszeit hinausgehen. Wird die regelmäßige Arbeitszeit eines vergleichbaren Vollbeschäftigten überschritten, kann es sich um Überstunden handeln.

7a Abs. 7 definiert den **Begriff der Überstunden**. Dies sind tatsächliche oder fingierte Arbeitszeiten, die über die regelmäßige Arbeitszeit des Beschäftigten hinausgehen. Die regelmäßige Arbeitszeit soll grundsätzlich in einem **Dienstplan** festgesetzt werden, damit sie für beide Vertragsteile kalkulierbar ist. Das gleiche Ergebnis wird erreicht, wenn die Arbeitszeit **betriebsüblich** in bestimmten Zeiten geleistet wird. Auch die in einem **Schichtplan** festgelegten Arbeitszeiten sind planmäßig, so dass nur Abweichungen vom Schichtplan oder Arbeitszeitüberschreitungen nach Ablauf des Ausgleichszeitraums Überstunden darstellen können (Abs. 8). Kann der Beschäftigte seine Arbeitszeit hinsichtlich der Lage im Rahmen eines **Gleitzeitmodells**, eines anderen arbeitnehmergesteuerten Modells, z.B. auch durch vereinbarte »Vertrauensarbeitszeit« selbst bestimmen, verschafft er sich einen Dienstplan, der für die Beurteilung der regelmäßigen Arbeitszeit und damit eventueller Überstunden maßgeblich ist.

Die **Bestimmung** der regelmäßigen Arbeitszeit hat der Arbeitgeber so rechtzeitig zu treffen, dass sich der Beschäftigte hierauf einrichten kann. Ist eine Bestimmung einmal getroffen, so kann eine Abweichung hiervon nur ausnahmsweise verfügt werden. Unter welchen Voraussetzungen die Arbeitszeit ausnahmsweise verlängert werden kann, regelt §6 Abs. 4 bis 7. Demgegenüber steht es grundsätzlich nicht im Ermessen des Arbeitgebers, die einmal festgesetzte regelmäßige Arbeitszeit für einen Beschäftigten ausnahmsweise und außerplanmäßig zu kürzen. Zwar ist eine entsprechende Änderung des Dienstplanes nicht ausgeschlossen; diese muss allerdings so rechtzeitig erfolgen, dass man noch von einer planmäßigen regelmäßigen (geänderten) Arbeitszeit sprechen kann, auf die sich der Arbeitnehmer entsprechend einzurichten vermag.

8 Abs. 7 stellt auf die **Woche** ab. Hiermit ist die Kalenderwoche gemeint, wie der letzte Halbsatz verdeutlicht. Die Woche beginnt am Montag und endet am Sonntag (vgl. z.B. §4 Abs. 4 Satz 1 JArbSchG). Ist die Arbeitszeit gleichmäßig auf die Wochen verteilt, so stellt sich jede Überschreitung der 38,5, 39 oder 40 Wochenstunden als Überstunden dar. Bei einer ungleichmäßigen Verteilung ist der »Dienstplan« maßgebend (vgl. Rn. 7). Da die Arbeitszeit nur im Ausgleichszeitraum 38,5, 39 oder 40 Stunden pro Woche betragen muss, kann dies im Extremfall dazu führen, dass in einer Woche planmäßig keine Arbeitsleistungen zu erbringen sind. Wird der Beschäftigte in dieser Zeit unplanmäßig zur Arbeit herangezogen, so ist bereits die erste Arbeitsstunde als Überstunde anzusehen.

Verlängert der Arbeitgeber die Arbeitszeit an einem Tag unplanmäßig, so kann er die Wochenarbeitszeit nur bis zum Ende der folgenden Kalenderwoche unplanmäßig an einem anderen Arbeitstag derselben Woche oder einem Arbeitstag der nächsten Woche verkürzen, um der Rechtsfolge zu entgehen, dass es sich um Überstunden handelt. Denn die dienstplanmäßig oder betriebsüblich festgesetzte Arbeitszeit ist mit der Verlängerung bereits dienstplanmäßig überschritten.

Der letzte Halbsatz des Abs. 7 stellt eine bedeutende Veränderung gegenüber dem bisherigen Rechtszustand nach dem BAT dar. Nach den Arbeitertarifverträgen konnte bereits die Überschreitung der täglichen Arbeitszeit von acht Stunden nicht mehr zuschlagsentlastend ausgeglichen werden. Nunmehr besteht für den Arbeitgeber die Möglichkeit, die Zuschlagspflichtigkeit der Mehrarbeit durch rechtzeitigen Freizeitausgleich zu umgehen. Der Freizeitausgleich muss wie die Anordnung der Überstunde selbst betriebsverfassungs- oder personalvertretungsrechtlich mitbestimmt sein und auf Veranlassung des Arbeitgebers erfolgen. Zwar kann der Arbeitgeber dem Beschäftigten die genaue Bestimmung der zeitlichen Lage des Freizeitausgleichs überlassen; dies entbindet ihn aber nicht von der Verpflichtung, den Freizeitausgleich spätestens bis zum Ende der nächsten Kalenderwoche herbei zu führen.

Besteht ein **Zeitkorridor** oder eine **Rahmenarbeitszeit**, kann der Ausgleich unter Beachtung der zwischen den Betriebsparteien vereinbarten Grenzen innerhalb des Ausgleichszeitraums erfolgen, ohne dass es sich begrifflich um Überstunden handelt. Vielmehr ist dies planmäßige Arbeitszeit (Abs. 8). **9**

Schließt sich an die regelmäßige Arbeitszeit ein Bereitschafts- oder Rufbereitschaftsdienst an und wird der Beschäftigte unmittelbar nach der an diesem Tage beendeten dienstplanmäßigen Arbeit verlängert eingesetzt, handelt es sich um Überstunden, nicht um einen **Bereitschaftseinsatz** (BAG, AP Nr. 20 zu § 17 BAT). **10**

Um Überstunden handelt es sich nach dem Tarifwortlaut nur, wenn diese angeordnet sind. An den Begriff der **Anordnung** sind keine allzu strengen Anforderungen zu stellen. Es soll hiermit nur verdeutlicht werden, dass das Bestimmungsrecht allein auf Seiten des Arbeitgebers liegt. Die Anordnung bedarf keiner besonderen Form; sie kann sich konkludent aus den näheren Umständen ergeben. Es genügt daher, dass ein Arbeitsauftrag mit der Weisung verbunden ist, ihn innerhalb einer bestimmten Zeit, ohne Rücksicht auf die regelmäßige Arbeitszeit, auszuführen (vgl. BAG, AP Nrn. 2 und 7 zu § 17 BAT). Deshalb ist es auch nicht notwendig, dass die Zahl und die Lage der Überstunden im Voraus feststehen. **11**

§ 8
Ausgleich für Sonderformen der Arbeit

(1) ¹Der/Die Beschäftigte erhält neben dem Entgelt für die tatsächliche Arbeitsleistung Zeitzuschläge. ²Die Zeitzuschläge betragen – auch bei Teilzeitbeschäftigten – je Stunde

§ 8 TVöD

a) für Überstunden
   in den Entgeltgruppen 1 bis 9   30 v. H.,
   in den Entgeltgruppen 10 bis 15   15 v. H.,
b) für Nachtarbeit   20 v. H.,
c) für Sonntagsarbeit   25 v. H.,
d) bei Feiertagsarbeit
   - ohne Freizeitausgleich   135 v. H.,
   - mit Freizeitausgleich   35 v. H.,
e) für Arbeit am 24. Dezember und
   am 31. Dezember jeweils ab 6 Uhr   35 v. H.,
f) für Arbeit an Samstagen von
   13 bis 21 Uhr, soweit diese nicht
   im Rahmen von Wechselschicht-
   oder Schichtarbeit anfällt   20 v. H.

des auf eine Stunde entfallenden Anteils des Tabellenentgelts der Stufe 3 der jeweiligen Entgeltgruppe. [3]Beim Zusammentreffen von Zeitzuschlägen nach Satz 2 Buchst. c bis f wird nur der höchste Zeitzuschlag gezahlt. [4]Auf Wunsch der/des Beschäftigten können, soweit ein Arbeitszeitkonto (§ 10) eingerichtet ist und die betrieblichen/dienstlichen Verhältnisse es zulassen, die nach Satz 2 zu zahlenden Zeitzuschläge entsprechend dem jeweiligen Vomhundertsatz einer Stunde in Zeit umgewandelt und ausgeglichen werden. [5]Dies gilt entsprechend für Überstunden als solche.

Protokollerklärung zu Absatz 1 Satz 1:
Bei Überstunden richtet sich das Entgelt für die tatsächliche Arbeitsleistung nach der jeweiligen Entgeltgruppe und der individuellen Stufe, höchstens jedoch nach der Stufe 4.

Protokollerklärung zu Absatz 1 Satz 2 Buchst. d:
[1]Der Freizeitausgleich muss im Dienstplan besonders ausgewiesen und bezeichnet werden. [2]Falls kein Freizeitausgleich gewährt wird, werden als Entgelt einschließlich des Zeitzuschlags und des auf den Feiertag entfallenden Tabellenentgelts höchstens 235 v.H. gezahlt.

(2) Für Arbeitsstunden, die keine Überstunden sind und die aus betrieblichen/dienstlichen Gründen nicht innerhalb des nach § 6 Abs. 2 Satz 1 oder 2 festgelegten Zeitraums mit Freizeit ausgeglichen werden, erhält die/der Beschäftigte je Stunde 100 v.H. des auf eine Stunde entfallenden Anteils des Tabellenentgelts der jeweiligen Entgeltgruppe und Stufe.

Protokollerklärung zu Absatz 2 Satz 1:
Mit dem Begriff »Arbeitsstunden« sind nicht die Stunden gemeint, die im Rahmen von Gleitzeitregelungen im Sinne der Protokollerklärung zu § 6 anfallen, es sei denn, sie sind angeordnet worden.

(3) ¹Für die Rufbereitschaft wird eine tägliche Pauschale je Entgeltgruppe bezahlt. ²Sie beträgt für die Tage Montag bis Freitag das Zweifache, für Samstag, Sonntag sowie für Feiertage das Vierfache des tariflichen Stundenentgelts nach Maßgabe der Entgelttabelle. ³Maßgebend für die Bemessung der Pauschale nach Satz 2 ist der Tag, an dem die Rufbereitschaft beginnt. ⁴Für die Arbeitsleistung innerhalb der Rufbereitschaft einschließlich der hierfür erforderlichen Wegezeiten wird jede angefangene Stunde auf eine volle Stunde gerundet und mit dem Entgelt für Überstunden sowie etwaiger Zeitzuschläge nach Absatz 1 bezahlt. ⁵Absatz 1 Satz 4 gilt entsprechend, soweit die Buchung auf das Arbeitszeitkonto nach § 10 Abs. 3 Satz 2 zulässig ist. ⁶Satz 1 gilt nicht im Falle einer stundenweisen Rufbereitschaft. ⁷Eine Rufbereitschaft im Sinne von Satz 6 liegt bei einer ununterbrochenen Rufbereitschaft von weniger als zwölf Stunden vor. ⁸In diesem Fall wird abweichend von den Sätzen 2 und 3 für jede Stunde der Rufbereitschaft 12,5 v. H. des tariflichen Stundenentgelts nach Maßgabe der Entgelttabelle gezahlt.

Niederschriftserklärung zu § 8 Abs. 3:
Zur Erläuterung von § 8 Abs. 3 und der dazugehörigen Protokollerklärung sind sich die Tarifvertragsparteien über folgendes Beispiel einig: »Beginnt eine Wochenendrufbereitschaft am Freitag um 15 Uhr und endet am Montag um 7 Uhr, so erhalten Beschäftigte folgende Pauschalen: Zwei Stunden für Freitag, je vier Stunden für Samstag und Sonntag, keine Pauschale für Montag. Sie erhalten somit zehn Stundenentgelte.«

Protokollerklärung zu Absatz 3:
Zur Ermittlung der Tage einer Rufbereitschaft, für die eine Pauschale gezahlt wird, ist auf den Tag des Beginns der Rufbereitschaft abzustellen.

(4) ¹Das Entgelt für Bereitschaftsdienst wird landesbezirklich – für den Bund in einem Tarifvertrag auf Bundesebene – geregelt. ²Bis zum In-Kraft-Treten einer Regelung nach Satz 1 gelten die in dem jeweiligen Betrieb/der jeweiligen Verwaltung/Dienststelle am 30. September 2005 jeweils geltenden Bestimmungen fort.

(5) ¹Beschäftigte, die ständig Wechselschichtarbeit leisten, erhalten eine Wechselschichtzulage von 105 Euro monatlich. ²Beschäftigte, die nicht ständig Wechselschichtarbeit leisten, erhalten eine Wechselschichtzulage von 0,63 Euro pro Stunde.

(6) ¹Beschäftigte, die ständig Schichtarbeit leisten, erhalten eine Schichtzulage von 40 Euro monatlich. ²Beschäftigte, die nicht ständig Schichtarbeit leisten, erhalten eine Schichtzulage von 0,24 Euro pro Stunde.

Protokollerklärung zu Abschnitt II:
Bei In-Kraft-Treten dieses Tarifvertrages bestehende Gleitzeitregelungen bleiben unberührt.

§ 8 TVöD

1 Abs. 1 enthält zunächst den Grundsatz, dass die in Sonderform erbrachte **tatsächliche Arbeitsleistung** zu bezahlen ist, soweit sie nicht durch das Monatstabellenentgelt abgegolten ist. Dies hängt wiederum davon ab, ob ein dienstplanmäßiger oder unplanmäßiger Freizeitausgleich rechtzeitig erfolgte, bei **Überstunden** also bis zum Ende der nächsten Kalenderwoche. Die Berechnung eventueller Überstunden erfolgt nach der Protokollerklärung zu Absatz 1 Satz 1, § 24 Abs. 3 und 4. Abs. 2 betrifft nur die Abgeltung eines Zeitguthabens außerhalb des Ausgleichszeitraums, soweit es sich nicht um Überstunden handelt. Der Beschäftigte kann unter bestimmten Voraussetzungen die **Faktorisierung** dieser Zahlungen, also die Umwandlung in Arbeitszeitguthaben verlangen (§ 10 Abs. 3).

Tariflich Voll- und Teilzeitbeschäftigte erhalten darüber hinaus **Zeitzuschläge** für Überstunden, Nacht, Sonntags- und Feiertagsarbeit sowie für Arbeit am 24. und 31. Dezember jeweils ab 6.00 Uhr und für Arbeit an Samstagen von 13.00 Uhr bis 21.00 Uhr, soweit Letztere nicht im Rahmen von Wechselschicht bzw. Schichtarbeit geleistet werden.

2 **Überstundenzuschläge** fallen erst an, wenn Überstunden im tariflichen Sinne angefallen sind (§ 7 Rn. 7) und angeordnet waren (§ 7 Rn. 11), gleichgültig ob für die geleistete Mehrarbeit **Freizeitausgleich** gewährt oder ob die Überstunden abgegolten wurden.

Bei der Abgeltung von Überstunden richtet sich das Entgelt für die tatsächliche Arbeitsleistung nach der jeweiligen Entgeltgruppe und der individuellen Stufe, höchstens jedoch nach der Stufe 4 (Protokollerklärung zu Absatz 1 Satz 1). Der Überstundenzuschlag von 30 v.H. in den Entgeltgruppen 1 bis 9 bzw. 15 v.H. in den höheren Entgeltgruppen richtet sich immer nach Stufe 3 der jeweiligen Entgeltgruppe.

Für Arbeitsstunden, die keine Überstunden sind und die aus betrieblichen/dienstlichen Gründen nicht innerhalb des nach § 6 Abs. 2 Satz 1 oder 2 festgelegten Zeitraums mit Freizeit ausgeglichen werden, erhält die/der Beschäftigte je Stunde 100 v.H. des auf eine Stunde entfallenden Anteils des Tabellenentgelts der jeweiligen Entgeltgruppe und Stufe. Nach der hierzu gehörigen Protokollnotiz kann es sich nur um angeordnete Mehrarbeit handeln, nicht dagegen um Zeitguthaben, die aufgrund eines arbeitnehmergesteuerten flexiblen Arbeitszeitmodells entstehen. Der Begriff der »Anordnung« ist – ähnlich wie beim Begriff der Überstunde – nicht eng auszulegen (siehe hierzu § 7 Rn. 11). Die Anordnung bedarf keiner besonderen Form; sie kann sich konkludent aus den näheren Umständen ergeben. Es genügt daher, dass ein Arbeitsauftrag mit der Weisung verbunden ist, ihn innerhalb einer bestimmten Zeit, ohne Rücksicht auf die regelmäßige Arbeitszeit, auszuführen (vgl. BAG, AP Nrn. 2 und 7 zu § 17 BAT). Deshalb ist es auch nicht notwendig, dass Zahl und Lage der Mehrarbeitsstunden im Voraus feststehen. Zeiten in diesem Sinne angeordneter Mehrarbeit werden zu Überstunden, wenn sie nicht bis zum Ende der nächsten Kalenderwoche ausgeglichen werden können. Daneben können derartige

TVöD § 8

Mehrarbeitszeiten auch planmäßig entstehen, entweder durch Schicht- oder Wechselschichtpläne, die keinen rechtzeitigen Ausgleich der Arbeitszeit innerhalb des Ausgleichszeitraums vorsehen oder durch die extensive Anwendung eines Arbeitszeitkorridors oder einer Rahmenarbeitszeit.

Bewirkt der Arbeitgeber in den vorgenannten Fällen keinen rechtzeitigen Freizeitausgleich vor Ablauf des Ausgleichszeitraums, ist zu unterstellen, dass dies aus dienstlichen oder betrieblichen Gründen geschieht. Nur wenn der Arbeitgeber den Freizeitausgleich rechtzeitig unter Wahrung des Mitbestimmungsrechts des Personal- oder Betriebsrats festlegt und dieser aus Gründen, die in der Person des Arbeitnehmers liegen, nicht zustande kommt (z.B. Arbeitsunfähigkeit), besteht kein Abgeltungsanspruch. Das Freizeitguthaben bleibt allerdings unter den Voraussetzungen des § 10 Abs. 4 erhalten.

Abs. 2 gilt auch in den Verwaltungen, für die nur hinsichtlich der Überstunden, nicht dagegen für die den Ausgleichszeitraum überschreitende Mehrarbeit ein obligatorischer Freizeitausgleich vorgesehen ist (siehe § 43 BT-V und die dortige Kommentierung).

Nachtarbeitszuschläge fallen für diejenigen Stunden oder Minuten an, die innerhalb der Nachtarbeit, also zwischen 21 Uhr und 6 Uhr liegen (§ 7 Abs. 5). **3**

Die **Zuschläge für ungünstige Tage** (c bis f) werden nicht kumulativ gezahlt es fällt immer der höchste Zeitzuschlag an. **4**

Soweit für die Arbeit an Feiertagen Freizeitausgleich gewährt wird, hat der Arbeitgeber dies im Dienstplan ausdrücklich auszuweisen. Kann der Freizeitausgleich vom Arbeitgeber nicht anhand des Dienstplans nachgewiesen werden, besteht Anspruch auf Zahlung des höheren Zuschlags von 135 v.H.

Auf Wunsch der/des Beschäftigten können, soweit ein **Arbeitszeitkonto** (§ 10) eingerichtet ist und die betrieblichen/dienstlichen Verhältnisse es zulassen, die nach Satz 2 zu zahlenden Zeitzuschläge entsprechend dem jeweiligen Vomhundertsatz einer Stunde in Zeit umgewandelt und ausgeglichen werden. Dies gilt entsprechend für Überstunden als solche. **5**

Rufbereitschaft im Umfang von mindestens zwölf ununterbrochenen Stunden wird mit einer täglichen Pauschale vergütet, die an die jeweilige Entgeltgruppe des Beschäftigten gekoppelt ist. Sie beträgt für Montag bis Freitag das Zweifache, für Samstag, Sonntag und für Feiertage das Vierfache des tariflichen Stundenentgelts nach Maßgabe der Entgelttabelle. Satz 3 bestimmt, dass für die Bemessung dieser Pauschale derjenige Tag maßgebend ist, an dem die Rufbereitschaft beginnt. Somit ist z.B. für eine am Freitag beginnende Rufbereitschaft nur das Zweifache zu zahlen – auch wenn die Rufbereitschaft bis in den Samstag hinein dauert; dementsprechend ist bei einer Sonntags beginnenden Rufbereitschaft das Vierfache des tariflichen **5a**

§ 8 TVöD

Stundensatzes zu zahlen, selbst wenn die überwiegende Zeit der Rufbereitschaft in den darauf folgenden Montag fällt.

Die **tatsächliche Inanspruchnahme** mit Arbeitsleistung wird zusätzlich bei Aufrundung jeder angefangenen auf eine volle Stunde mit der Überstundenvergütung abgegolten. Die Wegezeit gilt als Arbeitszeit. Bei Buchung der Arbeitsstunden auf das Arbeitszeitkonto (vgl. § 10) gilt § 8 Abs. 1 Satz 4 (vgl. Rn. 5).

Eine pauschale Vergütung entfällt, wenn die Rufbereitschaft **stundenweise** angeordnet wird. Hiervon ist auszugehen, wenn die gesamte Rufbereitschaft ununterbrochen weniger als zwölf Stunden beträgt. Dann wird die Rufbereitschaft für jede Stunde mit 12,5 % des tariflichen Stundenentgelts vergütet. Der Vergütungsanspruch für tatsächliche Inanspruchnahme mit Arbeitsleistung bleibt daneben bestehen.

Eine stundenweise Abrechnung kommt nicht in Betracht, wenn die ununterbrochene Rufbereitschaft über mehrere Tage mindestens zwölf Stunden beträgt. Die tägliche Pauschale wird aber auch nicht für jeden betroffenen Wochentag gezahlt. Sind einzelne Wochentage von einer ununterbrochenen Rufbereitschaft nur teilweise betroffen, kommt es darauf an, wie viele volle fiktive Arbeitstage von acht Stunden die gesamte Rufbereitschaft umfasst (Abs. 3 Satz 3). Bestimmend ist immer der Tag des Beginns der ununterbrochenen Rufbereitschaft. Hierzu haben die Tarifvertragsparteien folgendes Beispiel gebildet:

Beispiel:
Beginnt eine Wochenendrufbereitschaft am Freitag um 15 Uhr und endet am Montag um 7 Uhr, so erhalten Beschäftigte folgende Pauschalen: zwei Stunden für Freitag, je vier Stunden für Samstag und Sonntag, keine Pauschale für Montag. Sie erhalten somit zehn Stundenentgelte (vgl. Niederschriftserklärung Nr. 4). Für Montag fällt deshalb keine Pauschale an, weil keine zwölf Stunden erreicht werden und eine stundenweise Abrechnung tariflich ausgeschlossen ist.

6 Die Vergütung des **Bereitschaftsdienstes** wird gesondert tariflich geregelt; bis dahin gelten die am 30.9.2005 bestehenden oder praktizierten Regelungen fort.

Die **Vergütungen** für Bereitschaftsdienste können nicht mit dem Argument in Frage gestellt werden, diese Zeiten seien europarechtlich genauso zu bewerten wie Arbeitszeiten. Der arbeitsschutzrechtliche Arbeitszeitbegriff ist von dem **vergütungsrechtlichen Arbeitszeitbegriff** zu unterscheiden. Hierauf weist der 9. Senat des BAG in seinem Urteil vom 24.10.2000 hin (9 AZR 634/99, ZTR 2001, 187 f.). Die Auslegung des EuGH betreffe den öffentlich-rechtlichen Arbeitsschutz und damit die Frage, ob der deutsche Gesetzgeber die dem Gesundheitsschutz der Arbeitnehmer dienenden Richtlinien mit dem Arbeitszeitgesetz zutreffend umgesetzt habe. Danach ist fraglich, ob die Zuordnung des Bereitschaftsdienstes zur Ruhezeit im Sinne

TVöD § 8

von § 5 ArbZG den gemeinschaftsrechtlichen Anforderungen gerecht werde. Ist zwischen den Arbeitsvertragsparteien nicht die Einhaltung dieser Ruhezeit streitig, sondern die Bewertung des Bereitschaftsdienstes in vergütungsrechtlicher Hinsicht, so komme es auf die Auslegung des europäischen Arbeitszeitbegriffes nicht an (vgl. auch BAG v. 28.1.04 – 5 AZR 530/02 ZTR 2004, 416f.).

Nach § 15 Abs. 6 a Unterabs. 2 BAT war zum Zwecke der **Vergütungsberechnung** des Bereitschaftsdienstes zu ermitteln, in welchem Umfang erfahrungsgemäß, also auf Grund der Vergangenheit, durchschnittlich Arbeit anfällt. In entsprechendem Umfang war Überstundenvergütung zu gewähren. Der durchschnittliche Einsatz war daher fortlaufend zu dokumentieren und die aktuelle Überstundenvergütung ständig zu aktualisieren. Es waren mindestens 15 v.H. der Vergütung für Arbeitszeit zu zahlen, vom achten Bereitschaftsdienst im Kalendermonat an mindestens 25 v.H. Diese allgemeinen Regelungen und die Sonderregelungen in Krankenhäusern gelten zunächst fort.

Wechselschicht und Schichtarbeit (zu den Begriffen vgl. § 7 Rn. 1ff.) werden nach § 8 Abs. 5 und 6 gesondert mit Zulagen vergütet. Für Beschäftigte, die ständig Wechselschichtarbeit leisten, wird eine Wechselschichtzulage von 105 Euro monatlich geleistet. »Ständige« Wechselschichtarbeit liegt dann vor, wenn die Wechselschichtarbeit zumindest für einen Zeitraum von zehn aufeinander folgenden Wochen geleistet wird (BAG vom 16.8.2000 – 10 AZR 512/99, ZTR 2001, 28ff.). Unterbrechungen durch Arbeitsbefreiung, Freizeitausgleich, bezahlten Urlaub oder Arbeitsunfähigkeit in den Grenzen des § 22 stehen der Annahme, dass ständig Wechselschicht geleistet wird, nicht entgegen (vgl Protokollerklärung zu § 27 Abs. 1 und 2). Beschäftigte, die nicht ständig Wechselschichtarbeit leisten, erhalten eine Wechselschichtzulage in Höhe von 0,63 Euro pro Stunde. Diese Stundenzulage haben Beschäftigte zu beanspruchen, die vertretungsweise zu Arbeiten auf Arbeitsplätzen herangezogen werden, an denen Wechselschicht abgeleistet wird. Erfolgt ein solcher Einsatz gelegentlich oder vertretungsweise, so kommt es nicht darauf an, ob der Beschäftigte in allen vorkommenden Schichten eingesetzt wurde. **7**

Nach Abs. 6 erhalten Beschäftigte, die ständig Schichtarbeit leisten, eine Schichtzulage von 40 Euro monatlich. »Ständig« wird Schichtarbeit geleistet, wenn der Beschäftigte für einen Zeitraum von mindestens zehn aufeinander folgenden Wochen nach einem Schichtplan im Sinne des § 7 Abs. 2 zu arbeiten hat. Leistet der Arbeitnehmer nicht ständig, sondern z.B. vertretungsweise Schichtarbeit, ist eine Schichtzulage von 0,24 Euro pro Stunde zu zahlen. Auch in diesem Fall entsteht der Anspruch mit der ersten Schichtarbeitsstunde. Es kommt nicht darauf an, ob der Beschäftigte alle im Schichtplan eingerichteten Schichten durchlaufen hat.

§ 9 TVöD

§ 9
Bereitschaftszeiten

(1) ¹Bereitschaftszeiten sind die Zeiten, in denen sich die/der Beschäftigte am Arbeitsplatz oder einer anderen vom Arbeitgeber bestimmten Stelle zur Verfügung halten muss, um im Bedarfsfall die Arbeit selbständig, ggf. auch auf Anordnung, aufzunehmen und in denen die Zeiten ohne Arbeitsleistung überwiegen. ²Für Beschäftigte, in deren Tätigkeit regelmäßig und in nicht unerheblichem Umfang Bereitschaftszeiten fallen, gelten folgende Regelungen:

a) Bereitschaftszeiten werden zur Hälfte als tarifliche Arbeitszeit gewertet (faktorisiert).

b) Sie werden innerhalb von Beginn und Ende der regelmäßigen täglichen Arbeitszeit nicht gesondert ausgewiesen.

c) Die Summe aus den faktorisierten Bereitschaftszeiten und der Vollarbeitszeit darf die Arbeitszeit nach § 6 Abs. 1 nicht überschreiten.

d) Die Summe aus Vollarbeits- und Bereitschaftszeiten darf durchschnittlich 48 Stunden wöchentlich nicht überschreiten.

³Ferner ist Voraussetzung, dass eine nicht nur vorübergehend angelegte Organisationsmaßnahme besteht, bei der regelmäßig und in nicht unerheblichem Umfang Bereitschaftszeiten anfallen.

(2) ¹Im Bereich der VKA bedarf die Anwendung des Absatzes 1 im Geltungsbereich eines Personalvertretungsgesetzes einer einvernehmlichen Dienstvereinbarung. ²§ 6 Abs. 9 gilt entsprechend. ³Im Geltungsbereich des Betriebsverfassungsgesetzes unterliegt die Anwendung dieser Vorschrift der Mitbestimmung im Sinne des § 87 Abs. 1 Nr. 2 BetrVG.

(3) Im Bereich des Bundes gilt Absatz 1 für Beschäftigte im Sinne des Satzes 2, wenn betrieblich Beginn und Ende der täglichen Arbeitszeit unter Einschluss der Bereitschaftszeiten für diese Beschäftigtengruppen festgelegt werden.

Protokollerklärung zu § 9:
Diese Regelung gilt nicht für Wechselschicht- und Schichtarbeit.

Anhang zu § 9

A. Bereitschaftszeiten Hausmeisterinnen/Hausmeister

¹Für Hausmeisterinnen/Hausmeister, in deren Tätigkeit regelmäßig und in nicht unerheblichem Umfang Bereitschaftszeiten fallen, gelten folgende besondere Regelungen zu § 6 Abs. 1 Satz 1 TVöD:

²Die Summe aus den faktorisierten Bereitschaftszeiten und der Vollarbeitszeit darf die Arbeitszeit nach § 6 Abs. 1 nicht überschreiten. ³Die Summe aus Vollarbeits- und Bereitschaftszeiten darf durchschnittlich 48 Stunden wöchentlich nicht überschreiten. ⁴Bereitschaftszeiten sind die Zeiten, in denen

sich die Hausmeisterin/der Hausmeister am Arbeitsplatz oder einer anderen vom Arbeitgeber bestimmten Stelle zur Verfügung halten muss, um im Bedarfsfall die Arbeit selbständig, ggf. auch auf Anordnung, aufzunehmen und in denen die Zeiten ohne Arbeitsleistung überwiegen. [5]Bereitschaftszeiten werden zur Hälfte als Arbeitszeit gewertet (faktorisiert). [6]Bereitschaftszeiten werden innerhalb von Beginn und Ende der regelmäßigen täglichen Arbeitszeit nicht gesondert ausgewiesen.

B. Bereitschaftszeiten im Rettungsdienst und in Leitstellen

(1) [1]Für Beschäftigte im Rettungsdienst und in den Leitstellen, in deren Tätigkeit regelmäßig und in nicht unerheblichem Umfang Bereitschaftszeiten fallen, gelten folgende besonderen Regelungen zu § 6 Abs. 1 Satz 1 TVöD:

[2]Die Summe aus den faktorisierten Bereitschaftszeiten und der Vollarbeitszeit darf die Arbeitszeit nach § 6 Abs. 1 nicht überschreiten. [3]Die Summe aus Vollarbeits- und Bereitschaftszeiten darf durchschnittlich 48 Stunden wöchentlich nicht überschreiten. [4]Bereitschaftszeiten sind die Zeiten, in denen sich die/der Beschäftigte am Arbeitsplatz oder einer anderen vom Arbeitgeber bestimmten Stelle zur Verfügung halten muss, um im Bedarfsfall die Arbeit selbständig, ggf. auch auf Anordnung, aufzunehmen und in denen die Zeiten ohne Arbeitsleistung überwiegen. [5]Bereitschaftszeiten werden zur Hälfte als tarifliche Arbeitszeit gewertet (faktorisiert). [6]Bereitschaftszeiten werden innerhalb von Beginn und Ende der regelmäßigen täglichen Arbeitszeit nicht gesondert ausgewiesen.

(2) Die zulässige tägliche Höchstarbeitszeit beträgt zwölf Stunden zuzüglich der gesetzlichen Pausen.

(3) Die allgemeinen Regelungen des TVöD zur Arbeitszeit bleiben im Übrigen unberührt.

(4) Für Beschäftigte, die unter die Sonderregelungen für den kommunalen feuerwehrtechnischen Dienst fallen, gilt § 46 Nr. 2 Abs. 1 BT-V (VKA), auch soweit sie in Leitstellen tätig sind.

Die Vorschrift befasst sich mit der Bewertung von Zeiten während der Arbeitszeit, in denen der Beschäftigte keine Arbeitsleistung erbringt, sondern nur zur Verfügung steht, um jederzeit die Arbeit aufnehmen zu können. Diese Zeiten werden tariflich als **Bereitschaftszeiten** bezeichnet. Sie sind nicht zu verwechseln mit dem Bereitschaftsdienst, der außerhalb der Arbeitzeit stattfindet (§ 7 Rn. 4). Der bisherige Begriff der Arbeitsbereitschaft wurde aufgegeben und durch § 9 und die hierzu gehörigen Anhänge A und B ersetzt. 1

Bereitschaftszeiten setzen voraus, 2

- die **Weisung des Arbeitgebers**, dass der Beschäftigte sich an einer vom Arbeitgeber bestimmten Stelle zur Verfügung halten muss (i.d.R. sind das die Arbeitsstelle oder der Arbeitsplatz),

§ 9 TVöD

- um **bei Bedarf** seine arbeitsvertraglich geschuldete Arbeit aufzunehmen.
- Außerdem müssen die **Zeiten ohne Arbeitsleistung überwiegen**, also mehr als 50% pro Bereitschaftszeitraum ausmachen.

Es ist also zunächst nach sachlichen Gesichtspunkten zu ermitteln, in welchen Arbeitszeitabschnitten diese Voraussetzungen gegeben sind. Hierbei darf die Tätigkeit zeitlich nicht atomisiert werden. Die Bereitschaftszeit muss durch die soeben genannten Voraussetzungen geprägt sein. Es ist allerdings möglich, dass der ganze Arbeitstag als Bereitschaftszeit zu werten ist.

Ist die arbeitsvertragliche Tätigkeit des Beschäftigten dadurch **geprägt**, dass regelmäßig und in einem nicht unerheblichen Umfang (das sind mindestens 25% bezogen auf die tägliche Arbeitszeit; vgl. BAG vom 6.12.1978 – 4 AZR 321/77, AP Nr. 11 zu §§ 22, 23 BAT 1975) Bereitschaft anfällt, werden diese Bereitschaftszeiten

- zur Hälfte als tarifliche Arbeitszeit gewertet (Faktorisierung) und
- innerhalb der regelmäßigen täglichen Arbeitszeit nicht besonders gekennzeichnet.
- Bei der Bewertung ist auf einen **repräsentativen Zeitraum** abzustellen, der – wie beim Ausgleichszeitraum – in der Regel ein Jahr zu betragen hat.

3 In der Summe dürfen Vollarbeitszeit (also die tariflich nur zur Hälfte zu bewertenden Zeiten) und faktorisierte Bereitschaftszeiten die **tarifliche Wochenarbeitszeit nach § 6 Abs. 1** nicht überschreiten. Unabhängig von der tariflichen Bewertung der Bereitschaftszeit darf die Summe aus Vollarbeitszeit und Bereitschaftszeit die **gesetzliche Höchstgrenze von 48 Wochenstunden** nicht überschreiten.

4 Schließlich können Bereitschaftszeiten im Sinne dieser Tarifnorm nur vorliegen, wenn arbeitgeberseitig **organisatorische Maßnahmen** ersichtlich sind, die dazu führen, dass regelmäßig und in einem nicht unerheblichen Umfang Bereitschaftszeiten betrieblich/dienstlich anfallen müssen. Die Bereitschaftszeiten dürfen sich also nicht lediglich aus der Natur der zu leistenden Arbeit ergeben, sondern müssen durch eine entsprechende organisatorische Maßnahme des Arbeitgebers eingerichtet sein. Diese organisatorischen Maßnahmen müssen sicherstellen, dass die Voraussetzungen für die Qualifizierung als Bereitschaftszeiten vorliegen.

5 Wirksamkeitsvoraussetzung für die Einführung von Bereitschaftszeiten mit entsprechender Faktorisierung als tarifliche Arbeitszeit ist im Bereich der VKA der Abschluss einer **einvernehmlichen Dienst- oder Betriebsvereinbarung** bzw. der Abschluss eines ergänzenden Tarifvertrages gem. § 6 Abs. 9 (wegen der Einzelheiten siehe § 6 Rn. 28).

6 Im **Bereich des Bundes** ist die Einführung von Bereitschaftszeiten im Sinne von Abs. 1 an ein durchgeführtes Mitbestimmungsverfahren zur Festlegung von Beginn und Ende der täglichen Arbeitszeit unter Einschluss der

Bereitschaftszeiten gebunden. Mithin ist es auch dem Arbeitgeber Bund nicht möglich, einseitig Bereitschaftszeiten einzuführen oder Arbeitszeiten als Bereitschaftszeiten zu deklarieren. Hier kann allerdings ggf. ein Spruch der Einigungsstelle ergehen.

Der gesamte § 9 findet für **Wechselschicht** und **Schichtarbeit** keine Anwendung. 7

Für **Hausmeister** und Beschäftigte im **Rettungsdienst** bzw. kommunalen **feuerwehrtechnischen Dienst** gelten A. und B. des Anhangs zu § 9. 8

Nach § 22 TVÜ (Bund) und § 24 TVÜ (VKA) gelten die landesbezirklich für Hausmeister und Beschäftigtengruppen mit Bereitschaftszeiten innerhalb ihrer regelmäßigen Arbeitszeit getroffenen Tarifverträge und Tarifregelungen sowie Nr. 3 SR 2 r BAT/BAT-O fort. Dem Anhang zu § 9 widersprechende Regelungen zur Arbeitszeit waren bis zum 31. Dezember 2005 entsprechend anzupassen. Erfolgte keine rechtzeitige tarifliche Anpassung, sind die fortgeltenden tariflichen Bestimmungen im Sinne des Anhangs A auszulegen.

Der Anhang A zu § 9 enthält im Wesentlichen die gleichen Vorschriften wie § 9 selbst, mit dem Unterschied, dass die Abs. 2 und 3 (Mitbestimmung des Betriebs- oder Personalrats) und die Notwendigkeit einer organisatorischen Maßnahme nach § 9 Abs. 1 Satz 3 nicht erwähnt werden. Ferner ist der Rahmen des § 6 Abs. 1 Satz 1 nicht zwingend einzuhalten.

Fraglich ist, ob § 9 durch diesen Anhang in der Weise abgeändert wird, dass diese weiteren Voraussetzungen nicht vorliegen müssen. Hiergegen spricht dem Anschein nach, dass nach dem Einleitungssatz nur besondere Regelungen zu § 6 Abs. 1 Satz 1, nicht dagegen zu § 9 geschaffen werden. § 6 Abs.1, Satz 1 regelt das Volumen der Arbeitszeit. Für Hausmeister steht also aufgrund dieser Sonderregelung fest, dass das Volumen der Arbeitszeit nicht regelmäßig 38,5, 39 oder 40 Stunden beträgt, sondern nach dem Anhang faktorisierte Bereitschaftszeiten enthalten kann. Im Gegensatz zu den bisher bestehenden Tarifregelungen der Nr. 3 SR 2 r BAT/BAT-O wird aber nicht ohne weiteres unterstellt, dass die Arbeitszeit eines Hausmeisters auf jeden Fall Bereitschaftszeiten enthält. Voraussetzung ist auch hier die vom Arbeitgeber darzulegende und ggf. zu beweisende Grundlage, dass Bereitschaftszeiten, in denen Zeiten ohne Arbeitsleistungen überwiegen, regelmäßig und in nicht unerheblichem Umfang anfallen. Liegen diese Voraussetzungen vor, ist die nach § 6 Abs. 1 Satz 1 zu leistende Arbeitszeit entsprechend tarifautomatisch verlängert. Insofern bedarf es also nicht der Mitbestimmung des Betriebs- oder Personalrats (BAG vom 12.2.1986 – 7 AZR 358/84, DB 1987, 995f.). Die Arbeitszeit muss im Unterschied zu § 9 Abs. 1 Satz 2 Buchst. c im Durchschnitt dann auch nicht auf die 38,5, 39 oder 40-Stundenwoche beschränkt sein, darf aber im Durchschnitt die 48-Stundenwoche nicht überschreiten.

Anhang B für den Rettungsdienst und die Leitstellen entspricht im Wesentlichen Anhang A. Zusätzlich ist geregelt, dass die tägliche Höchstarbeits-

§§ 9, 10 TVöD

zeit zwölf Stunden nicht überschreiten darf. Dies betrifft auch die Summe aus Vollarbeitszeit und Bereitschaftszeit.

Der **Rettungsdienst** umfasst regelmäßig alle Beschäftigten der Notfallrettung und des Krankentransports. Notfallrettung ist die unter Einbeziehung von Notärzten erfolgende Durchführung von lebensrettenden Maßnahmen, die Herstellung der Transportfähigkeit und deren fachgerechte Beförderung in das nächstgelegene geeignete Krankenhaus. Krankentransport ist die anderen Kranken, Verletzten oder sonst Hilfebedürftigen nötigenfalls geleistete Hilfe und ihre unter fachgerechter Betreuung erfolgende Beförderung. Der Begriff des Rettungsdienstes ist im Kontext mit dem Begriff der Leitstelle weit auszulegen. Der Begriff der **Leitstelle** umfasst alle Beschäftigten einer ständig einsatzbereiten und erreichbaren, örtlich und räumlich zusammengefassten und in der Regel bereichsübergreifenden Einrichtung, welche die Einsätze des Rettungsdienstes veranlasst und lenkt, die Feuerwehren alarmiert und deren Einsätze unterstützt sowie die Katastrophenschutzeinheiten alarmiert (so ebenfalls BeckOK-Sickert, Anhang zu § 9 TVöD Rn. 23).

Für Beschäftigte des kommunalen **feuerwehrtechnischen Dienstes** treten an die Stelle der §§ 6, 7 und 19 die jeweiligen beamtenrechtlichen Bestimmungen (zu den Grenzen siehe EuGH vom 14.7.2005 – C-52/04, PersR 2006, 118 ff.).

§ 10
Arbeitszeitkonto

(1) [1]Durch Betriebs-/Dienstvereinbarung kann ein Arbeitszeitkonto eingerichtet werden. [2]Für einen Betrieb/eine Verwaltung, in dem/der ein Personalvertretungsgesetz Anwendung findet, kann eine Regelung nach Satz 1 auch in einem landesbezirklichen Tarifvertrag – für den Bund in einem Tarifvertrag auf Bundesebene – getroffen werden, wenn eine Dienstvereinbarung nicht einvernehmlich zustande kommt und der Arbeitgeber ein Letztentscheidungsrecht hat. [3]Soweit ein Arbeitszeitkorridor (§ 6 Abs. 6) oder eine Rahmenzeit (§ 6 Abs. 7) vereinbart wird, ist ein Arbeitszeitkonto einzurichten.

(2) [1]In der Betriebs-/Dienstvereinbarung wird festgelegt, ob das Arbeitszeitkonto im ganzen Betrieb/in der ganzen Verwaltung oder Teilen davon eingerichtet wird. [2]Alle Beschäftigten der Betriebs-/Verwaltungsteile, für die ein Arbeitszeitkonto eingerichtet wird, werden von den Regelungen des Arbeitszeitkontos erfasst.

(3) [1]Auf das Arbeitszeitkonto können Zeiten, die bei Anwendung des nach § 6 Abs. 2 festgelegten Zeitraums als Zeitguthaben oder als Zeitschuld bestehen bleiben, nicht durch Freizeit ausgeglichene Zeiten nach § 8 Abs. 1 Satz 5 und Abs. 2 sowie in Zeit umgewandelte Zuschläge nach § 8 Abs. 1 Satz 4 gebucht werden. [2]Weitere Kontingente (z.B. Rufbereitschafts-/Bereitschaftsdienstentgelte) können durch Betriebs-/Dienstvereinbarung zur Buchung freigege-

ben werden. ³Die/Der Beschäftigte entscheidet für einen in der Betriebs-/ Dienstvereinbarung festgelegten Zeitraum, welche der in Satz 1 genannten Zeiten auf das Arbeitszeitkonto gebucht werden.

(4) Im Falle einer unverzüglich angezeigten und durch ärztliches Attest nachgewiesenen Arbeitsunfähigkeit während eines Zeitausgleichs vom Arbeitszeitkonto (Zeiten nach Absatz 3 Satz 1 und 2) tritt eine Minderung des Zeitguthabens nicht ein.

Niederschriftserklärung zu § 10 Abs. 4:
Durch diese Regelung werden aus dem Urlaubsrecht entlehnte Ansprüche nicht begründet.

(5) In der Betriebs-/Dienstvereinbarung sind insbesondere folgende Regelungen zu treffen:

a) Die höchstmögliche Zeitschuld (bis zu 40 Stunden) und das höchstzulässige Zeitguthaben (bis zu einem Vielfachen von 40 Stunden), die innerhalb eines bestimmten Zeitraums anfallen dürfen;

b) nach dem Umfang des beantragten Freizeitausgleichs gestaffelte Fristen für das Abbuchen von Zeitguthaben oder für den Abbau von Zeitschulden durch die/den Beschäftigten;

c) die Berechtigung, das Abbuchen von Zeitguthaben zu bestimmten Zeiten (z.B. an so genannten Brückentagen) vorzusehen;

d) die Folgen, wenn der Arbeitgeber einen bereits genehmigten Freizeitausgleich kurzfristig widerruft.

(6) ¹Der Arbeitgeber kann mit der/dem Beschäftigten die Einrichtung eines Langzeitkontos vereinbaren. ²In diesem Fall ist der Betriebs-/Personalrat zu beteiligen und – bei Insolvenzfähigkeit des Arbeitgebers – eine Regelung zur Insolvenzsicherung zu treffen.

Protokollerklärung zu Abschnitt II:
Bei In-Kraft-Treten dieses Tarifvertrages bestehende Gleitzeitregelungen bleiben unberührt.

Soweit ein **Arbeitszeitkorridor** (§ 6 Abs. 6) oder eine tägliche **Rahmenzeit** (§ 6 Abs. 7) durch Betriebs- oder Dienstvereinbarung oder Tarifvertrag eingeführt worden ist (§ 6 Abs. 9), muss ein **Arbeitszeitkonto** eingerichtet werden. Ansonsten kann ein solches eingerichtet werden. Die Entscheidung hierüber treffen Arbeitgeber und Betriebs- oder Personalrat gemeinsam.

Dies geschieht entsprechend der Vorschrift des § 6 Abs. 9 durch **Betriebs- oder Dienstvereinbarung** oder ergänzenden **Tarifvertrag**. § 10 Abs. 1 ist insoweit Textgleich mit § 6 Abs. 9 (vgl. hierzu § 6 Rn. 28). Kommt weder eine freiwillige Dienstvereinbarung noch ein Tarifvertrag hierüber zustande und ist die Arbeitszeit flexibilisiert, bedarf es gleichwohl der Erfassung dieser

§ 10 TVöD

Arbeitszeiten (vgl. hierzu und zu den Mitteilungspflichten gegenüber dem Betriebs- oder Personalrat: BAG vom 6.5.2003 – 1 ABR 13/02, AuR 2004, 70ff.). Eine derartige Erfassung der Arbeitszeiten stellt bereits die Führung eines Arbeitszeitkontos dar. Die folgenden Vorschriften des § 10 sind auch auf solche Fallgestaltungen und auf vor dem 1.10.2005 vereinbarte Arbeitszeitkontensysteme anzuwenden.

2   Abs. 2 stellt sicher, dass Arbeitszeitkonten nicht nur für einzelne Beschäftigte oder Beschäftigtengruppen, sondern für ganze **Betriebe** oder **Dienststellen** oder **abgrenzbare Teile** hiervon eingerichtet werden. Einzelne Arbeitnehmer können daher auch nicht aus disziplinarischen Gründen von der Anwendung eines solchen Systems ausgenommen werden.

3   Auf das Arbeitszeitkonto können nach Maßgabe des Abs. 3 verschiedene **Zeitguthaben/-schulden** gebucht werden. Ähnlich wie bei einem Girokonto werden fortlaufend geleistete und fiktiv zu berücksichtigende Arbeitszeiten verbucht. Hierbei kann eine Positiv- oder Differenzerfassung (im Verhältnis zur wöchentlichen Normalarbeitszeit) dieser Arbeitszeiten gewählt werden. Diese Buchungen sind quasi tariflich festgelegt.

Daneben eröffnet Abs. 3 die Möglichkeit, Zeitguthaben oder -schulden, die nach Ablauf des Ausgleichszeitraums bestehen, zu verbuchen. Gleiches gilt hinsichtlich der Ansprüche auf Überstundenbezahlung, Mehrarbeitsvergütung und in Zeit umgewandelte Zuschläge nach § 8 Abs. 1 Satz 4.

Durch Betriebs- oder Dienstvereinbarung kann festgelegt werden, ob auch weitere »Kontingente« (z.B. Rufbereitschafts-/Bereitschaftsdienstentgelte) faktorisiert, also in Arbeitszeitguthaben umgewandelt werden können. Dies können auch Erschwerniszuschläge, Leistungsprämien oder -zulagen, die tarifliche Sonderzahlung oder das Entgelt sein. Die Möglichkeiten sind tariflich nicht beschränkt. So sind z.B. **Langzeitarbeitszeitkonten** denkbar, die ein früheres Ausscheiden aus dem Arbeitsverhältnis oder Sabbatjahrmodelle ermöglichen.

Die **Entscheidung** darüber, ob und in welchem Umfang faktorisiert wird und welche Zeiten auf dem Arbeitszeitkonto verbucht werden, obliegt allein dem **Beschäftigten** (Abs. 3 Satz 3). Ist die Umwandlung erfolgt, kann die Abgeltung jedoch nicht ohne weiteres wieder verlangt werden, es sei denn, die Dienst- oder Betriebsvereinbarung sieht etwas anderes vor.

Bei ärztlich attestierter und entsprechend nachgewiesener **Arbeitsunfähigkeit** tritt eine Minderung des auf dem Arbeitszeitkonto angesparten Zeitguthabens nicht ein, wenn eigentlich Freizeitausgleich genommen werden sollte. Allerdings muss die Arbeitsunfähigkeit unverzüglich angezeigt werden. Der Beschäftigte muss den Arbeitgeber also ohne schuldhaftes Zögern von der Arbeitsunfähigkeit in Kenntnis setzen. Es gelten die gleichen Grundsätze wie im Urlaubsrecht.

Nach Meinung der 4. Kammer des LAG Köln (vom 12.5.2000 – 4 Sa 310/00, ZTR 2000, 556) hat der Beschäftigte die Darlegungs- und Beweislast dafür, dass er seine Erkrankung im Urlaub nach § 47 Abs. 6 Unterabs. 2 BAT »unverzüglich« angezeigt hat. Es kommt nicht darauf an, welche Übermittlungsart der Arbeitnehmer subjektiv für erforderlich hielt, sondern welche objektiv die schnellstmögliche war. In der Regel wird die Benachrichtigung telefonisch, per Telefax oder E-Mail noch am selben Tag möglich sein. Hält sich der Beschäftigte im Ausland auf, kommt es auf die konkreten Umstände an. Spätestens an dem Tage, an dem die Nachricht den Arbeitgeber erreicht, bleibt der Freistellungsanspruch erhalten.

Eine Regelung zur flexiblen Arbeitszeit, nach der die sich in der Phase der verkürzten Arbeitszeit ergebende Zeitschuld nur durch tatsächliche Arbeitsleistung, nicht aber bei krankheitsbedingter Arbeitsunfähigkeit in der Phase der verlängerten Arbeitszeit ausgeglichen wird, würde gegen entgeltfortzahlungsrechtliche Prinzipien verstoßen (BAG vom 13.2.2002 – 5 AZR 470/00, EzA-Schnelldienst 10/2002, 5).

Fällt die Arbeitszeit in Folge eines **Feiertages** aus, so ist auf dem Zeitkonto des Beschäftigten die tatsächlich ausgefallene Arbeitszeit und nicht lediglich die durchschnittliche tägliche Grundarbeitszeit gutzuschreiben (LAG Köln vom 10.5.2001 – 5 Sa 69/01, Revision zugelassen, ZTR 2001).

Kann allein der Beschäftigte darüber bestimmen, ob er weniger als die regelmäßige wöchentliche Arbeitszeit arbeitet, stellt sich ein **negativer Arbeitszeit-Kontostand** als ein Vergütungsvorschuss des Arbeitgebers dar. Besteht ein Negativ-Saldo auch noch bei Ausscheiden aus dem Arbeitsverhältnis, so ist dieser vom Arbeitnehmer wie ein Vorschuss finanziell auszugleichen (BAG vom 13.12.2000 – 5 AZR 334/99, Verhandlungsbericht in AuR 2001, 68). Etwas anderes kann sich ergeben, wenn dem Arbeitgeber Einflussmöglichkeiten auf den Ausgleich des Arbeitszeitkontos verbleiben, z.B. bei einem so genannten Ampel-Modell (vgl. auch BAG vom 30.3.2000 – 6 AZR 680/98, PersR 2000, 387ff.).

Gemäß Abs. 5 sind Arbeitszeitkonten zwingend durch **Dienst- oder Betriebsvereinbarungen** mit bestimmten **Mindestinhalten** auszugestalten.

Derartige Vereinbarungen müssen Bestimmungen über die höchstmögliche Zeitschuld und das höchstmögliche Zeitguthaben enthalten. Die Zeitschuld darf 40 Stunden nicht überschreiten. Dagegen sind für das Arbeitszeitguthaben tariflich keine Grenzen gesetzt. Die Betriebsparteien sind nur gehalten, überhaupt eine Grenze festzulegen, die größer als 40 Stunden ist.

Regelungen in Dienstvereinbarungen, die einen Verfall von Arbeitszeitguthaben nach Überschreitung einer Höchstgrenze vorsehen, sind spätestens seit dem 1.10.2005 unzulässig. Der Arbeitgeber bleibt auch im Falle arbeitnehmergesteuerter flexibler Arbeitszeitmodelle verantwortlich für die Einhaltung sämtlicher Arbeitszeitvorschriften (BAG vom 29.4.2004 – 1 ABR 30/02, NZA 2004, 670 ff.). Veranlasst er nicht den rechtzeitigen Abbau von Arbeitszeitguthaben, bleibt das Zeitguthaben bestehen, zumal Abs. 3 Satz 1 1. Alt. die Buchung dieser Zeitguthaben ausdrücklich vorsieht und § 8 Abs. 2 hier unter weiten Voraussetzungen sogar einen Abgeltungsanspruch vorsieht.

§ 10 TVöD

Auch wenn bestehende Gleitzeitvereinbarungen nach der Protokollerklärung zu Abschnitt II unberührt bleiben, dürfen sie § 10 nicht widersprechen.

In der Vereinbarung sind Fristen für die Beantragung des Freizeitausgleichs, gestaffelt nach dessen Umfang, und für den Abbau von Arbeitszeitschulden festzulegen.

In Dienst- oder Betriebsvereinbarunen ist zu regeln, ob und wann Arbeitszeitguthaben zu bestimmten Zeiten z.b. bevorzugt oder ohne besonderen Antrag genommen werden können. Im Gegenschluss können Vereinbarungen nicht vorsehen, dass Arbeitszeitguthaben z.b. an Brückentagen, in Ferien abgefeiert werden müssen. Ferner sind die Folgen zu regeln, die eintreten, wenn ein Arbeitgeber den genehmigten Freizeitausgleich widerruft, z.B. durch eine »Verzinsung« und einen Anspruch auf zeitnahe Nachgewährung. Weitere Regelungen hierzu sind möglich.

Es sind die Folgen zu regeln, wenn ein Arbeitgeber den genehmigten Freizeitausgleich widerruft, z.B. durch eine »Verzinsung« und einen Anspruch auf zeitnahe Nachgewährung. Insoweit können materielle Regelungen in Dienst- oder Betriebsvereinbarungen über diejenigen des Tarifvertrags hinausgehen, ohne dass eine Regelungssperre besteht oder die Tarifüblichkeitssperre eingreift.

Weitergehende Regelungen zu Arbeitszeitkonten, insbesondere auch zur Arbeitszeiterfassung, Datenverarbeitung, zum Datenschutz, Informationsrechten der Beschäftigten und des Personal- oder Betriebsrats etc. sind möglich.

4 **Langzeitarbeitszeitkonten** können ebenfalls nur durch Dienst- oder Betriebsvereinbarung eingeführt werden. Ferner muss der betroffene Beschäftigte dem zustimmen. Ein Langzeitarbeitszeitkonto liegt vor, wenn der Ausgleich von Arbeitszeitguthaben nicht mehr innerhalb des größtmöglichen Ausgleichszeitraums von einem Jahr erfolgt.

Bei privaten Arbeitgebern ist eine Regelung zur Insolvenzsicherung zu treffen. Mit dem Gesetz zur sozialrechtlichen Absicherung flexibler Arbeitszeitregelungen vom 6.4.1998 wurden ab 1.1.1998 §7d und §7 Abs. 1a SGB IV eingefügt. §7d zwingt die Vertragsparteien, Vorkehrungen zu treffen, die der Erfüllung der Wertguthaben (§7 Abs. 1a SGB IV) einschließlich des auf sie entfallenden Arbeitgeberanteils am Gesamtsozialversicherungsbeitrag dienen. Mit §7 Abs. 1a wurde die Freistellungsphase in der Sozialversicherung als »Beschäftigung gegen Entgelt« und damit als beitragspflichtige und anspruchsbegründende Zeit qualifiziert. Für die Absicherung kommen Fondslösungen, Kautionsversicherung, Bankbürgschaft, Lebensversicherung oder die Verpfändung von Wertpapieren an einen Treuhänder in Betracht. Vom Arbeitgeber auf einem besonderen Konto für die Abgeltung von Arbeitszeitguthaben bereit gestellte Gelder unterliegen nach einer Entscheidung des BAG vom 24.9.2003 (10 AZR 640/02, AP Nr. 1 zu §47 InsO) nicht der Aussonderung, wenn der Arbeitgeber selbst der Kontoinhaber ist.

Arbeitszeitguthaben sind wie Naturalurlaub höchstpersönliche Ansprüche, die nicht vererbt werden. Eine anderweitige Regelung kann auch in

Dienst- oder Betriebsvereinbarungen wegen der abschließenden tariflichen Normierung nicht getroffen werden. Möglich wäre eine übertarifliche Nebenabrede oder Gesamtzusage, dass Arbeitszeitguthaben im Falle des Todes abgegolten werden und damit vererblich sind.

§ 11
Teilzeitbeschäftigung

(1) ¹Mit Beschäftigten soll auf Antrag eine geringere als die vertraglich festgelegte Arbeitszeit vereinbart werden, wenn sie

a) mindestens ein Kind unter 18 Jahren oder

b) einen nach ärztlichem Gutachten pflegebedürftigen sonstigen Angehörigen

tatsächlich betreuen oder pflegen und dringende dienstliche bzw. betriebliche Belange nicht entgegenstehen. ²Die Teilzeitbeschäftigung nach Satz 1 ist auf Antrag auf bis zu fünf Jahre zu befristen. ³Sie kann verlängert werden; der Antrag ist spätestens sechs Monate vor Ablauf der vereinbarten Teilzeitbeschäftigung zu stellen. ⁴Bei der Gestaltung der Arbeitszeit hat der Arbeitgeber im Rahmen der dienstlichen bzw. betrieblichen Möglichkeiten der besonderen persönlichen Situation der/des Beschäftigten nach Satz 1 Rechnung zu tragen.

(2) Beschäftigte, die in anderen als den in Absatz 1 genannten Fällen eine Teilzeitbeschäftigung vereinbaren wollen, können von ihrem Arbeitgeber verlangen, dass er mit ihnen die Möglichkeit einer Teilzeitbeschäftigung mit dem Ziel erörtert, zu einer entsprechenden Vereinbarung zu gelangen.

(3) Ist mit früher Vollbeschäftigten auf ihren Wunsch eine nicht befristete Teilzeitbeschäftigung vereinbart worden, sollen sie bei späterer Besetzung eines Vollzeitarbeitsplatzes bei gleicher Eignung im Rahmen der dienstlichen bzw. betrieblichen Möglichkeiten bevorzugt berücksichtigt werden.

Das Bedürfnis, statt einer Vollzeitbeschäftigung im Rahmen der regelmäßigen Arbeitszeit (§ 6 Rn. 2) ein **Teilzeitarbeitsverhältnis** zu begründen, besteht auf Seiten der Arbeitgeber und Arbeitnehmer gleichermaßen, wenn auch die gegenseitigen Interessen im Einzelfall nicht immer kongruent sind. Während im Jahre 1960 im öffentlichen Dienst noch ca. 185 000 Arbeitnehmer teilzeitbeschäftigt wurden, sind es nunmehr rund 1 Mio. Beschäftigte. 1

Es gilt der Grundsatz der **Vertragsfreiheit**. Weder muss der Arbeitgeber ein Arbeitsverhältnis im Rahmen der regelmäßigen Arbeitszeit anbieten noch kann dem Arbeitnehmer im Rahmen des Direktionsrechts des Arbeitgebers ein Teilzeitarbeitsverhältnis aufgezwungen werden (siehe hierzu auch Nr. 5 Ziff. 2 der Europäischen Rahmenvereinbarung über Teilzeitarbeit vom 7.6.1997, AuR 1997, 318f.). Es bedarf der diesbezüglichen vertraglichen Begründung oder Änderung des Arbeitsverhältnisses nach § 2 Abs. 1. Um eine schriftformbedürftige Nebenabrede nach § 2 Abs. 3 handelt es 2

§ 11 TVöD

sich nicht (so auch PK-BAT-Pieper, § 15 Rn. 8, a.A. Uttlinger/Breier, § 15 Erl. 1).

3 Eine tarifliche Regelung, nach der nur Vollbeschäftigte einen Anspruch auf vorübergehende Verringerung ihrer Arbeitszeit aus familienpolitischen Gründen haben, diskriminiert **Teilzeitbeschäftigte** (BAG vom 18.3.2003 – 9 AZR 126/02, PersR 2003, 170). Auch aus diesem Grunde gilt die Vorschrift gleichermaßen für Voll- und Teilzeitbeschäftigte.

4 Fraglich ist, ob eine **Änderungskündigung** zum Zwecke der Reduzierung der regelmäßigen Arbeitszeit zulässig sein kann. Während verhaltensbedingte Gründe für eine derartige Änderungskündigung kaum denkbar sind, können möglicherweise Leistungseinschränkungen, z.B. infolge von Krankheit, u.U. zu einer ordentlichen Änderungskündigung berechtigen, wenn hiermit das Ziel der störungsfreien Fortsetzung des Arbeitsverhältnisses erreicht werden kann. Möglicherweise stellt eine entsprechende Änderungskündigung gegenüber der Beendigungskündigung sogar das mildere Mittel dar. Eine betriebsbedingte Änderungskündigung ist bei Vorliegen dringender betrieblicher Erfordernisse (§ 1 Abs. 2 KSchG) ebenfalls in Betracht zu ziehen, wenn andere mildere Mittel, wie die Arbeitsstreckung oder die tarifliche Arbeitszeitverkürzung mit Teillohnausgleich nach § 3 TV SozA, versagen. Dagegen ist der Arbeitgeber nicht gezwungen, einer Vielzahl von Arbeitnehmern gegenüber eine Änderungskündigung zum Zwecke der Reduzierung der Arbeitszeit auszusprechen, um die Beendigungskündigung einiger weniger Arbeitnehmer zu verhindern (BAG, EzA § 1 KSchG Betriebsbedingte Kündigung Nr. 73).

Will ein Arbeitgeber generell für bestimmte Beschäftigungsgruppen ausschließlich Teilzeitarbeitsverhältnisse begründen, kollidiert dies mit der tariflich vorgeschriebenen regelmäßigen Arbeitszeit (vgl. hierzu § 6 Rn. 2).

5 § 11 wird durch §§ 1 bis 13 des **Gesetzes über Teilzeit und befristete Arbeitsverträge** vom 21.12.2000 (TzBfG) ergänzt. Die Vorschriften sind nebeneinander anwendbar. Ein Anspruch auf Begründung eines Teilzeitarbeitsverhältnisses kann sich nicht nur alternativ nach den gesetzlichen oder tariflichen Voraussetzungen ergeben, sondern auch aus der Berücksichtigung beider Normenkomplexe. So wird man den Anspruch auf Teilzeit aus § 11 nicht mehr ausschließlich auf die Tatbestände des dortigen Abs. 1 beschränken können. Andererseits wird die oder der Beschäftigte auch dann die zeitlich begrenzte Teilzeitbeschäftigung – und damit die spätere Rückkehr in ein Vollzeitarbeitsverhältnis – verlangen können, wenn nur die Voraussetzungen des TzBfG erfüllt sind.

6 Der **Anspruch** des Beschäftigten nach § 8 Abs. 1 Satz 4 TzBfG ist ein Anspruch auf Annahme eines Angebots zur Vertragsänderung. Im Falle des stattgebenden Urteils findet daher die Vollstreckung nach § 894 Abs. 1 Satz 1 ZPO statt. Mit der Rechtskraft des Urteils gilt die Willenserklärung des Arbeitgebers als abgegeben. Die Ansprüche auf Verringerung und Verteilung der Arbeitszeit müssen nicht im Wege einer Stufenklage geltend gemacht werden. Der Arbeitgeber, der die Teilzeit ablehnen will, muss betriebliche, keine dringenden betrieblichen Gründe geltend machen. Hierfür ist er darlegungs- und beweispflichtig. Ein betrieblicher Grund i.S. des § 8 Abs. 4 Satz 1 TzBfG liegt vor, wenn der Arbeitgeber keine geeigneten zusätzlichen Arbeitskräfte auf dem maßgeblichen Arbeitsmarkt finden kann, was er detailliert darzulegen und zu beweisen hat (ArbG Mönchengladbach vom 30.5.2001 – 5 Ca 1157/01, EzA-Schnelldienst 14/2001, 15).

Bei der **Ablehnung** eines Antrags auf Reduzierung der Arbeitszeit greifen betriebliche Gründe nur dann, wenn die Arbeitszeitreduzierung zu einer wesentlichen Beeinträchtigung führt. Zwar verlangt das TzBfG keine dringenden betrieblichen Ablehnungsgründe, es lässt andererseits aber doch nicht jegliche durch Arbeitszeitreduzierung eintretende Beeinträchtigungen betrieblicher Belange genügen. Die Beeinträchtigung muss einen nicht unerheblichen Schweregrad erreichen. Pädagogische Gründe stehen der Arbeitszeitverringerung einer Kindergärtnerin nicht entgegen (ArbG Bonn vom 20.6.2001 – 2 Ca 1414/01, AuR 2001, 354f.; a.A. BAG vom 18.3.2003 – 9 AZR 126/02, PersR 2003, 170). Der Arbeitgeber kann eine ordnungsgemäß beantragte Arbeitszeitverringerung nur dann auf betriebliche Gründe i.S. des § 8 TzBfG stützen, wenn er substantiiert darlegt und ggf. nachweist, dass das von ihm behauptete Konzept auch im Übrigen eingehalten wird (LAG Köln vom 4.12.2001 – 9 Sa 726/01, Revision eingelegt unter 9 AZR 126/02, AuR 2002, 189f.). 7

§ 11 Abs. 1 verschafft dem Beschäftigten auch einen **Anspruch** auf Änderung des Arbeitsvertrages in Richtung Teilzeit, wenn er ein noch nicht volljähriges Kind oder einen nach einem ärztlichen Gutachten pflegebedürftigen sonstigen Angehörigen betreuen oder pflegen will. 8

Kinder sind die in den §§ 32 und 63 EStG Bezeichneten, also

- im ersten Grad mit dem Steuerpflichtigen verwandte Kinder,

- Pflegekinder (Personen, mit denen der Steuerpflichtige durch ein familienähnliches, auf längere Dauer berechnetes Band verbunden ist, sofern er sie nicht zu Erwerbszwecken in seinen Haushalt aufgenommen hat und das Obhuts- und Pflegeverhältnis zu den Eltern nicht mehr besteht),

- vom Berechtigten in seinen Haushalt aufgenommene Kinder seines Ehegatten,

- vom Berechtigten in seinen Haushalt aufgenommene Enkel.

Beschäftigte, die wegen der Betreuung ihres Kindes ihre Arbeitszeit reduzieren möchten, haben einen Anspruch auf die Reduzierung ihrer Arbeitszeit auch während der **Elternzeit**, wenn die Voraussetzungen des § 11 vorliegen. Diese Vorschrift wird durch § 15 Abs. 4 BErzGG nicht verdrängt (LAG Bremen vom 23.11.2000 – 4 Sa 123/00, n. rk., ZTR 2001, 133).

§ 11 TVöD

Enthält ein Landesgleichstellungsgesetz die Möglichkeit der Arbeitszeitreduzierung zur Betreuung von Kindern und pflegebedürftigen Angehörigen auch für gehobene und **Leitungspositionen,** kann der öffentliche Arbeitgeber dem Begehren auf Arbeitszeitreduzierung nicht allein damit begegnen, die Leitungsposition erfordere die volle Dienstleistung. Dienstliche Belange, welcher der Arbeitszeitreduzierung in einer Leitungsposition entgegenstehen, können sich aus der konkreten Aufgabenstellung der Beschäftigten ergeben. Dies ist vom Arbeitgeber im Einzelnen darzulegen und ggf. zu beweisen (LAG Berlin vom 25.5.1994 – 15 Sa 24/94).

Lebt das **Kind** in dem gemeinsamen Haushalt der Eltern, so können diese selbst bestimmen, wer das Kind betreuen soll. Der Anspruch besteht auch, wenn der Ehegatte arbeitslos ist und sich um eine Arbeit bemüht oder aus anderen Gründen nicht für die Betreuung des Kindes sorgt, so dass der Beschäftigte dieser Pflicht tatsächlich nachkommen will. Es muss sich um kein leibliches Kind handeln. Die Regelung gilt auch für die Betreuung eines Adoptivkindes, Adoptivpflegekindes oder Pflegekindes.

Zu den **sonstigen Angehörigen** gehören nicht nur Verwandte, sondern auch der Lebenspartner und sonstige Personen, zu denen eine enge Bindung z.B. auf Grund der Aufnahme in den gemeinsamen Haushalt besteht.

An das Vorliegen **dringender dienstlicher oder betrieblicher Belange** sind strenge Anforderungen zu stellen. Soweit es dem Arbeitgeber auf Grund der innerdienstlichen oder betrieblichen Gegebenheiten möglich ist, die fehlende Arbeitszeit auszugleichen oder aber auf dem Arbeitsmarkt Ersatzarbeitskräfte zu beschaffen, hat er diese Möglichkeiten auszuschöpfen, auch wenn die neue Arbeitskraft zunächst eingearbeitet werden muss. Allenfalls verschiebt sich die Fälligkeit des Anspruchs um die Zeit der notwendigen Abschlussarbeiten oder der Einarbeitungszeit.

9 Den **Umfang der Teilzeitarbeit** kann der Beschäftigte grundsätzlich selbst bestimmen. Die untere Grenze ist dort zu ziehen, wo dem Arbeitgeber eine sinnvolle Beschäftigung nicht mehr möglich ist. Ein Anspruch auf eine bestimmte zeitliche Lage der Teilzeitarbeit kann sich aus §8 Abs. 3 Satz 2 TzBfG ergeben. Im Rahmen der Fürsorgepflicht und des billigen Ermessens nach §315 BGB (§41 Rn. 13ff.) hat der Arbeitgeber auf berechtigte Anliegen des Beschäftigten Rücksicht zu nehmen.

10 Der Arbeitnehmer hat die Wahl, eine **unbefristete** oder **befristete Teilzeitbeschäftigung** zu verlangen. Eine Befristung der Arbeitsvertragsänderung kann nur bis zur Dauer von fünf Jahren verlangt werden; eine untere Grenze gibt es nicht (die Betreuung eines Kindes kann nur für wenige Monate oder Wochen erforderlich sein).

Ist eine Befristung vereinbart, so entsteht nach Ablauf der Befristung ohne weitere Vereinbarung wieder ein Arbeitsverhältnis im Rahmen der regelmäßigen Arbeitszeit, es sei denn, es ist ein Verlängerungsantrag sechs Monate vor Ablauf der Befristung gestellt. In diesem Fall kann eine erneute Befristung wieder bis zu fünf Jahren verlangt werden.

Ist eine unbefristete Reduzierung der Arbeitszeit vereinbart und will der Beschäftigte auf einen Vollzeitarbeitsplatz zurückkehren, so hat er nach Abs. 3 einen Anspruch darauf, dass er bei gleicher Eignung und im Rahmen der dienstlichen und betrieblichen Möglichkeiten vorrangig berücksichtigt wird. Beteiligungsrechte des Betriebs- oder Personalrats sind gegeben (vgl. hierzu BVerwG, PersR 1993, 450ff.). Arbeitsvertragliche Vereinbarungen, die die Rückkehr in ein Vollzeitarbeitsverhältnis zu gleichwertigen Bedingungen vereiteln, sind tarifwidrig.

Der 9. Senat des BAG meint, der öffentliche Arbeitgeber habe keine **Aufklärungspflicht** gegenüber einer Beschäftigten, die einen Teilzeitwunsch äußert, auf die Möglichkeit der Befristung dieser Vereinbarung nach § 11 hinzuweisen. Deshalb habe die Teilzeitbeschäftigte keinen Anspruch, später wieder die Vollzeitbeschäftigung zu verlangen (Urteil vom 13.11.2001 – 9 AZR 442/00, EzA-Schnelldienst 24/ 2001, 4). **11**

Liegt die Voraussetzung des Abs. 1 Unterabs. 1 nicht vor, hat der Beschäftigte – gleichgültig aus welchen Gründen er ein Teilzeitarbeitsverhältnis verlangt – einen **Verhandlungsanspruch** gegenüber dem Arbeitgeber. Dieser hat im Rahmen seiner Fürsorgepflicht zu prüfen, ob die dienstlichen oder betrieblichen Verhältnisse es zulassen, auf das Vertragsänderungsangebot des Beschäftigten einzugehen. Es ist eine Interessenabwägung vorzunehmen. Fällt diese deutlich zugunsten des Arbeitnehmers aus, besteht ein Anspruch auf Abänderung des Arbeitsvertrages. **12**

Ist ein Beschäftigter mit Rücksicht auf die Wahrnehmung seines **Abgeordnetenmandates** daran gehindert, seine volle Arbeitsleistung zu erbringen, ist der Arbeitgeber im Rahmen des Benachteiligungsverbotes des Art. 48 Abs. 2 GG und/oder entsprechender landesverfassungsrechtlicher Bestimmungen verpflichtet, ihm einen auf der Grundlage des Arbeitsvertrages beruhenden Teilzeitplatz zur Verfügung zu stellen. Die Verpflichtung findet ihre Schranke im Verhältnismäßigkeitsgrundsatz. Stehen zwingende betriebliche Belange einer Teilzeitbeschäftigung entgegen, ist der Arbeitgeber berechtigt, die angebotene Arbeitsleistung des Mandatsträgers abzulehnen. Er hat aber darzulegen und zu beweisen, dass ihm die Beschäftigung des Arbeitnehmers in Teilzeit unzumutbar ist (ArbG Frankfurt/Oder vom 14.9.2000 – 2 Ca 560/00, ZTR 2001, 39ff.). **13**

Die Ansprüche aus Abs. 1 und 2 bestehen ihrem Inhalt nach darin, dass der Arbeitgeber verpflichtet ist, das Vertragsänderungsangebot des Beschäftigten anzunehmen. Es handelt sich also um eine tarifliche Einschränkung der Vertragsfreiheit des Arbeitgebers. Lehnt er das Angebot ab, so kann dieses im Wege der **arbeitsgerichtlichen Gestaltungsklage** ersetzt werden. Mit Rechtskraft der Entscheidung gilt das Angebot als angenommen. Im Falle der Dringlichkeit ist auch eine einstweilige Verfügung (Sicherungsverfügung) denkbar. **14**

Teilzeitbeschäftigte sind grundsätzlich nicht verpflichtet, **Mehrarbeit** oder Überstunden zu leisten (vgl. hierzu § 6 Rn. 25). Auch kann die einmal ver- **15**

§§ 11–13 TVöD

einbarte **Lage der Arbeitszeit** nur ausnahmsweise einseitig durch den Arbeitgeber verändert werden, wenn dies aus dienstlichen oder betrieblichen Gründen unabweislich ist, soweit die konkrete Lage der Arbeitszeit für das Eingehen des Teilzeitarbeitsverhältnisses für den Beschäftigten wesentlich war. In diesem Falle bedarf es einer wirksamen Änderungskündigung.

16 Bei allen tariflichen Leistungen sind Teilzeitarbeitnehmer gleich zu behandeln (vgl. hierzu § 1 Rn. 27).

17 Neben den tariflichen und gesetzlichen Möglichkeiten besteht u.U. auch ein Anspruch auf **Altersteilzeit** nach dem AlterteilzeitG und dem AltersteilzeitTV.

Abschnitt III
Eingruppierung und Entgelt

§ 12
Eingruppierung

[Derzeit nicht belegt, wird im Zusammenhang mit der Entgeltordnung geregelt.]

§ 13
Eingruppierung in besonderen Fällen

[Derzeit nicht belegt, wird im Zusammenhang mit der Entgeltordnung geregelt.]

Nach §§ 15, 16 werden 15 **Entgeltgruppen** gebildet. Dieses neue Entgeltgruppensystem löst das bisherige Vergütungs- und Lohngruppensystem vollständig ab.

Die Tarifmerkmale der neuen Entgeltgruppen sollen sich stärker an der vorhandenen und erforderlichen Berufsausbildung orientieren. Die Entgeltgruppen 1 bis 4 sind für un- und angelernte Tätigkeiten vorgesehen, die Entgeltgruppen 5 bis 8 für Tätigkeiten auf dem Niveau einer abgeschlossenen anerkannten Berufsausbildung von i.d.R. drei Jahren, die Entgeltgruppen 9 bis 12 für Tätigkeiten auf dem Niveau einer abgeschlossenen Fachhochschulausbildung und die Entgeltgruppen 13 bis 15 für Tätigkeiten auf dem Niveau einer abgeschlossenen wissenschaftlichen Hochschulausbildung.

Die neuen Eingruppierungsvorschriften und die Tätigkeitsmerkmale der neuen Entgeltgruppen stehen noch nicht fest. Vorerst gelten §§ 22 bis 23 BAT/BAT-O und die Anlagen 1a und 1b fort:

§ 22 BAT
Eingruppierung

(1) Die Eingruppierung der Angestellten richtet sich nach den Tätigkeitsmerkmalen der Vergütungsordnung (Anlage 1 a und 1 b). Der Angestellte erhält Vergütung nach der Vergütungsgruppe, in der er eingruppiert ist.

(2) Der Angestellte ist in der Vergütungsgruppe eingruppiert, deren Tätigkeitsmerkmalen die gesamte von ihm nicht nur vorübergehend auszuübende Tätigkeit entspricht.

Die gesamte auszuübende Tätigkeit entspricht den Tätigkeitsmerkmalen einer Vergütungsgruppe, wenn zeitlich mindestens zur Hälfte Arbeitsvorgänge anfallen, die für sich genommen die Anforderungen eines Tätigkeitsmerkmals oder mehrerer Tätigkeitsmerkmale dieser Vergütungsgruppe erfüllen. Kann die Erfüllung einer Anforderung in der Regel erst bei der Betrachtung mehrerer Arbeitsvorgänge festgestellt werden (z.B. vielseitige Fachkenntnisse), sind diese Arbeitsvorgänge für die Feststellung, ob diese Anforderung erfüllt ist, insoweit zusammen zu beurteilen.

Werden in einem Tätigkeitsmerkmal mehrere Anforderungen gestellt, gilt das in Unterabsatz 2 Satz 1 bestimmte Maß, ebenfalls bezogen auf die gesamte auszuübende Tätigkeit, für jede Anforderung.

Ist in einem Tätigkeitsmerkmal ein von Unterabsatz 2 oder 3 abweichendes zeitliches Maß bestimmt, gilt dieses.

Ist in einem Tätigkeitsmerkmal als Anforderung eine Voraussetzung in der Person des Angestellten bestimmt, muss auch diese Anforderung erfüllt sein.

Protokollnotiz zu Absatz 2:
1. *Arbeitsvorgänge sind Arbeitsleistungen (einschließlich Zusammenhangsarbeiten), die, bezogen auf den Aufgabenkreis des Angestellten, zu einem bei natürlicher Betrachtung abgrenzbaren Arbeitsergebnis führen (z.B. unterschriftsreife Bearbeitung eines Aktenvorgangs, Erstellung eines EKG, Fertigung einer Bauzeichnung, Eintragung in das Grundbuch, Konstruktion einer Brücke oder eines Brückenteils, Bearbeitung eines Antrags auf Wohngeld, Festsetzung einer Leistung nach dem Bundessozialhilfegesetz). Jeder einzelne Arbeitsvorgang ist als solcher zu bewerten und darf dabei hinsichtlich der Anforderungen zeitlich nicht aufgespalten werden.*
2. *Eine Anforderung im Sinne des Unterabsatzes 2 ist auch das in einem Tätigkeitsmerkmal geforderte Herausheben der Tätigkeit aus einer niedrigeren Vergütungsgruppe.*

(3) Die Vergütungsgruppe des Angestellten ist im Arbeitsvertrag anzugeben.

Im Streben nach **Lohngerechtigkeit** hatten die Tarifvertragsparteien mit dem Anspruch auf **Vollständigkeit** (vgl. Rn. 2) eine umfangreiche Vergütungsordnung geschaffen, die möglichst jede Angestelltentätigkeit im öffentlichen Dienst erfassen soll. Wegen der ungeheuren Vielfalt der im öffentlichen Dienst anfallenden Tätigkeiten ist dieses Ziel nur erreichbar, wenn ein Großteil der Aufgaben allgemein, mit unbestimmten Rechtsbegriffen umschrieben wird. Die allgemeinen Teile der Vergütungsordnung enthalten daher aufeinander aufbauende Tätigkeitsmerkmale, die die Aufgabenkreise der Angestellten nur sehr abstrakt beschreiben. Da in den höheren Vergütungsgruppen sämtliche Tätigkeitsmerkmale auch der darunterliegenden Vergütungsgruppen, auf denen die höhere Vergütungsgruppe aufbaut, erfüllt sein müssen (Rn. 3), sind die aus unbestimmten Rechtsbegriffen bestehenden anzuwendenden Tatbestandsmerkmale zudem häufig zahlreich. Daher gehört das Eingruppierungsrecht im öffentlichen Dienst zu den schwierigsten Kapiteln der arbeitsrechtlichen Rechtsanwendung.

Es ist wiederholt die Frage nach der **Justitiabilität** dieser Eingruppierungsvorschriften aufgeworfen worden (LAG Düsseldorf vom 16.2.1984 – 13 Sa 826/82; ArbG Hildesheim, AP Nr. 13 zu §§ 22, 23 BAT 1975). Das BAG ist jedoch der Meinung, dass das für Rechtsnormen geltende Bestimmtheitsgebot des Art. 20 Abs. 3 GG im Eingruppierungsrecht des öffentlichen Dienstes noch erfüllt ist (BAG, AP Nrn. 115, 116 zu §§ 22, 23 BAT 1975).

Für die Arbeitgeber bindet die tarifliche Bewertung der Tätigkeiten ihrer Angestellten nicht unerhebliche Verwaltungskapazitäten. Der betroffene Angestellte ist kaum in der Lage, das Dickicht des Eingruppierungsrechts zu durchschauen. Die mangelnde Praktikabilität und Transparenz dieses Regelungskonvoluts werfen die Fragen nach einer **tariflichen Reform** auf, die grundlegend sein müsste, um wirksam zu sein. Es wäre daran zu denken, der Mitbestimmung der Personal- und Betriebsräte oder betrieblicher tariflicher Eingruppierungskommissionen ein stärkeres Gewicht zuzumessen, um damit die Verbindlichkeit einer Sachentscheidung zu stärken. Da Eingruppierungsstreitigkeiten für das arbeitsgerichtliche Urteilsverfahren wenig geeignet sind, weil das Arbeitsgericht die Tätigkeit des Angestellten nicht untersuchen kann, sondern auf den (schriftlichen) Sachvortrag der Parteien angewiesen ist, kommt der Beteiligung der Personal- und Betriebsräte in Fragen der Eingruppierung bereits jetzt eine faktisch hohe Bedeutung zu, auch wenn sich die diesbezüglichen Mitbestimmungsrechte letztlich in einem Mitbeurteilungsrecht erschöpfen (BAG, AP Nr. 31 zu § 75 BPersVG). In Zeiten gefüllter Kassen öffentlicher Haushalte mag das mit breiten Beurteilungsspielräumen ausgestaltete Eingruppierungsrecht für beide Seiten geeignet gewesen sein, um unter Ausnutzung der Spielräume auch auf die Anforderungen des Arbeitsmarktes zu reagieren. Demgegenüber sehen sich die öffentlichen Arbeitgeber auf Grund ihrer jeweiligen Haushaltslage derzeit häufig gezwungen, bereits langjährig praktizierte Eingruppierungen zu überprüfen und ggf. zu korrigieren. Da der Angestellte die Darlegungs- und Beweislast für seine zutreffende Eingruppierung trägt, zeigt sich in derartigen Auseinandersetzungen die Schwäche des tariflichen Anspruchs, nach einer bestimmten Vergütungsgruppe bezahlt zu werden.

TVöD § 13

Der 4. Senat des BAG hat die Auffassung vertreten, der arbeitsrechtliche **1a**
Gleichbehandlungsgrundsatz enthalte kein Gebot zur Gleichstellung von
Arbeitnehmern in verschiedenen Ordnungs- oder Regelungsbereichen bei
der Eingruppierung (BAG vom 30.9.1998 – 4 AZR 547/97, ZTR 99, 266,
mit Verweis auf BAG vom 3.12.1997 – 10 AZR 563/96, AP Nr. 149 zu
§ 242 BGB Gleichbehandlung). Die **Differenzierung** bei der Eingruppierung **von Krankenschwestern** und **Krankenpflegern** in unterschiedlichen
Einsatzbereichen hält sich nach Meinung des LAG Köln im Rahmen der
Gestaltungsfreiheit der Tarifvertragsparteien und verstößt nicht gegen den
Gleichheitsgrundsatz des Art. 3 GG (LAG Köln vom 14.12.2000 – 6 Sa
1068/00, Revision nicht zugelassen, ZTR 2001, 267f.).

§ 22 BAT stellt nur die **Grundnorm** für die tarifliche Eingruppierung dar. **2**
Abs. 1 Satz 1 verdeutlicht, dass sich die Eingruppierung nach den Tätigkeitsmerkmalen der Vergütungsordnung richtet. Ansprüche können also
nur in der kombinierten Anwendung des § 22 und der jeweils einschlägigen
Vorschrift der Vergütungsordnung begründet werden. Enthält die Vergütungsordnung keine für die Eingruppierung einschlägigen Vorschriften,
muss die Frage aufgeworfen werden, ob es sich um eine bewusste oder unbewusste **Tariflücke** handelt und daher möglicherweise eine andere Vorschrift der Vergütungsordnung entsprechend anwendbar ist (vgl. hierzu
BAG, AP Nr. 123 zu § 1 TVG Auslegung). Liegt ausnahmsweise eine bewusste Tariflücke vor, so läuft § 22 BAT leer. Die Höhe der Vergütung richtet sich in diesem Fall nur nach der arbeitsvertraglichen Vereinbarung und
den Vorschriften des 7. Teiles.

Besteht ausnahmsweise eine unbewusste Tariflücke, so ist zur Schließung
dieser Lücke darauf abzustellen, wie artverwandte und vergleichbare Tätigkeiten bewertet werden. Die Vergleichbarkeit von Dauer, Intensität und
wissenschaftlicher Ausrichtung der Ausbildung zu zwei verschiedenen Berufen ist für sich allein nicht geeignet, die Ausfüllung der Tariflücke in der
Vergütungsordnung zu begründen (BAG vom 21.6.2000 – 4 AZR 931/98,
ZTR 2000, 553 ff.).

Die **Vergütungsordnung** besteht aus Anlagen zum BAT, getrennt nach den **3**
Tarifbereichen Bund/Länder, VKA (Gemeinden etc.) und Krankenpflegepersonal im Bereich des Bundes, der Länder und Gemeinden. Die Vergütungsordnungsteile für die Bereiche Bund, Länder und VKA enthalten
jeweils einen allgemeinen Teil, auf den nur zurückgegriffen werden kann,
wenn spezielle Tätigkeitsmerkmale anderer Anlagenteile nicht zum Tragen kommen. Der allgemeine Teil im Bereich VKA differenziert zwischen den
allgemeinen Tätigkeitsmerkmalen für Verwaltungsangestellte und für Angestellte in technischen Berufen (vgl. hierzu die Übersicht in PK-BAT-
Wolf, § 22 Rn. 6, 7).

Allen Teilen der Vergütungsordnung sind die »**Vorbemerkungen** zu allen
Vergütungsgruppen« (Vergütungsordnung Bund/Länder) vorangestellt
bzw. die »Bemerkungen zu allen Vergütungsgruppen« (Vergütungsordnung

§ 13 TVöD

VKA), die sich hinter dem dortigen allgemeinen Teil befinden. Diese sind Bestandteil des Tarifvertrages und daher im Zusammenhang mit den Tätigkeitsmerkmalen unmittelbar anzuwenden.

Soweit in Tätigkeitsmerkmalen auf **Protokollnotizen** (Bund/Länder) bzw. **Protokollerklärungen** (Gemeinden) verwiesen wird, sind auch diese durchweg Bestandteil des Tarifvertrages und gelten daher unmittelbar und zwingend (BAG, AP Nr. 3 zu §§ 22, 23 BAT 1975). Niederschriftserklärungen haben dagegen keine eigenständige tarifliche Bedeutung.

Die Vergütungsordnung ist aufgegliedert in **Vergütungsgruppen**, die wiederum in Tätigkeitsmerkmale (Fallgruppen) untergliedert sind.

Ein **Tätigkeitsmerkmal** enthält zwei oder mehrere **Anforderungen**, die objektiver oder subjektiver Natur sein können. Eine **objektive Anforderung** besteht aus einer abstrakten oder konkreten Beschreibung der auszuübenden Tätigkeit oder Wertigkeit dieser Tätigkeit. Dagegen umschreiben die **subjektiven Anforderungen** die persönlichen Voraussetzungen, die ein Angestellter erfüllen muss.

Ein Tätigkeitsmerkmal oder eine Anforderung einer Vergütungsgruppe baut häufig auf denjenigen einer oder mehrerer niedriger Vergütungsgruppen auf, so dass hier auch die Merkmale der Anfangsfallgruppe und alsdann der Reihe nach die weiteren qualifizierenden Tätigkeitsmerkmale der dazwischen liegenden Fallgruppen erfüllt sein müssen (BAG, AP Nrn. 2, 3, 4 zu §§ 22, 23 BAT 1975).

4 Nach Abs. 1 Satz 2 erhält der Angestellte Vergütung nach der Vergütungsgruppe, in der er eingruppiert ist. **Eingruppiert** ist der Angestellte in der Vergütungsgruppe, deren Tätigkeitsmerkmalen die gesamte von ihm nicht nur vorübergehend auszuübende Tätigkeit entspricht (Abs. 2).

Deshalb ist die Eingruppierung keine Handlung des Arbeitgebers, sondern ergibt sich unmittelbar aus der Anwendung der tariflichen Normen (**Tarifautomatik**; so bereits BAG, AP Nr. 1 zu § 3 TOA; BAG, AP Nr. 13 zu §§ 22, 23 BAT 1975; BAG, AP Nr. 5 zu § 23 a BAT).

5 Nach Abs. 2 ist auf die **gesamte Tätigkeit** des Angestellten abzustellen. Es kann also nicht danach differenziert werden, ob eine überwiegende Tätigkeit oder mehrere für sich allein jeweils nicht überwiegende Tätigkeiten vorliegen (BAG, AP Nr. 2 zu §§ 22, 23 BAT 1975).

6 Es muss sich um eine Tätigkeit handeln, die **nicht nur vorübergehend** zugewiesen ist. Hierbei kommt es auf den bei der Übertragung zum Ausdruck gekommenen Willen des Arbeitgebers an (BAG, AP Nr. 10 zu § 1 TVG Tarifverträge: BAvAV; Nr. 63 zu §§ 22, 23 BAT). Nur wenn ein sachlicher Grund für die vorübergehende Übertragung einer Tätigkeit vorhanden ist, ist dies ausnahmsweise möglich (BAG, AP Nr. 3 zu § 24 BAT). Dagegen ist es nicht entscheidend, wie lange der Angestellte die Tätigkeit ausübt (BAG, AP Nr. 9 zu § 1 TVG Tarifverträge: BAvAV). Im Falle der vorübergehenden Übertragung findet § 24 BAT Anwendung (vgl. § 24 Rn. 1 ff.).

Abs. 2 stellt auf die **auszuübende Tätigkeit** ab. Es ist daher nicht entscheidend, welche Tätigkeit der Angestellte tatsächlich ausübt, sondern welche Tätigkeit er nach dem Arbeitsvertrag schuldet.

Die geschuldete Tätigkeit kann sich aus dem schriftlichen **Arbeitsvertrag** ergeben, darüber hinaus aus mündlichen Vereinbarungen im Zusammenhang mit der Begründung des Arbeitsverhältnisses oder in der Folgezeit, die nicht nach § 2 Abs. 3 der Schriftform bedürfen, da es sich um eine Hauptabrede handelt. Häufig liegt auch eine konkludente Vereinbarung bestimmter Arbeitsinhalte vor, indem dem Angestellten bestimmte Tätigkeiten übertragen werden, denen er nicht widerspricht. Handelt es sich hier um tariflich niedriger zu bewertende Tätigkeiten und wird der Personalrat hierbei im Rahmen seines Mitbestimmungsrechts nicht beteiligt (vgl. z. B. § 75 Abs. 1 Nr. 2 BPersVG), so kann eine entsprechende Abänderung der arbeitsvertraglich geschuldeten Tätigkeit auch konkludent nicht vereinbart werden, weil das Änderungsangebot des Arbeitgebers wegen der Verletzung des Mitbestimmungsrechts des Personalrats nichtig ist. Die schleichende Entwertung der auszuübenden Tätigkeit scheitert daher an diesem personalvertretungsrechtlichen Schutz (Rn. 15).

Die mit den im Arbeitsumfeld tätigen Kollegen und ggf. auch mit dem unmittelbaren Fachvorgesetzten abgestimmte Ausübung einer höherwertigen Tätigkeit durch den Angestellten ohne – auch nur stillschweigende – diesbezügliche Zustimmung der für Personalangelegenheiten zuständigen Stelle des öffentlichen Arbeitgebers vermag einen Anspruch des Angestellten auf Höhergruppierung nicht zu begründen (BAG vom 26.3.1997 – 4 AZR 489/95, PersR 11/1997, I li. Sp.; BAG vom 5.5.1999 – AZR 360/98, ZTR 1999, 554ff.).

Ist im Arbeitsvertrag nur sehr allgemein vereinbart, dass eine Beschäftigung als »Angestellter« erfolgen soll und findet sich zur Konkretisierung im Vertrag nichts anderes als die nach Abs. 3 anzugebende Vergütungsgruppe, so besteht ein Beschäftigungsanspruch nach den Tätigkeitsmerkmalen dieser Vergütungsgruppe (BAG, AP Nr. 8 zu § 611 Beschäftigungspflicht). Ein derartiger Arbeitsvertrag wird in der Regel auch dahingehend auszulegen sein, dass eine Konkretisierung der auszuübenden Tätigkeit in der Folgezeit nicht eintreten soll, sondern der Arbeitgeber die Möglichkeit erhalten will, den Angestellten im breitem Umfang einsetzen zu können (s. a. Rn. 17).

Im Rahmen der arbeitsvertraglichen Vorgabe kann der Arbeitgeber die Tätigkeit durch Ausübung seines Direktionsrechts (vgl. hierzu Rn. 13) konkret festlegen. Nach Meinung des BAG umfasst das Direktionsrecht auch, durch Übertragung bestimmter Tätigkeiten die Fallgruppe zu bestimmen (BAG, AP Nr. 17 zu § 611 BGB Direktionsrecht; BAG, AP Nr. 6 zu § 75 BPersVG). Ein negativer Fallgruppenwechsel kann im Einzelfall jedoch rechtsmissbräuchlich sein, wenn dem Angestellten die Möglichkeit

§ 13 TVöD

der späteren Teilnahme am Bewährungsaufstieg entzogen wird (BAG, AP Nr. 6 zu § 75 BPersVG; s.a. Rn. 14).

8 Die Tätigkeitsmerkmale einer Vergütungsgruppe sind gegeben, wenn zeitlich mindestens zur Hälfte Arbeitsvorgänge anfallen, die für sich genommen die Anforderungen eines Tätigkeitsmerkmals oder mehrerer Tätigkeitsmerkmale dieser Vergütungsgruppe erfüllen (Abs. 2 Unterabs. 2 Satz 1). Der Begriff des **Arbeitsvorgangs** ist in der Protokollnotiz Nr. 1 zu Abs. 2 erläutert.

Zunächst ist der **Aufgabenkreis** des Angestellten zu definieren. Dieser besteht aus einer oder mehreren Arbeitsleistungen, der Gesamttätigkeit (Rn. 5). Ein Arbeitsvorgang wird bestimmt durch ein abgrenzbares **Arbeitsergebnis**. Hierbei ist eine **Atomisierung** dieser Aufgaben zu vermeiden; es muss sich nicht um den kleinstmöglichen abgrenzbaren Teil einer Tätigkeit handeln (vgl. BAG, AP Nrn. 122, 123, 124 zu §§ 22, 23 BAT 1975). Zwischenergebnisse einer Arbeitsleistung machen daher einen Arbeitsvorgang nicht aus. Mehrere tariflich gleich zu bewertende und auch im Übrigen gleichartige Leistungen sind zusammenzufassen (BAG, AP Nr. 8, 12, 16, 47 zu §§ 22, 23 BAT; Nr. 7, 15, 16, 32 zu §§ 22, 23 BAT 1975, auch wenn die in der Protokollnotiz Nr. 1 genannten Beispiele den Eindruck erwecken, als sei jeder einzelne Akten- oder Bearbeitungsvorgang gesondert zu überprüfen). Daher kommt es nicht selten vor, dass der gesamte Aufgabenkreis nur aus einem Arbeitsvorgang besteht. Dies ist insbesondere bei Leitungstätigkeiten fast ausschließlich der Fall (BAG, AP Nrn. 2, 22, 23, 42, 48, 86, 99, 125 zu §§ 22, 23 BAT). Sie bilden auch dann einen großen Arbeitsvorgang, wenn der Angestellte hierbei mit eigenen Sachbearbeitungsaufgaben betraut ist. Das gilt zumindest dann, wenn eine Trennung zwischen Leistungsaufgaben und eigener Sachbearbeitung in zeitlicher bzw. organisatorischer Hinsicht nicht möglich ist, weil der Angestellte von seinen unterstellten Mitarbeitern jederzeit für fachliche Fragen ansprechbar ist (BAG vom 28.2.1998 – 4 AZR 552/96, ZTR 1998, 321).

Enthält eine Fallgruppe **Tätigkeitsbeispiele**, können mehrere in verschiedenen Beispielen aufgeführte Tätigkeiten regelmäßig nicht zu einem Arbeitsvorgang zusammengefasst werden (BAG, ZTR 1996, 37f.).

Zusammenhangstätigkeiten sind demjenigen Arbeitsvorgang zuzuordnen, zu dem sie am ehesten in einem sachlichen Zusammenhang stehen. Es handelt sich um Aufgaben, die kein für den Arbeitgeber unmittelbar verwertbares Arbeitsergebnis haben (z.B. Vorbereitungsarbeiten, Lesen von Fachzeitschriften).

9 Nach Protokollnotiz Nr. 1 zu Abs. 2 Satz 2 ist jeder einzelne Arbeitsvorgang als solcher zu bewerten und darf hinsichtlich der Anforderungen **zeitlich nicht aufgespalten** werden. Es verbietet sich also, die einzelnen Schritte eines Arbeitsvorganges einer gesonderten tariflichen Bewertung zu unterziehen, um daraufhin festzustellen, ob überwiegend oder zu einer bestimmten Quote bestimmte Anforderungen eines Tätigkeitsmerkmales gegeben sind. Erfordert z. B. ein bestimmter Arbeitsschritt eines Arbeitsvorgangs selbständige Leistungen, ohne die das Arbeitsergebnis nicht zu erzielen ist, wird der gesamte Arbeitsvorgang durch diese Anforderung bestimmt (s. a. Rn. 11).

Auch wenn der Angestellte mit einer großen Zahl verschiedenartiger und **10** stark differenzierter Aufgaben beschäftigt wird, kann auf die Bestimmung der Arbeitsvorgänge nicht verzichtet werden (BAG, AP Nrn. 16, 51 zu §§ 22, 23 BAT 1975). Dagegen ist es möglich, dass ein Tätigkeitsmerkmal erst bei einer **Zusammenfassung** und Summierung **mehrerer Arbeitsvorgänge** erfüllt ist (insbesondere bei den Anforderungen der gründlichen und vielseitigen Fachkenntnisse, der besonderen Schwierigkeit und Bedeutung, dem Maß der Verantwortung). In diesem Falle ist in zwei Schritten vorzugehen:

Zunächst ist zu überprüfen, ob die Anforderungen in den einzelnen Arbeitsvorgängen, die die Hälfte der Gesamttätigkeit ausmachen, bereits erfüllt sind. Ist dies nicht der Fall, ist eine Gesamtbetrachtung unter Zusammenfassung aller Arbeitsvorgänge vorzunehmen (BAG, AP Nrn. 5, 8, 23, 51 zu §§ 22, 23 BAT 1975).

Die Eingruppierung in eine bestimmte Vergütungsgruppe wird durch die **11** Bewertung der **zeitlichen Hälfte** der Arbeitsvorgänge des Angestellten nach oben hin bestimmt. Enthält ein Tätigkeitsmerkmal eine quantitativ weiter beschränkte Anforderung bezüglich der Heraushebung (z. B. »mindestens ein Drittel durch besondere Schwierigkeit und Bedeutung«), ist ebenfalls auf die Gesamtarbeitszeit abzustellen. Es reicht in diesem Beispiel also aus, wenn ein Drittel der Arbeitsvorgänge diese Anforderungen erfüllen (BAG, AP Nrn. 115, 116 zu §§ 22, 23 BAT 1975). Tarifliche Qualifizierungsmerkmale, wie das Erfordernis selbständiger Leistungen, liegen dann vor, wenn Arbeitsvorgänge, die den im jeweiligen Tätigkeitsmerkmal geforderten Anteil an der Gesamtarbeitszeit ausmachen, überhaupt in rechtserheblichem Ausmaß die Anforderungen dieser Qualifizierungsmerkmale erfüllen. Dagegen ist es nicht erforderlich, dass darüber hinaus auch innerhalb jedes Arbeitsvorganges das Qualifizierungsmerkmal diesen Anteil an der Gesamtarbeitszeit erreicht (BAG, EzBAT §§ 22, 23 A. Allgemein Nr. 45). Erfahrungsgemäß nimmt die **Abwesenheitsvertretung** bei Krankheit und Urlaub nicht mehr als 50 % der Tätigkeit des Vertreters in diesem Zeitraum in Anspruch, da der Vertreter in der übrigen Zeit Tätigkeiten seines eigenen Dezernates erledigen muss (LAG Hamm vom 10.2.1999 – 18 Sa 837/98, ZTR 99, 368 f.).

Kommt es im Eingruppierungsrechtsstreit auf den Zeitanteil eines Arbeitsvorgangs an, so sind **Bereitschaftsdienstzeiten** hierbei nach Auffassung des BAG nicht voll, sondern nur im Umfang der tatsächlichen Inanspruchnahme zu berücksichtigen (Urteil vom 29.11.2001 – 4 AZR 736/00, ZTR 2002, 327 f.).

§ 13 TVöD

12 **Subjektive Anforderungen** sind solche, die die persönlichen Voraussetzungen des Angestellten für die Eingruppierung in eine bestimmte Vergütungsgruppe beinhalten. Im Bereich der VKA betrifft dies insbesondere die Verwaltungsangestellten, bei denen grundsätzlich nach § 25 die Verwaltungsprüfung verlangt wird (vgl. hierzu § 25 Rn. 1 ff.). Auch im Bereich des Krankenpflegepersonals (Anlage 1 b) ist die Eingruppierung häufig von subjektiven Anforderungen abhängig.

Soweit sonstige Angestellte auf Grund **gleichwertiger Fähigkeiten und ihrer Erfahrungen** in dieselbe Vergütungsgruppe eingruppiert werden können, ist zu berücksichtigen, dass diese Fähigkeiten nur durch Berufserfahrung erworben sein können und es damit nicht immer möglich ist, dass sie von der Breite her das Niveau einer abgeschlossenen Fachausbildung erreichen (BAG, AP Nr. 10 zu §§ 22, 23 BAT). Allerdings ist es nicht ausreichend, wenn die Erfahrungen nur zu einem sehr eingeschränkten Spezialwissen geführt haben (BAG, ZTR 1996, 360 f.). Auch wird man vom Zeitumfang der Erfahrungen her fordern müssen, dass diese zumindest der Dauer der Fachausbildung entsprechen, in der Regel eher das Doppelte dieser Zeit betragen müssen.

Häufig wird vorausgesetzt, dass die persönlichen Anforderungen nicht nur gegeben sein müssen, sondern auch für die Tätigkeit erforderlich sind (z.B. Vergütungsordnung Bund/Länder, Anlage 1 a Allgemeiner Teil – Vergütungsgruppe II a Fallgruppe 1 a). Die in diesem Beispiel bestehende Anforderung einer (der abgeschlossenen wissenschaftlichen Hochschulbildung) »entsprechenden Tätigkeit« stellt eine objektive Anforderung dar, so dass hier eine Verbindung zwischen subjektiven und objektiven Anforderungen gegeben ist.

13 Die **objektiven Anforderungen** enthalten insbesondere in den allgemeinen Teilen zahlreiche **unbestimmte Rechtsbegriffe** (vgl. hierzu Rn. 1). Die Rechtsprechung orientiert sich an den häufig vorhandenen Klammersätzen, die selbstverständlich Bestandteil des Tarifvertrages sind und der Auslegung dienen (BAG, AP Nr. 20 zu § 3 TO.A). Dies kann auch dazu führen, dass der durch den Klammersatz erläuterte Begriff einen anderen Sinn erhält, als dies nach dem bloßen Wortlaut oder allgemeinen Sprachgebrauch zu erwarten wäre (BAG, AP Nr. 40 zu § 1 TVG Tarifverträge: Bau).

Werden Beispiele aufgeführt, kann nicht auf den hierdurch erklärten unbestimmten Rechtsbegriff zurückgegriffen werden, wenn das Regelbeispiel bereits erfüllt ist (BAG, EzA § 4 TVG Eingruppierung Nr. 4).

14 Nach Abs. 3 ist die Vergütungsgruppe des Angestellten im **Arbeitsvertrag** anzugeben. Mit dieser Angabe erfüllt der Arbeitgeber grundsätzlich nur seine tarifliche Pflicht, ohne den Anspruch auf Bezahlung nach einer bestimmten Vergütungsgruppe hierdurch vertraglich zusätzlich absichern zu wollen (zuletzt BAG vom 9.12.1999 – 6 AZR 291/98, ZTR 2000, 460; vom 22.4.1998 – 4 AZR 760/96, ZTR 1999, 82; vgl. kritisch hierzu Seidel, PersR 1995, 368; LAG Köln vom 17.3.1995 – 13 Sa 1257/94; vom

29.11.2001 – 5 Sa 414/01, ZTR 2002, 125 ff.). Nur wenn sich aus dem schriftlichen Arbeitsvertrag oder den näheren arbeitsvertraglichen Vereinbarungen ergibt, dass die Vergütungsgruppe auch vertraglich zugesichert sein soll, ist eine Änderung der Eingruppierung ohne entsprechende Vereinbarung oder Änderungskündigung unzulässig. Gleiches gilt für die schriftliche Eingruppierungsmitteilung des Arbeitgebers (BAG vom 23.8.1995, ZTR 1996, 169). Nimmt der öffentliche Arbeitgeber eine korrigierende Herabgruppierung vor und behauptet der Arbeitnehmer, die bisher zugrunde gelegte Vergütungsgruppe oder Lohngruppe sei übertariflich vereinbart, so hat er dies darzulegen und zu beweisen (BAG vom 16.5.2001 – 4 AZR 237/99, PersR 2001, 265 ff.). Hat der Arbeitgeber bewusst eine übertarifliche Vergütung mitgeteilt, kann das für eine arbeitsvertragliche Vereinbarung der Vergütungsgruppe unabhängig von der tariflichen Eingruppierung sprechen.

Etwas anderes ergibt sich im Ergebnis auch nicht aus den Bestimmungen des **Nachweisgesetzes** und der EG-Nachweisrichtlinie (Art. 2 Abs. 2 lit. c RL 91/533/EWG; vgl. hierzu LAG Hamm, EzBAT Nr. 33 zu §23 a BAT); diese Vorschriften haben aber prozessualen Einfluss auf den Nachweis des konkreten Beschäftigungsanspruches (Rn. 7) und die Frage der Darlegungs- und Beweislast bei der korrigierenden Herabgruppierung (Rn. 16). Da nach der EG-Nachweisrichtlinie die Tätigkeitsbeschreibung (Kategorie der Stelle) näher zu konkretisieren ist, muss im Geltungsbereich des BAT zumindest die Fallgruppe im Arbeitsvertrag genannt sein. Der Arbeitgeber verhielte sich rechtsmissbräuchlich, wenn er sich auf die unterlassene Angabe der Fallgruppe beruft, um die auszuübende Tätigkeit auf Grund der nur allgemeinen Angaben im Arbeitsvertrag im Rahmen seines Direktionsrechts zu verändern (hierzu LAG Hamm, EzBAT §23 a BAT Bewährungsaufstieg Nr. 33).

Eine **korrigierende Herabgruppierung** ist dagegen zulässig, wenn die Anforderungen eines Tätigkeitsmerkmals nachträglich wirksam wegfallen. Zu überprüfen ist nur, ob der Wegfall der Anforderungen ggf. in rechtmäßiger Ausübung des Direktionsrechts des Arbeitgebers bewirkt ist (vgl. hierzu §41 BT-Verwaltung Rn. 13 ff.).

Befindet sich der Arbeitgeber gerade in einer Phase der **Neubewertung einer Stelle** und ist damit zu rechnen, dass die Stelle tariflich niedriger bewertet wird, so hat er einen Angestellten, der sich um diese Stelle bewirbt, hierauf hinzuweisen. Unterlässt er diesen **Hinweis** und führt dies zu Nachteilen für den Angestellten, so ist der Arbeitgeber zum **Schadensersatz** verpflichtet (BAG vom 13.6.1996 – 8 AZR 451/94, Verhandlungsbericht in AuR 1996, 276).

Personal- und **Betriebsräten** steht bei Fragen der Eingruppierung, Höher- und Herabgruppierung ein Mitbestimmungsrecht zu, das sich jedoch faktisch darin erschöpft, eine Mitbewertung der Eingruppierung vorzunehmen. Das Mitbestimmungsrecht besteht auch, wenn nur eine tarifliche

§ 13 TVöD

Korrektur der Eingruppierung vorgenommen wird. Allerdings soll die Verletzung dieser Pflicht nach Meinung des BAG nicht dazu führen, dass der Angestellte Bezahlung nach der bisherigen (höheren) Vergütungsgruppe verlangen könne, weil sich die Eingruppierung automatisch (Rn. 4) nur nach den tariflichen Bestimmungen richte (BAG, AP Nr. 37 zu § 75 BPersVG). Diese Entscheidung steht im Widerspruch zum Beschluss des 1. Senats des BAG zum Geltungsbereich des Betriebsverfassungsgesetzes (BAG vom 9.7.1996 – 1 AZR 690/95, EzBAT §§ 22, 23 A. Allgemein Nr. 48), wonach die gerichtlich nicht ersetzte Zustimmung des Betriebsrates zur Folge hat, dass die bisherige Vergütung in unverminderter Höhe weiterzuzahlen ist. In der Tat wird man es nicht hinnehmen können, dass die Verletzung personal- oder betriebsverfassungsrechtlicher Vorschriften sanktionslos bleibt. Zwar richtet sich die Eingruppierung nur nach § 22 BAT i.V.m. der Vergütungsordnung, jedoch bedarf es einer entsprechenden Umsetzung, also der Bezahlung nach dieser Vergütungsgruppe auf Grund eines entsprechenden Erkenntnisaktes des Arbeitgebers unter Beteiligung des Personalrats. Eine zu Lasten des Angestellten bewirkte Umsetzung des Tarifrechts unter Verletzung des Mitbestimmungsrechts kann daher nicht wirksam sein und muss zur Konsequenz haben, dass an der bisherigen übertariflichen Eingruppierung festzuhalten ist.

Eine **Höhergruppierung**, die ohne Beteiligung des Personal- oder Betriebsrats vorgenommen wird, ist dagegen wirksam, wenn die tariflichen Voraussetzungen hierfür gegeben sind, da die Verletzung des Mitbestimmungsrechts einen Schadensersatzanspruch des Angestellten gegenüber dem Arbeitgeber auslöst, der im Wege der Naturalrestitution zu dem gleichen Ergebnis führt (vgl. BAG, NZA 1991, 490).

Das Mitbestimmungsrecht des Personalrats erstreckt sich auch auf **die Übertragung einer niedriger oder höher zu bewertenden Tätigkeit.** Dies hat zur Folge, dass eine schleichende Entwertung der Tätigkeit keine Wirksamkeit entfaltet, weil sich die auszuübende Tätigkeit hierdurch nicht ändert (vgl. hierzu § 41 BT-Verwaltung Rn. 17). Umgekehrt ist die Übertragung einer höher zu bewertenden Tätigkeit auch dann wirksam, wenn der Personalrat nicht zugestimmt hat (BAG, a.a.O.).

Im Geltungsbereich des **Betriebsverfassungsgesetzes** kann sich die Übertragung einer höher oder niedriger zu bewertenden Tätigkeit als Versetzung (Zuweisung eines anderen Arbeitsbereiches) i.S.d. § 95 Abs. 3 BetrVG darstellen.

16 Eine arbeitsgerichtliche **Eingruppierungsklage** hat die Bezahlung nach einer bestimmten Vergütungsgruppe zum Gegenstand, nicht die Eingruppierung selbst, die sich automatisch ergibt (Rn. 4). Es ist daher in der Regel ein **Leistungsantrag** zu stellen, insbesondere wenn es sich um zeitlich begrenzte Ansprüche handelt. Wird die Bezahlung einer bestimmten Vergütungsgruppe für eine unbestimmte Zukunft verlangt, so ist es im Bereich des öffentlichen Dienstes möglich, dieses Ziel mit einer entsprechenden

Festsstellungsklage zu verfolgen, weil zu erwarten ist, dass der öffentliche Arbeitgeber die Leistungen auch auf Grund eines Feststellungsurteils erbringt, ohne dass es einer weiteren Leistungsklage bedarf (BAG, AP Nr. 52 zu §§ 22, 23 BAT 1975). Dies ist auch aus prozessökonomischen Gründen sinnvoll, da eine fortlaufende Erweiterung der Klage in diesem Fall unterbleiben kann und eine konkrete Berechnung der Forderung nicht erforderlich ist.

Eine Eingruppierungsfeststellungsklage gegen einen Arbeitgeber des öffentlichen Dienstes bleibt trotz Beendigung des Arbeitsverhältnisses während des Rechtsstreits zulässig, wenn es um die Klärung geht, ob dem Arbeitnehmer für den Streitzeitraum eine höhere als die gezahlte Vergütung zu zahlen ist oder wenn die alsbaldige Feststellung aus anderen Gründen geboten ist (BAG vom 5.11.2003 – 4 AZR 632/02, ZTR 2004, 305 ff.).

Verzugszinsen sollen nach der Rechtsprechung des BAG nicht geltend gemacht werden können, da wegen der Komplexität des Eingruppierungsrechts regelmäßig kein Verschulden des Arbeitgebers vorliege (BAG, AP Nr. 49 zu §§ 22, 23 BAT 1975; BAG vom 11.6.1997 – 10 AZR 613/96, ZTR 1997, 512 f.). Diese Begründung überzeugt keineswegs, weil das Verschulden des § 285 BGB Verhaltensweisen beinhaltet, die der Schuldner zu vertreten hat (so auch der ausdrückliche Wortlaut des § 285 BGB). Ein fahrlässiges oder vorsätzliches Verhalten ist darüber hinaus nicht gefordert. Allerdings lässt das BAG zumindest die Geltendmachung von Prozesszinsen zu (BAG, AP Nr. 49 zu §§ 22, 23 BAT 1975).

Der Angestellte hat die **Darlegungs- und Beweislast** für das Vorliegen der tariflichen Voraussetzungen für die Eingruppierung. Wegen der Bindungswirkung der Mitteilung nach Art. 2 Abs. 2 lit. c RL 91/533/EWG muss sich der Arbeitgeber des öffentlichen Dienstes im Falle einer **korrigierenden Herabgruppierung** (Rn. 14) an die dem Arbeitnehmer mitgeteilte Wertigkeit der Stelle jedoch so lange festhalten lassen, wie er diesem nicht – etwa in Form einer Arbeitsplatzbewertung – schlüssig darlegt, dass er ihn irrtümlich fehlerhaft eingestuft oder dass sich die Wertigkeit der Tätigkeit im Laufe der Zeit oder durch Tarifänderung vermindert hat (LAG Hamm, EzBAT § 23 a BAT Bewährungsaufstieg Nr. 33). Der Arbeitgeber muss entweder einen Rechtsirrtum darlegen oder substantiiert die Tatsachen vortragen, die eine fehlerhafte Eingruppierung des Arbeitnehmers begründen. Ein bloßer Hinweis auf die erfolgte Überprüfung der Stellenbewertung genügt nicht (BAG vom 28.5.1997 – 10 AZR 383/95, ZTR 1997, 457 f.; vom 8.10.1997 – 4 AZR 167/96, ZTR 1998, 31 f. und vom 18.2.1998 – 4 AZR 581/96, AuR 1998, 333). 16a

Der Arbeitgeber hat im Einzelnen vorzutragen, warum und inwieweit seine bisherige Bewertung der Tätigkeit fehlerhaft gewesen ist und deshalb die Eingruppierung korrigiert werden muss. Für die gerichtliche Nachprüfung muss nachvollziehbar sein, dass und inwieweit sich der Arbeitgeber bei der ursprünglichen Stellenbewertung geirrt hat. Dazu bedarf es einer

§ 13 TVöD

nachvollziehbaren Erläuterung der ursprünglichen und jetzigen Stellenbewertung (BAG vom 22.3.2000 – 4 AZR 116/99, ZTR 2000, 465 ff.; mit ausdrücklichem Hinweis auf das Urteil des 10. Senats vom 11.6.1997 – 10 AZR 724/95, ZTR 1998, 29). Der Arbeitgeber hat die objektive Fehlerhaftigkeit der mitgeteilten Vergütungsgruppe, d.h. die fehlerhafte Bewertung der Tätigkeit im tariflichen Vergütungsgefüge, und die dieser korrigierenden Bewertung zugrundeliegenden Tatsachen darzulegen und, so sie hinreichend bestritten werden, zu beweisen. Da die vom Arbeitgeber darzulegende Fehlerhaftigkeit der mitgeteilten Eingruppierung bereits gegeben ist, wenn auch nur eine der tariflichen Voraussetzungen für die bisherige Eingruppierung fehlt, muss der Arbeitgeber nicht notwendigerweise zu allen Voraussetzungen vortragen. Er erfüllt seine Darlegungslast bereits dann, wenn sich aus seinem Vorbringen einschließlich des unstreitigen Sachverhaltes ergibt, dass jedenfalls wegen einer der tariflichen Voraussetzungen die mitgeteilte Eingruppierung nicht zutreffend war (BAG vom 16.2.2000 – 4 AZR 62/99, n.v.; vom 17.5.2000 – 4 AZR 232/99, ZTR 2001, 365 ff.).

Die Grundsätze zur Darlegungslast des Arbeitgebers bei der korrigierenden Rückgruppierung gelten auch für den Fall der Verweigerung des Zeit- bzw. Bewährungsaufstieges, soweit die Mitteilung des Arbeitgebers die für den Zeit- bzw. Bewährungsaufstieg maßgebliche Vergütungs- bzw. Fallgruppe bezeichnet. Die vertragliche Vereinbarung einer übertariflichen im Sinne von tariflich nicht geschuldeten Vergütung beinhaltet nicht notwendig die vertragliche Zusicherung eines Bewährungs- bzw. Zeitaufstieges aus dieser Vergütungsgruppe (BAG vom 26.4.2000 – 4 AZR 157/99, ZTR 2001, 317 ff.).

In der Regel hat aber der Angestellte die auszuübende Tätigkeit sehr detailliert zu schildern, so dass eine Bewertung der einzelnen Arbeitsvorgänge möglich ist. Tagebuchartige Aufzeichnungen werden demgegenüber nicht gefordert (BAG, AP Nr. 36 zu §§ 22, 23 BAT 1975). Wiederholen sich Arbeitsabläufe mit unterschiedlichen Inhalten oder in unterschiedlicher Form, so sind die typischen Arbeitsschritte des betreffenden Arbeitsvorgangs so konkret zu schildern, dass eine Subsumtion unter die häufig unbestimmten Rechtsbegriffe der einzelnen Anforderungen möglich wird.

Soweit der Vortrag des Angestellten schlüssig ist, ist es dem Arbeitgeber verwehrt, substantiierte Tatsachenschilderungen des Arbeitnehmers im Eingruppierungsprozess einfach (mit Nichtwissen) zu bestreiten, da er die auszuübende Tätigkeit übertragen hat (vgl. § 138 Abs. 4 ZPO). Nur mit einer gleichermaßen substantiierten, gegenteiligen Sachverhaltsschilderung liegt ein im prozessualen Sinne erhebliches Bestreiten vor, woraufhin der Angestellte seine behaupteten Tatsachen beweisen muss (wegen der Einzelheiten der Eingruppierungsklage vgl. PK-BAT-Wolf, § 22 Rn. 116 ff.).

Häufig wird es darüber hinaus nützlich sein, die Einordnung der Stelle des Angestellten in einem Organisations- oder Geschäftsverteilungsplan zu

TVöD § 13

verdeutlichen, auch wenn der Hinweis auf die Eingruppierung anderer, vermeintlich vergleichbarer Angestellter eingruppierungsrechtlich unbedeutsam ist; denn der Angestellte kann sich in diesem Zusammenhang nicht auf Gleichbehandlung berufen oder z. b. darauf, dass ihm Angestellte unterstehen, die gleichermaßen eingruppiert sind.

Bestehen persönliche Anforderungen, so bedarf es in aller Regel der Darstellung der schulischen und beruflichen Ausbildung, der Fort- und Weiterbildung, des beruflichen Werdegangs unter Beifügung der Qualifikationsnachweise etc.

Schwierigkeiten bereitet häufig die Quantifizierung der Arbeitsvorgänge, da kaum eine Tätigkeit gleichmäßig ausfällt. Dennoch kann auf die Angabe von Zeitanteilen nicht verzichtet werden. Ein hierzu schlüssiger Vortrag liegt bereits dann vor, wenn die Zeitanteile unter Angabe der hierzu maßgeblichen Umstände nachvollziehbar geschätzt werden.

Enthält ein Tätigkeitsmerkmal eine Anforderung, die das Erfordernis bestimmter Fachkenntnisse zum Gegenstand hat (z.B. abgeschlossene wissenschaftliche Hochschulbildung, umfassende oder vielseitige Fachkenntnisse etc.), so hat der Angestellte nicht nur die Tätigkeit selbst zu schildern, sondern auch an Hand von Tatsachen zu erläutern, warum diese Fachkenntnisse benötigt werden. Zur Darstellung der erforderlichen vielseitigen Fachkenntnisse genügt es nicht, lediglich die benötigten Gesetze und Verordnungen aufzuzählen (ArbG Koblenz vom 14.12.1995 – 11 Ca 857/94, n. rk.).

Dagegen ist die Bildung der Arbeitsvorgänge und deren Bewertung allein Sache des Gerichts.

Zum Zwecke des Beweises dienen weder Arbeitsplatzbeschreibungen, die in der öffentlichen Verwaltung verwendet werden, noch Stellenpläne, die eine bestimmte Vergütungsgruppe für eine bestimmte Stelle bezeichnen, da es sich um keine öffentlichen Urkunden i.S.d. § 415 ZPO handelt (s. hierzu auch BAG, AP Nrn. 67, 68 zu §§ 22, 23 BAT 1975).

Bei einer arbeitsvertraglichen Vereinbarung kann nicht ausschließlich auf die Interessen der einen Vertragspartei abgestellt werden, vielmehr muss nach §§ 133, 157 BGB das auch für einen Arbeitnehmer im öffentlichen Dienst bestehende originäre Interesse berücksichtigt werden, dass im Arbeitsvertrag die Höhe der Vergütung und die Arbeitsbedingungen festgelegt werden, wobei die Angabe der Vergütungsgruppe in der Regel für den Arbeitnehmer die Bedeutung haben wird, dass er eine Vergütung in der aus dem Tarifvertrag ablesbaren Höhe ohne Rücksicht auf für ihn nicht erkennbare Fehleinschätzungen des Arbeitgebers erhält. Dabei kann mit guten Gründen bezweifelt werden, dass dem Arbeitnehmer die Rechtsprechung des BAG und der Umstand, dass der Arbeitgeber regelmäßig nicht eine Vergütung nach der von ihm selbst im Arbeitsvertrag angegebenen Vergütungsgruppe zahlen will, sondern lediglich die tariflich zutreffende Vergütung, bekannt ist oder bekannt sein muss. Insoweit kommt es im

16b

§ 13 TVöD

Rechtsverkehr regelmäßig auf den Empfängerhorizont und darauf an, wie ein Arbeitnehmer die Vereinbarung einer bestimmten Vergütungsgruppe im Arbeitsvertrag mit Rücksicht auf die Verkehrssitte und nach Treu und Glauben zu verstehen hat, wobei in der Regel nicht erkennbare Vorbehalte der Gegenseite unbeachtlich bleiben. Nach langjähriger unbeanstandeter Vergütung nach der arbeitsvertraglichen Vergütungsgruppe verstößt eine korrigierende Rückgruppierung gegen **Treu und Glauben** (LAG Köln vom 29. 11. 2001 – 5 Sa 414/01, ZTR 2002, 125 ff.).

Mit der korrigierenden Eingruppierung geht unabhängig von den damit verbundenen finanziellen Nachteilen auch eine immaterielle Beeinträchtigung einher, weil die tarifliche Eingruppierung auch als allgemeiner Maßstab für den Wert der geleisteten Arbeit empfunden wird. Hat ein Arbeitgeber, auf den die Tarifverträge des öffentlichen Dienstes anwendbar sind, einen Arbeitnehmer mehr als 15 Jahre in dem Glauben gelassen, er sei in einer bestimmten Vergütungsgruppe des BAT zutreffend eingruppiert, und dies im Laufe der Zeit bei verschiedenen Anlässen nochmals ausdrücklich bestätigt, so verstößt eine später vorgenommene korrigierende Rückgruppierung wegen angeblichen Eingruppierungsirrtums gegen die Grundsätze des **Vertrauensschutzes** und damit gegen Treu und Glauben. Hat ein solcher Arbeitgeber einen Arbeitnehmer in der Vergangenheit mit dessen Zustimmung auf einen anderen Arbeitsplatz versetzt und ihm dabei ausdrücklich bestätigt, dass auch die neu zugewiesenen Tätigkeiten den Tarifmerkmalen seiner vorherigen Vergütungsgruppe entsprächen, so kommt eine spätere korrigierende Rückgruppierung schon deshalb nicht in Betracht, weil der Arbeitnehmer bei jetzt tatsächlich falscher Eingruppierung jedenfalls einen Anspruch auf Zuweisung solcher Tätigkeiten hätte, die der vor der Versetzung eingenommenen Vergütungsgruppe entsprächen (LAG Köln vom 12. 12. 2001 – 7 Sa 530/01, AuR 2002, 197.).

Wird in einem **Vergleich** eine **Vergütungsgruppe** vereinbart, handelt es sich im Zweifel um eine **vertragliche Zusicherung** der Bezahlung nach dieser Vergütungsgruppe. Eine tarifliche Korrektur der Eingruppierung kommt daher nicht in Betracht (BAG vom 15. 9. 2004 – 4 AZR 9/04, NJW 2005, 524 ff.).

17 Eine **Änderungskündigung** zum Herstellen der zutreffenden tariflichen Eingruppierung ist nach Meinung des 4. Senats des BAG im Allgemeinen sozial gerechtfertigt (BAG vom 9. 7. 1997 – 4 AZR 635/95, ZTR 1998, 175 ff.). Denn ein Arbeitgeber, der alle seine Arbeitnehmer grundsätzlich nach Tarif bezahlt, habe die Möglichkeit, eine unbewusst und zu Unrecht erfolgte oder bestehende Höhergruppierung auf das tarifgerechte Maß zurückzuführen. Dies folge schon daraus, dass die ungerechtfertigte Höhergruppierung eines einzelnen Arbeitnehmers zu Missstimmungen bei den anderen Arbeitnehmern führe, besonders bei denjenigen, die gleichwertige, aber niedriger bezahlte Arbeit zu verrichten haben. Der Arbeitgeber dürfe daher eine einheitliche Ausrichtung aller Vergütungen nach dem Tarif anstreben, ohne damit den Grundsatz zu verletzen, dass Tariflöhne Mindestlöhne sind.

§ 23 BAT
Eingruppierung in besonderen Fällen

Ist dem Angestellten eine andere, höherwertige Tätigkeit nicht übertragen worden, hat sich aber die ihm übertragene Tätigkeit (§ 22 Abs. 2 Unterabs. 1) nicht nur vorübergehend derart geändert, dass sie den Tätigkeitsmerkmalen einer höheren als seiner bisherigen Vergütungsgruppe entspricht (§ 22 Abs. 2 Unterabs. 2 bis 5), und hat der Angestellte die höherwertige Tätigkeit ununterbrochen sechs Monate lang ausgeübt, ist er mit Beginn des darauffolgenden Kalendermonats in der höheren Vergütungsgruppe eingruppiert. Für die zurückliegenden sechs Kalendermonate gilt § 24 Abs. 1 sinngemäß.

Ist die Zeit der Ausübung der höherwertigen Tätigkeit durch Urlaub, Arbeitsbefreiung, Arbeitsunfähigkeit, Kur- oder Heilverfahren oder Vorbereitung auf eine Fachprüfung für die Dauer von insgesamt nicht mehr als sechs Wochen unterbrochen worden, wird die Unterbrechungszeit in die Frist von sechs Monaten eingerechnet. Bei einer längeren Unterbrechung oder bei einer Unterbrechung aus anderen Gründen beginnt die Frist nach der Beendigung der Unterbrechung von neuem.

Wird dem Angestellten vor Ablauf der sechs Monate wieder eine Tätigkeit zugewiesen, die den Tätigkeitsmerkmalen seiner bisherigen Vergütungsgruppe entspricht, gilt § 24 Abs. 1 sinngemäß.

Die Eingruppierung richtet sich u.a. nach der auszuübenden Tätigkeit (§ 22 Abs. 2 Unterabs. 1 BAT; vgl. die dortige Rn. 7). Demgegenüber verwendet § 23 Abs. 1 Satz 1 BAT den Begriff der »**übertragenen Tätigkeit**« und erweckt durch den Klammerzusatz den Eindruck, als handele es sich hier um den gleichen Begriff. Dagegen ist die übertragene Tätigkeit ein Unterfall der auszuübenden Tätigkeit, nämlich deren Konkretisierung durch das Direktionsrecht des Arbeitgebers. Die übertragene Tätigkeit stellt daher möglicherweise nur eine Variante der auszuübenden Tätigkeit dar. 1

§ 23 BAT befasst sich mit der Frage, welche eingruppierungsrechtlichen Konsequenzen es hat, wenn sich die durch das Weisungsrecht des Arbeitgebers übertragene Tätigkeit ändert, ohne dass eine entsprechende ausdrückliche oder konkludente Anordnung des Arbeitgebers erfolgt ist. Da die auszuübende Tätigkeit einvernehmlich und formfrei (vgl. § 4 Rn. 1 ff.) auch durch schlüssiges Verhalten beider Vertragsteile verändert werden kann und sich die Eingruppierung in diesem Falle allein nach der Grundnorm des § 22 BAT richtet, kommen hier nur **objektive Umstände** in Betracht, die **von dem Willen der Vertragsparteien unabhängig** eintreten. § 23 BAT kommt daher weder zur Anwendung, wenn der Arbeitgeber dem Angestellten ein verändertes Aufgabengebiet überträgt, noch wenn der Angestellte sich selbst zusätzliche Aufgaben aneignet. 2

Soweit es sich hierbei um Umstände handelt, die durch **organisatorische Maßnahmen des Arbeitgebers** unmittelbar bewirkt sind, ist von der Übertragung einer entsprechenden Tätigkeit auszugehen, und es ist ausschließlich § 22 BAT anzuwenden. Deshalb ist es kein Fall des § 23 BAT, wenn die Arbeitsaufgabe, die bislang auf zwei Angestellte verteilt war, auf einen verdichtet wird (a.A. PK-BAT-Wolf, § 23 Rn. 3, 4). Denn Zweck der Vorschrift ist es, nur bei objektiven, vom Willen des Arbeitgebers weitestgehend unabhängigen Veränderungen diesem zu ermöglichen, durch eine andere Geschäftsverteilung innerhalb des 6-Monats-Zeitraums eine Beibehaltung der bisherigen Eingruppierung zu bewirken.

Die **Ausdehnung** des Aufgabengebiets **durch den Angestellten selbst** kann nur dann zu einer anderen tariflichen Bewertung führen, wenn es mit Wissen und Wollen des Arbeitgebers geschieht, dieser den Aufgabenzuwachs also ausdrücklich billigt oder bewusst duldet.

§ 23 BAT stellt nur auf die **Veränderung der Tätigkeit** ab, nicht dagegen auf die Veränderung der **persönlichen Voraussetzungen**. Erfüllt der Angestellte z.b. durch eine Abschlussprüfung nunmehr die subjektiven Anforderungen einer höheren Vergütungsgruppe, so ist eine Höhergruppierung nach § 22 vorzunehmen, wenn die übrigen Voraussetzungen erfüllt sind.

3 Als **objektive Veränderungen** der Tätigkeit kommen insbesondere in Betracht: die Veränderung der Arbeitsvorgänge selbst, also z.b. eine Steigerung der qualitativen oder quantitativen Anforderungen, die Veränderung der Zeitanteile der Arbeitsvorgänge zueinander, die Veränderung des erforderlichen Fachwissens.

Steigern sich im Laufe der Zeit die **allgemeinen Anforderungen** an die Berufstätigkeit eines Arbeitnehmers und lassen die Tarifvertragsparteien die Eingruppierungsmerkmale gleichwohl unberührt, so sind die Gerichte für Arbeitssachen nicht befugt, den Tarifvertrag korrigierend auszulegen (BAG, EzBAT §§ 22, 23 A. Allgemein Nr. 41). Solange sich eine derartige Steigerung qualitativer oder quantitativer Art in den Grenzen eines Tätigkeitsmerkmales bewegt, bleibt es bei der bisherigen Eingruppierung.

4 Es darf sich um keine nur **vorübergehende Veränderung** handeln (vgl. hierzu § 22 BAT Rn. 6). Erkrankt z.b. ein höher eingruppierter Angestellter für lange Zeit und müssen dessen Aufgaben von dem Angestellten mit übernommen werden, ohne dass eine entsprechende Übertragung vorliegt, so ist es offensichtlich, dass diese Tätigkeiten nicht auf Dauer anwachsen (so - auch PK-BAT-Wolf, § 23 Rn. 6).

Der Angestellte wird nur dann höhergruppiert, wenn die höherwertige Tätigkeit ununterbrochen **sechs Monate** von ihm **ausgeübt** wurde. Unterbrechungszeiten von nicht mehr als sechs Wochen durch Urlaub, Arbeitsbefreiung, Arbeitsunfähigkeit, Kur oder Heilverfahren oder Vorbereitung auf eine Fachprüfung hemmen den Fristablauf nicht. Mehrere kurzzeitige Unterbrechungszeiten aus diesen Gründen sind allerdings zu addieren. Die Fristberechnungen haben nach §§ 187 Abs. 2, 188 Abs. 2 BGB zu erfolgen, da die Frist an demjenigen Tage beginnt, an dem die höherwertige Tätigkeit ausgeübt wird. § 193 BGB findet keine Anwendung, weil am letzten Tage der Frist keine Handlung zu bewirken ist.

Beispiel:
Hat der Angestellte die höherwertigen Tätigkeiten seit dem 1. Februar ausgeübt, endet die Frist am 31. Juli und die Höhergruppierung hat am 1. August zu erfolgen.

Wird der 6-Monats-Zeitraum nicht erreicht, so ist § 24 Abs. 1 BAT a. F. mit der Maßgabe entsprechend anwendbar, dass auf die Übertragung der Tätigkeit verzichtet wird.

Eine objektive angewachsene höherwertige Tätigkeit kann der Arbeitgeber dem Angestellten grundsätzlich innerhalb des 6-Monats-Zeitraums wieder entziehen (BAG, AP Nr. 61 zu §§ 22, 23 BAT). Dagegen verbietet es sich, eine sechs Monate bereits ausgeübte Tätigkeit rückwirkend zu einer vorübergehend auszuübenden Tätigkeit zu erklären (BAG, a. a. O.). Der **Entzug der höherwertigen Tätigkeit** ist nur möglich, wenn er der Billigkeit entspricht. Auch hier findet § 315 BGB Anwendung (vgl. hierzu § 41 BT-Verwaltung Rn. 13 ff.). Umfang und Grenzen einer solchen Billigkeitserwägung können nur im Einzelfall beurteilt werden.

Die Höhergruppierung auf Grund des objektiven Anwachsens einer höherwertigen Tätigkeit unterliegt nicht der Mitbestimmung des **Personalrats** (BAG, AP Nr. 49 zu §§ 22, 23 BAT 1975). Gleiches gilt für das Anwachsen der auszuübenden Tätigkeit selbst (BAG, AP Nr. 52 zu §§ 22, 23 BAT 1975). Dagegen ist der Entzug der angewachsenen Aufgabe mitbestimmungspflichtig.

Die Vorschriften über den **Bewährungs- und Fallgruppenaufstieg** gelten seit dem 1. Oktober 2005 nicht mehr, sind aber noch für das Überleitungsrecht von Bedeutung (vgl. TVÜ IV 6):

§ 23a BAT
Bewährungsaufstieg im Bereich des Bundes und im Bereich der Tarifgemeinschaft deutscher Länder

Der Angestellte, der ein in der Anlage 1a mit dem Hinweiszeichen * gekennzeichnetes Tätigkeitsmerkmal erfüllt, ist nach Erfüllung der vorgeschriebenen Bewährungszeit höhergruppiert. Für die Erfüllung der Bewährungszeit gilt Folgendes:

1. Das Erfordernis der Bewährung ist erfüllt, wenn der Angestellte während der vorgeschriebenen Bewährungszeit sich den in der ihm übertragenen Tätigkeit auftretenden Anforderungen gewachsen gezeigt hat. Maßgebend ist hierbei die Tätigkeit, die der Vergütungsgruppe entspricht, in der der Angestellte eingruppiert ist.

2. In den Fällen des § 23 beginnt die Bewährungszeit in der Vergütungsgruppe, aus der der Angestellte im Wege des Bewährungsaufstiegs aufrücken kann, an dem Tage, von dem an er auf Grund dieser Vorschrift in dieser Vergütungsgruppe eingruppiert ist.

§ 13 TVöD

3. *Die vorgeschriebene Bewährungszeit braucht nicht bei demselben Arbeitgeber zurückgelegt zu sein. Sie kann auch zurückgelegt sein bei*

   a) *anderen Arbeitgebern, die vom BAT/BAT-O erfasst werden,*

   b) *Körperschaften, Anstalten oder Stiftungen des öffentlichen Rechts, die den BAT/BAT-O oder einen Tarifvertrag wesentlich gleichen Inhalts anwenden.*

   Maßgebend dafür, ob die in Buchstaben a und b genannten Arbeitgeber vom BAT/BAT-O erfasst werden bzw. einen Tarifvertrag wesentlich gleichen Inhalts anwenden, ist der Einstellungstag des Angestellten.

4. *Die Bewährungszeit muss ununterbrochen zurückgelegt sein. Unterbrechungen von jeweils bis zu sechs Monaten sind unschädlich; unabhängig hiervon sind ferner unschädlich Unterbrechungen wegen*

   a) *Ableistung des Grundwehrdienstes oder des Zivildienstes,*

   b) *Arbeitsunfähigkeit im Sinne des § 37 Abs. 1,*

   c) *der Schutzfristen nach dem Mutterschutzgesetz,*

   d) *Elternzeit nach dem Bundeserziehungsgeldgesetz und sonstiger Beurlaubung zur Kinderbetreuung bis zu insgesamt fünf Jahren,*

   e) *einer vom Wehrdienst befreienden Tätigkeit als Entwicklungshelfer bis zu zwei Jahren.*

   Die Zeiten der Unterbrechung, mit Ausnahme

   a) *eines Urlaubs nach den §§ 47 bis 49 und nach dem SGB IX,*

   b) *eines Sonderurlaubs nach § 50 Abs. 1 in der bis zum 31. August 1995 geltenden Fassung,*

   c) *einer Arbeitsbefreiung nach § 29,*

   d) *einer Arbeitsunfähigkeit im Sinne des § 37 Abs. 1 bis zu 26 Wochen, in den Fällen des § 37 Abs. 4 Unterabs. 3 bis zu 28 Wochen,*

   e) *der Schutzfristen nach dem Mutterschutzgesetz*

   werden auf die Bewährungszeit jedoch nicht angerechnet.

5. *Auf die vorgeschriebene Bewährungszeit werden unter den Voraussetzungen der Nr. 4 die Zeiten angerechnet, während derer der Angestellte*

   a) *in einer höheren Vergütungsgruppe eingruppiert war,*

   b) *die Tätigkeitsmerkmale einer höheren Vergütungsgruppe erfüllt hatte, aber noch in der Vergütungsgruppe eingruppiert war, aus der er im Wege des Bewährungsaufstiegs aufrücken kann,*

   c) *noch nicht in der Vergütungsgruppe eingruppiert war, aus der er im Wege des Bewährungsaufstiegs aufrückt, während derer er aber die Tätigkeitsmerkmale dieser oder einer höheren Vergütungsgruppe erfüllt und hierfür eine Zulage nach § 24 erhalten hat.*

6. *Bewährungszeiten, in denen der Angestellte mit einer kürzeren als der regelmäßigen wöchentlichen Arbeitszeit eines entsprechenden vollbeschäftigten Angestellten beschäftigt war, werden voll angerechnet.*

7. *Erfüllt der Angestellte, der im Wege des Bewährungsaufstiegs in der Vergütungsgruppe VII eingruppiert ist, später ein anderes Tätigkeitsmerkmal dieser Vergütungsgruppe, so beginnt die Bewährungszeit in dieser Vergütungsgruppe oder eine sonstige für eine Höhergruppierung maßgebliche Zeit zu dem Zeitpunkt, von dem an er auf Grund der ausgeübten Tätigkeit in dieser Vergütungsgruppe eingruppiert gewesen wäre. Dieser Zeitpunkt ist auf Antrag der Angestellten festzuhalten.*

8. *Der Anspruch auf Eingruppierung in eine bestimmte Vergütungsgruppe im Wege des Bewährungsaufstiegs besteht auch für ein neues Arbeitsverhältnis. Dies gilt nicht, wenn die Beschäftigung bei demselben Arbeitgeber oder bei den in Nr. 3 Satz 2 genannten Arbeitgebern für den Bewährungsaufstieg*

    a) *in die Vergütungsgruppe VII um länger als drei zusammenhängende Jahre,*

    b) *in die Vergütungsgruppen VI b, IV b und I b um länger als fünf zusammenhängende Jahre,*

unterbrochen war.

Die Vorschrift galt ausschließlich für den **Bereich des Bundes** und für die Länder. Er hat die Höhergruppierung des Angestellten nach Ablauf einer Bewährungszeit zum Gegenstand. Auch hier handelt es sich nicht um eine nach dem Ermessen des Arbeitgebers zu gewährende Leistung, sondern die Höhergruppierung tritt automatisch ein, wenn die Voraussetzungen des § 23 a BAT i.V.m. der Vergütungsordnung erfüllt sind (vgl. hierzu § 22 BAT Rn. 4.). 1

§ 23 a BAT kommt immer nur in denjenigen Fällen zur Anwendung, in denen ein Tätigkeitsmerkmal der Vergütungsordnung mit dem **Hinweiszeichen** * gekennzeichnet ist. Derartige Hinweiszeichen befinden sich insbesondere im allgemeinen Teil der Anlage 1 a (Bund/Länder) in den Vergütungsgruppen II a, V a, V b, VII und VIII.

Zu unterscheiden ist der **Bewährungsaufstieg** vom **Fallgruppenaufstieg** des § 23 b BAT. Der Fallgruppenaufstieg ist immer dann möglich, wenn in einem Tätigkeitsmerkmal ausdrücklich der Bewährungsaufstieg aus einer bestimmten Fallgruppe zugelassen wird. In diesem Falle sind die Vorschriften des § 23 a BAT nur eingeschränkt anwendbar (vgl. § 23 b BAT Rn. 2).

Die dritte Variante stellt der **Tätigkeitsaufstieg** (oder **Zeitaufstieg**) dar. Hier ist die Höhergruppierung nur davon abhängig, dass eine bestimmte Zeit in einer bestimmten Fallgruppe einer Vergütungsgruppe verbracht worden ist (vgl. hierzu § 23 b BAT Rn. 3).

§ 13 TVöD

Im Bereich der **VKA** sind nur der Fallgruppenaufstieg und der Tätigkeitsaufstieg bekannt, so dass § 23 a BAT hier keine unmittelbare Bedeutung hat.

2 Voraussetzung für den Bewährungsaufstieg ist zunächst, dass das **Tätigkeitsmerkmal** derjenigen Vergütungsgruppe, aus der der Aufstieg erfolgen soll, **erfüllt** ist. Hierfür ist nicht allein entscheidend, ob der Angestellte in diese Vergütungsgruppe eingruppiert war. Erweist sich die Eingruppierung im Zusammenhang mit dem Bewährungsaufstieg als unzutreffend, findet der Bewährungsaufstieg nicht statt. Auch in diesem Fall hat der Angestellte die Darlegungs- und Beweislast dafür, dass er zutreffend eingruppiert war und dass er das Tätigkeitsmerkmal der Aufstiegsgruppe erfüllt (ständige Rechtsprechung; vgl. hierzu § 22 BAT Rn. 16). Nach zutreffender Auffassung des LAG Hamm (Urteile vom 2.7.1998 – 4 AZR 2086/94, ZTR 1999, 75f. und 4 Sa 339/96, ZTR 1998, 512f., jeweils Revision zugelassen) muss sich der Arbeitgeber des öffentlichen Dienstes aber an der dem Arbeitnehmer mitgeteilten Wertigkeit der Stelle solange festhalten lassen, bis er diesem – nicht etwa in Form einer Arbeitsplatzbewertung – schlüssig darlegt, dass er ihn irrtümlich fehlerhaft eingestuft oder dass sich die Wertigkeit der Tätigkeit im Laufe der Zeit durch Tarifänderung verändert hat; dies folge aus § 5 Abs. 2 Satz 2 Nr. 5 NachwG.

Andererseits ist auch in diesem Zusammenhang auf die auszuübende und nicht auf die tatsächlich ausgeübte Tätigkeit abzustellen. Kann der Angestellte darlegen und ggf. beweisen, dass er zu niedrig eingruppiert war, weil die auszuübende Tätigkeit einer Bewährungsaufstiegsfallgruppe einer höheren Vergütungsgruppe entsprach und ist die Bewährungszeit bereits abgelaufen, so kann dem Angestellten nicht entgegengehalten werden, er habe sich in dieser Fallgruppe nicht bewährt. Daher ist es ohne Belang, dass der Angestellte seine Höhergruppierung nicht früher verlangt hat, da die Eingruppierung selbst nicht der tariflichen Ausschlussfrist unterliegt (§ 37 Rn. 7). Eine tariflich unterwertige Tätigkeit wird auf die Bewährungszeit für einen Fallgruppenbewährungsaufstieg nicht angerechnet, wenn dem Angestellten diese Tätigkeit mit seinem Einverständnis übertragen worden ist und ihm die mögliche tarifliche Unterwertigkeit der Tätigkeit bekannt war (BAG vom 30.5.2001 – 4 AZR 270/00, ZTR 2002, 182ff.).

Eine **Anwartschaft** entsteht durch die Teilnahme am Bewährungsaufstieg nicht. Die Tarifvertragsparteien sind nicht gehindert, die Eingruppierungsmerkmale auch zum Nachteil der Arbeitnehmer zu ändern. Wird ein Bewährungsaufstieg in eine höhere Vergütungsgruppe beseitigt, so werden Verfassungsgrundsätze nicht berührt, wenn solchen Angestellten kein Besitzstand eingeräumt wird, die die früher notwendige Zeit teilweise zurückgelegt haben. Sie haben noch keine Anwartschaft als aufschiebend bedingten Anspruch auf höhere Vergütung erworben (BAG, EzBAT § 23 a Rückwirkung Nr. 4).

Auch wenn die Bezahlung nach einer bestimmten Vergütungsgruppe unstreitig ist, besteht häufig Streit darüber, welcher Fallgruppe die Tätigkeit des Angestellten zuzuordnen ist. Die Frage, ob die **Fallgruppe im Arbeitsvertrag** nach § 22 Abs. 3 BAT anzugeben ist, ist umstritten. Im Hinblick auf das Nachweisgesetz und die EG-Nachweisrichtlinie (§ 22 BAT Rn. 14) wird man dies fordern müssen. Ferner ist umstritten, ob sich das Mitbestimmungsrecht der Personal- und Betriebsräte auch auf die Zuordnung zu einer bestimmten Fallgruppe bezieht. Für das Personalvertretungsgesetz Nordrhein-Westfalen ist dies klargestellt (vgl. hierzu § 72 Abs. 1 Nr. 4 LPVG NW). Tariflich hat dies deshalb keine besondere Bedeutung, weil der Angestellte die tariflichen Voraussetzungen für den Bewährungsaufstieg auch dann darzulegen und zu beweisen hat, wenn die Fallgruppe im Arbeitsvertrag angegeben ist oder wenn Personal- oder Betriebsrat der Eingruppierung unter Bezeichnung einer bestimmten Fallgruppe zugestimmt hat. Dies gilt zumindest für die Vergütungsseite. Möglich ist es dagegen, dass sich aus der Bezeichnung einer bestimmten Fallgruppe ein entsprechender Beschäftigungsanspruch ergibt, woraus sich die auszuübende Tätigkeit herleitet (vgl. hierzu § 41 BT-Verwaltung Rn. 17).

Eine **einzelvertragliche Vereinbarung**, die dem Angestellten die Teilnahme am Bewährungsaufstieg außertariflich zusichert, soll nach Auffassung des BAG nur dann wirksam sein, wenn die Vereinbarung nach § 2 Abs. 3 schriftlich abgeschlossen ist (BAG, AP Nr. 101 zu §§ 22, 23 BAT). Dies überzeugt nicht, weil die Teilnahme am Bewährungsaufstieg ausschließlich vergütungsrechtliche Konsequenzen hat, so dass nur die Hauptpflicht des Arbeitgebers auf Zahlung des Gehaltes betroffen ist (vgl. hierzu § 2 Rn. 1).

Die zweite und letzte Voraussetzung für den Bewährungsaufstieg ist die Erfüllung der **Bewährungszeit**. § 23 a Nr. 1 BAT befasst sich mit dem Begriff der Bewährung. Der Angestellte muss sich in der vorgeschriebenen Bewährungszeit den in der ihm übertragenen Tätigkeit auftretenden Anforderungen gewachsen gezeigt haben. Für die übertragene Tätigkeit ist nach Nr. 1 Satz 2 diejenige maßgebend, die der Vergütungsgruppe entspricht, in der der Angestellte eingruppiert ist (Rn. 2). 3

Die Frage, ob sich der Angestellte den **Anforderungen** der auszuübenden Tätigkeit **gewachsen** gezeigt hat, ist nach objektiven oder subjektiven Kriterien zu beurteilen. Liegen die objektiven Voraussetzungen hierfür vor, kommt es auf die subjektiven nicht an und umgekehrt. Da der Angestellte auch diesbezüglich die Darlegungs- und Beweislast hat, müsste er, wenn er sich auf die **objektiven Kriterien der Bewährung** beruft, seine Tätigkeit für die gesamte Dauer der Bewährungszeit so konkret schildern; dass für einen außenstehenden Dritten hieraus der Schluss gezogen werden kann, er habe sich den Anforderungen gewachsen gezeigt. Hiervon ist der Angestellte jedoch dann befreit, wenn das Arbeitsverhältnis in dieser Zeit zu keinen bedeutsamen **subjektiven Beanstandungen** des Arbeitgebers geführt hat. Dies ist regelmäßig der Fall, wenn der Angestellte während der Laufzeit des Bewährungsaufstieges weder verwarnt noch ermahnt wurde bzw. keinen sonstigen negativen Hinweis, bezogen auf die Ausübung der Tätigkeit, erfahren hat (so auch LAG Hamm vom 2.7.1998 – 4 Sa 339/96, AuR 4

§ 13 TVöD

1998, 332; LAG Düsseldorf vom 26.3.1981 – 14 Sa 1486/80, n.v.; PK-BAT-Wolf, §23 a Rn. 12).

Hat der Angestellte während der Bewährungszeit eine **Abmahnung**, bezogen auf seine Leistung, erhalten, so muss diese wiederum objektiv begründet gewesen sein. Hier trägt jedoch nicht der Arbeitgeber, sondern der Angestellte die Darlegungslast. Gleiches gilt bei einer mangelnden oder ungenügenden dienstlichen Beurteilung. Fällt eine dienstliche Beurteilung »ausreichend« aus und sind keine sonstigen Beanstandungen erkennbar, ist die Bewährung gegeben. Denn der Angestellte muss sich nicht »besonders« bewährt haben. Der Bewährung i.S.v. §23 a BAT stehen nur solche Verfehlungen des Arbeitnehmers entgegen, die unter Berücksichtigung seiner im Übrigen gezeigten Leistungen und der Dauer der nach dem BAT für einen Aufstieg jeweils erforderlichen Bewährungszeit nennenswert ins Gewicht fallen (BAG, EzBAT §23 a BAT Bewährungsaufstieg Nr. 25).

5 Die **Bewährungszeit beginnt** regelmäßig an dem Tag, an dem die auszuübende Tätigkeit der Aufstiegsfallgruppe zu übertragen war oder tatsächlich übertragen wurde. Eine Ausnahme hiervon formuliert Nr. 2 für die Fälle des Anwachsens einer höherwertigen Tätigkeit nach §23 BAT. In diesen Fällen beginnt die Bewährungszeit erst an dem Tage, an dem die hiernach vorgesehene Höhergruppierung vorzunehmen ist, so dass die entsprechend §24 BAT zu vergütende Arbeitszeit unberücksichtigt bleibt.

Die **Bewährungszeit endet** dementsprechend nach §188 Abs. 2, 2. Alternative BGB an dem vorhergehenden Monatstag, der seiner Zahl dem Anfangstage der Frist entspricht.

Beispiel:
Beginnt die dreijährige Bewährungszeit am 1.6.2005, so endet sie am 31.5.2008.

6 Bewährungszeiten sind alle Zeiten, die bei **demselben Arbeitgeber** zurückgelegt sind (Gegenschluss aus Nr. 3). Darüber hinaus kommen auch Bewährungszeiten bei allen **anderen Arbeitgebern** in Betracht, die vom BAT oder vom BAT-O erfasst werden (Nr. 3 a). Hier wird also auf die Tarifgebundenheit (vgl. §1 Rn. 10) des Arbeitgebers abgestellt. Es ist unerheblich, ob es sich um einen tarifgebundenen Arbeitgeber aus dem Bereich Bund/Länder oder VKA handelt.

Für den Bewährungsaufstieg sind nach §2 Nr. 1 des Änderungstarifvertrages Nr. 1 zum BAT-O auch Tätigkeiten zu berücksichtigen, die in die Zeit der DDR fielen. Das setzt beim Fallgruppenbewährungsaufstieg voraus, dass am 1.12.1991 Vordienstzeiten vorliegen, die die Merkmale der Vergütungsgruppe erfüllen, aus der im Wege der Bewährung der Aufstieg in die nächst höhere Vergütungsgruppe stattfinden soll. Eine generelle Zurückbeziehung des Bewährungsaufstieges auf Dienstzeiten, die nur in die Zeit der DDR fielen, findet nicht statt (BAG vom 14.4.1999 – 4 AZR 189/98, ZTR 1999, 516ff.).

Ferner sind Bewährungszeiten zu berücksichtigen, die bei Körperschaften, Anstalten und Stiftungen des öffentlichen Rechts zurückgelegt sind, die den BAT, den BAT-O oder einen **Tarifvertrag wesentlich gleichen Inhalts** anwenden. Gemeint sind hier die **öffentlichen juristischen Personen** nach § 89 BGB und die Religionsgesellschaften. Die dort abgeschlossenen Tarifverträge entsprechen dem BAT oder BAT-O fast ausschließlich. Es muss sich jedoch um einen Tarifvertrag handeln, so dass Arbeitsvertragsrichtlinien, auch wenn sie den gleichen Inhalt haben, in diesem Zusammenhang unberücksichtigt bleiben. Eine erweiternde Auslegung kommt nicht in Betracht (LAG Rheinland-Pfalz, EzBAT § 23 a Bewährungsaufstieg Nr. 30). Deshalb sind Bewährungszeiten, die bei der Nordelbischen Evangelischen Kirche und der Evangelischen Kirche Berlin-Brandenburg zurückgelegt worden sind, als Bewährungszeiten anzusehen, weil dort entsprechende Tarifverträge bestehen.

Nicht erforderlich ist, dass die bei den anderen Arbeitgebern bestehenden Tarifverträge gleiche oder ähnliche Tätigkeitsmerkmale aufweisen, da allein auf die auszuübende Tätigkeit, nicht auf die tatsächliche Eingruppierung abzustellen ist.

Ausgeschlossen sind somit alle privatrechtlich organisierten Arbeitgeber.

Ausländische Körperschaften, Anstalten oder Stiftungen des öffentlichen Rechts fallen grundsätzlich nicht unter Nr. 3 b BAT; meist wird auch kein vergleichbarer Tarifvertrag vorliegen (BAG, AP Nr. 11 zu § 23 a BAT; Nr. 7 zu §§ 22, 23 BAT Lehrer).

Durch einen Vorlagebeschluss zum EuGH hat das ArbG Hamburg (Beschluss vom 1.12.1995 – 3 Ca 230/95) allerdings die Frage aufgeworfen, ob im Rahmen des Fallgruppenaufstieges (Gleiches gilt für den Bewährungsaufstieg) nur Tätigkeiten innerhalb des öffentlichen Dienstes der Bundesrepublik Deutschland tariflich berücksichtigt werden können, während vergleichbare Tätigkeiten im öffentlichen Dienst eines **anderen EG-Staates** unberücksichtigt bleiben. Denn Art. 48 Abs. 2 EG-Vertrag untersagt eine auf der Staatsangehörigkeit beruhende unterschiedliche Handlung.

Für die Bewertung, ob Bewährungszeiten bei einem anderen Arbeitgeber nach Nr. 3 möglich sind, ist der **Einstellungstag** des Angestellten bei dem öffentlichen Arbeitgeber maßgeblich, bei dem der Bewährungsaufstieg verlangt wird.

Nach Nr. 4 muss die Bewährungszeit grundsätzlich **ununterbrochen** zurückgelegt sein; wobei Unterbrechungen von jeweils bis zu **sechs Monaten** durchweg **unschädlich** sind, aber den Lauf der Bewährungszeit grundsätzlich hemmen. Durch das Wort »jeweils« wird verdeutlicht, dass es sich um mehrfache Unterbrechungen handeln kann. Dauert jedoch eine Unterbrechung länger als sechs Monate und ist kein Ausnahmetatbestand gegeben, so beginnt die Bewährungszeit mit der Aufnahme der Tätigkeit erneut.

7

§ 13 TVöD

Von diesem Grundsatz enthält Nr. 4 zahlreiche **Ausnahmen**. Dabei wird unterschieden zwischen Unterbrechungen, die sowohl unschädlich als auch auf die Bewährungszeit anzurechnen sind, und solchen, die zwar unschädlich sind, aber den Lauf der Bewährungszeit hemmen.

Als Bewährungszeiten werden **angerechnet**:

a) alle Zeiten eines **Urlaubs**.

b) Zeiten eines Sonderurlaubs für die Wahrnehmung einer medizinischen Behandlungs- oder Heilmaßnahme **(Kur)** sind nunmehr in § 22 Abs. 1 Satz 3 geregelt (vgl. § 22 Rn. 13). Ist die Freistellung erfolgt, hemmt diese Zeit nicht den Ablauf der Bewährungsfrist. Ist eine Freistellung allerdings erforderlich geworden, so hängt diese davon ab, ob der 28-Wochen-Zeitraum der Nr. 4 Satz 3 Buchst. d im Kalenderjahr überschritten ist.

c) Alle Fälle der **Arbeitsbefreiung** nach § 29 berühren die Bewährungszeit nicht.

d) Zeiten einer **Arbeitsunfähigkeit** bis zu 26 Wochen pro Kalenderjahr, im Falle einer mindestens zweiwöchigen Kur bis zu 28 Wochen, sind ebenfalls unschädlich und anzurechnen. Die Vorschrift stellt zwar nicht ausdrücklich auf das Kalenderjahr ab. Aus den Vorschriften der §§ 37 und 71 BAT ergibt sich jedoch, dass dem Angestellten bis zu 26 Wochen Krankenbezüge oder Zuschüsse zum Krankengeld zustanden. Nach § 37 Abs. 5 Unterabs. 1 BAT ist dieser Anspruch auf das Kalenderjahr beschränkt. Besteht für die unter § 71 BAT fallenden Angestellten ein weitergehender Anspruch auf Krankenbezüge für ein Kalenderjahr, unterbleibt auch insofern die Hemmung der Bewährungszeit, weil die vorliegende Vorschrift offenbar nur Arbeitsunfähigkeitszeiten nicht anrechnen will, für die keine Geldleistungen vom Arbeitgeber zu erbringen sind.

e) Auch die **Schutzfristen** der §§ 3, 4, 6 MuSchG sind als Bewährungszeit anzurechnen. Gleiches gilt nach § 10 Abs. 2 MuSchG für diejenigen Fälle, in der die Frau das Arbeitsverhältnis während der Schutzfristen ohne Einhaltung einer Frist oder zum Ende der Schutzfrist oder der Elternzeit gekündigt hat und von demselben Arbeitgeber innerhalb eines Jahres nach der Entbindung wieder eingestellt wird.

8 Folgende Zeiten lassen vorangegangene Bewährungszeiten nicht verfallen, sondern **hemmen** den Ablauf der Bewährungszeit nur:

a) Nur die Zeiten des **Grundwehrdienstes** und des **zivilen Ersatzdienstes** sind für die Bewährungszeit unschädlich, nicht dagegen **Wehrübungen** oder Verlängerungen des Grundwehrdienstes nach § 16 a ArbPlSchG, da § 6 Abs. 4 ArbPlSchG hierfür eine spezielle Regelung enthält.

b) **Arbeitsunfähigkeitszeiten**, die über den 26- bzw. 28-Wochen-Zeitraum hinausgehen (vgl. Rn. 7), hemmen zwar die Bewährungszeit, lassen jedoch vorangegangene Bewährungszeiten unberührt. Ruht das Arbeitsverhältnis wegen einer Zeitrente, liegt keine Arbeitsunfähigkeit vor.

TVöD § 13

c) und d) Durch den 66. Änderungstarifvertrag ist geregelt worden, dass die Beurlaubung zur **Kinderbetreuung** bis zur Dauer von insgesamt fünf Jahren nicht zur Unterbrechung der Bewährungszeit führt. Von dieser Tarifänderung werden auch solche Beurlaubungen erfasst, die vor dem In-Kraft-Treten des 66. Änderungstarifvertrages liegen (BAG, EzBAT § 23 a BAT Bewährungsaufstieg Nr. 27). Der Vorläufer der **Elternzeit** war der **Mutterschaftsurlaub**. Im Falle der Kinderbetreuung bis zur Dauer von insgesamt fünf Jahren wird der Lauf der Bewährungszeit nur gehemmt. Es kann sich um mehrere Unterbrechungen handeln, die zu addieren sind. Steht nach Ablauf einer Bewährungszeit eine erneute Bewährung in einer anderen Fallgruppe an, beginnt diese Frist neu zu laufen. Die Nichtanrechnung der Elternzeit ist nach Art. 3 Abs. 2 GG nicht zu beanstanden, da hierin keine mittelbare Frauendiskriminierung liegt; denn auch in anderen Fällen, in denen das Arbeitsverhältnis ruht (z. B. Wehrdienst), findet eine Anrechnung nicht statt, weil keine Berufserfahrungen in dieser Zeit erworben werden (BAG, EzBAT § 23 a Gleichberechtigung Nr. 3).

e) Nur wenn die **Entwicklungshelfertätigkeit** anstatt des Grundwehrdienstes geleistet wird, ist diese Zeit für den Bewährungsaufstieg unschädlich, jedoch nicht anrechenbar.

Die in dieser Rn. zuletzt genannten Zeiten sind auch insoweit nicht anrechenbar, als eine Unterbrechung von bis zu sechs Monaten unschädlich ist. Denn die anrechenbaren Zeiten ergeben sich ausschließlich aus Nr. 4 Satz 3.

Personal- oder Betriebsratsmitglieder, die von ihrer Tätigkeit **freigestellt** **9** sind, müssen so behandelt werden, als hätten sie sich in der ansonsten auszuübenden Tätigkeit bewährt (BAG, AP Nr. 1 zu § 23 a BAT). Die Bewährung wird hier fingiert.

Nr. 5 enthält eine Ausnahme von dem Grundsatz, dass sich der Angestellte **10** in der auszuübenden Tätigkeit, die die Tätigkeitsmerkmale der Aufstiegsgruppe erfüllt, bewährt haben muss.

War der Angestellte tatsächlich in einer **höheren Vergütungsgruppe** eingruppiert oder stand ihm die Bezahlung nach der höheren Vergütungsgruppe zu, ist diese Zeit als Bewährungszeit anzusehen, unabhängig davon, ob die subjektive Bewertung der tatsächlich getroffenen Eingruppierung richtig war (so auch zutreffend PK-BAT-Wolf, § 23 a Rn. 21); denn andernfalls ergäbe die Unterscheidung zwischen den Buchstaben a) und b) keinen Sinn.

Weiterhin sind Zeiten anzurechnen, in denen die Eingruppierung in die Aufstiegsfallgruppe nur deshalb nicht erfolgen konnte, weil es sich um eine **vorübergehende** oder vertretungsweise wahrzunehmende **Tätigkeit** handelte und eine Zulage nach § 24 BAT gezahlt wurde. Dies gilt nicht für die Fälle des § 23 BAT, weil Nr. 2 die speziellere Regelung darstellt.

Unmaßgeblich ist, mit welchem Arbeitszeitvolumen der Angestellte während der Bewährungszeit beschäftigt wurde. Sämtliche **Teilzeitbeschäftigten**

§ 13 TVöD

nehmen uneingeschränkt an dem Bewährungsaufstieg teil. Zu diesem Zweck wurde Nr. 6 mehrfach nach zahlreichen arbeitsgerichtlichen Auseinandersetzungen verändert. Auch die in dem dortigen Satz 2 noch bezeichnete Ausnahme für die geringfügig Beschäftigten etc. nach Buchst. n ist verfassungsrechtlich nicht haltbar (vgl. hierzu § 1 Rn. 34).

11 Nr. 7 enthält für den Fallgruppenwechsel in **Vergütungsgruppe VII** die Ausnahme, dass sämtliche in dieser Vergütungsgruppe verbrachten Zeiten als Bewährungszeiten anzusehen sind, wenn der Angestellte eine Aufrückungsgruppe erreicht.

12 Ist ein Anspruch auf Bezahlung nach einer höheren Vergütungsgruppe im Wege des Bewährungsaufstieges bereits entstanden und scheidet der Angestellte aus dem Arbeitsverhältnis aus, so kann er die Bezahlung nach dieser Aufrückungsgruppe in einer Tätigkeit, in der die sonstigen Tätigkeitsmerkmale erfüllt sind, dann verlangen, wenn er bei demselben Arbeitgeber oder einem Arbeitgeber nach Nr. 3 **wiedereingestellt** wird. Dies gilt nicht für die im Wege des Bewährungsaufstieges erlangte Vergütungsgruppe VII, wenn die Beschäftigung bei einem öffentlichen Arbeitgeber i.S.d. Nr. 3 mehr als drei zusammenhängende Jahre unterbrochen war. In den übrigen durch das Hinweiszeichen * erreichbaren Vergütungsgruppen beträgt die mögliche Unterbrechungszeit fünf zusammenhängende Jahre. Mehrere kürzere Unterbrechungen sind nicht zu addieren. Die Vorschrift ist erst recht anzuwenden, wenn das Arbeitsverhältnis nicht unterbrochen war, sondern **zwischenzeitlich** nur eine **Herabgruppierung** stattgefunden hat.

§ 23b BAT
Fallgruppenaufstieg

A. Für die Bereiche des Bundes und der Tarifgemeinschaft deutscher Länder

B. Für den Bereich der Vereinigung der kommunalen Arbeitgeberverbände

A. Für die Bereiche des Bundes und der Tarifgemeinschaft deutscher Länder:

Soweit Tätigkeitsmerkmale (Fallgruppen) der Vergütungsordnung einen Aufstieg außerhalb des § 23 a (z. B. Bewährungsaufstieg, Tätigkeitsaufstieg) oder die Zahlung einer Vergütungsgruppenzulage bzw. Zulage nach einer bestimmten Zeit einer Bewährung, Tätigkeit usw. vorsehen, gilt § 23 a Satz 2 Nr. 6 entsprechend.

B. Für den Bereich der Vereinigung der kommunalen Arbeitgeberverbände:

Soweit Tätigkeitsmerkmale (Fallgruppen) der Vergütungsordnung einen Aufstieg (z. B. Bewährungsaufstieg, Tätigkeitsaufstieg) oder die Zahlung einer Vergütungsgruppenzulage bzw. Zulage nach einer bestimmten Zeit einer Bewährung, Tätigkeit usw. vorsehen, werden Zeiten, in denen der Angestellte mit einer kürzeren als der regelmäßigen wöchentlichen Arbeitszeit eines entsprechenden vollbeschäftigten Angestellten beschäftigt war, voll angerechnet.

Im Bereich des Bundes und der Länder (A) verweist die Vorschrift hinsichtlich des Fallgruppen- und Tätigkeitsaufstieges (zu den Unterschieden vgl. Rn. § 23 a BAT Rn. 1) nur auf § 23 a Satz 2 Nr. 6 BAT, wo nur noch klargestellt wird, dass Teilzeitbeschäftigte nicht benachteiligt werden dürfen (infolge BAG, EzBAT § 23 b BAT Nr. 2). Im Übrigen sind der Fallgruppen- und Zeitaufstieg im BAT ungeregelt. **1**

Wenn eine **Fallgruppe** einen **Bewährungsaufstieg** vorsieht, so bedarf es der rechtlichen Bewertung, unter welchen Voraussetzungen ein solcher Bewährungsaufstieg vorliegt. Da diese Frage ungeregelt geblieben ist, liegt eine **unbewusste Tariflücke** vor, die durch eine entsprechende Anwendung des § 23 a BAT zu schließen ist; denn andernfalls wäre die Unterscheidung zwischen dem Bewährungs- und Zeitaufstieg hier sinnlos. Allerdings können nur diejenigen Vorschriften angewandt werden die zur Ausfüllung des Begriffes »Bewährungszeit« erforderlich sind (BAG, AP Nr. 6 zu § 24 BAT). Entsprechend anwendbar sind daher § 23 a Nrn. 1, 3 und 4 BAT, nicht dagegen Nr. 5 (BAG, a.a.O.). Auch die Nrn. 7 und 8 kommen für eine entsprechende Anwendung nicht in Betracht. Dagegen ist von einer entsprechenden Anwendung des § 23 a Nr. 2 BAT auszugehen, da hier nur die besondere Interessenlage des § 23 BAT berücksichtigt wird, die gleichermaßen beim Bewährungs- und Fallgruppenaufstieg vorhanden ist. **2**

Für den **Tätigkeitsaufstieg** ist nur § 23 a Nr. 3 BAT entsprechend anwendbar, soweit in den einzelnen Tarifvorschriften der Vergütungsordnung nichts anderes geregelt ist. Unterbrechungszeiten sind hier durchweg unschädlich, weil sich der Angestellte bei dem Tätigkeitsaufstieg nicht innerhalb einer zusammenhängenden Zeit bewährt haben muss. **3**

Für den Bereich VKA gilt hinsichtlich des Fallgruppen- und Tätigkeitsaufstieges das Gleiche wie für den Bereich Bund/Länder. **4**

§ 14
Vorübergehende Übertragung einer höherwertigen Tätigkeit

(1) Wird der/dem Beschäftigten vorübergehend eine andere Tätigkeit übertragen, die den Tätigkeitsmerkmalen einer höheren als ihrer/seiner Eingruppierung entspricht, und hat sie/er diese mindestens einen Monat ausgeübt, erhält sie/er für die Dauer der Ausübung eine persönliche Zulage rückwirkend ab dem ersten Tag der Übertragung der Tätigkeit.

Niederschriftserklärung zu § 14 Abs. 1:
1. Ob die vorübergehend übertragene höherwertige Tätigkeit einer höheren Entgeltgruppe entspricht, bestimmt sich nach den gemäß § 18 Abs. 3 TVÜ-Bund/VKA fortgeltenden Regelungen des § 22 Abs. 2 BAT/BAT-O bzw. den entsprechenden Regelungen für Arbeiterinnen und Arbeiter. Die Tarifvertragsparteien stellen klar, dass diese Niederschriftserklärung im Zusammenhang mit der neuen Entgeltordnung überprüft wird.

§ 14 TVöD

2. Die Tarifvertragsparteien stellen klar, dass die vertretungsweise Übertragung einer höherwertigen Tätigkeit ein Unterfall der vorübergehenden Übertragung einer höherwertigen Tätigkeit ist.

(2) Durch landesbezirklichen Tarifvertrag – für den Bund durch einen Tarifvertrag auf Bundesebene – wird im Rahmen eines Kataloges, der die hierfür in Frage kommenden Tätigkeiten aufführt, bestimmt, dass die Voraussetzung für die Zahlung einer persönlichen Zulage bereits erfüllt ist, wenn die vorübergehend übertragene Tätigkeit mindestens drei Arbeitstage angedauert hat und die/der Beschäftigte ab dem ersten Tag der Vertretung in Anspruch genommen worden ist.

(3) ¹Die persönliche Zulage bemisst sich für Beschäftigte, die in eine der Entgeltgruppen 9 bis 15 eingruppiert sind, aus dem Unterschiedsbetrag zu dem Tabellenentgelt, das sich für die/den Beschäftigte/n bei dauerhafter Übertragung nach § 17 Abs. 4 Satz 1 und 2 ergeben hätte. ²Für Beschäftigte, die in eine der Entgeltgruppen 1 bis 8 eingruppiert sind, beträgt die Zulage 4,5 v. H. des individuellen Tabellenentgelts der/des Beschäftigten.

1 Der Vorschrift liegt der Gedanke zugrunde, dass jeder Beschäftigte im öffentlichen Dienst verpflichtet ist, kurzfristig auch eine höherwertige Tätigkeit ohne besondere Vergütungserhöhung zu übernehmen. Dauert dieser vorübergehende Zustand allerdings einige Zeit an, so soll der Arbeitnehmer vergütungsrechtlich nicht schlechter gestellt sein, als wäre ihm diese Aufgabe auf Dauer übertragen. Die Vorschrift unterscheidet nicht mehr wie nach dem BAT zwischen der persönlichen und der Vertretungszulage. Die Tarifvertragsparteien stellen klar, dass die vertretungsweise Übertragung einer höherwertigen Tätigkeit ein Unterfall der vorübergehenden Übertragung einer höherwertigen Tätigkeit ist (Niederschriftserklärung Nr. 6/2 zum TVöD).

2 Die vorübergehende Übertragung einer höherwertigen Tätigkeit liegt bei der **persönlichen Zulage** nach Abs. 1 nur dann vor, wenn der Arbeitgeber im Zeitpunkt der entsprechenden Weisung aus sachlichen Gründen die Prognose aufstellen konnte, dass die Maßnahme **befristet** sein wird. Gibt es für die vorübergehende Übertragung einer höherwertigen Tätigkeit keinen sachlichen Grund oder fällt dieser später weg, liegt eine rechtsmissbräuchliche Ausnutzung der Gestaltungsmöglichkeiten des Abs. 1 vor. Dies führt dazu, dass die Tätigkeit als auf Dauer übertragen gilt (BAG vom 21.6.2000 – 5 AZR 805/98, ZTR 2001, 25 ff.). Der 4. Senat des BAG meint dagegen, an der bisherigen Rechtsprechung zur Rechtsmissbrauchskontrolle einer nur vorübergehend übertragenen höherwertigen Tätigkeit sei nicht festzuhalten. Der öffentliche Arbeitgeber könne eine solche Entscheidung im Wege seines Direktionsrechts treffen und müsse nach § 315 BGB nur billiges Ermessen walten lassen (BAG vom 17.4.2002 – 4 AZR 174/01, EzA-Schnelldienst 9/2000, 5). Hierbei muss nicht feststehen, für welche Zeitdauer die Übertragung erfolgt. Auch gibt es grundsätzlich keine

Höchstfrist (BAG, AP Nr. 8 zu § 24 BAT). Nach mehr als vier Jahren besteht allerdings regelmäßig kein sachlicher Grund mehr, höherwertige Tätigkeiten nur vorübergehend zu übertragen (BAG vom 16.9.1998 – 5 AZR 183/97, AuR 1999, 111).

Ein **Sachgrund** für eine solche befristete Maßnahme besteht z.b. auch dann, wenn der Arbeitgeber eine frei gewordene Stelle zunächst nur vorübergehend besetzt, um Zeit für Überlegungen zu finden, mit wem er sie endgültig besetzen will (BAG, AP Nrn. 5 u. 9 zu § 24 BAT). Ist die vorübergehende Übertragung dagegen nur ein Vorwand, um dem Beschäftigten die Tätigkeit nicht auf Dauer übertragen zu müssen, ist die Anwendung des § 14 rechtsmissbräuchlich (BAG, AP Nr. 9 zu § 24 BAT). Auch bei mehrfacher jahrelanger vorübergehender Übertragung einer höherwertigen Tätigkeit sind an die Erfordernisse eines notwendigen Sachgrundes verschärfte Anforderungen zu stellen (BAG, AP Nr. 3 zu § 24 BAT).

Der Charakter der vorübergehenden Übertragung muss **für den Beschäftigten erkennbar** sein (BAG vom 10.2.1988 – 4 AZR 585/87, n.v.). Diesbezügliche Zweifel gehen zu Lasten des Arbeitgebers, da die Höhergruppierung die Regel ist. **3**

Die vorübergehend ausgeübte Tätigkeit muss nach den Eingruppierungsvorschriften tatsächlich den **Anforderungen** eines Tätigkeitsmerkmales **einer höheren Entgelt- oder Vergütungsgruppe** genügen. Unerheblich ist es also, nach welcher Entgelt-, Vergütungs- oder Besoldungsgruppe der Beschäftigte bezahlt wurde, der zuvor auf dieser Stelle gearbeitet hat. Ebenso wenig fällt es ins Gewicht, wie diese Stelle im Stellenplan ausgewiesen ist. Aus derartigen Gründen kann sich allenfalls eine Erleichterung der Darlegungslast im Arbeitsgerichtsprozess ergeben, wonach von der Schlüssigkeit einer auf Zahlung einer persönlichen Zulage gerichteten Klage zunächst auszugehen ist, wenn der Beschäftigte auf eine bisherige Stellenbewertung verweist. Behauptet der Arbeitgeber dagegen, die Stelle sei in der Vergangenheit zu hoch bewertet, trifft den Arbeitnehmer die volle Darlegungs- und Beweislast für sämtliche tariflichen Voraussetzungen (§ 22 BAT Rn. 16). **4**

Der 4. Senat des BAG meint, dass die Bestellung einer Arbeitnehmerin des Landes Hessen zur Frauenbeauftragten nach dem Hessischen Gleichberechtigungsgesetz keine vorübergehende Übertragung einer anderen – u.U. höherwertigen – Tätigkeit im Sinne des § 24 BAT sei, da der Inhalt des Arbeitsverhältnisses hierdurch nicht berührt werde (BAG vom 21.2.2001 – 4 AZR 700/99, ZTR 2001, 463 f.).

Der Anspruch entsteht erst, wenn die Tätigkeit mindestens **einen Monat ausgeübt** wurde, dann aber rückwirkend vom Tage der Übertragung der höherwertigen Tätigkeit an. Die Fristberechnung erfolgt nach §§ 187 Abs. 2, 188 Abs. 2, 2. Alternative BGB, wobei es unbeachtlich ist, ob der Beschäftigte am ersten und letzten Tag der Frist in vollem Umfang höherwertig tätig war. § 193 BGB findet keine Anwendung. **5**

§ 14 TVöD

6 Die persönliche Zulage bemisst sich für Beschäftigte, die in eine der Entgeltgruppen 9 bis 15 eingruppiert sind, aus dem **Unterschiedsbetrag** zu dem Tabellenentgelt, das sich ihn bei dauerhafter Übertragung der Tätigkeit ergeben hätte. Für Beschäftigte, die in eine der Entgeltgruppen 1 bis 8 eingruppiert sind, beträgt die Zulage 4,5 v.H. des individuellen Tabellenentgelts des Beschäftigten.

Ob die vorübergehend übertragene höherwertige Tätigkeit einer höheren Entgeltgruppe entspricht, bestimmt sich nach den gemäß § 18 Abs. 3 TVÜ-Bund/VKA fortgeltenden Regelungen des § 22 Abs. 2 BAT/BAT-O bzw. den entsprechenden Regelungen für Arbeiterinnen und Arbeiter. Die Tarifvertragsparteien stellen klar, dass diese Niederschriftserklärung im Zusammenhang mit der neuen Entgeltordnung überprüft wird (vgl. Niederschriftserklärung Nr. 6/1 zum TVöD).

Die persönliche Zulage ist fortzuzahlen, soweit der Angestellte **Arbeitsbefreiung** unter Fortzahlung der Vergütung beanspruchen kann, insbesondere in den Fällen der Arbeitsunfähigkeit und des Erholungsurlaubes, soweit in den einzelnen Vorschriften hierzu nichts Gegenteiliges geregelt ist.

7 Die Zulage ist so lange zu zahlen, bis der Arbeitgeber die Übertragung der höherwertigen Tätigkeit widerruft. Der **Widerruf** kann nur nach billigem Ermessen unter Vorliegen eines Sachgrundes erfolgen (§ 315 BGB).

Der Widerruf ist immer dann zulässig, wenn die objektiven Voraussetzungen für die Übertragung der höherwertigen Tätigkeit wegfallen, also z.B. die Vertretungsaufgabe beendet ist, weil der Stelleninhaber auf seinen Arbeitsplatz zurückgekehrt ist. In den Fällen, in denen ein Arbeitsbefreiungstatbestand unter Fortzahlung der Vergütung für den vertretenen Beschäftigten besteht, kann ein wirksamer Widerruf selbst dann nicht erfolgen, wenn eine andere Person zur Vertretung herangezogen werden muss (zur Freistellung eines Personalratsmitgliedes vgl. BAG, AP Nr. 2 zu § 46 BPersVG).

8 **Personalräte** haben bei der vorübergehenden Übertragung einer höherwertigen Tätigkeit in der Regel ein Mitbestimmungsrecht, wenn in einem Landespersonalvertretungsgesetz nichts Gegenteiliges geregelt ist (BAG, EzBAT § 24 Mitbestimmung Nr. 2). Im Geltungsbereich des **Betriebsverfassungsgesetzes** kann sich die Übertragung einer höherwertigen Tätigkeit dann als Versetzung darstellen, wenn sie mit einer erheblichen Veränderung der Arbeitsumstände verbunden ist oder länger als einen Monat dauert (zum Versetzungsbegriff vgl. § 95 Abs. 3 BetrVG).

Nach Meinung des LAG Düsseldorf (vom 26.10.2000 – 11 Sa 644/00, ZTR 2001, 268f.) darf sich der Arbeitgeber auch dann auf das Vorliegen eines sachlichen Grundes für die vorübergehende Übertragung einer höherwertigen Tätigkeit berufen, wenn er den Personalrat hierbei mitbestimmungswidrig nicht beteiligt hat. Allein die Verletzung des Mitbestimmungsrechts soll nach dieser Meinung nicht zur Annahme von Rechtsmissbrauch führen.

TVöD § 15

§ 15
Tabellenentgelt

(1) ¹Die/Der Beschäftigte erhält monatlich ein Tabellenentgelt. ²Die Höhe bestimmt sich nach der Entgeltgruppe, in die sie/er eingruppiert ist, und nach der für sie/ihn geltenden Stufe.

Protokollerklärungen zu Absatz 1:
1. *Für Beschäftigte des Bundes, für die die Regelungen des Tarifgebiets Ost Anwendung finden, beträgt der Bemessungssatz für das Tabellenentgelt und die sonstigen Entgeltbestandteile in diesem Tarifvertrag sowie in den diesen Tarifvertrag ergänzenden Tarifverträgen und -regelungen 92,5 v.H. der nach den jeweiligen Tarifvorschriften für Beschäftigte des Bundes, für die die Regelungen des Tarifgebiets West Anwendung finden, geltenden Beträge.*
2. *¹Für Beschäftigte im Bereich der VKA, für die die Regelungen des Tarifgebiets Ost Anwendung finden, beträgt der Bemessungssatz für das Tabellenentgelt und die sonstigen Entgeltbestandteile in diesem Tarifvertrag sowie in den diesen Tarifvertrag ergänzenden Tarifverträgen und -regelungen 94 v.H. der nach den jeweiligen Tarifvorschriften für Beschäftigte im Bereich der VKA, für die die Regelungen des Tarifgebiets West Anwendung finden, geltenden Beträge. ²Dieser Bemessungssatz erhöht sich zum 1. Juli 2006 auf 95,5 v.H. und zum 1. Juli 2007 auf 97 v.H.*
3. *Die Protokollerklärungen Nrn. 1 und 2 gelten nicht für Ansprüche aus § 23 Abs. 1 und 2.*

(2) ¹Beschäftigte, für die die Regelungen des Tarifgebiets West Anwendung finden, erhalten Entgelt nach den Anlagen A (Bund bzw. VKA). ²Beschäftigte, für die die Regelungen des Tarifgebiets Ost Anwendung finden, erhalten Entgelt nach den Anlagen B (Bund bzw. VKA).

(3) ¹Im Rahmen von landesbezirklichen bzw. für den Bund in bundesweiten tarifvertraglichen Regelungen können für an- und ungelernte Tätigkeiten in von Outsourcing und/oder Privatisierung bedrohten Bereichen in den Entgeltgruppen 1 bis 4 Abweichungen von der Entgelttabelle bis zu einer dort vereinbarten Untergrenze vorgenommen werden. ²Die Untergrenze muss im Rahmen der Spannbreite des Entgelts der Entgeltgruppe 1 liegen. ³Die Umsetzung erfolgt durch Anwendungsvereinbarung, für den Bund durch Bundestarifvertrag.

Nach Abs. 1 erhält der Beschäftigte monatlich ein **Tabellenentgelt**. Dieses richtet sich nach der jeweiligen Stufe der maßgeblichen Entgeltgruppe, in die der Beschäftigte eingruppiert ist. **1**

Es sind insgesamt 15 **Entgeltgruppen** gebildet worden. Die bisher existierenden Tabellen für verschiedene Beschäftigtengruppen wurden in eine einheitliche Entgelttabelle zusammengeführt. In die Tabellen sind sämtliche bisherige Lohn- und Gehaltsbestandteile eingearbeitet, insbesondere die allgemeine Zulage, der Orts- bzw. Sozialzuschlag. Erschwerniszuschläge und Zulagen für bestimmte Tätigkeiten gibt es nur noch in Ausnahmefällen. **2**

§ 15 TVöD

3 Die **Entgelttabellen** mit den Tabellenwerten ergeben sich aus den Anlagen A und B zum TVöD.

4 Die Entgeltgruppe 1 wurde neu geschaffen. In diese wird kein Beschäftigter eingruppiert, der zum 30.9.2005 bereits im Arbeitsverhältnis steht. Es handelt sich um eine abgesenkte Vergütung, die die **Neueinstellung** von Beschäftigten mit **einfachsten Tätigkeiten** begünstigen soll, insbesondere um weitere Privatisierungs- und Ausgliederungsmaßnahmen zu verhindern.

Hierzu gibt es einen Beispielskatalog, der insbesondere folgende Tätigkeiten enthält:

- Essens- und Getränkeausgeber/innen
- Gardeobenpersonal
- Spülen und Gemüseputzen und sonstige Tätigkeiten im Haus- und Küchenbereich
- Reiniger/innen in Außenbereichen, wie Höfe, Wege, Grünanlagen, Parks
- Wärter/innen von Bedürfnisanstalten
- Servierer/innen
- Hausarbeiter/innen
- Hausgehilfe/Hausgehilfin
- Bote/Botin (ohne Aufsichtsfunktion)

Die Entgeltgruppen 1 bis 4 können durch landesbezirkliche Tarifverträge im Bereich der VKA besonders ausgestaltet werden. Das Mindestgehalt von 1286,00 € (Tarifgebiet West) bzw. 1209,00 € (Tarifgebiet Ost) pro Monat darf jedoch nicht unterschritten werden.

Solange dieser Beispielskatalog nicht tariflich erweitert ist, kommt eine entsprechende Anwendung auf andere Fälle nicht in Betracht. So ist es z.B. nicht möglich, mit Innenreinigerinnen die Entgeltgruppe 1 zu vereinbaren.

5 Die bisherige Vergütungsgruppe I BAT/BAT-O wurde in die neue Tabelle nicht integriert. Die Beschäftigten, die bisher in dieser Vergütungsgruppe eingruppiert waren, gelten künftig als **außertarifliche Beschäftigte**, mit denen die Arbeitsbedingungen einzelvertraglich ausgehandelt werden können. Es gelten allerdings zunächst die bisherigen Arbeitsbedingungen weiter (vgl. auch § 1 Rn. 28).

6 Ein **Bewährungs- oder Tätigkeitsaufstieg** findet zwischen den Entgeltgruppen künftig nicht mehr statt. Bestehende Anwartschaften auf Höhergruppierung werden aufgrund der Übergangsregelungen zum Teil noch wirksam (vgl. hierzu TVÜ IV 6). Ein Aufsteigen von einer Entgeltgruppe zur nächsthöheren kommt daher nur in Betracht, wenn sich die Tätigkeit in der Weise ändert, dass die Merkmale der höheren Entgeltgruppe erfüllt sind. Solange die neuen Merkmale noch nicht vereinbart sind, sind die Tätigkeitsmerkmale der bisherigen Vergütungsgruppen maßgeblich.

Neueinstellungen, beginnend mit dem 1.10.2005, erfordern daher eine Eingruppierung in das neue Entgeltsystem, allerdings zunächst aufgrund der bisherigen Tarifmerkmale der bisherigen Vergütungsgruppen in Anwendung der Anlagen zum TVÜ (Zuordnung der Vergütungs- und Lohngruppen zu den Entgeltgruppen; vgl. hierzu TVÜ IV 1).

§ 16 (Bund)
Stufen der Entgelttabelle

(1) ¹Die Entgeltgruppen 9 bis 15 umfassen fünf Stufen und die Entgeltgruppen 2 bis 8 sechs Stufen. ²Die Abweichungen von Satz 1 sind im Anhang zu § 16 (Bund) geregelt.

(2) ¹Bei Einstellung in eine der Entgeltgruppen 9 bis 15 werden die Beschäftigten zwingend der Stufe 1 zugeordnet. ²Etwas anderes gilt nur, wenn eine mindestens einjährige einschlägige Berufserfahrung aus einem vorherigen befristeten oder unbefristeten Arbeitsverhältnis zum Bund vorliegt; in diesem Fall erfolgt die Stufenzuordnung unter Anrechnung der Zeiten der einschlägigen Berufserfahrung aus dem vorherigen Arbeitsverhältnis zum Bund.

Protokollerklärung zu Absatz 2 Satz 2:
Ein vorheriges Arbeitsverhältnis besteht, wenn zwischen Ende des vorherigen und Beginn des neuen Arbeitsverhältnisses mit dem Bund ein Zeitraum von längstens sechs Monaten liegt; bei Wissenschaftlerinnen/Wissenschaftlern ab der Entgeltgruppe 13 verlängert sich der Zeitraum auf längstens zwölf Monate.

(3) ¹Bei Einstellung in eine der Entgeltgruppen 2 bis 8 werden die Beschäftigten der Stufe 1 zugeordnet, sofern keine einschlägige Berufserfahrung vorliegt. ²Verfügt die/der Beschäftigte über eine einschlägige Berufserfahrung von mindestens drei Jahren, erfolgt bei Einstellung nach dem 31. Dezember 2008 in der Regel eine Zuordnung zur Stufe 3. ³Ansonsten wird die/der Beschäftigte bei entsprechender Berufserfahrung von mindestens einem Jahr der Stufe 2 zugeordnet. ⁴Unabhängig davon kann der Arbeitgeber bei Neueinstellungen zur Deckung des Personalbedarfs Zeiten einer vorherigen beruflichen Tätigkeit ganz oder teilweise für die Stufenzuordnung berücksichtigen, wenn diese Tätigkeit für die vorgesehene Tätigkeit förderlich ist.

Protokollerklärungen zu den Absätzen 2 und 3:
1. Einschlägige Berufserfahrung ist eine berufliche Erfahrung in der übertragenen oder einer auf die Aufgabe bezogenen entsprechenden Tätigkeit.
2. Ein Berufspraktikum nach dem Tarifvertrag über die vorläufige Weitergeltung der Regelungen für die Praktikantinnen/Praktikanten vom 13. September 2005 gilt grundsätzlich als Erwerb einschlägiger Berufserfahrung.

Niederschriftserklärung zu § 16 (Bund) Abs. 3 Satz 2:
Die Tarifvertragsparteien sind sich darüber einig, dass stichtagsbezogene Verwerfungen zwischen übergeleiteten Beschäftigten und Neueinstellungen entstehen können.

§ 16 TVöD

(4) ¹Die Beschäftigten erreichen die jeweils nächste Stufe – von Stufe 3 an in Abhängigkeit von ihrer Leistung gemäß § 17 Abs. 2 – nach folgenden Zeiten einer ununterbrochenen Tätigkeit innerhalb derselben Entgeltgruppe bei ihrem Arbeitgeber (Stufenlaufzeit):
- Stufe 2 nach einem Jahr in Stufe 1,
- Stufe 3 nach zwei Jahren in Stufe 2,
- Stufe 4 nach drei Jahren in Stufe 3,
- Stufe 5 nach vier Jahren in Stufe 4 und
- Stufe 6 nach fünf Jahren in Stufe 5 bei den Entgeltgruppen 2 bis 8.

²Die Abweichungen von Satz 1 sind im Anhang zu § 16 (Bund) geregelt.

(5) ¹Die Entgeltgruppe 1 umfasst fünf Stufen. ²Einstellungen erfolgen zwingend in der Stufe 2 (Eingangsstufe). ³Die jeweils nächste Stufe wird nach vier Jahren in der vorangegangenen Stufe erreicht; § 17 Abs. 2 bleibt unberührt.

Anhang zu § 16 (Bund)
Besondere Stufenregelungen für vorhandene und neu eingestellte Beschäftigte (Bund)

¹Abweichend von § 16 (Bund) Abs. 1 ist Endstufe

a) in der Entgeltgruppe 9 die Stufe 4 bei Tätigkeiten entsprechend
   - Vergütungsgruppe Va ohne Aufstieg nach IVb BAT/BAT-O,
   - Vergütungsgruppe Vb ohne Aufstieg nach IVb BAT/BAT-O,
   - Vergütungsgruppe Vb nach Aufstieg aus Vc BAT/BAT-O (vorhandene Beschäftigte),
   - Lohngruppe 9 MTArb/MTArb-O;

b) in der Entgeltgruppe 3 die Stufe 5 bei Tätigkeiten entsprechend der
   - Vergütungsgruppe VIII mit und ohne Aufstieg nach VII BAT sowie nach Aufstieg aus IX/IXb BAT/BAT-O,
   - Lohngruppe 3 nach Aufstieg aus Lohngruppe 2 und 2a MTArb/MTArb-O (vorhandene Beschäftigte),
   - Lohngruppe 2a nach Aufstieg aus Lohngruppe 2 MTArb/MTArb-O (vorhandene Beschäftigte),
   - Lohngruppe 2 mit Aufstiegen nach Lohngruppe 2a und 3 MTArb/MTArb-O;

c) in der Entgeltgruppe 2 die Stufe 5 bei Tätigkeiten entsprechend der
   - Vergütungsgruppe IXb nach Aufstieg aus X BAT/BAT-O (vorhandene Beschäftigte),
   - Vergütungsgruppe X mit Aufstieg nach IXb BAT/BAT-O,
   - Vergütungsgruppe X BAT/BAT-O (vorhandene Beschäftigte),
   - Lohngruppe 1a MTArb/MTArb-O (vorhandene Beschäftigte),
   - Lohngruppe 1 mit Aufstieg nach Lohngruppe 1a MTArb/MTArb-O.

TVöD § 16

Protokollerklärung:
Vorhandene Beschäftigte sind Beschäftigte im Sinne des §1 Abs. 1 TVÜ-Bund.

²Abweichend von § 16 (Bund) Abs. 4 Satz 1 gelten für die Stufenlaufzeiten folgende Sonderregelungen:
In der Entgeltgruppe 9 (Bund) wird die Stufe 3 nach fünf Jahren in Stufe 2 und die Stufe 4 nach neun Jahre in Stufe 3 bei Tätigkeiten entsprechend der
- Vergütungsgruppe Va ohne Aufstieg nach IVb BAT/BAT-O,
- Vergütungsgruppe Vb ohne Aufstieg nach IVb BAT/BAT-O (einschließlich in Vergütungsgruppe Vb vorhandener Aufsteiger aus Vergütungsgruppe Vc BAT/BAT-O)

erreicht; bei Tätigkeiten entsprechend der Lohngruppe 9 MTArb/MTArb-O wird die Stufe 3 nach zwei Jahren in Stufe 2 und die Stufe 4 nach sieben Jahren in Stufe 3 erreicht.

§ 16 (VKA)
Stufen der Entgelttabelle

(1) ¹Die Entgeltgruppen 2 bis 15 umfassen sechs Stufen. ²Die Abweichungen von Satz 1 sind im Anhang zu § 16 (VKA) geregelt.

(2) ¹Bei Einstellung werden die Beschäftigten der Stufe 1 zugeordnet, sofern keine einschlägige Berufserfahrung vorliegt. ²Verfügt die/der Beschäftigte über eine einschlägige Berufserfahrung von mindestens einem Jahr, erfolgt die Einstellung in die Stufe 2; verfügt sie/er über eine einschlägige Berufserfahrung von mindestens drei Jahren, erfolgt bei Einstellung nach dem 31. Dezember 2008 in der Regel eine Zuordnung zur Stufe 3. ³Unabhängig davon kann der Arbeitgeber bei Neueinstellungen zur Deckung des Personalbedarfs Zeiten einer vorherigen beruflichen Tätigkeit ganz oder teilweise für die Stufenzuordnung berücksichtigen, wenn diese Tätigkeit für die vorgesehene Tätigkeit förderlich ist.

Protokollerklärung zu Absatz 2:
Ein Berufspraktikum nach dem Tarifvertrag über die vorläufige Weitergeltung der Regelungen für die Praktikantinnen/Praktikanten vom 13. September 2005 gilt grundsätzlich als Erwerb einschlägiger Berufserfahrung.

Niederschriftserklärung zu § 16 (VKA) Abs. 2 Satz 2:
Die Tarifvertragsparteien sind sich darüber einig, dass stichtagsbezogene Verwerfungen zwischen übergeleiteten Beschäftigten und Neueinstellungen entstehen können.

(3) ¹Die Beschäftigten erreichen – von Stufe 3 an die jeweils nächste Stufe in Abhängigkeit von ihrer Leistung gemäß § 17 Abs. 2 – nach folgenden Zeiten einer ununterbrochenen Tätigkeit innerhalb derselben Entgeltgruppe bei ihrem Arbeitgeber (Stufenlaufzeit):

§ 16 TVöD

- Stufe 2 nach einem Jahr in Stufe 1,
- Stufe 3 nach zwei Jahren in Stufe 2,
- Stufe 4 nach drei Jahren in Stufe 3,
- Stufe 5 nach vier Jahren in Stufe 4 und
- Stufe 6 nach fünf Jahren in Stufe 5.

²Die Abweichungen von Satz 1 sind im Anhang zu § 16 (VKA) geregelt.

(4) ¹Die Entgeltgruppe 1 umfasst fünf Stufen. ²Einstellungen erfolgen in der Stufe 2 (Eingangsstufe). ³Die jeweils nächste Stufe wird nach vier Jahren in der vorangegangenen Stufe erreicht; § 17 Abs. 2 bleibt unberührt.

Anhang zu § 16 (VKA)
Besondere Stufenregelungen für vorhandene und neu eingestellte Beschäftigte (VKA)

I.

(1) Abweichend von § 16 (VKA) Abs. 1 Satz 1 ist Endstufe

a) in der Entgeltgruppe 2 die Stufe 5 bei Tätigkeiten entsprechend
   - Vergütungsgruppe X BAT/BAT-O/BAT-Ostdeutsche Sparkassen,
   - Vergütungsgruppe IX BAT/BAT-O/BAT-Ostdeutsche Sparkassen nach Aufstieg aus X,
   - Lohngruppe 1 BMT-G/BMT-G-O mit ausstehendem Aufstieg nach 1a,
   - Lohngruppe 1a BMT-G/BMT-G-O,

b) in der Entgeltgruppe 9 die Stufe 4 bei Tätigkeiten entsprechend
   - Lohngruppe 9 BMT-G/BMT-G-O,

c) in der Entgeltgruppe 9 die Stufe 5 bei Tätigkeiten entsprechend
   - Vergütungsgruppe Vb BAT/BAT-O/BAT-Ostdeutsche Sparkassen ohne Aufstieg nach IVb,
   - Vergütungsgruppe Vb BAT/BAT-O/BAT-Ostdeutsche Sparkassen nach Aufstieg aus Vc,
   - Vergütungsgruppe Vb BAT/BAT-O nach Aufstieg aus VIb (Lehrkräfte),

d) in der Entgeltgruppe 15 die Stufe 5 bei Tätigkeiten entsprechend
   - Vergütungsgruppe Ib BAT/BAT-O/BAT-Ostdeutsche Sparkassen mit ausstehendem Aufstieg nach Ia.

(2) Abweichend von § 16 (VKA) Abs. 2 werden Beschäftigte mit Tätigkeiten entsprechend der Vergütungsgruppe Vb BAT/ BAT-O/BAT-Ostdeutsche Sparkassen mit ausstehendem Aufstieg nach IVb und IVa der Stufe 1 zugeordnet.

(3) Abweichend von § 16 (VKA) Abs. 3 Satz 1 gelten für die Stufenlaufzeiten folgende Sonderregelungen:

a) In der Entgeltgruppe 9 wird die Stufe 4 nach sieben Jahren in Stufe 3 bei Tätigkeiten entsprechend der Lohngruppe 9 BMT-G/BMT-G-O erreicht.

TVöD § 16

b) In der Entgeltgruppe 9 wird die Stufe 5 nach neun Jahren in Stufe 4 bei Tätigkeiten entsprechend der Vergütungsgruppe Vb BAT/BAT-O/BAT-Ostdeutsche Sparkassen ohne Aufstieg nach IVb und der Vergütungsgruppe Vb BAT/BAT-O/BAT-Ostdeutsche Sparkassen nach Aufstieg aus Vc erreicht.

II.

(1) Abweichend von § 16 (VKA) Abs. 1 Satz 1 ist für die Beschäftigten im Pflegedienst (Anlage 1b zum BAT/BAT-O) Eingangsstufe

a) in den Entgeltgruppen 9 und 11 die Stufe 4 bei Tätigkeiten entsprechend

- Kr. XI mit Aufstieg nach Kr. XII
- Kr. VIII mit Aufstieg nach Kr. IX
- Kr. VII mit Aufstieg nach Kr. VIII (9 b)

b) in den Entgeltgruppen 7 und 9 bis 12 die Stufe 3 bei Tätigkeiten entsprechend

- Kr. XII mit Aufstieg nach Kr. XIII
- Kr. X mit Aufstieg nach Kr. XI
- Kr. IX mit Aufstieg nach Kr. X
- Kr. VI mit Aufstieg nach Kr. VII
- Kr. VII ohne Aufstieg
- Kr. VI ohne Aufstieg

c) in der Entgeltgruppe 7 die Stufe 2 bei Tätigkeiten entsprechend

- Kr. Va mit Aufstieg nach Kr. VI
- Kr. V mit Aufstieg nach Kr. Va und weiterem Aufstieg nach Kr. VI
- Kr. V mit Aufstieg nach Kr. Va

(2) Abweichend von § 16 (VKA) Abs. 1 Satz 1 ist für die Beschäftigten im Pflegedienst (Anlage 1b zum BAT/BAT-O) Endstufe in den Entgeltgruppen 7 und 9 bis 11 die Stufe 5 bei Tätigkeiten entsprechend

- Kr. X mit Aufstieg nach Kr. XI
- Kr. IX mit Aufstieg nach Kr. X
- Kr. VI mit Aufstieg nach Kr. VII
- Kr. VII ohne Aufstieg
- Kr. VI ohne Aufstieg
- Kr. IV mit Aufstieg nach Kr. V

(3) Abweichend von § 16 (VKA) Abs. 3 Satz 1 gelten für die Beschäftigten im Pflegedienst (Anlage 1b zum BAT/ BAT-O) für die Stufenlaufzeiten folgende Sonderregelungen:

a) in der Entgeltgruppe 12 wird die Stufe 4 nach zwei Jahren in Stufe 3 und die Stufe 5 nach drei Jahren in Stufe 4 bei Tätigkeiten entsprechend der Vergütungsgruppe Kr. XII mit Aufstieg nach Kr. XIII,

§ 16 TVöD

b) in der Entgeltgruppe 11 wird die Stufe 4 nach zwei Jahren in Stufe 3 und die Stufe 5 nach fünf Jahren in Stufe 4 bei Tätigkeiten entsprechend der Vergütungsgruppe Kr. X mit Aufstieg nach Kr. XI,

c) in der Entgeltgruppe 10 wird die Stufe 4 nach zwei Jahren in Stufe 3 und die Stufe 5 nach drei Jahren in Stufe 4 bei Tätigkeiten entsprechend der Vergütungsgruppe Kr. IX mit Aufstieg nach Kr. X,

d) in der Entgeltgruppe 9 wird die Stufe 6 nach zwei Jahren in Stufe 5 bei Tätigkeiten entsprechend der Vergütungsgruppe Kr. VIII mit Aufstieg nach Kr. IX,

e) in der Entgeltgruppe 9 (9b) wird die Stufe 5 nach fünf Jahren in Stufe 4 bei Tätigkeiten entsprechend der Vergütungsgruppe Kr. VII mit Aufstieg nach Kr. VIII,

f) in der Entgeltgruppe 9 wird die Stufe 4 nach fünf Jahren in Stufe 3 und die Stufe 5 (9b) nach fünf Jahren in Stufe 4 bei Tätigkeiten entsprechend der Vergütungsgruppen Kr. VI mit Aufstieg nach VII, Kr. VII ohne Aufstieg,

g) in der Entgeltgruppe 9 wird die Stufe 4 (9b) nach fünf Jahren in Stufe 3 und die Stufe 5 (9b) nach fünf Jahren in Stufe 4 bei Tätigkeiten entsprechend der Vergütungsgruppe Kr. VI ohne Aufstieg erreicht.

1 Die **Entgeltgruppen** umfassen i.d.R. sechs, ausnahmsweise fünf Stufen. Im Bereich der VKA enthalten die Entgeltgruppen 2 bis 5 regelmäßig sechs, die Entgeltgruppe 1 fünf Stufen. Im Bereich des Bundes umfassen die Entgeltgruppe 2 bis 8 sechs Stufen und die Entgeltgruppen 1 und 9 bis 15 fünf Stufen. Die Ausnahmen ergeben sich aus dem jeweiligen Anhang. Für die zum 1.10.2005 übergeleiteten Beschäftigten erfolgt eine Einstufung nach dem TVÜ (vgl. hierzu TVÜ IV 3ff.).

2 Für die **Neueingestellten** gilt Folgendes: Grundsätzlich erfolgt die Einstufung zunächst in die Stufe 1, sofern keine einschlägige **Berufserfahrung** vorliegt. Im Bereich des Bundes muss mindestens eine einjährige einschlägige Berufserfahrung aus einem vorherigen befristeten oder unbefristeten Arbeitsverhältnis zum Bund vorliegen; in diesem Fall erfolgt die Stufenzuordnung unter Anrechnung dieser Zeiten. Ein vorheriges Arbeitsverhältnis besteht, wenn zwischen Ende des vorherigen und Beginn des neuen Arbeitsverhältnisses mit demselben Arbeitgeber ein Zeitraum von längstens sechs Monaten liegt; bei Wissenschaftlerinnen und Wissenschaftlern ab der Entgeltgruppe 13 verlängert sich dieser Zeitraum auf längstens zwölf Monate.

In den Entgeltgruppen 2 bis 8 im Bereich des Bundes und in allen Entgeltgruppen im Bereich der VKA wird bei der Neueinstellung von der Einstufung in die Stufe 1 unter folgenden Voraussetzungen abgesehen: Verfügt der Beschäftigte über eine mindestens einjährige Berufserfahrung, erfolgt die Einstellung in die Stufe 2. Verfügt er über eine einschlägige Berufserfahrung von mindestens drei Jahren, erfolgt die Einstellung nach dem 31.12.2008 i.d.R. in die Stufe 3.

Einschlägige Berufserfahrung ist eine berufliche Erfahrung in der übertragenen oder einer auf die Aufgabe bezogenen entsprechenden Tätigkeit. Hierzu gehört auch ein Berufspraktikum (Protokollerklärungen zu den Absätzen 2 und 3 zu § 16 [Bund] und Protokollerklärung zu Absatz 2 zu § 16 Abs. 2 [VKA]). Die Berufsausbildung für die übertragene Tätigkeit vermittelt wie ein Berufspraktikum Berufserfahrungen und ist daher entsprechend zeitlich zu berücksichtigen. Denn nach der Definition der Protokollerklärung Nr. 1 zu § 16 Abs. 2 und 3 ist die einschlägige Berufserfahrung eine berufliche Erfahrung in der übertragenen oder einer auf die Aufgabe bezogenen entsprechenden Tätigkeit. Nach dieser Definition kommt es nicht auf die Intensität der beruflichen Erfahrung an. Deshalb können auch berufliche Erfahrungen, die in der Ausbildungszeit erworben werden, maßgeblich sein, wenn sie für die übertragene Tätigkeit einschlägig sind. Allerdings ist eine tarifliche Einstufungsvorschrift nach Meinung des 10. Senats des BAG dahingehend auszulegen, dass unter »mehrjähriger Berufserfahrung« eine mehrjährige Erfahrung in dem vom Beschäftigten erlernten Beruf zu verstehen ist (BAG vom 3.8.2005 – 10 AZR 559/04, ZTR 2006, 81 ff.).

Die Berufserfahrung muss nicht völlig identisch sein mit der übertragenen Tätigkeit. Es reicht aus, wenn in der vorangegangenen Tätigkeit z.B. das notwendige Grundwissen für die neu übertragene Aufgabe vermittelt wurde oder aber Spezialkenntnisse, die für die neue Tätigkeit von wesentlicher Bedeutung sind.

Unabhängig davon kann der Arbeitgeber bei Neueinstellung zur Deckung des Personalbedarfs Zeiten einer vorherigen beruflichen Tätigkeit ganz oder teilweise für die Stufenzuordnung berücksichtigen, wenn diese Beschäftigung für die vorgesehene Tätigkeit förderlich ist.

Diese Vorschrift wird insbesondere zur Anwendung kommen können, wenn besonders berufserfahrene oder qualifizierte Beschäftigte für eine Tätigkeit zu gewinnen sind bzw. die Konkurrenz auf dem Arbeitsmarkt sehr groß ist. So ist es denkbar, dass bei bestimmten IT-Berufen, Ingenieuren, Wissenschaftlern usw. auf Grund der besonderen Konkurrenz zur Privatwirtschaft Beschäftigte nur über eine Vorstufung für Tätigkeiten gewonnen werden können.

Ob eine Anrechnung von Beschäftigungszeiten vorgenommen werden soll, hängt von der Ermessensentscheidung des Arbeitgebers ab. Einen einklagbaren Rechtsanspruch auf die Anrechnung förderlicher Zeiten hat der Beschäftigte nicht. Die anzurechnenden Beschäftigungszeiten können teilweise oder in vollem Umfang erfolgen.

Da die Anrechnung förderlicher Zeiten eine Frage der Lohngestaltung und der Eingruppierung ist (siehe LAG Düsseldorf vom 21.6.1999 – 18 TaBV 26/99; BAG vom 27.6.2000 – 1 ABR 36/99, ZTR 2001, 283), unterliegt sie der Mitbestimmung der Personal- und Betriebsräte.

§§ 16, 17 TVöD

3 Die **Stufenlaufzeiten** finden sich in § 16 Abs. 4 (Bund) bzw. § 16 Abs. 3 (VKA). Hiernach werden die Stufe 2 nach einem Jahr, die Stufe 3 nach zwei Jahren, die Stufe 4 nach drei Jahren, die Stufe 5 nach vier Jahren und die Stufe 6 nach fünf Jahren jeweils in der vorangegangenen Stufe erreicht. Regelmäßig wird daher die Endstufe in 15 Jahren erreicht.

4 Die Tarifvertragsparteien sind sich darüber einig, dass stichtagsbezogene Verwerfungen zwischen übergeleiteten Beschäftigten und Neueinstellungen entstehen können (siehe Niederschriftserklärungen 7 und 8 zu TVöD).

Besondere Stufenregelungen ergeben sich aus den Anhängen zu § 16 Bund und VKA.

5 Nach den Niederschriftserklärungen 7 und 8 sind sich die Tarifvertragsparteien darüber einig, dass stichtagsbezogene Verwerfungen zwischen übergeleiteten Beschäftigten und Neueinstellungen entstehen können. Damit ist gemeint, dass gewisse **Ungleichbehandlungen** insoweit hingenommen werden.

§ 17
Allgemeine Regelungen zu den Stufen

(1) Die Beschäftigten erhalten vom Beginn des Monats an, in dem die nächste Stufe erreicht wird, das Tabellenentgelt nach der neuen Stufe.

(2) ¹Bei Leistungen der/des Beschäftigten, die erheblich über dem Durchschnitt liegen, kann die erforderliche Zeit für das Erreichen der Stufen 4 bis 6 jeweils verkürzt werden. ²Bei Leistungen, die erheblich unter dem Durchschnitt liegen, kann die erforderliche Zeit für das Erreichen der Stufen 4 bis 6 jeweils verlängert werden. ³Bei einer Verlängerung der Stufenlaufzeit hat der Arbeitgeber jährlich zu prüfen, ob die Voraussetzungen für die Verlängerung noch vorliegen. ⁴Für die Beratung von schriftlich begründeten Beschwerden von Beschäftigten gegen eine Verlängerung nach Satz 2 bzw. 3 ist eine betriebliche Kommission zuständig. ⁵Die Mitglieder der betrieblichen Kommission werden je zur Hälfte vom Arbeitgeber und vom Betriebs-/Personalrat benannt; sie müssen dem Betrieb/der Dienststelle angehören. ⁶Der Arbeitgeber entscheidet auf Vorschlag der Kommission darüber, ob und in welchem Umfang der Beschwerde abgeholfen werden soll.

Protokollerklärung zu Absatz 2:
¹Die Instrumente der materiellen Leistungsanreize (§ 18) und der leistungsbezogene Stufenaufstieg bestehen unabhängig voneinander und dienen unterschiedlichen Zielen. ²Leistungsbezogene Stufenaufstiege unterstützen insbesondere die Anliegen der Personalentwicklung.

Protokollerklärung zu Absatz 2 Satz 2:
Bei Leistungsminderungen, die auf einem anerkannten Arbeitsunfall oder einer Berufskrankheit gemäß §§ 8 und 9 SGB VII beruhen, ist diese Ursache in geeigneter Weise zu berücksichtigen.

Protokollerklärung zu Absatz 2 Satz 6:
Die Mitwirkung der Kommission erfasst nicht die Entscheidung über die leistungsbezogene Stufenzuordnung.

(3) ¹Den Zeiten einer ununterbrochenen Tätigkeit im Sinne des § 16 (Bund) Abs. 4 Satz 1 und des § 16 (VKA) Abs. 3 Satz 1 stehen gleich:

a) Schutzfristen nach dem Mutterschutzgesetz,

b) Zeiten einer Arbeitsunfähigkeit nach § 22 bis zu 39 Wochen,

c) Zeiten eines bezahlten Urlaubs,

d) Zeiten eines Sonderurlaubs, bei denen der Arbeitgeber vor dem Antritt schriftlich ein dienstliches bzw. betriebliches Interesse anerkannt hat,

e) Zeiten einer sonstigen Unterbrechung von weniger als einem Monat im Kalenderjahr,

f) Zeiten der vorübergehenden Übertragung einer höherwertigen Tätigkeit.

²Zeiten der Unterbrechung bis zu einer Dauer von jeweils drei Jahren, die nicht von Satz 1 erfasst werden, und Elternzeit bis zu jeweils fünf Jahren sind unschädlich, werden aber nicht auf die Stufenlaufzeit angerechnet. ³Bei einer Unterbrechung von mehr als drei Jahren, bei Elternzeit von mehr als fünf Jahren, erfolgt eine Zuordnung zu der Stufe, die der vor der Unterbrechung erreichten Stufe vorangeht, jedoch nicht niedriger als bei einer Neueinstellung; die Stufenlaufzeit beginnt mit dem Tag der Arbeitsaufnahme. ⁴Zeiten, in denen Beschäftigte mit einer kürzeren als der regelmäßigen wöchentlichen Arbeitszeit eines entsprechenden Vollbeschäftigten beschäftigt waren, werden voll angerechnet.

(4) ¹Bei Eingruppierung in eine höhere Entgeltgruppe werden die Beschäftigten derjenigen Stufe zugeordnet, in der sie mindestens ihr bisheriges Tabellenentgelt erhalten, mindestens jedoch der Stufe 2. ²Beträgt der Unterschiedsbetrag zwischen dem derzeitigen Tabellenentgelt und dem Tabellenentgelt nach Satz 1 weniger als 25 Euro in den Entgeltgruppen 1 bis 8 bzw. weniger als 50 Euro in den Entgeltgruppen 9 bis 15, so erhält die/der Beschäftigte während der betreffenden Stufenlaufzeit anstelle des Unterschiedsbetrags einen Garantiebetrag von monatlich 25 Euro (Entgeltgruppen 1 bis 8) bzw. 50 Euro (Entgeltgruppen 9 bis 15). ³Die Stufenlaufzeit in der höheren Entgeltgruppe beginnt mit dem Tag der Höhergruppierung. ⁴Bei einer Eingruppierung in eine niedrigere Entgeltgruppe ist die/der Beschäftige der in der höheren Entgeltgruppe erreichten Stufe zuzuordnen. ⁵Die/Der Beschäftigte erhält vom Beginn des Monats an, in dem die Veränderung wirksam wird, das entsprechende Tabellenentgelt aus der in Satz 1 oder Satz 4 festgelegten Stufe der betreffenden Entgeltgruppe, ggf. einschließlich des Garantiebetrags.

Protokollerklärung zu Absatz 4 Satz 2:
Die Garantiebeträge nehmen an allgemeinen Entgeltanpassungen teil.

§ 17 TVöD

1 Steht ein Stufenaufstieg an gilt Folgendes: Unabhängig vom Zeitpunkt, in dem die höhere Stufe innerhalb eines Monats erreicht wird, erhält der Beschäftigte das neue **Tabellenentgelt** für den gesamten Monat.

2 § 17 Abs. 2 sieht vor, dass die erforderliche Zeit für das Erreichen der Stufen 4 bis 6 leistungsabhängig verkürzt oder verlängert werden kann, und zwar bei **Leistungen**, die erheblich über oder unter dem Durchschnitt liegen. Die Frage, ob von dieser Kann-Regelung Gebrauch gemacht wird, obliegt dem Arbeitgeber. Es handelt sich um eine Frage der Lohngestaltung, die nach allen Personalvertretungsgesetzen und dem Betriebsverfassungsgesetz mitbestimmungspflichtig ist. Die **Mitbestimmung** umfasst auch die Frage, nach welchen Kriterien die Beschleunigung oder Hemmung des Stufenaufstieges stattfindet. Die hiermit verbundenen Fragen sind grundsätzlich in einer Dienst- bzw. Betriebsvereinbarung zu regeln. Hierbei ist zu beachten, dass die Feststellung, ob erheblich über oder unter dem Durchschnitt liegende Leistungen vorliegen, entsprechend § 10 Abs. 5 (VKA) grundsätzlich durch **Zielvereinbarungssysteme** bzw. **systematische Leistungsbewertung** zu erfolgen hat; auch wenn die materiellen Leistungsanreizsysteme des § 18 nach der Protokollerklärung zu § 17 Abs. 2 andere Ziele verfolgen und leistungsbezogene Stufenaufstiege insbesondere das Anliegen der Personalentwicklung unterstützen sollen. Es handelt sich gleichwohl um ein leistungsabhängiges Bezahlungssystem, das personalvertretungs- und betriebsverfassungsrechtlich mitbestimmungspflichtig ist. Nach einigen Personalvertretungsgesetzen der Länder bestehen sogar Mitbestimmungsrechte im Einzelfall.

Ähnlich wie bei Beförderungen von Beamten (BVerwG vom 11.7.1995 – 6 P 22/93, PersR 1995, 524f.; vom 20.8.2003 – 6 C 5/03, PersV 2004, 52ff.) kann der Personalrat sein Initiativrecht sowohl kollektiv, als auch im Einzelfall für den vorgezogenen Stufenaufstieg geltend machen; denn es handelt sich um eine »Höhergruppierung« im personalvertretungsrechtlichen Sinne (siehe § 16 Rn. 2), um leistungsbezogenes Entgelt und um eine Frage der Lohngestaltung.

Eine Entscheidung nach Abs. 2 kommt nur in Betracht, wenn die Leistung »erheblich« über oder unter dem Durchschnitt liegt. Es handelt sich somit um eine Ausnahmevorschrift. Von einer erheblich unterdurchschnittlichen Leistung kann gesprochen werden, wenn – gemessen an der durchschnittlichen Leistung der vergleichbaren Arbeitnehmer – das Verhältnis von Leistung und Gegenleistung stark beeinträchtigt ist. Das ist bei der langfristigen Unterschreitung der Durchschnittsleistung um deutlich mehr als 1/3 der Fall. Dem entspricht es, wenn das BAG in anderen Fällen unterhalb einer Grenze von etwa 1/3 liegende Vergütungseinbußen als noch hinnehmbar und nicht als eine grundlegende Störung des Leistungsgleichgewichts im kündigungsrechtlich geschützten Kernbereich angesehen hat (BAG vom 11.12.2003 – 2 AZR 667/02, ZTR 2004, 481ff.; vom 15.11.1995 – 2 AZR 521/95, AP TVG § 1 Tarifverträge Lufthansa Nr. 20 = EzA BGB § 315 Nr. 45; vom 13.5.1987 – 5 AZR 125/86, BAGE 55, 275; KR-Rost, § 2 KSchG Rn. 47ff. m.w.N.).

Die Hemmung des Stufenaufstiegs kommt ähnlich wie die Verhinderung des Bewährungsaufstiegs nicht in Betracht, wenn der Beschäftigte nicht rechtzeitig zuvor auf seine Minderleistungen hingewiesen wurde. Der Hinweis muss so rechtzeitig erfolgen, dass eine Korrektur noch möglich ist.

Da dieses Leistungsanreizsystem der Personalentwicklung dienen soll, ist die Hemmung des Stufenaufstiegs nur möglich, wenn der Beschäftigte die Leistung überhaupt zu steigern vermag.

Ein Anspruch auf vorgezogenen Stufenaufstieg besteht nur in den Grenzen des § 315 BGB bzw. im Falle der Verletzung des arbeitsrechtlichen Gleichbehandlungsgrundsatzes.

Zur Begleitung des leistungsabhängigen Stufenverlaufs ist eine **betriebliche** **3** **Kommission** zu bilden, die zur Hälfte vom Arbeitgeber und vom Betriebs- oder Personalrat besetzt wird. Diese Kommission ist für die Beratung von schriftlich begründeten Beschwerden der Beschäftigten zuständig. Dem Arbeitgeber bleibt es allerdings überlassen, ob und in welchem Umfang er der Beschwerde auf Vorschlag der Kommission abhelfen will. Die anschließende Ermessensentscheidung ist dann mitbestimmungspflichtig, wenn die Personalvertretungsgesetze die Mitbestimmung im Einzelfall vorsehen. Ferner ist die Entscheidung durch den betroffenen Arbeitnehmer nach § 315 BGB arbeitsgerichtlich überprüfbar. Soll der Stufenaufstieg beschleunigt werden, hat der Arbeitnehmer die Darlegungs- und Beweislast dafür, dass erheblich über dem Durchschnitt liegende Leistungen vorliegen, im umgekehrten Fall der Arbeitgeber, der auch darlegen und beweisen muss, dass seine Entscheidung betriebsverfassungs- oder personalvertretungsrechtlich ordnungsgemäß zustande gekommen ist.

Liegen Leistungsminderungen vor, die auf einem anerkannten **Arbeits-** **4** **unfall** oder einer Berufskrankheit beruhen, ist diese Ursache in geeigneter Weise bei der Beschleunigung und bei Hemmung des Stufenaufstiegs zu berücksichtigen. Gleiches gilt für **schwerbehinderte Beschäftigte**.

Im Fall der Hemmung des Stufenaufstieges hat der Arbeitgeber jährlich zu prüfen, ob die Voraussetzungen für die Verlängerung noch vorliegen. Die Stufenlaufzeit muss daher nicht nochmals von Anfang an zurückgelegt werden.

Beispiel:
Steht der reguläre Stufenaufstieg zum 1.7.2008 an und wird festgestellt, dass erheblich unter dem Durchschnitt liegende Leistungen vorliegen, so ist am 1.7.2009 erneut zu prüfen, ob die Voraussetzungen für die Verlängerung der Stufenlaufzeit noch gegeben sind.
Ist dies nicht der Fall, erfolgt die Höherstufung. Gleiches gilt, wenn der Arbeitgeber die Prüfung bis zu diesem Zeitpunkt unterlässt (§ 162 Abs. 1 BGB).

Für die Beschäftigten, für die das Überleitungsrecht gilt, die sich in der **in-** **5** **dividuellen Zwischenstufe** befinden und daher in zwei Jahren höhergestuft werden (vgl. hierzu TVÜ IV 4), kann dieser Stufenaufstieg nicht leistungs-

§§ 17, 18 TVöD

bedingt gehemmt werden, weil die Spezialvorschriften aus dem Überleitungsrecht vorgehen.

6 Die Stufenlaufzeit muss ununterbrochen zurückgelegt werden (§§ 16 Abs. 4 [Bund] und 16 Abs. 3 [VkA]). Als **Unterbrechungen** gelten nicht:

a) Schutzfristen nach dem Mutterschutzgesetz,

b) Zeiten einer Arbeitsunfähigkeit bis zu 39 Wochen,

c) Zeiten eines bezahlten Urlaubes,

d) Zeiten eines Sonderurlaubes, bei denen der Arbeitgeber vor dem Antritt schriftlich ein dienstliches bzw. betriebliches Interesse anerkannt hat,

e) Zeiten einer sonstigen Unterbrechung von weniger als einem Monat im Kalenderjahr,

f) Zeiten der vorübergehenden Übertragung einer höherwertigen Tätigkeit.

Zeiten der Unterbrechung bis zu einer Dauer von jeweils drei Jahren und Elternzeit bis zu jeweils fünf Jahren sind ebenfalls unschädlich, hemmen aber die Stufenlaufzeit. Bei einer längeren Unterbrechung erfolgt eine Zuordnung zu der Stufe, die der vor der Unterbrechung erreichten Stufe vorangeht, jedoch nicht niedriger als bei einer Neueinstellung. Zeiten, in denen nur in Teilzeit gearbeitet wird, werden für den Stufenaufstieg voll angerechnet.

7 Bei einer **Eingruppierung in eine höhere Entgeltgruppe** werden die Beschäftigten derjenigen Stufe zugeordnet, in der sie mindestens ihr bisheriges Tabellenentgelt erhalten, mindestens jedoch in Stufe 2. Beträgt der Unterschiedsbetrag zwischen dem derzeitigen und dem Tabellenentgelt nach der Höhergruppierung weniger als 25 Euro in den Entgeltgruppen 1 bis 8 bzw. weniger als 50 Euro in den Entgeltgruppen 9 bis 15, so erhält der Beschäftigte während der betreffenden Stufenlaufzeit anstelle des Unterschiedsbetrages einen Garantiebetrag von monatlich 25 Euro in den Entgeltgruppen 1 bis 8 bzw. 50 Euro in den Entgeltgruppen 9 bis 15.

Folgt eine **Herabgruppierung**, so ist der Beschäftigte derjenigen Stufe zuzuordnen, die er bereits in der höheren Entgeltgruppe erreicht hatte.

§ 18 (Bund)
Leistungsentgelt

(1) [1]**Ab dem 1. Januar 2007 wird ein Leistungsentgelt eingeführt.** [2]**Das Leistungsentgelt ist eine variable und leistungsorientierte Bezahlung zusätzlich zum Tabellenentgelt.**

(2) [1]**Ausgehend von einer vereinbarten Zielgröße von 8 v.H. entspricht bis zu einer Vereinbarung eines höheren Vomhundertsatzes das für das Leistungsentgelt zur Verfügung stehende Gesamtvolumen 1 v.H. der ständigen Monatsentgelte des Vorjahres aller unter den Geltungsbereich des TVöD fallenden Beschäftigten des jeweiligen Arbeitgebers.** [2]**Das für das Leistungsentgelt zur Verfügung stehende Gesamtvolumen ist zweckentsprechend zu verwenden; es besteht die Verpflichtung zu jährlicher Auszahlung der Leistungsentgelte.**

Protokollerklärung zu Absatz 2 Satz 1:
Ständige Monatsentgelte sind insbesondere das Tabellenentgelt (ohne Sozialversicherungsbeiträge des Arbeitgebers und dessen Kosten für die betriebliche Altersvorsorge), die in Monatsbeträgen festgelegten Zulagen einschließlich Besitzstandszulagen sowie Entgelt im Krankheitsfall (§ 22) und bei Urlaub, soweit diese Entgelte in dem betreffenden Kalenderjahr ausgezahlt worden sind; nicht einbezogen sind dagegen insbesondere Abfindungen, Aufwandsentschädigungen, Auslandsdienstbezüge einschließlich Kaufkraftausgleiche und Auslandsverwendungszuschläge, Einmalzahlungen, Jahressonderzahlungen, Leistungsentgelte, Strukturausgleiche, unständige Entgeltbestandteile und Entgelte der außertariflichen Beschäftigten.

Niederschriftserklärung zu § 18 (Bund) Abs. 2:
Das als Zielgröße zu erreichende Gesamtvolumen von 8 v.H. wird wie folgt finanziert
– Anteil aus auslaufenden Besitzständen in pauschalierter Form,
– im Rahmen zukünftiger Tarifrunden.
Die Tarifvertragsparteien führen erstmals Mitte 2008 Gespräche über den Anteil aus auslaufenden Besitzständen und über eine mögliche Berücksichtigung von Effizienzgewinnen.

(3) Nähere Regelungen werden in einem Bundestarifvertrag vereinbart.

Protokollerklärungen zu Absatz 3:
1. *¹Die Tarifvertragsparteien sind sich darüber einig, dass die zeitgerechte Einführung des Leistungsentgelts sinnvoll, notwendig und deshalb beiderseits gewollt ist. ²Kommt bis zum 30. September 2007 kein Bundestarifvertrag zu Stande, erhalten die Beschäftigten mit dem Tabellenentgelt des Monats Dezember 2008 6 v.H. des für den Monat September jeweils zustehenden Tabellenentgelts. ³Das Leistungsentgelt erhöht sich im Folgejahr um den Restbetrag des Gesamtvolumens. ⁴Solange in den Folgejahren keine Einigung nach Absatz 3 zu Stande kommt, gelten die Sätze 2 und 3 entsprechend. ⁵Für das Jahr 2007 erhalten die Beschäftigten mit dem Tabellenentgelt des Monats Dezember 2007 12 v.H. des für den Monat September 2007 jeweils zustehenden Tabellenentgelts ausgezahlt, insgesamt jedoch nicht mehr als das Gesamtvolumen gemäß § 18 Abs. 2 Satz 1, wenn bis zum 31. Juli 2007 keine Einigung nach Absatz 3 zustande gekommen ist.*
2. *¹In der Entgeltrunde 2008 werden die Tarifvertragsparteien die Umsetzung des § 18 (Leistungsentgelt) analysieren und ggf. notwendige Folgerungen ziehen. ²In diesem Rahmen werden auch Höchstfristen für eine teilweise Nichtauszahlung von Gesamtvolumina gemäß Satz 4 der Protokollerklärung Nr. 1 festgelegt; ferner wird eine Verzinsung des etwaigen ab dem Jahr 2008 nicht ausgezahlten Gesamtvolumens geklärt.*

(4) Die ausgezahlten Leistungsentgelte sind zusatzversorgungspflichtiges Entgelt.

§ 18 TVöD

Protokollerklärungen zu § 18 (Bund):

1. ¹*Eine Nichterfüllung der Voraussetzungen für die Gewährung eines Leistungsentgelts darf für sich genommen keine arbeitsrechtlichen Maßnahmen auslösen.* ²*Umgekehrt sind arbeitsrechtliche Maßnahmen nicht durch Teilnahme an einer Zielvereinbarung bzw. durch Gewährung eines Leistungsentgelts ausgeschlossen.*
2. ¹*Leistungsgeminderte dürfen nicht grundsätzlich aus Leistungsentgelten ausgenommen werden.* ²*Ihre jeweiligen Leistungsminderungen sollen angemessen berücksichtigt werden.*

Niederschriftserklärung zu § 18 (Bund) Abs. 4:
Die Tarifvertragsparteien wirken darauf hin, dass der ATV sowie die Satzung der VBL bis spätestens 31. Dezember 2006 entsprechend angepasst werden.

Niederschriftserklärung zu § 18 (Bund):
Die Tarifvertragsparteien gehen davon aus, dass Leistungsentgelte Bezüge im Sinne des § 4 TV ATZ sind.

§ 18 VKA
Leistungsentgelt

(1) ¹Die leistungs- und/oder erfolgsorientierte Bezahlung soll dazu beitragen, die öffentlichen Dienstleistungen zu verbessern. ²Zugleich sollen Motivation, Eigenverantwortung und Führungskompetenz gestärkt werden.

(2) ¹Ab dem 1. Januar 2007 wird ein Leistungsentgelt eingeführt. ²Das Leistungsentgelt ist eine variable und leistungsorientierte Bezahlung zusätzlich zum Tabellenentgelt.

(3) ¹Ausgehend von einer vereinbarten Zielgröße von 8 v.H. entspricht bis zu einer Vereinbarung eines höheren Vomhundertsatzes das für das Leistungsentgelt zur Verfügung stehende Gesamtvolumen 1 v.H. der ständigen Monatsentgelte des Vorjahres aller unter den Geltungsbereich des TVöD fallenden Beschäftigten des jeweiligen Arbeitgebers. ²Das für das Leistungsentgelt zur Verfügung stehende Gesamtvolumen ist zweckentsprechend zu verwenden; es besteht die Verpflichtung zu jährlicher Auszahlung der Leistungsentgelte.

Protokollerklärung zu Absatz 3 Satz 1:
¹*Ständige Monatsentgelte sind insbesondere das Tabellenentgelt (ohne Sozialversicherungsbeiträge des Arbeitgebers und dessen Kosten für die betriebliche Altersvorsorge), die in Monatsbeträgen festgelegten Zulagen einschließlich Besitzstandszulagen sowie Entgelt im Krankheitsfall (§ 22) und bei Urlaub, soweit diese Entgelte in dem betreffenden Kalenderjahr ausgezahlt worden sind; nicht einbezogen sind dagegen insbesondere Abfindungen, Aufwandsentschädigungen, Einmalzahlungen, Jahressonderzahlungen, Leistungsentgelte, Strukturausgleiche, unständige Entgeltbestandteile und Entgelte der außertariflichen Beschäftigten.* ²*Unständige Entgeltbestandteile können betrieblich einbezogen werden.*

TVöD § 18

Niederschriftserklärung zu § 18 (VKA) Abs. 3:
Das als Zielgröße zu erreichende Gesamtvolumen von 8 v.H. wird wie folgt finanziert
- *Anteil aus auslaufenden Besitzständen in pauschalierter Form,*
- *im Rahmen zukünftiger Tarifrunden.*

Die Tarifvertragsparteien führen erstmals Mitte 2008 Gespräche über den Anteil aus auslaufenden Besitzständen und über eine mögliche Berücksichtigung von Effizienzgewinnen.

(4) ¹Das Leistungsentgelt wird zusätzlich zum Tabellenentgelt als Leistungsprämie, Erfolgsprämie oder Leistungszulage gewährt; das Verbinden verschiedener Formen des Leistungsentgelts ist zulässig. ²Die Leistungsprämie ist in der Regel eine einmalige Zahlung, die im Allgemeinen auf der Grundlage einer Zielvereinbarung erfolgt; sie kann auch in zeitlicher Abfolge gezahlt werden. ³Die Erfolgsprämie kann in Abhängigkeit von einem bestimmten wirtschaftlichen Erfolg neben dem gemäß Absatz 3 vereinbarten Startvolumen gezahlt werden. ⁴Die Leistungszulage ist eine zeitlich befristete, widerrufliche, in der Regel monatlich wiederkehrende Zahlung. ⁵Leistungsentgelte können auch an Gruppen von Beschäftigten gewährt werden. ⁶Leistungsentgelt muss grundsätzlich allen Beschäftigten zugänglich sein. ⁷Für Teilzeitbeschäftigte kann von § 24 Abs. 2 abgewichen werden.

Protokollerklärungen zu Absatz 4:
1. *¹Die Tarifvertragsparteien sind sich darüber einig, dass die zeitgerechte Einführung des Leistungsentgelts sinnvoll, notwendig und deshalb beiderseits gewollt ist. ²Sie fordern deshalb die Betriebsparteien dazu auf, rechtzeitig vor dem 1. Januar 2007 die betrieblichen Systeme zu vereinbaren. ³Kommt bis zum 30. September 2007 keine betriebliche Regelung zustande, erhalten die Beschäftigten mit dem Tabellenentgelt des Monats Dezember 2008 6 v.H. des für den Monat September jeweils zustehenden Tabellenentgelts. ⁴Das Leistungsentgelt erhöht sich im Folgejahr um den Restbetrag des Gesamtvolumens. ⁵Solange auch in den Folgejahren keine Einigung entsprechend Satz 2 zustande kommt, gelten die Sätze 3 und 4 ebenfalls. ⁶Für das Jahr 2007 erhalten die Beschäftigten mit dem Tabellenentgelt des Monats Dezember 2007 12 v.H. des für den Monat September 2007 jeweils zustehenden Tabellenentgelts ausgezahlt, insgesamt jedoch nicht mehr als das Gesamtvolumen gemäß Absatz 3 Satz 1, wenn bis zum 31. Juli 2007 keine Einigung nach Satz 3 zustande gekommen ist.*
2. *¹In der Entgeltrunde 2008 werden die Tarifvertragsparteien die Umsetzung des § 18 (Leistungsentgelt) analysieren und ggf. notwendige Folgerungen (z.B. Schiedsstellen) ziehen. ²In diesem Rahmen werden auch Höchstfristen für eine teilweise Nichtauszahlung des Gesamtvolumens gemäß Satz 3 der Protokollerklärung Nr. 1 festgelegt; ferner wird eine Verzinsung des etwaigen ab dem Jahr 2008 nicht ausgezahlten Gesamtvolumens geklärt.*

§ 18 TVöD

Protokollerklärung zu Absatz 4 Satz 4:
¹Die wirtschaftlichen Unternehmensziele legt die Verwaltungs-/Unternehmensführung zu Beginn des Wirtschaftsjahres fest. ²Der wirtschaftliche Erfolg wird auf der Gesamtebene der Verwaltung/des Betriebes festgestellt.

Niederschriftserklärung zu § 18 (VKA) Abs. 4 Satz 8:
Die Tarifvertragsparteien gehen davon aus, dass Leistungsentgelte Bezüge im Sinne des § 4 TV ATZ sind.

(5) ¹Die Feststellung oder Bewertung von Leistungen geschieht durch das Vergleichen von Zielerreichungen mit den in der Zielvereinbarung angestrebten Zielen oder über eine systematische Leistungsbewertung. ²Zielvereinbarung ist eine freiwillige Abrede zwischen der Führungskraft und einzelnen Beschäftigten oder Beschäftigtengruppen über objektivierbare Leistungsziele und die Bedingungen ihrer Erfüllung. ³Leistungsbewertung ist die auf einem betrieblich vereinbarten System beruhende Feststellung der erbrachten Leistung nach möglichst messbaren oder anderweitig objektivierbaren Kriterien oder durch aufgabenbezogene Bewertung.

Niederschriftserklärung zu § 18 (VKA) Abs. 5 Satz 2:
¹Die Tarifvertragsparteien stimmen darin überein, dass aus Motivationsgründen die Vereinbarung von Zielen freiwillig geschieht. ²Eine freiwillige Zielvereinbarung kann auch die Verständigung auf zum Teil vorgegebene oder übergeordnete Ziele sein, z.B. bei der Umsetzung gesetzlicher oder haushaltsrechtlicher Vorgaben, Grundsatzentscheidungen der Verwaltungs-/Unternehmensführung.

Niederschriftserklärung zu § 18 (VKA) Abs. 5 Satz 3:
Die systematische Leistungsbewertung entspricht nicht der Regelbeurteilung.

(6) ¹Das jeweilige System der leistungsbezogenen Bezahlung wird betrieblich vereinbart. ²Die individuellen Leistungsziele von Beschäftigten bzw. Beschäftigtengruppen müssen beeinflussbar und in der regelmäßigen Arbeitszeit erreichbar sein. ³Die Ausgestaltung geschieht durch Betriebsvereinbarung oder einvernehmliche Dienstvereinbarung, in der insbesondere geregelt werden:

– Verfahren der Einführung von leistungs- und/oder erfolgsorientierten Entgelten,

– zulässige Kriterien für Zielvereinbarungen,

– Ziele zur Sicherung und Verbesserung der Effektivität und Effizienz, insbesondere für Mehrwertsteigerungen (z.B. Verbesserung der Wirtschaftlichkeit, - der Dienstleistungsqualität, - der Kunden-/Bürgerorientierung)

– Auswahl der Formen von Leistungsentgelten, der Methoden sowie Kriterien der systematischen Leistungsbewertung und der aufgabenbezogenen Bewertung (messbar, zählbar oder anderweitig objektivierbar), ggf. differenziert nach Arbeitsbereichen, u. U. Zielerreichungsgrade,

TVöD § 18

- Anpassung von Zielvereinbarungen bei wesentlichen Änderungen von Geschäftsgrundlagen,
- Vereinbarung von Verteilungsgrundsätzen,
- Überprüfung und Verteilung des zur Verfügung stehenden Finanzvolumens, ggf. Begrenzung individueller Leistungsentgelte aus umgewidmetem Entgelt,
- Dokumentation und Umgang mit Auswertungen über Leistungsbewertungen.

Protokollerklärung zu Absatz 6:
Besteht in einer Dienststelle/in einem Unternehmen kein Personal- oder Betriebsrat, hat der Dienststellenleiter/Arbeitgeber die jährliche Ausschüttung der Leistungsentgelte im Umfang des Vomhundertsatzes der Protokollerklärung Nr. 1 zu Absatz 4 sicherzustellen, solange eine Kommission im Sinne des Absatzes 7 nicht besteht.

(7) ¹Bei der Entwicklung und beim ständigen Controlling des betrieblichen Systems wirkt eine betriebliche Kommission mit, deren Mitglieder je zur Hälfte vom Arbeitgeber und vom Betriebs-/Personalrat aus dem Betrieb benannt werden. ²Die betriebliche Kommission ist auch für die Beratung von schriftlich begründeten Beschwerden zuständig, die sich auf Mängel des Systems bzw. seiner Anwendung beziehen. ³Der Arbeitgeber entscheidet auf Vorschlag der betrieblichen Kommission, ob und in welchem Umfang der Beschwerde im Einzelfall abgeholfen wird. ⁴Folgt der Arbeitgeber dem Vorschlag nicht, hat er seine Gründe darzulegen. ⁵Notwendige Korrekturen des Systems bzw. von Systembestandteilen empfiehlt die betriebliche Kommission. ⁶Die Rechte der betrieblichen Mitbestimmung bleiben unberührt.

Niederschriftserklärung zu § 18 (VKA) Abs. 7:
1. *Die Mitwirkung der Kommission erfasst nicht die Vergabeentscheidung über Leistungsentgelte im Einzelfall.*
2. *Die nach Abs. 7 und die für Leistungsstufen nach § 17 Abs. 2 gebildeten betrieblichen Kommissionen sind identisch.*

(8) Die ausgezahlten Leistungsentgelte sind zusatzversorgungspflichtiges Entgelt.

Protokollerklärungen zu § 18:
1. *¹Eine Nichterfüllung der Voraussetzungen für die Gewährung eines Leistungsentgelts darf für sich genommen keine arbeitsrechtlichen Maßnahmen auslösen. ²Umgekehrt sind arbeitsrechtliche Maßnahmen nicht durch Teilnahme an einer Zielvereinbarung bzw. durch Gewährung eines Leistungsentgelts ausgeschlossen.*
2. *¹Leistungsgeminderte dürfen nicht grundsätzlich aus Leistungsentgelten ausgenommen werden. ²Ihre jeweiligen Leistungsminderungen sollen angemessen berücksichtigt werden.*

§ 18 TVöD

> 3. Die Vorschriften des § 18 sind sowohl für die Parteien der betrieblichen Systeme als auch für die Arbeitgeber und Beschäftigten unmittelbar geltende Regelungen.
> 4. Die Beschäftigten in Sparkassen sind ausgenommen.
> 5. Die landesbezirklichen Regelungen in Baden-Württemberg, in Nordrhein-Westfalen und im Saarland zu Leistungszuschlägen zu § 20 BMT-G bleiben unberührt.
>
> **Niederschriftserklärung zu § 18 (VKA) Abs. 8:**
> Die Tarifvertragsparteien wirken darauf hin, dass der ATV, der ATV-K sowie die Satzungen der VBL und der kommunalen Zusatzversorgungskassen bis spätestens 31. Dezember 2006 entsprechend angepasst werden.

1 Beginnend mit dem 1.1.2007 wird ein **Leistungsentgelt** eingeführt. Hierbei handelt es sich um eine variable und leistungs- bzw. erfolgsabhängige Bezahlung zusätzlich zum Tabellenentgelt, die dazu dient, die öffentlichen Dienstleistungen zu verbessern und zugleich Motivation, Eigenverantwortung und Führungskompetenz der Beschäftigten zu stärken (§ 18 VKA). Im Bereich des Bundes steht der Leistungsgesichtspunkt im Mittelpunkt. Nähere Regelungen hierzu werden bis zum 30.9.2007 in einem Bundestarifvertrag vereinbart.

Das als Zielgröße zu erreichende Gesamtvolumen von 8 v.H. wird wie folgt finanziert

– Anteil aus auslaufenden Besitzständen in pauschalierter Form,

– im Rahmen zukünftiger Tarifrunden.

Die Tarifvertragsparteien führen erstmals Mitte 2008 Gespräche über den Anteil aus auslaufenden Besitzständen und über eine mögliche Berücksichtigung von Effizienzgewinnen (Niederschriftserklärungen 9 und 12).

2 Im **kommunalen Bereich** sind die Tarifvorschriften zum Leistungsentgelt bereits vollständig vorhanden.

Das Leistungsentgelt beträgt beginnend mit dem 1.1.2007 im Bund und im Bereich der VKA zunächst 1% der ständigen Monatsentgelte des Vorjahres aller unter den Geltungsbereich des TVöD fallenden Beschäftigten des jeweiligen Arbeitgebers. Dieses Leistungsentgelt soll in den Folgejahren tariflich bis auf 8% der Bemessungsgröße erhöht werden. Dieses Budget ist zweckentsprechend zu verwenden. Es besteht die Verpflichtung zur jährlichen Ausschüttung.

Das Leistungsentgelt wird zusätzlich zum Tabellenentgelt als Leistungsprämie, Leistungszulage oder Erfolgsprämie gewährt. Das Verbinden verschiedener Formen des Leistungsentgeltes ist zulässig.

3 Um eine **Leistungsprämie** handelt es sich tariflich dann, wenn die i.d.R. einmalige jährliche Zahlung – auf der Grundlage der Erfüllung einer Zielvereinbarung – erfolgt.

Die **Leistungszulage** ist eine zeitlich befristete, widerrufliche, i.d.R. monatlich wiederkehrende Zahlung, die grundsätzlich aufgrund einer systematischen Leistungsbewertung gewährt wird.

Die **Erfolgsprämie** kann in Abhängigkeit von einem bestimmten wirtschaftlichen Erfolg neben dem vereinbarten Startvolumen von 1 % gezahlt werden. Es wird damit die Möglichkeit geschaffen, den Einprozenttopf erfolgsabhängig aufzustocken. Bei Erreichen des Startvolumens von 1 % können weitere tarifliche Erhöhungen des Leistungsentgelts ebenfalls erfolgsabhängig verwendet werden.

Die leistungsabhängige Bezahlung kann individuell oder teambezogen gewährt werden. Die **teambezogene** Zahlung des Leistungsentgeltes wird regelmäßig das Einverständnis der Teammitglieder für diese Verfahrensweise erfordern.

Nach § 18 Abs. 4 Satz 6 (VKA) muss das Leistungsentgelt grundsätzlich allen Beschäftigten zugänglich sein. Dieser Grundsatz fordert, dass ein breiter Leistungsansatz gewählt wird und durch das System nicht nur so genannte **Top-Leister** begünstigt werden dürfen. Es wird damit allerdings auch nicht ausgeschlossen, **Schlecht-Leistern** kein Leistungsentgelt zukommen zu lassen. **4**

Die Budgets, aus denen das Leistungsentgelt verteilt wird, sind so zu bilden, dass alle Beschäftigten eine gerechte Chance haben, aufgrund einer vergleichbaren Leistung zu einem leistungsangemessenen Anteil dieses Budgets zu gelangen.

Abs. 4 Satz 7 bestimmt, dass für **Teilzeitbeschäftigte** von der Einführung eines Leistungsentgelts abgesehen werden kann. Dies berechtigt nicht dazu, diesen Personenkreis vom Leistungsentgelt auszuschließen. Ist es aufgrund der gewählten Arbeitszeit nicht möglich, ein Zielvereinbarungssystem oder eine systematische Leistungsbewertung anzuwenden, erhalten diese Beschäftigten gleichwohl das durchschnittliche Leistungsentgelt entsprechend dem Anteil ihrer vertraglich vereinbarten Arbeitszeit. In der Regel wird es aber möglich sein, Teilzeitbeschäftigte in das Leistungsbewertungssystem zu integrieren. **5**

Nach Abs. 5 (VKA) geschieht die Feststellung der Bewertung von Leistungen durch das Vergleichen von Zielerreichungen mit den in **Zielvereinbarungen** angestrebten Zielen oder über eine systematische Leistungsbewertung. Das jeweilige System der leistungsbezogenen Bezahlung wird betrieblich vereinbart (§ 18 Abs. 6 Satz 1 [VKA]). Die Ausgestaltung geschieht durch Betriebs- oder einvernehmliche Dienstvereinbarung (§ 18 Abs. 6 Satz 3 [VKA]). **6**

Um eine freiwillige **Dienstvereinbarung** handelt es sich nur dann, wenn die hiermit verbundenen Fragen zwischen Dienststelle und Personalrat einvernehmlich geregelt werden, ohne dass eine Einigungsstelle entscheidet. Diese kann hier also nur Empfehlungen abgeben, wenn sie angerufen wird. **7**

§ 18 TVöD

8 Daneben ist vorgesehen, dass bei der Entwicklung und beim ständigen Controlling des betrieblichen Systems eine **betriebliche Kommission** mitwirkt, deren Mitglieder je zur Hälfte vom Arbeitgeber und vom Betriebs- bzw. Personalrat aus dem Betrieb benannt werden (§ 18 Abs. 7 [VKA]). Die betriebliche Kommission ist auch für die Beratung von schriftlich begründeten Beschwerden zuständig, die sich auf Mängel des Systems bzw. seiner Anwendung beziehen. Notwendige Korrekturen des Systems bzw. von Systembestandteilen empfiehlt die betriebliche Kommission; die Mitbestimmungsrechte des Betriebs- oder Personalrates bleiben allerdings unberührt.

Die Mitwirkung der Kommission erfasst nach der Niederschriftserklärung Nr. 16/1 nicht die Vergabeentscheidung über Leistungsentgelte im Einzelfall. Die Maßnahme kann aber nach einigen Personalvertretungsgesetzen mitbestimmungspflichtig sein.

9 In einer freiwilligen Betriebs- oder Dienstvereinbarung wird festzulegen sein, welche **Budgeteinheiten** im Zuge der Leistungsbewertung gebildet und welche Beschäftigten daher miteinander verglichen werden. Ferner bedarf es der Festlegung eines **Verteilungsschlüssels**, der gewährleisten sollte, dass eine durchschnittliche Leistung dazu führt, dass in der Startphase zumindest 6 % des für den Monat September jeweils zustehenden Tabellenentgelts gezahlt werden (vgl. hierzu entsprechend Protokollnotiz Nr. 1 zu § 18 Abs. 4 [VKA]). Ferner ist in der Dienstvereinbarung zu regeln, unter welchen Voraussetzungen Zielvereinbarungen zu schließen sind und in welchen Fällen eine Beurteilung über eine systematische Leistungsbewertung erfolgt. Zielvereinbarungssysteme sollten vorrangig angestrebt werden.

10 Die **Zielvereinbarung** ist eine freiwillige Abrede zwischen Führungskraft und dem einzelnen Beschäftigten oder einer Beschäftigtengruppe über objektivierbare Leistungsziele und die Bedingungen ihrer Erfüllung (§ 18 Abs. 5 Satz 2 [VKA]). Nach der Niederschriftserklärung Nr. 14 zu § 18 Abs. 5 Satz 2 (VKA) soll die Vereinbarung von Zielen freiwillig geschehen. Eine freiwillige Zielvereinbarung kann auch die Verständigung auf zum Teil vorgegebene oder übergeordnete Ziele sein, z.B. bei der Umsetzung gesetzlicher oder haushaltsrechtlicher Vorgaben, Grundsatzentscheidungen der Verwaltungs-/Unternehmungsführung.

Dienst- oder Betriebsvereinbarungen können das Verfahren der Zielvereinbarung näher konkretisieren, insbesondere auch zu Fragen der Zielvereinbarungs-, Zwischen- und Abschlussgespräche zwischen Führungskraft und einzelnem Beschäftigten, zur möglichen Hinzuziehung eines Personalratsmitgliedes, zu den Zielerreichungsstufen und den Kriterien für die Vereinbarung von Zielen.

Es muss sich um objektivierbare Leistungsziele handeln. Da es um Leistung geht, müssen diese Ziele auch durch den betreffenden Arbeitnehmer oder das Team beeinflussbar sein, auch wenn eine Verständigung auf übergeordnete Ziele erfolgt. Objektivierbar ist ein Leistungsziel nur dann, wenn dessen Erfüllung entweder messbar oder objektiv beurteilbar ist und nicht nur von der subjektiven Einschätzung der Führungskraft abhängt.

Die individuellen Leistungsziele müssen beeinflussbar und in der regelmäßigen Arbeitszeit erreichbar sein (§ 18 Abs. 6 Satz 2 [VKA]). Die zu bildende betriebliche Kommission und der Personalrat sind berechtigt, die Zielerreichungsmöglichkeit in qualitativer und quantitativer Hinsicht zu überprüfen. Insofern wird hier auch ermöglicht, eine fortlaufende Arbeitsplatzbewertung einschließlich der Leistungsintensität vorzunehmen.

Kommt eine Zielvereinbarung nicht zustande, ist im Streitfall zu ermitteln, wer hierfür verantwortlich ist. Hat der Arbeitgeber das Zustandekommen der Zielvereinbarung vereitelt, ist nach § 162 BGB von einer vollen Zielerreichung auszugehen und der Arbeitgeber zur Zahlung zumindest der durchschnittlichen Leistungsprämie verpflichtet (LAG Köln vom 23.5.2002, NZA-RR 2003, 305; siehe auch LAG Hamm vom 24.11.2004 - 3 Sa 1325/04, LAGReport 2005, 165–168).

Die Frage der Zielerreichung unterliegt der vollen arbeitsgerichtlichen Nachprüfung. Ein variabler Gehaltsanteil, der von der Erfüllung bestimmter, vom Arbeitgeber vorgegebener Ziele abhängt, wird bei Zielerreichung fällig. Ist der Inhalt des vorgegebenen Zieles wegen unklarer Formulierung ungewiss, kommen dem Arbeitnehmer Erleichterungen der Darlegungslast zu Gute nach dem Rechtsgedanken des § 5 AGBG (a.F.) und des § 2 Abs. 1 NachwG. Den Arbeitnehmer trifft keine Pflicht, den Arbeitgeber zur Klarstellung des unklar formulierten Zieles zu veranlassen. Gibt der Arbeitgeber kein Ziel vor, kann der Arbeitnehmer nur dann Ansprüche aus §§ 615 oder 325 BGB a.F. geltend machen, wenn er darlegt, welche Ziele der Arbeitgeber hätte festlegen müssen und dass er selbst diese Ziele auch erreicht hätte (Hessisches LAG vom 29.1.2002 - 7 Sa 836/01, AiB 2002, 575 f.).

Die **systematische Leistungsbewertung** sollte nur da angewendet werden, wo Zielvereinbarungen nicht möglich sind. Grundsätzlich lässt sich jede Leistung durch ein Zielvereinbarungssystem bewerten. Wird die systematische Leistungsbewertung gewählt, so muss es sich um ein betrieblich vereinbartes System handeln, das die erbrachte Leistung nach möglichst messbaren oder anderweitig objektivierbaren Kriterien oder durch eine aufgabenbezogene Bewertung vornimmt. Die systematische Leistungsbewertung entspricht nicht der Regelbeurteilung (Niederschriftserklärung Nr. 15 zu § 18 Abs. 5 Satz 3 [VKA]).

Das jeweilige System der leistungsbezogenen Bezahlung wird betrieblich vereinbart, und zwar durch Betriebs- oder einvernehmliche Dienstvereinbarung. Im Geltungsbereich des Personalvertretungsrechts ist ein verbindlicher Spruch der Einigungsstelle nicht möglich.

§ 18 TVöD

12 Die **Dienstvereinbarung** hat insbesondere zu regeln:
- Verfahren der Einführung von leistungs- und/oder erfolgsorientierten Entgelten,
- zulässige Kriterien für Zielvereinbarungen,
- Ziele zur Sicherung und Verbesserung der Effektivität und Effizienz, insbesondere für Mehrwertsteigerungen, z. B. der Wirtschaftlichkeit/ der Dienstleistungsqualität/der Kunden-/Bürgerorientierung,
- Auswahl der Formen von Leistungsentgelten, der Methoden sowie Kriterien der systematischen Leistungsbewertung und der aufgabenbezogenen Bewertung (messbar, zählbar oder anderweitig objektivierbar), ggf. differenziert nach Arbeitsbereichen, u. U. Zielerreichungsgrade,
- Anpassen von Zielvereinbarungen bei wesentlichen Änderungen von Geschäftsgrundlagen,
- Vereinbaren von Verteilungsgrundsätzen,
- Überprüfen und Verteilen des zur Verfügung stehenden Finanzvolumens, ggf. Begrenzen individueller Leistungsentgelte aus umgewidmetem Entgelt,
- Dokumentation und Umgang mit Auswertungen über Leistungsbewertungen (siehe hierzu die Vorgaben aus § 18 Abs. 6 Satz 3 [VKA]).

Das Verfahren der Einführung von leistungs- und/oder erfolgsorientierten Entgelten beinhaltet vor allem die Prozessgestaltung. Hierzu gehören: Bildung der betrieblichen Kommission, Qualifizierung ihrer Mitglieder, Fragen des Umfangs und Inhalts externer Beratung sowie die Auswahl der hierfür notwendigen Sachverständigen, Fragen der Qualifizierung der Führungskräfte und der Einbeziehung der Beschäftigten, z. B. durch Befragungen, Informations- und Diskussionsveranstaltungen oder Workshops. Da dieser Prozess u. U. einen längeren Zeitraum in Anspruch nimmt, kann in einer Dienstvereinbarung auch festgelegt werden, dass das leistungsbezogene Entgelt über das Jahr 2007 hinaus zunächst gleichverteilt wird.

Bei den zulässigen Kriterien für Zielvereinbarungen sind die tariflichen Grundsätze zu beachten: Die Ziele müssen
- aufgabenbezogen (Abs. 5),
- in eigener Verantwortung erreichbar (Abs. 1 Satz 1),
- aufgrund eigener Leistung beeinflussbar (Abs. 6),
- innerhalb der individuellen Arbeitszeit erreichbar (Abs. 6),
- messbar, zählbar oder anderweitig objektivierbar (Abs. 5) und
- motivierend (Abs.1 Satz 1)

sein.

Eine besondere Bedeutung hat die Ausgestaltung der Verteilungsgrunsätze.

13 Eine Nichterfüllung der Voraussetzungen für die Gewährung eines Leistungsentgeltes darf für sich genommen keine **arbeitsrechtlichen Maßnah-**

men auslösen. Umgekehrt sind solche Maßnahmen nicht durch Teilnahme an einer Zielvereinbarung bzw. Gewährung eines Leistungsentgeltes ausgeschlossen (Protokollerklärung Nr. 1 zu § 18). Dies kann dadurch befördert werden, dass die in diesem Zusammenhang erhobenen Daten nur wenigen Personen zugänglich sind und dies in der Dienst- oder Betriebsvereinbarung entsprechend vorgeschrieben ist (z. B. die Grundlagen der Zielerreichung nur den Fachvorgesetzten, nicht der Personalabteilung, die nur die Endergebnisse benötigt).

Kommt bis zum 30.9.2007 keine betriebliche Regelung zustande, erhalten die Beschäftigten mit dem Tabellenentgelt des Monats Dezember 2008 6 v.H. des für den Monat September jeweils zustehenden Tabellenentgelts (**Gleichverteilung**). Das Leistungsentgelt erhöht sich im Folgejahr um den Restbetrag des Gesamtvolumens. Kommt auch in den Folgejahren keine Einigung entsprechend Satz 2 zustande, finden diese Regelungen entsprechend Anwendung. Für das Jahr 2007 erhalten die Beschäftigten mit dem Tabellenentgelt des Monats Dezember 2007 12 v.H. des für den Monat September 2007 jeweils zustehenden Tabellenentgeltes jeweils ausgezahlt, insgesamt jedoch nicht mehr als das Gesamtvolumen, wenn bis zum 31.7.2007 keine Einigung zustande kommt (Protokollerklärung Nr. 1 zu § 18 Abs. 4 [VkA]). Im Bereich des Bundes gilt Entsprechendes, falls es nicht zum Abschluss eines Bundestarifvertrages kommen sollte. **14**

Der nicht ausgezahlte Teil des Leistungsentgelts muss im Rahmen der jeweiligen haushaltsrechtlichen Vorschriften zurückgestellt und verzinslich angelegt werden. In der Entgeltrunde 2008 werden die Tarifvertragsparteien die Umsetzung des § 18 analysieren und ggf. notwendige Folgerungen (z.B. Schiedsstellen) ziehen. In diesem Rahmen werden auch Höchstfristen für eine teilweise Nichtauszahlung des Gesamtvolumens gemäß Satz 3 der Protokollerklärung Nr. 1 festgelegt; ferner wird eine Verzinsung des etwaigen ab dem Jahr 2008 nicht ausgezahlten Gesamtvolumens geklärt (Protokollnotiz Nr. 2 zu Abs. 4).

Besteht in einer Dienststelle oder einem Unternehmen kein Personal- oder Betriebsrat, so hat der Dienststellenleiter oder Arbeitgeber die jährliche Ausschüttung der Leistungsentgelte im Umfang des Vomhundertsatzes dieser Protokollerklärung sicherzustellen, solange eine Kommission i.S.d. Absatzes 7 nicht besteht. Eine solche Kommission kann jedoch nicht gebildet werden, solange kein Betriebs- oder Personalrat besteht.

Die **erfolgsabhängige Vergütung**, die durch Betriebs- oder Dienstvereinbarung eingeführt werden kann, bedarf der näheren Ausgestaltung durch freiwillige Dienst- oder Betriebsvereinbarung. Nach der Protokollerklärung zu § 18 Abs. 4 Satz 4 (VKA) legt die Verwaltungs- bzw. Unternehmensführung zu Beginn des Wirtschaftsjahres die wirtschaftlichen Unternehmensziele fest. Der Erfolg wird auf der Gesamtebene der Verwaltung oder des Betriebes festgestellt. Weil es sich um Fragen der Lohngestaltung handelt, ist auch dieses System mitbestimmungspflichtig. **15**

§§ 18, 19 TVöD

16 Das als Zielgröße zu erreichende **Gesamtvolumen** von 8 v.H. wird finanziert aus den Anteilen aus auslaufenden Besitzständen in pauschalierter Form und im Rahmen zukünftiger Tarifrunden. Die Tarifvertragsparteien führen erstmals Mitte 2008 erneut Gespräche über den Anteil aus auslaufenden Besitzständen und über eine mögliche Berücksichtigung von Effizienzgewinnen und vereinbaren dann entsprechende Erhöhungen des Leistungsentgeltes (vgl. Niederschriftserklärungen Nr. 9 und 12 zu § 18).

17 Ausgenommen von den vorstehenden Regelungen zum Leistungsentgelt sind die Beschäftigten der **Sparkassen** (Protokollerklärung Nr. 4 zu § 18 [VKA]). Sie erhalten aber ebenfalls Leistungsentgelt. Dieses wird allerdings nach den Vorschriften des Spartentarifvertrages, insbesondere zur Sparkassensonderzahlung, verteilt.

§ 19
Erschwerniszuschläge

(1) ¹Erschwerniszuschläge werden für Arbeiten gezahlt, die außergewöhnliche Erschwernisse beinhalten. ²Dies gilt nicht für Erschwernisse, die mit dem der Eingruppierung zugrunde liegenden Berufs- oder Tätigkeitsbild verbunden sind.

(2) **Außergewöhnliche Erschwernisse im Sinne des Absatzes 1 ergeben sich grundsätzlich nur bei Arbeiten**

a) mit besonderer Gefährdung,

b) mit extremer nicht klimabedingter Hitzeeinwirkung,

c) mit besonders starker Schmutz- oder Staubbelastung,

d) mit besonders starker Strahlenexposition oder

e) unter sonstigen vergleichbar erschwerten Umständen.

(3) Zuschläge nach Absatz 1 werden nicht gewährt, soweit der außergewöhnlichen Erschwernis durch geeignete Vorkehrungen, insbesondere zum Arbeitsschutz, ausreichend Rechnung getragen wird.

(4) Die Zuschläge betragen in der Regel 5 bis 15 v.H. – in besonderen Fällen auch abweichend – des auf eine Stunde entfallenden Anteils des monatlichen Tabellenentgelts der Stufe 2 der Entgeltgruppe 2.

(5) ¹Die zuschlagspflichtigen Arbeiten und die Höhe der Zuschläge werden im Bereich der VKA landesbezirklich – für den Bund durch einen Tarifvertrag auf Bundesebene – vereinbart. ²Für den Bund gelten bis zum In-Kraft-Treten eines entsprechenden Tarifvertrages die bisherigen tarifvertraglichen Regelungen des Bundes fort.

1 Erschwerniszuschläge werden nur noch für Arbeiten gezahlt, die außergewöhnliche Erschwernisse beinhalten. Diese ergeben sich nach Abs. 2 grundsätzlich nur bei Arbeiten

a) mit besonderer Gefährdung,

b) mit extremer nichtklimabedingter Hitzeeinwirkung,

c) mit besonders starker Schmutz- oder Staubbelastung,

d) mit besonders starker Strahlenexposition oder

e) oder sonstigen vergleichbar erschwerten Umständen.

Die Zuschläge werden nicht gewährt, soweit geeignete Vorkehrungen, insbesondere zum Arbeitsschutz, bestehen. Sie betragen i.d.R. 5 bis 15 v.H. des auf die Stunde entfallenden Anteils des monatlichen Tabellenentgeltes der Stufe 2 der Entgeltgruppe 2. Die zuschlagspflichtigen Arbeiten und die Höhe der Zuschläge werden im Bereich der VKA landesbezirklich, für den Bund durch einen Tarifvertrag auf Bundesebene vereinbart. Für den Bund gelten bis zum In-Kraft-Treten eines entsprechenden Tarifvertrages die bisherigen tariflichen Regelungen des Bundes fort.

§ 20
Jahressonderzahlung

(1) Beschäftigte, die am 1. Dezember im Arbeitsverhältnis stehen, haben Anspruch auf eine Jahressonderzahlung.

(2) ¹Die Jahressonderzahlung beträgt bei Beschäftigten, für die die Regelungen des Tarifgebiets West Anwendung finden,

in den Entgeltgruppen 1 bis 8	90 v.H.,
in den Entgeltgruppen 9 bis 12	80 v.H. und
in den Entgeltgruppen 13 bis 15	60 v.H.

des der/dem Beschäftigten in den Kalendermonaten Juli, August und September durchschnittlich gezahlten monatlichen Entgelts; unberücksichtigt bleiben hierbei das zusätzlich für Überstunden gezahlte Entgelt (mit Ausnahme der im Dienstplan vorgesehenen Überstunden), Leistungszulagen, Leistungs- und Erfolgsprämien. ²Der Bemessungssatz bestimmt sich nach der Entgeltgruppe am 1. September. ³Bei Beschäftigten, deren Arbeitsverhältnis nach dem 30. September begonnen hat, tritt an die Stelle des Bemessungszeitraums der erste volle Kalendermonat des Arbeitsverhältnisses. ⁴In den Fällen, in denen im Kalenderjahr der Geburt des Kindes während des Bemessungszeitraums eine erziehungsgeldunschädliche Teilzeitbeschäftigung ausgeübt wird, bemisst sich die Jahressonderzahlung nach dem Beschäftigungsumfang am Tag vor dem Beginn der Elternzeit.

Protokollerklärung zu Absatz 2:
¹Bei der Berechnung des durchschnittlich gezahlten monatlichen Entgelts werden die gezahlten Entgelte der drei Monate addiert und durch drei geteilt; dies gilt auch bei einer Änderung des Beschäftigungsumfangs. ²Ist im Bemessungszeitraum nicht für alle Kalendertage Entgelt gezahlt worden, werden die gezahlten Entgelte der drei Monate addiert, durch die Zahl der Kalendertage mit Ent-

§ 20 TVöD

gelt geteilt und sodann mit 30,67 multipliziert. ³Zeiträume, für die Krankengeldzuschuss gezahlt worden ist, bleiben hierbei unberücksichtigt. ⁴Besteht während des Bemessungszeitraums an weniger als 30 Kalendertagen Anspruch auf Entgelt, ist der letzte Kalendermonat, in dem für alle Kalendertage Anspruch auf Entgelt bestand, maßgeblich.

Niederschriftserklärung zu § 20 Abs. 2 Satz 1:
Die Tarifvertragsparteien stimmen überein, dass die Beschäftigten der Entgeltgruppe 2Ü zu den Entgeltgruppen 1 bis 8 und die Beschäftigten der Entgeltgruppe 15Ü zu den Entgeltgruppen 13 bis 15 gehören.

(3) Für Beschäftigte, für die die Regelungen des Tarifgebiets Ost Anwendung finden, gilt Absatz 2 mit der Maßgabe, dass die Bemessungssätze für die Jahressonderzahlung 75 v. H. der dort genannten Vomhundertsätze betragen.

(4) ¹Der Anspruch nach den Absätzen 1 bis 3 vermindert sich um ein Zwölftel für jeden Kalendermonat, in dem Beschäftigte keinen Anspruch auf Entgelt oder Fortzahlung des Entgelts nach § 21 haben. ²Die Verminderung unterbleibt für Kalendermonate,

1. für die Beschäftigte kein Tabellenentgelt erhalten haben wegen

   a) Ableistung von Grundwehrdienst oder Zivildienst, wenn sie diesen vor dem 1. Dezember beendet und die Beschäftigung unverzüglich wieder aufgenommen haben,

   b) Beschäftigungsverboten nach § 3 Abs. 2 und § 6 Abs. 1 MuSchG,

   c) Inanspruchnahme der Elternzeit nach dem Bundeserziehungsgeldgesetz bis zum Ende des Kalenderjahres, in dem das Kind geboren ist, wenn am Tag vor Antritt der Elternzeit Entgeltanspruch bestanden hat;

2. in denen Beschäftigten nur wegen der Höhe des zustehenden Krankengelds ein Krankengeldzuschuss nicht gezahlt worden ist.

(5) ¹Die Jahressonderzahlung wird mit dem Tabellenentgelt für November ausgezahlt. ²Ein Teilbetrag der Jahressonderzahlung kann zu einem früheren Zeitpunkt ausgezahlt werden.

(6) ¹Beschäftigte, die bis zum 31. März 2005 Altersteilzeitarbeit vereinbart haben, erhalten die Jahressonderzahlung auch dann, wenn das Arbeitsverhältnis wegen Rentenbezugs vor dem 1. Dezember endet. ²In diesem Falle treten an die Stelle des Bemessungszeitraums gemäß Absatz 2 die letzten drei Kalendermonate vor Beendigung des Arbeitsverhältnisses.

1 Die **Zuwendung** und das **Urlaubsgeld** werden abgelöst durch die **Jahressonderzahlung**. Auch hier ist der Stichtag 1. Dezember maßgeblich. Wer an diesem Tag in einem Arbeitsverhältnis steht, hat einen Anspruch auf die Jahressonderzahlung, wer früher ausscheidet, verliert diesen Anspruch regelmäßig.

Die Jahressonderzahlung beträgt bei Beschäftigten im Bereich des Tarifgebietes West in den Entgeltgruppen 1 bis 8 90 v.H., in den Entgeltgruppen 9 bis 12 80 v.H. und in den Entgeltgruppen 13 bis 15 60 v.H. des dem Beschäftigten in den Kalendermonaten Juli, August und September durchschnittlich gezahlten monatlichen Entgeltes. Nicht berücksichtigt wird zusätzlich für Überstunden gezahltes Entgelt mit Ausnahme der im Dienstplan vorgesehenen Überstunden, Leistungszulagen, Leistungs- und Erfolgsprämien.

Für Beschäftigte, für die die Regelungen des Tarifgebietes Ost Anwendung finden, betragen die Bemessungsgrundsätze der Jahressonderzahlung $3/_4$ der o.g. Vomhundertsätze.

Im Übrigen gelten die bisherigen Grundsätze für die Zuwendung. Allerdings berechtigt ein vorzeitiges Ausscheiden vor dem 1. Dezember des jeweiligen Jahres nur dann zu Teilzahlungen, wenn bis zum 31.3.2005 Altersteilzeit vereinbart wurde und das Arbeitsverhältnis wegen Rentenbezuges vor dem 1. Dezember endet. Andererseits führt eine Kündigung des Arbeitsverhältnisses zu einem Zeitpunkt nach dem 1. Dezember zum Fortfall der Jahressonderzahlung.

Die Jahressonderzahlung wird mit dem Tabellenentgelt für November ausgezahlt.

§ 21
Bemessungsgrundlage für die Entgeltfortzahlung

¹In den Fällen der Entgeltfortzahlung nach § 6 Abs. 3 Satz 1, § 22 Abs. 1, § 26, § 27 und § 29 werden das Tabellenentgelt sowie die sonstigen in Monatsbeträgen festgelegten Entgeltbestandteile weitergezahlt. ²Die nicht in Monatsbeträgen festgelegten Entgeltbestandteile werden als Durchschnitt auf Basis der dem maßgebenden Ereignis für die Entgeltfortzahlung vorhergehenden letzten drei vollen Kalendermonate (Berechnungszeitraum) gezahlt. ³Ausgenommen hiervon sind das zusätzlich für Überstunden gezahlte Entgelt (mit Ausnahme der im Dienstplan vorgesehenen Überstunden), Leistungsentgelte, Jahressonderzahlungen sowie besondere Zahlungen nach § 23.

Protokollerklärungen zu den Sätzen 2 und 3:
1. ¹*Volle Kalendermonate im Sinne der Durchschnittsberechnung nach Satz 2 sind Kalendermonate, in denen an allen Kalendertagen das Arbeitsverhältnis bestanden hat. ²Hat das Arbeitsverhältnis weniger als drei Kalendermonate bestanden, sind die vollen Kalendermonate, in denen das Arbeitsverhältnis bestanden hat, zugrunde zu legen. ³Bei Änderungen der individuellen Arbeitszeit werden die nach der Arbeitszeitänderung liegenden vollen Kalendermonate zugrunde gelegt.*
2. ¹*Der Tagesdurchschnitt nach Satz 2 beträgt bei einer durchschnittlichen Verteilung der regelmäßigen wöchentlichen Arbeitszeit auf fünf Tage 1/65 aus der Summe der zu berücksichtigenden Entgeltbestandteile, die für den Be-*

§ 21 TVöD

> *rechnungszeitraum zugestanden haben. ²Maßgebend ist die Verteilung der Arbeitszeit zu Beginn des Berechnungszeitraums. ³Bei einer abweichenden Verteilung der Arbeitszeit ist der Tagesdurchschnitt entsprechend Satz 1 und 2 zu ermitteln. ⁴Sofern während des Berechnungszeitraums bereits Fortzahlungstatbestände vorlagen, bleiben die in diesem Zusammenhang auf Basis der Tagesdurchschnitte zustehenden Beträge bei der Ermittlung des Durchschnitts nach Satz 2 unberücksichtigt.*
> **3.** *Tritt die Fortzahlung des Entgelts nach einer allgemeinen Entgeltanpassung ein, ist die/der Beschäftigte so zu stellen, als sei die Entgeltanpassung bereits mit Beginn des Berechnungszeitraums eingetreten.*

1 In allen Fällen, in denen das Entgelt ohne Arbeitsleistung fortzuentrichten ist, also bei Krankheit, Urlaub und sonstigen Freistellungen, werden das Tabellenentgelt sowie die sonstigen in Monatsbeträgen festgelegten Entgeltbestandteile weitergezahlt. Die nicht in Monatsbeträgen festgelegten Bestandteile werden als **Durchschnitt** auf der Basis der dem maßgeblichen Ereignis für die Entgeltfortzahlung vorhergehenden **letzten drei vollen Kalendermonate (Berechnungszeitraum)** gezahlt. Ausgenommen hiervon sind das zusätzlich für Überstunden gezahlte Entgelt (mit Ausnahme der im Dienstplan vorgesehenen Überstunden), Leistungsentgelte, Jahressonderzahlungen und besondere Sozialbezüge nach § 23. Diese Regelung entspricht § 4 EFZG, § 11 BUrlG und widerspricht daher nicht höherrangigem Recht.

Der Berechnungszeitraum wird verkürzt, wenn das Arbeitsverhältnis noch keine drei vollen Kalendermonate bestand. Ist kein voller Kalendermonat zurückgelegt, ist die Bezahlung für diesen Monat zu fingieren.

2 Ändert sich **die individuelle Arbeitszeit**, ist für die Berechnung der Entgeltfortzahlung das neue Entgelt maßgeblich. Es werden dann die in der neuen Arbeitszeit zurückgelegten vollen Kalendermonate für die Berechnung verwendet. Dies ist nicht der Fall, wenn insoweit noch kein voller Kalendermonat zurückgelegt ist. Dann gilt die allgemeine Regel, dass die letzten drei Kalendermonate maßgeblich sind.

3 Bei der Berechnung des **Tagesentgelts** ist bei der regelmäßigen Fünftagewoche 1/65tel des Entgelts der letzten drei Monate zu Grunde zu legen. Ist die Wochenarbeitszeit anders verteilt, ist zu ermitteln, wie viele Arbeitstage im Berechnungszeitraum von drei Monaten gewöhnlich anfallen und ein entsprechender Quotient zu verwenden. Es ist immer von 13 Wochen in drei Monaten auszugehen. Bei der Sechstagewoche wäre 1/78tel des Bemessungsentgelts der letzten drei Monate das Tagesentgelt.

Maßgeblich für die Berechnung des Tagesentgelts ist die **Arbeitszeit zu Beginn des Berechnungszeitraums**. Der Berechnungszeitraum kann aber bereits verschoben sein, weil sich die individuelle Arbeitszeit später als drei Monate vor dem maßgeblichen Ereignis für die Entgeltfortzahlung verändert hat (siehe Protokollerklärung Nr. 1 Satz 3).

Ist im Berechnungszeitraum bereits Entgeltfortzahlung geleistet worden, bleiben diese Werte bei der Berechnung des Tagesdurchschnitts unberücksichtigt. Es muss also fiktiv ermittelt werden, welches Entgelt zu zahlen gewesen wäre, wenn in diesem Zeitraum ein Anspruch auf Entgelt und nicht Entgeltfortzahlung bestanden hätte.

Tritt die Fortzahlung des Entgelts nach einer allgemeinen **Entgeltanpassung** ein, ist der Beschäftigte so zu stellen, als sei die Entgeltanpassung bereits mit Beginn des Berechnungszeitraums eingetreten.

§ 22
Entgelt im Krankheitsfall

(1) [1]Werden Beschäftigte durch Arbeitsunfähigkeit infolge Krankheit an der Arbeitsleistung verhindert, ohne dass sie ein Verschulden trifft, erhalten sie bis zur Dauer von sechs Wochen das Entgelt nach § 21. [2]Bei erneuter Arbeitsunfähigkeit infolge derselben Krankheit sowie bei Beendigung des Arbeitsverhältnisses gelten die gesetzlichen Bestimmungen. [3]Als unverschuldete Arbeitsunfähigkeit im Sinne der Sätze 1 und 2 gilt auch die Arbeitsverhinderung in Folge einer Maßnahme der medizinischen Vorsorge und Rehabilitation im Sinne von § 9 EFZG.

Protokollerklärung zu Absatz 1 Satz 1:
Ein Verschulden liegt nur dann vor, wenn die Arbeitsunfähigkeit vorsätzlich oder grob fahrlässig herbeigeführt wurde.

(2) [1]Nach Ablauf des Zeitraums gemäß Absatz 1 erhalten die Beschäftigten für die Zeit, für die ihnen Krankengeld oder entsprechende gesetzliche Leistungen gezahlt werden, einen Krankengeldzuschuss in Höhe des Unterschiedsbetrags zwischen den tatsächlichen Barleistungen des Sozialleistungsträgers und dem Nettoentgelt. [2]Nettoentgelt ist das um die gesetzlichen Abzüge verminderte Entgelt im Sinne des § 21; bei freiwillig Krankenversicherten ist dabei deren Gesamtkranken- und Pflegeversicherungsbeitrag abzüglich Arbeitgeberzuschuss zu berücksichtigen. [3]Für Beschäftigte, die wegen Übersteigens der Jahresarbeitsentgeltgrenze nicht der Versicherungspflicht in der gesetzlichen Krankenversicherung unterliegen, ist bei der Berechnung des Krankengeldzuschusses der Krankengeldhöchstsatz, der bei Pflichtversicherung in der gesetzlichen Krankenversicherung zustünde, zugrunde zu legen.

(3) [1]Der Krankengeldzuschuss wird bei einer Beschäftigungszeit (§ 34 Abs. 3)

von mehr als einem Jahr längstens bis zum Ende der 13. Woche und

von mehr als drei Jahren längstens bis zum Ende der 39. Woche

seit dem Beginn der Arbeitsunfähigkeit infolge derselben Krankheit gezahlt. [2]Maßgeblich für die Berechnung der Fristen nach Satz 1 ist die Beschäftigungszeit, die im Laufe der krankheitsbedingten Arbeitsunfähigkeit vollendet wird.

§ 22 TVöD

(4) ¹Entgelt im Krankheitsfall wird nicht über das Ende des Arbeitsverhältnisses hinaus gezahlt; § 8 EFZG bleibt unberührt. ²Krankengeldzuschuss wird zudem nicht über den Zeitpunkt hinaus gezahlt, von dem an Beschäftigte eine Rente oder eine vergleichbare Leistung auf Grund eigener Versicherung aus der gesetzlichen Rentenversicherung, aus einer zusätzlichen Alters- und Hinterbliebenenversorgung oder aus einer sonstigen Versorgungseinrichtung erhalten, die nicht allein aus Mitteln der Beschäftigten finanziert ist. ³Überzahlter Krankengeldzuschuss und sonstige Überzahlungen gelten als Vorschuss auf die in demselben Zeitraum zustehenden Leistungen nach Satz 2; die Ansprüche der Beschäftigten gehen insoweit auf den Arbeitgeber über. ⁴Der Arbeitgeber kann von der Rückforderung des Teils des überzahlten Betrags, der nicht durch die für den Zeitraum der Überzahlung zustehenden Bezüge im Sinne des Satzes 2 ausgeglichen worden ist, absehen, es sei denn, die/der Beschäftigte hat dem Arbeitgeber die Zustellung des Rentenbescheids schuldhaft verspätet mitgeteilt.

1 Nach Abs. 1 Satz 1 erhalten alle Beschäftigten, die durch Arbeitsunfähigkeit infolge Krankheit an der Arbeitsleistung verhindert sind, **Entgeltfortzahlung** bis zur Dauer von sechs Wochen. Dies entspricht der gesetzlichen Regelung. Die Höhe der Entgeltfortzahlung bestimmt sich nach § 21.

2 Nach Ablauf der sechs Wochen Entgeltfortzahlung erhalten die Beschäftigten für die Zeit, für die ihnen Krankengeld oder entsprechende gesetzliche Leistungen gezahlt werden, einen **Krankengeldzuschuss** in Höhe des Unterschiedsbetrages zwischen den tatsächlichen Barleistungen des Sozialleistungsträgers und dem Nettoentgelt. Dieser Krankengeldzuschuss setzt erst ein, wenn der Beschäftigte mehr als ein Jahr tätig ist. Bei einer Beschäftigungszeit (§ 34 Rn. 21) von mehr als einem Jahr wird der Krankengeldzuschuss bis zum Ablauf der 13. Woche der Arbeitsunfähigkeit gezahlt, bei einer Beschäftigungszeit von mehr als drei Jahren längstens bis zum Ende der 39. Woche. Die Fristen beginnen erneut zu laufen, wenn die Arbeitsunfähigkeit auf einer anderen Ursache beruht.

Bei den tatsächlichen Barleistungen des Sozialleistungsträgers handelt es sich um das so genannte »**Bruttokrankengeld**«, das einen Arbeitnehmeranteil zur Sozialversicherung enthält und daher nicht voll ausgezahlt wird. Hierdurch sind die Nettobezüge nach Ablauf der sechsten Woche der Arbeitsunfähigkeit etwas geringer als zuvor.

In den Fällen, in denen bislang die Regelungen des § 71 BAT Anwendung fanden, also bei Arbeitsverhältnissen, die bereits am 30. 6. 1994 bestanden, ist das Nettokrankengeld für die Berechnung des Krankengeldzuschusses weiterhin maßgeblich (vgl. hierzu TVÜ-V). Es entstehen für diese Beschäftigten also keine Nettogehaltseinbußen.

Das **Nettoentgelt** ist das um die gesetzlichen Abzüge verminderte Entgelt i.S.d. § 21. Bei freiwillig Krankenversicherten ist dabei deren Gesamtkranken- und Pflegeversicherungsbeitrag abzüglich Arbeitgeberzuschuss zu berücksichtigen. Für Beschäftigte, die wegen Übersteigens der Jahresarbeitsentgeltgrenze nicht der Versicherungspflicht in der gesetzlichen Krankenversicherung unterliegen, ist bei der Berechnung des Krankengeldzuschusses der Krankengeldhöchstsatz, der bei Pflichtversicherungen in der gesetzlichen Krankenversicherung zustünde, zugrundezulegen.

Privatversicherte, die bislang durch § 71 BAT geschützt waren, müssen ihre Verträge anpassen, so dass Krankengeld nach Ablauf der sechsten Kalenderwoche der Arbeitsunfähigkeit gezahlt wird. Da in diesem Zusammenhang eine Versicherungsprämienerhöhung zu befürchten ist, sind Gespräche der Tarifvertragsparteien mit dem Bundesverband der Privaten Krankenversicherungen (PKV) geführt worden, die zum Ziel hatten, einen Ausschluss dieser Versicherungsleistung zu verhindern und durch vertretbare Anhebung des Beitragssatzes die zusätzlichen Risiken abzudecken, insbesondere auch ohne erneute Gesundheitsuntersuchung.

§ 22 bekräftigt und erweitert die Rechte des Beschäftigten aus §§ 3, 4 EFZG auf **Gehaltsfortzahlung** im Falle der **Krankheit** und in Fällen medizinischer Vorsorge- oder Rehabilitationsmaßnahmen. Ohne diese Regelung wäre der Beschäftigte zwar von der Verpflichtung frei, die Arbeitsleistung zu erbringen (§ 275 BGB), würde aber den Anspruch auf die Gegenleistung, also den Gehaltsanspruch, verlieren (§ 323 Abs. 1 BGB).   **3**

Die Vorschrift ist keine Ausprägung arbeitgeberseitiger **Fürsorgepflicht** (so aber z. B. Uttlinger/Breier, § 37 BAT Rn. 1; in Anlehnung an BAG, AP Nr. 1 Lohnfortzahlungsgesetz Nr. 68 und BAG, EzBAT § 37 Nr. 15), sondern das Ergebnis gewerkschaftlicher und staatlicher Bemühungen, das Gehaltsfortzahlungsrisiko im Falle der Arbeitsunfähigkeit auf den Arbeitgeber zu verlagern (zur Kritik des Begriffes »Fürsorgepflicht« grundlegend: Schwerdtner, Fürsorgetheorie und Entgelttheorie im Recht der Arbeitsbedingungen, 1970).

Der Anspruch auf **Entgeltfortzahlung** setzt **Arbeitsunfähigkeit** voraus. Diese liegt vor, wenn der Beschäftigte die nach dem Arbeitsvertrag geschuldete Arbeitsleistung nicht erbringen kann, weil er aus Gründen in seiner Person hieran gehindert ist.   **4**

Die **arbeitsvertraglich geschuldete Leistung** ergibt sich entweder aus dem Arbeitsvertrag oder aus dessen Konkretisierung auf Grund späterer, nicht formbedürftiger Vereinbarungen, z. B. auch konkludent durch Übertragung einer bestimmten Tätigkeit.

Nicht immer kann der Arbeitgeber die volle Arbeitsleistung verlangen. Einschränkungen ergeben sich u. U. aus § 81 Abs. 4 SGB IX (BAG, NZA 1992, 27 ff.) oder aus den §§ 3, 4, 6 und 7 MuSchG. Darüber hinaus kann das Weisungsrecht des Arbeitgebers eingeschränkt sein, dem Arbeitnehmer bestimmte, z. B. besonders belastende Arbeiten zuzuteilen (§ 315 BGB), ohne dass bereits Arbeitsunfähigkeit vorliegen muss (BAG, AuR 1995, 332 f.). Eine dringende ärztliche Empfehlung zum Arbeitsplatzwechsel aus gesundheitlichen Gründen berechtigt den Arbeitgeber nicht, dem

§ 22 TVöD

Arbeitnehmer einen anderen Arbeitsbereich zuzuweisen oder die Arbeitsleistung abzulehnen und die Zahlung des Arbeitsentgeltes einzustellen (BAG vom 17.2.1998 – 9 AZR 130/97, EzA § 615 BGB Nr. 89).

5 Der Beschäftigte ist unfähig, die geschuldete Arbeitsleistung zu erbringen, wenn es ihm auf Grund seiner gesundheitlichen Verfassung oder auf Grund einer medizinischen Vorsorge- oder Rehabilitationsmaßnahme nicht zuzumuten oder unmöglich ist zu arbeiten. Da er grundsätzlich (vgl. Rn. 4) die volle Arbeitsleistung schuldet, können schon geringe gesundheitliche Einschränkungen zur **Arbeitsunfähigkeit** führen. Dies ist nach objektiven medizinischen Kriterien zu beurteilen. Insbesondere kommt es in diesem Zusammenhang nicht auf die Kenntnis der Arbeitsvertragsparteien bezüglich der bestehenden Arbeitsunfähigkeit an (BAG, EzBAT § 37 Nr. 14). Ist ein Arbeitnehmer, der Ansprüche aus Annahmeverzug geltend macht, objektiv aus gesundheitlichen Gründen außerstande, die arbeitsvertraglich geschuldete Leistung zu erbringen, so kann das fehlende Leistungsvermögen nicht allein durch die subjektive Einschätzung des Arbeitnehmers ersetzt werden, er sei trotzdem gesundheitlich in der Lage, einen Arbeitsversuch zu unternehmen (BAG vom 29.10.1998 – 2 AZR 666/97, EzA § 615 BGB Nr. 90).

Arbeitsunfähigkeit liegt nicht erst dann vor, wenn der Arbeitnehmer völlig außerstande ist, die geschuldete Arbeit auszuführen, sondern schon dann, wenn er diese nur unter der Gefahr aufnehmen oder fortsetzen könnte, seinen Zustand in absehbarer Zeit zu verschlimmern (BAG, a.a.O., m.w.N.). Gelingt es dem Beschäftigten allerdings, trotz prognostizierter oder festgestellter Arbeitsunfähigkeit die volle Arbeitsleistung zu erbringen, so wird man im Nachhinein nicht mehr von einer Arbeitsunfähigkeit ausgehen können (so aber wohl BAG, a.a.O.).

6 Derjenige, der nur einen Teil der vereinbarten Arbeitszeit zu leisten in der Lage ist, ist in vollem Umfang arbeitsunfähig (§ 266 BGB). Wird jedoch einvernehmlich nur teilweise gearbeitet, hat der Beschäftigte neben dem Teilgehalt Entgeltfortzahlung bis zum vollen Gehaltsanspruch zu erhalten (BAG, AP Nr. 42 zu § 616 BGB). Eine derartige Vereinbarung verändert regelmäßig nicht den Arbeitsvertrag in Richtung Teilzeitarbeitsverhältnis. Es ist jedoch zu empfehlen, eindeutig in Form einer Nebenabrede festzuhalten, dass die Arbeitszeit nur für die Dauer der **teilweisen Arbeitsunfähigkeit** reduziert werden soll und damit nur eine vorläufige beiderseitige Leistungsbestimmung getroffen wird, ohne den Arbeitsvertrag abzuändern.

Nach § 74 SGB V ist die stufenweise Wiederaufnahme der Arbeitstätigkeit nach einer Krankheit möglich, wenn der Arbeitnehmer hierzu bereit und in der Lage ist. Das BAG meint, dass die stufenweise Wiederaufnahme der Arbeit während der Arbeitsunfähigkeit als Rechtsverhältnis eigener Art, nämlich als so genanntes **Wiedereingliederungsverhältnis**, anzusehen sei, in dem der Beschäftigte grundsätzlich keinen Anspruch auf Gehaltszahlung habe (BAG vom 29.1.1992 – 5 AZR 637/89). Während dieser Zeit soll sogar der Urlaubsanspruch nicht erfüllbar sein (BAG, AP Nr. 2 zu §74 SGB V). Diese Entscheidungen stehen im Widerspruch zu dem Urteil desselben Senats vom 25.10.1973 (BAG, AP Nr. 42 zu §616) und berücksichtigen nicht, dass der Arbeitgeber, der Teilleistungen entgegennimmt, nach §323 Abs. 2 Halbsatz 2 BGB i.V.m. §24 Abs. 2 TVöD auch die Teilvergütung für die geleistete Arbeit zu entrichten hat. Eine entgegenstehende Vereinbarung mit der Hilfskonstruktion eines »Wiedereingliederungsverhältnisses« wäre nach §4 Abs. 3 TVG i.V.m. §134 BGB unwirksam.

Schwerbehinderte Arbeitnehmer haben einen Anspruch darauf, während der Arbeitsunfähigkeit Teilarbeitsleistungen erbringen zu dürfen, wenn dies ärztlicherseits empfohlen wird.

Ist ein schwerbehinderter oder gleichgestellter Beschäftigter außerstande, die arbeitsvertraglich geschuldete Leistung zu erbringen, so gerät der Arbeitgeber nach Meinung des 9. Senats des BAG nicht mit der Annahme der Dienste in Verzug; auch das Schwerbehindertenrecht verpflichte den Arbeitgeber nicht zur Entgeltfortzahlung (BAG vom 23.1.2001 – 9 AZR 287/99, NZA 2001, 1020ff.). Die Vorinstanz war davon ausgegangen, der Arbeitgeber habe gegenüber dem Schwerbehinderten oder dem Gleichgestellten nach §14 SchwbG a.F. die Pflicht zur leidensgerechten Beschäftigung durch Ausrüstung des Arbeitsplatzes mit technischer Hebevorrichtung und Änderungen der betrieblichen Arbeitsorganisation. Das BAG meint dagegen, diese Verpflichtung habe nach dem alten Recht nur bestanden, solange noch nicht die Mindestbeschäftigungszahl der schwerbehinderten Menschen erreicht war. Erst nach neuem Recht sei der einzelne schwerbehinderte Beschäftigte berechtigt, von seinem Arbeitgeber nicht nur die behindertengerechte Ausstattung seines Arbeitsplatzes, sondern auch eine entsprechende Gestaltung des Arbeitsplatzes, des -umfeldes und der -organisation zu verlangen (§14 Abs. 3 Nr. 4 SchwbG; §81 Abs. 4 SGB IX).

In Berufung auf sein Direktionsrecht kann der Arbeitgeber einen arbeitsunfähigen Arbeitnehmer nicht zu einer anderen Arbeit heranziehen, die er möglicherweise verrichten könnte (LAG Hamm, DB 1989, 1293ff.). Eine vorübergehende **Umsetzung** zum Zwecke der Beseitigung der Arbeitsunfähigkeit ist also unzulässig.

Im Arbeitsgerichtsprozess hat der Beschäftigte grundsätzlich darzulegen und zu beweisen, dass er arbeitsunfähig ist. Die ärztliche **Arbeitsunfähigkeitsbescheinigung** begründet zwar keine gesetzliche Vermutung i.S. des §292 ZPO, dass ihr Inhalt richtig ist; dagegen hat sie die tatsächliche Vermutung der Richtigkeit für sich. Letztere kann der Arbeitgeber nur erschüttern, wenn er begründete Zweifel hieran darlegt und beweist (BAG, AP Nr. 2 zu §3 LohnFG). Dies gilt uneingeschränkt auch für **ausländische Arbeitsunfähigkeitsbescheinigungen,** aus denen jedoch nicht nur die Krankheit, sondern auch die hieraus folgende Arbeitsunfähigkeit hervorgehen muss (BAG, AP Nr. 4 zu §3 LohnFG; EuGH, NJW 1992, 2687f.). Er-

§ 22 TVöD

krankt ein Arbeitnehmer während eines Auslandsaufenthaltes, so wird der Gehaltsfortzahlungsanspruch bei nachgewiesener Arbeitsunfähigkeit nicht dadurch ausgeschlossen, dass die Vorschriften eines bestehenden zwischenstaatlichen **Sozialversicherungsabkommens** nicht eingehalten werden (LAG Hamm, EzA BAT §37 Nr. 17; s.a. EuGH vom 2.5.1996 – Rs. C 206/94, EzA-Schnelldienst 10/95, 4; a.A. LAG Düsseldorf, DB 1990, 488). Besteht ein Sozialversicherungsabkommen, ist es ausreichend, dem ausländischen Sozialversicherungsträger die Arbeitsunfähigkeitsbescheinigung des behandelnden Arztes zuzuleiten, ohne eine Zweitschrift hiervon dem Arbeitgeber übersenden zu müssen (LAG Köln, NZA 1989, 599).

Der Beweiswert einer Arbeitsunfähigkeitsbescheinigung wird erschüttert, wenn sie nachweislich ohne ärztliche Untersuchung oder für längere Zeit rückwirkend ausgestellt wurde, der Beschäftigte seine Arbeitsunfähigkeit angekündigt hat oder eine Nebentätigkeit ausübt, die der Arbeitsunfähigkeit widerspricht. Nur wenn greifbare Anhaltspunkte dafür bestehen, an der Richtigkeit der Arbeitsunfähigkeitsbescheinigung zu zweifeln, ist der Arbeitnehmer im Prozess gehalten, seinen diesbezüglichen Gesundheitszustand zu offenbaren und den ausstellenden Arzt von der **Schweigepflicht** zu entbinden.

Der Beschäftigte kann seine Arbeitsunfähigkeit grundsätzlich auch durch andere taugliche Beweismittel nachweisen, z.B. durch Zeugenbeweis (so - auch BAG, NZA 1991, 103ff.).

8 Da der Arbeitnehmer regelmäßig erst am vierten Kalendertag eine ärztliche Bescheinigung vorzulegen hat (§5 Abs. 1 Satz 2 EFZG), trifft er die Feststellung seiner Arbeitsunfähigkeit bis zur Dauer von drei Kalendertagen selbst (negative Leistungsbestimmung nach §315 BGB). Behauptet der Beschäftigte gegenüber dem Arbeitgeber, in dieser Zeit arbeitsunfähig krank gewesen zu sein, obliegt es im Streitfalle dem Arbeitgeber, begründete Zweifel hieran darzulegen. Erst hiernach ist der Beschäftigte gehalten, Näheres über seinen Gesundheitszustand zu offenbaren. Nur wenn der Arbeitgeber seine Zweifel daraufhin aufrechterhalten kann und diesbezüglich vorgetragene Tatsachen beweist, entfällt der Anspruch auf Entgeltfortzahlung (LAG Berlin, BB 1988, 768).

9 Die Arbeitsunfähigkeit muss die **einzige Ursache** für die Nichtleistung der Arbeit sein, um den Anspruch auf Entgeltfortzahlung auszulösen. Dies folgt aus §275 BGB. Ist dem Beschäftigten die Arbeitsleistung aus anderen Gründen unmöglich, so ist er bereits von der Verpflichtung zu arbeiten befreit und es besteht somit keine Arbeitsunfähigkeit im obigen Sinne. Die Arbeitspflicht kann aus verschiedenen Gründen suspendiert sein (z.B. unbezahlter **Sonderurlaub, Elternzeit, Streik** und in anderen Fällen des **Ruhens** der arbeitsvertraglichen Hauptpflichten).

Die fehlende **Arbeitserlaubnis** führt regelmäßig zum Wegfall des Lohnfortzahlungsanspruches. Ein ausländischer Arbeitnehmer ist grundsätzlich selbst verpflichtet, sich um die Erteilung einer rechtzeitigen Verlängerung der erforderlichen Arbeitserlaubnis zu bemühen. Eine generelle Hinweispflicht des Arbeitgebers besteht insofern nicht. Wäre die Arbeitserlaubnis nach einem entsprechenden Antrag des Arbeitnehmers sofort erteilt worden, so spricht dieser hypothetische Kausalverlauf dafür, dass das Fehlen der Arbeitserlaubnis für den Arbeitsausfall mitursächlich war, so dass der Anspruch auf Entgeltfortzahlung erhalten bleibt (BAG vom 26.6.1996 – 5 AZR 872/94, EzA §1 LohnFG Nr. 127).

Hat der Arbeitnehmer rechtswirksam **Elternzeit** genommen, werden deren Beginn und Lauf nicht schon allein dadurch berührt, dass er vor Beginn der Elternzeit arbeitsunfähig krank wird; während der Elternzeit führt eine Krankheit nicht zur Arbeitsunfähigkeit (BAG vom 22.6.1988 – 5 AZR 526/87). Hat der Beschäftigte allerdings erklärt, er trete die Elternzeit nach Ende der Arbeitsunfähigkeit an, dann ist diese allein ursächlich für den Verdienstausfall, so dass Entgeltfortzahlung zu zahlen ist (BAG, NZA 1991, 320 ff.).

Der Anspruch auf Entgeltfortzahlung während eines **Streiks** entfällt nur dann, wenn mit Sicherheit festzustellen ist, dass der Arbeitnehmer am Streik teilgenommen hätte, wäre er nicht arbeitsunfähig geworden. Darlegungs- und beweispflichtig hierfür ist der Arbeitgeber. Ein Beschäftigter, der zu Beginn des Streiks bereits arbeitsunfähig ist, erklärt in der Regel nicht konkludent die Streikteilnahme. Wäre die Aufnahme der Tätigkeit während des Streiks möglich gewesen, ist von der Arbeitsunfähigkeit als einziger Ursache für die Nichterbringung der Arbeitsleistung auszugehen (BAG, NZA 1992, 163 ff.).

Der Sonderfall der Erkrankung während des **Erholungsurlaubs** ist in §9 BUrlG geregelt. Unter den dortigen Voraussetzungen besteht Arbeitsunfähigkeit. Diese Vorschrift ist nicht entsprechend auf andere Freistellungen (zusätzliche freie Tage, Freizeitausgleich etc.) anzuwenden (LAG Berlin, LAGE §1 LohnFG Nr. 28).

Ein Beschäftigter hat auch dann einen Anspruch auf Entgeltfortzahlung, wenn er auf Grund eines Arbeitsgerichtsurteils im gekündigten Arbeitsverhältnis **vorläufig weiterbeschäftigt** wird und in dieser Zeit krankheitsbedingt ausfällt. Auch hier ist die Arbeitsunfähigkeit die einzige Ursache für das Fehlen in einem gerichtlich angeordneten vorläufig fortzusetzenden Arbeitsverhältnis (a. A. aber BAG, NZA 1991, 768 ff.).

Der Gehaltsfortzahlungsanspruch besteht auch dann, wenn die Arbeitsunfähigkeit in eine Zeit fällt, in der außerplanmäßige **Mehrarbeit** oder **Überstunden** zu leisten waren (BAG, AP Nr. 78 zu §1 LohnFG). Der Beschäftigte ist in diesem Falle so zu behandeln, als hätte er an diesen Arbeiten teilgenommen.

Auch an einem **Feiertag** ist das Gehalt fortzuzahlen, wenn an diesem Tage Arbeitsunfähigkeit vorliegt (BAG, NZA 1989, 715 ff.; vgl. auch §4 Abs. 2 EFZG). Hatte der Arbeitnehmer an einem Feiertag dienstplanmäßig zu

§ 22 TVöD

arbeiten und wird er an diesem Tag krank, steht ihm hierfür Freizeitausgleich und Zeitzuschlag zu.

11 § 22 Abs. 1 enthält einen abschließenden Katalog der Ursachen für die Arbeitsunfähigkeit, die den Anspruch auf Entgeltfortzahlung begründen.

Krankheit wird definiert als regelwidriger Körper- oder Geisteszustand (Näheres s. in BAG, 7 AP § 616 BGB Nr. 64). Arbeitsunfähig infolge Krankheit ist der Beschäftigte, wenn ein Krankheitsgeschehen ihn außerstande setzt, die ihm nach dem Arbeitsvertrag obliegende Arbeit zu verrichten, oder wenn er die Arbeit nur unter der Gefahr fortsetzen könnte, in absehbarer Zeit seinen Zustand zu verschlimmern (BAG, DB 1989, 2490). Auf seine subjektive Einschätzung kommt es auch dann nicht an, wenn er sich über die ärztlichen Bedenken der Gesundheitsgefährdung hinwegsetzen will (LAG Hamm, LAGE § 615 BGB Nr. 89).

12 Auch Maßnahmen der **Behandlung** und **Heilung** einer Krankheit, die den Beschäftigten nur zeitlich hindern, die Arbeit aufzunehmen, können den Anspruch auf Entgeltfortzahlung begründen (BAG, AP Nr. 62 zu § 1 LohnFG). Voraussetzung hierfür ist, dass die Krankenpflege eine künftige krankheitsbedingte Arbeitsunfähigkeit verhindert oder verkürzt und der Beschäftigte hierdurch mittelbar arbeitsunfähig ist, weil er während der Behandlung die Arbeit nicht fortsetzen kann (BAG, a.a.O.). Dies ist bei allen notwendigen Operationen der Fall (BAG, AP Nr. 40 zu § 1 LohnFG). Hier wird häufig gleichzeitig unmittelbare Arbeitsunfähigkeit vorliegen, die durch den operativen Eingriff verursacht ist. Somit ist auch die **künstliche Befruchtung** eine Behandlungsmaßnahme, die zur Arbeitsunfähigkeit führen kann (im Ergebnis auch ArbG Düsseldorf, NJW 1986, 2394). **Schönheitsoperationen** behandeln nicht in allen Fällen eine Krankheit. Nur wenn eine krankhafte Verunstaltung beseitigt wird, kann dies den Anspruch auf Entgeltfortzahlung begründen (BAG, AP Nr. 40 zu § 1 LohnFG).

Jedoch löst auch eine im obigen Sinne erforderliche Behandlung, die den Arbeitnehmer nur zeitlich hindert, seine Arbeit fortzusetzen, den Anspruch auf Entgeltfortzahlung aus, so z.B. eine vorbeugend durchgeführte ambulante **Bestrahlungstherapie** gegen eine Schuppenflechte (BAG, AP Nr. 62 zu § 1 LohnFG, das den auf die Krankenkasse übergegangenen Anspruch des Arbeitnehmers auf Lohnfortzahlung nur deshalb abwies, weil nicht festgestellt werden konnte, dass die Behandlung künftige Arbeitsunfähigkeitszeiten verhinderte oder verkürzte). In diesen Fällen muss es dem Beschäftigten jedoch unmöglich oder unzumutbar sein, die Behandlung außerhalb der Arbeitszeit vornehmen zu lassen. Daher führt ein notwendiger **Arztbesuch** ohne gleichzeitige Arbeitsunfähigkeit nicht zum Anspruch auf Entgeltfortzahlung, wenn nur die Termingestaltung des Arztes für den Arbeitsausfall ursächlich war (BAG, AP Nr. 64 zu § 616 BGB; vgl. aber die Freistellungsmöglichkeiten nach § 29 Abs. 1 Buchst. f und Rn. 3 zu § 29).

Auch eine **medizinische Kur** zur Vorsorge oder Rehabilitation löst Arbeits- **13** unfähigkeit aus, wenn sie von einem Sozialversicherungsträger bewilligt wurde und in einer hierfür vorgesehenen Einrichtung durchgeführt wird. Bei privat versicherten Beschäftigten ist die ärztliche Verordnung einer solchen Kur ausreichend.

Eine Maßnahme der medizinischen Vorsorge oder Rehabilitation lag nach der bisherigen tariflichen Rechtslage nur dann vor, wenn diese Maßnahme **stationär** durchgeführt wird. Die stationäre Durchführung setzte voraus, dass in der Einrichtung der medizinischen Vorsorge oder Rehabilitation Unterbringung, Verpflegung und medizinische Anwendung erbracht wurden. Die tatsächliche Durchführung der Maßnahme musste zu einer maßgeblichen Gestaltung der Lebensführung des Arbeitnehmers während seines Aufenthaltes in der Einrichtung geführt haben (BAG vom 19.1.2000 – 5 AZR 685/98, ZTR 2000, 322f.). Das Wort »stationär« in §37 Abs. 1 Unterabs. 2 Sätze 1 und 2 BAT war mit Wirkung zum 1.1.2002 gestrichen worden, so dass nunmehr auch eine ambulante Behandlung ausreichend ist. Gleiches gilt für den nunmehr nach Abs. 1 Satz 3 anzuwendenden §9 EZFG.

Dialysebehandlungen verhindern künftige Arbeitsunfähigkeit und sind häufig auch während der Arbeitszeit erforderlich. In diesem Falle ist Entgeltfortzahlung zu zahlen (a.A. Böhm/Spiertz, §37 Rn. 22, die jedoch einen Freistellungsanspruch nach §29 Abs. 1 Buchst. f für gegeben halten).

Eine normal verlaufende **Schwangerschaft** ist keine Krankheit; jedoch sind schwangerschaftsbedingte Erkrankungen nicht vom Anspruch auf Entgeltfortzahlung ausgeschlossen (BAG, AP Nr. 61 zu §1 LohnFG).

Ein **Unfall** löst dann den Anspruch auf Entgeltfortzahlung aus, wenn er zur Krankheit des Beschäftigten führt.

Auch im Falle eines nicht rechtswidrigen **Schwangerschaftsabbruches** und **14** daraus folgender Arbeitsunfähigkeit besteht Anspruch auf Entgeltfortzahlung. Der Schwangerschaftsabbruch ist nicht rechtswidrig, wenn er unter den in §§218 a, 218 b und 219 StGB genannten Voraussetzungen erfolgt (insbesondere auch im Falle **sozialer Indikation**: LAG Hamm, DB 1987, 1496; BAG, EzBAT §37 Nr. 17; BVerfG, EzBAT §37 BAT Verschulden Nr. 18). Nach dem Urteil des BVerfG vom 28.5.1993 (BVerfGE 88, 203) zum Schwangerschaftsabbruch ist die Fortzahlung des Arbeitsentgeltes im Falle eines Abbruches nach Beratung verfassungsrechtlich nicht zu beanstanden. Somit kann bei Vorliegen der obigen Voraussetzungen nicht von der Rechtswidrigkeit des Eingriffes ausgegangen werden (klargestellt in §3 Abs. 2 Satz 2 EFZG).

Die **Sterilisation** ist im Falle der Einwilligung des Betroffenen in aller Regel **15** nicht rechtswidrig (Art. 2 Abs. 1 GG; BGH, BGHZ 67, 48) und führt im Falle der anschließenden Arbeitsunfähigkeit ebenfalls zu einem Entgeltfortzahlungsanspruch.

§ 22 TVöD

16 Der Anspruch auf Entgeltfortzahlung entsteht nicht, wenn ein **vorsätzliches oder grob fahrlässiges Verhalten** des Beschäftigten die Ursache für die Krankheit oder den Unfall war (§ 22 Abs. 1 Satz 1 i.V. m. Protokollnotiz zu Abs. 1 Satz 1). Das Verhalten kann in einem Handeln oder einem pflichtwidrigen Unterlassen bestehen.

17 **Vorsätzlich** verhält sich der Beschäftigte, wenn er die Folge der Krankheit unmittelbar gewollt, als notwendige Nebenfolge eines anderen Zieles akzeptiert oder als mögliche Folge seines Verhaltens billigend in Kauf genommen hat. Wer dagegen mit der negativen Folge seines Handelns möglicherweise rechnet, diese jedoch nicht billigt (»es wird schon gut gehen«), handelt nur bewusst fahrlässig, nicht gleichbedeutend mit »grob fahrlässig«.

18 **Fahrlässig** verhält sich derjenige, der die im Leben erforderliche Sorgfalt außer Acht lässt (§ 276 Abs. 1 Satz 2 BGB). Die **grobe Fahrlässigkeit,** die zum Ausschluss des Lohnfortzahlungsanspruches im Krankheitsfall führt, wird in der Rechtsprechung definiert als »gröblicher Verstoß gegen das von einem Menschen im eigenen Interesse gebotene Verhalten« (grundlegend: BAG, AP Nr. 8 zu § 1 LohnFG). Der Umkehrschluss aus § 277 BGB gibt zu dieser Interpretation Anlass. Dieser Vorschrift liegt der Gedanke zugrunde, dass eine Person in eigenen Angelegenheiten weitaus weniger sorgfältig vorzugehen braucht als in fremden, also auch ein Risiko in Kauf nehmen darf, das sie anderen nicht zumuten dürfte. Auch Art. 2 Abs. 1 GG überlässt es dem Einzelnen grundsätzlich, Risiken für die eigene Gesundheit einzugehen. Aus diesem Grunde ist die Bewertung eines Verhaltens als »grob fahrlässig« zurückhaltend vorzunehmen. Insbesondere kommt es nicht darauf an, welches Risiko dem Arbeitgeber zuzumuten ist. Entscheidend ist allein das im wohlverstandenen Interesse des Beschäftigten noch hinnehmbare Risiko (zur Ablehnung der Sphärentheorie siehe BAG, AP Nr. 38 zu § 1 LohnFG).

19 Folgende Einzelfälle sind in der Rechtsprechung entschieden worden:

Alkoholabhängigkeit ist in der Regel unverschuldet (grundlegend: BAG, AP Nr. 52 zu § 1 LohnFG). Dies gilt entgegen der Auffassung des 5. Senats des BAG auch für einen Rückfall (vgl. hierzu BAG, NZA 1992, 69). Denn die Gefahr hierfür liegt in der Krankheit selbst begründet.

Alkoholbedingte Unfälle sollen nach der Rechtsprechung in der Regel verschuldet sein (BAG, AP Nr. 71 zu § 1 LohnFG und EzBAT § 37 Verschulden Nr. 15). Selbst dann, wenn sich der Unfall nicht im Straßenverkehr ereignet, sondern in einer Gaststätte, in der gewöhnlich Alkohol getrunken wird, soll nach Auffassung des BAG ein allein auf Alkoholmissbrauch zurückzuführender Unfall des Arbeitnehmers regelmäßig verschuldet sein (BAG, AP Nr. 71, a. a. O.). Hier wird man stärker zu differenzieren haben: Weiß ein Arbeitnehmer, dass er auf Grund seiner Konstitution unter Alkoholeinfluss besonders unfallgefährdet ist, so kann es im Einzelfall grob fahrlässig sein, nicht mit dem Trinken aufgehört zu haben. Dagegen kann sich ein gesunder Mensch dem sicherlich erhöhten Unfallrisiko der alkoholischen Beeinflussung aussetzen, ohne dass im Regelfall von einem grob fahrlässigen Verhalten auszugehen wäre. Es gibt auch keinen Grund, dem Arbeitnehmer durchweg die Darlegungs- und Beweislast dafür aufzuerlegen, dass ein anderer Umstand den Unfall verursachte, wenn eine alkoholische Beeinflussung feststeht (so auch LAG Hamm, LAGE § 1 LohnFG Nr. 10). Insbesondere wird man hier differenzieren müssen, in welcher Weise sich der Beschäftigte in den Verkehr begibt. Bei einem Fußgänger wird man eine höhere alkoholische Beeinflussung zu tolerieren haben als bei einem Motorradfahrer. Zu weitgehend ist daher auch der Verschuldensvorwurf gegenüber einem Arbeitnehmer, der im alkoholisierten Zustand nach einem Volksfest nicht mehr erkennt, dass er Beifahrer eines ebenfalls stark angetrunkenen Bekannten wird (LAG Frankfurt a. M., EzBAT § 37 BAT Verschulden Nr. 19).

Im Falle eines **Straßenverkehrsunfalls** ist bei der Bewertung zum einen bedeutsam, wie schwerwiegend die Regelwidrigkeit des Beschäftigten ist, zum anderen, wie leicht der Verstoß erkennbar war. Das Nichtanlegen des **Sicherheitsgurtes** führt zum Verlust der Entgeltfortzahlung, wenn die Arbeitsunfähigkeit hierauf beruht, also ansonsten hätte vermieden werden können (BAG, AP Nr. 46 zu § 1 LohnFG). Nur ausnahmsweise ist das regelwidrige Überqueren einer Straße durch einen Fußgänger ein grober Verstoß (LAG Hamm vom 10. 8. 1971 – 7 Sa 306/71). **20**

Sportunfälle sind nach der Rechtsprechung in der Regel unverschuldet, auch wenn es sich um besonders gefährliche Sportarten handelt (Amateurfußball: BAG, AP Nr. 39 zu § 1 LohnFG; Amateurboxen: BAG, AP Nr. 42 zu § 1 LohnFG; Drachenfliegen: BAG, AP Nr. 45 zu § 1 LohnFG). Der Arbeitnehmer darf seine Kräfte und Fähigkeiten jedoch nicht deutlich überbeanspruchen, wenn er sich nicht des Vorwurfes der groben Fahrlässigkeit aussetzen will (BAG, AP Nr. 45 zu § 1 LohnFG). Auch gewisse quasi-sportliche Betätigungen, wie Fingerhakeln, führen im Falle eines Unfalls nicht ohne weiteres zum Verlust der Entgeltfortzahlung (LAG Baden Württemberg, NZA 1987, 852). Kick-Boxen ist sicherlich eine außergewöhnlich gefährliche Sportart (ArbG Hagen, NZA 1990, 311). Bei der Frage des Verschuldens kommt es jedoch auch hier auf die konkreten Umstände des Unfalls an. **21**

Regelmäßig ist der Arbeitgeber auch dann zur Gehaltsfortzahlung verpflichtet, wenn die Arbeitsunfähigkeit Folge eines misslungenen **Selbsttötungsversuches** ist (BAG, AP Nr. 44 zu § 1 LohnFG). **22**

Auch die **Organspende** oder **Hauttransplantation** für eine andere Person, die zur eigenen Arbeitsunfähigkeit führt, ist nicht verschuldet, obwohl vorsätzlich. Denn der Entschuldigungsgrund liegt in der Nothilfe des Spenders (a. A. BAG, AP Nr. 68 zu § 1 LohnFG). Der Beschäftigte ist in einem derartigen Fall jedoch verpflichtet, seine Ansprüche gegenüber der anderen Person, für die die Organspende oder Hauttransplantation bestimmt

§ 22 TVöD

ist, oder gegenüber der Krankenkasse dieser Person an den Arbeitgeber abzutreten. Unter Umständen hat der Arbeitnehmer auch einen Anspruch auf Ersatz der Entgeltfortzahlung gegenüber dem Arbeitgeber nach § 40 i.V.m. § 6 Nr. 11 Beihilfevorschriften Bund oder entsprechenden Landesvorschriften.

23 Das **Mitverschulden** eines Dritten vermindert nicht das Eigenverschulden (BAG, AP Nr. 8 zu § 1 LohnFG), kann jedoch überwiegend ursächlich für den Unfall sein und daher den Anspruch auf Entgeltfortzahlung erhalten.

Die **Darlegungs- und Beweislast** für die Verschuldensfrage treffen den Arbeitgeber (BAG, AP Nr. 9 zu § 1 LohnFG).

24 Nach Auffassung des 5. Senats des BAG (EzBAT § 37 BAT Nr. 15) soll der Anspruch auf Gehaltsfortzahlung nicht bestehen, wenn der Arbeitnehmer bereits im Zeitpunkt des Arbeitsvertragsabschlusses arbeitsunfähig war und der Zustand zu **Beginn des Arbeitsverhältnisses** fortdauert. Begründet wird dieses Ergebnis damit, dass die Fürsorgepflicht, die die Grundlage des Gehaltsfortzahlungsanspruches sei, in diesem Fall überdehnt würde. Dies überzeugt nicht, weil dem Arbeitgeber die Anfechtung des Arbeitsvertrages nach § 119 Abs. 2 BGB verbliebe, auf dessen Rechtsgedanken auch der 5. Senat hinweist (zur Fürsorgepflicht vgl. auch Rn. 3).

Hat ein Arbeitnehmer auf Befragen bei der Einstellung erklärt, er sei gesund, wird ihm dann aber auf seinen Antrag hin nach Beginn des Arbeitsverhältnisses eine Kur bewilligt, so kann der Arbeitgeber die während der Kur zu gewährende Gehaltsfortzahlung nicht als rechtsmissbräuchlich oder wegen eines vermeintlichen Schadensersatzanspruches verweigern (BAG, ZTR 1991, 386).

25 Die **Entgeltfortzahlung** wird bis zur **Dauer** von sechs Wochen gezahlt (§ 22 Abs. 2 Satz 1). Die Fristberechnung erfolgt nach §§ 187, 188 BGB. Wird der Beschäftigte während der Arbeitszeit arbeitsunfähig, beginnt die Frist vom folgenden Tage an zu laufen (§ 187 Abs. 1 BGB) und endet mit dem Ablauf desjenigen Wochentages sechs Wochen später, der seiner Benennung nach dem ersten Tag der Arbeitsunfähigkeit entspricht (§ 188 Abs. 2 1. Alternative BGB; BAG, AP Nr. 3 zu § 1 LohnFG). Die Bezüge sind auch für diejenigen Stunden zu zahlen, an denen der Arbeitnehmer am ersten Tage der Arbeitsunfähigkeit nicht gearbeitet hat (BAG, a.a.O.).

Das Gleiche gilt für diejenigen Fälle, in denen der Beschäftigte auf dem Weg zur Arbeit arbeitsunfähig wird. Wird er in seiner Freizeit arbeitsunfähig, beginnt die Frist mit dem ersten Fehltag zu laufen (§ 187 Abs. 2 BGB analog) und endet mit Ablauf desjenigen Wochentages nach sechs Wochen, der seiner Benennung nach dem ersten Tag der Arbeitsunfähigkeit vorangeht (§ 188 Abs. 2 2. Alternative BGB).

Beispiele:
a) Die Beschäftigte wird am Freitag während der Arbeitszeit krank. Sie erhält Entgeltfortzahlung längstens bis Freitag in sechs Wochen.

b) Der Beschäftigte erleidet an einem Mittwoch auf dem Weg zur Arbeit einen Autounfall. Er erhält Entgeltfortzahlung längstens bis Mittwoch in sechs Wochen.

c) Der Beschäftigte wird innerhalb seiner Freizeit in der Nacht von Montag zu Dienstag krank. Er erhält Entgeltfortzahlung längstens bis Montag in sechs Wochen.

Auslösendes Ereignis für den Fristbeginn ist die Arbeitsunfähigkeit, die wiederum voraussetzt, dass der Beschäftigte im Übrigen verpflichtet wäre, die Arbeitsleistung zu erbringen. Entfällt diese Hauptpflicht aus anderen Gründen (unbezahlter Sonderurlaub, Mutterschutz, Wehrpflichtübung oder vor Beginn des Arbeitsverhältnisses), beginnt die Frist erst, wenn die Arbeitsunfähigkeit die einzige Ursache für die Nichterbringung der Leistung ist (BAG, ZTR 1990, 82 ff. m.w.N.).

Eine **Neuerkrankung** während der bereits bestehenden Arbeitsunfähigkeit schafft keinen neuen Fristbeginn (BAG, AP Nr. 48 zu §1 LohnFG). Dagegen beginnt die Frist neu zu laufen, wenn der Beschäftigte zwischen zwei verschiedenen Verhinderungsfällen wirklich gearbeitet hat oder arbeitsfähig war, tatsächlich aber nicht arbeiten konnte, weil er nur für wenige, außerhalb der Arbeitszeit liegende Stunden arbeitsfähig war (BAG, AP Nr. 48 zu §1 LohnFG). Gibt die ärztliche Bescheinigung für das Ende der Arbeitsunfähigkeit lediglich einen Kalendertag an, wird damit i.d.R. Arbeitsunfähigkeit bis zum Ende der üblichen Arbeitszeit des betreffenden Arbeitnehmers für diesen Kalendertag bescheinigt (BAG, EzBAT §37 BAT Nr. 13). Teilarbeitsleistungen zwischen zwei verschiedenen Erkrankungen beseitigen nicht den Tatbestand der Arbeitsunfähigkeit und lassen daher den Anspruch auf Entgeltfortzahlung nicht neu beginnen. **26**

Wird der Beschäftigte nach §33 Abs. 5 neu eingestellt (vgl. hierzu §33 Rn. 2ff.), beginnt die Frist damit neu zu laufen, wenn bereits vorher Arbeitsunfähigkeit bestand.

Der Anspruch auf Entgeltfortzahlung ruht, solange die Hauptpflichten aus dem Arbeitsverhältnis aus anderen Gründen suspendiert sind (**unbezahlter Sonderurlaub, Mutterschutzfristen, Grundwehrdienst, Ersatzdienst**). Die Frist beginnt in diesen Fällen erst weiterzulaufen, wenn das Arbeitsverhältnis wieder voll wirksam wird. Denn zwischenzeitlich besteht keine Arbeitsunfähigkeit, weil der Arbeitnehmer keine Arbeitsleistung schuldet. Insofern ist es inkonsequent, wenn das BAG einen Arbeitskampf nicht als ein derartiges fristhemmendes Ereignis ansehen will (vgl. BAG, AP Nr. 29 zu §1 LohnFG). **27**

Im Zeitpunkt der **Beendigung des Arbeitsverhältnisses** (gleichgültig aus welchem Grunde) erlischt grundsätzlich der Anspruch auf Entgeltfortzahlung. Ist der Beschäftigte weiterhin krank, hat er gegenüber seiner **Krankenkasse** i.d.R. Anspruch auf **Krankengeld**. **28**

§ 22 TVöD

29 Erfolgt die **Kündigung** aus **Anlass der Arbeitsunfähigkeit** durch den Arbeitgeber, so besteht der Anspruch auf Entgeltfortzahlung auch über das Ende des Arbeitsverhältnisses hinaus bis zum Ende der Bezugsfrist von sechs Wochen, solange der Beschäftigte arbeitsunfähig ist. Wird während der Arbeitsunfähigkeit gekündigt, hat der Arbeitgeber darzulegen und zu beweisen, dass andere Kündigungsgründe maßgeblich gewesen sein sollen (ständige Rechtsprechung des BAG, z.B. AP Nr. 18 zu § 6 LohnFG). Wird nach einer solchen so genannten »Anlasskündigung« ein **Aufhebungsvertrag** geschlossen, ist der Gehaltsfortzahlungsanspruch bis zur Dauer von sechs Wochen regelmäßig nicht ausgeschlossen (BAG, AP Nr. 10 zu § 6 LohnFG).

Veranlasst der Arbeitgeber den Beschäftigten schuldhaft, eine wirksame fristlose Kündigung auszusprechen, so ist die Entgeltfortzahlung ebenfalls bis zu sechs Wochen fortzuzahlen.

30 Im Falle einer **Fortsetzungserkrankung** wird die Entgeltfortzahlung insgesamt regelmäßig nur für sechs Wochen gezahlt, wenn zwischenzeitlich nicht mindestens sechs Monate vergangen sind oder seit dem Beginn der ersten Arbeitsunfähigkeit infolge derselben Krankheit nicht mindestens eine Frist von zwölf Monaten abgelaufen ist.

Eine Fortsetzungserkrankung liegt vor, wenn die erneute Arbeitsunfähigkeit nach zwischenzeitlicher Arbeitsfähigkeit auf derselben Ursache basiert (BAG, AP Nr. 41 zu § 1 LohnFG). Dies hat der Arbeitgeber im Prozess darzulegen und zu beweisen. Die Krankenkasse erteilt dem Arbeitgeber Auskunft darüber, ob es sich um eine Fortsetzungserkrankung handelt. Bestreitet der Beschäftigte, dass die Auskunft der Krankenkasse zutreffend sei, so hat er die Unterschiede der Krankheiten darzulegen und die behandelnden Ärzte von ihrer Schweigepflicht (§ 3 Rn. 36) zu entbinden, um dem Arbeitgeber die Erwiderung hierauf zu ermöglichen (BAG vom 13.7.2005 – 5 AZR 389/04, ZTR 2006, 34 ff.).

Tritt eine Krankheit, die sich später als Fortsetzungskrankheit herausstellt, zu einer bereits bestehenden, zur Arbeitsunfähigkeit führenden Krankheit hinzu und dauert sie über deren Ende hinaus an, ist sie für die Zeit, in der sie die alleinige Ursache der Arbeitsunfähigkeit war, als Teil der späteren Fortsetzungserkrankung zu werten (EzBAT § 37 Wiederholungskrankheit Nr. 5).

31 Die Höhe der Entgeltfortzahlung ergibt sich aus § 21.

32 Ist der Anspruch auf Entgeltfortzahlung nach sechs Wochen erschöpft, besteht unter Umständen ein Anspruch auf **Krankengeldzuschuss** nach § 22 Abs. 2 bis 4. Voraussetzung hierfür ist zunächst, dass der Beschäftigte für diesen Zeitraum **Krankengeld** oder eine entsprechende gesetzliche Leistung erhält. Der Krankengeldzuschuss wird auch zusätzlich zu einer Berufsunfähigkeitsrente gezahlt, nicht dagegen neben einer Rente wegen Erwerbsunfähigkeit. Er entfällt ferner, wenn die Krankheit auf einem Schwangerschaftsabbruch oder einer Sterilisation beruht und wenn die Beschäftigte Anspruch auf Mutterschaftsgeld hat.

Kann der Beschäftigte kein Krankengeld beantragen, weil er privat versichert ist, wird der Krankengeldanspruch fingiert und ein Krankengeldzuschuss in fiktiver Höhe gezahlt, als wäre der Arbeitnehmer in der gesetzlichen Krankenversicherung versichert (§ 22 Abs. 2 Satz 3).

Die **Dauer** des **Krankengeldzuschusses** hängt von der **Beschäftigungszeit** nach § 34 Abs. 3 ab (§ 34 Rn. 21). Nach einer Beschäftigungszeit von einem Jahr wird er längstens bis zum Ende der 13. Woche seit Beginn der Arbeitsunfähigkeit gezahlt, nach einer Beschäftigungszeit von drei Jahren längstens bis zum Ende der 39. Woche. Maßgeblich ist immer der Beginn einer ununterbrochenen Arbeitsunfähigkeit. **33**

Beispiel:
Der seit vier Jahren Beschäftigte ist sechs Wochen krank und erhält Entgeltfortzahlung. Nachdem er einen Tag gearbeitet hat, wird er auf Grund derselben Krankheit erneut arbeitsunfähig. Da es sich um eine Fortsetzungserkrankung handelt und kein weiterer Anspruch auf Entgeltfortzahlung besteht, erhält er anschließend Krankengeldzuschuss im Umfang bis zu weiteren 39 Wochen. Denn es ist nicht auf den Beginn der ersten Arbeitsunfähigkeit abzustellen.

Die maßgebliche Beschäftigungszeit, die für den Bezugszeitraum zugrunde zu legen ist, muss nur innerhalb des Zeitraums der Arbeitsunfähigkeit, sei es am letzten Tag, zurückgelegt sein.

Beispiel:
Der Angestellte wird am 1.1.2006 eingestellt und ist vom 1.10.2006 bis zum 1.1.2007 arbeitsunfähig. Er erhält zunächst Entgeltfortzahlung bis zum 12.11.2006. Für die Zeit vom 13.11.2006 bis zum 31.12.2006 kann er Krankengeldzuschuss beantragen (bis zum Ende der 13. Woche der Arbeitsunfähigkeit; vgl. § 22 Abs. 3 Satz 1). Denn er wird so behandelt, als wäre die Beschäftigungszeit bei Beginn der Arbeitsunfähigkeit vollendet gewesen, weil er im Laufe der Arbeitsunfähigkeit, also am 1.1.2007, mehr als ein Jahr beschäftigt ist. Wäre die Arbeitsunfähigkeit am 31.12.2006 beendet gewesen, erhielte er keinen Krankengeldzuschuss.

Ändert sich die Krankheitsursache, beginnt die Frist neu zu laufen.

Der Anspruch auf Krankengeldzuschuss endet mit dem Arbeitsverhältnis (Abs. 4 Satz 1) oder dem Zeitpunkt, von dem an der Beschäftigte eine **Rente oder Rentenversicherungsbezüge** erhält (Abs. 4 Satz 2; vgl. auch § 33 Rn. 1 ff.). **34**

Bei **Schwerbehinderten** ist zu beachten, dass die Vorschrift nicht anwendbar ist, wenn das Integrationsamt der Beendigung des Arbeitsverhältnisses nicht zustimmt.

§ 22 Abs. 4 Satz 3 verwandelt die überzahlten Entgeltfortzahlung und Krankengeldzuschüsse eines Rentners in **Rentenvorschüsse**. Die Rentenansprüche des Beschäftigten gehen insoweit unter Beachtung des § 53 SGB I auf den Arbeitgeber über.

§ 22 TVöD

Voraussetzung für diese Umwandlung des Rechtsgrundes ist zunächst, dass ein bestandskräftiger Rentenbescheid vorliegt, der also dem Grunde nach nicht mit Rechtsmitteln angegriffen ist.

Die überzahlten Krankengeldzuschussbeträge sind in diesem Falle nicht rechtsgrundlos geleistet worden, so dass eine **Rückforderung** nach §812 Abs. 1 Satz 1 BGB ausscheidet (BAG, AP Nr. 10 zu §37 BAT). Der Rentenvorschuss, der die eigentlich zustehende Rente übersteigt, kann zwar nach §42 SGB I zurückgefordert werden. Dieser **Erstattungsanspruch** steht jedoch nur dem Sozialversicherungsträger zu, der allein in der Lage ist, einen entsprechenden und erforderlichen Bescheid zu erlassen.

Vom Anspruchsübergang werden Rentennachzahlungsansprüche des Beschäftigten gegenüber der Rentenversicherung nur in Höhe der für denselben Zeitraum vom Arbeitgeber geleisteten (Netto-)Vorschüsse erfasst (§53 Abs. 2 Nr. 1 SGB I; Grüner V.4. zu §53 SGB I). Der 6. Senat des BAG meint, der Anspruchsübergang betreffe bei rückwirkender Rentenbewilligung nicht nur die Entgeltfortzahlung, die für die letzte Arbeitsunfähigkeit vor dem Zugang des Rentenbescheides gewährt wurden, sondern sämtliche Entgeltfortzahlung, die der Arbeitnehmer für die Zeit ab dem im Rentenbescheid festgestellten Rentenbeginn erhalten hat (Urteil vom 29.6.2000 – 6 AZR 50/99, ZTR 2001, 179ff.). Nach dieser Auffassung ist es unerheblich, ob der Beschäftigte nach Antragstellung, aber vor Zugang des Rentenbescheides vorübergehend noch arbeitsfähig war. Insofern unterscheidet sich die Auffassung des BAG vom gesamten Schrifttum.

Rentenansprüche des Beschäftigten für Zeiträume, in denen keine Krankengeldzuschüsse gewährt wurden, die sich in Rentenvorschüsse umwandeln, werden vom Anspruchsübergang nicht berührt. Somit ist dem Arbeitgeber der Zugriff auf laufende Rentenansprüche verwehrt (so auch BAG, a.a.O.).

Auch VBL-Leistungen sind vom Anspruchsübergang betroffen (Oberschiedsgericht, EzBAT §37 BAT Übergang des Rentenanspruches Nr. 1). Hier werden ebenfalls nur Ansprüche des Arbeitnehmers für einen deckungsgleichen Zeitraum erfasst. Denn nach §22 Abs. 4 Satz 2 erfolgt der Anspruchsübergang nur, insoweit Vorschüsse geleistet wurden (a.A. Oberschiedsgericht, a.a.O.). Die VBL kann den an den Arbeitgeber zuviel gezahlten Betrag nicht gegen den Rentenanspruch des Beschäftigten verrechnen und ihn nicht darauf verweisen, sich diesen Betrag vom Arbeitgeber zurückzuholen (Schiedsgericht der VBL, Schiedsspruch vom 8.12.1997 – OS 47/95, ZTR 1998, 225).

Zahlt der Rentenversicherungsträger trotz des Anspruchsübergangs an den Beschäftigten, da ihm der Anspruchsübergang nicht bekannt ist, so ist der Arbeitnehmer dem Arbeitgeber gegenüber zur Herausgabe des Geleisteten in Höhe des Anspruchsüberganges nach §816 Abs. 2 BGB verpflichtet (BAG, AP Nr. 9 zu §37 BAT). Hatte der Rentenversicherungsträger jedoch Kenntnis vom Anspruchsübergang, kann sich der Arbeitgeber an den Rentenversicherungsträger halten. Dieser hat im letzteren Fall wiederum einen Erstattungsanspruch nach § 42 Abs. 2 SGB I gegenüber dem Beschäftigten. Der Arbeitgeber kann jedoch auch die Verfügung des Rentenversicherungsträgers genehmigen und sich nach § 816 Abs. 2 BGB an den Arbeitnehmer halten.

Zahlt der Rentenversicherungsträger zu Unrecht an den Arbeitgeber, so hat der Beschäftigte die Wahl, von wem er diese Zahlung verlangen will. Wendet er sich an den Arbeitgeber, muss er die Verfügung des Rentenversicherungsträgers genehmigen, um nach § 816 Abs. 2 BGB die Herausgabe vom Arbeitgeber zu verlangen.

Die **Höhe des Krankengeldzuschusses** bestimmt sich nach dem Differenzbetrag zwischen dem Nettourlaubsentgelt und dem tatsächlich gewährten Krankengeld, einschließlich des Krankenversicherungsbeitrages der Rentner. Der Begriff **Barleistungen** erweckt zwar den Anschein, dass hier nur das an den Beschäftigten tatsächlich ausgezahlte Krankengeld maßgeblich sein könnte; es handelt sich jedoch um einen sozialrechtlichen Begriff, der das Bruttokrankengeld umfasst (BAG, AP Nr. 1 zu § 42 MTB II, zuletzt BAG vom 24.4.1996 – 5 AZR 798/94, EzBAT § 37 Krankengeldzuschuss Nr. 1). 35

Der arbeitsunfähig erkrankte Beschäftigte benötigt selbstverständlich keine Einverständniserklärung des Arbeitgebers, um der Arbeit fernbleiben zu können. Dagegen ist er verpflichtet, den Arbeitgeber über die Arbeitsunfähigkeit und deren voraussichtliche Dauer unverzüglich zu unterrichten, ohne dass Krankheitsart oder Krankheitssymptome mitgeteilt werden müssen. 36

Bei schuldhafter Verletzung der **Anzeigepflicht** kommt eine Abmahnung, bei mehrfachen bereits abgemahnten Verstößen gegen diese vertragliche Nebenpflicht je nach den Umständen auch eine ordentliche, in extremen Fällen eine außerordentliche Kündigung in Betracht (BAG, AP Nr. 23 zu § 1 KSchG 1969 Verhaltensbedingte Kündigung; LAG Köln, EzBAT § 54 Verhaltensbedingte Kündigung Nr. 2).

Die Anzeige der Arbeitsunfähigkeit kann formfrei erfolgen, z.B. auch fernmündlich oder per Telefax. Es ist auch nicht erforderlich, dass der Beschäftigte die Anzeige persönlich vornimmt, sondern er kann beliebige dritte Personen hiermit beauftragen (BAG, AP Nr. 23 zu § 1 KSchG 1969 Verhaltensbedingte Kündigung).

Die Anzeige hat **unverzüglich**, das heißt ohne schuldhaftes Zögern (§ 121 Abs. 1 Satz 1 BGB) zu erfolgen. Im Inland ist es auf Grund der vorhandenen Kommunikationsmittel in aller Regel möglich, die Arbeitsunfähigkeit am selben Tage unmittelbar vor Arbeitsaufnahme, spätestens aber innerhalb der ersten Arbeitsstunden anzuzeigen, soweit der Arbeitgeber oder seine Beauftragten erreichbar sind. Es genügt daher nicht, dass die Arbeitsunfähigkeitsbescheinigung lediglich abgesandt wird (BAG, AP Nr. 23 zu § 1 KSchG 1969 Verhaltensbedingte Kündigung). 37

§ 22 TVöD

38 Nach § 5 EFZG hat der Beschäftigte die Arbeitsunfähigkeit, die länger als drei Kalendertage andauert, durch ärztliche Bescheinigung (**Arbeitsunfähigkeitsbescheinigung**) nachzuweisen. Die Bescheinigung muss an dem darauffolgenden allgemeinen Arbeitstag beim Arbeitgeber vorliegen.

Für die Nachweispflicht ist es unerheblich, ob die Arbeitsunfähigkeit länger als drei Arbeitstage andauert, denn die Vorschrift stellt auf Kalendertage ab.

Beispiel:
Erkrankt der Beschäftigte am Freitag, muss die Arbeitsunfähigkeitsbescheinigung am Montag vorliegen, wenn es sich nicht um einen arbeitsfreien Feiertag handelt. Dies gilt auch dann, wenn der Arbeitnehmer aus anderen Gründen nicht verpflichtet wäre, an diesem Montag die Arbeit wieder aufzunehmen. Die Verpflichtung zur Vorlage bestünde nur dann nicht, wenn der Beschäftigte die Arbeit tatsächlich am Montag wieder aufnimmt oder die Arbeitsunfähigkeit am Sonntag beendet war.

Das Übermittlungsrisiko trägt der Arbeitnehmer, der sich allerdings auf die Postlaufzeiten von ein bis zwei Tagen verlassen kann. Eine nicht schuldhafte Verzögerung der Zustellung ist nicht als Verstoß dieser arbeitsvertraglichen Nebenpflicht anzusehen.

39 Dauert die Arbeitsunfähigkeit länger als in der Bescheinigung angegeben, so ist eine **Folgebescheinigung** vorzulegen. Auch in diesem Falle ist die Fortsetzung der Arbeitsunfähigkeit unverzüglich anzuzeigen. Allerdings muss die Folgebescheinigung nur in angemessener Frist, nicht bereits am Tag der Fortsetzung der Arbeitsunfähigkeit vorliegen.

40 In Einzelfällen kann die Vorlage der ärztlichen Bescheinigung früher verlangt werden. Dieses einseitige Leistungsbestimmungsrecht ist nach § 315 BGB nach billigem Ermessen auszuüben. Nur wenn der Arbeitgeber den begründeten Verdacht haben kann, dass auf Grund **häufiger Kurzerkrankungen** mit einem **Missbrauch** zu rechnen ist, kommt diese Maßnahme in Betracht. Als Anordnung, die auf ein bestimmtes Verhalten des Beschäftigten gerichtet ist, ist sie nach allen Personalvertretungsgesetzen des Bundes und der Länder und dem Betriebsverfassungsgesetz mitbestimmungspflichtig (vgl. z. B. § 75 Abs. 3 Nr. 15 BPersVG; § 87 Abs. 1 Nr. 1 BetrVG; so auch BAG, Beschluss vom 25.1.2000 – 1 ABR 3/99, AuR 2000, 109).

41 Erkrankt der Beschäftigte im **Ausland,** so ist die Anzeige der Arbeitsunfähigkeit in der schnellstmöglichen Übermittlungsart vorzunehmen. Die Kosten hierfür hat der Arbeitgeber zu tragen (Telefonkosten, Telefaxkosten, Telegrammkosten etc.). Nach Rückkehr in das Inland ist diese ebenfalls unverzüglich anzuzeigen. Diese Vorschrift hat insbesondere Bedeutung für die Erkrankung in einem **Urlaub,** der im Ausland verbracht wird. Will der Beschäftigte in diesem Fall seine Urlaubsansprüche nicht erhalten (vgl. hierzu § 26 Rn. 11), kann die Anzeige der Arbeitsunfähigkeit selbstverständlich unterbleiben. Unterrichtet ein im Ausland erkrankter Arbeitnehmer weder seine gesetzliche Krankenkasse noch den ausländischen Sozialversicherungsträger von einer eingetretenen Arbeitsunfähigkeit, steht dem Arbeitgeber nach Meinung des LAG Niedersachsen ein dauerhaftes Leistungsverweigerungsrecht zu (Urteil vom 14.5.1996 – 7 Sa 2214/95, LAGE § 7 EFZG Nr. 1).

Eine bevorstehende **Kur** hat der Beschäftigte dem Arbeitgeber unverzüglich bei Bewilligung mitzuteilen. Gleichzeitig sind die Bewilligungsbescheinigung des Sozialversicherungsträgers und die ärztliche Bescheinigung über die Erforderlichkeit der Maßnahme vorzulegen. **42**

Erfüllt der Arbeitnehmer die Vorlagepflichten des §5 EFZG nicht, so entstehen die Ansprüche auf Entgeltfortzahlung und Krankengeldzuschuss zwar gleichwohl; dem Arbeitgeber steht jedoch ein **Leistungsverweigerungsrecht** zur Seite, das so lange besteht, wie der Beschäftigte seinen diesbezüglichen Verpflichtungen nicht nachkommt. Dieses Leistungsverweigerungsrecht entfällt, wenn der Arbeitnehmer seine Nachweispflichten unverschuldet verletzt, weil er z.B. hierzu auf Grund seines Gesundheitszustandes nicht in der Lage ist. **43**

Nach §6 EFZG gehen **Schadensersatzansprüche** des Arbeitnehmers **gegenüber Dritten** unter bestimmten Voraussetzungen auf den Arbeitgeber über. **44**

Außerhalb der Fälle der Gefährdungshaftung (z.B. Einsturz eines Gebäudes) entsteht der **Forderungsübergang** regelmäßig nur dann, wenn der Dritte die Arbeitsunfähigkeit des Beschäftigten zu vertreten hat (§276 Abs. 1 Satz 1 BGB), also bei Vorsatz und Fahrlässigkeit. Aus diesem Grunde besteht die **Mitteilungspflicht** des Arbeitnehmers z.B. nicht bei rechtmäßigen oder unverschuldeten ärztlichen Eingriffen. **45**

Im Falle eines Unfalls hat der Beschäftigte einen Bericht nur abzugeben, wenn ein Mitverschulden einer anderen Person zumindest ernsthaft in Betracht kommt.

Die Mitteilungspflicht entfällt ferner, wenn die Arbeitsunfähigkeit des Arbeitnehmers durch **Familienangehörige** herbeigeführt wurde, mit denen der Beschäftigte in häuslicher Gemeinschaft lebt, soweit die Arbeitsunfähigkeit nicht vorsätzlich verursacht wurde (hier gelten die Rechtsgrundsätze des BGH zu §67 Abs. 2 VVG).

Die **Informationspflicht** des Beschäftigten umfasst alle Umstände, die zur Arbeitsunfähigkeit führten, soweit ein gesetzlicher Forderungsübergang vorliegt. Hierbei braucht er sich nicht selbst zu belasten, denn der Bericht dient lediglich dazu, Schadensersatzforderungen gegenüber Dritten geltend zu machen. Andererseits dürfen wesentliche Umstände, die die Rechtsverfolgung erschweren, nicht verschwiegen werden. **46**

Dem Arbeitgeber steht ein **Fragerecht** zu, das formalisiert werden kann, ohne dass jedoch der Arbeitnehmer gezwungen wäre, einen bestimmten Vordruck zu benutzen. Er kann die Fragen schriftlich oder auch mündlich

§ 22 TVöD

beantworten und hat geeignete Beweismittel zu benennen und ggf. auch zur Verfügung zu stellen.

Das Fragerecht besteht erst dann, wenn der Beschäftigte auf Grund seines Gesundheitszustandes, in der Lage ist, die Fragen zu beantworten. Die Informationen sind unverzüglich, d.h. ohne schuldhaftes Zögern, zu erteilen, ohne dass eine besondere Aufforderung durch den Arbeitgeber erforderlich wäre.

47 Nur soweit der Forderungsübergang erfolgt, also in Höhe der Bruttokrankenbezüge oder des Krankengeldzuschusses, einschließlich der Lohnnebenkosten, kann und darf der Beschäftigte über seine Schadensersatzansprüche gegenüber Dritten nicht verfügen. Darüber hinaus bleibt es ihm unbenommen, weitergehende Schadensersatzansprüche selbst geltend zu machen, insbesondere Schmerzensgeld, Verletztenrente, Verdienstverlust wegen einer Nebentätigkeit usw.

Der Arbeitnehmer verfügt über Schadensersatzansprüche, wenn er diese einem weiteren Dritten gegenüber abtritt, auf Ansprüche verzichtet, sich vergleicht oder Leistungen des Dritten entgegennimmt. Geht die Verfügung wirksam zu Lasten des Arbeitgebers, kann eine überzahlte Entgeltfortzahlung nach § 813 BGB insoweit zurückgefordert werden (BAG, EzBAT § 38 BAT, Nr. 4).

48 Erzielt der Arbeitgeber bei der Geltendmachung der Schadensersatzansprüche einen **Überschuss,** der die geleisteten Bruttoarbeitsbezüge, einschließlich sämtlicher Arbeitgeberanteile zur Sozialversicherung und sonstiger Lohnnebenkosten übersteigt, wird er nach § 6 Abs. 3 EFZG wie ein berechtigter Fremdgeschäftsführer behandelt, der diesen Überschuss an den Beschäftigten auszukehren hat. Die Vorschrift stellt sicher, dass der Arbeitgeber das Geschäft gegen den Dritten sorgfältig im Interesse des Arbeitnehmers zu führen hat. Eine Verletzung dieser Pflicht begründet im Falle des Verschuldens des Arbeitgebers Schadensersatzforderungen des Beschäftigten.

49 Hat der Dritte die Arbeitsunfähigkeit nur **mitverschuldet** und ist die Gewährung der Entgeltfortzahlung nach § 22 Abs. 1 wegen Verschuldens des Arbeitnehmers ausgeschlossen, so bestehen die Ansprüche nach § 6 EFZG nur dann, wenn Entgeltfortzahlung bereits ohne Rechtsgrund gezahlt wurden. § 6 Abs. 3 EFZG ist in diesem Falle ebenfalls anwendbar. Ist der Schadensersatzanspruch übergegangen, so hat der Arbeitgeber dem Beschäftigten gegenüber in diesem Umfang keinen Erstattungsanspruch hinsichtlich der überzahlten Entgeltfortzahlung (§§ 364 Abs. 1, 363 BGB). Der Arbeitnehmer haftet jedoch für den Bestand der Schadensersatzforderung nach §§ 365, 437 Abs. 1 BGB, nicht dagegen für deren Vollstreckbarkeit (Gegenschluss aus § 438 BGB).

§ 23
Besondere Zahlungen

(1) [1]Nach Maßgabe des Vermögensbildungsgesetzes in seiner jeweiligen Fassung haben Beschäftigte, deren Arbeitsverhältnis voraussichtlich mindestens sechs Monate dauert, einen Anspruch auf vermögenswirksame Leistungen. [2]Für Vollbeschäftigte beträgt die vermögenswirksame Leistung für jeden vollen Kalendermonat 6,65 Euro. [3]Der Anspruch entsteht frühestens für den Kalendermonat, in dem die/der Beschäftigte dem Arbeitgeber die erforderlichen Angaben schriftlich mitteilt, und für die beiden vorangegangenen Monate desselben Kalenderjahres; die Fälligkeit tritt nicht vor acht Wochen nach Zugang der Mitteilung beim Arbeitgeber ein. [4]Die vermögenswirksame Leistung wird nur für Kalendermonate gewährt, für die den Beschäftigten Tabellenentgelt, Entgeltfortzahlung oder Krankengeldzuschuss zusteht. [5]Für Zeiten, für die Krankengeldzuschuss zusteht, ist die vermögenswirksame Leistung Teil des Krankengeldzuschusses. [6]Die vermögenswirksame Leistung ist kein zusatzversorgungspflichtiges Entgelt.

(2) [1]Beschäftigte erhalten ein Jubiläumsgeld bei Vollendung einer Beschäftigungszeit (§ 34 Abs. 3)

a) von 25 Jahren   in Höhe von   350 Euro,

b) von 40 Jahren   in Höhe von   500 Euro.

[2]Teilzeitbeschäftigte erhalten das Jubiläumsgeld in voller Höhe. [3]Im Bereich der VKA können durch Betriebs-/Dienstvereinbarung günstigere Regelungen getroffen werden.

(3) [1]Beim Tod von Beschäftigten, deren Arbeitsverhältnis nicht geruht hat, wird der Ehegattin/dem Ehegatten oder der Lebenspartnerin/dem Lebenspartner im Sinne des Lebenspartnerschaftsgesetzes oder den Kindern ein Sterbegeld gewährt. [2]Als Sterbegeld wird für die restlichen Tage des Sterbemonats und – in einer Summe – für zwei weitere Monate das Tabellenentgelt der/des Verstorbenen gezahlt. [3]Die Zahlung des Sterbegeldes an einen der Berechtigten bringt den Anspruch der Übrigen gegenüber dem Arbeitgeber zum Erlöschen; die Zahlung auf das Gehaltskonto hat befreiende Wirkung. [4]Für den Bereich der VKA können betrieblich eigene Regelungen getroffen werden.

Die Beschäftigten, deren Arbeitsverhältnis voraussichtlich mindestens sechs Monate dauert, erhalten **vermögenswirksame Leistungen** für jeden vollen Kalendermonat in Höhe von 6,65 Euro. Es kann hier nicht die Auszahlung oder Überweisung auf das Gehaltskonto verlangt werden, sondern nur die Überweisung auf eine vermögenswirksame Anlage (Abs. 1).

Ein **Jubiläumsgeld** nach wird gezahlt nach Vollendung einer Beschäftigungszeit von 25 Jahren in Höhe von 350 Euro (Abs. 2 Satz 1 Buchst. a), nach 40 Jahren in Höhe von 500 Euro (Abs. 2 Satz 1 Buchst. b). Teilzeitbeschäftigte erhalten das Jubiläumsgeld – wie bisher – in voller Höhe

§ 23 TVöD

(Abs. 2 Satz 2). Im Bereich der VKA können durch Betriebs-/Dienstvereinbarungen günstigere Regelungen getroffen werden; diese müssen freiwillig zustande kommen.

3 Die Vorschrift findet Anwendung für alle Beschäftigten, die unter den **Geltungsbereich** des TVöD fallen, insbesondere auch für Zeitangestellte, für über die Altersgrenze hinaus auf Grund eines neuen Arbeitsvertrages weiterbeschäftigte Arbeitnehmer und Teilzeitarbeitnehmer, die die Jubiläumszuwendung ungekürzt wie Vollzeitbeschäftigte erhalten (BAG vom 22.5.1996 – 10 AZR 618/95, EzA § 2 BeschFG 1985, Nr. 45).

4 Die **Beschäftigungszeit** richtet sich nach § 34 Abs. 3 (vgl. die dortige Rn. 21). Da im Rahmen dieser Vorschrift entgegen § 19 BAT-O auch Zeiten zu berücksichtigen sind, die nicht bei demselben, sondern bei einem anderen öffentlichen Arbeitgeber zurückgelegt sind (Abs. 3 Satz 4), bedurfte es hier u.U. der Neuberechnung der Beschäftigungszeit. Ist die Jubiläumszeit hiernach bereits zurückgelegt, besteht ein Anspruch auf Jubiläumsgeld mit der Fälligkeit zum 1.10.2005. Der Anspruch unterlag der tariflichen Ausschlussfrist. War bislang eine andere Beschäftigungszeit maßgebend und mitgeteilt, kann es u.U. rechtsmissbräuchlich sein, wenn sich der Arbeitgeber auf die tarifliche Ausschlussfrist beruft.

5 Weitere Voraussetzungen hat der Anspruch nicht. Insbesondere kann die Gewährung der Jubiläumszuwendung nicht von dem **Verhalten** oder der **Leistung** des Beschäftigten abhängig gemacht werden.

Der Anspruch ist fällig mit Vollendung der Jubiläumsdienstzeit. Die Fristberechnung erfolgt nach §§ 187 Abs. 2, 188 Abs. 2 2. Alternative BGB.

Beispiel:
Ein am 1.4.1965 eingestellter Arbeitnehmer hat sein 40-jähriges Arbeitsjubiläum mit Ablauf des 31.3.2005 vollendet.
Auch wenn er am folgenden Tag (im Beispiel 1.4.2005) ausscheidet, steht ihm die Jubiläumszuwendung zu. Der Anspruch ist am 1.4.2005 fällig.

6 Es wird wie bisher ein Sterbegeld gezahlt, und zwar in Höhe des Entgelts für die restlichen Tage des Sterbemonats und für zwei weitere Monate (Abs. 3).

Sterbegeld wird den Angehörigen gezahlt, wenn das Arbeitsverhältnis des Beschäftigten zur Zeit seines Todes nicht geruht hatte. Es ruht z.B. im Falle des unbezahlten Sonderurlaubs oder der Zeitrente, nicht dagegen bei lang andauernder Krankheit nach Ablauf des Anspruchs auf Krankengeldzuschuss. Das Beschäftigungsverhältnis muss im Zeitpunkt des Todes noch bestanden haben.

7 Berechtigt sind der überlebende **Ehegatte, der Lebenspartner** im Sinne des Lebenspartnerschaftsgesetzes oder die leiblichen oder Adoptiv**kinder**, ohne dass zwischen diesen Personen eine Rangfolge besteht. Sie sind Gesamtgläubiger. Der Arbeitgeber kann an einen Gläubiger mit befreiender Wirkung gegenüber allen leisten (Abs. 3 Satz 3, § 428 BGB).

Die Ehe muss im Zeitpunkt des Todes noch bestanden haben, die Vaterschaft nichtehelicher Kinder muss in diesem Zeitpunkt bereits festgestellt sein.

Zu zahlen ist das **Tabellenentgelt** bis zum Ablauf des Kalendermonats, in den der Sterbetag fällt, und für weitere zwei Monate. Hat der Beschäftigte am Todestag noch Anspruch auf Bezüge, beginnt die obige Frist am folgenden Tag zu laufen, anderenfalls am Todestag (es gilt die gleiche Bestimmung des Fristbeginns wie bei den Entgeltfortzahlungen). **8**

Der Anspruch der Hinterbliebenen auf Sterbegeld richtet sich bei Beschäftigten in Altersteilzeit nach den Teilzeitbezügen und zwar unabhängig davon, ob der Tod des im Blockmodell der Altersteilzeit beschäftigten Angestellten in der Arbeitsphase oder in der Freistellungsphase eingetreten ist (BAG vom 12.5.2005 – 6 AZR 311/04, ZTR 2006, 86–88).

Für den Fall, dass bis zum Ende des Sterbetages noch Vergütung zustand, fällt diese in den Nachlass und steht den Erben zu, die mit den in Abs. 3 Satz 1 genannten Personen nicht identisch sein müssen.

Das Sterbegeld ist nicht steuer- oder sozialversicherungspflichtig und unpfändbar, also auch nicht abtretbar. Es ist mit Ablauf des Sterbetages fällig.

Das Sterbegeld ist nach wohl zutreffender Auffassung des ArbG Wetzlar ohne besondere Aufforderung zu zahlen und unterliegt daher nicht der tariflichen **Ausschlussfrist** (BAG vom 4.4.2001 – 4 AZR 242/00, n.v.), auch weil es sich nicht um einen Anspruch einer Arbeitsvertragspartei handelt. **9**

§ 24
Berechnung und Auszahlung des Entgelts

(1) ¹Bemessungszeitraum für das Tabellenentgelt und die sonstigen Entgeltbestandteile ist der Kalendermonat, soweit tarifvertraglich nicht ausdrücklich etwas Abweichendes geregelt ist. ²Die Zahlung erfolgt am letzten Tag des Monats (Zahltag) für den laufenden Kalendermonat auf ein von der/dem Beschäftigten benanntes Konto innerhalb eines Mitgliedstaats der Europäischen Union. ³Entgeltbestandteile, die nicht in Monatsbeträgen festgelegt sind, sowie der Tagesdurchschnitt nach § 21, sind am Zahltag des zweiten Kalendermonats, der auf ihre Entstehung folgt, fällig.

Protokollerklärungen zu Absatz 1:
1. *Teilen Beschäftigte ihrem Arbeitgeber die für eine kostenfreie bzw. kostengünstigere Überweisung in einen anderen Mitgliedstaat der Europäischen Union erforderlichen Angaben nicht rechtzeitig mit, so tragen sie die dadurch entstehenden zusätzlichen Überweisungskosten.*
2. *Soweit Arbeitgeber die Bezüge am 15. eines jeden Monats für den laufenden Monat zahlen, können sie jeweils im Dezember eines Kalenderjahres den Zahltag vom 15. auf den letzten Tag des Monats gemäß Absatz 1 Satz 1 verschieben.*

§ 24 TVöD

(2) Soweit tarifvertraglich nicht ausdrücklich etwas anderes geregelt ist, erhalten Teilzeitbeschäftigte das Tabellenentgelt (§ 15) und alle sonstigen Entgeltbestandteile in dem Umfang, der dem Anteil ihrer individuell vereinbarten durchschnittlichen Arbeitszeit an der regelmäßigen Arbeitszeit vergleichbarer Vollzeitbeschäftigter entspricht.

(3) ¹Besteht der Anspruch auf das Tabellenentgelt oder die sonstigen Entgeltbestandteile nicht für alle Tage eines Kalendermonats, wird nur der Teil gezahlt, der auf den Anspruchszeitraum entfällt. ²Besteht nur für einen Teil eines Kalendertags Anspruch auf Entgelt, wird für jede geleistete dienstplanmäßige oder betriebsübliche Arbeitsstunde der auf eine Stunde entfallende Anteil des Tabellenentgelts sowie der sonstigen in Monatsbeträgen festgelegten Entgeltbestandteile gezahlt. ³Zur Ermittlung des auf eine Stunde entfallenden Anteils sind die in Monatsbeträgen festgelegten Entgeltbestandteile durch das 4,348-fache der regelmäßigen wöchentlichen Arbeitszeit (§ 6 Abs. 1 und entsprechende Sonderregelungen) zu teilen.

(4) ¹Ergibt sich bei der Berechnung von Beträgen ein Bruchteil eines Cents von mindestens 0,5, ist er aufzurunden; ein Bruchteil von weniger als 0,5 ist abzurunden. ²Zwischenrechnungen werden jeweils auf zwei Dezimalstellen durchgeführt. ³Jeder Entgeltbestandteil ist einzeln zu runden.

(5) Entfallen die Voraussetzungen für eine Zulage im Laufe eines Kalendermonats, gilt Absatz 3 entsprechend.

(6) Einzelvertraglich können neben dem Tabellenentgelt zustehende Entgeltbestandteile (z.B. Zeitzuschläge, Erschwerniszuschläge) pauschaliert werden.

1 Der Beschäftigte hat einen Anspruch darauf, dass eine entsprechende Abrechnung der Bezüge schriftlich erstellt wird. Ein nachvollziehbarer Computerausdruck ist ausreichend. Ergeben sich gegenüber dem Vormonat keine Veränderungen der Brutto- oder Nettobeträge, bedarf es keiner erneuten Abrechnung.

2 Die Vergütung ist regelmäßig am letzten Tag eines jeden Monats fällig. Zu diesem Zeitpunkt muss der Nettobetrag auf dem Konto des Beschäftigten gutgeschrieben sein, so dass er über das Geld verfügen kann. Fällt dieser Tag auf einen Samstag, Sonntag oder Wochenfeiertag, so hat die Zahlung an dem vorhergehenden Arbeitstag zu erfolgen.

Da tariflich ein Leistungszeitpunkt bestimmt ist, kommt der Arbeitgeber mit einer unpünktlichen Zahlung auch ohne Mahnung in Verzug (§ 284 Abs. 1 BGB), so dass der hieraus folgende Verzugsschaden zu ersetzen ist. Dieser besteht mindestens aus den Verzugszinsen. Der gesetzliche Zinssatz beträgt 5 % über dem Basiszinssatz. Kann der Beschäftigte nachweisen, dass er wegen der unpünktlichen Zahlung ein Darlehen aufnehmen musste, kann er den hierdurch bedingten höheren Zinssatz als Verzugsschaden ersetzt verlangen.

Der Arbeitnehmer kann verlangen, dass ihm die Abrechnung erläutert wird. Da sich die Bezügebestandteile aber unmittelbar aus den tariflichen Vorschriften ergeben, ist der Beschäftigte gehalten, die Berechnung des Arbeitgebers nachzuprüfen und Fehlberechnungen innerhalb der tariflichen **Ausschlussfrist** des §37 geltend zu machen. Abgerechnete Beträge, die nicht ausgezahlt werden, bedürfen der schriftlichen Geltendmachung nach §37 nicht (vgl. hierzu §37 Rn. 6 und 8).

Darüber hinaus unterliegt der Vergütungsanspruch der Verjährung von drei Jahren nach §195 BGB, auch wenn eine Abrechnung erfolgt ist. Die **Verjährung** tritt immer am 31. Dezember des dritten Jahres um 24.00 Uhr ein und kann grundsätzlich nur durch Klage unterbrochen werden (vgl. hierzu §37 Rn. 17).

Die Gehaltszahlung erfolgt bargeldlos. Der Beschäftigte ist daher verpflichtet, sich ein **Girokonto** einzurichten, auf das die Bezüge überwiesen werden können. Der Arbeitgeber trägt die Kosten der Überweisung, der Arbeitnehmer die **Kontoeinrichtungs-, Kontoführungs-** und **Buchungsgebühren**. Weitergehende Dienst- und Betriebsvereinbarungen sind nur wirksam, soweit sie vor dem 1.1.1980 abgeschlossen wurden. So genannte **Banktage** oder andere Freistellungen für einen Bankbesuch sind übertariflicher Natur und können aufgrund betrieblicher Übung (vgl. §2 Rn. 8) bestehen. 3

Teilen Beschäftigte ihrem Arbeitgeber die für eine kostenfreie bzw. kostengünstigere Überweisung in einen anderen Mitgliedstaat der Europäischen Union erforderlichen Angaben nicht rechtzeitig mit, so tragen sie die dadurch entstehenden zusätzlichen Überweisungskosten.

Besteht für einen Monat nur ein Vergütungsanspruch für **einzelne Kalendertage**, wird nur der Teil gezahlt, der auf den Anspruchszeitraum entfällt. Die Quote ist entsprechend der Zahl der jeweiligen Monatstage unterschiedlich. 4

Beispiel:
Der Beschäftigte hat einen Vergütungsanspruch bis zum 14. Mai. Er erhält 14/31 der Vergütung und der in Monatsbeträgen festgelegten Zulagen, bis zum 12. Juni sind es 12/30 usw.

Hat der Beschäftigte, z.B. wegen **unentschuldigten Fehlens**, für einzelne Stunden keinen Anspruch auf Vergütung, so vermindert sich die Vergütung um die gefehlten Stunden oder Minuten. Zur Ermittlung der hier maßgeblichen Stundenvergütung sind die Vergütung und die in Monatsbeträgen festgelegten Zulagen durch das 4,348-fache der regelmäßigen wöchentlichen Arbeitszeit zu teilen. Bei einer regelmäßigen wöchentlichen Arbeitszeit von 38,5 Stunden ergibt sich der Divisor von 167,398. 5

Überzahlte Bezüge können unter gewissen Voraussetzungen zurückgefordert werden (vgl. hierzu auch §37 Rn. 11). Geringfügige Überzahlungen, die 10 v.H. der laufenden Auszahlungsbeträge nicht überschreiten, können 6

§ 24 TVöD

nach den im öffentlichen Dienst hierzu bestehenden Richtlinien, und auch allgemein arbeitsrechtlich, nicht zurückgefordert werden, wenn der Beschäftigte gutgläubig war und das Geld im Rahmen seiner Lebensführung verbraucht hat (so auch BAG, EzBAT § 36 Rückzahlung Nr. 4).

Zahlte der Arbeitgeber die Vergütung für September 2001 irrtümlich in Euro statt in DM aus, konnte er das überzahlte Arbeitsentgelt zurückverlangen. Ein solcher Irrtum musste dem Arbeitnehmer auffallen, so dass dieser nicht davon ausgehen durfte, dass ihm ein solcher Betrag zustehe. Eine Aufrechnung der Überzahlung gegen den Nettolohnanspruch des folgenden Monats kann grundsätzlich nur im Rahmen der Pfändungsfreigrenzen erfolgen. Allerdings kann die Berufung auf das Aufrechnungsverbot des § 394 Satz 1 BGB wegen Rechtsmissbrauchs nach § 242 BGB unzulässig sein (hier: angesichts der geringen zeitlichen Differenz zwischen Überzahlung und Aufrechnung und der Tatsache, dass die Arbeitnehmerin die Überzahlung hätte erkennen müssen, bejaht das Gericht den Rechtsmissbrauch: ArbG Stade vom 15.1.2002 – 1 Ca 1347/01, n.v.).

7 Der Große Senat des BAG hat mit seinem Beschluss vom 7.3.2000 (GS 1/00) entschieden, dass ein Arbeitnehmer **Verzugszinsen** nach § 288 Abs. 1 Satz 1 BGB auf die geschuldete **Bruttovergütung** verlangen kann (AiB 2002, 380f.).

8 **Nichtvollbeschäftigte** sind Arbeitnehmer, wenn sie im geringeren Umfang als der regelmäßigen wöchentlichen Arbeitszeit (§ 6 Rn. 1 ff.) arbeiten, also **teilzeitbeschäftigt** (§ 11 Rn. 1) sind.

Fraglich ist, ob § 24 auch auf die Fälle der vorübergehend kollektiv verkürzten Arbeitszeit (§ 3 SozTV) angewandt werden kann. Der 6. Senat des BAG vertritt die Auffassung, dass dem Beschäftigten vermögenswirksame Leistungen nur anteilig entsprechend der Arbeitszeit zustehen, wenn die Arbeitszeit auf Grund des damaligen § 15 c BAT-O, entsprechend § 3 SozTV vorübergehend verkürzt ist, obwohl die Tarifvertragsparteien hier nicht von einem Teilzeitarbeitsverhältnis, sondern von einer besonderen regelmäßigen Arbeitszeit ausgehen (BAG vom 17.12.1998 – 6 AZR 370/97, ZTR 1999, 312 ff.).

9 Die **Vergütung** eines nicht vollbeschäftigten Arbeitnehmers ist entsprechend der Quote der persönlichen Arbeitszeit zur regelmäßigen Arbeitszeit zu berechnen.

Beispiel:
So erhält z.B. eine wöchentlich 18-stündig beschäftigte Arbeitnehmerin eine Vergütung in Höhe von 36/77 der Vergütung einer entsprechenden Vollzeitbeschäftigten (38,5 Stunden).

Bei verschiedenen Zulagen, die unabhängig von der Arbeitszeit an bestimmte besondere Belastungen anknüpfen, kann sich die Frage nach der ungerechtfertigten Benachteiligung von Teilzeitarbeitskräften stellen. So war die Kürzung der Geriatrie-Zulage nach der damaligen Protokollerklärung Nr. 1 Abs. 1 Buchst. c der Anlage 1 b Abschnitt B zum BAT für Teilzeitbeschäftigte nach Meinung des LAG Hamm wegen Verstoßes gegen § 2 Abs. 1 BeschFG als nichtig anzusehen (Urteil vom 24.9.1998 – 17 Sa 682/98, Revision zugelassen, ZTR 1999, 32).

Die Pflegezulage nach Nr. 1 Buchst. g der Protokollerklärung Nr. 1 der Anlage 1 b Abschnitt A zum BAT soll teilzeitbeschäftigten Pflegepersonen nur entsprechend ihrer vereinbarten durchschnittlichen Arbeitszeit zustehen, meint der 10. Senat des BAG. Diese Regelung verstoße nicht gegen § 2 Abs. 1 des damaligen BeschFG, da mit der Pflegezulage die arbeitszeitabhängigen besonderen Anforderungen an die Arbeit abgegolten werden sollen (BAG vom 10.2.1999 – 10 AZR 711/97, ZTR 99, 418 f.).

Wird die **Pflichtstundenzahl** vollbeschäftigter Lehrkräfte erhöht, verringert sich im Bereich des TVöD die Vergütung der Teilzeitkräfte mit unveränderter Unterrichtszeit entsprechend (BAG vom 22.8.2001 – 5 AZR 548/99, ZTR 2002, 175).

Zu **Mehrarbeit** ist der teilzeitbeschäftigte Arbeitnehmer grundsätzlich nicht **10** verpflichtet (vgl. hierzu auch § 6 Rn. 22). Wird einvernehmlich Mehrarbeit geleistet, so kann ein **Freizeitausgleich** gewährt werden. Die Bestimmung trifft der Arbeitgeber nach billigem Ermessen gem. § 315 Abs. 1 BGB. Soweit zwingende dienstliche oder betriebliche Gründe nicht entgegenstehen, hat der Beschäftigte regelmäßig einen Anspruch hierauf. Ein Ausgleichszeitraum ist nicht festgelegt. Der Ausgleichsanspruch unterliegt aber der tariflichen Ausschlussfrist des § 37.

Erfolgt der Freizeitausgleich nicht, so ist die Mehrarbeit zu vergüten. Der Beschäftigte erhält für jede zusätzliche Arbeitsstunde den auf eine Stunde entfallenden Anteil der Vergütung eines entsprechenden Vollbeschäftigten.

Zeitzuschläge für **Überstunden** fallen auch für Teilzeitbeschäftigte erst an, **11** wenn die regelmäßige Arbeitszeit überschritten wird (so auch EuGH, ZTR 1995, 74; a.A. ArbG Hamburg vom 21.10.1991 – 21 Ca 173/91; vgl. § 17 Rn. 2).

Teilzeitbeschäftigte angestellte Lehrer haben für die Unterrichtsstunden, **12** die sie über die vertraglich vereinbarte Stundenzahl hinaus erbringen, Anspruch auf entsprechende anteilige Vergütung. Soweit die Sonderregelungen für Beschäftigte als Lehrkräfte (SR 2 l I) § 34 Abs. 1 Satz 3 BAT für unanwendbar erklärten und auf die beamtenrechtlichen Vorschriften verwiesen, die für Zusatzstunden nur eine erheblich geringere Vergütung vorsehen, war diese Bestimmung nach § 2 Abs. 1 BeschFG unwirksam (BAG vom 21.4.1999 – 5 AZR 200/98, ZTR 1999, 410 ff.).

Teilzeitbeschäftigte Lehrkräfte sind für die Dauer der Teilnahme an **ganztägigen Klassenfahrten** wie vollzeitbeschäftigte Lehrkräfte zu vergüten (BAG vom 22.8.2001 – 5 AZR 108/00, ZTR 2002, 228 f.).

§ 25
Betriebliche Altersversorgung

Die Beschäftigten haben Anspruch auf Versicherung unter eigener Beteiligung zum Zwecke einer zusätzlichen Alters- und Hinterbliebenenversorgung nach Maßgabe des Tarifvertrages über die betriebliche Altersversorgung der Beschäftigten des öffentlichen Dienstes (Tarifvertrag Altersversorgung – ATV) bzw. des Tarifvertrages über die zusätzliche Altersvorsorge der Beschäftigten des öffentlichen Dienstes – Altersvorsorge-TV-Kommunal – (ATV-K) in ihrer jeweils geltenden Fassung.

1 § 25, vormals § 46 BAT, und die hierauf beruhenden Zusatztarifverträge im öffentlichen Dienst sollten ursprünglich eine Angleichung der **Altersversorgung** der Beschäftigten an die **Beamtenversorgung** bewirken. Während die Beamtenversorgung ihrer Natur nach eine Vollversorgung ist, ergänzen die Leistungen der Versorgungsanstalt des Bundes und der Länder (**VBL**) oder anderer **Zusatzversorgungskassen** für den öffentlichen Dienst die Ansprüche aus der gesetzlichen **Rentenversicherung** nur.

2 Die Vorschrift allein enthält keine Anspruchsgrundlage für eine Zusatzversicherung. Hinzu kommen muss die Umsetzung in Form eines entsprechenden **Versorgungstarifvertrages**. Sagt ein Arbeitgeber einem Arbeitnehmer Altersversorgung zu, die eine rechtlich selbständige Versorgungseinrichtung erbringen soll, so verspricht er damit in aller Regel dem Beschäftigten eine Versorgung nur nach Maßgabe der Möglichkeiten, wie sie in der **Satzung** oder in den **Versorgungsrichtlinien** der Versorgungseinrichtungen vorgesehen sind. Lassen Satzung und Versorgungsrichtlinien eine Versorgung des Arbeitnehmers nicht zu, so kann er sich wegen der ausgebliebenen Versorgung nicht an den Arbeitgeber halten (BAG, AP Nr. 2 zu § 242 BGB Ruhegehalt-VBL).

Erweckt der Arbeitgeber dagegen bei dem Beschäftigten das Vertrauen, er werde mit Sicherheit eine Altersversorgung erhalten, dann **haftet** der **Arbeitgeber** ohne Rücksicht darauf, ob ihn ein Verschulden trifft, in entsprechender Anwendung der §§ 437 Abs. 1, 440 Abs. 1, 325 Abs. 1, 365 BGB für den Schaden, der dem Arbeitnehmer dadurch entsteht, dass die Versorgungseinrichtung die Versorgung nicht gewährt. Verspricht er die gleiche Altersversorgung, wie sie vergleichbaren Beschäftigten im öffentlichen Dienst zusteht, kann er jedoch nicht Mitglied der VBL werden, so ist die Erfüllung der Versorgungszusage deshalb nicht unmöglich (BAG, AP Nr. 7 zu § 252 Ruhegehalt-VBL). Er muss für deren vermeintliche Leistungen selbst einstehen (BAG vom 23.2.1988 – 3 AZR 408/86). Gleiches gilt, wenn die **Anmeldung tarifwidrig unterblieben** ist (BAG vom 12.3.1996 – 3 AZR 993/94, EzA-Schnelldienst 15/95, 23).

Ein Arbeitgeber, der einem Arbeitnehmer eine vergleichende Modellrechnung voraussichtlicher Versorgungsansprüche anbietet, um dessen tarifvertraglich eingeräumte Wahlentscheidung zu unterstützen, aus einer bestehenden Versorgungszusage in ein **anderes Versorgungssystem** zu wechseln, haftet für eine etwaige Unrichtigkeit dieser Modellrechnung auf Schadensersatz. Der Beschäftigte ist so zu stellen, wie er nach der ursprünglichen Versorgungszusage gestanden hätte (BAG vom 21.11.2000 – 3 AZR 13/00, ZTR 2001, 526 ff.).

Verlässt ein Betriebsteil mit seiner **Veräußerung** (§ 613 a BGB) den Geltungsbereich eines Zusatzversorgungssystems, erlischt damit ein zuvor begründetes Recht auf Zusatzversorgung nicht. Der Arbeitnehmer hat gegenüber dem neuen Arbeitgeber ein Recht auf Verschaffen einer entsprechenden Zusatzversorgung. Dieser Anspruch ist erst mit dem Eintritt des Versorgungsfalles fällig. Er kann deshalb vorher weder verfallen noch verjähren oder verwirken (BAG vom 18.9.2001 – 3 AZR 689/00, AP Nr. 230 zu § 613 a BGB).

Das Gesetz zur Verbesserung der **betrieblichen Altersversorgung** (BetrAVG) **3** ist nach dessen § 18 nur beschränkt anwendbar. Zwar gilt die Unverfallbarkeitsklausel des § 1 BetrAVG, jedoch nicht die Anpassungsklausel des § 16 BetrAVG, weil für den öffentlichen Dienst ein besonderes System der Zusatzversorgung geschaffen wurde. Danach ist die Versorgung auch nicht nach § 2 BetrAVG zu berechnen, sondern nach § 18 Abs. 2 bis 7 BetrAVG. Nach § 18 Abs. 6 BetrAVG haben die in § 18 Abs. 1 Satz 1 Nrn. 4 bis 6 BetrAVG bezeichneten Beschäftigten einen Anspruch auf **Nachversicherung**.

Es besteht keine Rechtsgrundlage für eine **Nachversicherung** in der Zusatzversorgung **für ausgeschiedene Beamte**. Dies gilt auch dann, wenn der Mitarbeiter anschließend beim selben Dienstherrn als Arbeitnehmer weiterbeschäftigt wird. Im Verhältnis von Arbeitnehmern und Beamten fehlt es, was die Versorgungsansprüche angeht, an der für die Anwendung des allgemeinen Gleichheitssatzes des Art. 3 Abs. 1 GG erforderlichen Vergleichbarkeit (BAG vom 21.3.2001 – 3 AZR 349/00, ZTR 2001, 371 f.). Der Ausschluss von Arbeitnehmern, denen eine Anwartschaft bzw. ein Anspruch aus beamtenrechtlicher Versorgung in Höhe der Mindestversorgung zusteht, von der Zusatzversicherung verstößt nicht gegen Art. 3 GG bzw. § 9 AGBG (LG Karlsruhe vom 23.3.2001 – 6 S 12/00, ZTR 2001, 372 f.).

Teilzeitbeschäftigte haben grundsätzlich einen Anspruch auf entsprechende **4** Zusatzversorgung (BAG, AP Nr. 18 zu § 1 BetrAVG Gleichbehandlung, mit Hinweis auf § 2 Abs. 1 BeschFG; BAG, ZTR 1995, 166). Dies gilt nicht für **sozialversicherungsfreie Beschäftigte**, da die Ergänzungsfunktion zur gesetzlichen Rentenversicherung hier nicht umsetzbar ist (BAG, EzA § 1 BetrAVG Gleichbehandlung Nr. 10). **Geringfügig Beschäftigte** hatten zumindest bis zum 31.3.1999 keinen Anspruch auf VBL-Versorgung. Dies gilt bis zu diesem Zeitpunkt auch für Arbeitnehmer, die nebenberuflich in einem Beschäftigungsverhältnis standen, in dem sie nicht mehr als 1/6 ihres Gesamtverdienstes erzielten und nicht nur für Arbeitnehmer, die ausschließlich geringfügig beschäftigt waren (BAG vom 22.2.2000 – 3 AZR

§ 25 TVöD

845/96, EzA-Schnelldienst 5/2000, 6). Nach § 1 Abs. 2 Buchst. m sind geringfügig Beschäftigte i.S.v. § 8 Abs. 1 Nr. 2 SGB IV zulässigerweise von der Zusatzversorgung ausgeschlossen (vgl. § 1 Rn. 34). Die Rechtsprechung des BAG, wonach die Zusatzversorgung Teilzeitbeschäftigten ohne Begrenzung der Rückwirkung zu verschaffen ist, ist nach Meinung der 2. Kammer des 1. Senats des BVerfG europarechtlich vertretbar (Beschluss vom 5.8.1998 – 1 BvR 164/98, ZTR 1998, 514f.).

Der öffentliche Arbeitgeber ist verpflichtet, die aufgrund der damaligen scheinbaren tariflichen Rechtslage nicht versicherten Teilzeitbeschäftigten ohne Geltung der tariflichen Ausschlussfrist **nachzuversichern**. Hierbei trifft ihn allerdings nicht die volle **Steuerlast** (BAG vom 14.12.1999 – 3 AZR 713/98, ZTR 2000, 559f.). Eine Pauschalversteuerung der nach zu entrichtenden Umlage war steuerrechtlich nicht mehr zulässig. Ein Schadensersatzanspruch stand der Klägerin nach Meinung des BAG nicht zu, da der Arbeitgeber die Umlagen auf Grund eines unverschuldeten Rechtsirrtums verspätet abgeführt habe. Der Senat berücksichtigte jedoch, dass der Arbeitgeber bei rechtzeitiger Abführung der Umlage die Pauschalsteuer zu tragen gehabt hätte und von dieser Verpflichtung auf Kosten der klagenden Arbeitnehmerin frei wurde. Insoweit stand der Klägerin ein Erstattungsanspruch aufgrund ungerechtfertigter Bereicherung zu.

Auch Beschäftigte in befristeten Arbeitsverhältnissen fallen unter § 25, da § 30 keine Ausnahmen enthält. Der Ausschluss von ABM-Beschäftigten soll nach Meinung des BAG jedoch zulässig sein (BAG, ZTR 1995, 213), weil die Zusatzversorgung im Hinblick auf die Betriebstreue gewährt werde, die von diesem Personenkreis nicht verlangt werde. Dieses Argument überzeugt schon deshalb nicht, weil die kurze vertragliche Bindung ausschließlich auf dem Willen des Arbeitgebers beruht.

Hinsichtlich der sonstigen Ausnahmen des persönlichen Geltungsbereichs vgl. § 1.

5 Zu § 25 gibt es folgende Versorgungstarifverträge:

- Tarifvertrag über die betriebliche Altersversorgung der Beschäftigten des öffentlichen Dienstes (Tarifvertrag Altersversorgung – ATV) vom 1.3.2002,

- Tarifvertrag über die zusätzliche Altersvorsorge der Beschäftigten des öffentlichen Dienstes – Altersvorsorge-TV-Kommunal – (ATV-K) vom 1.3.2002,

- Tarifvertrag über die Versorgung der Arbeitnehmer des Bundes und der Länder sowie von Arbeitnehmern kommunaler Verwaltungen und Betriebe (Versorgungs-TV) vom 4.11.1966 in der Fassung des Tarifvertrages zur Einführung der Zusatzversorgung im Tarifgebiet Ost (TV EZV-O) vom 1.2.1996,

- Tarifvertrag über die Versorgung der Arbeitnehmer kommunaler Verwaltungen und Betriebe (VersTV-G) vom 6. März 1967,

TVöD § 25

- Tarifvertrag über die Versorgung der Arbeitnehmer des Saarlandes und der Mitglieder des Kommunalen Arbeitgeberverbandes Saar e.V. vom 15.11.1966.

In Hamburg besteht ein Gesetz über die zusätzliche Alters- und Hinterbliebenenversorgung für Angestellte und Arbeiter der Freien und Hansestadt Hamburg vom 3.3.1983.

Das Zusatzversorgungssystem des öffentlichen Dienstes ist mit den beiden zuerst in Rn. 5 genannten Tarifverträgen, die den gesamten Geltungsbereich des TVöD erfassen, rückwirkend zum 1.1.2001 auf eine völlig neue Basis gestellt worden. Das Gesamtversorgungssystem der vorangegangenen Tarifverträge, das den Versorgungsberechtigten eine Gesamtversorgung bis zu 91,75 % des fiktiven Nettoarbeitsentgelts garantierte, ist durch ein Betriebsrentensystem abgelöst worden. Für die Höhe der **Betriebsrente** ist künftig nicht mehr das Endgehalt ausschlaggebend, sondern nach einem Punktesystem das während des gesamten Arbeitslebens im öffentlichen Dienst erzielte Einkommen. Das neue System ermöglicht nunmehr auch die zusätzliche private Altersvorsorge nach dem Altersvermögensgesetz (Riester-Rente). In vielen Fällen führt das neue Modell zur Absenkung der zu erwartenden Gesamtrente, zumal die gesetzlichen Rentenansprüche bis zum Jahr 2008 von 71 % auf 67 % zurückgeführt werden und ein Gesamtversorgungsanspruch nicht mehr besteht. **6**

Nach der Transferierung der im bisherigen System **erworbenen Ansprüche** muss die VBL-Betriebsrente aber bei Eintritt des Versicherungsfalles mindestens den geringeren Betrag erreichen, der sich nach bisherigem Recht zum Umstellungsstichtag 31. Dezember 2001 oder zum Zeitpunkt des Eintritts des Versicherungsfalles ergibt. Die Errechnung der zum Umstellungsstichtag erdienten Anwartschaft muss nicht nach altem Satzungsrecht unter voller Berücksichtigung der Vordienstzeiten erfolgen (LG Karlsruhe vom 30.1.2004 – 6 O 197/03, ZTR 2004, 316f.).

Das vom 3. Senat des BAG für die Überprüfung von Eingriffen in Versorgungsanwartschaften entwickelte dreistufige Prüfungsschema (ständige Rechtsprechung seit 17.4.1985 – 3 AZR 72/83, BAGE 49, 57, 66ff.) kann zwar nicht unbesehen auf Tarifverträge angewandt werden. Die Tarifvertragsparteien sind bei derartigen Eingriffen aber an die Grundsätze des Vertrauensschutzes und der Verhältnismäßigkeit gebunden (BAG vom 28.7.2005 – 3 AZR 14/05, DB 2006, 166ff.).

Durch **Übergangsregelungen** sind im Wesentlichen nur laufende Rentenempfänger und Arbeitnehmer im Tarifgebiet West geschützt, die am 1.1.2002 das 55. Lebensjahr vollendet hatten (vgl. wegen der Einzelheiten auch der Funktionsweise des neuen Betriebsrentensystems grundlegend: Roggenkamp, PersR 2002, 411ff.). Nach der Anlage I zum Altersvorsorgeplan gehen die Tarifvertragsparteien ausdrücklich davon aus, dass der rückwirkende Wechsel zum 1.1.2001 verfassungsrechtlich zulässig sei, auch hinsichtlich der bis zu diesem Zeitpunkt entstandenen Anwartschaften. Sollte ein Bundesgericht abschließend feststellen, dass Arbeitnehmern **7**

§ 25 TVöD

oder Versorgungsempfängern mit Vordienstzeiten außerhalb des öffentlichen Dienstes im neuen System im Hinblick auf den Beschluss des Bundesverfassungsgerichts vom 22.3.2000 (1 BvR 1136/96) höhere als die überführten Ansprüche zustehen, werden den Berechtigten diese Ansprüche auch dann rückwirkend erfüllt, wenn sie nicht vor der neuen Entscheidung geltend gemacht werden. Hierin liegt auch eine tarifliche Verzichtserklärung bezüglich einer späteren Verjährungseinrede, die sich allerdings nur auf die ausdrücklich genannte Fallkonstellation bezieht.

Der Tenor der zitierten Entscheidung des BVerfG vom 22.3.2000 (1 BvR 1136/96) lautet wie folgt:

1. Durch die nur hälftige Anrechnung von Zeiten vor Aufnahme der Tätigkeit im öffentlichen Dienst als gesamtversorgungsfähige Zeit einerseits (VBL Sa §42 Abs. 2) und die volle Berücksichtigung der Sozialversicherungsrente bei der Bestimmung der Höhe der Zusatzversorgung andererseits (VBL Sa §40) ist GG Art. 3 Abs. 1 (noch) nicht verletzt. Allerdings kann die zurzeit noch vertretbare Beurteilung über den 31.12.2000 hinaus nicht aufrechterhalten werden.

2a. Durch diese Regelung wird eine große Gruppe von Versorgungsberechtigten, die vor ihrer Beschäftigung im öffentlichen Dienst in der Privatwirtschaft gearbeitet haben, in sachlich nicht gerechtfertigter Weise gegenüber denjenigen Arbeitnehmerinnen und Arbeitnehmern benachteiligt, die ihr ganzes Berufsleben im öffentlichen Dienst verbracht haben.

   Die Schlechterstellung eines Versicherten mit Vordienstzeiten gegenüber einem Arbeitnehmer, der vor dem Eintritt in den öffentlichen Dienst überhaupt keine versicherungspflichtige Tätigkeit ausgeübt hat, tritt in vielen Fällen ein, weil der Satzungsgeber eine volle Anrechnung der gesetzlichen Rentenansprüche ungeachtet der bloß hälftigen Berücksichtigung der Vordienstzeiten bei der gesamtversorgungsfähigen Zeit vorsieht.

2b. Das Prinzip der Gesamtversorgung, dem die Zusatzversorgung im öffentlichen Dienst unterliegt, vermag die dargelegte Ungleichbehandlung nicht zu rechtfertigen. Soll sich die Zusage einer Gesamtversorgung auf das gesamte Arbeitsleben beziehen, dann muss auch die gesamte Lebensarbeitszeit unverkürzt in Rechnung gestellt werden.

2c. Die Ungleichbehandlung ist gravierend. Sie hält sich aber derzeit noch im Rahmen einer zulässigen Generalisierung. Bei der Regelung einer hochkomplizierten Materie darf der Gesetzgeber Ungleichbehandlungen in Kauf nehmen, solange davon nur eine verhältnismäßig kleine Zahl von Personen betroffen ist.

2d. Inzwischen liegen diese Voraussetzungen aber nicht mehr vor. Ein bruchloser Verlauf einer Erwerbsbiographie im öffentlichen Dienst ist für die jüngere Versichertengenerationen nicht mehr in hinreichender Weise typisch.

Angesichts der auch im öffentlichen Dienst stark angestiegenen Anzahl der Teilzeitbeschäftigten und der allgemein stärkeren Diskontinuität im Laufe des Erwerbslebens kann die Benachteiligung der Rentner durch die volle Anrechnung der in Vordienstzeiten erworbenen Rentenansprüche bei hälftiger Berücksichtigung dieses Teils ihrer Lebensarbeitszeit bei der Berechnung der gesamtversorgungsfähigen Dienstzeit nicht länger als bis zum Ablauf des Jahres 2000 hingenommen werden.

Im Rahmen der anstehenden Reform der Regelung über die Altersversorgung von Arbeitnehmern des öffentlichen Dienstes bei vorzeitigem Ausscheiden (vgl BVerfG, 15.7.1998 – 1 BvR 1554/89, BVerfGE 98, 365) ist es der VBL zuzumuten, auch die Probleme verfassungskonform zu lösen, die mit einer Änderung der Vorzeitenregelung unverkennbar verbunden sind.

3. Die statische Ausgestaltung der Mindestversorgungsrente stellt eine Benachteiligung gegenüber den Betriebsrentnern in der Privatwirtschaft dar, denn diesen ist eine turnusmäßige Anpassung nach billigem Ermessen garantiert. Die Benachteiligung ist auch gravierend. Faktisch kann diese Regelung dazu führen, dass – abhängig von der Entwicklung der Löhne und Preise – die Mindestversorgungsrente jedenfalls auf längere Sicht jegliche Bedeutung für den einzelnen Versicherten verliert.

3a. Eine Verletzung des allgemeinen Gleichheitssatzes kann jedoch auch insoweit noch nicht festgestellt werden. Die statische Ausgestaltung steht im Zusammenhang mit den Regelungen, die dem notwendigen und verfassungsrechtlich unbedenklichen Abbau einer planwidrigen Überversorgung dienten, und hält sich insoweit noch im Rahmen einer zulässigen Typisierung (vgl. BVerfG vom 6.11.1991 – 1 BvR 825/88, BB 1991, 2531).

3b. Im Rahmen der notwendigen gesetzlichen Neuregelung des Betriebsrentenrechts für den öffentlichen Dienst ab 2001 steht auch der generelle Ausschluss der Anpassungsprüfungspflicht für die Zusatzversorgungssysteme des öffentlichen Dienstes in Frage. Der Satzungsgeber der VBL wird die Frage der Dynamisierung der Versichertenrente unter dem Gesichtspunkt der Gleichstellung mit dem allgemeinen Betriebsrentenrecht zu überprüfen haben.

4. Mit Blick auf die anstehenden Neuregelungen wird angemerkt: Das Satzungswerk der VBL hat inzwischen eine Komplexität erreicht, die es dem einzelnen Versicherten kaum mehr ermöglicht, zu überschauen, welche Leistungen er zu erwarten hat und wie sich berufliche Veränderungen im Rahmen des Erwerbslebens auf die Höhe der Leistungen auswirken. Eine weitere Zunahme dieser Komplexität kann im Hinblick auf das Recht des Arbeitnehmers auf freie Wahl seines Arbeitsplatzes und die Beachtung des allgemeinen Gleichheitssatzes an verfassungsrechtliche Grenzen stoßen.

§ 25 TVöD

8 Die Kürzung einer **Hinterbliebenenrente** im Falle der Arbeitsaufnahme verstößt nicht gegen Art. 3 GG (BVerfG, EzA Art. 3 GG Nr. 50). Die 2. Kammer des 1. Senats des Bundesverfassungsgerichts hält es für verfassungsrechtlich bedenklich, dass der **Verlust der Versorgungsrente** aus der Zusatzversorgung im Falle einer **strafrechtlichen Verurteilung** möglich sein soll. Eine solche Regelung verstoße gegen den allgemeinen Gleichheitssatz des Art. 3 Abs. 1 GG. Denn eine strafrechtliche Verurteilung könne nur dann zum vollständigen Verlust derartiger Anwartschaften führen, wenn zumindest ein konkreter Bezug zum Arbeitsverhältnis vorliege (Beschluss v. 28.6.2000 – 1 BvR 387/00, ZTR 2000, 474ff.). Die gesetzliche Altersrente kann auch insoweit angerechnet werden, wie sie auf der Anerkennung von **Kindererziehungszeiten** beruht (BAG, ZTR 1996, 327f.).

9 Der öffentliche Arbeitgeber hat die Pflicht, den Beschäftigten über Fragen im Zusammenhang mit der Zusatzversorgung ordnungsgemäß aufzuklären (BAG, AP Nr. 76 zu § 611 Fürsorgepflicht; BAG, AP Nr. 5 zu § 1 BetrAVG Zusatzversorgungskassen; BAG vom 23.5.1989 – 3 AZR 257/88). Verletzt der Arbeitgeber diese **Aufklärungspflicht,** ist er dem Arbeitnehmer gegenüber schadensersatzpflichtig. Insbesondere muss der Beschäftigte im Zusammenhang mit der Auflösung des Arbeitsverhältnisses über die versorgungsrechtlichen Folgen informiert werden, wenn er die Vertragsbeendigung nicht selbst vorschlägt oder selbst das Arbeitsverhältnis kündigt.

Ein Arbeitgeber, der einem Arbeitnehmer eine vergleichende Modellrechnung voraussichtlicher Versorgungsansprüche anbietet, um dessen tarifvertraglich eingeräumte Wahlentscheidung zu unterstützen, aus einer bestehenden Versorgungszusage in ein **anderes Versorgungssystem** zu wechseln, haftet für eine etwaige Unrichtigkeit dieser Modellrechnung auf Schadensersatz. Der Arbeitnehmer ist so zu stellen, wie er nach der ursprünglichen Versorgungszusage gestanden hätte (BAG vom 21.11.2000 – 3 AZR 13/00, ZTR 2001, 526ff.).

10 Die Ansprüche auf Zusatzversorgung und die hiermit zusammenhängenden Schadensersatzansprüche fallen nicht unter die **Ausschlussfrist** des § 37(BAG, AP Nr. 5 zu § 242 Ruhegehalt-VBL). Das Gleiche gilt hinsichtlich des Anspruches auf Versorgungsbezüge (BAG, AP Nr. 11 zu § 70 BAT). Nachversicherungs- und Schadensersatzansprüche **verjähren** in drei, Versorgungsleistungen in vier Jahren. Eine **Verwirkung** des Verschaffungsanspruchs vor Eintritt in den Ruhestand ist regelmäßig nicht anzunehmen (BAG, AP Nr. 1 zu § 1 BetrAVG Zusatzversorgung). Ein Versorgungsempfänger, der langjährig irrtümlich Versorgungsleistungen erhält, kann ohne konkrete Anhaltspunkte nicht davon ausgehen, die Vergünstigungen seien Vertragsbestandteil und würden auf Dauer weitergewährt (LAG Hamm vom 15.4.1996 – 6 Sa 1127/95, EzBAT § 4 Betriebliche Übung Nr. 18).

11 **Streitigkeiten** zwischen Beschäftigten und dem öffentlichen Arbeitgeber wegen der Zusatzversorgung sind vor den Arbeitsgerichten auszutragen, auch wenn das Arbeitsverhältnis nicht mehr besteht. Für Streitigkeiten zwischen Arbeitnehmern und den Zusatzversorgungseinrichtungen sind die ordentlichen Gerichte zuständig. Bei der VBL hat der Beschäftigte die Wahl, ob er das ordentliche Gericht oder das dort bestehende Schiedsgericht anrufen will, das im Falle eines Schiedsvertrages verbindlich entscheidet. Ein Bescheid der VBL ist innerhalb einer Frist von drei Monaten durch Klage anzugreifen (§ 61 Abs. 3 VBL-Satzung).

Niederschriftserklärung zu Abschnitt III:
Die Tarifvertragsparteien werden zeitnah Tarifverhandlungen zur Regelung der Entgeltsicherung bei Leistungsminderung in Ergänzung des TVöD aufnehmen.

Abschnitt IV
Urlaub und Arbeitsbefreiung

§ 26
Erholungsurlaub

(1) [1]Beschäftigte haben in jedem Kalenderjahr Anspruch auf Erholungsurlaub unter Fortzahlung des Entgelts (§ 21). [2]Bei Verteilung der wöchentlichen Arbeitszeit auf fünf Tage in der Kalenderwoche beträgt der Urlaubsanspruch in jedem Kalenderjahr

bis zum vollendeten 30. Lebensjahr	26 Arbeitstage,
bis zum vollendeten 40. Lebensjahr	29 Arbeitstage und
nach dem vollendeten 40. Lebensjahr	30 Arbeitstage.

[3]Maßgebend für die Berechnung der Urlaubsdauer ist das Lebensjahr, das im Laufe des Kalenderjahres vollendet wird. [4]Bei einer anderen Verteilung der wöchentlichen Arbeitszeit als auf fünf Tage in der Woche erhöht oder vermindert sich der Urlaubsanspruch entsprechend. [5]Verbleibt bei der Berechnung des Urlaubs ein Bruchteil, der mindestens einen halben Urlaubstag ergibt, wird er auf einen vollen Urlaubstag aufgerundet; Bruchteile von weniger als einem halben Urlaubstag bleiben unberücksichtigt. [6]Der Erholungsurlaub muss im laufenden Kalenderjahr gewährt und kann auch in Teilen genommen werden.

Protokollerklärung zu Absatz 1 Satz 6:
Der Urlaub soll grundsätzlich zusammenhängend gewährt werden; dabei soll ein Urlaubsteil von zwei Wochen Dauer angestrebt werden.

(2) Im Übrigen gilt das Bundesurlaubsgesetz mit folgenden Maßgaben:

a) Im Falle der Übertragung muss der Erholungsurlaub in den ersten drei Monaten des folgenden Kalenderjahres angetreten werden. Kann der Erholungsurlaub wegen Arbeitsunfähigkeit oder aus betrieblichen/dienstlichen Gründen nicht bis zum 31. März angetreten werden, ist er bis zum 31. Mai anzutreten.

§ 26 TVöD

b) Beginnt oder endet das Arbeitsverhältnis im Laufe eines Jahres, erhält die/der Beschäftigte als Erholungsurlaub für jeden vollen Monat des Arbeitsverhältnisses ein Zwölftel des Urlaubsanspruchs nach Absatz 1; § 5 BUrlG bleibt unberührt.

c) Ruht das Arbeitsverhältnis, so vermindert sich die Dauer des Erholungsurlaubs einschließlich eines etwaigen Zusatzurlaubs für jeden vollen Kalendermonat um ein Zwölftel.

d) Das nach Absatz 1 Satz 1 fort zu zahlende Entgelt wird zu dem in § 24 genannten Zeitpunkt gezahlt.

1 Das Urlaubsrecht ist weitestgehend den gesetzlichen Vorschriften angeglichen worden. Allerdings besteht ein wesentlich höherer **Urlaubsanspruch**, der bis zum vollendeten 30. Lebensjahr 26 Arbeitstage umfasst, bis zum vollendeten 40. Lebensjahr 29 und nach dem vollendeten 40. Lebensjahr 30 Arbeitstage. Eine Differenzierung nach Vergütungs- oder Entgeltgruppen erfolgt nicht mehr. Dieser Urlaubsanspruch besteht bei einer Verteilung der wöchentlichen Arbeitszeit auf grundsätzlich fünf Tage in der Kalenderwoche. Bei einer anderen Verteilung der wöchentlichen Arbeitszeit erhöht oder vermindert sich der Urlaubsanspruch entsprechend.

Während des Urlaubs wird das Entgelt nach § 21 fortgezahlt.

Der Urlaub soll grundsätzlich zusammenhängend gewährt werden. Er kann aber auch in Teilen genommen werden. Dabei soll ein Urlaubsteil von zwei Wochen Dauer angestrebt werden. Maßgeblich sind zunächst die Wünsche des Beschäftigten, die nur aus dringenden betrieblichen oder dienstlichen Gründen zurückstehen müssen.

Der Erholungsurlaub muss im **laufenden Kalenderjahr** gewährt und genommen werden. Die **Übertragung** in das nächste Kalenderjahr erfolgt nur, wenn der Beschäftigte dies beantragt und hierfür Gründe vorhanden sind oder der Arbeitgeber die Übertragung von sich aus vornimmt (z.B. im Urlaubsplan berücksichtigt). In diesem Fall ist der Urlaub grundsätzlich bis zum 31. März des Folgejahres anzutreten. Kann der Erholungsurlaub wegen Arbeitsunfähigkeit oder aus betrieblichen/dienstlichen Gründen nicht bis zu diesem Datum angetreten werden, ist er bis zum 31. Mai zu beginnen. Urlaub, der aus dem Vorjahr nicht spätestens bis zum 31. Mai angetreten wird, verfällt. Diese Folge tritt auch dann ein, wenn der Urlaub wegen andauernder Arbeitsunfähigkeit nicht realisierbar ist. Andererseits setzt der Urlaubsanspruch nicht voraus, dass Arbeitsleistungen im Urlaubsjahr erbracht werden.

Der Urlaubsanspruch entsteht erstmalig nach **Ablauf der ersten sechs Monate des Arbeitsverhältnisses**. Beginnt oder endet das Arbeitsverhältnis im Laufe des Kalenderjahres, erhält der Beschäftigte als Erholungsurlaub für jeden vollen Monat des Arbeitsverhältnisses 1/12 des Urlaubsanspruchs. Ist die erste Jahreshälfte überschritten, besteht nach dem Bundesurlaubsgesetz ein Anspruch auf Gewährung des vollen Jahresurlaubes, allerdings in der gesetzlichen Höhe. Dieser Urlaubsanspruch (von 20 Arbeitstagen) kann höher sein als der tarifliche. In diesem Fall ist der gesetzliche Urlaubsanspruch zu gewähren.

Auch für die Zeiten des Ruhens des Arbeitsverhältnisses vermindert sich die Dauer des Erholungsurlaubs für jeden vollen Kalendermonat um 1/12. Ein Ruhen des Arbeitsverhältnisses liegt jedoch nicht vor, wenn der Arbeitnehmer unzulässigerweise von der Arbeit suspendiert ist, insbesondere wegen einer rechtsunwirksamen Kündigung oder Befristung des Arbeitsverhältnisses.

§ 26 enthält gegenüber dem **Bundesurlaubsgesetz** eigenständige und zum Teil abweichende Bestimmungen, so dass ein Rückgriff auf das Bundesurlaubsgesetz nur möglich ist, soweit die betreffende Frage tariflich nicht abschließend geregelt ist. Nur die §§ 1, 2 und 3 Abs. 1 BUrlG sind zwingend auch für die Tarifvertragsparteien (§ 13 Abs. 1 Satz 1 BUrlG), so dass diesbezügliche Abweichungen nach § 134 BGB nichtig sind.

Von seiner **Rechtsnatur** her ist der **Urlaubsanspruch** ein Freistellungsanspruch unter Fortzahlung der Vergütung. Es handelt sich um einen höchstpersönlichen Anspruch, der weder vererbbar, noch abtretbar oder aufrechenbar ist, während die Urlaubsvergütung allein und der Abgeltungsanspruch diesen Beschränkungen im Grundsatz nicht unterliegen. Als tariflicher Anspruch ist er auch unabdingbar (vgl. hierzu § 1 Rn. 10 ff.). Eine arbeitsvertragliche Vereinbarung, die die Abgeltung des Urlaubs im bestehenden Arbeitsverhältnis zum Gegenstand hat, ist nichtig (BAG, AP Nr. 5 zu § 5 BUrlG).

Der Urlaubsanspruch **entsteht** erstmalig nach Ablauf des ersten Monats des Arbeitsverhältnisses (§ 5 BUrlG) und dann fortlaufend zu Beginn des Kalenderjahres. Andere Voraussetzungen hat der Urlaubsanspruch nicht. Insbesondere kommt es grundsätzlich nicht darauf an, ob Arbeitsleistungen erbracht werden (zu den Ausnahmen vgl. Rn. 17 ff.).

Fällig ist der Urlaubsanspruch nach dem Beginn des Arbeitsverhältnisses jedoch erstmals nach Ablauf von sechs Monaten (§ 4 BUrlG). Scheidet der Beschäftigte vorher aus, muss er die Möglichkeit erhalten, seinen Urlaub noch in Natur vor Ablauf der **Wartefrist** zu nehmen. Wird ein Arbeitsverhältnis in dieser Zeit ununterbrochen fortgesetzt, aber neu begründet, gilt die Wartefrist ebenfalls nicht (§ 5 Abs. 1 BUrlG).

Der Urlaubsanspruch ist grundsätzlich an das **Kalenderjahr** gebunden. Dies betrifft zum einen die Berechnung eines evtl. Teilurlaubsanspruchs (vgl. § 5 BUrlG), zum anderen die Übertragbarkeit des Urlaubs.

Vor Beginn des jeweiligen **Urlaubsjahres** kann der Urlaubsanspruch nicht im **Vorgriff** rechtswirksam erfüllt werden (BAG, AP Nr. 3 zu § 9 BUrlG). Wird gleichwohl Urlaub gewährt, bleibt der Anspruch für das folgende Kalenderjahr im vollen Umfang erhalten.

§ 26 TVöD

4 Der **Umfang** des Urlaubsanspruchs ergibt sich in der Regel aus Abs. 1. Besteht das Arbeitsverhältnis nicht während des gesamten Kalenderjahres, entsteht nur ein Anspruch auf Teilurlaub (vgl. Rn. 24). Ist die Arbeitszeit nicht auf fünf Tage in der Woche verteilt, findet eine Minderung oder Erhöhung des Urlaubsanspruches statt. Reduzieren kann sich der Urlaubsanspruch auch, wenn das Arbeitsverhältnis zwischenzeitlich ruht.

Nach § 6 Abs. 1 BUrlG kann sich der Urlaubsanspruch auch dadurch vermindern, dass in einem vorangegangenen Beschäftigungsverhältnis Urlaub für Monate gewährt worden ist, die in die Zeit des jetzigen Beschäftigtenverhältnisses fallen. Die nach § 6 Abs. 2 BUrlG auszustellende **Urlaubsbescheinigung** erfüllt den Zweck, hierüber einen Nachweis zu erbringen. § 6 Abs. 1 BUrlG ist nur anwendbar, wenn der in dem früheren Arbeitsverhältnis zuviel erhaltene Urlaub tatsächlich darauf beruht, dass die dortigen Arbeitsvertragsparteien von einer späteren Beendigung des Arbeitsverhältnisses ausgingen. Wird ein gesetzlich, arbeitsvertraglich oder tariflich bestehender Urlaubsanspruch in dem früheren Arbeitsverhältnis einvernehmlich erhöht, z.B. im Wege eines gerichtlichen Vergleiches, ist dieser zusätzliche Urlaub nicht anrechenbar.

5 Während des Urlaubs ist das **Entgelt** nach § 21 zu zahlen.

6 Das Leistungsbestimmungsrecht für die **Gewährung des Urlaubs** hat der Arbeitgeber. Er hat den Urlaub zeitlich festzulegen (§ 7 Abs. 1 Satz 1 BUrlG). Hat der Arbeitgeber zu Beginn des Urlaubsjahres den Erholungsurlaub zeitlich bestimmt, besteht keine Verpflichtung zur anderweitigen Neufestsetzung, wenn die Beschäftigte danach schwanger wird und für die vorgesehene Urlaubszeit ihre Beschäftigung verboten ist (BAG vom 9.8.1994 – 9 AZR 384/92).

Die **Urlaubswünsche** des Arbeitnehmers hinsichtlich der zeitlichen Lage sind zu berücksichtigen. Hiervon kann der Arbeitgeber grundsätzlich nur abweichen, wenn betriebliche Belange oder Urlaubswünsche anderer Arbeitnehmer, die unter sozialen Gesichtspunkten Vorrang verdienen, entgegenstehen.

Um diesbezüglich einen Interessenausgleich herbeizuführen, werden häufig **Urlaubspläne** aufgestellt, die regelmäßig der Mitbestimmung des Personalrats, z.B. nach § 75 Abs. 3 Nr. 3 BPersVG, oder des Betriebsrats unterliegen. Der Mitbestimmung bedarf es auch, wenn im Einzelfall Streitigkeiten über die **Lage des Urlaubs** entstehen.

Darüber hinaus hat der Arbeitnehmer die Möglichkeit, den Zeitraum des Urlaubs gerichtlich überprüfen zu lassen. Er darf sich aber nicht **selbst beurlauben**, sondern ist gehalten, seinen vermeintlichen Anspruch ggf. mit Hilfe einer einstweiligen Verfügung des Arbeitsgerichts durchzusetzen.

Hat der Arbeitgeber den Arbeitnehmer zur Erfüllung des Anspruches auf Erholungsurlaub freigestellt, kann er den Arbeitnehmer nicht aufgrund einer Vereinbarung **aus dem Urlaub zurückrufen**. Eine solche Abrede verstößt gegen zwingendes Urlaubsrecht und ist daher nach § 13 BUrlG rechtsunwirksam (BAG vom 20.6.2000 – 9 AZR 405/99, ZTR 2000, 567 ff.).

Will der Beschäftigte den Urlaub im Anschluss an eine Kur i.S. des § 9 EFZG Abs. 1 nehmen, besteht für den Arbeitgeber kein Ermessensspielraum. Er muss den Urlaub gewähren.

Die **Urlaubsgewährung** setzt voraus, dass der Arbeitgeber dem Beschäftigten erkennbar macht, er befreie ihn von der Arbeitspflicht, um den Urlaubsanspruch zu erfüllen (BAG, EzBAT § 47 BAT Erfüllung Nr. 8). Daher erfüllt der Arbeitgeber mit der **Suspendierung von der Arbeitspflicht** nicht regelmäßig den Urlaubsanspruch. Deshalb ist auch der Schluss unzulässig, dass mit einer im Aufhebungsvertrag vereinbarten Freistellung stets die Erfüllung des Urlaubsanspruches verbunden ist, selbst wenn dieser Aufhebungsvertrag gleichzeitig die Klausel enthält, wonach alle gegenseitigen Forderungen erledigt sind (BAG vom 9.7.1998 – 9 AZR 43/97, ZTR 1999, 42).

7

In einem wirksam **gekündigten Arbeitsverhältnis** kann der Urlaub innerhalb der Kündigungsfrist festgesetzt und verlangt werden (BAG, AP Nr. 15 zu § 7 BUrlG Abgeltung). Vorangegangene Urlaubsfestsetzungen, die terminlich nach dem Ende des Arbeitsverhältnisses liegen, verlieren grundsätzlich ihre Wirksamkeit. Gegen eine in diesem Sinne geänderte Urlaubsfestlegung kann sich der Beschäftigte nur erfolgreich wehren, wenn er ein besonderes Interesse darlegen kann, z.B. wenn die **gebuchte Urlaubsreise** nicht mehr umdisponiert werden kann (BAG, AP Nr. 6 zu § 7 BUrlG). Unzulässig sind Urlaubsfestlegungen während der Kündigungsfrist auch dann, wenn hierdurch die Stellensuche des Arbeitnehmers beeinträchtigt wird (BAG, AP Nr. 14 zu § 611 BGB Urlaubsrecht).

Ist das Arbeitsverhältnis **unwirksam gekündigt**, was erst nach Beendigung des Kündigungsrechtsstreites feststeht, kann der Arbeitgeber vom Beschäftigten nicht verlangen, dass er seinen Urlaub innerhalb der Kündigungsfrist nimmt. Besteht ein Resturlaubsanspruch, so wird dieser mit einer Kündigungsschutzklage nicht geltend gemacht; das Gleiche gilt hinsichtlich eines evtl. Urlaubsabgeltungsanspruches (BAG, AP Nr. 15 zu § 7 BUrlG Abgeltung; BAG, AP Nr. 29 zu § 7 BUrlG Abgeltung; BAG vom 18.9.2001 – 9 AZR 570/00, ZTR 2002, 139 f.). Der Arbeitnehmer muss daher den Arbeitgeber gesondert auffordern, den Urlaub zu gewähren. Damit wird der Arbeitgeber in Verzug gesetzt, so dass nach Ablauf des Urlaubsjahres bzw. des Übertragungszeitraumes (vgl. hierzu Rn. 16 ff.) dem Beschäftigten ein Schadensersatzanspruch in Höhe des Urlaubsanspruches oder derentsprechenden Urlaubsabgeltung verbleibt, je nachdem, ob das Arbeitsverhältnis fortbesteht oder beendet wird. Dies gilt ebenfalls in denjenigen Fällen, in denen der Arbeitgeber die Erteilung des geltend gemachten Urlaubs verweigert.

Zwar hat der Arbeitgeber den Urlaub festzulegen. Da er jedoch den Wunsch des Beschäftigten hinsichtlich der Lage und der Dauer des Urlaubs zu be-

8

§ 26 TVöD

rücksichtigen hat, kann er diese Bestimmung nur treffen, wenn der Arbeitnehmer Urlaub geltend macht. Die **Geltendmachung** erfolgt regelmäßig durch einen entsprechenden Urlaubsantrag des Beschäftigten, in dem die zeitliche Lage konkretisiert wird. Der Antrag kann formfrei gestellt werden.

Dies soll nach Meinung des BAG auch in einem **gekündigten Arbeitsverhältnis** verlangt werden, um den Verfall des Urlaubs nach Ablauf der Übertragungsfrist zu verhindern (BAG, AP Nr. 15 zu §7 BUrlG Abgeltung). Diese Anforderung ist schon im Hinblick auf §287 Satz 2 BGB zu weitgehend und eine bloße Förmelei. Denn jeder Arbeitgeber wird während des Kündigungsschutzprozesses nach der vorläufigen Beendigung des Arbeitsverhältnisses, in einer Zeit also, in der er keinerlei Leistungen aus dem Arbeitsverhältnis erbringt, auch keine Urlaubsvergütung zahlen. Die Urlaubsfreistellung ist ihm ohnehin unmöglich.

9 Durch **Betriebsferien** wird der Urlaubszeitpunkt einheitlich für alle Beschäftigten oder für bestimmte Gruppen von ihnen festgelegt. Derartige Betriebsferien dürfen nur eingeführt werden, wenn die dienstlichen oder betrieblichen Belange i.S. des §7 Abs. 1 BUrlG dies erfordern. In diesem Fall sind sie vorrangig gegenüber individuellen Urlaubswünschen (BAG, AP Nr. 2 zu §87 BetrVG 1972 Urlaub). Hierbei hat der Personalrat ein Mitbestimmungsrecht (z.B. nach §75 Abs. 3 Nr. 3 BPersVG).

Betriebsferien sind auf das notwendige Maß zu beschränken, so dass den Angestellten noch ein Spielraum für eine anderweitige individuelle Urlaubslage verbleibt.

Die Anrechnung eines **Betriebsausfluges** auf den Urlaub ist unzulässig. Der Arbeitnehmer ist nicht verpflichtet, an einem Betriebsausflug teilzunehmen. In diesem Falle ist er zur Arbeit verpflichtet. Kann er an diesem Tage nicht beschäftigt werden, geht dieses Risiko zu Lasten des Arbeitgebers (a.A. BAG, AP Nr. 5 zu §7 BUrlG)

10 Nach der Protokollerklärung zu Abs. 1 Satz 6 soll der Urlaub grundsätzlich **zusammenhängend** gewährt werden. Ein Urlaubsteil sollte mindestens zwei Wochen betragen. Die Praxis geht teilweise an dieser Regelung vorbei, die wohl auch nicht mehr zeitgemäß ist, weil der Urlaubsanspruch mittlerweile einen Umfang erreicht hat, der den gesetzlichen Urlaubsanspruch bis zu zwei, vor kurzem noch bis zu drei Wochen, im Falle von Zusatzurlaub darüber hinaus, übersteigt. Festzuhalten ist aber daran, dass der Urlaub nicht völlig zerstückelt werden darf und daher mindestens ein Teil zwei Wochen umfassen soll. Dies entspricht auch der Regelung des §7 Abs. 2 Satz 2 BUrlG. Wenn es dem Wunsch des Beschäftigten entspricht, kann auch eine weitere Teilung des Urlaubs erfolgen, wenn nur ein Teil zwei Wochen umfasst, ohne dass man von der Nichterfüllung des Urlaubsanspruches in diesem Falle ausgehen müsste.

Andererseits kann der Beschäftigte aber auch verlangen, den gesamten Erholungsurlaub in einem Stück zu erhalten. Denn von der Sollvorschrift der Protokollerklärung zu Abs. 1 Satz 6 kann nur auf Wunsch des Arbeitnehmers abgewichen werden (Satz 2).

Der Beschäftigte, der während des Urlaubs erkrankt und dies nach § 9 BUrlG anzeigt, stellt damit sicher, dass die Zeit der Arbeitsunfähigkeit nicht auf den Urlaub angerechnet wird. Er kann jedoch daraufhin den Urlaub nicht eigenmächtig verlängern, sondern es bedarf einer Neufestsetzung des Urlaubs. Die **Krankheit** muss auch dann durch Arbeitsunfähigkeitsbescheinigung nachgewiesen werden, wenn sie drei Kalendertage nicht übersteigt. **11**

Nach Meinung der 4. Kammer des LAG Köln (vom 12.5.2000 – 4 Sa 310/00, ZTR 2000, 556) hat der Arbeitnehmer die Darlegungs- und Beweislast dafür, dass er seine Erkrankung im Urlaub nach § 9 BUrlG angezeigt hat. Es kommt nicht darauf an, welche Übermittlungsart er subjektiv für erforderlich hielt, sondern welche objektiv die schnellstmögliche war.

Das LAG Köln meint, dass ein Arbeitnehmer seinen Urlaubsanspruch verlieren kann, wenn er sich während des festgelegten Urlaubs einer medizinischen in dieser Zeit nicht unbedingt gebotenen Operation unterzieht, weil in diesem Fall nach dem Rechtsgedanken des § 162 BGB der Eintritt des Urlaubs durch das Verhalten des Arbeitnehmers verhindert werde (Urteil vom 20.8.1996 – 2 Sa 132/96, LAGE § 7 BUrlG Nr. 34). Dieser Auffassung ist nicht zu folgen, weil auch die Operation Arbeitsunfähigkeit auslöst und die Tarifvorschrift keine weiteren Differenzierungen vornimmt.

Ein arbeitsunfähiger Arbeitnehmer kann seinen Urlaub nicht antreten. Endet die **Arbeitsunfähigkeit** unmittelbar vor dem bewilligten Urlaub, so gibt es keinen Grundsatz, wonach der Beschäftigte vor Antritt des Urlaubs die Arbeit wieder angetreten haben muss. Es bedarf noch nicht einmal einer Anzeige an den Arbeitgeber; denn diesem ist aus der Arbeitsunfähigkeitsbescheinigung oder der vorherigen Anzeige des Arbeitnehmers bekannt, wann die Arbeitsunfähigkeit endet. Das Gleiche gilt, wenn eine vorangegangene Arbeitsunfähigkeit zum Teil in die Zeit des bewilligten Urlaubs fällt. In diesem Fall kann der Beschäftigte den restlichen Urlaub antreten, diesen jedoch nicht eigenmächtig entsprechend verlängern.

Nach § 7 Abs. 3 Satz 1 BUrlG ist der Urlaub spätestens bis zum Ende des Urlaubsjahres zu gewähren und zu nehmen. Beide Arbeitsvertragsparteien haben also die Pflicht, die Realisierung des Urlaubs im laufenden Kalenderjahr herbeizuführen. **12**

Kann der Urlaub bis zum Ende des Urlaubsjahres nicht angetreten werden, wird er zunächst bis zum 31. März des Folgejahres übertragen. Jeder sachliche Grund aus der Sphäre des Beschäftigten und Arbeitgebers, der allerdings tatsächlich vorliegen muss (BAG, ZTR 1996, 317f.), reicht aus, um diese **Übertragung** auszulösen. Es bedarf auch keiner entsprechenden Übertragungshandlung der einen oder anderen Partei (BAG, DB 1988, 447). Der Beschäftigte sollte die Übertragung aber geltend machen, wenn

§ 26 TVöD

der Arbeitgeber diese nicht von sich aus vornimmt. Eine besondere Form der Geltendmachung ist nicht vorgeschrieben.

Bis zum 31. März des Folgejahres muss der Urlaub nicht vollständig genommen, sondern nur angetreten sein. Hierbei ist es ausreichend, wenn der 31. März als freier Tag mit einer ununterbrochenen Freistellung mit umfasst ist.

Kann der Urlaub aus dienstlichen oder betrieblichen Gründen, wegen Arbeitsunfähigkeit oder wegen der Schutzfristen nach dem Mutterschutzgesetz nicht bis zum 31. März des Folgejahres angetreten werden, so ist er spätestens bis zum 31. Mai des Folgejahres zu beginnen. Hier bedarf es keiner Übertragungshandlung. Die genannten Voraussetzungen müssen nur gegeben sein. Inwieweit dienstliche oder betriebliche Gründe bestehen, kann nur der Arbeitgeber beurteilen. Es ist daher zu empfehlen, eine entsprechende Erklärung des Arbeitgebers zu verlangen.

Wird ein zum Ende des Kalenderjahres unverbrauchter Urlaubsteil auf Antrag des Beschäftigten im Folgejahr z.B. in die Zeit vom 21. März bis 8. April gelegt und erkrankt er am 4. April, so kommt eine Nachgewährung der durch Arbeitsunfähigkeit nicht eingebrachten fünf Urlaubstage durch Urlaubsantritt bis zum 31. Mai nach Auffassung des BAG nicht in Betracht (BAG vom 31.5.1990 – 8 AZR 184/89; kritisch hierzu PK-BAT-Rzadkowski, Rn. 111 zu § 47).

13 Eine besondere Übertragungsvorschrift enthält § 17 Abs. 2 BErzGG für die **Elternzeit.** Der vor deren Antritt nicht gewährte Erholungsurlaub kann nach der Elternzeit im laufenden oder nächsten Urlaubsjahr genommen werden, auch wenn sich eine weitere Elternzeit anschließt (LAG Düsseldorf, LAGE § 17 BErzGG Nr. 2). Er verfällt indes, wenn er in diesem Übertragungszeitraum wegen erneuter Schutzfristen nicht genommen werden kann (BAG vom 23.4.1996 – 9 AZR 165/95, EzBAT § 51 Nr. 25). Dies gilt auch dann, wenn ein nach § 17 Abs. 2 BErzGG übertragener Urlaub nach der ersten Elternzeit wegen einer erneuten Schwangerschaft und einer weiteren Elternzeit nach der Geburt des zweiten Kindes nicht mehr genommen werden kann (BAG vom 21.10.1997 – 9 AZR 267/96, EzA-Schnelldienst 22/97, 4f.).

Der Urlaub ist anteilig für jeden vollen Kalendermonat, für den der Arbeitnehmer im Urlaubsjahr Elternzeit nimmt, um 1/12 zu kürzen, soweit der Arbeitnehmer während der Elternzeit bei seinem Arbeitgeber keine Teilzeitarbeit leistet (§ 17 Abs. 1 ErzGG). Hat der Beschäftigte vor Beginn der Elternzeit mehr Urlaub erhalten, als ihm zusteht, so kann der zuviel gewährte Urlaub mit den Urlaubsansprüchen nach Beendigung der Elternzeit verrechnet werden (§ 17 Abs. 4 BErzGG).

14 Eine besondere Übertragungsfrist enthält § 7 Abs. 3 Satz 3 BUrlG auch für **Neueingestellte,** wenn die sechsmonatige Wartezeit erst im Laufe des folgenden Urlaubsjahres abläuft. In diesem Fall kann der Urlaub bis zum Ende dieses Folgejahres genommen werden.

Fehlzeiten auf Grund von **Krankheit** oder der **Beschäftigungsverbote** nach dem **Mutterschutzgesetz** vermindern den Urlaubsanspruch nicht und lassen ihn auch grundsätzlich nicht verfallen. Seine ältere Rechtsprechung, wonach es rechtsmissbräuchlich sei, mehr Urlaub im Kalenderjahr zu verlangen, als tatsächliche Arbeitsleistungen erbracht worden sind (BAG, AP Nr. 18 zu § 7 BUrlG), hat das BAG aufgegeben (grundlegend: BAG, EzA § 7 BUrlG Nr. 45). Der Urlaub verfällt allerdings, wenn er nicht innerhalb der jeweils möglichen Übertragungsfristen genommen werden kann. Dann kann auch keine Abgeltung des Urlaubs verlangt werden (vgl. auch BAG, AP Nr. 4 zu § 7 BUrlG Übertragung; PK-BAT-Rzadkowski weist darauf hin, dass diese Rechtsprechung im Widerspruch zu § 132 ILO-Abkommen steht, so dass eine Verjährung erst in damals zwei, nach neuer Rechtslage drei Jahren eintrete, § 47 Rn. 115, Vorbemerkungen zu 47 Rn. 14).

15

Während eines **Arbeitskampfes** kann ein bereits bewilligter Urlaub genommen werden. Ist der Urlaub jedoch noch nicht festgelegt, so kann der Arbeitgeber die Urlaubsgewährung während des Arbeitskampfes verweigern (BAG, AP Nr. 35 zu Art. 9 GG Arbeitskampf). Ein bereits gewährter Urlaub wird nicht dadurch unterbrochen, dass die Dienststelle oder der Betrieb während des Urlaubs bestreikt wird. Auch während der Streiktage bleibt der Arbeitgeber zur Zahlung des Urlaubsentgeltes an den im Urlaub befindlichen Arbeitnehmer verpflichtet (BAG, AP Nr. 16 zu § 11 BUrlG). Ferner ist es dem Arbeitgeber in diesem Fall nicht möglich, den Urlaub zu widerrufen. Dagegen kann der Arbeitnehmer sich für die Teilnahme am Arbeitskampf entscheiden und den Urlaub abbrechen. Dies folgt unmittelbar aus Art. 9 Abs. 3 GG.

16

§ 8 BUrlG verbietet die **Erwerbstätigkeit** während des Urlaubs, ordnet aber nicht den Verlust der Urlaubsvergütung an (BAG vom 25.2.1988 – 8 AZR 596/85). Auch das Eingehen eines Ausbildungsverhältnisses führt nicht zum Verlust der Urlaubsvergütung (BAG, AP Nr. 5 zu § 47 BAT).

17

Auch **Teilzeitbeschäftigte**, deren Arbeitszeit auf fünf Tage in der Woche verteilt ist, haben den gleichen Urlaubsanspruch. Handelt es sich um **jugendliche Arbeitnehmer**, so ist unter Umständen § 19 Abs. 3 und 4 JArbSchG zu beachten, wonach der Urlaub **Berufsschülern** in der Zeit der **Berufsschulferien** gegeben werden soll. Soweit dies nicht möglich ist, ist für jeden Berufsschultag, an dem die Berufsschule während des Urlaubs besucht wird, ein weiterer Urlaubstag zu gewähren.

18

Ruht das Arbeitsverhältnis, so soll sich der Erholungsurlaub einschließlich eines etwaigen Zusatzurlaubes für jeden vollen Monat des **Ruhens des Arbeitsverhältnisses** um ein Zwölftel vermindern (Abs. 2 Buchst. c). Diese Vorschrift erfasst ausdrücklich nicht den Zusatzurlaub nach dem SGB IX, kann jedoch darüber hinaus auch andere gesetzliche Urlaubsansprüche aus dem Bundesurlaubs- und Jugendarbeitsschutzgesetz nicht erfassen (vgl. hierzu BAG, AP Nr. 22 zu § 13 BUrlG).

19

§ 26 TVöD

Für in der **Elternzeit** befindliche Arbeitnehmer und für diejenigen, die **Grundwehrdienst** oder **Zivildienst** leisten, sehen die entsprechenden Gesetze (§ 17 Abs. 1 BErzGG, § 4 Abs. 1 ArbPlSchG, § 78 Abs. 1 ZDG) eine entsprechende Kürzung vor. Diese Vorschriften mögen auf den **Sonderurlaub** nach § 28 entsprechend anzuwenden sein, da eine ähnliche Interessenlage gegeben ist, nicht aber auf das Ruhen des Arbeitsverhältnisses wegen zwischenzeitlicher **Erwerbs-** oder **Berufsunfähigkeit**. Denn im letzteren Fall handelt es sich um einen der Arbeitsunfähigkeit ähnlichen Zustand, für den grundsätzlich keine Kürzung des Urlaubs erfolgt (vgl. Rn. 15). Somit bleibt dieser Personengruppe der gesetzliche Urlaubsanteil von 24 Werktagen, ggf. darüber hinaus der Zusatzurlaub nach § 125 SGB IX erhalten.

20 Bei einer **anderen Verteilung der Wochenarbeitszeit** als auf fünf Wochentage muss der Urlaubsanspruch mathematisch entsprechend berechnet werden.

Eine **Erhöhung** findet statt, wenn die regelmäßige wöchentliche Arbeitszeit nach einem Dienstplan oder regelmäßig im Durchschnitt des Urlaubsjahres auf mehr als fünf Arbeitstage in der Woche verteilt ist. Außerplanmäßige Mehrarbeit und Überstunden fallen hier nicht ins Gewicht.

21 Ausgangspunkt für die Berechnung sind die Arbeitstage, die ein Teilzeitbeschäftigter im Verhältnis zu einem vergleichbaren Vollbeschäftigten tätig ist. **Arbeitstage** sind alle Tage, an denen der Beschäftigte dienstplanmäßig oder betriebsüblich zu arbeiten hat oder im Falle des Urlaubs oder der Krankheit zu arbeiten hätte. Ausgenommen sind die auf Arbeitstage fallenden gesetzlichen Feiertage, für die kein Freizeitausgleich gewährt wird. Im Falle der Nachtschicht ist derjenige Tag maßgebend, an dem die Schicht begonnen wurde. Der restliche Teil der Nachtschicht am nächsten Tag bleibt unberücksichtigt. Wird jedoch eine neue Schicht an diesem Tag geleistet oder ist am Tag des Beginns der Nachtschicht eine andere Schicht geleistet worden, gilt diese ebenfalls als ein Arbeitstag.

Unter Anwendung dieses Arbeitstagbegriffes ist für das Urlaubsjahr nach dem Dienstplan oder einer Prognose konkret zu ermitteln, wie viele Arbeitstage anfallen. Die Tarifvertragsparteien gingen nach den Vorschriften des BAT von 260 Normalarbeitstagen bei einer 5-Tage-Woche aus. Für jeden ermittelten zusätzlichen Arbeitstag, der die Zahl 260 übersteigt, wird der Urlaub um 1/260 erhöht. Betroffen ist der gesamte Urlaub zuzüglich eines etwaigen Zusatzurlaubs, allerdings ohne Berücksichtigung des Zusatzurlaubs nach § 27 und den entsprechenden Sonderregelungen hierzu, eines Urlaubs nach dem SGB IX oder nach den Vorschriften für politisch Verfolgte.

Verbleibt nach der Berechnung des Urlaubs ein Bruchteil eines Urlaubstages von 0,5 oder mehr, so wird auf einen vollen Urlaubstag aufgerundet, anderenfalls abgerundet.

Beispiel:
Ein Beschäftigter, der 45 Jahre alt ist, arbeitet dienstplanmäßig im Urlaubsjahr in 26 Wochen während der Sommermonate sechs Tage, im Übrigen fünf Tage pro Woche. Es ergeben sich somit 26 zusätzliche Arbeitstage. Nach der Formel 26 × 30 geteilt durch 260 ergeben sich drei zusätzliche Urlaubstage. Der Urlaubsanspruch umfasst daher 33 Arbeitstage.

Ist die durchschnittliche regelmäßige wöchentliche Arbeitszeit regelmäßig oder dienstplanmäßig im Durchschnitt des Urlaubsjahres auf weniger als fünf Arbeitstage in der Kalenderwoche verteilt, **vermindert** sich der Urlaub entsprechend für jeden zusätzlichen arbeitsfreien Tag im Urlaubsjahr um 1/260 des Regelurlaubs. **22**

Beispiel:
Eine mit der Hälfte der wöchentlichen Arbeitszeit beschäftigte Beschäftigte, die 25 Jahre alt ist, arbeitet im wöchentlichen Wechsel jeweils drei bzw. zwei Tage. Hieraus ergeben sich im Jahresdurchschnitt 130 zusätzliche freie Tage. Nach der Formel 130 × 26 geteilt durch 260 = 13 ist der Urlaub daher um 13 Arbeitstage zu kürzen. Es verbleibt daher ein Urlaubsanspruch im Umfang von 13 Arbeitstagen.
Da die Arbeitnehmerin nur für diejenigen Arbeitstage Urlaub nehmen muss, an denen sie gearbeitet hätte, entstehen ihr keine Nachteile.

Für einen **Zusatzurlaub** gilt das Gleiche; es ist aber keine Rundung vorzunehmen:

Im vorherigen Beispiel hätte die Beschäftigte einen Zusatzurlaub in Höhe von 2,5 Arbeitstagen. Es wäre zuletzt auch ein halber Urlaubstag zu gewähren, da es hierfür keine Rundungsvorschrift gibt (BAG, AP Nr. 14 zu § 5 BUrlG).

Wird die **Verteilung** der durchschnittlichen regelmäßigen wöchentlichen Arbeitszeit während des Urlaubsjahres **geändert,** so kommt es auf die fiktive Arbeitszeitregelung während des Urlaubs an. Diese wird für das gesamte Jahr zur Ermittlung der arbeitsfreien oder Mehrarbeitstage zugrundegelegt. Dies gilt jedoch nicht für die Fälle der Wechselschicht- oder Schichtarbeit. **23**

Wird die Verteilung der Arbeitszeiten im Übertragungszeitraum des Erholungsurlaubs geändert, ist die Dauer des dem Arbeitnehmer zustehenden Resturlaubs unter Zugrundelegung der Regelungen im Bundesurlaubsgesetz neu zu bestimmen. Abs. 1 Satz 4 und 5 finden in diesem Fall keine Anwendung, weil sich diese Vorschrift nur auf die Berechnung des Urlaubsanspruches während des Kalenderjahres bezieht (BAG vom 28.4.1998 – 9 AZR 314/97, ZTR 1999, 32f.).

Nach der **Teilurlaubsregelung** des Abs. 2 Buchst. b soll dem Beschäftigten für jeden vollen Beschäftigungsmonat ein Zwölftel des Urlaubsanspruches zustehen, wenn das Arbeitsverhältnis im Urlaubsjahr beginnt oder endet. **24**

§ 26 TVöD

Im Hinblick auf die Garantie des gesetzlichen Mindesturlaubs ist diese Vorschrift nur teilweise wirksam. Denn aus dem Gegenschluss des § 5 Abs. 1 Buchst. c BUrlG ergibt sich, dass derjenige Arbeitnehmer, der in der zweiten Hälfte des Kalenderjahres aus dem Arbeitsverhältnis ausscheidet und die Wartezeit von sechs Monaten erfüllt hat, den vollen gesetzlichen Jahresurlaub von 24 Werktagen, also umgerechnet 20 Arbeitstagen verlangen kann. Da die Dauer des gesetzlichen Urlaubs nach § 3 Abs. 1 BUrlG nicht tarifdispositiv ist (§ 13 Abs. 1 Satz 1 BUrlG), bedarf es immer eines Vergleiches mit der gesetzlichen Regelung.

Beispiel:
Der 26-jährige Beschäftigte wird am 15. Januar eingestellt. Sein Arbeitsverhältnis endet am 31. Juli. Wäre Abs. 2 Buchst. b erster Halbsatz ausschließlich anwendbar, so hätte er nur einen Urlaubsanspruch im Umfang von 13 Arbeitstagen. Aus dem Gegenschluss des § 5 Abs. 1 Buchst. c BUrlG ergibt sich allerdings, dass der volle gesetzliche Jahresurlaub von 24 Werktagen, also 20 Arbeitstagen besteht. Die gesetzliche Vorschrift verdrängt die tarifliche (so auch BAG, AP Nr. 15 zu § 13 BUrlG).

Die gesetzliche Teilurlaubsregelung hat nach der Erhöhung des gesetzlichen Urlaubs um eine Woche wieder eine erheblich höhere Bedeutung. Gleiches gilt für **Jugendliche**. Eine Zwölftelung des Urlaubs findet auch dort nur statt, wenn das Ergebnis günstiger ist als die gesetzlichen Regelungen (§ 19 Abs. 4 JArbSchG verweist auf § 5 BUrlG).

Zu beachten ist, dass ein Zusatzurlaub, auch nach § 27, nicht dagegen ein Schwerbehindertenurlaub in die Vergleichsberechnung mit einzubeziehen ist. Für den Schwerbehindertenurlaub finden die Vorschriften über den Teilurlaub des Bundesurlaubsgesetzes entsprechende Anwendung (BAG, EzA § 49 BAT Schadenersatz Nr. 8).

Erhält ein Beschäftigter den vollen Jahresurlaub, obwohl ihm nur Teilurlaub zusteht, weil im Zeitpunkt der Urlaubsgewährung die vorzeitige Beendigung des Arbeitsverhältnisses noch nicht bekannt war, kann der Arbeitgeber das Urlaubsentgelt entsprechend kürzen (BAG, EzA § 5 BUrlG Nr. 16). Die Urlaubsvergütung kann dann zurückbehalten werden, soweit sie noch nicht gezahlt wurde. Eine Rückforderung kommt nach § 5 Abs. 3 BUrlG dann nicht in Betracht, wenn der Arbeitnehmer das Urlaubsentgelt bereits empfangen hat (BAG vom 23.4.1996 – 9 AZR 317/95, EzA § 5 BUrlG Nr. 17).

25 Grundsätzlich ist der Arbeitgeber verpflichtet, den **Urlaub in Natur** zu gewähren, der Arbeitnehmer, ihn in Natur zu nehmen. Deshalb kann der Urlaub während des laufenden Arbeitsverhältnisses regelmäßig nicht abgegolten werden (vgl. aber Rn. 2). Entgegenstehende arbeitsvertragliche Abreden sind unwirksam und bringen den Urlaubsanspruch nicht zum Erlöschen (BAG, AP Nr. 4 zu § 3 BUrlG).

Da der Urlaub vorangig in Natur zu nehmen und die Abgeltung die Ausnahme ist, soll der Urlaub, soweit dies dienstlich oder betrieblich möglich ist, während der **Kündigungsfrist** gewährt und genommen werden. Da der Arbeitgeber den Urlaub festzulegen hat, ist die Umsetzung dessen allerdings seine Angelegenheit. Der entgegenstehende Wunsch des Beschäftigten ist nur dann beachtlich, wenn er bereits seinen Jahreserholungsurlaub anderweitig verplant, z. b. eine Reise gebucht hat, von der er nicht oder nur mit finanziellen Nachteilen zurücktreten kann (vgl. Rn. 11). Will der Arbeitnehmer den Urlaub noch während der Kündigungsfrist erhalten und macht der Arbeitgeber dagegen dienstliche oder betriebliche Gründe geltend, so müssen diese gewichtig sein, da die Abgeltung des Urlaubs die Ausnahme bleiben muss. Denn § 7 Abs. 4 BUrlG lässt die Abgeltung nur zu, wenn der Urlaub »wegen der Beendigung« des Arbeitsverhältnisses nicht mehr genommen werden konnte. Als wichtiger dienstlicher Grund kann z. B. der Fall angesehen werden, dass der Beschäftigte seinen Nachfolger noch einarbeiten muss; dagegen müssen bloße Engpässe und Kollisionen mit anderen Urlaubswünschen anderer Arbeitnehmer gegenüber dem Naturalurlaubsanspruch des Beschäftigten zurücktreten.

Ist das Arbeitsverhältnis vom Arbeitgeber **unwirksam gekündigt** worden, was sich möglicherweise erst später im Kündigungsrechtsstreit herausstellt, besteht kein Anspruch des Arbeitgebers, den Resturlaub in die Kündigungsfrist zu legen. Denn in diesem Falle besteht das Arbeitsverhältnis fort und für die Lage des Urlaubes ist grundsätzlich der Wunsch des Beschäftigten maßgeblich (§ 7 Abs. 1 BUrlG). Um die Gehaltsansprüche und den Urlaubsanspruch zu erhalten, muss der Arbeitnehmer in diesem Falle seine Arbeitskraft für die Zeit des unzulässigerweise festgesetzten Urlaubs anbieten. Ein mündliches oder schriftliches Angebot ist ausreichend. Wird das Arbeitskraftsangebot nicht angenommen, so gerät der Arbeitgeber in der Zeit des unzulässigerweise festgesetzten Urlaubs in Annahmeverzug, ohne dass der Urlaubsanspruch erlischt.

Wird der Urlaubsanspruch dagegen zulässigerweise in der Zeit vor Beendigung des Arbeitsverhältnisses festgesetzt, so erfüllt der Arbeitgeber hiermit den restlichen Urlaubsanspruch, der damit erlischt.

Ist im Zeitpunkt der Beendigung des Arbeitsverhältnisses noch ein Urlaubsanspruch vorhanden, so ist dieser abzugelten. Hierbei spielt es keine Rolle, aus welchem Grunde das Arbeitsverhältnis endet. Denn § 7 Abs. 4 BurlG knüpft den **Abgeltungsanspruch** nur an den Tatbestand der **Beendigung des Arbeitsverhältnisses**. Somit ist der Urlaub auch abzugelten, wenn das Arbeitsverhältnis auf Grund einer **Befristung** endet. Hier ist auch nicht etwa nur der gesetzliche Urlaubsanteil abzugelten (BAG vom 18. 10. 1990 – 8 AZR 490/89, EzA § 7 Auslegung Nr. 80).

Bei der Altersteilzeitarbeit im Blockmodell bewirkt der Übergang von der Arbeits- in die Freistellungsphase keine Beendigung des Arbeitsverhältnisses i.S.d. § 7 Abs. 4 BUrlG. Zu diesem Zeitpunkt offene Urlaubsansprüche

§ 26 TVöD

sind daher nur dann abzugelten, wenn sie zum Zeitpunkt der Beendigung des Arbeitsverhältnisses noch nicht verfallen sind und die in der Person des Arbeitnehmers liegenden Voraussetzungen für die Urlaubsgewährung erfüllt sind. § 51 Abs. 1 BAT und der Tarifvertrag zur Regelung der Altersteilzeitarbeit vom 5. Mai 1998 enthalten keine davon abweichenden Regelungen (BAG vom 15.3.2005 – 9 AZR 143/04, ZTR 2005, 530–532).

In den Fällen der **Elternzeit**, des **Wehr-** oder **Ersatzdienstes** besteht der Abgeltungsanspruch auch dann, wenn das Arbeitsverhältnis während des Ruhens des Arbeitsverhältnisses oder unmittelbar danach endet (§ 17 Abs. 3 BErzGG, § 4 Abs. 3 ArbPlSchG, § 78 ZDG).

Erfüllt der Arbeitgeber den entstandenen Urlaubsabgeltungsanspruch nicht und tritt hiernach der Tod des Arbeitnehmers ein, geht der Anspruch als Schadensersatzanspruch auf die Erben über (BAG vom 19.11.1996 – 9 AZR 376/95, Pressemitteilung des BAG 48/96).

27 Kann der Urlaub wegen einer bestehenden **Erwerbs- oder Berufsunfähigkeit** oder auf Grund von **Arbeitsunfähigkeit** innerhalb der möglichen Übertragungszeiträume (vgl. hierzu Rn. 16 ff.) nicht mehr genommen werden, so ist er nicht abzugelten. Darüber hinaus soll auch der **Abgeltungsanspruch** nach Meinung des BAG nur bestehen, wenn der Naturalanspruch, dessen Surrogat der Abgeltungsanspruch ist, innerhalb der möglichen Übertragungszeiträume noch gewährt werden könnte (BAG, AP Nrn. 26 und 14 zu § 7 BUrlG Abgeltung).

Beispiel:
Der Beschäftigte scheidet zum 31.12.2004 aus dem Arbeitsverhältnis aus. Er war bereits das ganze Jahr über arbeitsunfähig krank und erhält mit dem 1.1.2005 Erwerbsunfähigkeitsrente. Gleichzeitig besteht auf unabsehbare Zeit Arbeitsunfähigkeit. Aus diesen Gründen konnte er seinen Erholungsurlaub des Jahres 2004 nicht nehmen. Obwohl der Urlaubsanspruch noch nicht verfallen ist, besteht nach der Meinung des BAG kein Abgeltungsanspruch, weil auch der Urlaubsanspruch voraussichtlich nicht mehr erfüllt werden könnte. Würde das Arbeitsverhältnis fortbestehen, so würde der Urlaubsanspruch spätestens am 31.5.2005 verfallen. Nur wenn der Beschäftigte darlegen und beweisen kann, dass er vor diesem Zeitpunkt wieder arbeitsfähig wird, soll ein Abgeltungsanspruch bestehen.

Diese Rechtsprechung ist in der Literatur und in den Instanzgerichten auf heftige Kritik gestoßen (z.B. Kothe, DB 1984, 609 ff.; Rummel, NZA 1986, 383 ff.; LAG Hamm, DB 1984, 515; PK-BAT-Rzadkowski, Vorbemerkungen zu § 47 Rn. 14). Die Kritik ist auch noch nicht verebbt (vgl. z.B. auch LAG Düsseldorf, DB 1992, 224 ff.). Das BAG lässt fehlerhaft unberücksichtigt, dass der Urlaubsanspruch mit der Beendigung des Arbeitsverhältnisses einen völlig anderen Charakter annimmt. Er verwandelt sich von einem höchstpersönlichen Freistellungsanspruch gegen Bezahlung in einen reinen Zahlungsanspruch, dessen Erfüllung selbstverständlich ohne weiteres möglich ist. Auch bei anderen Surrogatsansprüchen des bürgerlichen Rechts kommt es regelmäßig nicht darauf an, dass die Primärleistung noch erfüllbar ist oder wäre; es wird im Gegenteil in aller Regel die Unmöglichkeit der Primärleistung vorausgesetzt.

Der **Abgeltungsanspruch** besteht auch dann, wenn das Arbeitsverhältnis vom Arbeitgeber aus wichtigem Grunde fristlos gekündigt wurde. Das Gleiche gilt, wenn der Beschäftigte das Arbeitsverhältnis unberechtigterweise gelöst hat, also selbst eine unberechtigte fristlose Kündigung ausgesprochen hat oder aber die Kündigungsfrist nicht einhält und die Arbeit trotz Mahnung des Arbeitgebers einstellt. Erklärt der Arbeitnehmer eine derartige Kündigung und reagiert der Arbeitgeber hierauf nicht, wird man in der Regel von einer konkludenten einvernehmlichen Aufhebung des Arbeitsvertrages auszugehen haben. Zwar ist das Schweigen regelmäßig keine Willenserklärung; allerdings wird man vom Arbeitgeber in diesem Fall verlangen können, dass er auf Einhaltung der Kündigungsfrist ausdrücklich besteht. **28**

Kann der gesetzliche Zusatzurlaub für schwerbehinderte Menschen wegen Beendigung des Arbeitsverhältnisses nicht gewährt werden, so ist er nach § 7 Abs. 4 BUrlG abzugelten, auch wenn der Naturalurlaubsanspruch zuvor nicht geltend gemacht worden ist und der schwerbehinderte Beschäftigte erstmals nach Beendigung des Arbeitsverhältnisses auf seine Schwerbehinderung hinweist (BAG vom 25.6.1996 – 9 AZR 182/95, EzA § 47 SchwbG 1996 Nr. 8).

Die **Höhe des Abgeltungsanspruches** ist nach § 21 zu berechnen. **29**

Die Abgeltung des Urlaubs hat sozialversicherungsrechtliche Auswirkungen: **30**

Das **Arbeitslosengeld** ruht nach § 143 Abs. 2 SGB III für diejenigen Arbeitstage, für die nach Beendigung des Arbeitsverhältnisses Urlaubsabgeltung verlangt werden kann. Gleiches gilt jedoch nicht für das **Krankengeld** (§ 49 Abs. 1. Nr. 1 SGB V).

Die Urlaubsabgeltung ist sozialversicherungspflichtiges Arbeitsentgelt. Wird es mit der letzten Vergütung gezahlt, sind jedoch die sozialversicherungsrechtlichen Beitragsgrenzen zu beachten.

Um zusatzversorgungspflichtiges Entgelt handelt es sich nicht.

§ 27
Zusatzurlaub

(1) Beschäftigte, die ständig Wechselschichtarbeit nach § 7 Abs. 1 oder ständig Schichtarbeit nach § 7 Abs. 2 leisten und denen die Zulage nach § 8 Abs. 5 Satz 1 oder Abs. 6 Satz 1 zusteht, erhalten

a) bei Wechselschichtarbeit für je zwei zusammenhängende Monate und

b) bei Schichtarbeit für je vier zusammenhängende Monate

einen Arbeitstag Zusatzurlaub.

§ 27 TVöD

(2) Im Falle nicht ständiger Wechselschicht- oder Schichtarbeit (z.B. ständige Vertreter) erhalten Beschäftigte des Bundes, denen die Zulage nach § 8 Abs. 5 Satz 2 oder Abs. 6 Satz 2 zusteht, einen Arbeitstag Zusatzurlaub für

a) je drei Monate im Jahr, in denen sie überwiegend Wechselschichtarbeit geleistet haben, und

b) je fünf Monate im Jahr, in denen sie überwiegend Schichtarbeit geleistet haben.

(3) Im Falle nicht ständiger Wechselschichtarbeit und nicht ständiger Schichtarbeit im Bereich der VKA soll bei annähernd gleicher Belastung die Gewährung zusätzlicher Urlaubstage durch Betriebs-/Dienstvereinbarung geregelt werden.

(4) ¹Zusatzurlaub nach diesem Tarifvertrag und sonstigen Bestimmungen mit Ausnahme von § 125 SGB IX wird nur bis zu insgesamt sechs Arbeitstagen im Kalenderjahr gewährt. ²Erholungsurlaub und Zusatzurlaub (Gesamturlaub) dürfen im Kalenderjahr zusammen 35 Arbeitstage nicht überschreiten. ³Satz 2 ist für Zusatzurlaub nach den Absätzen 1 und 2 hierzu nicht anzuwenden. ⁴Bei Beschäftigten, die das 50. Lebensjahr vollendet haben, gilt abweichend von Satz 2 eine Höchstgrenze von 36 Arbeitstagen; § 26 Abs. 1 Satz 3 gilt entsprechend.

(5) Im Übrigen gilt § 26 mit Ausnahme von Absatz 2 Buchst. b entsprechend.

Protokollerklärung zu den Absätzen 1 und 2:
¹Der Anspruch auf Zusatzurlaub bemisst sich nach der abgeleisteten Schicht- oder Wechselschichtarbeit und entsteht im laufenden Jahr, sobald die Voraussetzungen nach Absatz 1 oder 2 erfüllt sind. ²Für die Feststellung, ob ständige Wechselschichtarbeit oder ständige Schichtarbeit vorliegt, ist eine Unterbrechung durch Arbeitsbefreiung, Freizeitausgleich, bezahlten Urlaub oder Arbeitsunfähigkeit in den Grenzen des § 22 unschädlich.

1 Beschäftigte, die Wechselschichtdienst leisten, erhalten Zusatzurlaub nach Abs. 1 und 2 Buchst. a. Der Begriff der **Wechselschichtarbeit** ist identisch mit demjenigen des § 7 Abs. 1.

2 Die Tarifvertragsparteien hatten in § 42 Abs. 1 BMT-G II den Begriff »**überwiegend**« definiert als »mehr als die Hälfte der Gesamtarbeitszeit«. Demnach setzt der Tarifbegriff »**ständig**« voraus, dass der Beschäftigte fast ausschließlich Schichtarbeit verrichtet (BAG vom 12.11.1997 – 10 AZR 27/97, ZTR 1998, 181 ff.)

»**Ständige**« **Wechselschichtarbeit** liegt nach der Rechtsprechung des BAG dann vor, wenn sie zumindest für einen Zeitraum von zehn aufeinander folgenden Wochen geleistet wird (10. Senat des BAG vom 16.8.2000 – 10 AZR 512/99, ZTR 2001, 28 ff. m.w.N.). Da der Zusatzurlaub bereits für zwei zusammenhängende Monate gewährt wird, ist dieser Zeitraum maßgebend.

Eine Unterbrechung durch Arbeitsbefreiung, Freizeitausgleich, bezahlten Urlaub oder Arbeitsunfähigkeit in den Grenzen des § 22 ist unschädlich.

Nach Abs. 4 darf der Zusatzurlaub für Wechselschicht- und Schichtarbeit insgesamt sechs Arbeitstage und der Gesamttarifurlaub 35 Tage (bei mindestens 50-Jährigen 36 Tage) für das Urlaubsjahr nicht überschreiten (**Kappungsgrenze**). Unberücksichtigt bleibt hierbei ein eventueller Schwerbehindertenurlaub. 3

Der Zusatzurlaubsanspruch entsteht immer nach Ablauf der in Abs. 1 und 2 genannten Zeitabschnitte und vermindert sich nicht, wenn der Beschäftigte vorzeitig im Urlaubsjahr ausscheidet. Im Übrigen gelten aber die gleichen Grundsätze wie beim Urlaub nach § 26. 4

§ 28
Sonderurlaub

Beschäftigte können bei Vorliegen eines wichtigen Grundes unter Verzicht auf die Fortzahlung des Entgelts Sonderurlaub erhalten.

Ein **wichtiger Grund** für die Gewährung des unbezahlten Sonderurlaubs ergibt sich in einigen Bundesländern aus den beamtenrechtlichen Beurlaubungsmöglichkeiten (für den Bereich des Bundes aus §§ 72 a, 79 a BBG; §§ 44 a, 48 a BRRG). Hiernach ist die Gewährung dieses Urlaubs zum großen Teil bereits aus **arbeitsmarktpolitischen Gründen** möglich. 1

Als weitere Gründe können angenommen werden: die Ableistung eines auf zwei Monate verkürzten **Wehrdienstes** für türkische Arbeitnehmer (BAG, AP Nr. 23 zu § 123 BGB), die Teilnahme an **Fortbildungsmaßnahmen** und berufsfördernden Umschulungsmaßnahmen (LAG Bremen vom 15.8.2000 – 1 Sa 94/00, ZTR 2001, 83), die Teilnahme an **Kur- oder Heilverfahren**, wenn keine Freistellung nach § 22 Abs. 1 erfolgen kann, die **Aufnahme eines Studiums** (BAG, AP Nr. 16 zu § 50 BAT), die vorübergehende **Aufnahme einer anderen Tätigkeit** oder die **Wahl zum Oberbürgermeister** (BAG vom 8.5.2001 – 9 AZR 179/00, ZTR 2002, 33 f.).

So kann z.B. ein angestellter **Lehrer** Sonderurlaub für die Dauer eines beamtenrechtlichen Vorbereitungsdienstes für die Laufbahn eines Realschullehrers unter Verzicht auf die Bezüge beanspruchen (BAG, Beschluss vom 9.6.1998 – 9 AZR 63/97, ZTR 1999, 35 f.).

Liegt für die Person des Beschäftigten ein wichtiger Grund vor und stehen konkrete betriebliche oder dienstliche Gründe der Freistellung nicht entgegen, kann der Sonderurlaub nicht deshalb versagt werden, weil nach der subjektiven oder objektiven Interessenlage des Arbeitgebers kein wichtiger Grund für die Freistellung vorliegt. Nicht zu folgen ist daher der Meinung der 2. Kammer des LAG Schleswig-Holstein, dass der öffentliche Arbeitgeber bei der Gewährung des unbezahlten Sonderurlaubs im Rahmen seiner Ermessensentscheidung auch mit berücksichtigen könne, ob die von

§ 28 TVöD

dem Arbeitnehmer geplante Fortbildung – in diesem Falle ein Studium der Sozialökonomie an der Hochschule für Wirtschaft und Politik in Hamburg – mit der ausgeübten Tätigkeit zusammenhängt (Urteil vom 10.5.2000 – 2 Sa 485/99, Revision zugelassen, ZTR 2000, 418).

2 Die Bestimmung über die Gewährung des Sonderurlaubs trifft der Arbeitgeber nach billigem Ermessen gem. § 315 BGB. Es hat eine **Interessenabwägung** zwischen dem vom Beschäftigten geltend gemachten wichtigen Grund und dem vom Arbeitgeber dagegen eingewandten dienstlichen – oder betrieblichen – Bedürfnis zu erfolgen. Je stärker dienstliche oder betriebliche Gründe behauptet werden können, desto gewichtiger muss der Grund des Arbeitnehmers sein, Sonderurlaub zu erhalten. Dies kann sich auch in der Weise auswirken, dass ein geplanter Sonderurlaub unter Berücksichtigung der dienstlichen Bedürfnisse verschoben werden muss. Können keine nennenswerten dienstlichen Interessen geltend gemacht werden, so ist es bereits als wichtiger Grund anzusehen, wenn der Beschäftigte nur auf Grund seiner persönlichen Handlungsfreiheit nach Art. 2 Abs. 1 GG unbezahlten Sonderurlaub erhalten will, um z. B. in seinem Arbeitsleben eine gewisse **Erholungspause** einzulegen (das BAG fordert dagegen einen genügend gewichtigen Grund: AP Nr. 16 zu § 50 BAT).

Der Arbeitgeber hat die o. g. Interessenabwägung nach objektiven Kriterien vorzunehmen. Die Entscheidung ist nach § 315 Abs. 3 BGB **gerichtlich überprüfbar** (BAG vom 12.1.1989 – 8 AZR 251/88). Hält das Arbeitsgericht einen Anspruch auf unbezahlten Sonderurlaub für gegeben, so wird die Zustimmung des Arbeitgebers durch entsprechende gerichtliche Bestimmung nach § 315 Abs. 3 BGB i. V. m. § 894 ZPO ersetzt. U. U. kann das dem Arbeitgeber eingeräumte Ermessen sehr stark reduziert sein.

3 Die dienstlichen oder betrieblichen Verhältnisse müssen es gestatten, den Sonderurlaub zu gewähren. Nur wenn ein geordneter Dienstbetrieb nicht mehr gewährleistet ist oder der Arbeitgeber keine zumutbaren Ersatzarbeitskräfte einsetzen kann bzw. Veränderungen in der Arbeitsorganisation oder in den Arbeitsabläufen zur Ermöglichung des Sonderurlaubs nicht möglich sind, kann der Sonderurlaub verschoben oder versagt werden. Insbesondere ist das Argument, Präzedenzfälle vermeiden zu wollen, kein schützenswertes **dienstliches Interesse**. Ist es möglich, eine Ersatzarbeitskraft zeitlich befristet einzustellen, ist dies dem Arbeitgeber zumutbar (BAG, a. a. O.).

4 Da der unbezahlte Sonderurlaub einen entsprechenden **Antrag** des Beschäftigten voraussetzt und er auf die Bezüge verzichten muss, bedarf es einer entsprechenden **Vereinbarung**, die formlos erfolgen kann, weil ganz überwiegend die Hauptpflichten aus dem Arbeitsverhältnis betroffen sind (§ 2 Abs. 1, vgl. die dortigen Rn. 1 ff.). Im Interesse der Rechtssicherheit ist es jedoch zu empfehlen, eine schriftliche Vereinbarung zu schließen. Der **Verzicht auf die Bezüge** ist im Hinblick auf § 4 Abs. 4 Satz 1 TVG schon deshalb unproblematisch, weil § 28 dies ausdrücklich vorsieht, also eine Billigung der Tarifvertragsparteien vorliegt.

Dagegen kann der Arbeitgeber die Gewährung des Sonderurlaubs nicht von **weiteren Bedingungen** abhängig machen. Insbesondere ist es unzulässig, vom Beschäftigten zu verlangen, dass er nach Beendigung des Sonderurlaubs mit der Übertragung einer niedriger zu bewertenden Tätigkeit einverstanden ist und eine Herabgruppierung hinnimmt. Denn § 28 ermächtigt nur zum Verzicht auf das Entgelt für die Dauer des Sonderurlaubs.

Eine Vereinbarung über die Gewährung des Sonderurlaubs kann grundsätzlich weder vom Beschäftigten noch vom Arbeitgeber einseitig **gekündigt** werden. Fällt jedoch der für den Arbeitnehmer maßgebliche wichtige Grund weg, ohne dass dies vorhersehbar war, so kann der Arbeitgeber verpflichtet sein, alles ihm Zumutbare zu unternehmen, um das ruhende Arbeitsverhältnis wieder in ein aktives umzuwandeln (BAG, AP Nr. 1 zu §611 BGB Ruhendes Arbeitsverhältnis). Gleiches gilt, wenn dem Arbeitgeber die Beschäftigung möglich und zumutbar ist und sich die wirtschaftlichen Verhältnisse des Beschäftigten schwerwiegend negativ verändert haben (BAG vom 6.9.1994 – 9 AZR 221/93).

Ein unbezahlter Sonderurlaub hat verschiedene **Auswirkungen** auf das Arbeitsverhältnis:

Umstritten war die Frage, welche Wirkung eine zwischenzeitliche **Arbeitsunfähigkeit** entfaltet. Nach Meinung des BAG besteht in diesem Falle kein Anspruch auf Entgeltfortzahlung oder Krankengeldzuschuss, weil die Arbeitspflichten auf Grund dieser Sonderurlaubsvereinbarung bereits suspendiert sind. Der Beschäftigte soll auch regelmäßig nicht die Möglichkeit haben, aus diesem Grunde von der Sonderurlaubsvereinbarung zurückzutreten (BAG, AP Nr. 8 zu §9 BUrlG; BAG, AP Nr. 53 zu §1 LohnFG). Dagegen wenden einige Kommentatoren ein, dass der Gehaltsfortzahlungsanspruch im Krankheitsfall die Sonderurlaubsvereinbarung nach dem Rechtsgedanken der überholenden Kausalität verdränge (Herschel, DB 1981, 2431 ff.; ders., Anmerkung zu BAG, AP Nr. 53 zu §1 LohnFG; PK-BAT-Rzadkowski, §50 BAT Rn. 31). Mit dem BAG ist daran festzuhalten, dass für den Anspruch auf Entgeltfortzahlung und Krankengeldzuschuss die Arbeitsunfähigkeit die einzige Ursache für das Fehlen des Arbeitnehmers sein muss. Sind die Hauptpflichten aus dem Arbeitsverhältnis bereits aus anderen Gründen suspendiert, entfallen diese Ansprüche (§22 Rn. 9).

Auch die Unabdingbarkeit des Anspruches auf **Elternzeit** (§15 Abs. 3 BErzGG) berührt die Wirksamkeit einer vor Beginn der Schwangerschaft abgeschlossenen Sonderurlaubsvereinbarung unter Wegfall der Bezüge nicht. Der Arbeitgeber kann aber u.U. nach §242 BGB gehalten sein, der vorzeitigen Beendigung des Sonderurlaubs zuzustimmen, wenn stattdessen Elternzeit begehrt wird. Die Geburt eines weiteren Kindes während des vereinbarten Sonderurlaubs wird in der Regel allein keinen Grund darstellen, in die Beendigung des Sonderurlaubs einzuwilligen, wenn es dem Erziehungsberechtigten darum geht, seine Arbeit tatsächlich wieder aufzunehmen. Anders dagegen kann es sich verhalten, wenn es darum geht, den Rechtsgrund für die Befreiung von der Arbeitspflicht auszutauschen, näm-

§ 28 TVöD

lich den Sonderurlaub zwecks Erziehung in Elternzeit für das inzwischen geborene zweite Kind umzuwandeln (BAG vom 16.7.1997 – 5 AZR 309/96, EzA § 15 BErzGG Nr. 11).

Jeder volle Monat des Sonderurlaubs vermindert den jährlichen **Erholungsurlaub** um ein Zwölftel (§ 26 Abs. 2 Buchstabe c auch die dortige Rn. 19).

Die Zeit des Sonderurlaubs gilt grundsätzlich nicht als **Beschäftigungszeit** i.S. des § 34 Abs. 3, es sei denn, der Arbeitgeber erkennt vor Antritt des Sonderurlaubs ein dienstliches oder betriebliches Interesse an der Beurlaubung schriftlich an. Auch hier hat der Beschäftigte die Möglichkeit, diese nach billigem Ermessen zu treffende Entscheidung arbeitsgerichtlich überprüfen zu lassen (§ 315 BGB). Allerdings ist der Ermessensspielraum des Arbeitgebers hier weiter als bei der Grundentscheidung, ob überhaupt Sonderurlaub gewährt wird. Die Anerkennung kommt insbesondere dann in Betracht, wenn der Arbeitnehmer den Sonderurlaub zur beruflichen Fortbildung nutzt oder z.B. auf Grund beamtenrechtlicher Bestimmungen Sonderurlaub aus arbeitsmarktpolitischen Gründen erwünscht ist.

Der Sonderurlaub führt nicht nur zum **Wegfall der Vergütung**, sondern umfasst auch alle anderen Arbeitsentgeltbestandteile. Der Anspruch auf **Sonderzahlung** bleibt dem Grunde nach bestehen, vermindert sich allerdings nach dem Zwölftelungsprinzip ähnlich wie der Urlaub.

Sonderurlaubszeiten haben Einfluss auf die Stufenlaufzeit nach § 17 Abs. 3 d.

6 Auch die sozialversicherungsrechtlichen Auswirkungen des Sonderurlaubs sind zu bedenken:

Die Versicherungs- und **Beitragspflicht in der Sozialversicherung** endet mit dem Antritt des unbezahlten Sonderurlaubs. Nur die Leistungen der gesetzlichen **Krankenversicherung** bleiben für längstens einen Monat erhalten (§ 19 Abs. 2 SGB V). Der Beschäftigte kann sich während des Sonderurlaubs sowohl in der gesetzlichen Kranken- als auch in der gesetzlichen Rentenversicherung freiwillig versichern. Dies ist nur insoweit erforderlich, als volle Kalendermonate überhaupt nicht mit Beiträgen belegt sind.

Im Falle der **Erwerbs- oder Berufsunfähigkeit** hat der Arbeitnehmer nur einen Rentenanspruch, wenn neben der Erfüllung der Wartezeit in den letzten 60 Kalendermonaten vor Antritt des Versicherungsfalles Pflichtbeiträge für mindestens 36 Kalendermonate entrichtet wurden. In einem Sonderurlaub, der über zwei Jahre hinausgeht, können also bei plötzlicher Erwerbs- oder Berufsunfähigkeit erhebliche Nachteile entstehen.

Während der Zeit des Sonderurlaubs müssen für den Beschäftigten auch keine Umlagen für die **Zusatzversorgungskasse** entrichtet werden, so dass dieser Zeitraum nicht auf die Wartezeit und die gesamtversorgungsfähige Zeit angerechnet wird.

7 Der Arbeitgeber ist verpflichtet, den Arbeitnehmer über die Rechtsfolgen eines unbezahlten Sonderurlaubs **aufzuklären** (vgl. hierzu auch § 25 Rn. 9). Verletzt er diese Pflicht, so hat der Beschäftigte gegenüber dem Arbeitgeber einen entsprechenden Schadensersatzanspruch.

§ 29
Arbeitsbefreiung

(1) ¹Als Fälle nach § 616 BGB, in denen Beschäftigte unter Fortzahlung des Entgelts nach § 21 im nachstehend genannten Ausmaß von der Arbeit freigestellt werden, gelten nur die folgenden Anlässe:

a)	Niederkunft der Ehefrau/der Lebenspartnerin im Sinne des Lebenspartnerschaftsgesetzes	ein Arbeitstag,
b)	Tod der Ehegattin/des Ehegatten, der Lebenspartnerin/des Lebenspartners im Sinne des Lebenspartnerschaftsgesetzes, eines Kindes oder Elternteils	zwei Arbeitstage,
c)	Umzug aus dienstlichem oder betrieblichem Grund an einen anderen Ort	ein Arbeitstag,
d)	25- und 40-jähriges Arbeitsjubiläum	ein Arbeitstag,
e)	schwere Erkrankung	

	aa)	einer/eines Angehörigen, soweit sie/er in demselben Haushalt lebt,	ein Arbeitstag im Kalenderjahr,
	bb)	eines Kindes, das das 12. Lebensjahr noch nicht vollendet hat, wenn im laufenden Kalenderjahr kein Anspruch nach § 45 SGB V besteht oder bestanden hat,	bis zu vier Arbeitstage im Kalenderjahr,
	cc)	einer Betreuungsperson, wenn Beschäftigte deshalb die Betreuung ihres Kindes, das das 8. Lebensjahr noch nicht vollendet hat oder wegen körperlicher, geistiger oder seelischer Behinderung dauernd pflegebedürftig ist, übernehmen muss,	bis zu vier Arbeitstage im Kalenderjahr.

²Eine Freistellung erfolgt nur, soweit eine andere Person zur Pflege oder Betreuung nicht sofort zur Verfügung steht und die Ärztin/der Arzt in den Fällen der Doppelbuchstaben aa und bb die Notwendigkeit der Anwesenheit der/des Beschäftigten zur vorläufigen Pflege bescheinigt. ³Die Freistellung darf insgesamt fünf Arbeitstage im Kalenderjahr nicht überschreiten.

f)	Ärztliche Behandlung von Beschäftigten, wenn diese während der Arbeitszeit erfolgen muss,	erforderliche nachgewiesene Abwesenheitszeit einschließlich erforderlicher Wegezeiten.

§ 29 TVöD

Niederschriftserklärung zu § 29 Abs. 1 Buchst. f:
Die ärztliche Behandlung erfasst auch die ärztliche Untersuchung und die ärztlich verordnete Behandlung.

(2) ¹Bei Erfüllung allgemeiner staatsbürgerlicher Pflichten nach deutschem Recht, soweit die Arbeitsbefreiung gesetzlich vorgeschrieben ist und soweit die Pflichten nicht außerhalb der Arbeitszeit, gegebenenfalls nach ihrer Verlegung, wahrgenommen werden können, besteht der Anspruch auf Fortzahlung des Entgelts nach § 21 nur insoweit, als Beschäftigte nicht Ansprüche auf Ersatz des Entgelts geltend machen können. ²Das fortgezahlte Entgelt gilt in Höhe des Ersatzanspruchs als Vorschuss auf die Leistungen der Kostenträger. ³Die Beschäftigten haben den Ersatzanspruch geltend zu machen und die erhaltenen Beträge an den Arbeitgeber abzuführen.

(3) ¹Der Arbeitgeber kann in sonstigen dringenden Fällen Arbeitsbefreiung unter Fortzahlung des Entgelts nach § 21 bis zu drei Arbeitstagen gewähren. ²In begründeten Fällen kann bei Verzicht auf das Entgelt kurzfristige Arbeitsbefreiung gewährt werden, wenn die dienstlichen oder betrieblichen Verhältnisse es gestatten.

Protokollerklärung zu Absatz 3 Satz 2:
Zu den »begründeten Fällen« können auch solche Anlässe gehören, für die nach Absatz 1 kein Anspruch auf Arbeitsbefreiung besteht (z.B. Umzug aus persönlichen Gründen).

(4) ¹Zur Teilnahme an Tagungen kann den gewählten Vertreterinnen/Vertretern der Bezirksvorstände, der Landesbezirksvorstände, der Landesfachbereichsvorstände, der Bundesfachbereichsvorstände, der Bundesfachgruppenvorstände sowie des Gewerkschaftsrates bzw. entsprechender Gremien anderer vertragsschließender Gewerkschaften auf Anfordern der Gewerkschaften Arbeitsbefreiung bis zu acht Werktagen im Jahr unter Fortzahlung des Entgelts nach § 21 erteilt werden, sofern nicht dringende dienstliche oder betriebliche Interessen entgegenstehen. ²Zur Teilnahme an Tarifverhandlungen mit dem Bund und der VKA oder ihrer Mitgliedverbände kann auf Anfordern einer der vertragsschließenden Gewerkschaften Arbeitsbefreiung unter Fortzahlung des Entgelts nach § 21 ohne zeitliche Begrenzung erteilt werden.

(5) Zur Teilnahme an Sitzungen von Prüfungs- und von Berufsbildungsausschüssen nach dem Berufsbildungsgesetz sowie für eine Tätigkeit in Organen von Sozialversicherungsträgern kann den Mitgliedern Arbeitsbefreiung unter Fortzahlung des Entgelts nach § 21 gewährt werden, sofern nicht dringende dienstliche oder betriebliche Interessen entgegenstehen.

1 Die Vorschrift ist eine nähere Ausgestaltung des § 616 Abs. 1 Satz 1 BGB, wonach der Arbeitnehmer seinen Vergütungsanspruch nicht verliert, wenn er für eine verhältnismäßig nicht erhebliche Zeit aus einem in seiner Person liegenden Grund ohne sein Verschulden an der Arbeitsleistung verhindert ist. Da diese Vorschrift abdingbar ist, reduzieren sich die **Freistellungsansprüche** des Beschäftigten im öffentlichen Dienst auf die in ihr genannten Fälle und die übrigen tariflichen oder gesetzlichen Freistellungstatbestände (BAG, AP Nr. 1 zu § 33 MTL II). Diese Einschränkung gilt allerdings nicht für Beschäftigte, die unter § 62 HGB und § 133 c GewO fallen (also für **kaufmännische Angestellte** z.B. in Sparkassen und **technische Angestellte** z.B. in Versorgungseinrichtungen), weil diese Vorschriften unabdingbar sind. Hier können daher darüber hinausgehende Freistellungsansprüche bestehen, jedoch nicht für die Pflege eines erkrankten Kindes, weil für diesen Personenkreis einheitlich § 616 BGB gilt (BAG, AP Nr. 49 zu § 616 BGB).

Ein Rechtsanspruch auf **Arbeitsbefreiung** unter **Fortzahlung des Gehaltes** besteht in den Fällen der Abs. 1 und 2. In den Fällen des Abs. 3 steht die Arbeitsbefreiung im Ermessen des Arbeitgebers, der dies nach Billigkeitserwägungen auszuüben hat (§ 315 Abs. 1 BGB). Ist seine Entscheidung unbillig, kann eine arbeitsgerichtliche Bestimmung nach § 315 Abs. 3 BGB, ggf. im einstweiligen Verfügungsverfahren, herbeigeführt werden (§ 41 Rn. 13 ff.). **2**

Die Arbeitsbefreiungen nach Abs. 1 erfolgen aus Gründen, die in der **Person des Beschäftigten** liegen. Der Freistellungsanspruch besteht auch dann, wenn dienstliche oder betriebliche Gründe entgegenstehen. **3**

Niederkunft der Ehefrau (Abs. 1 Satz 1 Buchst. a): Nicht erforderlich ist, dass die Eheleute zusammenleben; die frühere diesbezügliche Einschränkung wurde tarifvertraglich aufgehoben. Eine nichteheliche Lebensgemeinschaft begründet diesen Anspruch nach Meinung des BAG bisher nicht (vom 25.2.1987 – 8 AZR 430/84); es besteht dann aber ein Anspruch auf Freistellung zumindest unter Fortfall der Bezüge (vgl. Rn. 5). Das Bundesverfassungsgericht hat eine Verfassungsbeschwerde gegen die Begrenzung der tariflichen Arbeitsbefreiung auf die Niederkunft der Ehefrau des Arbeitnehmers und die Nichtberücksichtigung der Niederkunft der Lebensgefährtin nicht angenommen (BVerfG, Beschluss der 2. Kammer des 1. Senats vom 8.1.1998 – 1 BvR 1872/94, ZTR 1998, 280), weil die Rechtssache im gegenwärtigen Zeitpunkt keine grundsätzliche Bedeutung mehr habe, nachdem nunmehr durch die Protokollnotiz zu § 52 Abs. 3 Unterabs. 2 BAT klargestellt war, dass eine Freistellung nach dieser Regelung auch in den Fällen möglich ist, die von § 52 Abs. 1 BAT nicht erfasst werden; es komme hinzu, dass die Rechtsstellung des nichtehelichen Kindes und seiner Eltern durch das am 1.7.1998 in Kraft getretene Kinderschaftsreformgesetz grundlegend gestärkt werden soll und insoweit zunächst die Fachgerichte aufgerufen seien, daraus möglicherweise abzuleitende Konsequenzen für den hier in Frage stehenden Freistellungsanspruch zu bedenken. Dem folgend hat das Arbeitsgericht Frankfurt/Oder zu Recht angenommen, dass in verfassungskonformer Auslegung des § 52 Abs. 3 Unterabs. 1 BAT eine Freistellung unter Fortzahlung der Bezüge auch in diesem Falle vorzunehmen sei; denn nach dem In-Kraft-Treten des Kin- **3a**

§ 29 TVöD

derschaftsreformgesetzes vom 1.7.1998 sei eine rechtliche Gleichstellung ehelicher und nichtehelicher Lebensgemeinschaften in einem solchen Fall geboten, so dass ein sonstiger dringender Fall im Sinne der zitierten Tarifvorschrift vorliege und das Ermesssen des Arbeitgebers auf Null reduziert sei (ArbG Frankfurt/Oder vom 7.10.1998 – 6 Ca 1637/98; a.A. LAG Brbg. vom 31.3.1999 – 6 Sa 794/98, BAG vom 18.1.2001 – 6 AZR 492/99, ZTR 2001, 421 ff.).

3b Tod des Ehegatten, des Lebenspartners, eines Kindes oder Elternteils (Abs. 1 Satz 1 Buchst. b): Hier muss die Ehe vor dem Tod des Ehegatten nur noch rechtlich gesehen bestanden haben. Der Begriff »Kinder« umfasst auch nichteheliche Kinder, Adoptivkinder, Stief- und Pflegekinder. Eltern sind auch Adoptiveltern.

3c **Arbeitsjubiläum (Abs. 1 Satz 1 Buchst. d):** Gemeint sind nur die Jubiläen i.S. des §23 Abs. 2.

3d **Erkrankung von Angehörigen (Abs. 1 Satz 1 Buchst. e):** Eine schwere Erkrankung liegt immer dann vor, wenn die Pflege eines erkrankten nahen Angehörigen unerlässlich ist (BAG, AP Nr. 1 zu §33 MTL II). Als Nachweis hierfür reicht die Vorlage einer ärztlichen Bescheinigung aus, aus der die Pflegebedürftigkeit hervorgeht (BAG, AP Nr. 50 zu §616 BGB). Kommen mehrere Personen für die Pflege in Betracht, haben sie ein Bestimmungsrecht, wer die Pflege übernehmen soll (BAG, a.a.O.). **Angehöriger** ist auch der Lebenspartner.

Soweit ein im Haushalt lebendes unterhaltsberechtigtes **Kind** erkrankt, sind die Ansprüche aus §45 SGB V vorrangig. Hiernach besteht ein Freistellungsanspruch bis zu 25 Arbeitstagen pro Kalenderjahr, bei Alleinerziehenden bis zu 50 Arbeitstagen. Für jedes einzelne Kind beträgt die Freistellung längstens zehn, für Alleinerziehende 20 Arbeitstage. Während dieser Zeit zahlt die gesetzliche Krankenkasse **Krankengeld** und der Gehaltsfortzahlungsanspruch entfällt. Diese Regelung gilt für Kinder, die das 12. Lebensjahr noch nicht vollendet haben.

Die Tarifvorschrift kommt daher nur zum Zuge, wenn kein sozialversicherungsrechtlicher Anspruch des Beschäftigten besteht, weil dieser nicht Mitglied in der gesetzlichen Krankenkasse ist.

Darüber hinaus besteht ein Freistellungsanspruch im Umfang von vier Arbeitstagen im Kalenderjahr bei einer **schweren Erkrankung des Ehegatten** oder einer anderen **Betreuungsperson des Kindes**, wenn der Arbeitnehmer stattdessen die Betreuung eines noch nicht acht Jahre alten oder dauerpflegebedürftigen Kindes selbst leisten muss. Ist das Kind älter als sieben Jahre, muss es sich um ein körperlich, geistig oder seelisch behindertes und dauernd pflegebedürftiges Kind handeln.

In den Fällen aa) und bb) hat der Beschäftigte durch ärztliche Bescheinigung nachzuweisen, dass die Pflege oder Betreuung erforderlich ist. Kann die vorläufige Pflege durch eine andere Person wahrgenommen werden, entfällt der Anspruch. Es ist dem Arbeitnehmer jedoch freigestellt, ob er die Betreuung des Kindes einer anderen Person überlassen will, weil seine Erziehungsberechtigung tariflich nicht eingeschränkt werden kann. Keinesfalls ist ihm zuzumuten, hierfür zusätzliche Kosten aufzubringen.

Ärztliche Behandlung (Abs. 1 Satz 1 Buchst. f): Jeder medizinisch begründete **Arztbesuch** oder notwendige ärztliche Untersuchungstermin kann den Arbeitsbefreiungstatbestand auslösen, wenn dieser nicht in die Freizeit verlegt werden kann, z.B. weil dies auf Grund der Termingestaltung des Arztes nicht möglich ist (vgl. BAG, AP Nr. 73 zu §616 BGB). Nimmt ein Arbeitnehmer an einer im Betrieb geltenden Gleitzeitregelung teil, so kann er für Arztbesuche während der Gleitzeit keine Zeitgutschrift verlangen (LAG Köln vom 10.2.1993 – 8 Sa 894/92, EzBAT §52 Arztbesuch Nr. 2). Die ärztliche Behandlung erfasst auch die ärztliche Untersuchung und die ärztlich verordnete Behandlung (Niederschriftserklärung Nr. 20).

3e

Arbeitsbefreiung zur Erfüllung **staatsbürgerlicher Pflichten** nach Abs. 2 ist nur zu gewähren, wenn sie aus den genannten Gründen unumgänglich und gesetzlich vorgeschrieben ist. Der Beschäftigte ist gehalten, die Versäumung seiner dienstlichen Aufgaben möglichst zu vermeiden. Auch die Spielräume der **Gleitzeit** sind hierfür zu nutzen (BAG, AP Nr. 5 zu §52). Kann jedoch das jeweilige Ereignis nicht in die Freizeit verlegt werden, ist er andererseits auch nicht zur Nacharbeit verpflichtet. Weiterhin besteht ein Gehaltsfortzahlungsanspruch nur insoweit, als der Arbeitnehmer keine Möglichkeit hat, seine **Ansprüche gegenüber Dritten** geltend zu machen. Einen ausreichenden Anreiz, staatsbürgerliche Pflichten, die umgänglich sind, zu erfüllen, bietet die restriktive Freistellungsregelung nicht mehr.

4

Als staatsbürgerliche Pflichten i.S. des Abs. 2 kommen beispielsweise in Betracht:

– **Wahlen**, insbesondere Wahlen zum Bundestag, zu Landtagen und Kommunalparlamenten,

– **Öffentliche Ehrenämter** sind z.B. das Amt des **Schöffen**, das des **ehrenamtlichen Richters** in der Arbeits-, Verwaltungs- und Sozialgerichtsbarkeit und Ämter in den **Selbstverwaltungsorganen** der gesetzlichen Sozialversicherungsträger. **Fortbildungsveranstaltungen** für diese Aufgaben fallen nicht unter den Arbeitsbefreiungstatbestand. Es kann jedoch ein Anspruch auf Freistellung nach Abs. 3 bestehen. Für ehrenamtliche Arbeitsrichter leitet das BAG den Freistellungsanspruch aus §26 ArbGG ab; allerdings ist der Arbeitgeber hier nicht zur Fortzahlung der Vergütung verpflichtet (BAG, AP Nr. 1 zu §26 ArbGG). Gleiches gilt für die anderen Gerichtszweige. Ein öffentliches Ehrenamt liegt auch bei Mitgliedern von **Gemeinderäten, Länderparlamenten** etc. vor, soweit keine gesetzlichen Regelungen bestehen.

– **Sozialwahlen:** Hierzu gehören auch Tätigkeiten in Wahlorganen. Wegen der Einzelheiten vgl. §§29ff. SGB IV.

§§ 29, 30 TVöD

- **Amtliche Termine:** Die Terminwahrnehmung darf nicht durch ein Verfahren ausgelöst sein, in dem der Beschäftigte Beteiligter ist. Richtet sich ein Prozess des Arbeitnehmers gegen den Arbeitgeber, kommt eine Kostenerstattung nur im Umfang des Obsiegens in Betracht.
- **Katastrophen- und Brandschutz**

5   Abs. 3 Satz 1 stellt es in das Ermessen des Arbeitgebers, in **sonstigen dringenden Fällen** Arbeitsbefreiung unter Fortzahlung der Vergütung bis zu drei Arbeitstagen zu gewähren. Das Ermessen ist nach § 315 BGB unter Abwägung der gegenseitigen Interessen auszuüben. Wann ein dringender Fall vorliegt, ist nicht in einem Vergleich mit den obigen Freistellungstatbeständen zu ermitteln, wie die Protokollerklärung zu Abs. 2 Satz 3 klarstellt. Es gelten vielmehr die Grundsätze des § 616 BGB. Ein dringender Fall liegt also vor, wenn der in der Person des Beschäftigten liegende Grund für das Fernbleiben unverschuldet ist (s. a. BAG, AP Nr. 44 zu § 616 BGB).

Abs. 3 Satz. 2 ergänzt §§ 28 und 11. In begründeten Fällen kann **Arbeitsbefreiung unter Fortfall der Bezüge** gewährt werden. Auch hier ist das Ermessen nach § 315 BGB auszuüben.

6   Gewählte Vertreter der in Abs. 4 genannten **Gewerkschaftsorgane** haben einen bezahlten Freistellungsanspruch bis zu sechs Werktagen im Jahr. Dringende dienstliche oder betriebliche Interessen sind demgegenüber zu berücksichtigen. Das Freistellungsermessen des Arbeitgebers nach § 315 BGB ist daher auf dringende Ausnahmesituationen beschränkt.

Mitglieder der **Tarif- und Verhandlungskommissionen** haben einen zeitlich unbegrenzten Freistellungsanspruch zur Teilnahme an Tarifverhandlungen. Hier hat die Kann-Bestimmung nur die Wirkung, dass der Beschäftigte sich nicht selbst beurlauben darf. Sind Tarifverhandlungen angesetzt, besteht im Grunde kein Ermessensspielraum.

7   Bei der Arbeitsbefreiung wird die **Vergütung** nach § 21 fortgezahlt.

Abschnitt V
Befristung und Beendigung des Arbeitsverhältnisses

§ 30
Befristete Arbeitsverträge

(1) ¹Befristete Arbeitsverträge sind nach Maßgabe des Teilzeit- und Befristungsgesetzes sowie anderer gesetzlicher Vorschriften über die Befristung von Arbeitsverträgen zulässig. ²Für Beschäftigte, auf die die Regelungen des Tarifgebiets West Anwendung finden und deren Tätigkeit vor dem 1. Januar 2005 der Rentenversicherung der Angestellten unterlegen hätte, gelten die in den Absätzen 2 bis 5 geregelten Besonderheiten; dies gilt nicht für Arbeitsverhältnisse, für die die §§ 57a ff. HRG unmittelbar oder entsprechend gelten.

TVöD § 30

(2) ¹Kalendermäßig befristete Arbeitsverträge mit sachlichem Grund sind nur zulässig, wenn die Dauer des einzelnen Vertrages fünf Jahre nicht übersteigt; weitergehende Regelungen im Sinne von § 23 TzBfG bleiben unberührt. ²Beschäftigte mit einem Arbeitsvertrag nach Satz 1 sind bei der Besetzung von Dauerarbeitsplätzen bevorzugt zu berücksichtigen, wenn die sachlichen und persönlichen Voraussetzungen erfüllt sind.

(3) ¹Ein befristeter Arbeitsvertrag ohne sachlichen Grund soll in der Regel zwölf Monate nicht unterschreiten; die Vertragsdauer muss mindestens sechs Monate betragen. ²Vor Ablauf des Arbeitsvertrages hat der Arbeitgeber zu prüfen, ob eine unbefristete oder befristete Weiterbeschäftigung möglich ist.

(4) ¹Bei befristeten Arbeitsverträgen ohne sachlichen Grund gelten die ersten sechs Wochen und bei befristeten Arbeitsverträgen mit sachlichem Grund die ersten sechs Monate als Probezeit. ²Innerhalb der Probezeit kann der Arbeitsvertrag mit einer Frist von zwei Wochen zum Monatsschluss gekündigt werden.

(5) ¹Für die Kündigung innerhalb der Probezeit gilt § 34 Abs. 1 Satz 1. ²Nach Ablauf der Probezeit ist nur eine ordentliche Kündigung zulässig, wenn die Vertragsdauer mindestens zwölf Monate beträgt. ³Nach Ablauf der Probezeit beträgt die Kündigungsfrist in einem oder mehreren aneinandergereihten Arbeitsverhältnissen bei demselben Arbeitgeber

von insgesamt mehr als sechs Monaten	vier Wochen,
von insgesamt mehr als einem Jahr	sechs Wochen

zum Schluss eines Kalendermonats,

von insgesamt mehr als zwei Jahren	drei Monate,
von insgesamt mehr als drei Jahren	vier Monate

zum Schluss eines Kalendervierteljahres.

⁴Eine Unterbrechung bis zu drei Monaten ist unschädlich, es sei denn, dass das Ausscheiden von der/dem Beschäftigten verschuldet oder veranlasst war. ⁵Die Unterbrechungszeit bleibt unberücksichtigt.

Protokollerklärung zu Absatz 5:
Bei mehreren aneinandergereihten Arbeitsverhältnissen führen weitere vereinbarte Probezeiten nicht zu einer Verkürzung der Kündigungsfrist.

(6) Die §§ 31, 32 bleiben von den Regelungen der Absätze 3 bis 5 unberührt.

Ein häufiges Instrument zur Flexibilisierung des quantitativen Personaleinsatzes ist die **Befristung** des Arbeitsverhältnisses. Befristete Arbeitsverhältnisse sind nach § 620 Abs 1 BGB grundsätzlich zulässig. Einer Kündigung bedarf es in diesem Falle nicht. Da hier jedoch die Umgehung des Kündigungsschutzgesetzes möglich ist, lässt die arbeitsgerichtliche Rechtsprechung befristete Arbeitsverhältnisse nur zu, wenn ein sachlicher Grund für die Befristung vorliegt (BAG-GS vom 12.10.1960, EzA § 620 BGB Nr. 2,

§ 30 TVöD

ständige Rspr.). Anerkannt worden sind befristete Arbeitsverträge zur Erprobung, zur Aushilfe und zur Wahrnehmung vorübergehender Aufgaben. Auch aus sozialen Gründen soll die Befristung dann möglich sein, wenn z.B. ein Ausbildungsverhältnis endet und nur Bedarf für eine vorübergehende Beschäftigung vorhanden ist. Die Befristung im Rahmen eines gerichtlichen Vergleichs hat immer eine sachliche Berechtigung, ohne dass es auf den weiteren Grund ankommt. Auch auf ausdrücklichen Wunsch des Arbeitnehmers hin, kann das Arbeitsverhältnis befristet werden.

2 Diese vom BAG entwickelten Grundsätze sind in § 14 Abs. 1 TzBFG niedergelegt. Hiernach besteht ein **sachlicher Grund** für die Befristung, insbesondere wenn

1. der betriebliche Bedarf an der Arbeitsleistung nur vorübergehend besteht,

2. die Befristung im Anschluss an eine Ausbildung oder ein Studium erfolgt, um den Übergang des Arbeitnehmers in eine Anschlussbeschäftigung zu erleichtern,

3. der Arbeitnehmer zur Vertretung eines anderen Arbeitnehmers beschäftigt wird,

4. die Eigenart der Arbeitsleistung die Befristung rechtfertigt,

5. die Befristung zur Erprobung erfolgt,

6. in der Person des Arbeitnehmers liegende Gründe die Befristung rechtfertigen,

7. der Arbeitnehmer aus Haushaltsmitteln vergütet wird, die haushaltsrechtlich für eine befristete Beschäftigung bestimmt sind, und er entsprechend beschäftigt wird oder

8. die Befristung auf einem gerichtlichen Vergleich beruht.

3 § 14 Abs. 2 TzBfG lässt die Befristung bis zur Dauer von zwei Jahren zu, ohne dass es eines sachlichen Grundes bedarf. Bis zu dieser Gesamtdauer ist auch die höchstens dreimalige Verlängerung eines kalendermäßig befristeten Arbeitsvertrages zulässig. Eine **sachgrundlose Befristung** ist nicht zulässig, wenn mit demselben Arbeitgeber bereits zuvor ein befristetes oder unbefristetes Arbeitsverhältnis bestanden hat.

Auch **innerhalb der ersten sechs Monate** des Arbeitsverhältnisses ist die Befristung nicht uneingeschränkt zulässig. Nach § 14 Abs. 2 Satz 2 des zum 1. Januar 2001 in Kraft getretenen Teilzeit- und Befristungsgesetzes (TzBfG) ist die Befristung eines Arbeitsvertrages ohne sachlichen Grund nicht zulässig, wenn mit demselben Arbeitgeber bereits zuvor ein Arbeitsverhältnis bestanden hat (BAG vom 6.11.2003 – 2 AZR 690/02 – Pressemitteilung Nr. 75/03). In den ersten vier Jahren nach der Gründung eines Unternehmens ist die kalendermäßige Befristung eines Arbeitsvertrages ohne Vorliegen eines sachlichen Grundes bis zur Dauer von vier Jahren zulässig; bis zu dieser Gesamtdauer ist auch die mehrfache Verlängerung eines kalendermäßig befristeten Arbeitsvertrages zulässig (§ 14 Abs. 2a TzBfG). Dies gilt nicht für **Neugründungen** im Zusammenhang mit der rechtlichen Umstrukturierung von Unternehmen und Konzernen.

Die Befristung eines Arbeitsvertrages soll nach § 14 Abs. 3 TzBfG keines sachlichen Grundes bedürfen, wenn der Arbeitnehmer bei Beginn des befristeten Arbeitsverhältnisses das 52. Lebensjahr, nach dem 31.12.2006 das **58. Lebensjahr** vollendet hat. Nach der Rechtsprechung des EuGH ist diese Vorschrift zumindest insoweit rechtsunwirksam, als sie die generelle sachgrundlose Befristung bereits mit der Vollendung des 52. Lebensjahres zulässt (EuGH vom 22.11.2005 – C-144/04, ZTR 2006, 92ff.). Auch die danach geltende Altersgrenze verletzt Art. 2 Abs. 2, Art. 6 der EG-Richtlinie 2000/78, weil hierin kein erforderliches und angemessenes Mittel liegt, um älteren Arbeitnehmern einen besseren Berufszugang zu verschaffen.

Die Anwendbarkeit des § 14 Abs. 2 TzBfG setzt keine ausdrückliche Vereinbarung der Parteien voraus, die Befristung hierauf zu stützen. Ausreichend ist vielmehr, dass die Voraussetzungen des § 14 Abs. 2 TzBfG objektiv bei Vertragsschluss vorgelegen haben (BAG vom 19.2.2003 – 7 AZR 2/02, NZA 2003, 1360).

Die gewählte **Dauer** des Vertrages muss sich am Sachgrund der Befristung orientieren. Sowohl hinsichtlich des sachlichen Grundes als auch hinsichtlich der Befristungsdauer ist auf die Verhältnisse zum Zeitpunkt des Vertragsabschlusses abzustellen. Spätere Veränderungen der tatsächlichen Verhältnisse berühren die Wirksamkeit der Befristung nicht. Auch so genannte **Kettenarbeitsverträge** sind nicht per se rechtsunwirksam. In diesem Fall muss für jeden einzelnen befristeten Arbeitsvertrag geprüft werden, ob ein sachlicher Grund vorliegt. Der Arbeitnehmer hat generell nur die Möglichkeit, den letzten befristeten Arbeitsvertrag einer arbeitsgerichtlichen Kontrolle zu unterziehen. Nur wenn ein enger Sachzusammenhang zu einer vorherigen Befristung besteht, ist auch dieser später noch nachprüfbar. **4**

Nach den Vorschriften der **Landespersonalvertretungsgesetze** Nordrhein-Westfalen und Brandenburg bedarf die Befristung von Arbeitsverhältnissen der Zustimmung des Personalrats. Die einmal erteilte Zustimmung bezieht sich auf die ihm mitgeteilten Angaben zum Befristungsgrund und zur -dauer. Auf einen dem Personalrat nicht mitgeteilten Befristungsgrund kann der Arbeitgeber eine Befristung nicht stützen. Der Arbeitgeber genügt seiner Unterrichtungspflicht, wenn er dem Personalrat den Sachgrund für die Befristung seiner Art nach mitteilt. Er ist nicht verpflichtet, unaufgefordert das Vorliegen des Sachgrundes im Einzelnen zu begründen (BAG vom 27.9.2000 – 7 AZR 412/99, PersR 2001, 123ff.). **5**

Um die Unwirksamkeit der Befristung festzustellen, muss der Beschäftigte innerhalb von drei Wochen nach dem vereinbarten Ende des befristeten Arbeitsvertrages **Klage** beim Arbeitsgericht auf Feststellung erheben, dass das Arbeitsverhältnis auf Grund der Befristung nicht beendet ist. **6**

§ 30 TVöD

Hat ein Arbeitnehmer Klage nach § 17 TzBfG auf Feststellung erhoben, dass sein Arbeitsverhältnis durch eine Befristungsvereinbarung nicht beendet ist, haben **nachfolgende Befristungsvereinbarungen** nicht zur Folge, dass der vorangehende Vertrag aufgehoben worden ist. Vielmehr enthalten Folgeverträge in diesem Fall den konkludent vereinbarten Vorbehalt, der nachfolgende Vertrag solle nur dann maßgeblich sein, wenn nicht bereits auf Grund einer vorherigen unwirksamen Befristung ein Arbeitsverhältnis auf unbestimmte Zeit besteht (BAG vom 10.3.2004 – 7 AZR 402/03, ZTR 2004, 474f.).

Schließen die Parteien nach Einreichung, aber vor Zustellung einer Befristungskontrollklage nach § 17 Satz 1 TzBfG einen weiteren befristeten Arbeitsvertrag, ist dieser nicht ohne weiteres unter dem Vorbehalt vereinbart, dass er nur gelten soll, wenn nicht bereits auf Grund der vorangegangenen unwirksamen Befristung ein unbefristetes Arbeitsverhältnis besteht.

7 Die Vorschriften des § 30 ergänzen die gesetzlichen Vorschriften zur Befristung nur in Details.

Sie gelten nach ihrem Wortlaut nur für das **Tarifgebiet West** und auch dort nicht für Befristungen nach §§ 57a ff. HRG oder sonstigen entsprechenden hochschulrechtlichen Bestimmungen. Die Beschränkung auf das Tarifgebiet West ist verfassungsrechtlich nicht unbedenklich (vgl. § 34 Rn. 11).

8 Die **Fünfjahresgrenze** des Abs. 2 Satz 1 hat selten eine Bedeutung. Das BAG hält an seiner Rechtsprechung (BAG vom 22.3.1985 – 7 AZR 142/84, BAGE 48, 215 = AP Nr. 90 zu § 620 BGB Befristeter Arbeitsvertrag) fest, dass das Aneinanderreihen mehrerer befristeter Arbeitsverträge, die nur insgesamt die Höchstdauer von fünf Jahren überschreiten, keine Umgehung der damaligen, gleichlautenden Protokollnotiz Nr. 2 zu Nr. 1 SR 2y BAT darstelle (BAG vom 21.4.1993 – 7 AZR 376/92, ZTR 1994, 112f.).

9 Die Protokollnotiz Nr. 4 (§ 3 Abs. 2 Satz 2) gibt einem Beschäftigten keinen unbedingt durchsetzbaren Anspruch auf Übertragung eines **Dauerarbeitsplatzes**. Der Arbeitgeber ist nicht gehindert, einen ihm besser geeignet erscheinenden Bewerber einzustellen. Der Arbeitnehmer hat nachzuweisen, dass er die sachlichen und persönlichen Voraussetzungen zur Besetzung des Dauerarbeitsplatzes erfüllt (LAG Niedersachsen vom 27.1.1983 – 11 Sa 106/82). Diese Vorschrift enthält kein Anstellungsgebot, sondern schränkt nur das Ermessen des öffentlichen Arbeitgebers bei der Auswahl von Bewerbern für die Besetzung von Dauerarbeitsplätzen ein. Die Protokollnotiz Nr. 4 zu Nr. 1 SR 2y BAT hindert den Arbeitgeber nicht, die Stelle mit einem Bewerber zu besetzen, der ihm besser geeignet erscheint als der befristet Beschäftigte. Anderenfalls verletzt der Arbeitgeber seine Verpflichtungen aus Art. 33 Abs. 2 GG gegenüber jenem Bewerber (BAG vom 2.7.2003 – 7 AZR 529/02, ZTR, 2004, 87ff.).

10 Ein befristeter Arbeitsvertrag **ohne sachlichen Grund** soll in der Regel **zwölf Monate** nicht unterschreiten. Nur in begründeten Ausnahmefällen kann von dieser Vorschrift abgewichen werden. Da die Verlängerungsmöglichkeit bis zu insgesamt zwei Jahren erhalten bleibt und die anschließende Befristung mit Sachgrund durchweg möglich sein wird, sind Ausnahmefälle kaum denkbar.

Die Vertragsdauer muss **mindestens sechs Monate** betragen.

Vor Ablauf des ohne Sachgrund befristeten Arbeitsvertrages hat der Arbeitgeber zu prüfen, ob eine unbefristete oder befristete **Weiterbeschäftigung** möglich ist. Die Prüfung ist ggf. nachzuweisen und dem Betriebs- oder Personalrat bekannt zu geben, da es sich im Falle der Weiterbeschäftigung um eine Einstellung handeln würde. Unterlässt der Arbeitgeber die Prüfung, kommt ein Schadensersatzanspruch des Arbeitnehmers in Betracht, der darauf gerichtet sein kann, das Arbeitsverhältnis fortzusetzen, falls eine ordnungsgemäße Prüfung zur Weiterbeschäftigung geführt hätte. **11**

Ein befristetes Arbeitsverhältnis kann nach allgemeinem Arbeitsrecht nur ordentlich gekündigt werden, wenn dies zusätzlich arbeitsvertraglich vereinbart ist. § 30 Abs. 4 und 5 enthalten **Kündigungsmöglichkeiten** für befristete Arbeitsverhältnisse, ohne dass es einer arbeitsvertraglichen Inbezugnahme bedarf. Abs. 5 gilt auch im Tarifgebiet Ost. **12**

Die außerordentliche Kündigung ist bei Vorliegen eines wichtigen Grundes jederzeit möglich.

Die Befristung eines Arbeitsvertrages bedarf zu ihrer Wirksamkeit der **Schriftform**. **13**

§ 31
Führung auf Probe

(1) ¹**Führungspositionen können als befristetes Arbeitsverhältnis bis zur Gesamtdauer von zwei Jahren vereinbart werden.** ²**Innerhalb dieser Gesamtdauer ist eine höchstens zweimalige Verlängerung des Arbeitsvertrages zulässig.** ³**Die beiderseitigen Kündigungsrechte bleiben unberührt.**

(2) **Führungspositionen sind die ab Entgeltgruppe 10 zugewiesenen Tätigkeiten mit Weisungsbefugnis.**

(3) ¹**Besteht bereits ein Arbeitsverhältnis mit demselben Arbeitgeber, kann der/dem Beschäftigten vorübergehend eine Führungsposition bis zu der in Absatz 1 genannten Gesamtdauer übertragen werden.** ²**Der/Dem Beschäftigten wird für die Dauer der Übertragung eine Zulage in Höhe des Unterschiedsbetrags zwischen den Tabellenentgelten nach der bisherigen Entgeltgruppe und dem sich bei Höhergruppierung nach § 17 Abs. 4 Satz 1 und 2 ergebenden Tabellenentgelt gewährt.** ³**Nach Fristablauf endet die Erprobung.** ⁴**Bei Bewährung wird die Führungsfunktion auf Dauer übertragen; ansonsten erhält die/der Beschäftigte eine der bisherigen Eingruppierung entsprechende Tätigkeit.**

§ 32 TVöD

§ 32
Führung auf Zeit

(1) ¹Führungspositionen können als befristetes Arbeitsverhältnis bis zur Dauer von vier Jahren vereinbart werden. ²Folgende Verlängerungen des Arbeitsvertrages sind zulässig:

a) in den Entgeltgruppen 10 bis 12 eine höchstens zweimalige Verlängerung bis zu einer Gesamtdauer von acht Jahren,

b) ab Entgeltgruppe 13 eine höchstens dreimalige Verlängerung bis zu einer Gesamtdauer von zwölf Jahren.

³Zeiten in einer Führungsposition nach Buchstabe a bei demselben Arbeitgeber können auf die Gesamtdauer nach Buchstabe b zur Hälfte angerechnet werden. ⁴Die allgemeinen Vorschriften über die Probezeit (§ 2 Abs. 4) und die beiderseitigen Kündigungsrechte bleiben unberührt.

(2) Führungspositionen sind die ab Entgeltgruppe 10 zugewiesenen Tätigkeiten mit Weisungsbefugnis.

(3) ¹Besteht bereits ein Arbeitsverhältnis mit demselben Arbeitgeber, kann der/dem Beschäftigten vorübergehend eine Führungsposition bis zu den in Absatz 1 genannten Fristen übertragen werden. ²Der/Dem Beschäftigten wird für die Dauer der Übertragung eine Zulage gewährt in Höhe des Unterschiedsbetrags zwischen den Tabellenentgelten nach der bisherigen Entgeltgruppe und dem sich bei Höhergruppierung nach § 17 Abs. 4 Satz 1 und 2 ergebenden Tabellenentgelt, zuzüglich eines Zuschlags von 75 v.H. des Unterschiedsbetrags zwischen den Tabellenentgelten der Entgeltgruppe, die der übertragenen Funktion entspricht, zur nächsthöheren Entgeltgruppe nach § 17 Abs. 4 Satz 1 und 2. ³Nach Fristablauf erhält die/der Beschäftigte eine der bisherigen Eingruppierung entsprechende Tätigkeit; der Zuschlag entfällt.

1 Führungspositionen können als **befristetes Arbeitsverhältnis** zum Zwecke der **Erprobung** bis zu zwei Jahren vereinbart werden (§ 31 Abs. 1). Innerhalb dieser Gesamtdauer ist eine höchstens zweimalige Verlängerung des Arbeitsvertrages zulässig.

2 Die beiderseitigen **Kündigungsrechte** bleiben unberührt; es gelten also die tariflichen Kündigungsfristen des § 34, die den Kündigungsfristen des BAT entsprechen.

3 **Führungspositionen** sind die ab Entgeltgruppe 10 zugewiesenen Tätigkeiten mit Weisungsbefugnis (§ 31 Abs. 2). Die Weisungsbefugnis muss gegenüber anderen Beschäftigten des Arbeitgebers bestehen. Es muss sich nicht notwendig um Weisungen handeln, die geeignet sind, den Status des Beschäftigungsverhältnisses zu Unterstellten zu berühren; fachliche Weisungen reichen aus.

4 Besteht bereits **ein Arbeitsverhältnis** mit demselben Arbeitgeber (befristet oder unbefristet), kann dem Beschäftigten vorübergehend eine Führungsposition bis zur Dauer von zwei Jahren zur Erprobung übertragen werden.

Nach Fristablauf endet die Erprobung. Bei Bewährung wird die Führungsfunktion auf Dauer übertragen; anderenfalls erhält der Beschäftigte eine der bisherigen Eingruppierung entsprechende Tätigkeit. Die Feststellung der Bewährung unterliegt dem Ermessen des Arbeitgebers, das arbeitsgerichtlich überprüfbar ist (§ 315 BGB).

Die Vorschrift erweitert nicht das Direktionsrecht des Arbeitgebers. Die Übertragung einer Führungsposition bedarf – anders als im Rahmen des § 14 – der Zustimmung des Arbeitnehmers, weil andernfalls eine auch tariflich unzulässige Umgehung kündigungsschutzrechtlicher Bestimmungen vorläge; denn im Extremfalle würde der Beschäftigte zum leitenden Angestellten mit entsprechend vermindertem Kündigungsschutz.

Während der Dauer der probeweise übertragenen Tätigkeit wird eine **Zulage** in Höhe des Unterschiedsbetrages zwischen dem Tabellenentgelt der bisherigen Entgeltgruppe und dem sich bei Höhergruppierung ergebenden Tabellenentgelt gewährt. Hierbei ist § 17 Abs. 4 Satz 1 und 2 anwendbar (vgl. hierzu § 17 Rn. 7). 5

Führungspositionen können unabhängig von dem Zweck der Erprobung als befristetes Arbeitsverhältnis bis zur Dauer von vier Jahren vereinbart werden. Auch hier muss es sich um Führungspositionen handeln, die mindestens die Entgeltgruppe 10 zur Folge haben. Die dortigen Tätigkeiten müssen ebenfalls die Weisungsbefugnis gegenüber anderen Beschäftigten des Arbeitgebers beinhalten. In den Entgeltgruppen 10 bis 12 ist eine höchstens zweimalige Verlängerung bis zu einer Gesamtdauer von acht Jahren möglich, ab der Entgeltgruppe 13 eine höchstens dreimalige Verlängerung bis zu einer Gesamtdauer von zwölf Jahren. 6

Die **befristete Übertragung der Führungsposition** nach § 32 bedarf eines sachlichen Grundes (vgl. hierzu § 30 Rn. 2). Dies ergibt sich aus dem Tarifzusammenhang. § 31 hätte keinen vernünftigen Regelungsinhalt, wenn die sachgrundlose Befristung nach § 32 möglich wäre.

Die sachgrundlose Befristung bis zu einer Gesamtdauer von zwölf Jahren würde zudem Art. 12 Abs. 1 GG verletzen. Denn hiernach muss ein Mindestmaß an Bestandsschutz für jedes Arbeitsverhältnis gewährleistet werden. Mit der privatautonomen Unterwerfung unter geltendes und künftiges Tarifrecht sind die Parteien eines Arbeitsverhältnisses der Gestaltungsmacht der Tarifvertragsparteien nicht schutzlos ausgeliefert. Das folgt aus der vom Bundesverfassungsgericht anerkannten Schutzpflichtfunktion der Grundrechte (BVerfGE 39, 1, 42; 88, 203, 254; Canaris, AcP, Band 184 [1984], 201, 227), die staatliche Grundrechtsadressaten dazu verpflichten, einzelne Grundrechtsträger vor einer unverhältnismäßigen Beschränkung ihrer Grundrechte durch privatautonome Regelungen zu bewahren. Wie der aus der grundrechtlichen Schutzpflicht folgende Mindestschutz in Bezug auf die Beendigung von Arbeitsverhältnissen zu bestimmen und das Spannungsverhältnis der jeweiligen Grundrechte und Grundrechtsträger zu lösen ist (Kühling, AuR 1994, 126 f.), bedarf keiner abschließenden Entscheidung. Denn für den Bereich der Beendigung von Arbeitsverhältnissen hat der Gesetzgeber einer aus Art. 12 Abs. 1 GG folgenden Schutzpflicht durch den Erlass von Kündigungsschutzvorschriften genügt (BVerfG vom 24.4.1991 – 1 BvR 1341/90, PersR 1991, 165ff.) und damit ein bestimmtes Maß an Arbeitsplatzschutz vorgegeben. Nichts anderes gilt für die Befristung von Arbeitsverhältnissen, bei der die arbeitsgerichtliche Befristungskontrolle die Funktion des Kündigungsschutzes übernimmt (BAG vom 11.6.1997 – 7 AZR 186/96, ZTR 98, 38f.). Ihre Aufgabe ist es, den Arbeitnehmer vor einem grundlosen, den staatlichen Kündigungsschutz umgehenden Verlust des Arbeitsplatzes zu schützen und damit einen angemessenen Ausgleich der kollidierenden Grundrechtspositionen der Arbeitsvertragsparteien zu finden. Kommt ein staatliches Gericht im Rahmen der Befristungskontrolle zu dem Ergebnis, der tarifvertraglich vorgesehenen Beendigung des Arbeitsverhältnisses fehle der Sachgrund, so erklärt es zugleich, dass die privatautonome Regelung den Arbeitnehmer in seiner Berufsfreiheit unangemessen einschränkt. Genügt aber ein tariflich geregelter Sachgrund den Kontrollmaßstäben der arbeitsgerichtlichen Befristungskontrolle, ist die darauf beruhende privatautonome Gestaltung der Arbeitsbedingungen und des Arbeitsverhältnisses nicht unangemessen. Sie ist von denjenigen Arbeitsvertragsparteien hinzunehmen, die sich dem Tarifrecht unterworfen haben (BAG vom 25.2.1998 – 7 AZR 641/96; vom 11.3.1998 – 7 AZR 700/96, ZTR 1998, 376ff.). Die Tarifvertragsparteien können daher nachvollziehbare zusätzliche Sachgründe für die Befristung des Arbeitsverhältnisses vereinbaren, nicht dagegen eine unbegründete uferlose Ausdehnung einer sachgrundlosen Befristung.

Ferner wäre die nach Art. 1 Abs. 9 der EG-Richtlinie 2000/78 gewährleistete Chancengleichheit hierdurch berührt. Hier gelten also §14 Abs. 1 TzBfG, §§57a ff. HRG mit der Maßgabe, dass Führungspositionen aus den dort genannten sachlichen Gründen übertragen werden können. Als sachliche Gründe kommen demnach in Betracht, dass die Führungsposition nur für einen begrenzten Zeitraum eingerichtet wird, ein Vertretungsfall vorliegt, die Position im Anschluss an eine Ausbildung oder ein Studium übertragen wird oder die Mittel für die Stelle haushaltsrechtlich begrenzt zur Verfügung stehen.

Die Anrechnungsregelung nach Satz 3 ermöglicht eine zusätzliche Flexibilisierung. Durch die Anrechnung kann die zwölfjährige Befristung beschränkt oder voll ausgeschöpft werden. Ist die maximale Befristungsdauer bis zur Entgeltgruppe 12 von acht Jahren bereits ausgeschöpft und ist der Beschäftigte in Entgeltgruppe 13 acht weitere Jahre befristet in einer Führungsposition tätig, so besteht u.U. ein Verlängerungsanspruch des Beschäftigten bis zu vier Jahre, wenn die Führungsposition weiter vorhanden ist und ein anderer Bewerber nach Art. 33 Abs. 2 GG nicht in Betracht kommt.

7 Besteht bereits **ein Arbeitsverhältnis** mit demselben Arbeitgeber, kann der Beschäftigte mit seinem Einverständnis vorübergehend eine Führungsposition bis zur Höchstdauer von acht Jahren in den Entgeltgruppen 10 bis 12 und bis zur Höchstdauer von zwölf Jahren ab der Entgeltgruppe 13 erhalten. Für die Dauer der Übertragung wird eine Zulage in Höhe des Unterschiedsbetrages zwischen dem Entgelt der bisherigen Entgeltgruppe und dem sich bei Höhergruppierung ergebenden Entgelt zuzüglich eines Zuschlags in Höhe von 75 % des Unterschiedsbetrages zwischen den Entgelten der Entgeltgruppe, die der übertragenen Funktion entspricht, zur nächsthöheren Entgeltgruppe gezahlt. Maßgeblich ist hier jeweils nur das Tabellenentgelt. Dieser Zuschlag soll auch für den Beschäftigten einen Anreiz geben, die Führungsaufgabe zunächst nur befristet zu vereinbaren. Der Zuschlag bleibt erhalten, wenn die Aufgabe nach Fristablauf auf Dauer übertragen wird. Ist dies nicht der Fall, erhält der Beschäftigte wiederum seine bisherige Eingruppierung und eine entsprechende Tätigkeit, der Zuschlag entfällt. Im Übrigen vgl. Rn. 4, insbesondere zum fehlenden Direktionsrecht des Arbeitgebers.

§ 33
Beendigung des Arbeitsverhältnisses ohne Kündigung

(1) Das Arbeitsverhältnis endet, ohne dass es einer Kündigung bedarf,

a) mit Ablauf des Monats, in dem die/der Beschäftigte das 65. Lebensjahr vollendet hat,

b) jederzeit im gegenseitigen Einvernehmen (Auflösungsvertrag).

(2) [1]Das Arbeitsverhältnis endet ferner mit Ablauf des Monats, in dem der Bescheid eines Rentenversicherungsträgers (Rentenbescheid) zugestellt wird, wonach die/der Beschäftigte voll oder teilweise erwerbsgemindert ist. [2]Die/Der Beschäftigte hat den Arbeitgeber von der Zustellung des Rentenbescheids unverzüglich zu unterrichten. [3]Beginnt die Rente erst nach der Zustellung des Rentenbescheids, endet das Arbeitsverhältnis mit Ablauf des dem Rentenbeginn vorangehenden Tages. [4]Liegt im Zeitpunkt der Beendigung des Arbeitsverhältnisses eine nach § 92 SGB IX erforderliche Zustimmung des Integrationsamtes noch nicht vor, endet das Arbeitsverhältnis mit Ablauf des Tages der Zustellung des Zustimmungsbescheids des Integrationsamtes. [5]Das Arbeitsverhältnis endet nicht, wenn nach dem Bescheid des Rentenversicherungsträgers eine Rente auf Zeit gewährt wird. [6]In diesem Fall ruht das Arbeitsverhältnis für den Zeitraum, für den eine Rente auf Zeit gewährt wird.

(3) Im Falle teilweiser Erwerbsminderung endet bzw. ruht das Arbeitsverhältnis nicht, wenn der Beschäftigte nach seinem vom Rentenversicherungsträger festgestellten Leistungsvermögen auf seinem bisherigen oder einem anderen geeigneten und freien Arbeitsplatz weiterbeschäftigt werden könnte, soweit dringende dienstliche bzw. betriebliche Gründe nicht entgegenstehen, und der Beschäftigte innerhalb von zwei Wochen nach Zugang des Rentenbescheids seine Weiterbeschäftigung schriftlich beantragt.

§ 33 TVöD

(4) ¹Verzögert die/der Beschäftigte schuldhaft den Rentenantrag oder bezieht sie/er Altersrente nach § 236 oder § 236a SGB VI oder ist sie/er nicht in der gesetzlichen Rentenversicherung versichert, so tritt an die Stelle des Rentenbescheids das Gutachten einer Amtsärztin/eines Amtsarztes oder einer/eines nach § 3 Abs. 4 Satz 2 bestimmten Ärztin/Arztes. ²Das Arbeitsverhältnis endet in diesem Fall mit Ablauf des Monats, in dem der/dem Beschäftigten das Gutachten bekannt gegeben worden ist.

(5) ¹Soll die/der Beschäftigte, deren/dessen Arbeitsverhältnis nach Absatz 1 Buchst. a geendet hat, weiterbeschäftigt werden, ist ein neuer schriftlicher Arbeitsvertrag abzuschließen. ²Das Arbeitsverhältnis kann jederzeit mit einer Frist von vier Wochen zum Monatsende gekündigt werden, wenn im Arbeitsvertrag nichts anderes vereinbart ist.

1 Das Arbeitsverhältnis endet auf Grund der tariflichen **auflösenden Bedingung** des § 33 Abs. 1 mit Ablauf des Monats, in dem das 65. Lebensjahr vollendet wird. Ein Lebensjahr wird unmittelbar vor dem Geburtstag vollendet.

Beispiel:
Hat ein Bechäftigter seinen 65. Geburtstag am 1. Juni, so endet das Arbeitsverhältnis am 31. Mai.

Nach der Neufassung des § 41 Abs. 4 SGB VI vom 6.4.1998 ist diese Tarifvorschrift wieder wirksam (zur Altfassung vgl. BAG vom 20.10.1993 – 7 AZR 135/93).

Die Vorschrift ist nicht entsprechend anwendbar, wenn die oder der Beschäftigte vor Vollendung des 65. Lebensjahres Altersruhegeld erhält oder beanspruchen kann **(flexible Altersgrenze)**. In diesen Fällen bedarf es der Kündigung des Arbeitsverhältnisses durch den Arbeitnehmer oder eines Aufhebungsvertrages. Die ordentliche Kündigung des Arbeitgebers allein aus diesem Grunde ist nach § 1 KSchG nicht sozial gerechtfertigt. Auch kann die Möglichkeit des Beschäftigten, vorzeitig Altersruhegeld zu beziehen, im Rahmen der Sozialauswahl bei einer betriebsbedingten Kündigung nicht zu seinen Lasten berücksichtigt werden. Entsprechendes gilt in den Fällen der **Altersteilzeit**.

2 Die Arbeitsvertragsparteien haben die Möglichkeit, das Arbeitsverhältnis einvernehmlich über den Zeitpunkt des Abs. 1 hinaus **fortzusetzen**. Es bedarf eines erneuten Arbeitsvertrages, der auch konkludent, also durch schlüssiges Handeln der Vertragsparteien, geschlossen werden kann. Wird also das Arbeitsverhältnis mit Wissen und Wollen des Arbeitgebers ohne eine ausdrückliche Vereinbarung fortgesetzt, ist § 625 BGB anwendbar, wonach das Arbeitsverhältnis als auf unbestimmte Zeit verlängert gilt. In diesem Fall ändern sich die arbeitsvertraglichen und tariflichen Grundlagen des Arbeitsverhältnisses nicht. Sind die Voraussetzungen des § 34 Abs. 2 gegeben, so besteht Unkündbarkeit i.S. dieser Vorschrift.

Wird dagegen ein **neuer schriftlicher Arbeitsvertrag** geschlossen, besteht eine Kündigungsfrist von vier Wochen zum Monatsende. Das sich unmittelbar anschließende Arbeitsverhältnis genießt sofort den Schutz des **Kündigungsschutzgesetzes.**

Es ist auch möglich, im Anschluss an die Vollendung des 65. Lebensjahres ein befristetes Arbeitsverhältnis abzuschließen. Für die **Befristung** muss jedoch ein sachlicher Grund gegeben sein, der sich nicht automatisch daraus ergibt, dass es sich um einen Ruhegeldempfänger handelt (vgl. § 30 Rn. 2 und 3). 3

In allen Fällen liegt **personalvertretungsrechtlich** eine **Einstellung** vor, die nach allen Personalvertretungsgesetzen des Bundes und der Länder mitbestimmungspflichtig ist. 4

§ 33 Abs. 1 Buchst. b entspricht §§ 241, 305 BGB, wonach im Rahmen der Privatautonomie ein **Aufhebungsvertrag** jederzeit möglich ist, und hat daher nur deklaratorische Bedeutung. 5

Im Falle eines Aufhebungsvertrages sind weder Kündigungsfristen einzuhalten noch ist dem Beschäftigten ein **Widerrufsrecht** einzuräumen (BAG, AP Nr. 37 zu § 123 BGB). Es liegt auch keine Umgehung der §§ 9, 10 KSchG vor, wenn mit dem Aufhebungsvertrag keine **Abfindung** angeboten wird (BAG, EzA § 9 KSchG n. F. Nr. 21).

Nach Meinung des BAG soll auch der **Personal-** oder **Betriebsrat** vor Abschluss eines Aufhebungsvertrages nicht zu beteiligen sein (BAG vom 26.11.1981 – 2 AZR 664/79). Dem ist deshalb nicht zu folgen, weil Personal- und Betriebsräte umfassende Unterrichtungsrechte besitzen. Zu ihren Aufgaben gehört es insbesondere, die gesetzlichen und tariflichen Vorschriften zugunsten der Arbeitnehmer zu überwachen. Dies ist ihnen im Falle eines Aufhebungsvertrages nur möglich, wenn sie hierüber vorher informiert werden. Nach allgemeiner Auffassung führt die Verletzung von Unterrichtungs- und Beteiligungsrechten der Personal- und Betriebsräte regelmäßig zur Unwirksamkeit der daraufhin getroffenen Maßnahme. Das Angebot des Arbeitgebers auf Abschluss eines Aufhebungsvertrages ist daher nichtig, wenn der Personal- oder Betriebsrat nicht zuvor ausreichend unterrichtet wurde. 6

Der Aufhebungsvertrag bedarf wie die Kündigung der **Schriftform** (§ 623 BGB). Die elektronische Form ist ausgeschlossen. Bei einem solchen Vertrag muss die Unterzeichnung der Parteien auf derselben Urkunde erfolgen. Werden über den Vertrag mehrere gleichlautende Urkunden aufgenommen, so genügt es, wenn jede Partei die für die andere Partei bestimmte Urkunde unterzeichnet (§ 126 Abs. 2 BGB). Besteht die Urkunde aus mehreren Blättern, müssen diese zusammengefügt oder jeweils gesondert unterzeichnet sein. 7

Schließen die Arbeitsvertragsparteien zur Erledigung eines Kündigungsrechtsstreits eine außergerichtliche »Aufhebungsvereinbarung«, nach wel- 8

§ 33 TVöD

cher das Arbeitsverhältnis durch die angegriffene arbeitgeberseitige Kündigung gegen Zahlung einer Abfindung endet und sich der Arbeitnehmer zur Rücknahme der Kündigungsschutzklage verpflichtet, so handelt es sich nicht um einen Aufhebungsvertrag, welcher der gesetzlichen Schriftform des § 623 BGB bedarf, sondern um einen **Vergleich**, der den Streit um die Wirksamkeit der Kündigung beseitigt (LAG Hamm vom 25.10.2001 – 8 Sa 956/01, n.v.).

9 Wie jeder Vertrag kann auch der Aufhebungsvertrag nach §§ 119 ff. BGB angefochten werden. Ein unerheblicher Motivirrtum ist es im Rahmen der **Anfechtung** nach § 119 Abs. 2 BGB, wenn eine schwangere Beschäftigte über die mutterschutzrechtlichen Folgen eines solchen Aufhebungsvertrages im Irrtum war (BAG, AP Nr. 22 zu § 123 BGB).

Am häufigsten sind die Fälle der Anfechtung nach § 123 BGB wegen **Drohung des Arbeitgebers**. Stellt dieser für den Fall der Nichtannahme des Aufhebungsvertrages eine **fristlose** (oder auch fristgemäße) **Kündigung** in Aussicht und stimmt der Beschäftigte daraufhin dem Aufhebungsvertrag zu, so kann er die Annahme des Aufhebungsvertrages nur dann anfechten, wenn die Drohung rechtswidrig war. Dies ist regelmäßig zu verneinen, wenn ein verständiger Arbeitgeber eine außerordentliche Kündigung (oder ordentliche Kündigung) ernsthaft in Erwägung ziehen konnte, ohne dass ein ausreichender Grund für die Kündigung gegeben sein muss (BAG, NZA 1987, 91 m.w.N.). Hierbei kommt es nicht auf den Kenntnisstand des Arbeitgebers im Zeitpunkt des Aufhebungsvertragsangebotes an, sondern es können auch spätere zu diesem Zeitpunkt objektiv vorliegende Umstände, die dem Arbeitgeber noch nicht bekannt waren, in die Bewertung einbezogen werden. Der Beschäftigte hat die volle Darlegungs- und Beweislast dafür, dass die Drohung nicht rechtswidrig war. Er muss also in dem Anfechtungsprozess darlegen und beweisen, dass kein Kündigungsgrund in Betracht kam. Der bloße **Zeitdruck** bei Abschluss des Aufhebungsvertrages begründet noch keine Anfechtung nach § 123 BGB (BAG, AP Nr. 37 zu § 123 BGB).

10 Ein **Aufhebungsvertrag** ist auch dann wirksam, wenn der Arbeitnehmer bei Abschluss dieses Aufhebungsvertrages unter **Alkoholeinfluss** stand und seine freie Willensbildung daher geschwächt war. Nur wenn die freie Willensbildung nach § 105 BGB völlig ausgeschlossen ist, ist ein solcher Vertrag nicht zustande gekommen. Hierfür trägt der Arbeitnehmer die Darlegungs- und Beweislast (BAG vom 14.2.1996, EzA-Schnelldienst 14/96, 5f.).

11 Die **sozialversicherungsrechtlichen Folgen** eines Aufhebungsvertrages können erheblich sein. Insbesondere riskiert der Beschäftigte eine **Sperrzeit** und ein **Ruhen des Arbeitslosengeldes** nach § 144 SGB III. Der Arbeitgeber ist allerdings unter Umständen verpflichtet, den Beschäftigten über diese Rechtsfolgen aufzuklären (BAG, EzA § 611 BGB Aufhebungsvertrag Nr. 6). Dies gilt insbesondere auch bezüglich möglicher Versorgungsschäden (BAG, EzA § 611 Fürsorgepflicht Nrn. 36, 37 und 53). Eine **Aufklärungs-**

pflicht hat der Arbeitgeber immer dann, wenn die Auflösung des Arbeitsverhältnisses aus betriebsbedingten Gründen erfolgen soll.

Ein **rückdatierter Aufhebungsvertrag** ist im Hinblick auf §143a SGB III **12** gesetzwidrig, wenn hiermit die Täuschung der Bundesagentur für Arbeit beabsichtigt ist (LAG Baden-Württemberg, LAGE §611 BGB Aufhebungsvertrag Nr. 4).

Der Arbeitgeber, der einen Aufhebungsvertrag mit einem langjährig beschäftigten **älteren Arbeitnehmer** abschließt, ist unter den Voraussetzungen des §147a SGB III verpflichtet, der Bundesagentur für Arbeit das an den Arbeitnehmer gezahlte Arbeitslosengeld zu erstatten (vgl. hierzu Gagel/Voigt, Rn. 84ff., 194ff., 446ff.).

Soll das Arbeitsverhältnis einvernehmlich zu einem neuen Arbeitgeber **13** nach §613 a BGB übergehen, unterliegt eine solche Vereinbarung, die den Verzicht auf das Widerspruchsrecht des Arbeitnehmers beinhaltet, dem Formerfordernis des §623 BGB, wenn diese Vereinbarung vor dem **Betriebsübergang** abgeschlossen wird. Denn damit wird bewirkt, dass der Beschäftigte an den Übergang seines Arbeitsverhältnisses und damit an die Auflösung seines bisherigen Arbeitsverhältnisses gebunden wird (a.A. LAG Hamm vom 22.5.2002 – 3 Sa 1900/01, LAGReport 2002, 243ff.).

Abs. 2 enthält eine tarifliche **auflösende Bedingung** für das Arbeitsverhält- **14** nis in den Fällen der dauernden **Rente wegen Erwerbsminderung**. Hierin liegt nach Meinung des BAG keine unzulässige Umgehung des Kündigungsschutzgesetzes (BAG vom 24.6.1987 – 8 AZR 635/84, AP Nr. 19 zu §611 BGB Beschäftigungspflicht).

§43 SGB VI lautet – auszugsweise – wie folgt: **15**

§43 SGB VI
Rente wegen Erwerbsminderung

(1) Versicherte haben bis zur Vollendung des 65. Lebensjahres Anspruch auf Rente wegen teilweiser Erwerbsminderung, wenn sie

1. **teilweise erwerbsgemindert sind,**
2. **in den letzten fünf Jahren vor Eintritt der Erwerbsminderung drei Jahre Pflichtbeiträge für eine versicherte Beschäftigung oder Tätigkeit haben und**
3. **vor Eintritt der Erwerbsminderung die allgemeine Wartezeit erfüllt haben.**

Teilweise erwerbsgemindert sind Versicherte, die wegen Krankheit oder Behinderung auf nicht absehbare Zeit außer Stande sind, unter den üblichen Bedingungen des allgemeinen Arbeitsmarktes mindestens sechs Stunden täglich erwerbstätig zu sein.

(2) Versicherte haben bis zur Vollendung des 65. Lebensjahres Anspruch auf Rente wegen voller Erwerbsminderung, wenn sie

§ 33 TVöD

1. voll erwerbsgemindert sind,
2. in den letzten fünf Jahren vor Eintritt der Erwerbsminderung drei Jahre Pflichtbeiträge für eine versicherte Beschäftigung oder Tätigkeit haben und
3. vor Eintritt der Erwerbsminderung die allgemeine Wartezeit erfüllt haben.

Voll erwerbsgemindert sind Versicherte, die wegen Krankheit oder Behinderung auf nicht absehbare Zeit außer Stande sind, unter den üblichen Bedingungen des allgemeinen Arbeitsmarktes mindestens drei Stunden täglich erwerbstätig zu sein. Vollerwerbsgemindert sind auch

1. Versicherte nach § 1 Satz 1 Nr. 2, die wegen Art oder Schwere der Behinderung nicht auf dem allgemeinen Arbeitsmarkt tätig sein können, und
2. Versicherte, die bereits vor Erfüllung der allgemeinen Wartezeit voll erwerbsgemindert waren, in der Zeit einer nicht erfolgreichen Eingliederung in den allgemeinen Arbeitsmarkt.
(3) Erwerbsgemindert ist nicht, wer unter den üblichen Bedingungen des allgemeinen Arbeitsmarktes mindestens sechs Stunden täglich erwerbstätig sein kann; dabei ist die jeweilige Arbeitsmarktlage nicht zu berücksichtigen.

16 Die **Berufsunfähigkeitsrente** ist durch das Rentenreformgesetz 1999 und das Rentenkorrekturgesetz mit Ablauf des 31.12.2000 entfallen und nur noch in den Übergangsvorschriften des SGB VI geregelt. Nach § 240 Abs. 1 SGB VI hat Anspruch auf Rente wegen teilweiser Erwerbsminderung bei Erfüllung der sonstigen Voraussetzungen bis zur Vollendung des 65. Lebensjahres auch, wer vor dem 2. Januar 1961 geboren und berufsunfähig ist.

Die Voraussetzungen einer Leistungsgewährung waren Berufsunfähigkeit des Versicherten, drei Jahre Pflichtbeitragszeiten in den letzten fünf Jahren, Erfüllung der allgemeinen Wartezeit vor Eintritt der Berufsunfähigkeit, Nichtvollendung des 65. Lebensjahres.

Berufsunfähigkeit war gegeben, wenn die Erwerbsfähigkeit des Versicherten auf Grund einer Krankheit auf weniger als die Hälfte eines vergleichbaren Arbeitnehmers gesunken war.

Die durch den Wegfall der Berufsunfähigkeitsrente entstandene Lücke wurde durch die Rente wegen teilweiser Erwerbsminderung gefüllt, zu deren Gewährung der Versicherte aber wesentlich strengere Voraussetzungen erfüllen muss.

Weitere Voraussetzung ist im Falle der **Berufsunfähigkeit**, dass ein **Zusammenhang** zur **Tätigkeit** des Beschäftigten besteht (BAG, AP Nr. 3 zu § 59 BAT). Nur wenn der Arbeitnehmer für die auszuübende Tätigkeit berufsunfähig ist, können die Folgen des § 33 Abs. 2 eintreten. Das Arbeitsverhältnis endet auch dann nicht, wenn der Arbeitgeber den für seine ursprünglich geschuldete Tätigkeit nicht berufsfähigen Beschäftigten schon vor Feststellung der Berufsfähigkeit auf einen Arbeitsplatz umgesetzt hat, der von der Feststellung des Rentenversicherungsträgers nicht erfasst wird (BAG, a.a.O.). Nach Abs. 2 endet das Arbeitsverhältnis eines berufsunfähigen Arbeitnehmers nur, soweit es an **zumutbaren Weiterbeschäftigungsmöglichkeiten** auf einem freien Arbeitsplatz fehlt (BAG, EzBAT § 59 BAT Nr. 9).

Auch das Arbeitsverhältnis eines Beschäftigten, der eine Rente wegen Erwerbsminderung aus der gesetzlichen Rentenversicherung (§ 33 SGB VI) bezieht, endet nicht nach Abs. 2, wenn er nach seinem vom Rentenversicherungsträger festgestellten Leistungsvermögen noch in der Lage ist, die nach dem Arbeitsvertrag geschuldete Leistung zu erbringen (BAG vom 9.8.2000 – 7 AZR 214/99, ZTR 2000, 558 f.). Eine Beendigung des Beschäftigungsverhältnisses tritt ebenfalls nicht ein, wenn der Arbeitnehmer einen anderen leidensgerechten Arbeitsplatz einnehmen und dort nach dem vom Rentenversicherungsträger festgestellten Leistungsvermögen seinen arbeitsvertraglichen Pflichten noch genügen kann. Auf Weiterbeschäftigungsmöglichkeiten kann sich ein Arbeitnehmer, der selbst den Rentenantrag wegen Berufsunfähigkeit gestellt hat, nur berufen, wenn er spätestens im Zeitpunkt des tarifvertraglich vorgesehenen Beendigung des Arbeitsverhältnisses eine entsprechende konkrete Weiterbeschäftigung verlangt hat (BAG vom 9.8.2000 – 7 AZR 749/98, ZTR 2001, 270 ff.).

Die hierzu bislang streitigen Rechtsfragen sind mittlerweile im Sinne der obigen Rechtsprechung in dem neuen Abs. 3 geregelt. Allerdings muss der Beschäftigte seine Weiterbeschäftigung innerhalb von zwei Wochen nach Zugang des Rentenbescheids schriftlich beantragen.

Weiter wird vorausgesetzt, dass ein **bestandskräftiger Bescheid** des Rentenversicherungsträgers vorliegt (a.A. LAG Hamm vom 23.10.1979 – 6 Sa 178/79; LAG Schleswig-Holstein vom 25.1.1982 – 5 Sa 151/81). Dies gilt zumindest dann, wenn der Beschäftigte veranlasst, dass der Arbeitgeber über die Einlegung des Widerspruchs unverzüglich unterrichtet wird (LAG Niedersachsen vom 30.5.1997 – 16 Sa 2335/96, Revision zugelassen, ZTR 1997, 517). Bestandskräftig ist der Bescheid dann, wenn er vom Arbeitnehmer dem Grunde nach nicht mit Rechtsmitteln angegriffen ist oder angegriffen werden soll. Die gegenteilige Auffassung berücksichtigt nicht, dass der Beschäftigte nach Abs. 4 verpflichtet ist, den Rentenantrag zu stellen, wenn nach begründeter Auffassung des Arbeitgebers verminderte Erwerbsfähigkeit in Betracht kommt. Stellt sich der Arbeitnehmer auf den gegenteiligen Standpunkt, so muss er auch die Möglichkeit haben, den Bescheid des Rentenversicherungsträgers trotz des eigenen Antrages mit Rechtsmitteln anzugreifen; das Arbeitsverhältnis kann nicht beendet werden, bevor der Rechtsweg ausgeschöpft ist (Art. 19 Abs. 4 GG). Mit der Gewährung eines Rentenvorschusses liegt jedenfalls noch kein Bescheid des Rentenversicherungsträgers vor, es sei denn, die Rente wird

17

§ 33 TVöD

vom Rentenversicherungsträger bereits dem Grunde nach anerkannt (BAG vom 24.6.1987 – 8 AZR 635/84) und der Beschäftigte hat gegen diesen Bescheid keinen Widerspruch innerhalb der Monatsfrist eingelegt.

18 Erst wenn alle Voraussetzungen erfüllt sind, **endet** das Arbeitsverhältnis mit Ablauf desjenigen Monats, in dem der Bescheid zugestellt wird. Im Falle des Widerspruches ist der Monat des Widerspruchsbescheides maßgeblich, im Falle der Klage der Monat des Urteils usw.

Beginnt die Rente erst nach der Zustellung des Rentenbescheides, endet das Arbeitsverhältnis mit Ablauf des dem Rentenbeginn vorangehenden Tages, wenn keine Rechtsmittel eingelegt werden.

19 Der Beschäftigte ist verpflichtet, den Arbeitgeber unverzüglich nach Zustellung des Rentenbescheides zu unterrichten. Verletzt er diese **Mitteilungspflicht** schuldhaft, ist er dem Arbeitgeber gegenüber schadenersatzpflichtig. Der Schaden kann z.B. darin bestehen, dass ohne Rechtsgrund Vergütung fortentrichtet wird. Nur wenn in diesem Falle entsprechende Arbeitsleistungen erbracht wurden, kann der Arbeitnehmer diese Vergütung behalten, nicht dagegen, wenn es sich um Entgeltfortzahlung oder Krankengeldzuschüsse handelte, die nach § 22 Abs. 4 Satz 3 als Vorschuss auf die Rente anzusehen sind.

20 Erhält der Beschäftigte die **Rente** nur **auf Zeit**, so endet das Arbeitsverhältnis nicht, sondern ruht beginnend mit dem Zeitpunkt, an dem das Arbeitsverhältnis bei einer Dauerrente enden würde.

Beantragt der Beschäftigte Rente wegen Erwerbsminderung und bewilligt der Rentenversicherungsträger unbefristet Rente wegen teilweiser Erwerbsminderung und befristeter Rente wegen voller Erwerbsminderung, endet das Arbeitsverhältnis nicht. Vielmehr ruht das Arbeitsverhältnis während der Dauer des Bezugs der befristeten Rente wegen voller Erwerbsminderung (LAG Niedersachsen vom 31.5.2005 – 13 Sa 1943/04, LAGReport 2005, 288, Revision eingelegt unter 7 AZR 332/05).

Es ruht auch das Arbeitsverhältnis derjenigen Arbeitnehmer, die von der gesetzlichen Rentenversicherung befreit sind und von einer **berufständischen Versorgungseinrichtung** eine befristete Rente wegen verminderter Erwerbsfähigkeit erhalten, entsprechend Abs. 2 Satz 5. Die Feststellung trifft hier der Amtsarzt in einem entsprechenden Gutachten.

Das BAG meint, dass eine krankheitsbedingte Kündigung des Arbeitsverhältnisses nicht ausgeschlossen sei, wenn dem Beschäftigten nur eine befristete Erwerbsunfähigkeitsrente bewilligt wurde (Urteil vom 3.12.1998 – 2 AZR 773/97, EzA § 1 KSchG Krankheit Nr. 45).

21 Der Bescheid des Rentenversicherungsträgers wird durch ein **amts- oder betriebsärztliches Gutachten** ersetzt, wenn der Arbeitnehmer die Rentenantragstellung **schuldhaft verzögert**. Es ist nicht seine Pflicht, fortlaufend selbst zu überprüfen, ob er vermindert erwerbsfähig ist. Der Arbeitgeber muss ihn vielmehr aufgefordert haben, dies durch den Rentenversicherungsträger feststellen zu lassen.

Nach **Aufforderung** durch den Arbeitgeber hat der Beschäftigte zunächst das Recht, einen Arzt seines Vertrauens aufzusuchen, um die **Erfolgsaussichten** eines entsprechenden Rentenantrages überprüfen zu lassen. Erst hiernach ist er verpflichtet, den Rentenantrag unverzüglich, d. h. ohne schuldhaftes Zögern, zu stellen, wenn begründete Anhaltspunkte für die Erfolgsaussichten des Antrags gegeben sind.

Den Auflagen des Rentenversicherungsträgers und den von ihm angeordneten **Untersuchungen** hat er unverzüglich Folge zu leisten, um dem Vorwurf der schuldhaften Verzögerung zu entgehen. Er darf den Rentenantrag auch nicht zurücknehmen, wenn er dieser Konsequenz entgehen will. Ist ein Beschäftigter jedoch gesundheitlich nicht in der Lage, bestimmte Mitwirkungshandlungen vorzunehmen, liegt keine schuldhafte Verzögerung vor.

Verzögert der Arbeitnehmer die Rentenantragstellung, ist er gehalten, sich einer amtsärztlichen Untersuchung zu unterziehen (vgl. hierzu auch § 3 Rn. 31 ff.), damit ein Gutachten erstellt werden kann. Weigert er sich, so kommt eine verhaltensbedingte Kündigung in Betracht, im Falle der beharrlichen Verweigerung möglicherweise sogar eine außerordentliche Kündigung.

Der Amtsarzt muss von den Parteien des Arbeitsverhältnisses unabhängig sein. Das heißt: Ein Amtsarzt, der beim Arbeitgeber tätig ist, kann nicht beauftragt werden (BAG, AP Nr. 2 zu § 59).

Das Arbeitsverhältnis wird nach § 33 Abs. 4 Satz 3 durch das Amtsarztgutachten nur dann beendet, wenn in dem Gutachten der Rechtsbegriff der verminderten Erwerbsfähigkeit zutreffend erfasst ist (LAG Rheinland-Pfalz vom 29.5.1998 – 3 Sa 1165/97, AuR 1999, 111). Diese Frage unterliegt der arbeitsgerichtlichen Überprüfung (BAG, AP Nr. 2 zu § 59 BAT). In einem diesbezüglichen Rechtsstreit ist der Sozialversicherungsträger notwendiger Beteiligter, womit sichergestellt wird, dass im Falle der Feststellung der verminderten Erwerbsfähigkeit auch ein Rentenanspruch besteht.

Ein bloßes amtsärztliches Schreiben erfüllt nicht ohne weiteres die an ein Gutachten i.S.v. § 59 Abs. 1 Unterabs. 2 Satz 1 BAT-O zu stellenden Anforderungen, so dass seine Bekanntgabe das Arbeitsverhältnis der Parteien nicht beendet (LAG Sachsen-Anhalt vom 14.4.2005 – 9 Sa 660/04).

Die **amtsärztliche Feststellung** erfolgt auch dann, wenn bereits ein Anspruch auf Altersrente besteht oder der Beschäftigte von der gesetzlichen Rentenversicherung befreit ist. In der ersten Fallgruppe handelt es sich regelmäßig um Arbeitnehmer, die nach § 33 Abs. 5 weiterbeschäftigt werden. Die zweite Fallgruppe erfasst bestimmte Berufsgruppen, für die gesonderte Versorgungssysteme bestehen (z. B. Ärzte).

§§ 33, 34 TVöD

23 Bei **schwerbehinderten Menschen** ist auch für den Eintritt einer auflösenden Bedingung die Zustimmung des Integrationsamtes erforderlich, so dass das Arbeitsverhältnis eines Schwerbehinderten frühestens in dem Monat endet, in dem das Integrationsamt der Beendigung des Arbeitsverhältnisses zugestimmt hat (§ 92 SGB IX; zuletzt BAG, EzBAT § 59 Nr. 9). Die Anerkennung der Schwerbehinderteneigenschaft muss im Zeitpunkt des Zugangs des Rentenbescheides nur beantragt sein und dem Arbeitgeber hiernach innerhalb eines Monats mitgeteilt werden (BAG, a.a.O.). Die Parteien haben die Möglichkeit, gegen die Entscheidung des Integrationsamtes Widerspruch einzulegen und nach Vorliegen des Widerspruchsbescheides hiergegen Klage beim Verwaltungsgericht zu erheben. Der Widerspruch hat aufschiebende Wirkung, so dass das Arbeitsverhältnis erst enden kann, wenn ein bestandskräftiger Bescheid vorliegt. Tariflich ist dieses Ergebnis der Rechtsprechung weitestgehend nunmehr in Abs. 2 Satz 4 geregelt.

24 Scheidet der Beschäftigte nach § 33 Abs. 2 aus dem Arbeitsverhältnis aus, obwohl er im Zeitpunkt der Beendigung des Arbeitsverhältnisses bereits nach § 34 Abs. 2 unkündbar war, und wird seine **Berufsfähigkeit** hiernach **wiederhergestellt**, so hat er im Rahmen geeigneter freier Arbeitsplätze einen **Einstellungsanspruch**. Auf Grund dieses Rechtsanspruches tritt Art. 33 Abs. 2 GG ausnahmsweise zurück.

§ 34
Kündigung des Arbeitsverhältnisses

(1) ¹Bis zum Ende des sechsten Monats seit Beginn des Arbeitsverhältnisses beträgt die Kündigungsfrist zwei Wochen zum Monatsschluss. ²Im Übrigen beträgt die Kündigungsfrist bei einer Beschäftigungszeit (Absatz 3 Satz 1 und 2)

bis zu einem Jahr	ein Monat zum Monatsschluss,
von mehr als einem Jahr	6 Wochen,
von mindestens 5 Jahren	3 Monate,
von mindestens 8 Jahren	4 Monate,
von mindestens 10 Jahren	5 Monate,
von mindestens 12 Jahren	6 Monate

zum Schluss eines Kalendervierteljahres.

(2) ¹Arbeitsverhältnisse von Beschäftigten, die das 40. Lebensjahr vollendet haben und für die die Regelungen des Tarifgebiets West Anwendung finden, können nach einer Beschäftigungszeit (Absatz 3 Satz 1 und 2) von mehr als 15 Jahren durch den Arbeitgeber nur aus einem wichtigen Grund gekündigt werden. ²Soweit Beschäftigte nach den bis zum 30. September 2005 geltenden **Tarifregelungen unkündbar waren, verbleibt es dabei.**

(3) ¹Beschäftigungszeit ist die bei demselben Arbeitgeber im Arbeitsverhältnis zurückgelegte Zeit, auch wenn sie unterbrochen ist. ²Unberücksichtigt bleibt die Zeit eines Sonderurlaubs gemäß § 28, es sei denn, der Arbeitgeber hat vor Antritt des Sonderurlaubs schriftlich ein dienstliches oder betriebliches Interesse anerkannt. ³Wechseln Beschäftigte zwischen Arbeitgebern, die vom Geltungsbereich dieses Tarifvertrages erfasst werden, werden die Zeiten bei dem anderen Arbeitgeber als Beschäftigungszeit anerkannt. ⁴Satz 3 gilt entsprechend bei einem Wechsel von einem anderen öffentlichrechtlichen Arbeitgeber.

Die Vorschrift befasst sich im Wesentlichen nicht mit den Wirksamkeitsvoraussetzungen einer **Kündigung**, sondern regelt nur die **Kündigungsfristen** und enthält in Abs. 2 einen **besonderen Kündigungsschutz für länger beschäftigte Arbeitnehmer**. Die Kündigung des Arbeitgebers unterliegt zahlreichen gesetzlichen Beschränkungen, insbesondere denjenigen des **Kündigungsschutzgesetzes**, besonderen Kündigungsschutzbestimmungen für bestimmte Personengruppen (vgl. Rn. 14) und den Verfahrensvorschriften aus den Personalvertretungsgesetzen und dem Betriebsverfassungsgesetz. Diesbezüglich ist auf die hierzu einschlägige Literatur zu verweisen (z. B. umfangreich: Kittner/Däubler/Zwanziger, KSchR, Kommentar für die Praxis, 6. Aufl. 2004; KR-Becker u.a.; knapp, praxisnah und gleichwohl ausführlich: Stahlhacke/Preis/Vossen, Kündigung und Kündigungsschutz im Arbeitsverhältnis, 2005).   1

Der Arbeitgeber kann das Arbeitsverhältnis eines mehr als sechs Monate beschäftigten Arbeitnehmers nach § 1 KSchG nur ordentlich kündigen, wenn ein **sozial rechtfertigender Grund** betriebs-, personen- oder verhaltensbedingter Art, gegeben ist (wegen der Einzelheiten: Stahlhacke/Preis, Rn. 611 ff. und § 55 Rn. 3 ff.). Greift der Beschäftigte eine hiernach unwirksame Kündigung jedoch nicht innerhalb der Dreiwochenfrist des § 4 KSchG mit einer **Kündigungsschutzklage** vor dem **Arbeitsgericht** an, wird ihre soziale Rechtfertigung nach § 7 KSchG unterstellt.

Die **Kündigungsfristen** des Abs. 1 weichen von den gesetzlichen Kündigungsfristen des § 622 BGB ab. Dies ist zulässig, auch soweit die vom Beschäftigten einzuhaltende Kündigungsfrist und nicht tarifgebundene Arbeitnehmer betroffen sind (§ 622 Abs. 4 BGB). Für die zuletzt genannte Gruppe muss die Anwendung des § 34 jedoch arbeitsvertraglich vereinbart sein, anderenfalls gelten die gesetzlichen Regelungen.   2

Für **schwerbehinderte Beschäftigte** beträgt die Mindestkündigungsfrist nach § 86 SGB IX vier Wochen. Diese Vorschrift ist unabdingbar, so dass die kürzere Frist des Abs. 1 Satz 1 hier nicht zum Zuge kommt.

Während der ersten sechs Monate kann das Arbeitsverhältnis mit einer zweiwöchigen Kündigungsfrist zum Monatsschluss beendet werden. Maßgeblich ist hier der rechtliche Beginn des Arbeitsverhältnisses. In der Regel kommt es darauf an, wie lange das Beschäftigungsverhältnis ununterbro-   3

§ 34 TVöD

chen bestand. Maßgeblich ist also nicht, ob zwischenzeitlich neue arbeitsvertragliche Vereinbarungen geschlossen wurden. Auch wenn ein **befristetes Arbeitsverhältnis** einvernehmlich fortgesetzt wird, so beginnt es nicht neu, sondern es ist auf den Begründungszeitpunkt des befristeten Arbeitsverhältnisses abzustellen. Gleiches gilt für ein vorangegangenes **Ausbildungsverhältnis**. Nur wenn wie in dem Fall des § 33 Abs. 5 eine rechtliche Beendigung vereinbart wird und das Arbeitsverhältnis auf eine völlig neue arbeitsvertragliche Grundlage gestellt wird, ist der Beginn des neuen Arbeitsverhältnisses maßgebend.

4   Für **jugendliche Angestellte**, die das 18. Lebensjahr noch nicht vollendet haben, beträgt die Kündigungsfrist ebenfalls zwei Wochen zum Monatsschluss, gleichgültig wie lange sie bereits beschäftigt sind. Auch diese Abkürzung der Kündigungsfrist ist nach § 622 Abs. 4 BGB nicht zu beanstanden. Für **Auszubildende** gelten abweichende Regelungen in den entsprechenden Tarifverträgen.

5   Hat das Arbeitsverhältnis bereits sechs Monate bestanden, so gelten die Kündigungsfristen nach Abs. 1, die sich nach der **Beschäftigungszeit** erhöhen. Maßgeblich ist die Beschäftigungszeit nach Abs. 3, so dass auf die dortige Kommentierung verwiesen wird (vgl. Rn. 21).

6   Die **Fristberechnung** erfolgt nach §§ 187, 188 BGB. Für den **Fristbeginn** ist der Tag des **Zugangs** der Kündigung maßgebend. Hierdurch wird auch bestimmt, welche Beschäftigungszeit zugrunde zu legen ist und ob noch die kurze Frist – innerhalb der ersten sechs Monate des Arbeitsverhältnisses – gilt.

Beispiele:
Wurde das Arbeitsverhältnis am 1.1.2006 begründet, so kann mit einer zweiwöchigen Frist zum Monatsschluss nur noch spätestens am 30.6. 2006 gekündigt werden.
Ein Arbeitsverhältnis, das am 15.3.2006 begründet wurde, kann am 15.3.2006 nur noch mit einer Frist von sechs Wochen zum Quartalsende gekündigt werden.

7   Die nach § 623 BGB erforderliche **schriftliche Kündigung** gilt nach § 130 Abs. 1 BGB dann als zugegangen, wenn sie in den Machtbereich des Empfängers gelangt ist und unter gewöhnlichen Umständen damit zu rechnen ist, dass von ihr Kenntnis genommen wird. Auch Kündigungen in der **Probezeit** sind nur noch schriftlich möglich.

Schriftform bedeutet, dass eine **Urkunde** zu erstellen ist, die von dem Kündigungsberechtigten oder einer **vertretungsberechtigten Person** eigenhändig zu unterzeichnen ist (§ 126 BGB). Besteht die Urkunde aus mehreren Blättern, sind diese durch geeignete Mittel (z.B. Klammern) zusammenzufügen. Ist die unterzeichnende Person nicht erkennbar vertretungsberechtigt, ist eine **Vollmacht** beizufügen. Geschieht dies nicht, kann die mangelnde Vollmachtsvorlage nach § 174 BGB unverzüglich gerügt werden, so dass diese Kündigungserklärung unheilbar nichtig ist. Der Referatsleiter innerhalb der Personalabteilung einer Behörde gehört nicht ohne weiteres zu dem Personenkreis, der nach § 174 Satz 2 BGB – wie der Personalabteilungsleiter – als Bevollmächtigter des Arbeitgebers gilt (BAG vom 20. 8. 1997 – 2 AZR 518/96, EzA § 174 BGB Nr. 12).

Die schriftliche Kündigung muss dem Kündigungsempfänger in dieser Form zugehen, so dass die Unterzeichnung mit einer Paraphe, die Anbringung eines Beglaubigungsvermerks oder die Übermittlung durch ein **Fernschreiben, Telegramm** oder **Telefax** nicht ausreicht (BGH, EzA § 126 BGB Nr. 1). § 623 BGB stellt klar, dass hier **die elektronische Form** ausgeschlossen ist. Deshalb ist die Schriftform auch nach neuem Recht nicht gewahrt, wenn die Kündigung durch Telefax erfolgt (ArbG Hannover vom 17. 1. 2001 – 9 Ca 282/00, NZA-RR 2002, 245). Der bloße maschinenschriftliche Namenszug des Kündigungsberechtigten genügt dem Schriftformerfordernis auch dann nicht, wenn er mit Dienstsiegel und beigefügter Paraphe eines nicht kündigungsberechtigten Bediensteten beglaubigt ist. Dies gilt auch, wenn die Geltung des TVöD lediglich einzelvertraglich vereinbart ist (LAG Köln vom 16. 5. 1997 – 4 Sa 1198/96, ZTR 1997, 517).

Bei einer vom Prozessbevollmächtigten des Arbeitgebers ausgesprochenen Schriftsatzkündigung ist die Schriftform grundsätzlich nur gewahrt, wenn die dem Arbeitnehmer zugehende Abschrift vom Prozessbevollmächtigten als Erklärendem unterzeichnet ist. Ausnahmsweise ist die Schriftform des § 623 BGB auch gewahrt, wenn die dem Verteidiger des Arbeitnehmers zugegangene Abschrift beglaubigt ist, der Prozessbevollmächtigte des Arbeitgebers den Beglaubigungsvermerk selbst unterschrieben hat und der Verteidiger des Arbeitnehmers zum Empfang der Kündigung bevollmächtigt ist. Dies ist der Fall, wenn die Schriftsatzkündigung zur Rechtsverteidigung hinsichtlich eines anhängigen Rechtsstreits abgegeben worden ist, die Kündigung sich also auf den Streitgegenstand des anhängigen Prozesses bezieht. Dies ist bei der Verbindung einer Kündigungsschutzklage nach § 4 KSchG mit einer allgemeinen Feststellungsklage gemäß § 256 ZPO der Fall (LAG Niedersachsen vom 30. 11. 2001 – 0 Sa 1046/01, Nichtzulassungsbeschwerde eingelegt unter 2 AZN 22/02, LAGE § 623 BGB Nr. 2)

Wird die Schriftform nicht eingehalten, hat dies die Unwirksamkeit der Kündigung nach §§ 125, 126 BGB zur Folge. Nicht erforderlich ist, dass die Verletzung der Formvorschrift gerügt wird (vgl. Stahlhacke/Preis, Rn. 62 m.w.N.).

Die schriftliche Kündigung muss dem anderen Teil zugehen. Wird z. B. ein **8** **Brief** in den **Briefkasten** eingeworfen, so geht er an demjenigen Tage zu, an dem allgemein noch mit der Leerung des Briefkastens gerechnet werden kann. Wird ein Brief wegen ungenügender Frankierung oder fehlerhafter Anschrift nicht oder zu spät zugestellt, so geht dies zu Lasten des Erklärenden. Dies gilt auch, wenn die Annahme abgelehnt wird, weil der Empfänger mit **Nachporto** belastet werden soll.

§ 34 TVöD

Ausreichend für den Zugang ist die abstrakte Möglichkeit der Kenntnisnahme. Daher kommt es nicht darauf an, ob der Empfänger die Kündigungserklärung versteht, z.B. wenn er die deutsche Sprache nicht beherrscht. Auch spielt es keine Rolle, wenn sich der Kündigungsempfänger vorübergehend wegen **Urlaub, Krankheit, Kur, Umzug** usw. nicht mehr in seiner Wohnung aufhält, selbst dann, wenn dem Kündigenden die Abwesenheit bekannt ist. Kann der Beschäftigte in einem solchen Fall die Klagefrist nach §4 KSchG nicht einhalten, hat er die Möglichkeit, die nachträgliche Klagezulassung nach §5 KSchG zu beantragen.

Wechselt der Arbeitnehmer die Wohnung, ohne dies dem Arbeitgeber anzuzeigen, und wird der Brief dort hinterlassen, so gehen die Zustellungsprobleme zu Lasten des Beschäftigten. Eines besonderen Hinweises auf die **neue Wohnanschrift** bedarf es jedoch dann nicht, wenn der Arbeitnehmer sie bereits in einem an den Arbeitgeber gerichteten Schriftstück angegeben hat. In diesem Falle ginge die Kündigung in der alten Wohnung nicht zu (BAG, AP Nr. 10 zu § 130 BGB).

Empfangsberechtigt für den Arbeitnehmer sind auch Personen, die für ihn nach der Verkehrsauffassung Schriftstücke entgegennehmen dürfen. Hierzu gehören nicht nur die Familienangehörigen, sondern auch Lebensgefährten, Hausangestellte und sogar der Vermieter.

Liegt die mangelnde Möglichkeit der Kenntnisnahme in der Sphäre des Arbeitnehmers, muss er sich nach Treu und Glauben so behandeln lassen, als ob ihm die Kündigung zum normalen Zeitpunkt zugegangen wäre. Voraussetzung ist hierfür allerdings, dass der Kündigende die Erklärung unverzüglich wiederholt. Häufigster Fall ist das Nichtabholen eines eingeschriebenen Briefes nach Erhalt des Benachrichtigungszettels. Will sich der Arbeitgeber auf den rechtzeitigen **Zugang des Einschreibens** berufen, muss er zunächst beweisen, dass der Benachrichtigungszettel in den Machtbereich des Arbeitnehmers gelangt ist. Der Beschäftigte hat ggf. vorzutragen, welche konkreten Umstände ihn daran gehindert haben, das Schreiben abzuholen. Geht das Einschreiben zurück, muss der Arbeitgeber die Kündigung wiederholen. Hat der Arbeitnehmer nichts Ausreichendes für die Nichtabholung des Schreibens vorgetragen, kann sich der Arbeitgeber auf denjenigen Zeitpunkt des Zugangs berufen, zu dem das Schreiben unter gewöhnlichen Umständen abgeholt worden wäre. Die Kündigung geht auch dann mit der Aushändigung des Einschreibebriefes zu, wenn der Postbote den Arbeitnehmer nicht antrifft und dieser das Einschreiben zwar nicht alsbald, aber doch innerhalb der ihm von der Post mitgeteilten Aufbewahrungsfrist beim zuständigen Postamt abholt oder abholen lässt (BAG vom 25.4.1996 – 2 AZR 13/95, EzA § 130 BGB Nr. 27).

Verweigert der Beschäftigte die Annahme des Kündigungsschreibens völlig grundlos, gilt die Erklärung wegen **Zugangsvereitelung** auch ohne eine Wiederholung als zugegangen.

Für den Zugang eines **Kündigungsschreibens des Beschäftigten** gilt Entsprechendes (Rn. 7). Das Schreiben ist an dem Tag zugegangen, an dem es während der gewöhnlichen Dienststunden in der Dienststelle eintrifft. Nicht erforderlich ist, dass der Kündigungsberechtigte an diesem Tag noch Kenntnis von dem Schreiben nehmen konnte. Ebenso wenig kommt es auf den Eingangsstempel an, falls dieser nicht den Tag des Zugangs richtig bestätigt.

Bei der **Berechnung des Fristendes** wird nach § 187 Abs. 1 BGB der Tag, an dem die Kündigung zugeht, nicht mitgerechnet. Der Fristlauf beginnt erst am folgenden Tag. Unerheblich ist hierbei, ob der letzte Tag, an dem noch gekündigt werden darf, auf einen Samstag, Sonntag oder Feiertag fällt, da § 193 BGB nicht, auch nicht entsprechend, anwendbar ist. Ebenso wenig bedeutsam ist, ob der Tag, an dem das Arbeitsverhältnis enden soll, ein Samstag, Sonntag oder Feiertag ist. Die Frist endet immer am letzten Tag des der Kündigungsfrist entsprechenden Monats. 9

Beispiele:
Besteht eine Kündigungsfrist von einem Monat zum Monatsschluss und soll zum 30. Juni gekündigt werden, muss die Kündigung am 31. Mai zugehen, weil die Frist dann am 1. Juni zu laufen beginnt und sie daher einen vollen Monat beträgt.
Besteht eine Kündigungsfrist von zwei Wochen zum Monatsschluss, ist der 16. Juni der letzte Tag, an dem zum 30. Juni gekündigt werden kann.
Besteht eine Kündigungsfrist von sechs Wochen zum Quartalsschluss, muss die Kündigung spätestens am 19. Mai zugehen, wenn sie zum 30. Juni wirken soll.
Mit dem Zugang des Kündigungsschreibens im Briefkasten muss der Arbeitnehmer an einem Sonn- oder Feiertag in all diesen Fällen nicht rechnen (vgl. Rn. 8).

Wird die Kündigungsfrist nicht eingehalten, ist in der Regel davon auszugehen, dass die Kündigung zum nächstzulässigen Zeitpunkt gewollt ist, wenn sich aus den Umständen nichts anderes ergibt. In diesem Fall erhält der Beschäftigte seine Gehaltsansprüche nur dann, wenn er gegen die **Nichteinhaltung der Kündigungsfrist** in irgendeiner Weise protestiert oder gegen die Kündigung klagt. Der Arbeitgeber gerät dann in Annahmeverzug und muss das Gehalt nach § 615 BGB fortzahlen. 10

Hält der Arbeitnehmer die Kündigungsfrist nicht ein und lehnt er die Arbeit bis zum Ablauf der ordentlichen Kündigungsfrist ab, kann er zwar nicht zur Arbeit gerichtlich gezwungen werden, weil ein solches Urteil nicht vollstreckbar wäre (vgl. § 888 Abs. 2 ZPO); er wäre dem Arbeitgeber gegenüber jedoch schadenersatzpflichtig. Voraussetzung hierfür ist allerdings, dass ein entsprechender Schaden beim Arbeitgeber entsteht. Kosten der Ausschreibung einer Stelle können in diesem Zusammenhang meist nicht im Wege des **Schadensersatzes** geltend gemacht werden, wenn diese Kosten ohnehin auch bei Einhaltung der Kündigungsfrist entstanden wären.

§ 34 TVöD

11 Nach Abs. 2 können Beschäftigte im Tarifgebiet West, die eine **Beschäftigungszeit von 15 Jahren** zurückgelegt und mindestens das **40. Lebensjahr vollendet** haben, ordentlich nicht gekündigt werden. Die maßgebliche Beschäftigungszeit berechnet sich nach Abs. 3 (vgl. die dortige Rn. 21). Die Voraussetzungen müssen im Zeitpunkt des Zugangs der Kündigung (vgl. Rn. 8 ff.) erfüllt sein. Wird das Arbeitsverhältnis kurz vor Eintritt der **Unkündbarkeit** ordentlich gekündigt, kann es sich um eine Umgehung des § 34 Abs. 2 handeln, insbesondere dann, wenn ein späterer Kündigungstermin gewählt wird (BAG, EzA § 616 BGB n.F. Unkündbarkeit Nr. 1).

Nach dem Tarifwortlaut des § 53 Abs. 3 BAT war diese Regelung bis zum 31.12.1997 beschränkt auf Angestellte, deren regelmäßige wöchentliche Arbeitszeit mindestens die Hälfte der regelmäßigen Arbeitszeit eines entsprechenden vollbeschäftigten Angestellten beträgt. Da diese Tarifvorschrift gegen § 2 Abs. 1 BeschFG verstieß, war sie nichtig. Sie galt also für alle unter den BAT fallenden **Teilzeitbeschäftigten** (so auch ArbG Freiburg, ZTR 1996, 29; BAG vom 18.9.1997 – 2 AZR 592/96, EzA § 2 BeschFG 1985 Nr. 55; vgl. hierzu auch § 3 Rn. 1 ff.). Seit dem 1.1.1998 ist die Tarifvorschrift entsprechend korrigiert worden.

§ 14 Abs. 3 TVÜ-VKA erweitert den Bestandsschutz für den Bereich des ehemaligen BMT-G II. Übergeleitete Beschäftigte aus diesem Geltungsbereich erlangen hiernach bereits den besonderen tariflichen Kündigungsschutz, wenn sie am 30.9.2005 eine Beschäftigungszeit (§ 6 BMT-G ohne die nach § 68a BMT-G berücksichtigen Zeiten) von mindestens zehn Jahren aufgewiesen haben (Hock, ZTR 2005, 558, 562; BeckOK-Eylert, § 34 TVöD Rn. 30).

Die Ermittlung der **Beschäftigungszeit** regelt § 34 Abs. 3 Sätze 1 und 2. Dabei ist die speziellere Regelung des § 14 TVÜ-Bund/TVÜ-VKA zu beachten. Zeiten, die vor dem 3.10.1990 im Beitrittsgebiet (Art. 3 EV) zurückgelegt worden sind, sind bei der Berechnung der Beschäftigungszeit nicht zu berücksichtigen. Auch die bislang zu berücksichtigenden Zeiten bei einem anderen öffentlichen Arbeitgeber (z.B. § 19 Abs. 2 bis 4 BAT) sind nicht anzurechnen, wenn der besondere Kündigungsschutz nicht bereits am 30. September 2005 bestand. Nur diejenigen, die an diesem Tag bereits besonders geschützt waren, verlieren ihren Kündigungsschutz nicht. Dies gilt auch dann, wenn sie zu einem anderen öffentlichen Arbeitgeber wechseln. Denn der Begriff der Beschäftigungszeit nach Abs. 3 ist in Abs. 2 Satz 2 nicht eingeschränkt. Ist die Beschäftigungszeit beim neuen Arbeitgeber nach den Sätzen 3 oder 4 des Abs. 3 anzurechnen, verbleibt es nach Abs. 2 Satz 2 beim besonderen Kündigungsschutz (so auch Hock, ZTR 2005, 558, 560; a.A. Fritz, ZTR 2006, 2, 10; Bröhl, ZTR 2006, 174, 179).

Auch die ordentliche oder außerordentliche Änderungskündigung zum Zwecke der Herabgruppierung war nach § 55 Abs. 2 Unterabs. 2 Satz 2 BAT im Zeitpunkt des besonderen Kündigungschutzes ausgeschlossen, wenn die Leistungsminderung

a) durch einen Arbeitsunfall oder eine Berufskrankheit im Sinne der §§ 8, 9 SGB VII herbeigeführt worden ist, ohne dass der Angestellte vorsätzlich oder grob fahrlässig gehandelt hat, oder

b) auf einer durch die langjährige Beschäftigung verursachten Abnahme der körperlichen oder geistigen Kräfte und Fähigkeiten nach einer Beschäftigungszeit (§ 19) von 20 Jahren beruht und der Angestellte das 25. Lebensjahr vollendet hat.

Diese Bestimmung bleibt über die Protokollerklärung zum 3. Abschnitt des TVÜ-Bund und VKA erhalten.

Die Beschränkung dieses besonderen Kündigungsschutzes auf die Beschäftigten des Tarifgebietes West ist verfassungsrechtlich nicht unbedenklich (so auch BeckOK-Eylert, § 34 TVöD Rn. 2; Bröhl, ZTR 2006, 174, 179; siehe hierzu BVerfG vom 9. 8. 2000 – 1 BvR 514/00, ZTR 2000, 506 f.). Die tariflichen Regelungen führen allein aufgrund der Begründung des Arbeitsverhältnisses in unterschiedlichen Tarifgebieten zu einer Ungleichbehandlung zwischen Arbeitnehmern, die für den gleichen Arbeitgeber am gleichen Ort die gleiche Tätigkeit ausüben. Diese Zuordnung haftet dem Arbeitsverhältnis dauerhaft an und wird nach der Rechtsprechung des BAG immer dann relevant, wenn ein tatsächlicher Bezug des Arbeitsverhältnisses zum Beitrittsgebiet besteht (ständ. Rspr., zuletzt Urteil vom 9. 12. 1999 – 6 AZR 340/98). Es handelt sich damit nicht um eine (unbedenkliche) bloße regionale Differenzierung durch die Tarifvertragsparteien, sondern trotz gleichem Tätigkeitsort findet unterschiedliches Tarifrecht Anwendung. Für diese Differenzierung gibt es keine anderen überzeugenden sachlichen Argumente, insbesondere nicht die noch unterschiedlichen wirtschaftlichen und sozialen Bedingungen. Diese mögen aufgrund behaupteter unterschiedlicher Lebenshaltungskosten noch die Differenzierung und allmähliche Angleichung der Entgelte rechtfertigen, nicht aber unterschiedlichen Kündigungsschutz. Der Ausschluss der ordentlichen Kündigungsmöglichkeit schränkt auch die öffentlichen Arbeitgeber im Tarifgebiet Ost nicht unangemessen ein. Es bestehen diverse Tarifverträge nach § 3 TVSoz, die die ordentliche betriebsbedingte Kündigung temporär ausschließen.

Die **außerordentliche Kündigung** ist durch Abs. 2 im Übrigen nicht ausgeschlossen. Dagegen wird auch die **Änderungskündigung** grundsätzlich erfasst.

Bei betriebsbedingten Kündigungen mehrerer Arbeitnehmer können die nach Abs. 2 geschützten Beschäftigten nicht in die **Sozialauswahl** einbezogen werden.

Das Kündigungsverbot des Abs. 2 trifft nur den Arbeitgeber. Der Beschäftigte hat die Möglichkeit, das Arbeitsverhältnis unter Einhaltung der Kündigungsfrist von sechs Monaten zum Quartalsende zu kündigen.

§ 34 TVöD

12 Kündigt der Arbeitgeber das Arbeitsverhältnis trotz Anwendbarkeit des Abs. 2, so ist eine ordentliche Kündigung nicht in eine außerordentliche Kündigung **umdeutbar** (BAG, AP Nr. 1 zu § 44 TV AL II.).

13 Die ordentliche Kündigung kann im Falle der **Befristung** ganz ausgeschlossen sein. Dies ist der Fall, wenn die Befristungsdauer ein Jahr nicht übersteigt (§ 30 Abs. 5 Satz 1). Es gelten im Übrigen die in § 30 Abs. 5 genannten abweichenden Kündigungsfristen.

14 Für **besonders geschützte Personengruppen** ist die ordentliche Kündigung des Arbeitgebers ausgeschlossen oder von der Zustimmung einer Behörde abhängig, insbesondere für **Personal- und Betriebsratsmitglieder, Wahlvorstandsmitglieder** und **Wahlkandidaten** einer Personal-, Betriebsrats- oder JAV-Wahl, Mitglieder einer **Jugend- und Auszubildendenvertretung (JAV)**; hier besteht auch ein nachwirkender Schutz von einem bzw. einem halben Jahr (§ 15 KSchG). **Schwangere** Frauen können, auch nach der Entbindung bis zum Ablauf der Schutzfrist nach § 9 Abs. 1 MuSchG, grundsätzlich nicht gekündigt werden; nur ganz ausnahmsweise kann die zuständige Arbeitsbehörde auf Antrag des Arbeitgebers nach § 9 Abs. 3 MuSchG die Zustimmung erteilen. Ähnliches gilt für Arbeitnehmer während der **Elternzeit** (§ 18 BErzGG). Die Kündigung eines **schwerbehinderten Beschäftigten** bedarf nach § 85 SGB IX der vorherigen Zustimmung des Integrationsamtes, die jedoch zu erteilen ist, wenn die Kündigungsgründe in keinem Zusammenhang zur Schwerbehinderung stehen.

15 Auch das Arbeitsverhältnis eines nach Abs. 2 geschützten Beschäftigten kann unter den Voraussetzungen des § 626 BGB **fristlos** gekündigt werden. Als Kündigungsgründe kommen nur verhaltens- oder personenbedingte Ursachen in Frage. Betriebsbedingte Gründe sind dagegen ausgeschlossen, auch wenn die Stelle, die Dienststelle oder der gesamte öffentliche Arbeitgeber wegfällt (vgl. hierzu BAG, AP Nr. 3 zu § 55 BAT). Sinn und Zweck des tariflichen Alterskündigungsschutzes nach § 34 Abs. 2 erfordern im Falle einer allein noch möglichen außerordentlichen Kündigung, den altersgesicherten Arbeitnehmer zur Vermeidung eines Wertungswiderspruches einer der fiktiven Kündigungsfrist entsprechende **Auslauffrist** einzuräumen, wenn einem vergleichbaren Beschäftigten ohne gesteigerten Kündigungsschutz bei gleicher Sachlage nur fristgerecht gekündigt werden könnte (BAG vom 11.3.1999 – 2 AZR 427/98, PersR 1999, 321 ff.).

16 Obwohl die ordentliche Kündigung nach Abs 2 ausgeschlossen ist, verbleibt dem Arbeitgeber die Möglichkeit, unter bestimmten Voraussetzungen eine **außerordentliche Änderungskündigung** auszusprechen. Der Natur nach handelt es sich hier nicht um eine ordentliche Kündigung, sondern um eine außerordentliche fristgebundene Änderungskündigung aus wichtigem Grund. (BAG, a. a. O.). Insbesondere ist eine derartige Änderungskündigung keine Kündigung aus minderwichtigem Grund; es ist im Gegenteil ein besonders strenger Maßstab anzulegen. Eine derartige Kündigung kann nur mit einer Frist von sechs Monaten zum Schluss eines Kalendervierteljahres ausgesprochen werden.

§ 626 BGB ermöglicht die **außerordentliche** fristgebundene **Kündigung** aus **personenbedingten Gründen**. Voraussetzung ist hier, dass der Beschäftigte dauernd außerstande ist, die arbeitsvertraglichen Leistungen zu erfüllen. Hier kommen insbesondere der alters- oder krankheitsbedingte **Leistungsabfall** in Betracht und der Verlust der für die berufliche Tätigkeit notwendigen Qualifikationen (z.B. Verlust des Führerscheins eines Beschäftigten, der unabweislich ein Kraftfahrzeug für seine Tätigkeit führen muss). Es ist zunächst zu ermitteln, welches die geschuldete Arbeitsleistung ist; denn nicht immer kann der Arbeitgeber die volle Arbeitsleistung verlangen. Einschränkungen ergeben sich insbesondere auch aus § 81 Abs. 4 SGB IX (vgl. § 37 Rn. 3). Ein **autoritärer Führungsstil** und die mangelnde Fähigkeit zur Menschenführung können bei einem nach § 34 Abs. 2 ordentlich nicht kündbaren Beschäftigten eine außerordentliche personenbedingte Druckkündigung in Form einer Änderungskündigung entsprechend § 55 BAT rechtfertigen (BAG, EzA § 626 BGB Druckkündigung Nr. 3). 17

Der Arbeitgeber hat zu überprüfen, ob andere **mildere Mittel** in Betracht kommen, wie die Veränderung der Arbeitsabläufe und der Arbeitsorganisation, Maßnahmen zur Erleichterung der Arbeit, Qualifikations- und Rehabilitationsmaßnahmen, Versetzung oder Umsetzung.

Selbst wenn die ordentliche Kündigung wie in Abs. 2 ausgeschlossen ist, besteht noch die Möglichkeit der **außerordentlichen betriebsbedingten** Kündigung. Hier handelt es sich keineswegs nur um eine juristische Denkfigur, die in der Praxis keine Bedeutung hätte: 18

Der 2. Senat des BAG hat in seinen Urteilen vom 5.2.1998 (2 AZR 227/97, AP Nr. 143 zu § 626 BGB) und vom 17.9.1998 (2 AZR 419/97, NZA 1999, 258 ff.) erneut die Frage aufgeworfen, ob die außerordentliche betriebsbedingte Kündigung des Arbeitsverhältnisses tariflich ausgeschlossen werden kann und unter welchen Voraussetzungen eine solche Kündigung in Betracht kommt, wenn die ordentliche Kündigung tarifvertraglich ausgeschlossen ist. Diese beiden Entscheidungen betrafen nicht den Geltungsbereich der Tarifverträge für den öffentlichen Dienst. Der 2. Senat meint, eine Tarifnorm, die eine außerordentliche Kündigung ausschließe, unterliege erheblichen Bedenken. Nach allgemeiner Meinung könne das Recht zur außerordentlichen Kündigung aus wichtigem Grund nicht ausgeschlossen werden. Dies ergebe sich auch für die betriebsbedingte Kündigung bereits aus verfassungsrechtlichen Überlegungen. Denn zu den Freiheitsrechten privatautonomen Handels gehöre das der Berufsfreiheit des Art. 12 Abs. 1 GG imanente Grundrecht des Arbeitgebers, Arbeitsverhältnisse privatautonom zu begründen, aber auch zu beenden. Da der Arbeitgeber prinzipiell die Möglichkeit haben müsse, sein Unternehmen aufzugeben, müsse er wirksam kündigen können. Er müsse auch das Recht haben, darüber zu entscheiden, welche Größenordnung sein Unternehmen haben soll. Kündigungsbeschränkungen, die diese Entscheidungsfreiheit beseitigten, seien verfassungsrechtlich angreifbar. Art. 12 Abs. 1 GG schließe es ebenso aus, vom Arbeitgeber zu verlangen, ein unzumutbares Arbeitsverhältnis aufrechtzuerhalten. Unverzichtbar seien danach z.B. Beendigungsmöglichkeiten, die der Anpassung des Arbeitnehmerbestandes an die Entwicklung des Unternehmens dienen. Eine Tarifnorm, die vom Arbeitgeber Unmögliches bzw. evident Unzumutbares verlange und damit in dessen unternehmerische Freiheit eingreife, sei insoweit verfassungswidrig und schon im Wege der geltungserhaltenden Reduktion dahingehend einzuschränken, dass sie für derartige Ausnahmefälle nicht gelte (BAG, AP Nr. 143 zu §626 BGB, S. 5f.). Den tariflichen Ausschluss der ordentlichen Kündigung hält der 2. Senat dagegen für verfassungsrechtlich unbedenklich.

19 Ist die ordentliche Kündigung tariflich ausgeschlossen, so soll an die **Wirksamkeit der außerordentlichen Kündigung** ein »besonders strenger Prüfungsmaßstab« anzulegen sein. Dringende betriebliche Erfordernisse könnten regelmäßig nur eine ordentliche Arbeitgeberkündigung nach §1 KSchG rechtfertigen. Eine außerordentliche betriebsbedingte Kündigung könne nur ausnahmsweise zulässig sein, denn zu dem vom Arbeitgeber zu tragenden Unternehmerrisiko zähle auch die Einhaltung der ordentlichen Kündigungsfrist (BAG, AP Nr. 143 zu §626, S. 7).

Die Weiterbeschäftigung des Arbeitnehmers könne dem Arbeitgeber aber insbesondere dann unzumutbar sein, wenn eine ordentliche Kündigungsmöglichkeit ausgeschlossen sei und der Arbeitgeber deshalb dem Arbeitnehmer über einen längeren Zeitraum hin sein Gehalt weiterzahlen müsste, obwohl er z.B. wegen Betriebsstilllegung für dessen Arbeitskraft keine Verwendung mehr hat. Das BAG beschränkt diese Möglichkeit nicht mehr auf die Fälle der totalen Betriebsstilllegung. Auch wenn der Arbeitsplatz weggefallen ist, keinerlei Weiterbeschäftigungsmöglichkeiten im Unternehmen bestehen und vergleichbare Arbeitnehmer auf Grund ihrer Sozialdaten nicht zuvor zu entlassen sind, könne die Fortsetzung eines »inhaltsleeren Arbeitsverhältnisses« über einen längeren Zeitraum hinweg unzumutbar sein.

In seinem Urteil vom 17.9.1998 konkretisiert der 2. Senat des BAG die Voraussetzungen für die Unzumutbarkeit: Jegliche Beschäftigungsmöglichkeiten im Betrieb, Unternehmen oder gar Konzern müssten entfallen sein. Ein Arbeitsplatz, auf dem ein ordentlich kündbarer Arbeitnehmer beschäftigt werde, sei ggf. freizumachen. Dies gelte selbst dann, wenn der besonders geschützte Arbeitnehmer auf diesem Arbeitsplatz zunächst mit zumutbarem Aufwand eingearbeitet werden müsse. Auch spiele es in diesem Zusammenhang keine Rolle, ob der betroffene Beschäftigte dem Übergang seines Arbeitsverhältnisses zu einem anderen Arbeitgeber nach §613 a BGB widersprochen habe, gleichgültig ob dies aus sachlichem Grund geschehe. Ferner sei zu prüfen, ob nicht eine zumindest vorübergehende Beschäftigung des Arbeitnehmers in einer anderen Konzerntochter möglich sei, bis ein geeigneter Arbeitsplatz bei dem bisherigen Arbeitgeber frei werde. Der unkündbare Beschäftigte müsse keinen konkreten freien Arbeitsplatz benennen, sondern der Arbeitgeber habe die volle Darlegungs- und Beweislast für das Fehlen eines freien Arbeitsplatzes (BAG, NZA 1999, 258, 260 ff.).

In beiden zitierten Entscheidungen wird betont, dass selbst im Falle einer wirksamen betriebsbedingten außerordentlichen Kündigung eine fristlose Beendigung des Arbeitsverhältnisses nicht in Betracht komme, sondern die fiktive Kündigungsfrist einzuhalten sei. Ferner sei der Personal- oder Betriebsrat vorher im Beteiligungsverfahren wie bei einer ordentlichen Kündigung einzubeziehen (vgl. hierzu auch BAG vom 11.3.1999 – 2 AZR 427/98, PersR 1999, 321 ff.). Dagegen habe die Frist des § 626 Abs. 2 BGB regelmäßig keine Bedeutung, da die betriebsbedingten Gründe einen Dauerstörtatbestand darstellten. Mit dieser Konstruktion soll gleichzeitig erreicht werden, dass der nur außerordentlich kündbare Arbeitnehmer nicht vorzeitig gekündigt und damit gegenüber den ordentlich kündbaren Beschäftigten benachteiligt wird (hierzu BAG, AP Nr. 143 zu § 626 BGB, S. 10 f.).

Der Meinung des 2. Senats des BAG, ein Arbeitsverhältnis sei ausnahms- **20** weise überhaupt außerordentlich betriebsbedingt kündbar, muss bereits widersprochen werden. § 626 Abs. 1 BGB enthält seinem Wortlaut nach nur den unbestimmten Begriff des »wichtigen Grundes«. Dieser Begriff lässt sich in zahlreichen anderen zivilrechtlichen Vorschriften im Zusammenhang mit außerordentlichen Kündigungen finden, z. B. in § 89 a HGB, § 671 Abs. 2 Satz 1 BGB. Soweit dieser Begriff in den Vorschriften des besonderen Schuldrechts konkretisiert wird, betreffen die genannten Regelbeispiele jeweils das Verhalten oder die Sphäre des Empfängers der Kündigungserklärung. So soll z. B. nach § 712 Abs. 1 Satz 1 2. Halbsatz BGB bei Geschäftsführerverträgen ein wichtiger Grund insbesondere dann vorliegen, wenn der Geschäftsführer seine Pflichten grob verletzt oder sich zur ordnungsgemäßen Geschäftsführung als unfähig erweist. Ein wichtiger Grund für die Kündigung gegenüber einem Gesellschafter liegt nach § 723 Abs. 1 Satz 2 2. Halbsatz BGB insbesondere dann vor, wenn dieser Gesellschafter eine ihm nach dem Gesellschaftsvertrag obliegende wesentliche Verpflichtung vorsätzlich oder aus grober Fahrlässigkeit verletzt oder wenn die Erfüllung einer solchen Verpflichtung dieses Gesellschafters unmöglich wird. Auch §§ 542, 544, 553 und 554 BGB verdeutlichen, dass im Mietrecht eine außerordentliche Kündigung aus wichtigen Gründen nur dann in Betracht kommt, wenn die Störung des Vertragsverhältnisses aus der Sphäre des Erklärungsgegners stammt. Insofern ist auch der BGH der Meinung, dass das außerordentliche Kündigungsrecht ausgeschlossen sei, wenn der Kündigende die Störung überwiegend verursacht habe (BGHZ 44, 275, NJW 1981, 1265; BGH, NJW 1981, 1264 und BGH, NJW 1991, 1829). Ein Bierlieferungsvertrag soll z. B. selbst dann nicht kündbar sein, wenn der Gastwirt die Gaststätte durch Auflösung des Mietverhältnisses verliert, weil die Möglichkeit, den Mietvertrag fortzusetzen, in seine Sphäre fällt (BGH, NJW 85, 2694). Die Kündigung eines Gesellschaftsvertrages wegen »Zerrüttung der Gesellschaft« wird vom BGH abgelehnt, so dass es hier für einzelne Gesellschafter kein außerordentliches Kündigungsrecht gibt (BGH, NJW 1998, 3771). Selbst wenn ein Handelsvertretervertrag für den vertragschließenden Unternehmer wirtschaftlich in keiner Weise mehr vertretbar ist, kann ein solcher Vertrag nicht außerordentlich gekündigt werden, wenn die ordentliche Kündigung vertraglich ausgeschlossen ist (BGH vom 26.4.1995 – VIII ZR 124/94, NJW 1995, 2350ff.).

Ein außerordentlicher Kündigungsgrund aus der Sphäre des Kündigenden ist dem Zivilrecht somit völlig fremd. Der Vergleich mit anderen Vorschriften des besonderen Schuldrechts führt nicht zu dem Schluss, dass der Begriff des wichtigen Grundes nach § 626 Abs. 1 BGB anders auszulegen sei. Hierfür besteht auch kein Bedürfnis, weil die Unmöglichkeitsregeln der §§ 275, 323 bis 325 BGB auch für das Arbeitsverhältnis Anwendung finden und die gegenseitige Interessenlage mit der Anwendung dieser allgemeinen Vorschriften ausreichend berücksichtigt wird. Wird die arbeitsvertraglich geschuldete Beschäftigung unmöglich, kann diese auch dann nicht verlangt werden, wenn der Grund hierfür aus der Sphäre des Arbeitgebers stammt. Im Gegenschluss zu § 280 Abs. 2 Satz 1 BGB kann der Arbeitnehmer allerdings die Erfüllung des noch möglichen Teils des Vertrages, nämlich die Lohnzahlung weiterhin verlangen. Dies konkretisieren und bekräftigen §§ 615 Satz 1, 293 BGB, ohne dass es auf ein Verschulden des Arbeitgebers ankommt. Damit wird das Vertragsverhältnis keineswegs inhaltsleer, wie das BAG meint. Es ist zivilrechtlich nichts Ungewöhnliches, wenn ein Dauerschuldverhältnis fortgesetzt werden muss, obwohl nur noch ein Vertragspartner hiervon profitiert. Beispielhaft sei hier § 18 Abs. 1 VerlG genannt, der den Vergütungsanspruch des Verfassers auch bei Kündigung des Vertragsverhältnisses aufrechterhält. Auch § 649 BGB lässt den Vergütungsanspruch des Unternehmers gegenüber dem Besteller im Falle der Kündigung grundsätzlich unberührt und löst die hiermit verbundenen Bereicherungsfragen entsprechend § 615 BGB. Auch ein »inhaltsloses« Arbeitsverhältnis bedarf daher keiner Auflösung durch außerordentliche Kündigung, wenn die ordentliche Kündigung ausgeschlossen ist. Ist es dem Arbeitgeber unmöglich, den Arbeitnehmer zu beschäftigen, gilt auch § 615 Satz 2 BGB. Findet der Arbeitnehmer eine zumutbare andere Arbeit und unterlässt er es böswillig, diese anzutreten, so entfällt insoweit der Vergütungsanspruch. Entstehen beim bisherigen Arbeitgeber später wieder Beschäftigungsmöglichkeiten, kann das vorübergehend hinsichtlich der Beschäftigung teilweise ruhende Arbeitsverhältnis fortgesetzt werden. Die einschlägigen Vorschriften des BGB schaffen daher einen ausreichenden Interessenausgleich, ohne dass es erforderlich ist, eine außerordentliche betriebsbedingte Kündigung zuzulassen.

Auch der Vergleich mit § 15 Abs. 4 und 5 KSchG stützt dieses Ergebnis. Denn selbst für den Fall der Betriebsstilllegung wird keineswegs die außerordentliche Kündigung eines Betriebsratsmitgliedes zugelassen, sondern nur ein Fenster für den Ausspruch einer ordentlichen Kündigung geöffnet (hierzu auch insoweit zutreffend: Adam, NZA 1999, 846, 850).

Will man mit dem BAG und dem überwiegenden Teil der Literatur davon ausgehen, die außerordentliche betriebsbedingte Kündigung sei möglich, wenn die ordentliche Kündigung tariflich ausgeschlossen sei, so ist es zumindest verfassungsrechtlich zulässig, auch eine derartige außerordentliche Kündigung auf tarifvertraglichem, koalitionsvertraglichem, einzelvertraglichem Wege, ggf. auch durch Dienst- oder Betriebsvereinbarung zu verbieten.

Vom Wortlaut her enthält §626 Abs. 1 BGB keine Bestimmung, die die Dispositionsfreiheit der Vertrags- oder Tarifvertragsparteien einschränkt. Dagegen gibt es durchaus andere Bestimmungen des BGB die dies tun. Genannt sei hier beispielsweise §749 Abs. 3 BGB, der es ausdrücklich verbietet, die außerordentliche Aufhebung der Gemeinschaft nach §749 Abs. 2 Satz 1 BGB abzubedingen. Da die Vorschriften des BGB auch im Hinblick auf Art. 2 Abs. 1 GG grundsätzlich dispositiv sind, ist aus dem Gegenschluss zu §749 Abs. 3 BGB zu folgern, dass §626 BGB zu Gunsten des Arbeitnehmers abbedungen werden kann. Zumindest wird man dies für betriebsbedingte außerordentliche Kündigungen annehmen dürfen (so - auch Gamillscheg, AuR 1981, 105ff.).

Verfassungsrechtliche Argumente sprechen nicht gegen die Wirksamkeit eines vertraglichen Ausschlusses der außerordentlichen betriebsbedingten Kündigung. Dieterich hat in seinem Beitrag »Die Grundrechtsbindung von Tarifverträgen« (Tarifautonomie für ein neues Jahrhundert, Festschrift für Günter Schaub zum 65. Geburtstag, S. 10ff.) zu Recht die Frage aufgeworfen, inwieweit die Grundrechte die Tarifvertragsparteien überhaupt binden. Er hält es für möglich, dass die Berufs- und Eigentumsfreiheit des Arbeitgebers bis zur Grenze eines unverzichtbaren Kernbereiches durch Tarifverträge beschränkt werden kann.

Dieser Kernbereich wird durch einen vertraglichen oder tarifvertraglichen Ausschluss einer solchen Kündigung nicht betroffen. Art. 12 Abs. 1 GG schützt zwar auch die Gewerbe- und Unternehmerfreiheit. Da die Berufswahlfreiheit durch Kündigungsbeschränkungen nicht berührt ist, kann die betroffene Berufsausübung nach dem Wortlaut des Art. 12 Abs. 1 Satz 2 GG und nach der Drei-Schranken-Theorie des Bundesverfassungsgerichts durch Gesetz oder auf Grund eines Gesetzes eingeschränkt werden. Das Tarifvertragsgesetz und die hieraus folgenden tariflichen Gestaltungsmöglichkeiten gestatten somit Regelungen, die die Gewerbe- und Unternehmerfreiheit einschränken.

Fraglich ist bereits, ob das Grundrecht des Arbeitgebers aus Art. 12 Abs. 1 GG überhaupt das Recht enthält, Arbeitsverhältnisse privatautonom zu begründen und zu beenden, wie der 2. Senat des BAG meint. Diese Freiheit folgt vielmehr aus der Vertragsautonomie, die aus Art. 2 Abs. 1 GG

§ 34 TVöD

hergeleitet wird und den Beschränkungen der allgemeinen Gesetze unterliegt, insbesondere aber auch durch freiwillig eingegangene Bindung selbst eingeschränkt sein kann. Die Freiheit, ein Unternehmen aufzugeben, fällt zwar unter Art. 12 Abs. 1 GG, wird allerdings durch bestehende Verträge, die noch einzuhalten sind, nicht beschränkt. Hat sich ein Unternehmer z.B. zur Sukzessivlieferung bestimmter Waren für einen längeren Zeitraum verpflichtet, hat er zwar die Möglichkeit, sein Unternehmen aufzugeben. Ist er daraufhin nicht mehr in der Lage, die Waren zu liefern, muss er nach § 325 Abs. 1 BGB Schadensersatz leisten. Warum soll dies ausgerechnet im Arbeitsrecht anders sein?

Für den Bereich öffentlicher Arbeitgeber stellt sich zudem die Frage, ob diese sich auf Art. 12 Abs. 1 GG berufen könnten, da es insoweit an der Grundrechtsfähigkeit oder Trägerschaft fehlen dürfte (vgl. hierzu AK-Denninger, vor Art. 1 GG, Rn. 41 ff.; von Münch/Kunig, Vorbemerkungen zu Art. 1 bis 19 GG, Rn. 10).

Der Ausschluss außerordentlicher Kündigungen aus betriebsbedingten Gründen nach einer bestimmten Beschäftigungsdauer unter Erreichen eines bestimmten Alters ist für den öffentlichen Dienst auch deshalb gerechtfertigt, weil hiermit eine gewisse Angleichung an das viel weitergehende Beamtenrecht erreicht wird. Denn Beamte können nach Vollendung der Probezeit regelmäßig nur noch disziplinarisch entlassen werden. Werden sie in den vorzeitigen Ruhestand versetzt, so wird dem Dienstherrn ebenfalls ein »inhaltsleeres« Versorgungsbeamtenverhältnis auf Dauer zugemutet.

21 Absatz 3 enthält die Definition der **Beschäftigungszeit**, die nicht nur Bedeutung im Rahmen des § 34 Bedeutung hat. Hier sind nur die Sätze 1 und 2 dieses Absatzes relevant. Beschäftigungszeit ist die bei demselben Arbeitgeber im Arbeitsverhältnis zurückgelegte Zeit, auch wenn sie unterbrochen ist. Auf die Dauer der Unterbrechung kommt es nicht an.

Unberücksichtigt bleibt die Zeit eines Sonderurlaubs gemäß § 28, es sei denn, der Arbeitgeber hat vor Antritt des Sonderurlaubs schriftlich ein dienstliches oder betriebliches Interesse anerkannt. Andere Zeiten des Ruhens der gegenseitigen Hauptpflichten des Arbeitsverhältnisses vermindern die Beschäftigungszeit nicht.

Wechseln Beschäftigte zwischen Arbeitgebern, die vom Geltungsbereich dieses Tarifvertrages erfasst werden, werden die Zeiten bei dem anderen Arbeitgeber als Beschäftigungszeit anerkannt. Dies gilt entsprechend bei einem Wechsel von einem anderen öffentlichrechtlichen Arbeitgeber, bei dem ein anderer oder gar kein Tarifvertrag besteht. Diese Vorschriften haben aber im Rahmen des § 34 keine Bedeutung, sondern nur bei der Dauer des Krankengeldzuschusses und der Jubiläumszuwendung.

§ 35
Zeugnis

(1) Bei Beendigung des Arbeitsverhältnisses haben die Beschäftigten Anspruch auf ein schriftliches Zeugnis über Art und Dauer ihrer Tätigkeit, das sich auch auf Führung und Leistung erstrecken muss (Endzeugnis).

(2) Aus triftigen Gründen können Beschäftigte auch während des Arbeitsverhältnisses ein Zeugnis verlangen (Zwischenzeugnis).

(3) Bei bevorstehender Beendigung des Arbeitsverhältnisses können die Beschäftigten ein Zeugnis über Art und Dauer ihrer Tätigkeit verlangen (vorläufiges Zeugnis).

(4) Die Zeugnisse gemäß den Absätzen 1 bis 3 sind unverzüglich auszustellen.

Der Anspruch auf ein Arbeitszeugnis ergibt sich bereits aus § 630 BGB. Diese Vorschrift ist unabdingbar. Hiernach hat der Arbeitnehmer das Wahlrecht, ein **einfaches** oder ein **qualifiziertes Zeugnis** zu verlangen. Das einfache Zeugnis enthält nur Angaben über Art und Dauer des Arbeitsverhältnisses, das qualifizierte Zeugnis darüber hinaus Angaben zur Führung und Leistung. **1**

Das Zeugnis ist von Vertretern des Arbeitgebers auszustellen und zu unterzeichnen, die hierfür verantwortlich sind (ArbG Wilhelmshaven, DB 1972, 242). In bestimmten Berufsgruppen muss es sich um **Fachvorgesetzte** handeln. **2**

Beispiele:
So ist es bei Ärzten unzulässig, dass nur der Verwaltungsleiter das Zeugnis erteilt. Es ist vielmehr vom leitenden Chefarzt zu verfassen, der allein in der Lage ist, die ärztlichen Leistungen zu beurteilen.
Das Zeugnis einer Reinigungskraft kann nicht vom Hausmeister ausgestellt werden.

Auch im öffentlichen Dienst ist der Zeugnisanspruch eines Beschäftigten regelmäßig nur dann erfüllt, wenn das Zeugnis von einem ranghöheren Bediensteten unterschrieben ist. War der Beschäftigte als wissenschaftlicher Mitarbeiter tätig, ist das Zeugnis zumindest auch von einem ihm vorgesetzten Wissenschaftler zu unterzeichnen. Eine von diesem Grundsatz abweichende behördeninterne Regelung der Zeichnungsbefugnis rechtfertigt keine Ausnahme (BAG vom 4.10.2005 – 9 AZR 507/04, AiB Newsletter 2005, Nr. 11, 4).

Das Zeugnis ist in gehöriger **Form** zu erteilen (maschinenschriftlich, sprachlich und grammatikalisch richtig), insbesondere unter Verwendung des Briefkopfes des Arbeitgebers (BAG vom 3.3.1993 – 5 AZR 182/92, EzBAT § 61 Zeugnisse und Arbeitsbescheinigung Nr. 18). Der Beschäftigte hat einen Anspruch auf ein auch äußerlich ordnungsgemäßes Zeugnis. Das bedeutet jedoch nur, dass das Zeugnis keine formalen und äußerlichen **3**

§ 35 TVöD

Mängel aufweisen darf. Dass das Zeugnis wegen des Postverstandes zweimal geknickt ist, stellt nach Meinung des LAG Schleswig-Holstein (Beschluss vom 9.12.1997 – 5 Ta 97/96, EzA-Schnelldienst 1/98, 10) keinen derartigen formalen Mangel dar. Nach Meinung des 9. Senats des BAG erfüllt der Arbeitgeber den Anspruch des Arbeitnehmers auch dann, wenn das Zeugnis zweimal gefaltet ist, um den Zeugnisbogen in einem Geschäftsumschlag üblicher Größe unterzubringen, wenn das Originalzeugnis kopierfähig ist und die **Knicke im Zeugnis** sich nicht auf den Kopien abzeichnen. Schließt das Arbeitszeugnis mit dem in Maschinenschrift angegebenen Namen des Ausstellers und seiner Funktion ab, muss dieses Zeugnis von dieser Person auch unterzeichnet werden (BAG vom 21.9.1999 – 9 AZR 893/98, AiB 2000, 518f.).

Der Arbeitgeber hat dem Arbeitnehmer ein **schriftliches Arbeitszeugnis** zu erteilen. Zwar ist es nicht erforderlich, dass der Arbeitgeber oder sein gesetzliches Vertretungsorgan das Zeugnis fertigt und unterzeichnet. Es genügt die Unterzeichnung durch einen unternehmensangehörigen Vertreter des Arbeitgebers. Im Zeugnis ist aber deutlich zu machen, dass die Vertreter dem Arbeitnehmer gegenüber weisungsbefugt waren. Ist ein Beschäftigter der Geschäftsführung direkt unterstellt gewesen, ist das Zeugnis von einem Mitglied der Geschäftsleitung auszustellen. Der Unterzeichnende muss außerdem auf seine Position als Mitglied der Geschäftsleitung hinweisen (BAG vom 26.6.2001 – 9 AZR 392/00, NZA 2002, 33ff.).

4 Der Beschäftigte hat ein Wahlrecht, ob er ein einfaches oder ein qualifiziertes Zeugnis erhalten will. Ist die Kündigung des Arbeitsverhältnisses erklärt, so ist der Anspruch **fällig**. Entsprechendes gilt, wenn sich eine anderweitige Beendigung des Arbeitsverhältnisses abzeichnet. In diesem Zeitpunkt kann der Arbeitgeber jedoch das Zeugnis als ein vorläufiges bezeichnen, da die Leistungen im Zeitraum des Ablaufes der Kündigungsfrist noch nicht beurteilt werden können. Nach Beendigung des Arbeitsverhältnisses ist dann ein endgültiges Zeugnis auszustellen.

Ein **Zwischenzeugnis** kann verlangt werden, wenn ein triftiger Grund hierfür besteht. Dieser ist immer dann gegeben, wenn sich der Beschäftigte anderweitig bewerben will, was er nicht nachzuweisen hat. Verlangt er dagegen ein Zwischenzeugnis nur, um einen Eingruppierungsrechtsstreit vermeintlich erfolgreicher führen zu können, besteht kein triftiger Grund (BAG, AP Nr. 1 zu §61 BAT). Das Ausscheiden eines Vorgesetzten, dem der Arbeitnehmer über mehrere Jahre unmittelbar fachlich unterstellt war, ist ein triftiger Grund für die Erteilung eines **Zwischenzeugnisses** im Sinne des Abs. 2 (BAG vom 1.10.1998 – 6 AZR 176/97, ZTR 1999, 274f.).

5 Grundsätzlich muss der Arbeitnehmer seine **Arbeitspapiere**, zu denen auch das Arbeitszeugnis gehört, beim Arbeitgeber **abholen.** Nach §242 BGB kann der Arbeitgeber im Einzelfall gehalten sein, dem Beschäftigten das Arbeitszeugnis nachzuschicken (BAG, EzBAT §61 BAT, Nr. 23).

Der Zeugnisanspruch unterliegt der allgemeinen dreijährigen **Verjährungsfrist** des § 195 BGB, darüber hinaus der tariflichen **Ausschlussfrist** des § 37 (vgl. § 37 Rn. 2). Vor Beendigung des Arbeitsverhältnisses kann der Beschäftigte nicht wirksam auf die Erteilung eines Zeugnisses verzichten. Auch eine **Ausgleichsklausel**, die im Vergleichsweg einen Kündigungsschutzprozess beendet, entlässt den Arbeitgeber regelmäßig nicht aus der Verpflichtung auf Erstellung eines Zeugnisses (BAG, AP Nr. 9 zu § 630 BGB).

Hat der Arbeitgeber aus dem Arbeitsverhältnis noch Ansprüche, so kann er gegenüber dem Zeugnisanspruch des Beschäftigten kein **Zurückbehaltungsrecht** ausüben.

Vom **Inhalt** her muss das **Zeugnis** zum einen der Wahrheit entsprechen (BAG, DB 1972, 618), andererseits wohlwollend abgefasst sein (ständige Rechtsprechung). Demnach sind die **Tätigkeiten** des Beschäftigten vollständig und so konkret aufzuführen, dass sich der neue Arbeitgeber ein ausreichendes Bild von dessen Aufgabengebiet machen kann. **6**

In der **Leistungsbeurteilung** eines qualifizierten Zeugnisses dürfen einmalige Verfehlungen selbst dann nicht aufgenommen werden, wenn das Ereignis zur Auflösung des Arbeitsverhältnisses führte (ArbG Bremen, BB 1969, 834).

Leistungsbeurteilungen bedienen sich in Zeugnissen häufig einer wohlwollend klingenden Sprache, die in der Praxis anders verstanden wird.

Beispiel:
Der Arbeitgeber formuliert in dem Zeugnis:
»Herr B. hat innerhalb der Probezeit alle Anstrengungen unternommen, um den hohen Anforderungen seines Arbeitsplatzes gerecht zu werden. Wir danken ihm hierfür und wünschen Ihm alles Gute.«
Mit einer derartigen Formulierung, die zunächst positiv klingt, will der Arbeitgeber zum Ausdruck bringen, dass der Arbeitnehmer den Anforderungen bei weitem nicht genügte und man froh war, das Arbeitsverhältnis noch in der Probezeit beenden zu können.

Die Formulierung »hat die ihm übertragenen Aufgaben zu unserer vollen Zufriedenheit erledigt« bedeutet »befriedigende« Leistungen. Der Arbeitgeber trägt die Beweislast für die Bescheinigung unterdurchschnittlicher, der Arbeitnehmer die für überdurchschnittliche Leistungen. Die Zusage des Arbeitgebers, aus Anlass der vergleichsweisen Beendigung des Arbeitsverhältnisses, man werde dem Arbeitnehmer ein »wohlwollendes« Zeugnis erteilen, bedeutet nicht, dass der Arbeitnehmer einen Anspruch darauf hat, dass ihm »gute« Leistungen bescheinigt werden (LAG Bremen vom 9.11.2000 – 4 Sa 101/00, EzA-Schnelldienst 11/2001, 8).

Ein Arbeitgeber, der auf das berechtigte Verlangen des Arbeitnehmers nach einer Berichtigung des Zeugnisses dem Arbeitnehmer ein »neues« Zeugnis zu erteilen hat, ist an seine bisherige Verhaltensbeurteilung gebun-

§ 35 TVöD

den, soweit keine neuen Umstände eine schlechtere Beurteilung rechtfertigen (BAG vom 21.6.2005 – 9 AZR 352/04, NZA 2006, 104ff.).

Gegen den Willen des Beschäftigten darf der Arbeitgeber die Zugehörigkeit zum **Personal- oder Betriebsrat** nicht im Zeugnis erwähnen. Gleiches gilt für **gewerkschaftliche Funktionen**. Auf der anderen Seite kann bei langjährig freigestellten Personalratsmitgliedern nicht verlangt werden, dass eine fiktive Tätigkeit beschrieben wird.

Der Arbeitgeber darf in einem Zeugnis die **Elternzeit** eines Arbeitnehmers nur erwähnen, sofern sich die Ausfallzeit als eine wesentliche tatsächliche Unterbrechung der Beschäftigung darstellt. Das ist dann der Fall, wenn diese nach Lage und Dauer erheblich ist und wenn bei ihrer Nichterwähnung für Dritte der falsche Eindruck entstünde, die Beurteilung des Arbeitnehmers beruhe auf einer der Dauer des rechtlichen Bestands des Arbeitsverhältnisses entsprechenden tatsächlichen Arbeitsleistung (BAG vom 10.5.2005 – 9 AZR 261/04, NZA 2005, 1237ff.).

Da das Fehlen einer **Schlussformulierung** ein qualifiziertes **Zeugnis** entwerten kann, kann ein Arbeitnehmer den Anspruch auf Aufnahme einer Formulierung haben, wie: »Wir danken XY für die gute Zusammenarbeit und wünschen ihm für die Zukunft alles Gute und weiterhin viel Erfolg.« (Hessisches LAG vom 17.6.1999 – 14 Sa 157/98, ZTR 2000, 88; a.A. BAG vom 20.2.2001 – 9 AZR 44/00, NZA 2001, 843ff.) Nach Meinung des 9. Senats des BAG werden derartige Schlussformeln in Zeugnissen zwar vielfach verwendet, ein Anspruch hierauf bestehe aber nicht. Das Fehlen einer solchen Formulierung sei auch kein »Geheimzeichen«. Sie gehöre auch nicht zum gesetzlich bestimmten Mindestinhalt des Zeugnisses.

7 Ist das Zeugnis falsch oder nicht wohlwollend, wird der Zeugnisanspruch nicht erfüllt. Der Beschäftigte kann dann die Ausstellung eines neuen, anders formulierten Zeugnisses verlangen, das das gleiche Ausstellungsdatum zu tragen hat. Hierbei kann er die Inhalte in das Ermessen des Gerichts stellen oder selbst einen Antrag so formulieren, wie das Zeugnis aus seiner Sicht zu erteilen wäre. In einem solchen **Zeugnisrechtsstreit** hat der Beschäftigte alle Tatsachen darzulegen und zu beweisen, die für ein überdurchschnittliches Zeugnis sprechen, der Arbeitgeber dagegen alle Tatsachen, die eine unterdurchschnittliche Leistungsbeurteilung rechtfertigen. Will der Arbeitnehmer bestimmte Tätigkeiten zusätzlich in das Zeugnis aufgenommen haben, muss er darlegen und beweisen, dass er diese Tätigkeiten ausgeübt hat.

Ist ein qualifiziertes Zeugnis mit einer schlechten Leistungsbeurteilung ausgestellt worden, kann sich der Beschäftigte auch darauf beschränken, nunmehr nur ein einfaches Zeugnis zu verlangen.

8 Der Beschäftigte kann bei bevorstehender Beendigung des Arbeitsverhältnisses ein **vorläufiges Zeugnis** beanspruchen. Dies ist der Fall, wenn das Arbeitsverhältnis von der einen oder anderen Seite gekündigt ist oder dessen Ablauf durch Befristung, Aufhebungsvertrag oder Rente bevorsteht.

Das Zeugnis ist **unverzüglich**, also ohne schuldhaftes Zögern zu erteilen. **9**

Wird der Zeugnisanspruch schuldhaft vom Arbeitgeber nicht oder zu spät **10** erfüllt, begründet dies **Schadensersatzansprüche** des Beschäftigten. Kann der Arbeitnehmer z. B. darlegen und beweisen, dass er auf Grund eines zu Unrecht schlechten Zeugnisses bei einem neuen Arbeitgeber nicht eingestellt wurde, ist er vom bisherigen Arbeitgeber so zu stellen, als wäre der neue Arbeitsvertrag zustande gekommen (LAG Hamm vom 5.5.1987 – 13 Sa 1435/86).

Der Arbeitgeber ist berechtigt, **Auskünfte** über den Beschäftigten an solche **11** Personen zu erteilen, mit denen der Arbeitnehmer in Verhandlungen über ein künftiges Arbeitsverhältnis steht (BAG, AP Nr. 1 zu § 630). Die Auskünfte müssen jedoch richtig sein. Falsche Auskünfte lösen wiederum Schadensersatzansprüche aus.

Abschnitt VI
Übergangs- und Schlussvorschriften

§ 36
Anwendung weiterer Tarifverträge (VKA)

Neben diesem Tarifvertrag sind die nachfolgend aufgeführten Tarifverträge in ihrer jeweils geltenden Fassung anzuwenden:

a) **Tarifverträge über die Bewertung der Personalunterkünfte vom 16. März 1974;**

b) **Tarifverträge über den Rationalisierungsschutz vom 9. Januar 1987;**

c) **Tarifvertrag zur sozialen Absicherung (TVsA) vom 13. September 2005;**

d) **Tarifvertrag zur Regelung der Altersteilzeitarbeit (TV ATZ) vom 5. Mai 1998;**

e) **Tarifvertrag zur Regelung des Übergangs in den Ruhestand für Angestellte im Flugverkehrskontrolldienst durch Altersteilzeitarbeit vom 26. März 1999;**

f) **Tarifvertrag zur Entgeltumwandlung für Arbeitnehmer/-innen im kommunalen öffentlichen Dienst (TV-EUmw/VKA) vom 18. Februar 2003;**

g) **Rahmentarifvertrag zur Regelung der Arbeitszeit der Beschäftigten des Feuerwehr- und Sanitätspersonals an Flughäfen vom 8. September 2004.**

Protokollerklärung:
Die Tarifvertragsparteien werden bis zum 30. Juni 2006 regeln, welche weiteren den BAT/BAT-O/BAT-Ostdeutsche Sparkassen, BMT-G/BMT-G-O ergänzenden Tarifverträge und Tarifvertragsregelungen für Beschäftigte im Geltungsbereich dieses Tarifvertrages – ggf. nach ihrer Anpassung an diesen Tarifvertrag – weiter anzuwenden sind.

§ 37
Ausschlussfrist

(1) ¹Ansprüche aus dem Arbeitsverhältnis verfallen, wenn sie nicht innerhalb einer Ausschlussfrist von sechs Monaten nach Fälligkeit von der/dem Beschäftigten oder vom Arbeitgeber schriftlich geltend gemacht werden. ²Für denselben Sachverhalt reicht die einmalige Geltendmachung des Anspruchs auch für später fällige Leistungen aus.

(2) Absatz 1 gilt nicht für Ansprüche aus einem Sozialplan.

1 Der Sinn der Ausschlussfrist liegt nach Meinung des BAG darin, zu einer kurzfristigen, möglichst umfassenden Bereinigung aller offenen Fragen zwischen den Arbeitsvertragsparteien beizutragen und damit der **Rechtsklarheit** und **sicherheit** zu dienen (BAG, AP Nr. 37 zu § 4 TVG Ausschlussfristen; kritisch hierzu Weber, Die Ausschlussfrist im Arbeitsrecht, 17; PK-BAT-Görg, § 70 Rn. 1).

Wird die Ausschlussfrist versäumt, erlischt der arbeitsvertragliche, gesetzliche oder tarifliche Anspruch.

Verweist ein Arbeitsvertrag auf den TVöD, so wird auf die Ausschlussfrist des § 37 damit wirksam Bezug genommen. Dies gilt auch, wenn ein Formulararbeitsvertrag verwendet wird (BAG vom 17.6.1997 – 9 AZR 801/95, EzA § 74 HGB Nr. 60).

2 Erfasst werden grundsätzlich alle **Ansprüche** aus dem Arbeitsverhältnis, unabhängig davon, auf welcher rechtlichen Grundlage sie basieren; auch Ansprüche, die in einem sachlichen Zusammenhang mit dem Arbeitsverhältnis stehen, fallen hierunter (BAG, AP Nr. 27 zu § 4 TVG Ausschlußfristen).

Deshalb **unterliegen der tariflichen Ausschlussfrist:**

- **Schadensersatzansprüche** des Arbeitgebers (BAG, AP Nr. 3 zu § 70 BAT). Dies gilt auch dann, wenn auf die beamtenrechtlichen Bestimmungen verwiesen wird, für die lediglich die 3jährige Verjährungsfrist gilt (vgl. z.B. § 78 Abs. 2 BBG).
- Ansprüche des Arbeitgebers wegen **ungerechtfertigter Bereicherung**, also in der Regel wegen Überzahlungen (BAG, AP Nr. 6 zu § 70 BAT), auch wenn das Arbeitsverhältnis bereits beendet ist (BAG, AP Nr. 7 zu § 70 BAT). Gleiches gilt für solche Ansprüche des Beschäftigten (BAG vom 6.12.1983 – 3 AZR 256/80);
- Ansprüche des Arbeitgebers auf **Rückerstattung von Steuerbeträgen** nach § 670 BGB, die er für den Arbeitnehmer überwiesen hat (BAG, AP Nr. 20 zu § 70 BAT);
- Ansprüche des Arbeitgebers auf **Rückzahlung der Ausbildungsbeihilfe** (BAG, AP Nrn. 1 und 4 zu § 611 BGB Ausbildungsbeihilfe);
- Anspruch des Arbeitgebers auf **Werkdienstwohnungsvergütung**, einschließlich der Nebenforderungen;

- Ansprüche des Arbeitgebers auf Rückzahlung von **Gehaltsvorschüssen** und **Darlehen** im Hinblick auf das zwischen den Parteien bestehende Arbeitsverhältnis (BAG, AP Nr. 68 zu §4 TVG Ausschlussfristen);
- Ansprüche des Arbeitnehmers auf **Urlaubsabgeltung** (BAG, AP Nr. 9 zu §7 BUrlG Abgeltung); nur der tarifliche Anteil des Urlaubsabgeltungsanspruches wird durch die Ausschlussfrist erfasst. Der Anteil im Umfang des gesetzlichen Mindesturlaubes bleibt hiervon unberührt. Er ist nach §13 Abs. 1 BUrlG unabdingbar und kann bis zum Ablauf des Übertragungszeitraumes verlangt werden (BAG vom 22.4.1996 – 9 AZR 165/95, EzA §1 BUrlG Nr. 21).
- Ansprüche des Arbeitnehmers auf Erteilung eines **Zeugnisses** oder Zeugnisberichtigung (BAG, AP Nr. 10 zu §70 BAT).
- Ansprüche des Arbeitnehmers wegen eines Verzugsschadens im Zusammenhang mit einer **steuerlichen Mehrbelastung** auf Grund verspäteter Gehaltsnachzahlung (BAG, EzA §4 TVG Ausschlussfrist Nr. 123).

Vergütungsansprüche eines **freien Mitarbeiters**, der gerichtlich seine Anerkennung als Arbeitnehmer durchgesetzt hat, unterliegen der tariflichen Ausschlussfrist auch, soweit sie für Zeiträume entstanden sind, in denen sein Status noch streitig war. Das Berufen des Arbeitgebers auf die Frist wird auch nicht treuwidrig dadurch, dass er dem Mitarbeiter den Arbeitnehmerstatus abgesprochen hat. Dieser Meinung ist das LAG Köln (vom 13.8.1999 – 11 Sa 1318/98, ZTR 2000, 133) gefolgt.

Der Anspruch des Beschäftigten auf Entfernen bestimmter Schriftstücke aus den **Personalakten**, betreffend insbesondere **Abmahnungen, dienstliche Beurteilungen** etc. (vgl. hierzu §3 Rn. 41 ff.), unterliegt nicht der tariflichen Ausschlussfrist, soweit in deren Inhalten nicht nur eine Verletzung der Fürsorgepflicht des Arbeitgebers, sondern darüber hinaus eine Verletzung des **Persönlichkeitsrechts** liegt (bereits BAG, AP Nr. 9 zu §611 BGB Öffentlicher Dienst; zu Abmahnungen BAG, EzBAT §70 Verhaltensbedingte Kündigung Nr. 39). Eine Verletzung des Persönlichkeitsrechts liegt immer dann vor, wenn derartige Papiere den Beschäftigten betreffende falsche und daher widerrufsfähige Tatsachenbehauptungen oder unzutreffende ehrenrührige Wertungen enthalten, ohne dass die hierzu einschlägigen Straftatbestände der §§185 ff. StGB erfüllt sein müssen, und diese Schriftstücke weiterhin Bestandteil der Personalakte bleiben.

3

Auch das Recht des Arbeitgebers abzumahnen fällt nicht unter §37, da es sich nicht um einen Anspruch, sondern ein Gestaltungsrecht handelt (BAG, EzA §4 TVG Ausschlussfristen Nr. 109).

Nicht der Ausschlussfrist unterliegen:

4

- Ansprüche auf Verschaffung einer **Zusatzversorgung** bei der **VBL** und ähnlichen Einrichtungen (BAG, AP Nrn. 5, 6, 7 zu §242 BGB Ruhegehalt VBL);

§ 37 TVöD

- **öffentlichrechtliche Ansprüche** aller Art, wie der Anspruch auf Beitragszuschuss zur freiwilligen Krankenversicherung, Kindergeldansprüche, Ansprüche auf Arbeitnehmersparzulagen, Beitragsforderungen von Sozialversicherungsträgern (BSG, EzBAT §70 BAT Nr. 40);
- Aufwendungsersatzansprüche von **Betriebs- oder Personalratsmitgliedern;**
- Ansprüche des Beschäftigten aus dem **Arbeitnehmererfindergesetz** (BAG vom 21.6.1979 – 3 AZR 855/78);
- **Sozialplanansprüche** (fielen nach BAG vom 30.11.1994 – 10 AZR 79/94, AP Nr. 88 zu §112 BetrVG unter die tarifliche Ausschlussfrist) sind mit §37 Abs. 2 ausdrücklich ausgenommen.

5 Für einige Ansprüche ist eine **andere Ausschlussfrist** tariflich bestimmt. Im Einzelnen:

- **Beihilfeansprüche (soweit sie noch bestehen)** nach §40 BAT verfallen z.B. nach §17 Abs. 10 BhVBund (§40 Rn. 6);
- **Reisekostenvergütungsansprüche** nach §44 (§44 Rn. 9a);
- **Umzugsvergütungsansprüche** nach §44 (§44 Rn. 13);
- **Urlaubsansprüche:** Hier gelten die Übertragungsfristen des §26 Abs. 2 Buchst. a (§26 Rn. 12). Dagegen unterliegt die **Urlaubsvergütung** der Ausschlussfrist.

6 Ein Anspruch verfällt dann nicht, wenn er **anerkannt** ist. Dies betrifft insbesondere Ansprüche aus einem gerichtlichen **Vergleich** (BAG, AP Nr. 7 zu §9 KSchG 1969). Das Gleiche gilt, wenn eine **Gehaltsabrechnung** erteilt worden ist und somit eine bestimmte Gehaltsforderung des Arbeitnehmers streitlos gestellt ist (BAG, AP Nr. 76 zu §4 TVG Ausschlussfristen). Auch durch eine **Verdienstbescheinigung** wird der Anspruch anerkannt (BAG, AP Nr. 78 zu §4 TVG Ausschlussfristen).

7 In der tatsächlichen **Eingruppierung** des Beschäftigten liegt keine Gestaltung des Arbeitgebers, sondern nur eine (zunächst subjektive) Erkenntnis, welche Vergütungsgruppe die richtige ist (vgl. §22 BAT Rn. 4). Hieraus folgt, dass die Eingruppierung selbst nicht der tariflichen Ausschlussfrist unterliegen kann. Dagegen wird der Anspruch auf Vergütung nach einer bestimmten Vergütungsgruppe der tariflichen Ausschlussfrist unterworfen. Stellt der Arbeitnehmer also fest, dass er bereits seit mehreren Jahren tariflich falsch eingruppiert ist, kann die Eingruppierung ohne weiteres noch korrigiert werden. Gehaltsansprüche auf Grund der richtigen Eingruppierung stehen dem Beschäftigten jedoch nur sechs Monate rückwirkend zu (BAG, AP Nr. 54 zu §§23, 23 aBAT 1975).

8 Die Ausschlussfrist beginnt nach Abs. 1 Satz 1 »nach **Fälligkeit**« des Anspruchs. Die Fälligkeit der Bezüge richtet sich nach §24 Abs. 1 Satz 2 (vgl. Rn. 2 und 4). Ein tariflicher Anspruch wird erst fällig, wenn der Tarifvertrag wirksam, also in Schriftform, zustande gekommen ist, auch wenn

er rückwirkend in Kraft tritt; erst mit der vollständigen Unterzeichnung des Tarifvertrages beginnt die Ausschlussfrist zu laufen (BAG vom 9.8. 1995 – 6 AZR 1047/94; vgl. auch § 1 Rn. 11).

Es soll sichergestellt werden, dass der Gläubiger volle sechs Monate Zeit hat, um die Berechtigung seines Anspruchs zu überprüfen und ihn in dieser Zeit schriftlich geltend zu machen.

Die **Fristberechnung** der Ausschlussfrist richtet sich nach §§ 187, 188 BGB. Ist für die Fälligkeit ein Tag nach dem Kalender bestimmt, so beginnt die Frist am Folgetag zu laufen (»nach Fälligkeit«). Dieser ist gem. § 187 Abs. 2 Satz 1 BGB mitzuzählen. Da es sich um eine Monatsfrist handelt, endet die Ausschlussfrist in einem solchen Fall nach § 188 Abs. 2 2. Alternative BGB mit Ablauf desjenigen Tages, welcher dem Tag vorhergeht, der durch seine Zahl dem Anfangstage der Frist entspricht. Ist der letzte Tag der Frist ein Sonntag, ein gesetzlicher Feiertag oder ein Sonnabend, so endet die Frist gem. § 193 BGB am folgenden Werktag.

Beispiel:
Die Vergütung für den Monat Januar, die gem. § 24 Abs. 1 Satz 2 am 31. Januar fällig ist, ist daher spätestens am 31. Juli desselben Jahres schriftlich geltend zu machen, wenn es sich um keinen Wochenend- oder Feiertag handelt, der den Fristablauf auf den nächsten Werktag verschiebt.

Soweit die Ausschlussfrist dagegen durch ein bestimmtes Ereignis ausgelöst wird, z. B. durch einen Unfall, wird dieser Tag nicht mitgezählt (§ 187 Abs. 1 BGB), so dass die Ausschlussfrist mit dem nächsten Tage zu laufen beginnt. Die Frist endet an demjenigen Tage, der seiner Zahl nach dem Tag des Ereignisses entspricht (§ 188 Abs. 2 1. Alternative BGB).

Beispiel:
Verursacht der Beschäftigte am 13. April einen ersatzpflichtigen Unfall zu Lasten des Arbeitgebers, der diesem sofort bekannt wird (vgl. Rn. 9), läuft die Ausschlussfrist am 13. Oktober ab, wenn es sich um einen allgemeinen Arbeitstag handelt.

Für **Schadensersatzansprüche** aus unerlaubter Handlung oder wegen Verletzung arbeitsvertraglicher Pflichten hat das BAG besondere Grundsätze entwickelt, nach denen die Fälligkeit des Ersatzanspruches und damit der Beginn der Ausschlussfrist zu bestimmen sind. Dies ist dann der Fall, wenn der Anspruch entstanden ist und der Gläubiger den Anspruch wenigstens ungefähr beziffern kann (AP Nrn. 33, 41, 43, 55, 84 zu § 4 TVG Ausschlussfristen). Den Gläubiger trifft insoweit eine Pflicht, sich unverzüglich einen Überblick über den Schadensfall zu verschaffen, sobald er Kenntnis von dem Schadensereignis hat. Nimmt die Bezifferung einen längeren Zeitraum in Anspruch, so muss der Gläubiger den Schadensersatz innerhalb der Ausschlussfrist zumindest dem Grunde nach geltend machen.

10 Bei **Rückgriffsansprüchen** des Arbeitgebers gegenüber dem Beschäftigten für Schäden, die Dritten gegenüber verursacht wurden, wird die Ausschlussfrist erst in Gang gesetzt, wenn der Arbeitgeber dem Dritten gegenüber den Schadensersatzanspruch erfüllt oder anerkannt hat oder dieser Anspruch rechtskräftig festgestellt worden ist.

Macht ein Arbeitnehmer seine **Arbeitnehmereigenschaft rückwirkend** geltend, werden Rückzahlungsansprüche des Arbeitgebers wegen Überzahlung erst fällig, wenn feststeht, dass das Vertragsverhältnis ein Arbeitsverhältnis ist. Bei einer Feststellungsklage ist das der Zeitpunkt der Rechtskraft der Entscheidung. Erst zu diesem Zeitpunkt beginnt die tarifliche Ausschlussfrist zu laufen (BAG vom 25.1.2000 – 13 Sa 1650/98, ZTR 2002, 135).

11 Besonderheiten gelten auch in den Fällen, in denen eine **Überzahlung** an den Beschäftigten darauf beruht, dass dieser fehlerhafte Angaben gemacht hat oder es unterlassen hat, Änderungen seiner persönlichen Verhältnisse mitzuteilen. Dies wird insbesondere häufig beim **Ortszuschlag** relevant.

Während die Ausschlussfrist grundsätzlich an dem der Überzahlung folgenden Tag zu laufen beginnt, wird der Beginn der Frist in jenen Fällen auf denjenigen Tag verschoben, der der zutreffenden und vollständigen Unterrichtung des Arbeitgebers folgt. Zu informieren ist die personalaktenbearbeitende Stelle, so dass z.B. das kommentarlose Einreichen einer Steuerkarte, aus der sich die geänderten Familienverhältnisse ergeben, nicht ausreicht (BAG vom 16.4.1986 – 5 AZR 360/85).

12 Der Anspruch auf Erteilung eines einfachen oder qualifizierten **Zeugnisses** verfällt sechs Monate nach Beendigung des Arbeitsverhältnisses, wenn der Arbeitgeber mit der ordentlichen Kündigung die Kündigungsfrist eingehalten hat, auch wenn die Kündigung durch Klage angegriffen wird und der Beschäftigte im Kündigungsschutzverfahren unterliegt oder sich später auf diesen Beendigungstermin vergleicht (BAG, AP Nr. 10 zu §70 BAT). Wird ein Zeugnis ausgestellt und verlangt der Arbeitnehmer die Berichtigung dieses Zeugnisses, beginnt die Ausschlussfrist für den **Berichtigungsanspruch** erst an dem der Aushändigung folgenden Tage zu laufen.

13 **Vor Fälligkeit** eines Anspruches kann dieser nicht wirksam geltend gemacht werden (BAG vom 24.10.1990 – 6 AZR 37/89). Dies gilt allerdings nicht, wenn der Arbeitgeber ankündigt, bestimmte Ansprüche nicht erfüllen zu wollen. Bekanntestes Beispiel ist in diesem Zusammenhang die Einreichung einer **Kündigungsschutzklage**, mit inzwischen gefestigter Rechtsprechung (BAG, AP Nrn. 63, 65 zu §4 TVG Ausschlussfristen) die Ausschlussfrist bezüglich der **Gehaltsansprüche** gewahrt wird, die nach dem Kündigungstermin fällig werden und nur bei Stattgabe der Kündigungsschutzklage unter dem Gesichtspunkt des Annahmeverzuges zu zahlen sind. Entsprechendes gilt grundsätzlich auch für andere Ansprüche, die den Fortbestand des Arbeitsverhältnisses voraussetzen.

Ein im Falle der Abweisung der Kündigungsschutzklage oder eines Beendigungsvergleichs bis zum Kündigungstermin noch bestehender **Urlaubsabgeltungsanspruch** muss allerdings gesondert geltend gemacht werden. Die **laufenden Urlaubsansprüche** sollen nach Meinung des BAG ebenfalls gesondert geltend zu machen sein (§ 26 Rn. 7). Dieser Auffassung ist deshalb nicht zu folgen, weil der Arbeitgeber die Urlaubsansprüche im laufenden Kündigungsschutzprozess regelmäßig nicht erfüllen will und kann.

Verfolgt ein Arbeitnehmer gegenüber einem **Betriebserwerber Entgeltansprüche**, weil dieser nach dem Betriebsübergang mit der Annahme der Dienste in Verzug gekommen ist, so hat er dafür die Ausschlussfristen eines geltenden Tarifvertrags zu wahren. Er kann sich nicht darauf berufen, zunächst die Rechtskraft eines wegen des Betriebsübergangs geführten Feststellungsverfahrens abzuwarten (BAG vom 12.12.2000 – 9 AZR 1/00, ZTR 2001, 523).

Aus dem **Inhalt** des **Geltendmachungsschreibens** muss sich mit ausreichender Deutlichkeit ergeben, was verlangt wird und in welcher Höhe ein Anspruch geltend gemacht wird. Die Höhe muss zumindest nach den tariflichen, gesetzlichen oder arbeitsvertraglichen Bestimmungen berechenbar sein, ohne dass der Betrag der Forderung genau anzugeben ist (BAG, AP Nr. 36 zu § 4 TVG Ausschlussfristen). **14**

Zur **Geltendmachung** im Sinne des § 37 gehört die Angabe des konkreten Anspruchsgrundes. Der Gläubiger muss seinen Anspruch so genau wie möglich bezeichnen. Der Schuldner soll anhand der Geltendmachung erkennen können, welche Forderung erhoben wird. Werden mehrere Ansprüche geltend gemacht, müssen sich die Beschreibungen des Anspruchsgrundes auf jeden einzelnen Anspruch beziehen. Fordert ein Arbeitnehmer nur die Anerkennung weiterer Beschäftigungszeiten, wird damit eine **tarifliche Ausschlussfrist** für konkrete Zahlungsansprüche, z.B. Abfindungsbeträge, nicht gewahrt (BAG vom 18.3.1999 – 6 AZR 523/97, ZTR 1999, 420).

Ebenso wenig wie eine an den Arbeitgeber gerichtete schriftliche »Bitte« des Beschäftigten »um Prüfung«, ob die Voraussetzungen eines näher bezeichneten Anspruches vorliegen, das Tatbestandsmerkmal der Geltendmachung dieses Anspruches i.S. des § 37 erfüllt, wahrt ein Schreiben, in dem der Arbeitnehmer nur um schriftliche Mitteilung der für ihn zutreffenden Vergütungs- und Fallgrupe bittet, die tarifliche Ausschlussfrist für ein Höhergruppierungsbegehren (LAG Hamm vom 4.6.1998 – 4 Sa 2152/95, Revision zugelassen, ZTR 1998, 514).

Während in diesem Zusammenhang auch erforderlich sein kann, die tatsächlichen Voraussetzungen für den Anspruch zu benennen, bedarf es keiner rechtlichen Begründung (BAG, AP Nr. 3 zu § 611 BGB Akkordkolonne).

Verlangt der Beschäftigte »höhergruppiert zu werden«, so ist hierin die Geltendmachung des Anspruches auf tarifgerechte Vergütung der nächsthöheren Vergütungsgruppe zu sehen. Es ist auch eine alternative Geltendmachung verschiedener Vergütungsgruppen möglich (BAG, AP Nr. 4 zu § 70 BAT).

Unzulässig ist es dagegen, Sachverhalte, die einen Zahlungsanspruch rechtfertigen könnten, beliebig auszutauschen, z. B. statt der verlangten Dezembervergütung die Zuwendung zu verlangen (LAG Köln vom 1.3.1988 – 11 Sa 944/87).

Nicht ausdrücklich geltend gemacht werden müssen **Nebenforderungen**, wie Zinsen (BAG, AP Nr. 93 zu §§ 22, 23 BAT).

Durch die einseitige Erklärung des Arbeitgebers, er zahle »unter Vorbehalt«, kann dieser den Beginn der 6monatigen Ausschlussfrist für die Geltendmachung von Ansprüchen auf Rückzahlung gezahlten Arbeitsentgelts nicht hinausschieben (BAG vom 27.3.1996 – 5 AZR 336/94, EzA § 4 TVG Ausschlussfrist Nr. 24). Zahlt der Arbeitgeber während eines Kündigungsschutzprozesses das Gehalt wegen vermeintlicher Ansprüche aus Annahmeverzug fort, liegt die Geltendmachung des Rückzahlungsanspruchs in seinem Antrag auf Klageabweisung (Sächsisches LAG vom 24.6.1997 – 9 Sa 594/96, ZTR 1997, 520).

15 Die Geltendmachung bedarf der **Schriftform**. Hier gilt uneingeschränkt § 126 BGB (a.A. PK-BAT-Görg, § 70 Rn. 45 m.w.N.). Es muss also eine **Urkunde** erstellt werden, die der Geltendmachende eigenhändig unterschreibt. Er kann sich auch vertreten lassen. In diesem Fall ist grundsätzlich eine Vollmacht beizufügen, um dem Verfahren nach § 174 BGB zu entgehen. Wird allerdings die mangelnde Vollmacht nicht unverzüglich zurückgewiesen, liegt eine wirksame Geltendmachung vor. Das Schreiben muss dem anderen Teil zugehen.

Die **schriftliche Geltendmachung** von Ansprüchen aus dem Arbeitsverhältnis zur Wahrung tariflicher Ausschlussfristen kann auch durch **Telefax** erfolgen (BAG vom 11.10.2000 – 5 AZR 313/99, AuR 2001, 33 f.; vgl. auch § 126 Abs. 3 BGB, der die elektronische Form ausreichen lässt).

Im Hinblick auf die hohe Übertragungssicherheit der heutigen Kommunikationstechnik wird durch den »**OK-Vermerk**« des **Sendeprotokolls** eines Telefax-Gerätes und der entsprechenden Aussage der absendenden Person der Beweis des ersten Anscheins dafür erbracht, dass die Daten einer per Telefax übermittelten Erklärung dem Empfänger zugegangen sind. Sofern die Kommunikation der Parteien über ihre jeweiligen Telefax-Geräte stattfindet und der Empfänger den Absender um weitere Nachricht bittet, in dem er auf seinen Telefax-Anschluss verweist, treffen den Empfänger erhöhte Sorgfaltspflichten im Hinblick auf die Sicherstellung der Betriebsbereitschaft seines Telefax-Gerätes (ArbG Nürnberg vom 4.9.2000 – 5 Ca 265/00, n.v.).

Hat der Nutzer eines **Telefax-Gerätes** durch ordnungsgemäße Verwendung eines funktionsfähigen Sendegerätes und korrekte Eingabe der Empfänger-

Nummer das seinerseits Erforderliche zur Versendung des Telefaxes getan, geht ein für ihn nicht erkennbares Scheitern der Fax-Sendung nicht zu seinen Lasten (BAG vom 20.2.2001 – 1 AZR 322/00, NZA 2001, 1204 ff.).

Ein **Sekretär einer Gewerkschaft**, der der Arbeitnehmer angehört, ist nach der Verkehrsanschauung im Arbeitsleben als bevollmächtigt anzusehen, arbeitsrechtliche Ansprüche des Beschäftigten gegenüber dem Arbeitgeber zur Wahrung einer tariflichen Ausschlussfrist geltend zu machen (LAG Hessen vom 5.3.1993 – 9 Sa 1910/91, EzBAT § 70 Ausschlussfrist Nr. 37). Der Arbeitgeber als Schuldner kann eine schriftliche Geltendmachung eines Lohnanspruches des Arbeitnehmers nicht wegen **fehlender Vorlage einer Vollmacht** nach § 174 Satz 1 BGB zurückweisen, wenn sie durch einen vom Beschäftigten bevollmächtigten **Gewerkschaftssekretär** erfolgt ist (LAG Brandenburg vom 17.5.2000 – 7 Sa 113/00, AuR 2001, 34 f.).

Erfolgt die Geltendmachung durch den **Personalrat** oder durch einen **Vorgesetzten**, muss der Arbeitgeber regelmäßig nicht davon ausgehen, dass diese den Beschäftigten vertreten, weil sie ebenso in ihrer personalvertretungsrechtlichen oder innerdienstlichen Funktion handeln können (LAG Köln vom 15.3.1996, ZTR 1996, 320).

Die Ausschlussfrist wird auch durch eine entsprechende **Klage** gewahrt (BAG, AP Nr. 5 zu § 4 Ausschlussfristen). Hier ist allerdings darauf zu achten, dass die Klage dem anderen Teil noch innerhalb der Frist zugeht (vgl. aber PK-BAT-Görg, § 70 Rn. 47).

Aus diesen Gründen ist die bloße **Verrechnung überzahlter Gehaltsanteile** mit der laufenden Vergütung keine schriftliche Geltendmachung und wahrt die tarifliche Ausschlussfrist nicht. Es handelt sich im Zweifel auch nicht um eine **Aufrechnung**, die den Gehaltsanspruch des Beschäftigten zum Erlöschen bringen würde. Denn es fehlt regelmäßig an einer entsprechenden Aufrechnungserklärung nach § 388 BGB, wenn die Gegenforderung aus der Gehaltsabrechnung nicht zweifelsfrei erkennbar ist.

Handelt es sich um **wiederkehrende Leistungen**, die aus demselben Rechtsgrund zu erbringen sind, reicht nach Abs. 1 Satz 2 die einmalige Geltendmachung aus. Dies hat insbesondere Bedeutung für Ansprüche auf Bezahlung nach einer höheren Vergütungsgruppe. Nicht erforderlich ist, dass es sich um eine monatlich wiederkehrende Leistung handelt. Verlangt der Beschäftigte z.B. eine bestimmte Berechnung einer Zuwendung, die nur jährlich relevant wird, findet diese Vorschrift ebenfalls Anwendung. Der Anspruch auf Entgeltfortzahlung und Krankengeldzuschuss muss für jeden zusammenhängenden Arbeitsunfähigkeitszeitraum gesondert geltend gemacht werden (BAG, AP Nr. 22 zu § 70 BAT).

Macht der Arbeitgeber die Rückzahlung überzahlter Bezüge unter Hinweis auf eine fehlerhafte Eingruppierung geltend, wird hierdurch nicht die tarifliche Ausschlussfrist des § 37 für **Rückzahlungsansprüche aus künftigen Überzahlungen** gewahrt (BAG vom 17.5.2001 – 8 AZR 366/00, ZTR 2001, 473 f.).

§ 37 TVöD

16 Hat der Gläubiger die Ausschlussfrist versäumt, kann es im Einzelfall nach den Grundsätzen von **Treu und Glauben** (§ 242 BGB) **rechtsmissbräuchlich** sein, sich auf diese zu berufen (BAG, AP Nr. 1 zu § 70 BAT). Dies gilt insbesondere dann, wenn der Schuldner zu erkennen gibt, er werde auch ohne fristgerechte Geltendmachung leisten (BAG vom 18.12.1986 – 6 AZR 36/85).

Reklamiert der Beschäftigte mündlich eine falsche Gehaltsabrechnung, so schafft der Hinweis, man werde die Sache prüfen, noch keinen Vertrauenstatbestand. Auch im Falle eines Bearbeitungsfehlers, durch den der tatsächliche Vollzug einer Höhergruppierung versehentlich unterbleibt, ist es nicht arglistig, wenn sich der Arbeitgeber gegenüber Zahlungsansprüchen für die Vergangenheit auf die tarifliche Ausschlussfrist beruft (LAG Köln, Beschluss vom 13.5.1997 – 11 Ta 46/97, ZTR 1997, 520).

Nicht treuwidrig handelt auch derjenige Arbeitgeber, der es unterlässt, seinen Beschäftigten auf die Ausschlussfrist hinzuweisen (BAG, AP Nr. 14 zu § 242 BGB Auskunftspflicht).

Auch wenn sich der Arbeitgeber bewusst oder grob fahrlässig über tarifliche Bestimmung hinwegsetzt, ist die Berufung auf die Ausschlussfrist nicht rechtsmissbräuchlich (LAG Frankfurt, DB 1951, 272).

Der Beschäftigte soll sich nach Auffassung des BAG (AP Nr. 7 zu § 70 BAT) dagegen auf die Ausschlussfrist nicht berufen können, wenn er eine **erhebliche Überzahlung** erhalten hat, die ganz offensichtlich nicht berechtigt war. Dies ist wenig überzeugend, weil jede Vertragspartei auch in einem Dauerschuldverhältnis für die Verfolgung ihrer Ansprüche grundsätzlich selbst sorgen muss (so auch im Ergebnis LAG Düsseldorf vom 11.6.1997 – 12 [13] Sa 421/97).

Der Einwand des Rechtsmissbrauchs gegenüber dem Ablauf der Ausschlussfrist steht dem Verfall des Rückzahlungsanspruchs zumindest nur solange entgegen, wie der Arbeitgeber auf Grund des rechtsmissbräuchlichen Verhaltens des Arbeitnehmers von der Einhaltung der Ausschlussfrist abgehalten wird. Hat der Arbeitnehmer dem Arbeitgeber pflichtwidrig Vergütungsüberzahlungen nicht angezeigt und der Arbeitgeber deshalb seinen Rückzahlungsanspruch nicht innerhalb einer Ausschlussfrist geltend gemacht, fällt der Einwand des Rechtsmissbrauchs weg, wenn der Arbeitgeber anderweitig vom Überzahlungstatbestand Kenntnis erhält (BAG vom 10.3.2005 – 6 AZR 217/04, ZTR 2005, 365 ff.).

16a Gelten für die Ansprüche des Arbeitnehmers umfassende Ausschlussfristen, die die gesetzlichen Verjährungsfristen wesentlich unterschreiten, handelt es sich um eine wesentliche Vertragsbedingung i.S. des § 2 Abs. 1 Satz 1 **Nachweisgesetz**. Der Arbeitgeber muss solche Verfallsfristen deshalb ausdrücklich in den Nachweis aufnehmen. Dies gilt auch dann, wenn die Verfallfrist in einem für allgemeinverbindlich erklärten Tarifvertrag enthalten ist, der normativ auf das Arbeitsverhältnis einwirkt. Verletzt der Arbeitgeber diese Verpflichtung, kann er sich nach Treu und Glauben auf eine

Versäumung dieser Frist nicht berufen (LAG Schleswig-Holstein vom 8.2.2000 - 1 Sa 563/99, n. rk., ZTR 2000, 273).

Nach Meinung des LAG Niedersachen muss der Arbeitgeber zur Erfüllung seiner Verpflichtungen aus dem Nachweisgesetz nur auf die einschlägigen Verträge hinweisen, nicht ausdrücklich auf die tariflichen Ausschlussfristen, damit diese zur Anwendung kommen (LAG Niedersachen vom 7.12.2000 - 10 Sa 1505/00, Revision zugelassen, ZTR 2001, 134). Seiner Verpflichtung zum Auslegen der im Betrieb geltenden Tarifverträge gemäß § 8 TVG genügt der Arbeitgeber nur, wenn er die Arbeitnehmer deutlich darauf hinweist, wo diese Tarifverträge zu den betriebsüblichen Zeiten eingesehen werden können. Die Beschäftigten müssen in diesen Zeiten ungehindert Zugang zu den genannten Räumlichkeiten haben. Sie müssen die gut sichtbaren und eindeutig gekennzeichneten Tarifverträge ohne ausdrückliches Verlangen und ungestört einsehen können. Ein Verstoß gegen § 8 TVG verwehrt es dem Arbeitgeber nach Meinung des LAG Niedersachsen allerdings nicht, sich auf den Verfall tariflich geregelter Ansprüche zu berufen, wenn er den Arbeitnehmer zumindest auf die Geltung des Tarifvertrages, in dem sich die Ausschlussfrist befindet, hingewiesen hat. § 8 TVG sei kein Schutzgesetz i.S. des § 823 Abs. 2 BGB.

In eine ähnliche Richtung geht das Urteil des LAG Bremen vom 9.11.2000 (4 Sa 198/00, ZTR 2001, 85f.). Beide Entscheidungen wenden sich ausdrücklich gegen das Urteil des LAG Schleswig-Holstein vom 8.2.2000 (1 Sa 563/99, ZTR 2000, 273). Auf Grund der in allen Fällen zugelassenen Revision wird sich das BAG mit dieser Frage wohl abschließend dazu zu befassen haben.

Die Berufung des öffentlichen Arbeitgebers auf Ausschlussfristen eines arbeitsvertraglich vereinbarten Tarifvertrags gegenüber Ansprüchen auf beiderseits übersehene Vergütungsbestandteile (Zulagen) ist nach Meinung des LAG Köln auch dann nicht unzulässig, wenn der Arbeitnehmer die Fristen nicht kannte, der Tarifvertrag weder dem Arbeitnehmer übergeben noch betrieblich ausgelegt wurde und die - fehlerhafte, weil unvollständige - Entgeltberechnung vom Arbeitgeber selbst vorgenommen und durch regelmäßige Gehaltsabrechnungen jahrelang bestätigt worden ist. Diese Umstände stehen auch einer Berufung auf die gesetzliche Verjährung nicht entgegen. Die schriftliche Vereinbarung eines namentlich bezeichneten Tarifvertrags genügt der Hinweispflicht aus § 2 Abs. 2 Nr. 10 NachwG. Ein Tarifvertrag enthält keine »**Allgemeinen Geschäftsbedingungen**«; Ausschlussklauseln in Tarifverträgen sind weder ungewöhnlich noch überraschend i.S.d. TVG (LAG Köln vom 7.12.2001 - 11 Sa 687/01, n.v.).

Nach Meinung des BAG ist den Vorschriften des Nachweisgesetzes bezüglich der Ausschlussfrist Genüge getan, wenn auf die Anwendbarkeit eines einschlägigen Tarifvertrags hingewiesen wird. Auch wenn die Verpflichtung zur Auslage des Tarifvertrags verletzt wird, gelte die Ausschlussfrist (BAG vom 23.1.2002 - 4 AZR 56/01, AuR 2002, 277).

§ 37 TVöD

17 Ist der Anspruch rechtzeitig geltend gemacht, so kann seiner Durchsetzung noch die **Verjährung** entgegenstehen. Verjährte Ansprüche erlöschen nicht, sie sind jedoch dauernd einredebehaftet. In einem Prozess kann die Einrede bis zum Schluss der letzten mündlichen Verhandlung erhoben werden.

Nach § 195 BGB unterliegen Ansprüche wegen des Gehaltes und anderer Dienstbezüge, einschließlich der hiermit verbundenen Verzugszinsen sowie nahezu alle sonstigen Ansprüche aus dem Arbeitsverhältnis nunmehr der allgemeinen, dreijährigen Verjährungsfrist, die am 31. Dezember des der Fälligkeit folgenden dritten Jahres abläuft.

Ist ein Anspruch rechtkräftig durch Urteil festgestellt oder durch einen vollstreckbaren gerichtlichen Vergleich durchsetzbar, tritt die Verjährung erst in 30 Jahren ein, § 197 Abs. 10 Nrn. 3 und 4 BGB. Hierbei kann es sich um ein Leistungs- oder Feststellungsurteil handeln. Dagegen ist bei Vergleichen erforderlich, dass diese einen Anspruch nicht nur feststellen, sondern vollstreckungsfähig sind. Die Vollstreckbarkeit setzt die Erteilung einer entsprechenden vollstreckbaren Ausfertigung voraus.

Die Vollstreckbarkeit und damit die 30-jährige Verjährungsfrist kann sich auch aus der durch die im Insolvenzverfahren erfolgte Feststellung ergeben (§ 197 Abs. 1 Nr. 5 BGB).

Hat die titulierte Forderung künftig fällig werdende regelmäßig wiederkehrende Leistungen zum Inhalt, verbleibt es diesbezüglich bei der dreijährigen Verjährung (§ 197 Abs. 2 BGB).

Die Erhebung der Verjährungseinrede ist missbräuchlich, wenn auf sie ausdrücklich verzichtet worden ist.

Ist ein wiederkehrender Anspruch bereits zu einem Teil verjährt, entfaltet eine in diesem Zeitraum erfolgte schriftliche Geltendmachung keine Wirkungen mehr für künftige Ansprüche.

Beispiel:
Ein Beschäftigter verlangte seine Höhergruppierung von Vergütungsgruppe III BAT in Vergütungsgruppe II BAT am 1.7.2002. Die vermeintlichen Ansprüche verjähren aus diesem Jahre daher am 31.12.2005. Bezüglich der Ansprüche aus dem Jahre 2006 und für folgende Ansprüche bedarf es der erneuten schriftlichen Geltendmachung.

18 Daneben können gewisse Ansprüche auch der **Verwirkung** unterliegen. Hiervon betroffen sind allerdings keine tariflichen Ansprüche, da deren Verwirkung nach § 4 Abs. 4 Satz 2 TVG ausgeschlossen ist.

Die Verwirkung tritt ein, wenn der Schuldner nach erheblichem Zeitablauf und nach den gesamten Umständen zu der Annahme berechtigt ist, der Gläubiger werde sein Recht endgültig nicht mehr geltend machen, und sich auf diesen Verzicht eingerichtet hat (LAG Köln, DB 1990, 184).

Ein Anspruch **verwirkt** nur dann, wenn der Anspruchsgegner auf Grund Zeitablaufes und der konkreten Umstände annehmen durfte, der Gläubiger werde seine Forderung nicht mehr geltend machen. Wer Kenntnis von einem möglichen Anspruch eines Dritten hat, kann auf das Ausbleiben einer entsprechenden Forderung allenfalls allgemein, nicht aber konkret hinsichtlich eines bestimmten Anspruches vertrauen (BAG vom 25.4.2001 – 5 AZR 497/99, EzA-Schnelldienst 16/2001, 13ff.).

§ 38
Begriffsbestimmungen

(1) Sofern auf die Tarifgebiete Ost und West Bezug genommen wird, gilt Folgendes:

a) Die Regelungen für das Tarifgebiet Ost gelten für die Beschäftigen, deren Arbeitsverhältnis in dem in Art. 3 des Einigungsvertrages genannten Gebiet begründet worden ist und bei denen der Bezug des Arbeitsverhältnisses zu diesem Gebiet fortbesteht.

b) Für die übrigen Beschäftigten gelten die Regelungen für das Tarifgebiet West.

(2) Sofern auf die Begriffe »Betrieb«, »betrieblich« oder »Betriebspartei« Bezug genommen wird, gilt die Regelung für Verwaltungen sowie für Parteien nach dem Personalvertretungsrecht entsprechend, es sei denn, es ist etwas anderes bestimmt.

(3) Eine einvernehmliche Dienstvereinbarung liegt nur ohne Entscheidung der Einigungsstelle vor.

(4) Leistungsgeminderte Beschäftigte sind Beschäftigte, die ausweislich einer Bescheinigung des beauftragten Arztes (§3 Abs. 4) nicht mehr in der Lage sind, auf Dauer die vertraglich geschuldete Arbeitsleistung in vollem Umfang zu erbringen, ohne deswegen zugleich teilweise oder in vollem Umfang erwerbsgemindert im Sinne des SGB VI zu sein.

(5) ¹Die Regelungen für Angestellte finden Anwendung auf Beschäftigte, deren Tätigkeit vor dem 1. Januar 2005 der Rentenversicherung der Angestellten unterlegen hätte. ²Die Regelungen für Arbeiterinnen und Arbeiter finden Anwendung auf Beschäftigte, deren Tätigkeit vor dem 1. Januar 2005 der Rentenversicherung der Arbeiter unterlegen hätte.

Die Tarifrecht Ost soll nach §38 Abs. 1 Buchst. a räumlich gelten für die Beschäftigen, deren Arbeitsverhältnis in dem in Art. 3 des Einigungsvertrages genannten Gebiet begründet worden ist und bei denen der Bezug des Arbeitsverhältnisses zu diesem Gebiet fortbesteht.

Begründet ist ein Arbeitsverhältnis nach dem reinen Wortlaut dort, wo die Arbeitsvertragsparteien ihre arbeitsvertraglichen Pflichten eingehen und wo die Arbeitsleistung (erstmalig) erbracht werden soll. Würde man jedoch nur auf diesen engen Wortlaut abstellen, so läge in der **Abgrenzung der Tarifgebiete Ost/West** eine unzulässige Differenzierung. Denn es wäre kein sachlicher Grund ersichtlich, die Arbeitsbedingungen davon abhängig zu machen, wo die erste Arbeitsaufnahme erfolgte oder gar an welchem Ort der Arbeitsvertrag unterzeichnet wurde.

Aus diesem Grunde hat das BAG darauf abgestellt, wo das Arbeitsverhältnis seinen Mittelpunkt hat, also die Arbeitsleistungen überwiegend und nachhaltig erbracht werden, ohne dass es auf den Sitz der Dienststelle ankommt (BAG, AP Nr. 1 zu § 1 BAT-O; AP Nr. 2 zu TV Ang Bundespost). Die unterschiedlichen wirtschaftlichen Verhältnisse zwischen den **alten und neuen Bundesländern** stellten nach Meinung des Bundesverfassungsgerichts vor sechs Jahren noch einen sachlichen Grund für **ungleiche Arbeitsbedingungen** dar, und zwar auch im Verhältnis zwischen dem Westteil und dem Ostteil Berlins (BVerfG, 2. Kammer des 1. Senats, Beschluss vom 9.8.2000 – 1 BvR 514/00, ZTR 2000, 506f.). Das Gericht stellt insbesondere darauf ab, dass die tariflichen Angleichungen bereits sehr stark fortgeschritten sind und eine weitere stufenweise Angleichung auf 90% bis zum Jahre 2002 mit ausdrücklicher Verhandlungsoption über eine weitere Vereinheitlichung für die Zeit nach Ablauf dieser Tarifvereinbarung vorgesehen war. Ob und inwieweit diese Differenzierungen heute noch haltbar sind, steht in Frage. Die allmähliche Entgeltangleichung lässt sich mit den Argumenten des Bundesverfassungsgerichts möglicherweise heute noch begründen, möglicherweise auch die unterschiedlichen Arbeitszeiten, nicht dagegen die verschiedenen Kündigungsschutz- und Befristungsbestimmungen.

Wird die Arbeitsleistung, wie häufig in Berlin, teilweise im ehemaligen Westteil und teilweise im ehemaligen Ostteil erbracht, so ist der überwiegende Einsatz maßgebend (BAG, EzA § 1 BAT-O Nr. 2), soweit es sich nicht nur um eine vorübergehende Beschäftigung mit überwiegendem Schwerpunkt in einem Teil handelt (LAG Berlin, ZTR 1996, 214f.). Wird ein Arbeitnehmer gemäß seinem Arbeitsvertrag an ständig – zum Teil mehrfach täglich – wechselnden, jeweils kurzfristig zu bestimmenden Einsatzorten sowohl im Geltungsbereich Ost als auch West beschäftigt, bestimmt sich das Arbeitsverhältnis nach dem Tarifvertrag, in dessen Geltungsbereich die Beschäftigungsdienststelle liegt. Das ist diejenige Dienststelle, der der Arbeitnehmer arbeitsorganisatorisch zugeordnet ist (BAG vom 25.6.1998 – 6 AZR 475/96, ZTR 1999, 122).

Einen anderen Ansatz verfolgt die 16. Kammer des LAG Berlin (vom 4.9.1997 – 16 Sa 71/97). Hiernach galt der BAT in den neuen Bundesländern räumlich neben dem BAT-O, persönlich jedoch nur für diejenigen Arbeitnehmer, deren Arbeitsverhältnisse in den alten Bundesländern begründet worden sind. Wird ein Beschäftigter des öffentlichen Dienstes, dessen Arbeitsverhältnis in West-Berlin begründet wurde und dem BAT unterfällt, auf Dauer zu Arbeitsleistungen im Ostteil Berlins versetzt, so bleibt für ihn die Geltung des BAT erhalten. Wird einem Arbeitnehmer des öffentlichen Dienstes, dessen Arbeitsverhältnis im Ostteil Berlins begründet worden ist und dem BAT unterfällt, auf Dauer ein Arbeitsplatz im Westteil Berlins zugewiesen und äußert der Arbeitgeber dabei keine Absicht, den Arbeitnehmer zu einem späteren Zeitpunkt wieder in den Osten umzusetzen, so geht der räumliche Bezug des Arbeitsverhältnisses zum Beitragsgebiet verloren. Das Arbeitsverhältnis unterfällt auf Dauer dem BAT, selbst wenn der Arbeitnehmer später doch wieder in den Osten umgesetzt wird.

Entgegen der Vorinstanz (LAG Berlin vom 11.9.1997 – 16 Sa 85/97) ist der 6. Senat des BAG der Auffassung, dass ein Beschäftigter, dessen Arbeitsverhältnis im **Geltungsbereich des ehemaligen BAT-O** begründet war, der anschließend auf unbestimmte Zeit im Geltungsbereich des BAT beschäftigt und danach durch den Umzug seiner Dienststelle wieder im Geltungsbereich des ehemaligen BAT-O beschäftigt wurde, hiernach wiederum nur Vergütung nach der Entgelttabelle West verlangen kann (BAG vom 15.6.1999 – 6 AZR 699/97, ZTR 2000, 169 ff.). Maßgeblich für die Bezahlung sei der räumliche Geltungsbereich des jeweiligen Tarifvertrages. Nur wenn das Arbeitsverhältnis im Bereich des BAT erstmalig begründet wurde, sei im Falle der Verlagerung der Dienststelle, einer Umsetzung oder einer Versetzung weiterhin West-Vergütung zu zahlen. War das Arbeitsverhältnis dagegen erstmalig im Bereich des ehemaligen BAT-O begründet worden, habe eine zwischenzeitliche Anwendung des BAT keinerlei Auswirkungen. Hierin liege auch keine Verletzung des Gleichheitssatzes des Art. 3 Abs. 1 GG.

Diese Auffassung wird nach der Neufassung der Tarifabgrenzung in § 38 Abs. 1 keine Bedeutung mehr haben. Denn der Bezug zum Tarifgebiet Ost muss nach der dortigen Begründung »fortbestehen«. Geht der Bezug zwischenzeitlich verloren, weil eine Beschäftigung im Tarifgebiet West erfolgte, lebt die Geltung des Tarifgebiets Ost auch dann nicht wieder auf, wenn anschließend im Tarifgebiet Ost weiterbeschäftigt wird.

Ist das Arbeitsverhältnis im Tarifgebiet West begründet worden, kann eine **Versetzung** oder **Zuweisung** in das Tarifgebiet Ost tariflich keine Auswirkungen haben.

Sofern auf die Begriffe »**Betrieb**«, »**betrieblich**« oder »**Betriebspartei**« Bezug genommen wird, gilt die Regelung für Verwaltungen und für Parteien nach dem Personalvertretungsrecht entsprechend, es sei denn, es ist etwas anderes bestimmt (siehe §§ 3 Abs. 4, 4 Abs. 1, 5 Abs. 5, 6 Abs. 4, 9 Abs. 3, 17 Abs. 2, 18 [VKA] Abs. 4, 5, 6 und 7. 2

Eine **einvernehmliche Dienstvereinbarung** liegt nur ohne Entscheidung der Einigungsstelle vor (siehe §§ 9 Abs. 2, 18 [VKA] Abs. 6). In anderen tariflich genannten Zusammenhängen kann eine Dienstvereinbarung auch durch Einigungsstellenspruch zustande kommen. In keinem der hier geregelten Beteiligungstatbestände darf es aber ein Letztentscheidungsrecht des Arbeitgebers geben. Verbleibt ein solches Recht, kann eine tarifausgestaltende Dienstvereinbarung nicht zustande kommen. Sie müsste ggf. durch einen Tarifvertrag ersetzt werden. 3

4 **Leistungsgeminderte Beschäftigte** sind Arbeitnehmer, die ausweislich einer Bescheinigung des beauftragten Arztes (§ 3 Abs. 4) nicht mehr in der Lage sind, auf Dauer die vertraglich geschuldete Arbeitsleitung in vollem Umfang zu erbringen, ohne deswegen zugleich teilweise oder in vollem Umfang erwerbsgemindert im Sinne des SGB VI zu sein (siehe hierzu Protokollerklärung Nr. 2 zu § 18 [Bund] und [VKA]).

5 Die Regelungen für Angestellte finden Anwendung auf Beschäftigte, deren Tätigkeit vor dem 1. Januar 2005 der Rentenversicherung der Angestellten unterlegen hätte. Die Regelungen für Arbeiterinnen und Arbeiter finden Anwendung auf Beschäftigte, deren Tätigkeit vor dem 1. Januar 2005 der Rentenversicherung der Arbeiter unterlegen hätte. Spezielle Regelungen für diese ehemaligen Beschäftigtengruppen gibt es im Allgemeinen Teil nicht.

§ 39
In-Kraft-Treten, Laufzeit

(1) ¹Dieser Tarifvertrag tritt am 1. Oktober 2005 in Kraft. ²Abweichend von Satz 1 treten

a) § 20 am 1. Januar 2007,

b) § 26 Abs. 1 und Abs. 2 Buchst. b und c sowie § 27 am 1. Januar 2006

in Kraft.

(2) Dieser Tarifvertrag kann von jeder Tarifvertragspartei mit einer Frist von drei Monaten zum Schluss eines Kalenderhalbjahres schriftlich gekündigt werden, frühestens jedoch zum 31. Dezember 2009.

(3) ¹Abweichend von Absatz 2 kann im Bereich der VKA von jeder Tarifvertragspartei im Tarifgebiet West auf landesbezirklicher Ebene mit Wirkung für ihren jeweiligen Zuständigkeitsbereich § 6 Abs. 1 Satz 1 Buchst. b mit einer Frist von einem Monat zum Ende des Kalendermonats gekündigt werden. ²Eine Kündigung nach Satz 1 erfasst zugleich auch abweichende Regelungen der tariflichen regelmäßigen Wochenarbeitszeit für besondere Beschäftigtengruppen in den Besonderen Teilen.

(4) Abweichend von Absatz 2 können schriftlich gekündigt werden

a) die Vorschriften des Abschnitts II einschließlich des Anhangs zu § 9 mit einer Frist von einem Monat zum Schluss eines Kalendermonats, frühestens jedoch zum 31. Dezember 2007;

b) unabhängig von Buchst. a § 8 Abs. 1 mit einer Frist von drei Monaten zum Schluss eines Kalendervierteljahres, frühestens jedoch zum 31. Dezember 2007;

c) die jeweiligen Anlagen A (Bund bzw. VKA) und B (Bund bzw. VKA) zu § 15 ohne Einhaltung einer Frist, frühestens jedoch zum 31. Dezember 2007;

d) § 20 zum 31. Dezember eines jeden Jahres, frühestens jedoch zum 31. Dezember 2008;

TVöD §§ 39, 40

e) § 23 Abs. 1 mit einer Frist von einem Monat zum Schluss eines Kalendermonats, frühestens jedoch zum 31. Dezember 2007;

f) § 26 Abs. 1 mit einer Frist von drei Monaten zum Schluss eines Kalenderjahres, frühestens jedoch zum 31. Dezember 2007;

Protokollerklärung zu Absatz 4:
¹Die Tarifvertragsparteien werden prüfen, ob die getroffenen Kündigungsregelungen den beiderseitigen Interessen hinreichend Rechnung tragen oder gegebenfalls einer Änderung oder Ergänzung bedürfen. ²Sollten bis zum 30. Juni 2006 keine Änderungen vereinbart worden sein, bleibt Absatz 4 unverändert in Kraft. ³Die Tarifvertragsparteien werden im Zusammenhang mit den Verhandlungen zur neuen Entgeltordnung gesonderte Kündigungsregelungen zu den §§ 12, 13 und der Anlage [Entgeltordnung] vereinbaren.

Die Kündigung des Tarifvertrages bedarf der **Schriftform** (vgl. hierzu § 34 Rn. 7) und muss dem Tarifpartner in dieser Form zugehen. Es ist durchaus denkbar, dass nur eine tarifschließende Gewerkschaft, nur die Bundesrepublik Deutschland oder ein Arbeitgeberverband kündigt. Ebenso kann die Kündigung nur gegenüber einem Tarifpartner erklärt werden. Die anderen Beteiligten werden in diesem Falle von der Kündigung und deren Wirkung nicht betroffen. **1**

Wird die Kündigung wirksam, so tritt die gekündigte Tarifvorschrift außer Kraft und wirkt grundsätzlich nur nach § 4 Abs. 5 TVG fort (vgl. hierzu § 1 Rn. 11). **2**

Sobald eine Tarifvorschrift außer Kraft getreten ist, ist die relative Friedenspflicht der Vertragsparteien diesbezüglich beendet. Die Tarifvertragsparteien können also ihren Änderungs- oder Ergänzungsforderungen mit dem Mittel des Arbeitskampfes Nachdruck verleihen (vgl. hierzu § 1 Rn. 12). **3**

**Besonderer Teil Verwaltung (BT-V)
vom 13. September 2005**

Abschnitt VII
Allgemeine Vorschriften

**§ 40
Geltungsbereich**

(1) ¹Dieser Tarifvertrag gilt für alle Beschäftigten, die unter den § 1 des Tarifvertrages für den öffentlichen Dienst (TVöD) fallen, soweit sie nicht von anderen Besonderen Teilen des TVöD erfasst sind. ²Der Tarifvertrag für den öffentlichen Dienst (TVöD) – Besonderer Teil Verwaltung (BT-V) – bildet im Zusammenhang mit dem Tarifvertrag für den öffentlichen Dienst – Allgemeiner Teil – den Tarifvertrag für die Sparte Verwaltung.

§§ 40, 41 TVöD

(2) Soweit in den nachfolgenden Bestimmungen auf die §§ 1 bis 39 verwiesen wird, handelt es sich um die Regelungen des TVöD – Allgemeiner Teil.

§ 41
Allgemeine Pflichten

¹Die im Rahmen des Arbeitsvertrages geschuldete Leistung ist gewissenhaft und ordnungsgemäß auszuführen. ²Beschäftigte des Bundes und anderer Arbeitgeber, in deren Aufgabenbereichen auch hoheitliche Tätigkeiten wahrgenommen werden, müssen sich durch ihr gesamtes Verhalten zur freiheitlich demokratischen Grundordnung im Sinne des Grundgesetzes bekennen.

1 Satz 1 enthält einen Programmsatz, der die Unterschiede zwischen dem Beschäftigtenverhältnis im öffentlichen Dienst und demjenigen in der privaten Wirtschaft verdeutlichen soll. Auch Arbeitnehmer im öffentlichen Dienst unterliegen aber bestimmten **Verhaltenspflichten aus dem Arbeitsvertrag**, die sich im Wesentlichen nicht von denjenigen anderer Arbeitnehmer unterscheiden. Der Umfang derartiger Nebenpflichten hängt vor allem von der jeweils geschuldeten Arbeitsleistung ab, die sorgfältig zu erbringen ist. Eine darüber hinausgehende Treuepflicht besteht auch im öffentlichen Dienst nur in Bezug hierauf, nicht aus undefinierbaren übergeordneten Gesichtspunkten.

2 Der Beschäftigte ist verpflichtet, **kollegial** mit anderen Dienstkräften zusammenzuarbeiten, so dass die öffentlichen Aufgaben **funktionsgerecht** wahrgenommen werden können. Kleinliche Streitigkeiten untereinander sind zu vermeiden, insbesondere wenn sie privater Natur sind; ggf. ist der Dienststellenleiter verpflichtet, sich im Interesse des Betriebsfriedens vermittelnd einzuschalten (BAG, AP Nr. 5 zu § 242 BGB Kündigung).

Vorgesetzte haben berechtigte **Kritik an den Leistungen** oder dem Verhalten der ihnen unterstellten Beschäftigten maßvoll und sachlich vorzutragen und persönliche Herabsetzungen zu vermeiden.

Die Verhaltenspflichten des Beschäftigten in der Dienststelle, die sich nicht unmittelbar auf die zu verrichtende Arbeit beziehen, unterliegen nach sämtlichen Personalvertretungsgesetzen des Bundes und der Länder der **Mitbestimmung des Personalrats**. Einschränkungen des Persönlichkeitsrechts des Arbeitnehmers sind darüber hinaus nur zum Schutze anderer Grundrechte bzw. zur funktionsgerechten Bewältigung der arbeitsvertraglichen Ziele gerechtfertigt. Ein **Rauchverbot** in allen Betriebsräumen (nicht auf dem gesamten Betriebsgelände) ist zum Zwecke des Gesundheitsschutzes der Nichtraucher zulässig (BAG vom 19.1.1999 – 1 AZR 499/98, Pressemitteilung des BAG 2/99).

3 Gegenüber **Bürgern, Kunden** und sonstigen Dritten hat sich der Beschäftigte höflich und zuvorkommend, jedoch nicht unterwürfig zu verhalten. Dem ratsuchenden Bürger ist er zur Gleichbehandlung verpflichtet. Wegen des Verbotes der Annahme von Belohnungen und Geschenken vgl. §3 Abs. 2 und die dortige Kommentierung.

Ein bestimmtes **äußeres Erscheinungsbild** kann dem Beschäftigten grund- 4 sätzlich wegen der Wahrung seines allgemeinen Persönlichkeitsrechts aus Art. 2 Abs. 1 GG nicht vorgeschrieben werden, insbesondere auch, was seine Kleidung und seine Haartracht anbetrifft. Zu extrem ungewöhnlicher Bekleidung und Haartracht etc. ist der Arbeitnehmer jedoch im Dienst nicht berechtigt. So kann etwa bei einem Beschäftigten im Bürodienst mit Publikumsverkehr das Tragen von Bermudashorts oder nach außen getragener Unterhemden untersagt werden (LAG Frankfurt, DB 1967, 251). Das Tragen von Schmuck im Pflegedienst kann Unfallverhütungsvorschriften berühren (vgl. LAG Schleswig-Holstein, LAGE §611 BGB Abmahnung Nr. 44). Von einer Frau muslimischen Glaubens kann nicht verlangt werden, ohne **Kopftuch** zur Arbeit zu erscheinen (a.A. Hessisches LAG vom 21.6.2001 – 3 Sa 1448/00, AP Nr. 2 zu §611 BGB Gewissensfreiheit).

Die Ausübung der **Meinungsfreiheit** und **politischen Betätigungsfreiheit** des 5 Beschäftigten ist auch im öffentlichen Dienst grundsätzlich nicht begrenzt. Schon Art. 118 Abs. 1 Weimarer Reichsverfassung bestimmte: »Jeder Deutsche hat das Recht, innerhalb der Schranken der allgemeinen Gesetze seine Meinung durch Wort, Schrift, Druck, Bild oder in sonstiger Weise frei zu äußern. An diesem Recht darf ihn kein Arbeits- oder Anstellungsverhältnis hindern, und niemand darf ihn benachteiligen, wenn er von diesem Recht Gebrauch macht.« Mindestens ebenso ist die Meinungsfreiheit und politische Betätigungsfreiheit nach Art. 5 Abs. 1 GG geschützt.

Zu den »allgemeinen Gesetzen«, welche gemäß Art. 5 Abs. 2 GG dem Recht der freien Meinungsäußerung Schranken setzen, hat das BAG die »Grundregeln über das Arbeitsverhältnis« angesehen (AP Nr. 2 zu §13 KSchG 1951; AP Nr. 1 zu Art. 5 Abs. 1 GG Meinungsfreiheit; AP Nr. 5 zu §611 BGB Beschäftigungspflicht; AP Nr. 1 zu §1 KSchG 1969 Verhaltensbedingte Kündigung; AP Nr. 73 zu §626 BGB). Hierzu gehört auch die Pflicht, sich so zu verhalten, dass der Betriebsfrieden nicht ernstlich und schwer gefährdet wird und dass die Zusammenarbeit im Betrieb mit den übrigen Arbeitnehmern, aber auch mit dem Arbeitgeber, für diese zumutbar bleibt. Damit wird das Arbeitsverhältnis jedoch nicht als »besonderes Gewaltverhältnis« eingestuft und unterscheidet sich daher grundlegend vom Beamtenverhältnis.

Zudem ist die Vorgabe des **BVerfG** zu berücksichtigen, dass die freie **Meinungsäußerung** den unmittelbarsten Ausdruck menschlicher Persönlichkeit darstellt und dieses Menschenrecht schlechthin konstituierend für die freiheitlich demokratische Grundordnung ist (BVerfGE 7, 194, 208). Die Rechtsprechung des BAG ist diesen Leitsätzen des BVerfG nicht immer gerecht geworden. Insbesondere für den öffentlichen Dienst will das **BAG** den Beschäftigten das **Gebot der Mäßigung und Zurückhaltung** bei politischer Betätigung entsprechend den beamtenrechtlichen Vorschriften aufer-

§ 41 TVöD

legen (AP Nr. 8 zu Art. 5 Abs. 1 GG Meinungsfreiheit; s. hierzu kritisch PK-BAT-Bruse, § 8 Rn. 20). Im Einzelnen gilt Folgendes:

6 **Dienstbezogene** kritische **Meinungsäußerungen** gegenüber dem Arbeitgeber oder Vorgesetzten, die betriebliche Zustände, den Personalrat oder Arbeitskolleginnen und -kollegen betreffen, sind im Rahmen der allgemeinen Gesetze unbeschränkt zulässig. Kritisiert ein Arbeitnehmer einer Stadt den Bürgermeister und die ihn tragende örtliche Partei in einem Leserbrief, so berechtigt dies auch dann nicht zur Abmahnung, wenn die Äußerung polemischen Inhalt hat, ohne die allgemeinen Gesetze zu verletzen (BVerfG vom 16.10.1998 – 1 BvR 1685/92). Äußerungen über Vorgesetzte, selbst wenn sie unwahr oder ehrenrührig sind, stellen nach Meinung des LAG Köln dann keinen Grund für eine verhaltensbedingte Kündigung dar, wenn sie im Kollegenkreis in der sicheren Erwartung erfolgen, sie würden nicht über den Kreis der Gesprächsteilnehmer hinaus dringen (Urteil vom 16.1.1998 – 11 Sa 146/97, LAGE § 1 KSchG Verhaltensbedingte Kündigung Nr. 64). Bewusst unwahre Tatsachenbehauptungen sind von der Meinungsfreiheit dagegen nicht gedeckt, ebenso wenig wie die Denunziation von Arbeitskollegen (BAG, AP Nr. 5 zu § 1 KSchG Verhaltensbedingte Kündigung) oder z.B. das Erzählen von menschenverachtenden Witzen (BAG, AuR 1993, 124).

7 Auch die nicht dienststellen- oder betriebsbezogene **politische Betätigung** des Beschäftigten ist nicht grundsätzlich untersagt. Politische Diskussionen am Arbeitsplatz sind auch nicht nur auf die Arbeitspausen beschränkt, solange diese keinen erheblichen Einfluss auf die Arbeitsleistung haben (s. a. Rn. 9; § 6 Rn. 1). Selbst Unterschriftensammlungen in der Dienststelle sind i.d.R. zulässig, solange keine psychische Zwangslage zur Unterschriftsleistung herbeigeführt wird. Politische Meinungsäußerungen in der Dienststelle über den Staat, seine Einrichtungen und Parteien erfahren keine Einschränkungen dadurch, dass der kritisierte Staat gleichzeitig Arbeitgeber ist. Er muss die Kritik seiner Politik auch durch seine Bediensteten grundsätzlich im gleichen Umfang hinnehmen wie eine Kritik anderer Bürger (so ausdrücklich BAG, AP Nr. 8 zu Art. 33 Abs. 2 GG).

8 Das BAG sieht in dem Tragen von **Plaketten** mit Äußerungen zu kontrovers diskutierten politischen Fragen eine politische Tätigkeit, die wegen des Verstoßes gegen das aus § 41 abgeleitete Mäßigungsverbot unzulässig sei (BAG, AP Nr. 73 zu § 626 BGB zur Anti-Strauß-Plakette). Dieser Auffassung kann nicht für alle Fallgestaltungen gefolgt werden, weil das Tragen derartiger Plaketten durch Art. 5 Abs. 1 GG geschützt ist und in der Regel allenfalls geeignet ist, politische Diskussionen auszulösen. Etwas anderes mag gelten, wenn mit dem Tragen der Plakette der dienstliche Auftrag vereitelt oder beeinträchtigt wird.

9 Die **gewerkschaftliche Werbetätigkeit** in der Dienststelle ist uneingeschränkt zulässig. Jedes Gewerkschaftsmitglied ist berechtigt, gewerkschaftliches Werbe- und Informationsmaterial außerhalb der Arbeitszeit oder während

der Arbeitspausen zu verteilen. Dies ergibt sich unmittelbar aus Art. 9 Abs. 3 GG (so auch BAG, AP Nr. 10 zu Art. 9 GG). Erlaubt der Arbeitsanfall weitere Unterbrechungen, muss sich der Beschäftigte zu diesem Zweck nicht vollständig auf die freien Zeiten beschränken, wenn die gewerkschaftliche Betätigung nur eine unerhebliche Zeit in Anspruch nimmt (BVerfG, EzA Art. 9 GG Nr. 60; vgl. auch §6 Rn. 1). Ein Arbeitnehmer, der **für seine Gewerkschaft werben** will, darf die **E-Mail-Adressen** der Arbeitskolleginnen und -kollegen dazu nutzen, für den Gewerkschaftsbeitritt zu werben (LAG Schleswig-Holstein vom 1.12.2000 – 6 Sa 526/99, AuR 2001, 71 f.). Im entschiedenen Fall hatte der Arbeitnehmer von zu Hause einen elektronischen Rundbrief an die Arbeitsplätze der Beschäftigten versendet. Ihm war vorgeworfen worden, dass die Beschäftigten während ihrer Arbeitszeit mit dieser Werbung konfrontiert worden waren und die E-Mail- und Internet-Firmeneinrichtungen für nicht geschäftliche Zwecke genutzt wurden. Die aus diesen Gründen erteilten Abmahnungen mussten aus den Personalakten entfernt werden.

Das **außerdienstliche Verhalten** des Beschäftigten unterliegt auch für den öffentlichen Dienst grundsätzlich keinen Beschränkungen (vgl. hierzu PK-BAT-Bruse, §8 Rn. 26ff.). Ein Arbeitnehmer des öffentlichen Dienstes hat das Recht, sein Privatleben so zu gestalten, wie es ihm beliebt. Er hat jedoch auch außerhalb des Dienstes die Rechtsordnung zu wahren. Das außerdienstliche Verhalten von Beamten ist in §45 Abs. 1 Satz 2 BRRG und in §72 Abs. 1 Satz 2 BBG geregelt. Aus §41 Satz 1 BT-Verwaltung ergibt sich, dass an den Beschäftigten des öffentlichen Dienstes bezüglich seines außerdienstlichen Verhaltens keinesfalls weitergehende Anforderungen gestellt werden dürfen als an Beamte.

Die verhaltensbedingte Kündigung einer Grundschullehrerin, die strafgerichtlich zu 90 Tagessätzen wegen eines Vergehens gegen umsatzsteuerrechtliche Vorschriften verurteilt wurde, ist sozial nicht gerechtfertigt (LAG Hamm vom 19.1.2001 – 5 Sa 491/00, EzA-Schnelldienst 2001, Nr. 4, 8-1). Das Mitbetreiben eines »Swingerclubs« (Partnertauschclub) einschließlich sexueller Betätigung in diesem Club rechtfertigt unter dem Aspekt des §41 Satz 1 die Kündigung nicht. Zu beachten bei der Gewichtung des Verhaltens ist zudem, dass es sich nicht um ein Bordell handelt, die Entfernung zwischen Schule und »Swingerclub« (hier über 70 km) und die verstrichene Zeit zwischen Einstellung der Tätigkeit für den Swingerclub und Kündigungsausspruch (hier über 3 Jahre).

Die Benachteiligung homo- oder transsexueller Personen im Arbeitsverhältnis scheidet selbstverständlich aus (vgl. hierzu EuGH vom 30.4.1996, EzBAT §8 Gleichbehandlung Nr. 27).

Strafrechtliche Verurteilungen des Beschäftigten können sich auf das Arbeitsverhältnis nur auswirken, wenn sie einen konkreten Bezug zur auszuübenden Tätigkeit haben (Verurteilung eines Kassierers wegen eines Vermögensdeliktes, eines Erziehers wegen eines Sittlichkeitsdelikts, Steuerhinterziehung eines Finanzamtsangestellten [LAG Düsseldorf vom 14.3. 2000 – 3 Sa 109/00, ZTR 2000, 423 ff.] etc.).

Begeht ein im öffentlichen Dienst Beschäftigter ein vorsätzliches Tötungsdelikt, so ist es dem öffentlichen Arbeitgeber in der Regel unzumutbar, ihn weiterzubeschäftigen, ohne dass eine konkret messbare Ansehensschädigung nachgewiesen werden müsste (BAG vom 8.6.2000 – 2 AZR 638/99, NZA 2000, 1282 ff.).

Auch eine Alkoholabhängigkeit des Arbeitnehmers kann zu arbeitsvertraglichen Konsequenzen nur führen, wenn sich diese auf das Verhalten im Dienst oder auf die Arbeitsleistung auswirkt. Andererseits darf auch der Beschäftigte private Interessen nicht mit öffentlichen von ihm wahrzunehmenden Aufgaben verquicken und sich z.B. durch seine dienstliche Stellung private Vorteile verschaffen. Die Missbrauchsgrenze wird dabei nicht erst durch §3 Abs. 2 abgesteckt.

11 Satz 2 verpflichtet den Beschäftigten, sich durch sein gesamtes Verhalten zur freiheitlich demokratischen Grundordnung zu bekennen. Diese Vorschrift hat nur deklaratorische Bedeutung, da sich diese Pflicht unmittelbar aus Art. 33 Abs. 3 GG ergibt. Der Umfang der **Verfassungstreuepflicht** hat insbesondere Bedeutung erlangt in zahlreichen Auseinandersetzungen um Einstellungsansprüche von Mitgliedern einer als verfassungsfeindlich angesehenen Partei (insbesondere DKP). Der 2. Senat des BVerfG hat in seinem Beschluss vom 22.5.1975 hierzu folgenden Leitsatz aufgestellt (AP Nr. 2 zu Art. 33 Abs. 5 GG):

»Wenn auch an die Angestellten im öffentlichen Dienst weniger hohe Anforderungen als an die Beamten zu stellen sind, schulden sie gleichwohl dem Dienstherrn Loyalität und die gewissenhafte Erfüllung ihrer Dienstobliegenheiten; auch sie dürfen nicht den Staat, in dessen Dienst sie stehen, und seine Verfassungsordnung angreifen; auch sie können wegen grober Verletzung dieser Dienstpflichten fristlos entlassen werden; und auch ihre Einstellung kann abgelehnt werden, wenn damit zu rechnen ist, daß sie ihre mit der Einstellung verbundenen Pflichten nicht werden erfüllen können oder wollen.«

Das BAG geht zutreffend in ständiger Rechtsprechung davon aus, dass es mit der Grundpflicht eines jeden Arbeitnehmers im öffentlichen Dienst nicht vereinbar wäre, wenn dieser den Staat und seine Verfassungsorgane in unangemessener Weise angriffe, ihn verächtlich mache oder beschimpfe (vgl. BAG, AP Nr. 6 zu Art. 33 Abs. 2 GG m.w.N.). Eine über diesen Kern hinausgehende **politische Treuepflicht** ist nur dann anzunehmen, wenn sich diese aus dem jeweiligen Amt ergibt (BAG, AP Nrn. 2 und 5 zu Art. 33 Abs. 2 GG). Die veröffentlichte Rechtsprechung zu den Anforderungen an eine gesteigerte beamtenähnliche Treuepflicht für Arbeitnehmer im öffentlichen Dienst betrifft fast ausnahmslos den Einstellungsanspruch von Lehrern und Erziehern und kreist um die Frage, unter welchen Voraussetzungen die Bewerber die Mitgliedschaft in einer Partei entgegengehalten werden kann, welche nach Auffassung des Arbeitgebers verfassungsfeindliche Ziele verfolgt. In der Rechtsprechung wird danach differenziert, welche Prognoseentscheidung auf Grund der persönlichen Einstellung des Bewerbers hinsichtlich künftiger Verstöße gegen die politische Treuepflicht zu treffen ist (vgl. hierzu BAG, AP Nr. 11 zu § 1 KSchG 1969 Verhaltensbedingte Kündigung; BAG, DB 1990, 635 und BAG, AP Nr. 24 zu § 1 KSchG 1969 Verhaltensbedingte Kündigung).

Der Internationale Gerichtshof für Menschenrechte hat in seinem Urteil vom 26.9.1995 (AuR 1995, 471 ff.) entschieden, dass die Entlassung einer Lehrerin aus dem öffentlichen Dienst lediglich wegen aktiver **Mitgliedschaft in der DKP** gegen die in der Menschenrechtskonvention verbürgten Rechte der Meinungsfreiheit, Versammlungs- und Vereinigungsfreiheit verstoße (s. zu den Einzelheiten auch Lörcher, PersR 1996, 16 ff. und die ausführliche Kommentierung in AK-GG-Ridder, Art. 33 Abs. 1 bis 3 Rn. 14 bis 62 sowie den ILO-Ausschussbericht, abgedruckt bei Dammann/Seemantel [Herausgeber], Berufsverbot und Menschenrechte in der Bundesrepublik, Köln, 1987).

Satz 1 erweitert das ohnehin im Arbeitsverhältnis bestehende **Direktionsrecht** (oder **Weisungsrecht**) nicht (siehe auch PK-BAT-Bruse, § 8 Rn. 55). Das Direktionsrecht hat daher auch im öffentlichen Dienst seinen Ursprung weder in der Struktur der öffentlichen Verwaltung (so aber Clemens/Scheuring, § 8 BAT Rn. 20) noch in der Funktionsfähigkeit der Verwaltung (so aber Uttlinger/Breier, § 8 BAT, Erl. 4), sondern einzig in der Natur des Arbeitsverhältnisses schlechthin. Art und Umfang der vom Arbeitnehmer geschuldeten Arbeit ergeben sich aus dem Inhalt des Arbeitsvertrages, welcher unter Berücksichtigung kolletivvertraglicher Normen nach Treu und Glauben und der Verkehrssitte sowie einer evtl. Betriebsübung auszulegen ist. Der Arbeitnehmer schuldet als Hauptpflicht aus dem Arbeitsverhältnis die Arbeitsleistung, die jedoch im Einzelnen durch das Weisungsrecht des Arbeitgebers zu konkretisieren ist. Selten erfolgt diese nähere Ausgestaltung des Weisungsrechts durch Gesetz (z.B. § 9 Berufsbildungsgesetz, § 29 Abs. 2 Seemannsgesetz, § 23 Abs. 1 Binnenschiffahrtsgesetz, § 19 Satz 1 FLG). **12**

Da es sich bei der Ausübung des Weisungsrechts um eine einseitige Leistungsbestimmung handelt, ist diese nach § 315 Abs. 1 BGB nach **billigem Ermessen** vorzunehmen (ständige Rechtsprechung des BAG). Eine Weisung, die nicht billigem Ermessen entspricht, ist unverbindlich (§ 315 Abs. 3 Satz 1 BGB). In diesem Falle kann sich der Beschäftigte weigern, die Weisung zu befolgen oder aber die Bestimmung der Leistung durch arbeitsgerichtliches Urteil ersetzen lassen (§ 315 Abs. 3 Satz 2 BGB; vgl. hierzu BAG, AP Nr. 3 zu § 611 BGB Arzt-Krankenhaus-Vertrag; BAG, AP Nr. 84 zu § 611 BGB Urlaubsrecht; BAG, AP Nr. 1 zu § 611 BGB Urlaub und Kur). **13**

Welche Grenzen der Arbeitgeber bei der Ausübung des billigen Ermessens beachten muss, insbesondere welche der im Einzelfall widerstreitenden In- **14**

§ 41 TVöD

teressen zwischen dem Arbeitgeber und dem Beschäftigten zu berücksichtigen sind, lässt sich nicht abstrakt festlegen (vgl. hierzu PK-BAT-Bruse, § 8 Rn. 89).

15 Schranken des Direktionsrechts sind nicht nur in § 315 BGB zu finden. Vielmehr wird das Weisungsrecht durch den **Arbeitsvertrag** selbst, durch tarifliche oder gesetzliche Bestimmungen oder durch Dienst- oder Betriebsvereinbarungen eingegrenzt (vgl. hierzu BAG, AP Nrn. 17, 18, 24 und 26 zu § 611 BGB Direktionsrecht). Nur innerhalb des arbeitsvertraglichen Rahmens ist der Arbeitgeber berechtigt, durch einseitige Weisungen die Art und Weise des Ablaufes zu konkretisieren. In der Praxis bedeutsam sind die folgenden Fallgruppen:

16 Die Frage, ob der Beschäftigte überhaupt zu beschäftigen ist, unterliegt nicht dem Direktionsrecht. Der Arbeitnehmer hat in einem ungekündigten Arbeitsverhältnis einen **Beschäftigungsanspruch** (grundlegend: BAG, AP Nr. 2 zu § 611 BGB Beschäftigungspflicht; BAG, AP Nr. 44 zu Art. 9 GG Arbeitskampf; BAG, AP Nrn. 4 und 5 zu § 611 Beschäftigungspflicht; BAG-GS, AP Nr. 14 zu § 611 BGB Beschäftigungspflicht). Aus diesem Grunde ist es auch untersagt, den Arbeitnehmer **unterzubeschäftigen,** ihn also nur zu einem Bruchteil der Arbeitszeit einzusetzen oder ihm nur unbedeutende Mengen an Arbeit zu übertragen. Der Eingriff in seine Würde ist unter Umständen sogar schwerwiegender, wenn ihm auferlegt wird, präsent zu sein und ihm zugemutet wird, einen erheblichen Teil der Arbeitszeit mit Nichtstun zu verbringen (PK-BAT-Bruse, § 8 Rn. 62).

U.U. ist der Beschäftigte berechtigt, seine Arbeitsleistung vollständig zurückzuhalten. Er ist nicht wie ein Beamter auf ein Remonstrationsrecht beschränkt. Rechtswidrige Weisungen braucht er nicht zu befolgen, rechtmäßige aber auch nur dann, wenn kein **Zurückbehaltungsrecht** auf Grund entsprechender Gegenansprüche gegen den Arbeitgeber zustehen. So muss der Beschäftigte z. B. nicht in gefahrstoffbelasteten Räumen arbeiten, da der Arbeitgeber nach § 618 Abs. 1 BGB verpflichtet ist, die Arbeitsplätze frei von gesundheitsschädlichen Chemikalien und sonstigen **Gefahrstoffen** zu halten (BAG vom 8. 5. 1996 – 5 AZR 315/95, EzA § 273 BGB Nr. 5). Erfüllt der Arbeitgeber seine Gehaltszahlungspflicht nicht, kann hieraus ebenfalls ein Zurückbehaltungsrecht entstehen. Weist der Arbeitgeber dem Arbeitnehmer über längere Zeit **keine zumutbare Arbeit** zu und erteilt er auch für die Zukunft keine konkreten, dem Arbeitsvertrag entsprechenden Arbeitsanweisungen, so kann der Arbeitnehmer u. U. berechtigt sein, seine Arbeitsleistung ganz zurückzuhalten (LAG Berlin vom 12. 3. 1999 – 2 Sa 53/98, AuR 1999, 278).

17 Auch die **Art der Beschäftigung** wird zunächst durch den Arbeitsvertrag konkretisiert und unterliegt nur innerhalb dieses Rahmens dem arbeitgeberseitigen Weisungsrecht. Je konkreter die geschuldete Tätigkeit vertraglich umschrieben ist, desto geringer ist die Bandbreite des Direktionsrechts. Enthält der Arbeitsvertrag keine nähere Umschreibung des Aufgabengebietes oder lediglich eine allgemeine Umschreibung, so ist der Inhalt der geschuldeten Leistung ggf. entsprechend dem üblichen Berufsbild nach der Verkehrssitte zu ermitteln (BAG, AP Nr. 48 zu § 611 BGB Lehrer/ Dozenten).

Ist im Arbeitsvertrag bestimmt, dass eine Beschäftigung als »Angestellter« oder »Beschäftigter« zu erfolgen hat, so lässt sich die Art des Beschäftigungsanspruchs nur aus der im Arbeitsvertrag angegebenen **Vergütungsgruppe** oder Entgeltgruppe konkretisieren (BAG, AP Nr. 8 § 611 Beschäftigungspflicht; vgl. auch § 22 Rn. 7). Dem Angestellten können in diesem Falle alle Aufgaben übertragen werden, die den Merkmalen seiner Vergütungsgruppe und seinen Kräften und Fähigkeiten entsprechen, sofern ihm die Tätigkeit auch im Übrigen billigerweise zugemutet werden kann (BAG, AP Nr. 24 zu § 611 BGB Direktionsrecht; BAG vom 24.4.1996 – 5 AZR 1032/94; BAG vom 28.10.1999 – 6 AZR 269/98, ZTR 2000, 473 f.). Fraglich ist, ob den einzelnen Fallgruppen einer Vergütungsgruppe in diesem Zusammenhang Bedeutung zukommt. Dies wird zu bejahen sein, wenn aus einer Fallgruppe der Bewährungsaufstieg möglich ist (a. A. BAG, AP Nr. 6 zu § 77 BPersVG; s. a. § 22 Rn. 14).

Demzufolge können dem Angestellten Tätigkeiten, die den Merkmalen einer niedrigeren Vergütungsgruppe oder einer Fallgruppe, die nicht zum Bewährungsaufstieg berechtigt, nicht übertragen werden (BAG vom 24.4.1996 – 4 AZR 976/94, PersR 1996, 378). Überträgt der Arbeitgeber dem Arbeitnehmer vorläufig eine höherwertige Aufgabe und macht er die Übertragung auf Dauer nur davon abhängig, dass sich der Arbeitnehmer fachlich bewährt, so darf er ihm die höherwertige Aufgabe nicht aus anderen Gründen wieder entziehen (BAG vom 17.12.1997 – 5 AZR 332/96, ZTR 1998, 278 f.). Der Arbeitgeber kann dem Beschäftigten aber eine bisher innegehabte **Vorgesetztenfunktion entziehen**, wenn Führungsverantwortung nicht zu den Tätigkeitsmerkmalen seiner Vergütungsgruppe gehört (LAG Köln vom 5.2.1999 – 11 Sa 1025/98, ZTR 1999, 378 f.).

Wird der Beschäftigte speziell in ein bestimmtes Aufgabengebiet eingearbeitet, als **Spezialist** eingesetzt oder entwickelt sich das Arbeitsverhältnis in diese Richtung, so konkretisiert sich das Arbeitsverhältnis trotz der ausdrücklichen arbeitsvertraglichen Vereinbarung auf eine Beschäftigung in vergleichbaren Aufgabengebieten, soweit eine Austauschbarkeit nach § 1 Abs. 3 KSchG gegeben ist. **Konkretisierungen** und Veränderungen der arbeitsvertraglich geschuldeten Tätigkeit können formfrei eintreten, da es sich um Hauptabreden des Arbeitsvertrages nach § 2 Abs. 1 handelt (vgl. hierzu § 2 Rn. 1; § 13 Rn. 7). Weist ein Arbeitgeber des öffentlichen Dienstes nach einem förmlich ausgestalteten Bewerbungsverfahren, in dem der Inhalt der zuzuweisenden Tätigkeit beschrieben ist, einem Bewerber die entsprechende Stelle zu, ist diese **Stellenbeschreibung** auch für die **Eingruppierung** maßgebend (BAG vom 24.1.2001 – 10 AZR 273/00, ZTR 2001, 563).

§ 41 TVöD

Da die Übertragung einer niedriger oder höher zu bewertenden Tätigkeit personalvertretungsrechtlich regelmäßig mitbestimmungspflichtig ist bzw. nach § 99 BetrVG dem Vetorecht des Betriebsrates unterliegt, lässt sich in Dienststellen und Betrieben, in denen ein **Personal-** oder **Betriebsrat** besteht, leichter feststellen, welche auszuübende Tätigkeit übertragen wurde. Die (schleichende) Übertragung einer niedriger zu bewertenden Tätigkeit ohne Beteiligung des Personal- oder Betriebsrates führt wegen Verstoßes gegen das entsprechende Mitbestimmungsrecht nicht zur arbeitsvertraglichen Veränderung des Beschäftigungsanspruches, auch wenn das konkludente Einverständnis des Beschäftigten vorliegt (vgl. hierzu Altvater u.a., BPersVG, § 69 Rn. 11 ff). Umgekehrt kann sich der Arbeitgeber nicht darauf berufen, der Personal- oder Betriebsrat sei bei der Übertragung einer höher zu bewertenden Tätigkeit nicht beteiligt worden, wenn höherwertige Tätigkeiten auf Dauer übertragen wurden und damit eine konkludente Vereinbarung einer höherwertigen Tätigkeit zustande gekommen ist. In diesem Falle steht zwar der Beschäftigung auf der höherwertigen Stelle das unterlassene personalvertretungs- oder betriebsverfassungsrechtliche Beteiligungsverfahren entgegen; der Beschäftigungs- und Vergütungsanspruch ist jedoch als Schadensersatzanspruch entstanden (s. a. § 13 Rn. 15).

18 Unstatthaft ist es, den Beschäftigten ausschließlich mit **Springertätigkeiten** zu beschäftigen, wenn dies nicht besonders vereinbart ist (so auch PK-BAT-Bruse, § 8 Rn. 69).

Nicht immer kann der Arbeitgeber die volle Arbeitsleistung verlangen. Einschränkungen ergeben sich unter Umständen aus § 81 Abs. 4 SGB IX oder aus §§ 3, 4, 6 und 7 MuSchuG. Auch im Übrigen hat der Arbeitgeber **Leistungenminderungen** auf Grund **gesundheitlicher Einschränkungen** zu berücksichtigen (vgl. hierzu § 22 Rn. 6).

Tarifliche Einschränkungen des Direktionsrechts ergeben sich beispielsweise aus §§ 12 Abs. 2 und 3, 55 Abs. 2 Unterabs. 2; § 3 Abs. 2 bis 6 des Tarifvertrages über den Rationalisierungsschutz für Angestellte.

19 In Ausnahmefällen kann das Direktionsrecht durch die **Gewissensfreiheit** des Beschäftigten nach Art. 4 Abs. 1 GG beschränkt sein (BAG, AP Nr. 27 zu § 611 Direktionsrecht m.w.N.; BAG, AP Nr. 1 zu § 611 BGB Gewissensfreiheit). Da der öffentliche Arbeitgeber grundsätzliche keine extremen Tendenzen verfolgt, wird ein Beschäftigter im öffentlichen Dienst nur in seltenen Ausnahmen in einen derartigen Gewissenskonflikt geraten. Kann der Arbeitnehmer aber geltend machen, dass ihm die Befolgung einer Anweisung subjektiv in eine ernste Gewissensnot bringt, darf er die Anordnung verweigern, wenn er bei der Eingehung des Arbeitsverhältnisses mit einem derartigen Gewissenskonflikt nicht rechnen musste.

20 Das **Volumen der Arbeitszeit** steht tariflich und arbeitsvertraglich fest (vgl. hierzu § 6 Rn. 1 ff.). Ob ein Teil der Arbeitszeit als Arbeitsbereitschaft anzusehen ist, ist keine Frage des Direktionsrechts, sondern eine Frage der rechtlichen Bewertung. Mit der Anordnung von Bereitschaftsdienst oder

Rufbereitschaft übt der Arbeitgeber dagegen sein Direktionsrecht aus. Das Ob und Wie innerhalb dieser Grenzen ist nach billigem Ermessen zu bestimmen (vgl. hierzu Rn. 13).

Fraglich ist, ob im öffentlichen Dienst arbeitsvertraglich eine Anpassung der Arbeitszeit an den Arbeitsanfall nach § 12 Abs. 1 TzBfG vereinbart werden kann. Geht man von der Wirksamkeit einer solchen Vereinbarung aus, so wäre die danach vorzunehmende Bestimmung des konkreten Arbeitsvolumens ebenfalls nach billigem Ermessen gem. § 315 BGB zu treffen.

Die **Lage der Arbeitszeit** unterliegt dem Direktionsrecht des Arbeitgebers, das jedoch durch entsprechende Mitbestimmungsrechte der Personal- und Betriebsräte erheblich eingeschränkt ist. Auch wenn der Arbeitnehmer im Rahmen einer Gleitzeitvereinbarung das Recht hat, in gewissen Grenzen die Lage seiner Arbeitszeit selbst zu bestimmen, verbleibt das Direktionsrecht des Arbeitgebers hinsichtlich der Lage der Arbeitszeit – ggf. unter Beachtung des Mitbestimmungsrechts der Personalvertretung – grundsätzlich beim Arbeitgeber. Dieser hat dafür Sorge zu tragen, dass **Arbeitszeitschulden** rechtzeitig innerhalb des möglichen Ausgleichszeitraums des § 6 Abs. 2 ausgeglichen werden. Versäumt der Arbeitgeber dies, kann er keine **Nachholung der versäumten Arbeitszeit** außerhalb des Ausgleichszeitraums mehr verlangen (BAG vom 30.3.2000 – 6 AZR 680/98, PersR 2000, 387ff.). **21**

Der Arbeitgeber hat bei der Lage der Arbeitszeit auch auf die Interessen des Beschäftigten Rücksicht zu nehmen, insbesondere auf Pflichten zur Pflege und Erziehung der Kinder (ArbG Bielefeld, DB 1989, 735). Es entspricht nicht billigem Ermessen, einer aus der Elternzeit zurückkehrenden Mutter mitzuteilen, dass sie ab sofort früher mit der Arbeit anfangen muss, wenn sie wegen der Änderung der Arbeitszeit ihr **Kind** nicht in den **Kindergarten** bringen kann (LAG Nürnberg vom 8.3.1999 – 6 Sa 259/97, NZA 2000, 263). Er darf entsprechende Änderungen nicht unvermittelt und ohne konkreten Anlass anordnen und hat zunächst zu versuchen, mit dem Arbeitnehmer eine einverständliche Regelung zu finden. Die Interessen des Beschäftigten sind gegenüber den dienstlichen oder betrieblichen Notwendigkeiten abzuwägen (BAG, AP Nr. 11 zu § 4 BAT).

Zur einseitigen Einteilung des Arbeitnehmers in **Nachtdienste** ist der Arbeitgeber nicht berechtigt (LAG Hamm, DB 1976, 603). Ebenso wenig ist die Zuweisung oder der Entzug von **Schichtarbeit** vom Direktionsrecht gedeckt, da die erheblichen Auswirkungen auf berechtigte Freizeitinteressen des Arbeitnehmers regelmäßig das Interesse des Arbeitgebers an der Einführung von Schichtarbeit übersteigen (LAG Berlin vom 1.3.1982 – 9 Sa 913/81, n.v.; LAG Berlin vom 17.8.1982 – 10 Sa 87/81, n.v.; dagegen BAG vom 11.2.1998 – 5 AZR 472/97, AuR 1998, 342) bzw. die Herausnahme aus dem Schicht- oder Wechselschichtdienst mit nicht unerheblichen materiellen Einbußen und Veränderungen der Arbeits- und Freizeitverteilung verbunden ist. Der Arbeitgeber soll nach Meinung des LAG Rheinland-

Pfalz kraft seines Direktionsrechts befugt sein, bei einem Hausmeister Schichtarbeit anzuordnen (Urteil vom 27.8.1993 – 3 Sa 387/92, EzBAT §8 Direktionsrecht Nr. 20).

22 Im Rahmen des Arbeitsvertrages kann der Arbeitgeber grundsätzlich **den Ort der Arbeitsleistung** bestimmen (wegen der Einzelheiten vgl. §4 Rn. 1ff.). Wurde aufgrund langjähriger Übung ein Teil der Arbeitszeit außerhalb des Dienstgebäudes geleistet, ist der Arbeitgeber nicht gehindert, diese Praxis rückgängig zu machen (BAG, ZTR 1996, 224).

Die Vereinbarung eines bestimmten Arbeitsortes in einem unter der Geltung des AGB-DDR geschlossenen Arbeitsvertrages wirkt fort, wenn nicht später ausdrücklich anderes abgemacht wurde (Sächsisches LAG vom 17.1.2001 – 2 Sa 408/00, ZTR 2001, 328).

23 Das Direktionsrecht erstreckt sich auch grundsätzlich auf das **Verhalten** des Beschäftigten in der Dienststelle oder in dem Betrieb. Als Fragen der **Ordnung** in der Dienststelle oder dem Betrieb unterliegen sowohl allgemeine als auch Einzelanweisungen der Mitbestimmung der **Betriebs- und Personalräte**.

Ferner sind nur diejenigen Regelungen und Anweisungen zulässig, die in unmittelbarem Zusammenhang mit der Erfüllung arbeitsvertraglicher Pflichten oder zur Aufrechterhaltung der Ordnung erforderlich sind. Darüber hinausgehende Einschränkungen der persönlichen Handlungsfreiheit finden keine Stütze im Arbeitsvertrag und können auch tariflich nicht begründet werden.

24 Der Beschäftigte ist verpflichtet, auf Verlangen seines Vorgesetzten während der Arbeitszeit zu einer **Rücksprache** zu erscheinen (BAG, AP Nr. 1 zu §59 MTL). Diese Verpflichtung besteht unabhängig von der Art des Besprechungsgegenstandes, welcher sich auf das Arbeitsverhältnis beziehen muss (LAG Düsseldorf, AuR 1987, 212). Soll Besprechungsgegenstand allerdings ein zwischen dem Beschäftigten und dem Arbeitgeber anhängiger Prozess sein, darf der Arbeitnehmer die nähere Einlassung verweigern (so ausdrücklich BAG, a.a.O.). Ein verständiger Arbeitgeber wird es dem Beschäftigten in diesem Fall nicht verweigern, zur Rücksprache in Begleitung eines Personalratsmitgliedes zu erscheinen (ArbG Münster, PersR 1989, 106). Im Geltungsbereich des BetrVG ergibt sich dies entsprechend aus §§82 Abs. 2 Satz 2 und 84 Abs. 1 Satz 1 BetrVG (vgl. hierzu DKK-Buschmann, §82 Rn. 12ff.).

Der Arbeitnehmer kann die Unterlassung sich ständig wiederholender Anordnungen des Arbeitgebers verlangen, Besprechungen zum Zwecke der Kontrolle der Arbeit durchzuführen, wenn derartige Besprechungen nicht aus sachlichen Gründen geboten sind (LAG Baden-Württemberg vom 27.7.2001 – 5 Sa 72/01, n.v.). Durch eine derartige Maßnahme wird der Arbeitnehmer unzulässigerweise nach §612a BGB benachteiligt. Ferner folgt der Anspruch aus §823 Abs. 1 BGB, weil durch derartige **Mobbing**-Maßnahmen das allgemeine Persönlichkeitsrecht des Arbeitnehmers verletzt wird.

Die Forderung des Arbeitgebers, der Beschäftigte möge über Art und Dauer seiner täglichen Arbeitsleistungen tagebuch- oder stichwortartige **Arbeitsaufzeichnungen** machen, ist vom Direktionsrecht des öffentlichen Arbeitgebers nicht gedeckt (LAG Berlin vom 18.1.1983 – 3 Sa 547/82, n.v.). **25**

In **Notfällen** kann das Direktionsrecht ausnahmsweise erweitert sein. Hierunter fallen jedoch nur katastrophenähnliche Situationen (ArbG Detmold, BB 1967, 1422), nicht dagegen die Erledigung eines Eilauftrages (a.A. BAG, AP Nr. 12 zu § 123 Gewerbeordnung). Gesetzliche Sonderregelungen hierzu bestehen nur vereinzelt (§ 29 Abs. 2 bis 4 Seemannsgesetz, § 14 Abs. 1 ArbZG). Permanenter Arbeitskräftemangel berührt regelmäßig nicht diese Problematik, so dass eine angespannte oder überspannte Geschäftssituation keinen Notfall darstellt (BAG, AP Nr. 4 zu § 615 BGB Böswilligkeit). Die Notfallsituation muss dem Angestellten im Einzelnen verdeutlicht werden (BAG vom 27.11.1985 – 5 AZR 624/84, n.v.). **26**

Der Arbeitnehmer kann verpflichtet sein, im Falle der Erkrankung, des Urlaubs oder des sonstigen Ausfalles eines Kollegen vorübergehend dessen Tätigkeit vertretungsweise zu übernehmen, auch wenn diese Aufgabe tariflich anders bewertet ist (BAG, AP Nr. 18 zu § 611 BGB Direktionsrecht; BAG, AP Nrn. 3, 4, 5 zu § 24 BAT; AP Nr. 2 zu § 46 BPersVG). Die **Vertretungsaufgabe** muss dem Beschäftigten jedoch zumutbar sein. So darf er zum einen nicht überfordert werden, zum anderen ist es unzulässig, dem Arbeitnehmer eine weitaus niedriger zu bewertende Tätigkeit auch nur vertretungsweise zuzuweisen. Anhaltspunkte hierfür können die Tarifklassen des Ortszuschlages bieten, die sich an der beamtenrechtlichen Differenzierung der Laufbahngruppen (einfacher, mittlerer, gehobener und höherer Dienst) orientieren. Zu den vergütungsrechtlichen Folgen der vorübergehenden Übertragung einer höherwertigen Tätigkeit vgl. § 14 Rn. 1ff.

Satz 1 legt die **Person des Anordnungsbefugten** nicht fest. Daher ist Inhaber des Weisungsrechts, wer gegenüber dem Beschäftigten auf Veranlassung des Arbeitgebers Vorgesetztenfunktion erfüllt. Dies wiederum richtet sich nach der inneren Organisation der Dienststelle, wie sie im Geschäftsverteilungsplan gewöhnlich ihren Ausdruck findet. Die Weisungsbefugnis ist nicht auf den unmittelbaren Vorgesetzten beschränkt. Einen Zwang zur Einhaltung des Dienstweges, der von unten nach oben in der Regel besteht, gibt es in umgekehrter Richtung nicht (BAG, AP Nr. 1 zu § 59 MTL). **27**

Häufig werden die Grenzen des Direktionsrechts des Arbeitgebers schwer zu bestimmen sein. Ist eine Weisung rechtsunwirksam, so kann der Beschäftigte die **Befolgung der Anordnung** verweigern. Er geht damit jedoch das **Risiko** ein, dass in einer späteren gerichtlichen Auseinandersetzung um die Wirksamkeit einer Abmahnung oder einer Kündigung festgestellt wird, dass die Weisung rechtmäßig war. Dieses Risiko wird dem Arbeitnehmer selbst dann nicht abgenommen, wenn er zuvor eine gegenteilige, die Rechtmäßigkeit der Weisung verneinende Rechtsauskunft seiner Gewerkschaft **28** oder eines Rechtsanwaltes erhalten hat (BAG, AP Nr. 24 zu §611 BGB Direktionsrecht mit kritischen Anm. von Schnorr von Carolsfeld zu AP a. a. O.; sowie Falkenberg, DB 1991, 1087, 1091).

Bestehen Zweifel über die Berechtigung einer Anordnung, ist es dem Beschäftigten zu empfehlen, sie unter Protest gegen ihre Wirksamkeit zunächst zu befolgen und den arbeitsgerichtlichen Weg einzuschreiten. Letzteres ist jedoch nur dann möglich, wenn die Weisung fortwirkenden Einfluss auf das Arbeitsverhältnis hat oder Wiederholungsgefahr besteht; anderenfalls fehlt das Rechtsschutzbedürfnis für eine gerichtliche Klärung (vgl. hierzu auch PK-BAT-Bruse, §8 Rn. 92 ff.).

29 Soweit eine **arbeitsgerichtliche Klage** zulässig ist, überprüft das Arbeitsgericht, ob sich die Ausübung des Weisungsrechts innerhalb des Arbeitsvertrages, der Tarifverträge, der Gesetze und der geltenden Dienst- oder Betriebsvereinbarungen bewegt und gem. §315 BGB nach billigem Ermessen ausgeübt wurde (vgl. Rn. 13). Entspricht die Weisung nicht der Billigkeit, so wird die Bestimmung durch Urteil getroffen (§315 Abs. 3 Satz 2 1. Halbsatz BGB).

Die Rechtsprechung hierzu ist, je nach Lage des Falles, unterschiedlich. Während der 4. Senat in seinem Urteil vom 28.9.1977 (AP Nr. 4 zu §1 TVG Tarifverträge: Rundfunk) davon ausgeht, dass die dem Arbeitgeber eingeräumte Leistungsbestimmung nach billigem Ermessen keineswegs nur eine einzig mögliche Regelung gestatte, sondern einen bis an die Grenzen der Billigkeit heranreichenden Ermessens- und Gestaltungsspielraum eröffne, hat der 5. Senat mit Urteil vom 19.6.1985 (AP Nr. 11 zu §4 BAT) die Grenzen rechtmäßiger Ermessensausübung enger gezogen. Prüfungskriterium ist u. a., ob die Maßnahme unvermittelt und ohne konkreten Anlass getroffen wurde und ob der Arbeitgeber vor der einseitigen Anordnung den Versuch unternommen hat, auf dem Verhandlungswege eine befriedigende Regelung zu erreichen. Des Weiteren müssen insbesondere die widerstreitenden Interessen dem Einzelfall angemessen berücksichtigt werden, wobei die Interessen des Beschäftigten potenziell schwerwiegender sind, wenn es sich um dauerhafte Anordnungen handelt.

§ 42
Saisonaler Ausgleich

In Verwaltungen und Betrieben, in denen auf Grund spezieller Aufgaben (z. B. Ausgrabungen, Expeditionen, Schifffahrt) oder saisonbedingt erheblich verstärkte Tätigkeiten anfallen, kann für diese Tätigkeiten die regelmäßige Arbeitszeit auf bis zu 60 Stunden in einem Zeitraum von bis zu sieben Tagen verlängert werden, wenn durch Verkürzung der regelmäßigen wöchentlichen Arbeitszeit bis zum Ende des Ausgleichszeitraums nach §6 Abs. 2 Satz 1 ein entsprechender Zeitausgleich durchgeführt wird.

Es muss sich um **Saisonbetriebe** handeln. Maßgebend ist die Notwendigkeit erheblich verstärkter Arbeit während bestimmter Zeiten des Jahres (Bayerisches LSGl vom 27.5.1982 – L 9/Al 110/81). Für diese Betriebe gilt ein erweiterter Arbeitszeitkorridor. Die hiermit verbundenen Fragen sind nach § 6 Abs. 6 mitbestimmungspflichtig.

§ 43
Überstunden

(1) ¹**Überstunden sind grundsätzlich durch entsprechende Freizeit auszugleichen.** ²**Sofern kein Arbeitszeitkonto nach § 10 eingerichtet ist, oder wenn ein solches besteht, die/der Beschäftigte jedoch keine Faktorisierung nach § 8 Abs. 1 geltend macht, erhält die/der Beschäftigte für Überstunden (§ 7 Abs. 7), die nicht bis zum Ende des dritten Kalendermonats – möglichst aber schon bis zum Ende des nächsten Kalendermonats – nach deren Entstehen mit Freizeit ausgeglichen worden sind, je Stunde 100 v. H. des auf die Stunde entfallenden Anteils des Tabellenentgelts der jeweiligen Entgeltgruppe und Stufe, höchstens jedoch nach der Stufe 4.** ³**Der Anspruch auf den Zeitzuschlag für Überstunden nach § 8 Abs. 1 besteht unabhängig von einem Freizeitausgleich.**

(2) ¹**Für Beschäftigte der Entgeltgruppe 15 bei obersten Bundesbehörden sind Mehrarbeit und Überstunden durch das Tabellenentgelt abgegolten.** ²**Beschäftigte der Entgeltgruppen 13 und 14 bei obersten Bundesbehörden erhalten nur dann ein Überstundenentgelt, wenn die Leistung der Mehrarbeit oder der Überstunden für sämtliche Beschäftigte der Behörde angeordnet ist; im Übrigen ist über die regelmäßige Arbeitszeit hinaus geleistete Arbeit dieser Beschäftigten durch das Tabellenentgelt abgegolten.** ³**Satz 1 gilt auch für Leiterinnen/Leiter von Dienststellen und deren ständige Vertreterinnen/Vertreter, die in die Entgeltgruppen 14 und 15 eingruppiert sind.**

Abs. 1 Satz 1 sieht vor, dass Überstunden grundsätzlich durch entsprechende Arbeitsbefreiung auszugleichen sind. Beide Vertragsteile können daher diesen **Freizeitausgleich** verlangen. Der Anspruch hierauf ist vorrangig bis zum Ende des nächsten Kalendermonats zu erfüllen, spätestens aber bis zum Ende des dritten Kalendermonats nach Ableistung der Überstunden. Nur wenn dringende dienstliche oder betriebliche Gründe entgegenstehen, ist der längere Ausgleichszeitraum zu wählen. Die Bestimmung des Ausgleichszeitraumes kann sowohl durch abstrakt generelle Regelung (wonach z. B. der Freizeitausgleich grundsätzlich am folgenden Montag mit dem Beginn der Arbeitszeit stattzufinden hat) oder durch konkrete Bestimmung der einen oder anderen Vertragspartei erfolgen. Das Bestimmungsrecht hat der Arbeitgeber, der es auf den Beschäftigten delegieren kann. 1

Die zeitliche Lage des Freizeitausgleiches hat nach billigem Ermessen zu erfolgen. Für den Arbeitnehmer ungünstige Zeiten sind daher zu vermeiden. Soweit es die dienstlichen oder betrieblichen Erfordernisse zulassen, ist dem Wunsch des Beschäftigten bei der Lage des Freizeitausgleiches zu folgen. 2

§ 43 TVöD

Ist der Zeitpunkt des Ausgleiches bereits festgelegt und wird der Arbeitnehmer in dieser Zeit arbeitsunfähig, so bleibt der Ausgleichsanspruch erhalten (§ 10 Abs. 4 entsprechend; vgl. aber: BAG, AP Nr. 43 zu § 17 BAT; LAG Rheinland-Pfalz vom 30.9.1999 – 6 Sa 566/99, ZTR 2000, 274).

Ist der weitestmögliche Ausgleichszeitraum von drei Kalendermonaten überschritten, so kann der Beschäftigte **Überstundenvergütung** verlangen oder aber weiterhin Freizeitausgleich im Wege des Schadensersatzes (§ 249 Satz 1 BGB). Einen hiernach vom Arbeitgeber angebotenen Freizeitausgleich kann er ablehnen. Nimmt er ihn jedoch in Anspruch, ist der Anspruch durch Annahme an Erfüllung statt erloschen (BAG, AP Nr. 8 zu § 17 BAT). Besteht ein Arbeitszeitkonto nach § 10 und macht der Beschäftigte die Faktorisierung nach § 8 Abs. 1 geltend, bleibt der Freizeitausgleichsanspruch auf diesem Wege erhalten.

Im Falle des Freizeitausgleiches sind für diese Zeit die Vergütung und die in Monatsbeträgen festgelegten Zulagen fortzuzahlen. Für jede ausgeglichene Überstunde ist der **Zeitzuschlag** für Überstunden fällig.

Das LAG Köln (vom 25.6.1999 – 11 Sa 1488/98, ZTR 2000, 128f.) meint, der Arbeitnehmer müsse seinen Freizeitausgleichsanspruch bis zum Ende des dritten Kalendermonats nach Ableistung der Überstunden geltend machen, um die **Verwirkung** dieses Anspruches zu verhindern. Diese Auffassung ist unzutreffend, weil der Arbeitgeber die Pflicht hat, den Anspruch innerhalb dieser Frist zu erfüllen. Tut er dies schuldhaft nicht, entsteht ein entsprechender Schadensersatzanspruch auf Naturalherstellung oder – wenn nicht mehr möglich – auf Abgeltung. Erst wenn der Schadensersatzanspruch nicht in der Frist des § 37 geltend gemacht schriftlich worden ist, geht er unter.

Ist ein Anspruch auf Abgeltung von Überstunden entstanden, so kann der Arbeitgeber nicht einseitig stattdessen Freizeitausgleich anordnen (BAG vom 28.9.2001 – 9 AZR 307/00, AiB 2002, 646).

3   Die in Abs. 2 genannten Beschäftigten erhalten nur Freizeitausgleich (BAG, AP Nr. 19 zu § 17 BAT), Überstundenzuschlag oder Überstundenvergütung in den Entgeltgruppen 13 und 14, wenn für sämtliche Bedienstete ihrer Dienststelle oder der Verwaltungseinheit Überstunden angeordnet sind. Im Übrigen sind die Überstunden durch eine höhere Vergütung ausgeglichen. Die obersten Gerichtshöfe des Bundes sind nicht als oberste Bundesbehörden anzusehen (vgl. hierzu PK-BAT-Pieper, § 17 Rn. 31). Nachgeordnete Dienststellen fallen ebenso wenig hierunter.

§ 44
Reise- und Umzugskosten, Trennungsgeld

(1) Für die Erstattung von Reise- und Umzugskosten sowie Trennungsgeld finden die für die Beamtinnen und Beamten jeweils geltenden Bestimmungen entsprechende Anwendung.

(2) ¹Bei Dienstreisen gilt nur die Zeit der dienstlichen Inanspruchnahme am auswärtigen Geschäftsort als Arbeitszeit. ²Für jeden Tag einschließlich der Reisetage wird jedoch mindestens die auf ihn entfallende regelmäßige, durchschnittliche oder dienstplanmäßige Arbeitszeit berücksichtigt, wenn diese bei Nichtberücksichtigung der Reisezeit nicht erreicht würde. ³Überschreiten nichtanrechenbare Reisezeiten insgesamt 15 Stunden im Monat, so werden auf Antrag 25 v.H. dieser überschreitenden Zeiten bei fester Arbeitszeit als Freizeitausgleich gewährt und bei gleitender Arbeitszeit im Rahmen der jeweils geltenden Vorschriften auf die Arbeitszeit angerechnet. ⁴Der besonderen Situation von Teilzeitbeschäftigten ist Rechnung zu tragen.

(3) Soweit Einrichtungen in privater Rechtsform oder andere Arbeitgeber nach eigenen Grundsätzen verfahren, sind diese abweichend von den Absätzen 1 und 2 maßgebend.

Die **Verweisung** auf die für die Beamten des Arbeitgebers geltenden Bestimmungen ist zulässig. Es gelten damit nicht nur die diesbezüglichen Gesetze und Rechtsverordnungen, sondern auch weitere Verwaltungsvorschriften und -anordnungen, die nach verwaltungsrechtlichen Grundsätzen auf ihre Rechtswirksamkeit zu überprüfen sind.   **1**

Soweit diese öffentlichrechtlichen Vorschriften dem Dienstherrn ein Ermessen einräumen, können sich auch Angestellte auf die verwaltungsrechtlichen Ermessensgrundsätze berufen (BAG v. 16.1.1985 – 7 AZR 270/82, AP Nr. 9 zu § 44 BAT).

Für den Bereich des Bundes geltend folgende **Vorschriften**:   **2**

1. das Bundesreisekostengesetz (BRKG),
2. die Verordnung über das Trennungsgeld bei Versetzungen und Abordnungen im Inland (TGV),
3. die Verordnung über Wegstreckenentschädigung bei der Benutzung eines Kraftfahrzeuges, das ein Dienstreisender mit schriftlicher Anerkennung der Behörde im überwiegend dienstlichen Interesse hält (VO zu § 6 Abs. 2 BRKG),
4. die Verordnung über die Reisekostenvergütung in besonderen Fällen (VO zu § 16 Abs. 6 BRKG),
5. die Verordnung über die Reisekostenvergütung bei Auslandsdienstreisen (ARV).

In einigen Ländern gelten auf Grund landesbeamtenrechtlicher Verweisung die soeben genannten Bundesvorschriften. Im Übrigen bestehen eigene landesbeamtenrechtliche Regelungen.

§ 44 TVöD

3 Die **Reisekostenstufe** richtet sich entsprechend den beamtenrechtlichen Bestimmungen nach der tariflichen Mindestvergütung des Beschäftigten.

4 Dienstreisen sind Reisen zur Erledigung von Dienstgeschäften außerhalb des Dienstortes.

Abs. 2 Satz 1 verdeutlicht, dass **Dienstreisen** grundsätzlich nicht als Arbeitszeit anzusehen sind. Andererseits findet keine Kürzung der dienstplanmäßig festgesetzten oder betriebsüblichen Arbeitszeit statt, wenn die Dienstreise in die Arbeitszeit fällt.

Da Abs. 2 Satz 1 keinen Anspruch des Arbeitgebers begründet, die Dienstreisezeit außerhalb der dienstplanmäßig festgesetzten oder betriebsüblichen Arbeitszeit festzusetzen und der Beschäftigte nach dem Arbeitsvertrag grundsätzlich nur Leistungen innerhalb der Arbeitszeit schuldet, darf die Dienstreise nur dann und insoweit in die Freizeit verlegt werden, als dies zur Erfüllung der arbeitsvertraglichen Pflichten am auswärtigen Geschäftsort erforderlich ist, auch um Reisekosten zu ersparen.

Beispiele:
Soll ein in Berlin beschäftigter Arbeitnehmer mittags ein Dienstgeschäft in Kassel erledigen, so kann der Arbeitgeber keinesfalls verlangen, dass der Beschäftigte bereits in seiner Freizeit am Vortag anreist, zumal hierdurch höhere Reisekosten entstehen. Die Reisezeit ist in die Arbeitszeit am Vormittag zu legen.
Soll der Arbeitnehmer am Montagmorgen diese Aufgabe erfüllen, kann er nicht verlangen, bereits am Freitagnachmittag während der Arbeitszeit anzureisen, weil hierdurch Kosten für drei Übernachtungen und Tagegeld zusätzlich anfallen würden. Es ist ihm zuzumuten, entweder am Montagmorgen oder am Sonntag während seiner Freizeit anzureisen.

Unerheblich ist es, auf welche Weise der Beschäftigte die Dienstreise durchführt. Auch wenn er seinen **eigenen Kraftwagen** benutzt, handelt es sich im Unterschied zum allgemeinen Arbeitsrecht nicht um Arbeitszeit, weil tariflich etwas anderes bestimmt ist (BAG, AP Nr. 1 zu § 17 BAT).

Leistet der Beschäftigte dagegen während der Reisezeit Arbeit (z. B. Aktenstudium im Zug), gilt diese Zeit als Arbeitszeit (BAG, AP Nr. 3 zu § 17 BAT). Da der Arbeitgeber auch den Ort der Arbeitsleistung bestimmen kann (vgl. § 41 Rn. 22), muss eine entsprechende Weisung oder Duldung des Arbeitgebers vorliegen oder verlangt werden können.

Abs. 2 Satz 3 enthält eine Ausnahme von dem Grundsatz, dass die Dienstreisezeit nicht als Arbeitszeit anzusehen ist. Überschreiten nichtanrechenbarer Reisezeiten, die über die dienstplanmäßige oder betriebsübliche tägliche Arbeitszeit hinausgehen, insgesamt 15 Stunden im Monat, so werden auf Antrag 25 v. H. dieser überschrittenen Zeiten bei fester Arbeitszeit als Freizeitausgleich gewährt und bei gleitender Arbeitszeit im Rahmen der jeweils geltenden Vorschriften auf die Arbeitszeit angerechnet.

Der besonderen Situation von Teilzeitbeschäftigten ist Rechnung zu tragen. Sie dürfen durch die Anordnung von Dienstreisen nicht benachteiligt werden.

Ein **Dienstgang** ist eine »Dienstreise« innerhalb des Dienstortes. Dabei ist als Dienststätte im Gegensatz zur Dienststelle die jeweilige Stelle anzusehen, an der der Bedienstete in der Regel seinen Dienst zu verrichten hat (BAG, a. a. O.).

Eine Reise zur **Einstellung** vor Begründung des Arbeitsverhältnisses gilt als Dienstreise (vgl. z. B. § 23 Abs. 1 BRKG). Hiervon abzugrenzen ist die **Vorstellungsreise**. Hier gelten die allgemeinen arbeitsrechtlichen Grundsätze: Hat der Arbeitgeber den Bewerber aufgefordert, zum **Vorstellungsgespräch** zu erscheinen, hat er die Kosten zu tragen, anderenfalls nicht. Nach Meinung des LAG Nürnberg (vom 26. 7. 1995, LAGE § 620 BGB Nr. 12) hat ein Arbeitgeber einem Arbeitsplatzbewerber nicht nur dann die **Vorstellungskosten** zu erstatten, wenn er ihn ausdrücklich zur Vorstellung aufgefordert hat; es reiche vielmehr aus, dass der Bewerber sich mit Wissen und Wollen des Arbeitgebers vorstellt, auch wenn die Anregung zur Vorstellung vom Bewerber ausgeht.

Für Reisen zum Zwecke der **Aus- und Fortbildung** können die notwendigen Fahrtkosten ersetzt werden, wenn die Bildungsmaßnahme zumindest teilweise im dienstlichen Interesse liegt (vgl. § 23 Abs. 2 und 3 BRKG). Für Personalratsmitglieder werden die Kosten erstattet, wenn es sich um eine notwendige Schulungsveranstaltung handelt und der Personalrat einen entsprechenden Entsendungsbeschluß gefasst hat.

Für regelmäßige **Fahrten zwischen Wohnung und Dienststätte** sehen Verwaltungsrichtlinien zum Teil einen Zuschuss vor. Derlei Bestimmungen sind tariflich nicht in Bezug genommen, so dass allenfalls Ansprüche aufgrund einer Individualabrede, einer Gesamtzusage, aus Gleichbehandlungsgründen oder aus betrieblicher Übung bestehen können. Nach § 23 Abs. 3 BRKG und entsprechenden landesrechtlichen Vorschriften können jedoch für Fahrten zwischen Wohnung und Arbeitsstätte Reisekosten erstattet werden, wenn diese **aus besonderem dienstlichem Anlass** erfolgen. Dieser soll nach Auffassung des BAG bei einer bloßen **Rufbereitschaft** nicht vorliegen (BAG, EzBAT SR 2 c Rufbereitschaft Nr. 1). Der Entscheidung ist deshalb nicht zu folgen, weil es sich um dienstlich veranlasste Mehrfahrten handelt (PK-BAT-Hamer, § 42 Rn. 10).

Nach Bundesrecht umfasst die **Reisekostenvergütung**:

- **Fahrtkostenerstattung,**
- **Wegstrecken- und Mitnahmeentschädigung,**
- **Tagegeld,**
- **Übernachtungsgeld,**
- Erstattung der Auslagen bei längerem Aufenthalt am Geschäftsort,
- Erstattung der Nebenkosten,

§ 44 TVöD

- Erstattung der Auslagen bei Dienstreisen bis zu sechs Stunden Dauer und bei Dienstgängen,
- Aufwendungsvergütung,
- Pauschalvergütung,
- Erstattung der Auslagen für Reisevorbereitungen.

Ein Arbeitgeber des öffentlichen Dienstes kann kraft Direktionsrechts berechtigt sein, im Rahmen billigen Ermessens (§ 315 Abs. 1 BGB) anzuordnen, dass ein Verwaltungsangestellter auf Dienstreisen einen **Dienstwagen** selbst führt und Kollegen mitnimmt (BAG, NZA 1992, 67).

Benutzt ein Arbeitnehmer zur Erledigung arbeitsvertraglicher Verrichtungen seinen **privaten Pkw** und zahlt der Arbeitgeber ihm die nach Steuerrecht anerkannte Kilometerpauschale, so hat der Arbeitgeber für die Kosten der Rückstufung in der Haftpflichtversicherung, die durch einen bei der Arbeitsverrichtung eingetretenen Unfall verursacht worden sind, nur einzutreten, wenn dies zwischen den Arbeitsvertragsparteien vereinbart ist. Haben die Parteien eine **Kilometerpauschale** vereinbart und war der Arbeitnehmer in der Auswahl seines Pkws und der Versicherungsgesellschaft frei, so ist im Zweifel anzunehmen, dass mit Zahlung der Kilometerpauschale auch Rückstufungserhöhungen in der Haftpflichtversicherung abgegolten sind (BAG, EzA § 670 BGB Nr. 23).

8 Der Beschäftigte hat nach älterer Rechtsprechung nicht in jedem Fall Anspruch auf Unterbringung in einem **Einzelzimmer** während einer Dienstreise. Er muss im Regelfall die unentgeltlich bereitgestellte Unterbringung in einem Doppelzimmer akzeptieren, es sei denn, es läge ein triftiger Grund i.S. der Reisekostenvorschriften für die Ablehnung vor. Starkes Schnarchen des Arbeitskollegen kann für ihn ein triftiger Grund sein (für den Fall eines bayerischen Chorsängers: BAG, EzA § 20 Theater NV Chor Gastspiel, Nr. 1). Mittlerweile wird man regelmäßig ein Einzelzimmer verlangen können.

9 Die Auslagenerstattung nach Abs. 1 erfasst **Abordnungen** (zum Begriff der Abordnung vgl. § 4 Rn. 4.) ohne Zusage der Umzugskostenvergütung.

Um eine Abordnung handelt es sich nur, wenn die Beschäftigung in einer anderen Dienststelle oder Außenstelle stattfindet. Eine **Baustelle** der Dienststelle außerhalb des Dienstortes erfüllt diese Voraussetzung auch dann nicht, wenn einem Bauleiter dort ein provisorisches Büro zur Verfügung gestellt wird (LAG Frankfurt a. M., EzBAT § 42 Nr. 3).

Ein **freigestelltes Haupt- oder Bezirkspersonalratsmitglied**, das auf Grund dieser Funktion den Dienstort wechseln muss, ist wie ein abgeordneter Beschäftigter zu behandeln und erhält daher keine Reisekostenvergütung, sondern Trennungsgeld (BVerwG, EzBAT § 42 Reisekostenvergütung Nr. 5).

Das **Trennungsgeld** erfasst nach den Bundesvorschriften:

TVöD § 44

- **Trennungsreisegeld** und **Trennungstagegeld**,
- Reisebeihilfen für **Familienheimfahrten**,
- Entschädigung bei täglicher Rückkehr zum Wohnort,
- **Mietersatz**.

Für die Reisekosten und das Trennungsgeld gelten die **Ausschlussfristen** der verwiesenen Vorschriften (z.B. §3 Abs. 5 BRKG, §9 Abs. 1 TGV), nicht dagegen §37. Die Fristen betragen jeweils ein Jahr. Auch dort ist die schriftliche Geltendmachung vorgesehen. Für etwaige Erstattungsansprüche des Arbeitgebers verbleibt es allerdings bei der allgemeinen Ausschlussfrist des §37. **9a**

Die **Verweisung** auf die jeweiligen beamtenrechtlichen Bestimmungen ist zulässig (§1 Rn. 6). **10**

Es gelten für den Bereich des Bundes folgende **Vorschriften**: **11**

1. das Bundesumzugskostengesetz (BUKG),
2. die allgemeine Verwaltungsvorschrift zum BUKG und die hierzu ergangenen Anwendungshinweise (insbesondere Rundschreiben des BMI v. 3.1.1991, BMBl., S. 62),
3. die Verordnung über das Trennungsgeld bei Versetzungen und Abordnungen im Inland (Trennungsgeldverordnung – TGV – vom 29.6.1999, BGBl. I, Nr. 36, S. 1533 ff.),
4. die Verordnung über die Umzugskostenvergütung bei Auslandsumzügen (AUV),
5. die Verordnung über das Auslandstrennungsgeld (ATGV).

In einigen Ländern gelten auf Grund landesbeamtenrechtlicher Verweisung die Bundesvorschriften. In den übrigen Ländern bestehen eigene landesbeamtenrechtliche Gesetze und Verwaltungsvorschriften.

Für die Gemeinden sind die Landesvorschriften anzuwenden (vgl. §69).

Die Ansprüche auf Umzugskostenvergütung und Trennungsgeld bestehen teilweise nebeneinander, schließen sich in anderen Fallgruppen wiederum aus: **12**

Umzugskostenvergütung ist immer dann zuzusagen, wenn ein dauernder zwingender dienstlicher Grund für den Umzug des Beschäftigten vorliegt, insbesondere bei der **Versetzung** aus dienstlichen Gründen an einen Ort außerhalb des **Einzugsgebietes** (Entfernung von 30 km, gemessen von dem bisherigen Wohnort des Arbeitnehmers; §3 Abs. 1 Nr. 1 Buchst. c BUKG); wegen der weiteren Fälle vgl. §3 BUKG. Im Zuge der **Einstellung** oder **Abordnung** und in den sonstigen Fallgruppen des §4 BUKG kann eine Zusage erfolgen.

Wird ein Arbeitnehmer angewiesen, an einem **Lehrgang** teilzunehmen, sind ihm für die Fahrt, die er von seiner Dienststelle aus dorthin zurücklegt, die Fahrtkosten zu erstatten. Dies gilt auch, wenn der Lehrgangsort sich in derselben Gemeinde befindet wie die Dienststelle des Beschäftigten (BAG, EzA §4 TVG Bundespost, Nr. 2)

Trennungsgeld ist immer dann zu gewähren, wenn Umzugskostenvergütung nicht zugesagt ist und die übrigen Voraussetzungen der TGV gegeben sind, insbesondere bei der Abordnung (§22 BRKG), der Versetzung aus dienstlichen Gründen, der Einstellung in ein vorübergehendes Arbeitsverhältnis und den sonstigen Fällen des §1 Abs. 2 TGV.

Darüber hinaus wird Trennungsgeld auch im Falle der Umzugskostenvergütungszusage so lange gewährt, wie der Umzug aus vom Beschäftigten nicht zu vertretenden Gründen noch nicht erfolgen kann, er aber **umzugswillig** ist (§2 TGV). Der Arbeitnehmer muss sich um eine neue Wohnung ernsthaft bemühen. Er kann nicht einwenden, seine Beschäftigung am neuen Dienstort sei nicht für längere Zeit gewährleistet (BAG, AP Nr. 2 zu §44 BAT). Auch der Einwand, er könne in der neuen Wohnung seine Möbel nicht vollständig unterbringen, ist irrelevant (BAG, AP Nr. 5 zu §44 BAT).

Ist einem Beschäftigten des öffentlichen Dienstes nach einer Versetzung Umzugskostenvergütung zugesagt worden, steht ihm gleichwohl Trennungsgeld zu, wenn er wegen **Wohnungsmangel** im Einzugsgebiet des neuen Dienstortes nicht umziehen kann. Von Wohnungsmangel ist auszugehen, wenn keine familiengerechte Wohnung zur Verfügung steht. Familiengerecht ist eine Wohnung in der Regel dann, wenn sie für jede im Haushalt lebende Person mindestens ein Zimmer enthält und nach Größe und Lage sowie nach Ausmaß und Zuschnitt der Räume so gestaltet ist, dass eine gesunde Entwicklung der Familie und eine Entfaltung des Familienlebens gewährleistet ist (BAG vom 1.10.1998 – 6 AZR 65/97, ZTR 1999, 273f.).

13 Für die Geltendmachung der Ansprüche gilt nicht §37, sondern die jeweilige **Ausschlussfrist** der verwiesenen Vorschrift. Sie beträgt jeweils ein Jahr (§2 Abs. 2 Sätze 2 und 3 BUKG; §9 Abs. 1 TGV). Der Rückgewährsanspruch des Arbeitgebers fällt dagegen unter §37.

Abschnitt VIII
Sonderregelungen

(nicht abgedruckt)

Tarifvertrag zur Überleitung der Beschäftigten der kommunalen Arbeitgeber in den TVöD und zur Regelung des Übergangsrechts (TVÜ-VKA)

vom 13. September 2005

1. Abschnitt
Allgemeine Vorschriften

§ 1
Geltungsbereich

(1) ¹Dieser Tarifvertrag gilt für Angestellte, Arbeiterinnen und Arbeiter, deren Arbeitsverhältnis zu einem tarifgebundenen Arbeitgeber, der Mitglied eines Mitgliedverbandes der Vereinigung der kommunalen Arbeitgeberverbände (VKA) ist, über den 30. September 2005 hinaus fortbesteht, und die am 1. Oktober 2005 unter den Geltungsbereich des Tarifvertrages für den öffentlichen Dienst (TVöD) fallen, für die Dauer des ununterbrochen fortbestehenden Arbeitsverhältnisses. ²Dieser Tarifvertrag gilt ferner für die unter § 19 Abs. 2 fallenden sowie für die von § 2 Abs. 6 erfassten Beschäftigten hinsichtlich § 21 Abs. 5.

Protokollerklärung zu Absatz 1 Satz 1:
In der Zeit bis zum 30. September 2007 sind Unterbrechungen von bis zu einem Monat unschädlich.

Protokollerklärung zu Absatz 1:
Tritt ein Arbeitgeber erst nach dem 30. September 2005 einem der Mitgliedverbände der VKA als ordentliches Mitglied bei und hat derselbe Arbeitgeber vor dem 1. September 2002 einem Mitgliedverband der VKA als ordentliches Mitglied angehört, so ist Absatz 1 mit der Maßgabe anzuwenden, dass an die Stelle des 30. September 2005 das Datum tritt, welches dem Tag der Wiederbegründung der Verbandsmitgliedschaft vorausgeht, während das Datums des Wirksamwerdens der Verbandsmitgliedschaft den 1. Oktober 2005 ersetzt.

(2) Nur soweit nachfolgend ausdrücklich bestimmt, gelten die Vorschriften dieses Tarifvertrages auch für Beschäftigte, deren Arbeitsverhältnis zu einem Arbeitgeber im Sinne des Absatzes 1 nach dem 30. September 2005 beginnt und die unter den Geltungsbereich des TVöD fallen.

§§ 1, 2 TVÜ-VKA

(3) Für geringfügig Beschäftigte im Sinne des § 8 Abs. 1 Nr. 2 SGB IV, die am 30. September 2005 unter den Geltungsbereich des BAT / BAT-O / BAT-Ostdeutsche Sparkassen / BMT-G / BMT-G-O fallen, finden die bisher jeweils einschlägigen tarifvertraglichen Regelungen für die Dauer ihres ununterbrochenen fortbestehenden Arbeitsverhältnisses weiterhin Anwendung.

(4) Die Bestimmungen des TVöD gelten, soweit dieser Tarifvertrag keine abweichenden Regelungen trifft.

§ 2
Ablösung bisheriger Tarifverträge durch den TVöD

(1) ¹Der TVöD ersetzt bei tarifgebundenen Arbeitgebern, die Mitglied eines Mitgliedverbandes der VKA sind, den

- Bundes-Angestelltentarifvertrag (BAT) vom 23. Februar 1961,
- Tarifvertrag zur Anpassung des Tarifrechts – Manteltarifliche Vorschriften – (BAT-O) vom 10. Dezember 1990,
- Tarifvertrag zur Anpassung des Tarifrechts – Manteltarifliche Vorschriften – (BAT-Ostdeutsche Sparkassen) vom 21. Januar 1991,
- Bundesmanteltarifvertrag für Arbeiter gemeindlicher Verwaltungen und Betriebe – BMT-G II – vom 31. Januar 1962,
- Tarifvertrag zur Anpassung des Tarifrechts – Manteltarifliche Vorschriften für Arbeiter gemeindlicher Verwaltungen und Betriebe – (BMT-G-O) vom 10. Dezember 1990,
- Tarifvertrag über die Anwendung von Tarifverträgen auf Arbeiter (TV Arbeiter-Ostdeutsche Sparkassen) vom 25. Oktober 1990

sowie die diese Tarifverträge ergänzenden Tarifverträge der VKA, soweit in diesem Tarifvertrag oder im TVöD nicht ausdrücklich etwas anderes bestimmt ist. ²Die Ersetzung erfolgt mit Wirkung vom 1. Oktober 2005, soweit kein abweichender Termin bestimmt ist.

Protokollerklärung zu Absatz 1:
Von der ersetzenden Wirkung werden von der VKA abgeschlossene ergänzende Tarifverträge nicht erfasst, soweit diese anstelle landesbezirklicher Regelungen vereinbart sind.

Niederschriftserklärung zur Protokollerklärung zu § 2 Abs. 1:
Landesbezirkliche Regelungen sind auch Regelungen, die vor der ver.di-Gründung im Tarifrecht als bezirkliche Regelungen bezeichnet sind.

(2) ¹Die von den Mitgliedverbänden der VKA abgeschlossenen Tarifverträge sind durch die landesbezirklichen Tarifvertragsparteien hinsichtlich ihrer Weitergeltung zu prüfen und bei Bedarf bis zum 31. Dezember 2006 an den TVöD anzupassen; die landesbezirklichen Tarifvertragsparteien

können diese Frist verlängern. ²Das Recht zur Kündigung der in Satz 1 genannten Tarifverträge bleibt unberührt.

Protokollerklärung zu Absatz 2:
Entsprechendes gilt hinsichtlich der von der VKA abgeschlossenen Tarifverträge, soweit diese anstelle landesbezirklicher Regelungen vereinbart sind.

(3) ¹Sind in Tarifverträgen nach Absatz 2 Satz 1 Vereinbarungen zur Beschäftigungssicherung/Sanierung und/oder Steigerung der Wettbewerbsfähigkeit getroffen, findet ab dem 1. Oktober 2005 der TVöD unter Berücksichtigung der materiellen Wirkungsgleichheit dieser Tarifverträge Anwendung. ²In diesen Fällen ist durch die landesbezirklichen Tarifvertragsparteien baldmöglichst die redaktionelle Anpassung der in Satz 1 genannten Tarifverträge vorzunehmen.³ Bis dahin wird auf der Grundlage der bis zum 30. September 2005 gültigen Tarifregelungen weiter gezahlt. ⁴Die Überleitung in den TVöD erfolgt auf der Grundlage des Rechtsstandes vom 30. September 2005. ⁵Familienbezogene Entgeltbestandteile richten sich ab 1. Oktober 2005 nach diesem Tarifvertrag.

Protokollerklärung zu Absatz 3:
¹Der Rahmentarifvertrag vom 13. Oktober 1998 zur Erhaltung der Wettbewerbsfähigkeit der deutschen Verkehrsflughäfen und zur Sicherung der Arbeitsplätze (Fassung vom 28. November 2002) wird in seinen Wirkungen nicht verändert. ²Er bleibt mit gleichem materiellen Inhalt und gleichen Laufzeiten als Rechtsgrundlage bestehen. ³Beschäftigte in Unternehmen, für die Anwendungstarifverträge zum Rahmentarifvertrag nach Satz 1 vereinbart worden sind, werden zum 1. Oktober 2005 übergeleitet. ⁴Die tatsächliche personalwirtschaftliche Überleitung – einschließlich individueller Nachberechnungen – erfolgt zu dem Zeitpunkt, zu dem die Verständigung über den angepassten Anwendungstarifvertrag erzielt ist.

(4) Unabhängig von den Absätzen 1 und 2 gelten Tarifverträge gemäß §3 des Tarifvertrages zur sozialen Absicherung fort und sind bei Bedarf an den TVöD anzupassen.

(5) Absatz 1 gilt nicht für Beschäftigte in Versorgungsbetrieben, Nahverkehrsbetrieben und für Beschäftigte in Wasserwirtschaftsverbänden in Nordrhein-Westfalen, die gemäß § 1 Abs. 2 Buchst. d und e TVöD vom Geltungsbereich des TVöD ausgenommen sind, es sei denn, Betriebe oder Betriebsteile, die dem fachlichen Geltungsbereich des TV-V, eines TV-N oder des TV-WW/NW entsprechen, werden in begründeten Einzelfällen durch landesbezirklichen Tarifvertrag in den Geltungsbereich des TVöD und dieses Tarifvertrages einbezogen.

Protokollerklärung zu Absatz 5:
Die Möglichkeit, Betriebsteile, die dem Geltungsbereich eines TV-N entsprechen, in den Geltungsbereich eines anderen Spartentarifvertrages (TV-V, TV-WW/NW) einzubeziehen, bleibt unberührt.

§§ 2-4 TVÜ-VKA

(6) ¹Absatz 1 gilt längstens bis zum 31. Dezember 2007 nicht für Beschäftigte von Arbeitgebern, wenn die Anwendung des TV-V, eines TV-N oder des TV-WW/NW auf diese Beschäftigten beabsichtigt ist und vor dem 1. Oktober 2005 Tarifverhandlungen zur Einführung eines dieser Tarifverträge aufgenommen worden sind. ²Dies gilt auch dann, wenn die Tarifverhandlungen erst nach dem 1. Oktober 2005, aber spätestens mit Ablauf des 31. Dezember 2007 zu der Überleitung in diese Tarifverträge führen.

Protokollerklärung zu Absatz 6:
¹Tarifverhandlungen zur – ggf. teilbetrieblichen – Einführung der genannten Spartentarifverträge sind auch dann aufgenommen, wenn auf landesbezirklicher Ebene die jeweils andere Tarifvertragspartei zum Abschluss eines Tarifvertrages zur Einbeziehung aufgefordert worden ist. ²Kommt bis zum 31. Dezember 2007 eine Vereinbarung über die Anwendung eines der genannten Spartentarifverträge nicht zustande, findet ab dem 1. Januar 2008 der TVöD und dieser Tarifvertrag auf Beschäftigte Anwendung, die nicht im Geltungsbereich des BAT/BAT-O/BMT-G/ BMT-G-O verbleiben. ³Absatz 5 bleibt unberührt.

Niederschriftserklärung zu § 2:
¹Die Tarifvertragsparteien gehen davon aus, dass der TVöD und dieser Tarifvertrag bei tarifgebundenen Arbeitgebern das bisherige Tarifrecht auch dann ersetzen, wenn arbeitsvertragliche Bezugnahmen nicht ausdrücklich den Fall der ersetzenden Regelung beinhalten. ²Die Geltungsbereichsregelungen des TV-V, der TV-N und des TV-WW/NW bleiben hiervon unberührt.

2. Abschnitt
Überleitungsregelungen

§ 3
Überleitung in den TVöD

Die von § 1 Abs. 1 erfassten Beschäftigten werden am 1. Oktober 2005 gemäß den nachfolgenden Regelungen in den TVöD übergeleitet.

§ 4
Zuordnung der Vergütungs- und Lohngruppen

(1) ¹Für die Überleitung der Beschäftigten wird ihre Vergütungs- bzw. Lohngruppe (§ 22 BAT / BAT-O / BAT-Ostdeutsche Sparkassen bzw. entsprechende Regelungen für Arbeiterinnen und Arbeiter bzw. besondere tarifvertragliche Vorschriften für bestimmte Berufsgruppen) nach der Anlage 1 den Entgeltgruppen des TVöD zugeordnet. ²Abweichend von Satz 1 gilt für Ärztinnen und Ärzte die Entgeltordnung gemäß § 51 Besonderer Teil – Krankenhäuser (BT-K), soweit sie unter den BT-K fallen.

Protokollerklärung zu Absatz 1:

¹Bis zum In-Kraft-Treten der neuen Entgeltordnung verständigen sich die Tarifvertragsparteien zwecks besserer Übersichtlichkeit für die Zuordnung der Beschäftigten gemäß Anlage 1b zum BAT auf eine Anwendungstabelle gemäß Anlage 4 und – für Beschäftigte, für die die Regelungen des Tarifgebiets Ost Anwendung finden – gemäß Anlage 5; dies gilt auch für Beschäftigte im Sinne des § 1 Abs. 2. ²Die Tarifvertragsparteien sind sich einig, dass diese Anwendungstabelle – insbesondere die Bezeichnung der Entgeltgruppen – keinen Vorgriff auf die Verhandlungen zur neuen Entgeltordnung darstellt.

Niederschriftserklärungen zu § 4 Abs. 1:

1. Die Tarifvertragsparteien stimmen darin überein, dass die Ergebnisse der unterschiedlichen Überleitung (ohne bzw. mit vollzogenem Aufstieg) der Lehrkräfte im Rahmen der Tarifverhandlungen zu einer neuen Entgeltordnung einer Lösung nach den Grundsätzen der neuen Entgeltordnung zuzuführen sind. Die Vertreter der VKA erklären, dass damit keine Verhandlungszusage zur Einbeziehung der Lehrkräfte in die neue Entgeltordnung verbunden ist.
2. Lehrkräfte, die ihre Lehrbefähigung nach dem Recht der DDR erworben haben und zur Anerkennung als Lehrkräfte nach Abschnitt A der Lehrer-Richtlinien der VKA auf Grund beamtenrechtlicher Regelungen unterschiedlich lange Bewährungszeiten durchlaufen mussten bzw. müssen, gehören nicht zur Gruppe der Lehrkräfte nach Abschnitt B der Lehrer-Richtlinien der VKA.

(2) Beschäftigte, die im Oktober 2005 bei Fortgeltung des bisherigen Tarifrechts die Voraussetzungen für einen Bewährungs-, Fallgruppen- oder Tätigkeitsaufstieg erfüllt hätten, werden für die Überleitung so behandelt, als wären sie bereits im September 2005 höhergruppiert worden.

(3) Beschäftigte, die im Oktober 2005 bei Fortgeltung des bisherigen Tarifrechts in eine niedrigere Vergütungs- bzw. Lohngruppe eingruppiert worden wären, werden für die Überleitung so behandelt, als wären sie bereits im September 2005 herabgruppiert worden.

§ 5
Vergleichsentgelt

(1) Für die Zuordnung zu den Stufen der Entgelttabelle des TVöD wird für die Beschäftigten nach § 4 ein Vergleichsentgelt auf der Grundlage der im September 2005 erhaltenen Bezüge gemäß den Absätzen 2 bis 7 gebildet.

(2) ¹Bei Beschäftigten aus dem Geltungsbereich des BAT/BAT-O/BAT-Ostdeutsche Sparkassen setzt sich das Vergleichsentgelt aus der Grundvergütung, der allgemeinen Zulage und dem Ortszuschlag der Stufe 1 oder 2 zusammen. ²Ist auch eine andere Person im Sinne von § 29 Abschn. B Abs. 5 BAT/BAT-O/BAT-Ostdeutsche Sparkassen ortszuschlagsberechtigt oder nach beamtenrechtlichen Grundsätzen familienzuschlagsberechtigt, wird nur die Stufe 1 zugrunde gelegt; findet der TVöD am 1. Oktober

§ 5 TVÜ-VKA

2005 auch auf die andere Person Anwendung, geht der jeweils individuell zustehende Teil des Unterschiedsbetrages zwischen den Stufen 1 und 2 des Ortszuschlages in das Vergleichsentgelt ein. ³Ferner fließen im September 2005 tarifvertraglich zustehende Funktionszulagen insoweit in das Vergleichsentgelt ein, als sie nach dem TVöD nicht mehr vorgesehen sind. ⁴Erhalten Beschäftigte eine Gesamtvergütung (§ 30 BAT/BAT-O/BAT-Ostdeutsche Sparkassen), bildet diese das Vergleichsentgelt. ⁵Bei Lehrkräften, die die Zulage nach Abschnitt A Unterabschnitt II der Lehrer-Richtlinien der VKA erhalten, wird diese Zulage und bei Lehrkräften, die am 30. September 2005 einen arbeitsvertraglichen Anspruch auf Zahlung einer allgemeinen Zulage wie die unter die Anlage 1a zum BAT/BAT-O fallenden Angestellten haben, wird dieser Betrag in das Vergleichsentgelt eingerechnet.

Protokollerklärung zu Absatz 2 Satz 3:
Vorhandene Beschäftigte erhalten bis zum InKraft-Treten der neuen Entgeltordnung ihre Techniker-, Meister- und Programmiererzulage unter den bisherigen Voraussetzungen als persönliche Besitzstandszulage.

(3) ¹Bei Beschäftigten aus dem Geltungsbereich des BMT-G/BMT-G-O/TV Arbeiter-Ostdeutsche Sparkassen wird der Monatstabellenlohn als Vergleichsentgelt zugrunde gelegt. ²Absatz 2 Satz 3 gilt entsprechend. ³Erhalten Beschäftigte nicht den Volllohn (§ 21 Abs. 1 Buchst. a BMT-G/BMT-G-O), gilt Absatz 2 Satz 4 entsprechend.

(4) ¹Beschäftigte, die im Oktober 2005 bei Fortgeltung des bisherigen Rechts die Grundvergütung bzw. den Monatstabellenlohn der nächsthöheren Stufe erhalten hätten, werden für die Bemessung des Vergleichsentgelts so behandelt, als wäre der Stufenaufstieg bereits im September 2005 erfolgt. ²§ 4 Abs. 2 und 3 gilt bei der Bemessung des Vergleichsentgelts entsprechend.

Protokollerklärung zu Absatz 4:
Fällt bei Beschäftigten aus dem Geltungsbereich des BAT/BAT-O/BAT-Ostdeutsche Sparkassen, bei denen sich bisher die Grundvergütung nach § 27 Abschn. A BAT/BAT-O/BAT-Ostdeutsche Sparkassen bestimmt, im Oktober 2005 eine Stufensteigerung mit einer Höhergruppierung zusammen, ist zunächst die Stufensteigerung in der bisherigen Vergütungsgruppe und danach die Höhergruppierung durchzuführen.

(5) ¹Bei Teilzeitbeschäftigten wird das Vergleichsentgelt auf der Grundlage eines vergleichbaren Vollzeitbeschäftigten bestimmt. ²Satz 1 gilt für Beschäftigte, deren Arbeitszeit nach § 3 des Tarifvertrages zur sozialen Absicherung vom 6. Juli 1992 herabgesetzt ist, entsprechend.

Protokollerklärung zu Absatz 5:
¹Lediglich das Vergleichsentgelt wird auf der Grundlage eines entsprechenden Vollzeitbeschäftigten ermittelt; sodann wird nach der Stufenzuordnung das zustehende Entgelt zeitratierlich berechnet. ²Diese zeitratierliche Kürzung des auf den Ehegattenanteil im Ortszuschlag entfallenden Betrag unterbleibt nach Maßgabe des § 29 Abschn. B Abs. 5 Satz 2 BAT/BAT-O/BAT-Ostdeutsche Sparkassen. ³Neue Ansprüche entstehen hierdurch nicht.

(6) Für Beschäftigte, die nicht für alle Tage im September 2005 oder für keinen Tag dieses Monats Bezüge erhalten, wird das Vergleichsentgelt so bestimmt, als hätten sie für alle Tage dieses Monats Bezüge erhalten; in den Fällen des § 27 Abschn. A Abs. 3 Unterabs. 6 und Abschn. B Abs. 3 Unterabs. 4 BAT/BAT-O/BAT-Ostdeutsche Sparkassen bzw. der entsprechenden Regelungen für Arbeiterinnen und Arbeiter werden die Beschäftigten für das Vergleichsentgelt so gestellt, als hätten sie am 1. September 2005 die Arbeit wieder aufgenommen.

(7) Abweichend von den Absätzen 2 bis 6 wird bei Beschäftigten, die gemäß § 27 Abschn. A Abs. 6 oder Abschn. B Abs. 7 BAT/BAT-O/BAT-Ostdeutsche Sparkassen bzw. den entsprechenden Regelungen für Arbeiterinnen und Arbeiter den Unterschiedsbetrag zwischen der Grundvergütung bzw. dem Monatstabellenlohn ihrer bisherigen zur nächsthöheren Stufe im September 2005 nur zur Hälfte erhalten, für die Bestimmung des Vergleichsentgelts die volle Grundvergütung bzw. der volle Monatstabellenlohn aus der nächsthöheren Stufe zugrunde gelegt.

§ 6
Stufenzuordnung der Angestellten

(1) ¹Beschäftigte aus dem Geltungsbereich des BAT/BAT-O/BAT-Ostdeutsche Sparkassen werden einer ihrem Vergleichsentgelt entsprechenden individuellen Zwischenstufe der gemäß § 4 bestimmten Entgeltgruppe zugeordnet. ²Zum 1. Oktober 2007 steigen diese Beschäftigten in die dem Betrag nach nächsthöhere reguläre Stufe ihrer Entgeltgruppe auf. ³Der weitere Stufenaufstieg richtet sich nach den Regelungen des TVöD.

(2) ¹Werden Beschäftigte vor dem 1. Oktober 2007 höhergruppiert (nach § 8 Abs. 1, § 9 Abs. 3 Buchst. a oder aufgrund Übertragung einer mit einer höheren Entgeltgruppe bewerteten Tätigkeit), so erhalten sie in der höheren Entgeltgruppe Entgelt nach der regulären Stufe, deren Betrag mindestens der individuellen Zwischenstufe entspricht, jedoch nicht weniger als das Entgelt der Stufe 2; der weitere Stufenaufstieg richtet sich nach den Regelungen des TVöD. ²Werden Beschäftigte vor dem 1. Oktober 2007 herabgruppiert, werden sie in der niedrigeren Entgeltgruppe derjenigen individuellen Zwischenstufe zugeordnet, die sich bei Herabgruppierung im September 2005 ergeben hätte; der weitere Stufenaufstieg richtet sich nach Absatz 1 Satz 2 und 3.

§ 6 TVÜ-VKA

(3) ¹Ist bei Beschäftigten, deren Eingruppierung sich nach der Vergütungsordnung für Angestellte im Pflegedienst (Anlage 1 b) richtet, das Vergleichsentgelt niedriger als das Entgelt der Stufe 3, entspricht es aber mindestens dem Mittelwert aus den Beträgen der Stufen 2 und 3 und ist die/der Beschäftigte am Stichtag mindestens drei Jahre in einem Arbeitsverhältnis bei dem selben Arbeitgeber beschäftigt, wird sie/er abweichend von Absatz 1 bereits zum 1. Oktober 2005 in die Stufe 3 übergeleitet. ²Der weitere Stufenaufstieg richtet sich nach den Regelungen des TVöD.

(4) ¹Liegt das Vergleichsentgelt über der höchsten Stufe der gemäß §4 bestimmten Entgeltgruppe, werden Beschäftigte abweichend von Absatz 1 einer dem Vergleichsentgelt entsprechenden individuellen Endstufe zugeordnet. ²Werden Beschäftigte aus einer individuellen Endstufe höhergruppiert, so erhalten sie in der höheren Entgeltgruppe mindestens den Betrag, der ihrer bisherigen individuellen Endstufe entspricht. ³Im Übrigen gilt Absatz 2 entsprechend. ⁴Die individuelle Endstufe verändert sich um denselben Vomhundertsatz bzw. in demselben Umfang wie die höchste Stufe der jeweiligen Entgeltgruppe.

(5) ¹Beschäftigte, deren Vergleichsentgelt niedriger ist als das Entgelt in der Stufe 2, werden abweichend von Absatz 1 der Stufe 2 zugeordnet. ²Der weitere Stufenaufstieg richtet sich nach den Regelungen des TVöD. ³Abweichend von Satz 1 werden Beschäftigte, denen am 30. September 2005 eine in der Vergütungsordnung (Anlage 1a zum BAT) durch die Eingruppierung in Vergütungsgruppe Vb BAT / BAT-O / BAT-Ostdeutsche Sparkassen mit Aufstieg nach IVb und IVa abgebildete Tätigkeit übertragen ist, in die Stufe 1 der Entgeltgruppe 10 zugeordnet.

(6) ¹Für unter §51 Abs. 1 bis 5 BT-K fallende Ärztinnen und Ärzte gelten die Absätze 1 bis 5, soweit nicht im Folgenden etwas Abweichendes geregelt ist.

²Ärztinnen und Ärzte ohne abgeschlossene Facharztausbildung, die in der Entgeltgruppe 14 einer individuellen Zwischenstufe zwischen Stufe 1 und Stufe 2 zugeordnet werden, steigen nach einem Jahr in die Stufe 2 auf.

³Ärztinnen und Ärzte ohne abgeschlossene Facharztausbildung, die in der Entgeltgruppe 14 einer individuellen Zwischenstufe zwischen Stufe 2 und Stufe 3 zugeordnet werden, steigen mit der Facharztanerkennung in die Stufe 3 auf.

⁴Ärztinnen und Ärzte mit Facharztanerkennung steigen zum 1. Oktober 2006 in die Stufe 3 auf, wenn sie in eine individuelle Zwischenstufe unterhalb der Stufe 3 übergeleitet worden sind.

⁵Ärztinnen und Ärzte mit Facharztanerkennung, die in eine individuelle Zwischenstufe oberhalb der Stufe 3 übergeleitet worden sind, steigen in die nächsthöhere Stufe nach den Regelungen des §51 Besonderer Teil Krankenhäuser auf, frühestens zum 1. Oktober 2006.

⁶Die weiteren Stufenaufstiege richten sich jeweils nach dem §51 Besonderer Teil Krankenhäuser. ⁷Bei Ärztinnen und Ärzten mit Facharztanerkennung werden die Zeiten mit entsprechender Tätigkeit auf den weiteren Stufenverlauf gemäß Entgeltordnung (§51 BT-K) angerechnet.

Niederschriftserklärung:
Nr. 2 der Niederschriftserklärung zu §12 findet auf übergeleitete Ärztinnen und Ärzte keine Anwendung.

(7) Bei ständigen Vertreterinnen/Vertretern der/des leitenden Ärztin/Arztes, die in die Entgeltgruppe 15Ü übergeleitet werden und deren Vergleichsentgelt die Summe aus dem jeweiligen Tabellenwert der Entgeltgruppe 15 Stufe 6 und der Zulage nach §51 Absatz 2 BT-K übersteigt, werden auf den Differenzbetrag zukünftige allgemeine Entgelterhöhungen jeweils zur Hälfte angerechnet.

Protokollerklärung zu §§ 4 und 6:
Für die Überleitung in die Entgeltgruppe 8a gemäß Anlagen 4 und 5 TVÜ-VKA gilt für übergeleitete Beschäftigte
- *der Vergütungsgruppe Kr. IV 4 Jahre, Kr. Va 2 Jahre Kr. VI*
- *der Vergütungsgruppe Kr. Va 3 Jahre Kr. VI*
- *der Vergütungsgruppe Kr. Va 5 Jahre Kr. VI*
- *der Vergütungsgruppe Kr. V 6 Jahre Kr. VI*

mit Ortszuschlag der Stufe 2 Folgendes:
1. Zunächst erfolgt die Überleitung nach den allgemeinen Grundsätzen.
2. Die Verweildauer in Stufe 3 wird von 3 Jahren auf 2 Jahre verkürzt.
3. Der Tabellenwert der Stufe 4 wird nach der Überleitung um 100 Euro erhöht.

§ 7
Stufenzuordnung der Arbeiterinnen und Arbeiter

(1) ¹Beschäftigte aus dem Geltungsbereich des BMT-G / BMT-G-O / TV Arbeiter-Ostdeutsche Sparkassen werden entsprechend ihrer Beschäftigungszeit nach §6 BMT-G / BMT-G-O der Stufe der gemäß §4 bestimmten Entgeltgruppe zugeordnet, die sie erreicht hätten, wenn die Entgelttabelle des TVöD bereits seit Beginn ihrer Beschäftigungszeit gegolten hätte; Stufe 1 ist hierbei ausnahmslos mit einem Jahr zu berücksichtigen. ²Der weitere Stufenaufstieg richtet sich nach den Regelungen des TVöD.

(2) §6 Abs. 4 und Abs. 5 Satz 1 und 2 gilt für Beschäftigte gemäß Absatz 1 entsprechend.

(3) ¹Ist das Entgelt nach Absatz 1 Satz 1 niedriger als das Vergleichsentgelt, werden Beschäftigte einer dem Vergleichsentgelt entsprechenden individuellen Zwischenstufe zugeordnet. ²Der Aufstieg aus der individuellen Zwischenstufe in die dem Betrag nach nächsthöhere reguläre Stufe ihrer Entgeltgruppe findet zu dem Zeitpunkt statt, zu dem sie gemäß Absatz 1

§§ 7, 8 TVÜ-VKA

Satz 1 die Voraussetzungen für diesen Stufenaufstieg aufgrund der Beschäftigungszeit erfüllt haben.

(4) ¹Werden Beschäftigte während ihrer Verweildauer in der individuellen Zwischenstufe höhergruppiert, erhalten sie in der höheren Entgeltgruppe Entgelt nach der regulären Stufe, deren Betrag mindestens der individuellen Zwischenstufe entspricht, jedoch nicht weniger als das Entgelt der Stufe 2; der weitere Stufenaufstieg richtet sich nach den Regelungen des TVöD. ²Werden Beschäftigte während ihrer Verweildauer in der individuellen Zwischenstufe herabgruppiert, erfolgt die Stufenzuordnung in der niedrigeren Entgeltgruppe, als sei die niedrigere Eingruppierung bereits im September 2005 erfolgt; der weitere Stufenaufstieg richtet sich bei Zuordnung zu einer individuellen Zwischenstufe nach Absatz 3 Satz 2, ansonsten nach Absatz 1 Satz 2.

3. Abschnitt
Besitzstandsregelungen

§ 8
Bewährungs- und Fallgruppenaufstiege

(1) ¹Aus dem Geltungsbereich des BAT/BAT-O/BAT-Ostdeutsche Sparkassen in eine der Entgeltgruppen 3, 5, 6 oder 8 übergeleitete Beschäftigte, die am 1. Oktober 2005 bei Fortgeltung des bisherigen Tarifrechts die für eine Höhergruppierung erforderliche Zeit der Bewährung oder Tätigkeit zur Hälfte erfüllt haben, sind zu dem Zeitpunkt, zu dem sie nach bisherigem Recht höhergruppiert wären, in die nächsthöhere Entgeltgruppe des TVöD eingruppiert. ²Abweichend von Satz 1 erfolgt die Höhergruppierung in die Entgeltgruppe 5, wenn die Beschäftigten aus der Vergütungsgruppe VIII BAT/BAT-O/BAT-Ostdeutsche Sparkassen mit ausstehendem Aufstieg nach Vergütungsgruppe VII BAT/BAT-O/BAT-Ostdeutsche Sparkassen übergeleitet worden sind; sie erfolgt in die Entgeltgruppe 8, wenn die Beschäftigten aus der Vergütungsgruppe VIb BAT/BAT-O/BAT-Ostdeutsche Sparkassen mit ausstehendem Aufstieg nach Vergütungsgruppe Vc BAT/BAT-O/BAT-Ostdeutsche Sparkassen übergeleitet worden sind. ³Voraussetzung für die Höhergruppierung nach Satz 1 und 2 ist, dass

- zum individuellen Aufstiegszeitpunkt keine Anhaltspunkte vorliegen, die bei Fortgeltung des bisherigen Rechts einer Höhergruppierung entgegengestanden hätten, und

- bis zum individuellen Aufstiegszeitpunkt nach Satz 1 weiterhin eine Tätigkeit auszuüben ist, die diesen Aufstieg ermöglicht hätte.

⁴Die Sätze 1 bis 3 gelten nicht in den Fällen des § 4 Abs. 2. ⁵Erfolgt die Höhergruppierung vor dem 1. Oktober 2007, gilt – gegebenenfalls unter Berücksichtigung des Satzes 2 – § 6 Abs. 2 Satz 1 entsprechend.

(2) ¹Aus dem Geltungsbereich des BAT/BAT-O/BAT-Ostdeutsche Sparkassen in eine der Entgeltgruppen 2 sowie 9 bis 15 übergeleitete Beschäftigte, die am 1. Oktober 2005 bei Fortgeltung des bisherigen Tarifrechts die für eine Höhergruppierung erforderliche Zeit der Bewährung oder Tätigkeit zur Hälfte erfüllt haben und in der Zeit zwischen dem 1. November 2005 und dem 30. September 2007 höhergruppiert wären, erhalten ab dem Zeitpunkt, zu dem sie nach bisherigem Recht höhergruppiert wären, in ihrer bisherigen Entgeltgruppe Entgelt nach derjenigen individuellen Zwischen- bzw. Endstufe, die sich ergeben hätte, wenn sich ihr Vergleichsentgelt (§ 5) nach der Vergütung aufgrund der Höhergruppierung bestimmt hätte. ²Voraussetzung für diesen Stufenaufstieg ist, dass

– zum individuellen Aufstiegszeitpunkt keine Anhaltspunkte vorliegen, die bei Fortgeltung des bisherigen Rechts einer Höhergruppierung entgegengestanden hätten, und

– bis zum individuellen Aufstiegszeitpunkt nach Satz 1 weiterhin eine Tätigkeit auszuüben ist, die diesen Aufstieg ermöglicht hätte.

³Ein etwaiger Strukturausgleich wird ab dem individuellen Aufstiegszeitpunkt nicht mehr gezahlt. ⁴Der weitere Stufenaufstieg richtet sich bei Zuordnung zu einer individuellen Zwischenstufe nach § 6 Abs. 1. ⁵§ 4 Abs. 2 bleibt unberührt.

Protokollerklärung zu Absatz 2:
Erfolgt die Neuberechnung des Vergleichsentgelts nach dem 30. Juni 2006, aber vor dem 1. Juli 2007, ist das Vergleichsentgelt gemäß § 6 Abs. 1 Satz 4 am 1. Juli 2007 um den Faktor 1,01571 zu erhöhen.

(3) Abweichend von Absatz 1 Satz 1 und Absatz 2 Satz 1 gelten die Absätze 1 bzw. 2 entsprechend für übergeleitete Beschäftigte, die bei Fortgeltung des BAT/BAT-O/BAT-Ostdeutsche Sparkassen bis spätestens zum 30. September 2007 wegen Erfüllung der erforderlichen Zeit der Bewährung oder Tätigkeit höhergruppiert worden wären; dies gilt unabhängig davon, ob die Hälfte der erforderlichen Bewährungs- oder Tätigkeitszeit am Stichtag erfüllt ist.

(4) Die Absätze 1 bis 3 finden auf übergeleitete Beschäftigte, deren Eingruppierung sich nach der Vergütungsordnung für Angestellte im Pflegedienst (Anlage 1 b zum BAT) richtet, und auf unter § 51 Abs. 1 bis 5 BT-K fallende Ärztinnen und Ärzte keine Anwendung.

(5) ¹Ist bei einer Lehrkraft, die gemäß Nr. 5 der Bemerkung zu allen Vergütungsgruppen nicht unter die Anlage 1 a zum BAT/BAT-O fällt, eine Höhergruppierung nur vom Ablauf einer Bewährungszeit und von der Bewährung abhängig und ist am Stichtag die Hälfte der Mindestzeitdauer für einen solchen Aufstieg erfüllt, erfolgt in den Fällen des Absatzes 1 unter den weiteren dort genannten Voraussetzungen zum individuellen Aufstiegszeitpunkt der Aufstieg in die nächst höhere Entgeltgruppe. ²Absatz 1 Satz 2 und Höhergruppierungsmöglichkeiten durch entsprechende An-

§§ 8, 9 TVÜ-VKA

wendung beamtenrechtlicher Regelungen bleiben unberührt. ³Im Fall des Absatzes 2 gilt Satz 1 mit der Maßgabe, dass anstelle der Höhergruppierung eine Neuberechnung des Vergleichsentgelts nach Absatz 2 erfolgt.

§ 9
Vergütungsgruppenzulagen

(1) Aus dem Geltungsbereich des BAT/BAT-O/BAT-Ostdeutsche Sparkassen übergeleitete Beschäftigte, denen am 30. September 2005 nach der Vergütungsordnung zum BAT/BAT-O/BAT-Ostdeutsche Sparkassen eine Vergütungsgruppenzulage zusteht, erhalten in der Entgeltgruppe, in die sie übergeleitet werden, eine Besitzstandszulage in Höhe der Vergütungsgruppenzulage.

(2) ¹Aus dem Geltungsbereich des BAT/BAT-O/BAT-Ostdeutsche Sparkassen übergeleitete Beschäftigte, die bei Fortgeltung des bisherigen Rechts nach dem 30. September 2005 eine Vergütungsgruppenzulage ohne vorausgehenden Bewährungs- oder Fallgruppenaufstieg erreicht hätten, erhalten ab dem Zeitpunkt, zu dem ihnen die Zulage nach bisherigem Recht zugestanden hätte, eine Besitzstandszulage. ²Die Höhe der Besitzstandszulage bemisst sich nach dem Betrag, der als Vergütungsgruppenzulage zu zahlen gewesen wäre, wenn diese bereits am 30. September 2005 zugestanden hätte. ³Voraussetzung ist, dass

- am 1. Oktober 2005 die für die Vergütungsgruppenzulage erforderliche Zeit der Bewährung oder Tätigkeit nach Maßgabe des § 23 b Abschn. B BAT/BAT-O/BAT-Ostdeutsche Sparkassen zur Hälfte erfüllt ist,
- zu diesem Zeitpunkt keine Anhaltspunkte vorliegen, die bei Fortgeltung des bisherigen Rechts der Vergütungsgruppenzulage entgegengestanden hätten und
- bis zum individuellen Zeitpunkt nach Satz 1 weiterhin eine Tätigkeit auszuüben ist, die zu der Vergütungsgruppenzulage geführt hätte.

(3) ¹Für aus dem Geltungsbereich des BAT/BAT-OBAT-Ostdeutsche Sparkassen übergeleitete Beschäftigte, die bei Fortgeltung des bisherigen Rechts nach dem 30. September 2005 im Anschluss an einen Fallgruppenaufstieg eine Vergütungsgruppenzulage erreicht hätten, gilt Folgendes:

(a) ¹In eine der Entgeltgruppen 3, 5, 6 oder 8 übergeleitete Beschäftigte, die den Fallgruppenaufstieg am 30. September 2005 noch nicht erreicht haben, sind zu dem Zeitpunkt, zu dem sie nach bisherigem Recht höhergruppiert worden wären, in die nächsthöhere Entgeltgruppe des TVöD eingruppiert; § 8 Abs. 1 Satz 2 bis 5 gilt entsprechend. ²Eine Besitzstandszulage für eine Vergütungsgruppenzulage steht nicht zu.

(b) Ist ein der Vergütungsgruppenzulage vorausgehender Fallgruppenaufstieg am 30. September 2005 bereits erfolgt, gilt Absatz 2 mit der Maßgabe, dass am 1. Oktober 2005 die Hälfte der Gesamtzeit für den Anspruch auf die Vergütungsgruppenzulage einschließlich der Zeit für den vorausgehenden Aufstieg zurückgelegt sein muss.

(4) ¹Die Besitzstandszulage nach den Absätzen 1, 2 und 3 Buchst. b wird so lange gezahlt, wie die anspruchsbegründende Tätigkeit ununterbrochen ausgeübt wird und die sonstigen Voraussetzungen für die Vergütungsgruppenzulage nach bisherigem Recht weiterhin bestehen. ²Sie verändert sich bei allgemeinen Entgeltanpassungen um den von den Tarifvertragsparteien für die jeweilige Entgeltgruppe festgelegten Vomhundertsatz.

Niederschriftserklärung zu § 8 Abs. 1 Satz 3 und Abs. 2 Satz 2 sowie § 9 Abs. 2 bis 4:
Eine missbräuchliche Entziehung der Tätigkeit mit dem ausschließlichen Ziel, eine Höhergruppierung bzw. eine Besitzstandszulage zu verhindern, ist nicht zulässig.

§ 10
Fortführung vorübergehend übertragener höherwertiger Tätigkeit

(1) ¹Beschäftigte, denen am 30. September 2005 eine Zulage nach § 24 BAT/BAT-O/BAT-Ostdeutsche Sparkassen zusteht, erhalten nach Überleitung in den TVöD eine Besitzstandszulage in Höhe ihrer bisherigen Zulage, solange sie die anspruchsbegründende Tätigkeit weiterhin ausüben und die Zulage nach bisherigem Recht zu zahlen wäre. ²Wird die anspruchsbegründende Tätigkeit über den 30. September 2007 hinaus beibehalten, finden mit Wirkung ab dem 1. Oktober 2007 die Regelungen des TVöD über die vorübergehende Übertragung einer höherwertigen Tätigkeit Anwendung. ³Für eine vor dem 1. Oktober 2005 vorübergehend übertragene höherwertige Tätigkeit, für die am 30. September 2005 wegen der zeitlichen Voraussetzungen des § 24 Abs. 1 bzw. 2 BAT/BAT-O/BAT-Ostdeutsche Sparkassen noch keine Zulage gezahlt wird, gilt Satz 1 und 2 ab dem Zeitpunkt entsprechend, zu dem nach bisherigem Recht die Zulage zu zahlen gewesen wäre. ⁴Sätze 1 bis 3 gelten für landesbezirkliche Regelungen gemäß § 9 Abs. 3 BMT-G und nach Abschnitt I. der Anlage 3 des Tarifvertrages zu § 20 Abs. 1 BMT-G-O (Lohngruppenverzeichnis) entsprechend. ⁵Sätze 1 bis 4 gelten bei besonderen tarifvertraglichen Vorschriften über die vorübergehende Übertragung höherwertiger Tätigkeiten entsprechend.

(2) ¹Absatz 1 gilt in Fällen des § 2 der Anlage 3 zum BAT entsprechend. ²An die Stelle der Begriffe Vergütung und Vergütungsgruppe treten die Begriffe Entgelt und Entgeltgruppe.

Niederschriftserklärung zu § 10 Abs. 1 und 2:
Die Tarifvertragsparteien stellen klar, dass die vertretungsweise Übertragung einer höherwertigen Tätigkeit ein Unterfall der vorübergehenden Übertragung einer höherwertigen Tätigkeit ist. Gleiches gilt für die Zulage nach § 2 der Anlage 3 zum BAT.

§ 11
Kinderbezogene Entgeltbestandteile

(1) ¹Für im September 2005 zu berücksichtigende Kinder werden die kinderbezogenen Entgeltbestandteile des BAT/BAT-O/BAT-Ostdeutsche Sparkassen oder BMT-G/BMT-G-O in der für September 2005 zustehenden Höhe als Besitzstandszulage fortgezahlt, solange für diese Kinder Kindergeld nach dem Einkommensteuergesetz (EStG) oder nach dem Bundeskindergeldgesetz (BKGG) ununterbrochen gezahlt wird oder ohne Berücksichtigung des § 64 oder § 65 EStG oder des § 3 oder § 4 BKGG gezahlt würde. ²Die Besitzstandszulage entfällt ab dem Zeitpunkt, zu dem einer anderen Person, die im öffentlichen Dienst steht oder auf Grund einer Tätigkeit im öffentlichen Dienst nach beamtenrechtlichen Grundsätzen oder nach einer Ruhelohnordnung versorgungsberechtigt ist, für ein Kind, für welches die Besitzstandszulage gewährt wird, das Kindergeld gezahlt wird; die Änderung der Kindergeldberechtigung hat die/der Beschäftigte dem Arbeitgeber unverzüglich schriftlich anzuzeigen. ³Unterbrechungen wegen der Ableistung von Grundwehrdienst, Zivildienst oder Wehrübungen sowie die Ableistung eines freiwilligen sozialen oder ökologischen Jahres sind unschädlich; soweit die unschädliche Unterbrechung bereits im Monat September 2005 vorliegt, wird die Besitzstandszulage ab dem Zeitpunkt des Wiederauflebens der Kindergeldzahlung gewährt.

(2) ¹§ 24 Abs. 2 TVöD ist anzuwenden. ²Die Besitzstandszulage nach Absatz 1 Satz 1 verändert sich bei allgemeinen Entgeltanpassungen um den von den Tarifvertragsparteien für die jeweilige Entgeltgruppe festgelegten Vomhundertsatz. ³Ansprüche nach Absatz 1 können für Kinder ab dem vollendeten 16. Lebensjahr durch Vereinbarung mit der/dem Beschäftigten abgefunden werden. ⁴§ 6 Abs. 1 Satz 4 findet entsprechende Anwendung.

(3) Die Absätze 1 und 2 gelten entsprechend für

(a) zwischen dem 1. Oktober 2005 und dem 31. Dezember 2005 geborene Kinder der übergeleiteten Beschäftigten,

(b) die Kinder von bis zum 31. Dezember 2005 in ein Arbeitsverhältnis übernommenen Auszubildenden, Schülerinnen/Schüler in der Gesundheits- und Krankenpflege, Gesundheits- und Kinderkrankenpflege und in der Entbindungspflege sowie Praktikantinnen und Praktikanten aus tarifvertraglich geregelten Beschäftigungsverhältnissen, soweit diese Kinder vor dem 1. Januar 2006 geboren sind.

§ 12
Strukturausgleich

(1) ¹Aus dem Geltungsbereich des BAT/BAT-O/BAT-Ostdeutsche Sparkassen übergeleitete Beschäftigte erhalten ausschließlich in den in Anlage 2 TVÜ-VKA aufgeführten Fällen zusätzlich zu ihrem monatlichen Entgelt einen nicht dynamischen Strukturausgleich. ²Maßgeblicher Stichtag für

die anspruchsbegründenden Voraussetzungen (Vergütungsgruppe, Stufe, Ortszuschlag, Aufstiegszeiten) ist der 1. Oktober 2005, sofern in Anlage 2 TVÜ-VKA nicht ausdrücklich etwas anderes geregelt ist.

(2) Die Zahlung des Strukturausgleichs beginnt im Oktober 2007, sofern in Anlage 2 TVÜ-VKA nicht etwas anderes bestimmt ist.

(3) ¹Bei Teilzeitbeschäftigung steht der Strukturausgleich anteilig zu (§ 24 Abs. 2 TVöD). ²§ 5 Abs. 5 Satz 2 gilt entsprechend.

Protokollerklärung zu Absatz 3:
Bei späteren Veränderungen der individuellen regelmäßigen Arbeitszeit der/des Beschäftigten ändert sich der Strukturausgleich entsprechend.

(4) Bei Höhergruppierungen wird der Unterschiedsbetrag zum bisherigen Entgelt auf den Strukturausgleich angerechnet.

(5) Einzelvertraglich kann der Strukturausgleich abgefunden werden.

Niederschriftserklärungen zu § 12:
1. *¹Die Tarifvertragsparteien sind sich angesichts der Fülle der denkbaren Fallgestaltungen bewusst, dass die Festlegung der Strukturausgleiche je nach individueller Fallgestaltung in Einzelfällen sowohl zu überproportional positiven Wirkungen als auch zu Härten führen kann. ²Sie nehmen diese Verwerfungen im Interesse einer für eine Vielzahl von Fallgestaltungen angestrebten Abmilderung von Exspektanzverlusten hin.*
2. *¹Die Tarifvertragsparteien erkennen unbeschadet der Niederschriftserklärung Nr. 1 zu § 12 an, dass die Strukturausgleiche in einem Zusammenhang mit der zukünftigen Entgeltordnung stehen. ²Die Tarifvertragsparteien werden nach einer Vereinbarung der Entgeltordnung zum TVöD, rechtzeitig vor Ablauf des 30. September 2007, prüfen, ob und in welchem Umfang sie neben den bereits verbindlich vereinbarten Fällen, in denen Strukturausgleichsbeträge festgelegt sind, für einen Zeitraum bis längstens Ende 2014 in weiteren Fällen Regelungen, die auch in der Begrenzung der Zuwächse aus Strukturausgleichen bestehen können, vornehmen müssen. ³Sollten zusätzliche Strukturausgleiche vereinbart werden, sind die sich daraus ergebenden Kostenwirkungen in der Entgeltrunde 2008 zu berücksichtigen.*

§ 13
Entgeltfortzahlung im Krankheitsfall

¹Bei Beschäftigten, für die bis zum 30. September 2005 § 71 BAT gegolten hat, wird abweichend von § 22 Abs. 2 TVöD für die Dauer des über den 30. September 2005 hinaus ununterbrochen fortbestehenden Arbeitsverhältnisses der Krankengeldzuschuss in Höhe des Unterschiedsbetrages zwischen dem festgesetzten Nettokrankengeld oder der entsprechenden gesetzlichen Nettoleistung und dem Nettoentgelt (§ 22 Abs. 2 Satz 2 und 3 TVöD) gezahlt. ²Nettokrankengeld ist das um die Arbeitnehmeranteile zur Sozialversicherung reduzierte Krankengeld. ³Für Beschäftigte, die nicht der Versicherungspflicht in der gesetzlichen Krankenversicherung unterlie-

gen, ist bei der Berechnung des Krankengeldzuschusses der Höchstsatz des Nettokrankengeldes, der bei Pflichtversicherung in der gesetzlichen Krankenversicherung zustünde, zugrunde zu legen.

Protokollerklärung zu § 13:
Ansprüche aufgrund von beim Arbeitgeber am 30. September 2005 geltenden Regelungen für die Gewährung von Beihilfen an Arbeitnehmerinnen und Arbeitnehmer im Krankheitsfall bleiben für die von § 1 Abs. 1 erfassten Beschäftigten unberührt. Änderungen von Beihilfevorschriften für Beamte kommen zur Anwendung, soweit auf Landes- bzw. Bundesvorschriften Bezug genommen wird.

§ 14
Beschäftigungszeit

(1) Für die Dauer des über den 30. September 2005 hinaus fortbestehenden Arbeitsverhältnisses werden die vor dem 1. Oktober 2005 nach Maßgabe der jeweiligen tarifrechtlichen Vorschriften anerkannten Beschäftigungszeiten als Beschäftigungszeit im Sinne des § 34 Abs. 3 TVöD berücksichtigt.

(2) Für die Anwendung des § 23 Abs. 2 TVöD werden die bis zum 30. September 2005 zurückgelegten Zeiten, die nach Maßgabe

– des BAT anerkannte Dienstzeit,

– des BAT-O/BAT-Ostdeutsche Sparkassen, BMT-G/BMT-G-O anerkannte Beschäftigungszeit

sind, als Beschäftigungszeit im Sinne des § 34 Abs. 3 TVöD berücksichtigt.

(3) Aus dem Geltungsbereich des BMT-G übergeleitete Beschäftigte, die am 30. September 2005 eine Beschäftigungszeit (§ 6 BMT-G ohne die nach § 68a BMT-G berücksichtigten Zeiten) von mindestens zehn Jahren zurückgelegt haben, erwerben abweichend von § 34 Abs. 2 Satz 1 TVöD den besonderen Kündigungsschutz nach Maßgabe des § 52 Abs. 1 BMT-G.

§ 15
Urlaub

(1) ¹Für die Dauer und die Bewilligung des Erholungsurlaubs bzw. von Zusatzurlaub für das Urlaubsjahr 2005 gelten die im September 2005 jeweils maßgebenden Vorschriften bis zum 31. Dezember 2005 fort. ²Die Regelungen des TVöD gelten für die Bemessung des Urlaubsentgelts sowie für eine Übertragung von Urlaub auf das Kalenderjahr 2006.

(2) ¹Aus dem Geltungsbereich des BAT/BAT-O/BAT-Ostdeutsche Sparkassen übergeleitete Beschäftigte der Vergütungsgruppen I und Ia, die für das Urlaubsjahr 2005 einen Anspruch auf 30 Arbeitstage Erholungsurlaub erworben haben, behalten bei einer Fünftagewoche diesen Anspruch für die Dauer des über den 30. September 2005 hinaus ununterbrochen fort-

bestehenden Arbeitsverhältnisses. ²Die Urlaubsregelungen des TVöD bei abweichender Verteilung der Arbeitszeit gelten entsprechend.

(3) § 42 Abs. 1 BMT-G/BMT-G-O i.V.m. bezirklichen Tarifverträgen zu § 42 Abs. 2 BMT-G und der Tarifvertrag zu § 42 Abs. 2 BMT-G-O (Zusatzurlaub für Arbeiter) gelten bis zum In-Kraft-Treten entsprechender landesbezirklicher Tarifverträge fort; im Übrigen gilt Absatz 1 entsprechend.

(4) ¹In den Fällen des § 48a BAT/BAT-O/BAT-Ostdeutsche Sparkassen oder § 41a BMT-G/BMT-G-O wird der sich nach dem Kalenderjahr 2005 zu bemessende Zusatzurlaub im Kalenderjahr 2006 gewährt. ²Die nach Satz 1 zustehenden Urlaubstage werden auf den nach den Bestimmungen des TVöD im Kalenderjahr 2006 zustehenden Zusatzurlaub für Wechselschichtarbeit und Schichtarbeit angerechnet. ³Absatz 1 Satz 2 gilt entsprechend.

§ 16
Abgeltung

¹Durch Vereinbarungen mit der/dem Beschäftigten können Entgeltbestandteile aus Besitzständen, ausgenommen für Vergütungsgruppenzulagen, pauschaliert bzw. abgefunden werden. ²§ 11 Abs. 2 Satz 3 und § 12 Abs. 5 bleiben unberührt.

Protokollerklärung zum 3. Abschnitt:

¹Einvernehmlich werden die Verhandlungen zur Überleitung der Entgeltsicherung bei Leistungsminderung zurückgestellt. ²Da damit die fristgerechte Überleitung der Beschäftigten, die eine Zahlung nach §§ 25 Abs. 4, 28 Abs. 1 und 2, § 28a BMT-G/BMT-G-O bzw. § 56 BAT/BAT-O erhalten, nicht sichergestellt ist, erfolgt am 1. Oktober 2005 eine Fortzahlung der bisherigen Bezüge als zu verrechnender Abschlag auf das Entgelt, das diesen Beschäftigten nach dem noch zu erzielenden künftigen Verhandlungsergebnis zusteht. ³Die in Satz 2 genannten Bestimmungen finden in ihrem jeweiligen Geltungsbereich bis zum In-Kraft-Treten einer Neuregelung weiterhin Anwendung, und zwar auch für Beschäftigte im Sinne des § 1 Abs. 2. ⁴§ 55 Abs. 2 Unterabs. 2 Satz 2 BAT, Nrn. 7 und 10 SR 2o BAT, Nr. 3 SR 2x BAT/BAT-o bleiben in ihrem bisherigen Geltungsbereich unberührt. ⁵Sollte das künftige Verhandlungsergebnis geringer als bis dahin gewährte Leistungen ausfallen, ist eine Rückforderung ausgeschlossen.

§ 17 TVÜ-VKA

4. Abschnitt
Sonstige vom TVöD abweichende oder ihn ergänzende Bestimmungen

§ 17
Eingruppierung

(1) ¹Bis zum In-Kraft-Treten der Eingruppierungsvorschriften des TVöD (mit Entgeltordnung) gelten die §§ 22, 23, 25 BAT und Anlage 3 zum BAT, §§ 22, 23 BAT-O/BAT-Ostdeutsche Sparkassen einschließlich der Vergütungsordnung sowie die landesbezirklichen Lohngruppenverzeichnisse gemäß Rahmentarifvertrag zu § 20 BMT-G und des Tarifvertrages zu § 20 Abs. 1 BMT-G-O (Lohngruppenverzeichnis) über den 30. September 2005 hinaus fort. ²In gleicher Weise gilt Nr. 2a SR 2x i.V.m. § 11 Satz 2 BAT/BAT-O fort. ³Diese Regelungen finden auf übergeleitete und ab dem 1. Oktober 2005 neu eingestellte Beschäftigte im jeweiligen bisherigen Geltungsbereich nach Maßgabe dieses Tarifvertrages Anwendung. ⁴An die Stelle der Begriffe Vergütung und Lohn tritt der Begriff Entgelt.

(2) Abweichend von Absatz 1

– gelten Vergütungsordnungen und Lohngruppenverzeichnisse nicht für ab dem 1. Oktober 2005 in Entgeltgruppe 1 TVöD neu eingestellte Beschäftigte,

– gilt die Vergütungsgruppe I der Vergütungsordnung zum BAT/BAT-O/BAT-Ostdeutsche Sparkassen ab dem 1. Oktober 2005 nicht fort; die Ausgestaltung entsprechender Arbeitsverhältnisse erfolgt außertariflich

– gilt die Entgeltordnung für Ärztinnen und Ärzte gemäß § 51 BT-K.

(3) ¹Mit Ausnahme der Eingruppierung in die Entgeltgruppe 1 und der Eingruppierung der Ärztinnen und Ärzte sind alle zwischen dem 1. Oktober 2005 und dem In-Kraft-Treten der neuen Entgeltordnung stattfindenden Eingruppierungsvorgänge (Neueinstellungen und Umgruppierungen) vorläufig und begründen keinen Vertrauensschutz und keinen Besitzstand. ²Dies gilt nicht für Aufstiege gemäß § 8 Abs. 1 Satz 1 und 2 und Abs. 3 1. Alternative.

(4) ¹Anpassungen der Eingruppierung aufgrund des In-Kraft-Tretens der neuen Entgeltordnung erfolgen mit Wirkung für die Zukunft. ²Bei Rückgruppierungen, die in diesem Zusammenhang erfolgen, sind finanzielle Nachteile im Wege einer nicht dynamischen Besitzstandszulage auszugleichen, solange die Tätigkeit ausgeübt wird. ³Die Besitzstandszulage vermindert sich nach dem 30. September 2008 bei jedem Stufenaufstieg um die Hälfte des Unterschiedsbetrages zwischen der bisherigen und der neuen Stufe; bei Neueinstellungen (§ 1 Abs. 2) vermindert sich die Besitzstandszulage jeweils um den vollen Unterschiedsbetrag. ⁴Die Grundsätze korrigierender Rückgruppierung bleiben unberührt.

TVÜ-VKA § 17

Protokollerklärung zu Absatz 4:
Dies gilt auch im Hinblick auf die Problematik des § 2 Abs. 4 des Rahmentarifvertrages zu § 20 Abs. 1 BMT-G (Eckeingruppierung in Lohngruppe 5 Fallgruppe 1 im Bereich des Kommunalen Arbeitgeberverbandes Nordrhein-Westfalen) mit folgenden Maßgaben:
- *Neueinstellungen werden anstelle der Entgeltgruppe 5 zunächst der Entgeltgruppe 6 zugeordnet.*
- *Über deren endgültige Zuordnung wird im Rahmen der Verhandlungen über die neue Entgeltordnung entschieden, die insoweit zunächst auf landesbezirklicher Ebene geführt werden.*

(5) ¹Bewährungs-, Fallgruppen- und Tätigkeitsaufstiege gibt es ab dem 1. Oktober 2005 nicht mehr; §§ 8 und 9 bleiben unberührt. ²Satz 1 gilt auch für Vergütungsgruppenzulagen, es sei denn, dem Tätigkeitsmerkmal einer Vergütungsgruppe der Vergütungsordnung (Anlage 1a zum BAT) ist eine Vergütungsgruppenzulage zugeordnet, die unmittelbar mit Übertragung der Tätigkeit zusteht; bei Übertragung einer entsprechenden Tätigkeit wird diese bis zum In-Kraft-Treten der neuen Entgeltordnung unter den Voraussetzungen des bisherigen Tarifrechts als Besitzstandszulage in der bisherigen Höhe gezahlt; § 9 Abs. 4 gilt entsprechend.

(6) In der Zeit zwischen dem 1. Oktober 2005 und dem In-Kraft-Treten der neuen Entgeltordnung erhalten Beschäftigte, denen ab dem 1. Oktober 2005 eine anspruchsbegründende Tätigkeit übertragen wird, eine persönliche Zulage, die sich betragsmäßig nach der entfallenen Techniker-, Meister- und Programmiererzulage bemisst, soweit die Anspruchsvoraussetzungen nach bisherigem Tarifrecht erfüllt sind.

(7) ¹Für Eingruppierungen zwischen dem 1. Oktober 2005 und dem In-Kraft-Treten der neuen Entgeltordnung werden die Vergütungsgruppen der Vergütungsordnung (Anlage 1a) und die Lohngruppen der Lohngruppenverzeichnisse gemäß Anlage 3 den Entgeltgruppen des TVöD zugeordnet. ²Absatz 1 Satz 2 bleibt unberührt.

Protokollerklärung zu Absatz 7:
Die Protokollerklärung zu § 4 Abs. 1 gilt entsprechend für übergeleitete und ab 1. Oktober 2005 neu eingestellte Pflegekräfte.

(8) ¹Beschäftigte, die zwischen dem 1. Oktober 2005 und dem In-Kraft-Treten der neuen Entgeltordnung in Entgeltgruppe 13 eingruppiert werden und die nach der Vergütungsordnung (Anlage 1a) in Vergütungsgruppe II BAT/BAT-O/BAT-Ostdeutsche Sparkassen mit fünf- bzw. sechsjährigem Aufstieg nach Vergütungsgruppe Ib BAT/BAT-O/BAT-Ostdeutsche Sparkassen eingruppiert wären, erhalten bis zum In-Kraft-Treten der neuen Entgeltordnung eine persönliche Zulage in Höhe des Unterschiedsbetrages zwischen dem Entgelt ihrer Stufe nach Entgeltgruppe 13 und der entsprechenden Stufe der Entgeltgruppe 14. ²Von Satz 1 werden auch Fallgruppen

§ 17 TVÜ-VKA

der Vergütungsgruppe Ib BAT/BAT-O/BAT-Ostdeutsche Sparkassen erfasst, deren Tätigkeitsmerkmale eine bestimmte Tätigkeitsdauer voraussetzen. ³Die Sätze 1 und 2 gelten auch für Beschäftigte im Sinne des § 1 Abs. 2.

Niederschriftserklärung zu § 17 Abs. 8:
Mit dieser Regelung ist keine Entscheidung über die Zuordnung und Fortbestand/ Besitzstand der Zulage im Rahmen der neuen Entgeltordnung verbunden.

(9) ¹Bis zum In-Kraft-Treten der Eingruppierungsvorschriften des TVöD gelten für Vorarbeiter/innen und Vorhandwerker/innen, Fachvorarbeiter/innen und vergleichbare Beschäftigte die bisherigen landesbezirklichen Regelungen und die Regelungen in Anlage 3 Teil I des Tarifvertrages zu § 20 Abs. 1 BMT-G-O (Lohngruppenverzeichnis) im bisherigen Geltungsbereich fort; dies gilt auch für Beschäftigte im Sinne des § 1 Abs. 2. ²Satz 1 gilt für Lehrgesellen/innen entsprechend, soweit hierfür besondere tarifliche Regelungen vereinbart sind. ³Ist anlässlich der vorübergehenden Übertragung einer höherwertigen Tätigkeit im Sinne des § 14 TVöD zusätzlich eine Tätigkeit auszuüben, für die nach bisherigem Recht ein Anspruch auf Zahlung einer Zulage für Vorarbeiter/innen und Vorhandwerker/innen, Fachvorarbeiter/innen und vergleichbare Beschäftigte oder Lehrgesellen/innen besteht, erhält die/der Beschäftigte abweichend von den Sätzen 1 und 2 sowie von § 14 Abs. 3 TVöD anstelle der Zulage nach § 14 TVöD für die Dauer der Ausübung sowohl der höherwertigen als auch der zulagenberechtigenden Tätigkeit eine persönliche Zulage in Höhe von 10 v.H. ihres/seines Tabellenentgelts.

(10) Die Absätze 1 bis 9 gelten für besondere tarifvertragliche Vorschriften über die Eingruppierungen entsprechend.

Protokollerklärung zu § 17:
¹Die Tarifvertragsparteien sind sich darin einig, dass in der noch zu verhandelnden Entgeltordnung die bisherigen unterschiedlichen materiellen Wertigkeiten aus Fachhochschulabschlüssen (einschließlich Sozialpädagogen/innen und Ingenieuren/innen) auf das Niveau der vereinbarten Entgeltwerte der Entgeltgruppe 9 ohne Mehrkosten (unter Berücksichtigung der Kosten für den Personenkreis, der nach der Übergangsphase nicht mehr in eine höhere bzw. niedrigere Entgeltgruppe eingruppiert ist) zusammengeführt werden; die Abbildung von Heraushebungsmerkmalen oberhalb der Entgeltgruppe 9 bleibt davon unberührt. ²Sollte hierüber bis zum 31. Dezember 2007 keine einvernehmliche Lösung vereinbart werden, so erfolgt ab dem 1. Januar 2008 bis zum In-Kraft-Treten der Entgeltordnung die einheitliche Eingruppierung aller ab dem 1. Januar 2008 neu einzugruppierenden Beschäftigten mit Fachhochschulabschluss nach den jeweiligen Regeln der Entgeltgruppe 9 zu »Vb BAT ohne Aufstieg nach IVb (mit und ohne FH-Abschluss)«.

§ 18
Vorübergehende Übertragung einer höherwertigen Tätigkeit nach dem 30. September 2005

(1) ¹Wird aus dem Geltungsbereich des BAT/BAT-O/BAT-Ostdeutsche Sparkassen übergeleiteten Beschäftigten in der Zeit zwischen dem 1. Oktober 2005 und dem 30. September 2007 erstmalig außerhalb von § 10 eine höherwertige Tätigkeit vorübergehend übertragen, findet der TVöD Anwendung. ²Ist die/der Beschäftigte in eine individuelle Zwischenstufe übergeleitet worden, gilt für die Bemessung der persönlichen Zulage § 6 Abs. 2 Satz 1 und 2 entsprechend. ³Bei Überleitung in eine individuelle Endstufe gilt § 6 Abs. 4 Satz 2 entsprechend. ⁴In den Fällen des § 6 Abs. 5 bestimmt sich die Höhe der Zulage nach den Vorschriften des TVöD über die vorübergehende Übertragung einer höherwertigen Tätigkeit.

(2) Wird aus dem Geltungsbereich des BMT-G/BMT-G-O übergeleiteten Beschäftigten nach dem 30. September 2005 erstmalig außerhalb von § 10 eine höherwertige Tätigkeit vorübergehend übertragen, gelten bis zum In-Kraft-Treten eines Tarifvertrages über eine persönliche Zulage die bisherigen bezirklichen Regelungen gemäß § 9 Abs. 3 BMT-G und nach Anlage 3 Teil I des Tarifvertrages zu § 20 Abs. 1 BMT-G-O (Lohngruppenverzeichnis) im bisherigen Geltungsbereich mit der Maßgabe entsprechend, dass sich die Höhe der Zulage nach dem TVöD richtet.

(3) Bis zum In-Kraft-Treten der Eingruppierungsvorschriften des TVöD gilt – auch für Beschäftigte im Sinne des § 1 Abs. 2 – § 14 TVöD mit der Maßgabe, dass sich die Voraussetzungen für die übertragene höherwertige Tätigkeit nach § 22 Abs. 2 BAT / BAT-O bzw. den entsprechenden Regelungen für Arbeiter bestimmen.

(4) ¹Die Absätze 1 und 3 gelten in Fällen des § 2 der Anlage 3 zum BAT entsprechend. ²An die Stelle der Begriffe Grundvergütung, Vergütungsgruppe und Vergütung treten die Begriffe Entgelt und Entgeltgruppe.

Niederschriftserklärungen zu § 18:

1. *¹Abweichend von der Grundsatzregelung des TVöD über eine persönliche Zulage bei vorübergehender Übertragung einer höherwertigen Tätigkeit ist durch einen landesbezirklichen Tarifvertrag im Rahmen eines Katalogs, der die hierfür in Frage kommenden Tätigkeiten aufführt, zu bestimmen, dass die Voraussetzung für die Zahlung einer persönlichen Zulage bereits erfüllt ist, wenn die vorübergehende übertragene Tätigkeit mindestens drei Arbeitstage angedauert hat und der/die Beschäftigte ab dem ersten Tag der Vertretung in Anspruch genommen ist. ²Die landesbezirklichen Tarifverträge sollen spätestens am 1. Juli 2007 in Kraft treten.*
2. *Die Niederschriftserklärung zu § 10 Abs. 1 und 2 gilt entsprechend.*

§ 19
Entgeltgruppen 2 Ü und 15 Ü, Anwendung der Entgelttabelle auf Lehrkräfte

(1) Zwischen dem 1. Oktober 2005 und dem In-Kraft-Treten der neuen Entgeltordnung gelten für Beschäftigte, die in die Entgeltgruppe 2 Ü übergeleitet oder in die Lohngruppen 1 mit Aufstieg nach 2 und 2a oder in die Lohngruppe 2 mit Aufstieg nach 2a eingestellt werden, folgende Tabellenwerte:

Stufe 1	Stufe 2	Stufe 3	Stufe 4	Stufe 5	Stufe 6
1503	1670	1730	1810	1865	1906

(2) [1]Übergeleitete Beschäftigte der Vergütungsgruppe I BAT/BAT-O/BAT-Ostdeutsche Sparkassen unterliegen dem TVöD. [2]Sie werden in die Entgeltgruppe 15 Ü mit folgenden Tabellenwerten übergeleitet:

Stufe 2	Stufe 3	Stufe 4	Stufe 5	Stufe 6
4330	4805	5255	5555	5625

[3]Die Verweildauer in den Stufen 2 bis 5 beträgt jeweils fünf Jahre.

(3) Für übergeleitete und ab dem 1. Oktober 2005 neu eingestellte Lehrkräfte, die gemäß Nr. 5 der Vorbemerkung zu allen Vergütungsgruppen nicht unter die Anlage 1 a zum BAT/BAT-O fallen und die nicht vom Buchst. a) oder b) erfasst werden, gilt die Entgelttabelle zum TVöD mit der Maßgabe, dass die Tabellenwerte

– der Entgeltgruppen 5 bis 8 um 64,00 Euro und

– der Entgeltgruppen 9 bis 14 um 72,00 Euro

vermindert werden. Dies gilt nicht für Lehrkräfte nach § 1 Abs. 1 und 2, die die fachlichen und pädagogischen Voraussetzungen für die Einstellung als Studienrat nach der Besoldungsgruppe A 13 BBesG erfüllen und für übergeleitete Lehrkräfte, die einen arbeitsvertraglichen Anspruch auf eine allgemeine Zulage wie die unter die Anlage 1a zum BAT/BAT-O fallenden Angestellten haben.

Niederschriftserklärung zu § 19 Abs. 3:
Die Tarifvertragsparteien streben für die Zeit nach dem 31. Dezember 2007 eine Harmonisierung mit den Tabellenwerten für die übrigen Beschäftigten an.

(4) Die Regelungen des TVöD über die Bezahlung im Tarifgebiet Ost gelten entsprechend.

§ 20
Jahressonderzahlung für die Jahre 2005 und 2006

(1) ¹Im Zeitraum vom 1. Oktober bis 31. Dezember 2005 gelten für Beschäftigte nach § 1 Abs. 1 und 2 im jeweiligen Geltungsbereich folgende Tarifverträge bzw. Tarifregelungen als den TVöD ergänzende Tarifverträge bzw. Tarifregelungen:

a) Tarifvertrag über eine Zuwendung für Angestellte vom 12. Oktober 1973,

b) Tarifvertrag über eine Zuwendung für Angestellte (TV Zuwendung Ang-O) vom 10. Dezember 1990,

c) Tarifvertrag über eine Zuwendung für Angestellte (TV Zuwendung Ang-Ostdeutsche Sparkassen) vom 25. Oktober 1990,

d) Tarifvertrag über eine Zuwendung für Arbeiter vom 12. Oktober 1973,

e) Tarifvertrag über eine Zuwendung für Arbeiter (TV Zuwendung Arb-O) vom 10. Dezember 1990,

f) Nr. 7 des Tarifvertrages über die Anwendung von Tarifverträgen auf Arbeiter (TV Arbeiter-Ostdeutsche Sparkassen) vom 25. Oktober 1990.

²Die unter Buchst. a bis f aufgezählten Tarifverträge bzw. Tarifregelungen finden auf Beschäftigte, die unter den Geltungsbereich des TVöD fallen, nach dem 31. Dezember 2005 keine Anwendung mehr.

(2) Im Zeitraum vom 1. Oktober bis 31. Dezember 2005 gelten für Beschäftigte nach § 1 Abs. 1 und 2 im bisherigen Geltungsbereich Nr. 5 SR 2s BAT und Nr. 5 SR 2s BAT-Ostdeutsche Sparkassen als den TVöD ergänzende Regelung mit der Maßgabe, dass Bemessungsgrundlage für die Überstundenpauschvergütung das Vergleichsentgelt (§ 5) zuzüglich einer etwaigen Besitzstandszulage nach § 9 und der kinderbezogenen Entgeltbestandteile gemäß § 11 ist.

(3) Die mit dem Entgelt für den Monat November 2006 zu gewährende Jahressonderzahlung berechnet sich für Beschäftigte nach § 1 Abs. 1 und 2 nach den Bestimmungen des § 20 TVöD mit folgenden Maßgaben:

1. Der Bemessungssatz der Jahressonderzahlung beträgt in allen Entgeltgruppen

    a) bei Beschäftigten, für die nach dem TVöD die Regelungen des Tarifgebiets West Anwendung finden, 82,14 v.H.

    b) bei Beschäftigten, für die nach dem TVöD die Regelungen des Tarifgebiets Ost Anwendung finden, 61,60 v.H.

2. ¹Der sich nach Nr. 1 ergebende Betrag der Jahressonderzahlung erhöht sich um einen Betrag in Höhe von 255,65 Euro. ²Bei Beschäftigten, für die nach dem TVöD die Regelungen des Tarifgebiets West Anwendung finden und denen am 1. Juli 2006 Entgelt nach einer der Entgeltgrup-

§§ 20, 21 TVÜ-VKA

pen 1 bis 8 zusteht, erhöht sich dieser Zusatzbetrag auf 332,34 Euro. ³Satz 2 gilt entsprechend bei Beschäftigten – auch für Beschäftigte nach § 1 Abs. 2 – im Tarifgebiet West, denen bei Weitergeltung des BAT Grundvergütung nach der Vergütungsgruppen Kr. VI zugestanden hätte. ⁴Teilzeitbeschäftigte erhalten von dem Zusatzbetrag nach Satz 1 oder 2 den Teil, der dem Anteil ihrer Arbeitszeit an der Arbeitszeit vergleichbarer Vollzeitbeschäftigter entspricht. ⁵Der Zusatzbetrag nach den Sätzen 1 bis 3 ist kein zusatzversorgungspflichtiges Entgelt.

3. Der sich nach Nr. 1 ergebende Betrag der Jahressonderzahlung erhöht sich für jedes Kind, für das Beschäftigte im September 2006 kinderbezogene Entgeltbestandteile gemäß § 11 erhalten, um 25,56 Euro.

(4) Absatz 3 gilt nicht für Sparkassen.

§ 21
Einmalzahlungen für 2006 und 2007

(1) Die von § 1 Abs. 1 und 2 erfassten Beschäftigten im Tarifgebiet West erhalten für die Jahre 2006 und 2007 jeweils eine Einmalzahlung in Höhe von 300 Euro, die in zwei Teilbeträgen in Höhe von jeweils 150 Euro mit den Bezügen für die Monate April und Juli der Jahre 2006 und 2007 ausgezahlt wird.

(2) ¹Der Anspruch auf die Teilbeträge nach Absatz 1 besteht, wenn die/der Beschäftigte an mindestens einem Tag des jeweiligen Fälligkeitsmonats Anspruch auf Bezüge (Entgelt, Urlaubsentgelt oder Entgeltfortzahlung im Krankheitsfall) gegen einen Arbeitgeber im Sinne des § 1 Abs. 1 hat; dies gilt auch für Kalendermonate, in denen nur wegen der Höhe der Barleistungen des Sozialversicherungsträgers Krankengeldzuschuss nicht gezahlt wird. ²Die jeweiligen Teilbeträge werden auch gezahlt, wenn eine Beschäftigte wegen der Beschäftigungsverbote nach § 3 Abs. 2 und § 6 Abs. 1 des Mutterschutzgesetzes in dem jeweiligen Fälligkeitsmonat keine Bezüge erhalten hat.

(3) ¹Nichtvollbeschäftigte erhalten den jeweiligen Teilbetrag der Einmalzahlung, der dem Verhältnis der mit ihnen vereinbarten durchschnittlichen Arbeitszeit zu der regelmäßigen wöchentlichen Arbeitszeit eines entsprechenden Vollbeschäftigten entspricht. ²Maßgebend sind die jeweiligen Verhältnisse am 1. April bzw. 1. Juli.

(4) Die Einmalzahlungen sind bei der Bemessung sonstiger Leistungen nicht zu berücksichtigen.

(5) ¹Absätze 1 bis 4 gelten für das Jahr 2006 auch für Beschäftigte im Tarifgebiet West, die gemäß § 2 Abs. 1 Buchst. d und e TVöD (Ausschluss von Versorgungsbetrieben, in Nahverkehrsbetrieben und in der Wasserwirtschaft in Nordrhein-Westfalen) vom Geltungsbereich des TVöD ausgenommen sind und wenn auf sie nicht der TV-V, TV-WW/NW oder ein TV-N Anwendung findet. ²Gleiches gilt für das Jahr 2007 nur dann, wenn der Arbeitgeber die Anwendung des TV-V, TV-WW/NW bzw. TV-N ablehnt.

§ 22
Sonderregelungen für Beschäftigte im bisherigen Geltungsbereich der SR 2a, SR 2b und SR 2c zum BAT/BAT-O

(1) Im bisherigen Geltungsbereich der SR 2a, 2b und 2c BAT / BAT-O gilt für Beschäftigte gemäß § 1 Abs. 1 und 2 Folgendes:

1. ¹Die Regelungen der §§ 45 bis 47 BT-K treten am 1. Januar 2006 in Kraft. ²Bis zum In-Kraft-Treten dieser Regelungen gelten die für Bereitschaftsdienst und Rufbereitschaft einschlägigen tarifvertraglichen Regelungen des BAT/BAT-O abweichend von § 2 fort.
2. Aufgrund einer Betriebs- oder Dienstvereinbarung können bereits vor dem 1. Januar 2006 die Regelungen der §§ 45 bis 47 BT-K angewendet werden.
3. Abweichend von Nr. 1 tritt § 45 Abs. 7 BT-K für die von § 1 Abs. 1 erfassten Beschäftigten erst zum 1. Juli 2006 in Kraft, sofern dessen Anwendung zu Veränderungen führt.

(2) Nr. 7 SR 2 a BAT/BAT-O gilt im bisherigen Geltungsbereich bis zum In-Kraft-Treten einer Neuregelung fort.

(3) Nr. 5 SR 2 c BAT/BAT-O gilt für übergeleitete Ärztinnen und Ärzte bis zu einer arbeitsvertraglichen Neuregelung deren Nebentätigkeit fort.

(4) Bestehende Regelungen zur Anrechnung von Wege- und Umkleidezeiten auf die Arbeitszeit bleiben durch das In-Kraft-Treten des TVöD unberührt.

§ 23
Erschwerniszuschläge, Schichtzulagen

(1) ¹Bis zur Regelung in einem landesbezirklichen Tarifvertrag gelten für die von § 1 Abs. 1 und 2 erfassten Beschäftigten im jeweiligen bisherigen Geltungsbereich

- die jeweils geltenden bezirklichen Regelungen zu Erschwerniszuschlägen gemäß § 23 Abs. 3 BMT-G,
- der Tarifvertrag zu § 23 Abs. 3 BMT-G-O vom 14. Mai 1991,
- der Tarifvertrag über die Gewährung von Zulagen gemäß § 33 Abs. 1 Buchst. c BAT vom 11. Januar 1962 und
- der Tarifvertrag für die Gewährung von Zulagen gemäß § 33 Abs. 1 Buchst. c BAT-O

fort. ²Sind die Tarifverhandlungen nach Satz 1 nicht bis zum 31. Dezember 2007 abgeschlossen, gelten die landesbezirklichen Tarifverträge ab 1. Januar 2008 mit der Maßgabe fort, dass die Grenzen und die Bemessungsgrundlagen des § 19 Abs. 4 TVöD zu beachten sind.

(2) ¹Bis zum In-Kraft-Treten der Entgeltordnung gelten für Beschäftigte gemäß § 1 Abs. 1, auf die bis zum 30. September 2005 der Tarifvertrag betreffend Wechselschicht- und Schichtzulagen für Angestellte vom 1. Juli 1981, der Tarifvertrag betreffend Wechselschicht- und Schichtzulagen für Ange-

§§ 23–26 TVÜ-VKA

stellte (TV Schichtzulagen Ang-O) vom 8. Mai 1991, der Tarifvertrag zu §24 BMT-G (Schichtlohnzuschlag) vom 1. Juli 1981 oder der Tarifvertrag zu §24 Abs. 4 Unterabs. 1 BMT-G-O (TV Schichtlohnzuschlag Arb-O) vom 8. Mai 1991 Anwendung gefunden hat, diese Tarifverträge einschließlich der bis zum 30. September 2005 zu ihrer Anwendung maßgebenden Begriffsbestimmungen des BAT/BAT-O/BMT-G/BMT-G-O weiter. [2]Für alle übrigen Beschäftigten gelten bis zum In-Kraft-Treten der Entgeltordnung die Regelungen des §8 Abs. 5 und 6 in Verbindung mit §7 Abs. 1 und 2 TVöD. [3]Satz 1 gilt nicht für §4 Nrn. 2, 3, 8 und 10 des Tarifvertrages zu §24 BMT-G (Schichtlohnzuschlag) vom 1. Juli 1981; insoweit findet §2 Abs. 2 Anwendung.

§ 24
Bereitschaftszeiten

[1]Die landesbezirklich für Hausmeister und Beschäftigtengruppen mit Bereitschaftszeiten innerhalb ihrer regelmäßigen Arbeitszeit getroffenen Tarifverträge und Tarifregelungen sowie Nr. 3 SR 2r BAT-O gelten fort. [2]Dem Anhang zu §9 TVöD widersprechende Regelungen zur Arbeitszeit sind bis zum 31. Dezember 2005 entsprechend anzupassen.

§ 25
Übergangsregelung zur Zusatzversorgungspflicht der Feuerwehrzulage

[1]Abweichend von der allgemeinen Regelung, dass die Feuerwehrzulage für Beschäftigte im feuerwehrtechnischen Dienst nicht zusatzversorgungspflichtig ist, ist diese Zulage bei Beschäftigten, die eine Zulage nach Nr. 2 Abs. 2 SR 2x BAT/BAT-O bereits vor dem 1. Januar 1999 erhalten haben und bis zum 30. September 2005 nach Vergütungsgruppen X bis Va/b eingruppiert waren (§4 Abs. 1 Anlage 1 TVÜ-VKA), zusatzversorgungspflichtiges Entgelt nach Ablauf des Kalendermonats, in dem sie sieben Jahre lang bezogen worden ist, längstens jedoch bis zum 31. Dezember 2007. [2]Auf die Mindestzeit werden auch solche Zeiträume angerechnet, während derer die Feuerwehrzulage nur wegen Ablaufs der Krankenbezugsfristen nicht zugestanden hat. [3]Sätze 1 und 2 gelten nicht, wenn der Beschäftigte bis zum 31. Dezember 2007 bei Fortgeltung des BAT/BAT-O oberhalb der Vergütungsgruppe Va/b eingruppiert wäre.

§ 26
Angestellte als Lehrkräfte an Musikschulen

Für die bis zum 30. September 2005 unter den Geltungsbereich der Nr. 1 SR 2 l ll BAT fallenden Angestellten, die am 28. Februar 1987 in einem Arbeitsverhältnis standen, das am 1. März 1987 zu demselben Arbeitgeber bis zum 30. September 2005 fortbestanden hat, wird eine günstigere einzelarbeitsvertragliche Regelung zur Arbeitszeit durch das In-Kraft-Treten des TVöD nicht berührt.

§ 27
Angestellte im Bibliotheksdienst

Regelungen gemäß Nr. 2 SR 2 m BAT/BAT-O bleiben durch das In-Kraft-Treten des TVöD unberührt.

§ 28
Abrechnung unständiger Bezügebestandteile

Bezüge im Sinne des § 36 Abs. 1 Unterabs. 2 BAT/BAT-O/BAT-Ostdeutsche Sparkassen, § 26 a Abs. 1 Unterabs. 2 BMT-G / BMG-O für Arbeitsleistungen bis zum 30. September 2005 werden nach den bis dahin jeweils geltenden Regelungen abgerechnet, als ob das Arbeitsverhältnis mit Ablauf des 30. September 2005 beendet worden wäre.

5. Abschnitt
Besondere Regelungen für einzelne Mitgliedverbände der VKA

§ 29
Tarifgebiet Ost

Mit In-Kraft-Treten dieses Tarifvertrages bleiben

- § 3 Abs. 1 Satz 2 des Vergütungstarifvertrages Nr. 7 zum BAT-O für den Bereich der VKA,
- § 3 Abs. 1 Satz 2 des Vergütungstarifvertrages Nr. 7 zum BAT-Ostdeutsche Sparkassen,
- § 3 Abs. 1 Satz 2 des Monatslohntarifvertrages Nr. 7 zum BMT-G-O,
- § 3 Abs. 1 Satz 2 des Monatslohntarifvertrages Nr. 6 für die Arbeiter der ostdeutschen Sparkassen

unberührt.

§ 30
KAV Berlin

(1) Auf Beschäftigte, die unter den Geltungsbereich des § 2 Abs. 1 bis 6 und 8 des Tarifvertrages über die Geltung des VKA-Tarifrechts für die Angestellten und angestelltenversicherungspflichtigen Auszubildenden der Mitglieder des Kommunalen Arbeitgeberverbandes Berlin (KAV Berlin) - Überleitungs-TV KAV Berlin - vom 9. Dezember 1999 in der jeweils geltenden Fassung fallen und auf deren Arbeitsverhältnis § 27 Abschnitt A BAT/BAT-O in der für den Bund und die Tarifgemeinschaft deutscher Länder geltenden Fassung sowie der Vergütungstarifvertrag für den Bereich des

§ 30 TVÜ-VKA

Bundes und der Länder Anwendung findet, findet der TVöD und dieser Tarifvertrag Anwendung, soweit nachfolgend nichts Besonderes bestimmt ist.

(2) ¹Auf überzuleitende Beschäftigte aus dem Geltungsbereich des BAT/ BAT-O finden anstelle der §§ 4 bis 6, §§ 12, 17 und 19 Abs. 2 und 3 sowie der Anlagen 1 bis 3 dieses Tarifvertrages die §§ 4 bis 6, §§ 12, 17 und 19 Abs. 2 und 3 sowie die Anlagen 2 bis 4 des Tarifvertrag zur Überleitung der Beschäftigten des Bundes in den TVöD und zur Regelung des Übergangsrechts (TVÜ-Bund) vom 13. September 2005 Anwendung. ²Abweichend von Anlage 2 TVÜ-Bund und von § 14 (VKA) TVöD wird ab Entgeltgruppe 9 die Stufe 6 wie folgt erreicht:

a) Stufe 5a nach 5 Jahren in Stufe 5,

b) Stufe 6 nach 5 Jahren in Stufen 5a, frühestens ab 1. Oktober 2015.

³Die Entgeltgruppe 15Ü wird um die Stufe 6 mit einem Tabellenwert in Höhe von 5625 Euro erweitert. ⁴Die Entgeltstufe 5a entspricht dem Tabellenwert der Stufe 5 zuzüglich des halben Differenzbetrages zwischen den Stufen 5 und 6, kaufmännisch auf volle Eurobeträge gerundet. ⁵Mit Erreichen der Stufe 5a entfällt ein etwaiger Strukturausgleich. ⁶Mit Erreichen der Stufe 6 findet uneingeschränkt das VKA-Tarifrecht Anwendung.

Niederschriftserklärung zu § 30 Abs. 2:
Der Tabellenwert von 5625 Euro verändert sich zu demselben Zeitpunkt und in derselben Höhe wie der Tabellenwert der Stufe 6 der Entgeltgruppe 15 Ü gem. § 19 Abs. 2 TVÜ-VKA.

(3) ¹Beschäftigte gem. § 38 Abs. 5 TVöD, für die die Tarifregelungen des Tarifgebiets West Anwendung finden, erhalten für das Kalenderjahr 2005 eine Einmalzahlung in Höhe von 100 €, zahlbar mit dem Oktoberentgelt (31. Oktober 2005). ²Der Tarifvertrag über eine Einmalzahlung im Jahr 2005 für den Bereich der Vereinigung der kommunalen Arbeitgeberverbände (VKA) – Tarifbereich West – vom 9. Februar 2005 gilt entsprechend. ³Für die Jahre 2006 und 2007 gilt § 21 dieses Tarifvertrages. ⁴Beschäftigte, auf die die Tarifregelungen des Tarifgebiets Ost Anwendung finden, erhalten keine Einmalzahlung.

Niederschriftserklärung zu § 30 Abs. 3 Satz 4:
¹Der KAV Berlin erhebt keine Einwendungen, wenn eine Einmalzahlung in dem vereinbarten Umfang gewährt wird. ²Dies gilt auch hinsichtlich der Mitglieder, die auf die Angestellten die Vergütungstabelle der VKA anwenden.

Niederschriftserklärung zu § 30 Abs. 3:
¹Die Tarifvertragsparteien gehen davon aus, dass die Einmalzahlungen 2005 bis 2007 im Rahmen der ZTV Verhandlungen für die Berliner Stadtreinigungsbetriebe auf Landesebene geregelt werden. ²Kommt eine Einigung mindestens für 2005 nicht bis zum 30. November 2005 zustande, wird die Zahlung des Einmalbetrages durch die Tarifvertragsparteien auf Bundesebene verhandelt.

(4) Für Beschäftigte der Gemeinnützige Siedlungs- und Wohnungsbaugesellschaft Berlin mbH gilt bis zum 31. Dezember 2007 das bis zum 30. September 2005 geltende Tarifrecht weiter, wenn nicht vorher ein neuer Tarifvertrag zu Stande kommt.

(5) Der Tarifvertrag über die Fortgeltung des TdL-Tarifrechts für die Angestellten und angestelltenrentenversicherungspflichtigen Auszubildenden der NET-GE Kliniken Berlin GmbH (jetzt Vivantes Netzwerk für Gesundheit GmbH) vom 17. Januar 2001gilt uneingeschränkt fort; die vorstehenden Absätze 1 bis 4 gelten nicht.

Niederschriftserkärung zu § 30 Abs. 5:
Die Entscheidung, ob und in welcher Höhe Arbeitern, auf die die Tarifregelungen des Tarifgebiets Ost Anwendung finden, eine Einmalzahlung erhalten, bleibt den Tarifvertragsparteien auf landesbezirklicher Ebene vorbehalten.

Niederschriftserklärung zu § 30:
Von den Tarifvertragsparteien auf der landesbezirklichen Ebene ist in Tarifverhandlungen über Hilfestellungen einzutreten, wenn die Überführung der Beschäftigten in die VKA-Entgelttabelle bei einzelnen Mitgliedern des KAV Berlin ab 1. Oktober 2010 zu finanziellen Problemen führt.

§ 31
Besondere Regelung KAV Bremen

(1) Der Tarifvertrag über die Geltung des VKA-Tarifrechts für die Beschäftigten der Mitglieder des KAV Bremen vom 17. Februar 1995 bleibt durch das In-Kraft-Treten des TVöD und dieses Tarifvertrages unberührt und gilt uneingeschränkt fort.

(2) Der Tarifvertrag über die Geltung des VKA-Tarifrechts für die Arbeiter und die arbeiterrentenversicherungspflichtigen Auszubildenden des Landes und der Stadtgemeinde Bremen sowie der Stadt Bremerhaven (Überleitungs-TV Bremen) vom 17. Februar 1995 in der Fassung des Änderungstarifvertrages Nr. 8 vom 31. Januar 2003 gilt mit folgenden Maßgaben weiter:

1. Der TVöD und dieser Tarifvertrag treten an die Stelle der in § 2 Abs. 2 vereinbarten Geltung des BMT-G II.
2. § 2 Abs. 3 tritt mit Wirkung vom 1. Oktober 2005 außer Kraft.
3. In § 2 Abs. 4 bis 7 und 9 wird die Bezugnahme auf den BMT-G II ersetzt durch die Bezugnahme auf den TVöD.
4. In den Anlagen 3 bis 6 wird die Bezugnahme auf den BMT-G II ersetzt durch die inhaltliche Bezugnahme auf die entsprechenden Regelungen des TVöD. Diese Anlagen sind bis zum 31. Dezember 2006 an den TVöD und diesen Tarifvertrag anzupassen.

§§ 31, 32 TVÜ-VKA

(3) In Ergänzung der Anlagen 1 und 3 dieses Tarifvertrages werden der Entgeltgruppe 3 ferner folgende für den Bereich des KAV Bremen nach dem Rahmentarifvertrag zu § 20 Abs. 1 BMT-G II vorgesehene und im bremischen Lohngruppenverzeichnis vom 17. Februar 1995 vereinbarte Lohngruppen zugeordnet:

- Lgr. 2 mit Aufstieg nach 2 a und 3
- Lgr. 2 a mit Aufstieg nach 3 und 3 a
- Lgr. 2 a mit Aufstieg nach 3

(4) Der Tarifvertrag über die Geltung des VKA-Tarifrechts für die Angestellten und Arbeiter und die angestellten- und arbeiterrentenversicherungspflichtigen Auszubildenden der Entsorgung Nord GmbH Bremen, der Abfallbehandlung Nord GmbH Bremen, der Schadstoffentsorgung Nord GmbH Bremen, der Kompostierung Nord GmbH Bremen sowie der Abwasser Bremen GmbH vom 5. Juni 1998 gilt mit folgender Maßgabe fort:

Der TVöD und dieser Tarifvertrag treten mit folgenden Maßgaben an die Stelle der in § 2 Abs. 2 und 3 vereinbarten Geltung des BAT und BMT-G II:

1. Zu § 17 dieses Tarifvertrages: § 25 BAT findet keine Anwendung.

2. Eine nach § 2 Abs. 2 Nr. 3 Buchst. a bzw. Buchst. b des Tarifvertrages vom 5. Juni 1998 im September 2005 gezahlte Besitzstandszulage fließt in das Vergleichsentgelt gem. § 5 Abs. 2 dieses Tarifvertrages ein.

3. Übergeleitete Beschäftigte, die am 1. Oktober 2005 bei Fortgeltung des bisherigen Tarifrechts gemäß § 2 Abs. 2 Nr. 3 Buchst. b des Tarifvertrages vom 5. Juni 1998 die für die Zahlung einer persönlichen Zulage erforderliche Zeit der Bewährung zur Hälfte erfüllt haben, erhalten zum Zeitpunkt, zu dem sie nach bisherigem Recht die persönliche Zulage erhalten würden, in ihrer Entgeltgruppe Entgelt nach derjenigen individuellen Zwischenstufe, Stufe bzw. Endstufe, die sich ergeben hätte, wenn in das Vergleichsentgelt (§ 5 Abs. 2 dieses Tarifvertrages) die persönliche Zulage eingerechnet worden wäre. § 8 Abs. 2 Sätze 2 bis 5 sowie Absatz 3 dieses Tarifvertrages gelten entsprechend.

4. Gegenüber den zum Zeitpunkt der Rechtsformänderung (Betriebsübergang) der Bremer Entsorgungsbetriebe auf die Gesellschaften übergegangenen und unbefristet beschäftigten kündbaren Beschäftigten sind betriebsbedingte Kündigungen ausgeschlossen.

§ 32
AV Hamburg

(1) Der als Protokollerklärung bezeichnete Tarifvertrag aus Anlass des Beitritts der Arbeitsrechtlichen Vereinigung Hamburg e.V. (AV Hamburg) zur Vereinigung der kommunalen Arbeitgeberverbände (VKA) am 1. Juli 1955 vom 5. August 1955 bleibt durch das In-Kraft-Treten des TVöD und dieses Tarifvertrages unberührt und gilt uneingeschränkt fort.

(2) ¹Auf überzuleitende Beschäftigte aus dem Geltungsbereich des BAT finden anstelle der §§ 4 bis 6, §§ 12, 17 und 19 Abs. 2 und 3 sowie der Anlagen 1 bis 3 dieses Tarifvertrages die §§ 4 bis 6, §§ 12, 17 und 19 Abs. 2 und 3 sowie die Anlagen 2 bis 4 des Tarifvertrag zur Überleitung der Beschäftigten des Bundes in den TVöD und zur Regelung des Übergangsrechts (TVÜ-Bund) vom 13. September 2005 Anwendung. ²Abweichend von Anlage 2 TVÜ-Bund und von § 14 (VKA) TVöD wird ab Entgeltgruppe 9 die Stufe 6 wie folgt erreicht:

a) Stufe 5a nach 5 Jahren in Stufe 5,

b) Stufe 6 nach 5 Jahren in Stufen 5a, frühestens ab 1. Oktober 2015.

³Die Entgeltgruppe 15Ü wird um die Stufe 6 mit einem Tabellenwert in Höhe von 5625 Euro erweitert. ⁴Die Entgeltstufe 5a entspricht dem Tabellenwert der Stufe 5 zuzüglich des halben Differenzbetrages zwischen den Stufen 5 und 6, kaufmännisch auf volle Eurobeträge gerundet. ⁵Mit Erreichen der Stufe 5a entfällt ein etwaiger Strukturausgleich. ⁶Mit Erreichen der Stufe 6 findet uneingeschränkt das VKA-Tarifrecht Anwendung.

Niederschriftserklärung zu § 32 Abs. 2:
Der Tabellenwert von 5625 Euro verändert sich zu demselben Zeitpunkt und in derselben Höhe wie der Tabellenwert der Stufe 6 der Entgeltgruppe 15 Ü gem. § 19 Abs. 2 TVÜ-VKA.

(3) In Ergänzung der Anlagen 1 und 3 dieses Tarifvertrages werden der Entgeltgruppe 3 ferner folgende für die Flughafen Hamburg GmbH nach dem Tarifvertrag über die Einreihung der Arbeiter der Flughafen Hamburg GmbH in die Lohngruppen und über die Gewährung von Erschwerniszuschlägen (§ 23 BMT-G) vereinbarte Lohngruppen zugeordnet:

– Lgr. 2 mit Aufstieg nach 2 a und 3

– Lgr. 2 a mit Aufstieg nach 3 und 3 a

– Lgr. 2 a mit Aufstieg nach 3

§ 33
Gemeinsame Regelung

(1) ¹Soweit in (landes-)bezirklichen Lohngruppenverzeichnissen bei den Aufstiegen andere Verweildauern als 3 Jahre bzw. – für die Eingruppierung in eine a-Gruppe – als 4 Jahre vereinbart sind, haben die landesbezirklichen Tarifvertragsparteien die Zuordnung der Lohngruppen zu den Entgeltgruppen gemäß Anlagen 1 und 3 TVÜ nach den zu Grunde liegenden Grundsätzen bis zum 31. Dezember 2005 vorzunehmen. ²Für Beschäftigte, die dem Gehaltstarifvertrag für Angestellte in Versorgungs- und Verkehrsbetrieben im Lande Hessen (HGTAV) unterfallen, werden die landesbezirklichen Tarifvertragsparteien über die Fortgeltung des HGTAV bzw. dessen Anpassung an den TVöD spätestens bis zum 30. Juni 2006 eine Re-

gelung vereinbaren. ³Soweit besondere Lohngruppen vereinbart sind, hat eine entsprechende Zuordnung zu den Entgeltgruppen landesbezirklich zu erfolgen. ⁴Am 1. Oktober 2005 erfolgt in den Fällen der Sätze 1 bis 3 vorerst die Fortzahlung der bisherigen Bezüge als zu verrechnender Abschlag auf das Entgelt, das den Beschäftigten nach der Überleitung zusteht.

(2) ¹Soweit auf das Arbeitsverhältnis von aus dem Geltungsbereich des BAT/BAT-O/BAT-Ostdeutsche Sparkassen überzuleitende Beschäftigten bei sonstigen Arbeitgebern von Mitgliedern der Mitgliedverbände der VKA nach § 27 Abschnitt A BAT/BAT-O in der für den Bund und die Tarifgemeinschaft deutscher Länder geltenden Fassung sowie der Vergütungstarifvertrag für den Bereich des Bundes und der Länder Anwendung finden, haben die landesbezirklichen Tarifvertragsparteien die für die Überleitung notwendigen Regelungen zu vereinbaren. ²Am 1. Oktober 2005 erfolgt vorerst die Fortzahlung der bisherigen Bezüge als zu verrechnender Abschlag auf das Entgelt, das diesen Beschäftigten nach der Überleitung zusteht. ³Kommt auf landesbezirklicher Ebene bis zum 31. Dezember 2005 – ggf. nach einer einvernehmlichen Verlängerung – keine tarifliche Regelung zustande, treffen die Tarifvertragsparteien dieses Tarifvertrages die notwendigen Regelungen.

6. Abschnitt
Übergangs- und Schlussvorschriften

§ 34
In-Kraft-Treten, Laufzeit

(1) Dieser Tarifvertrag tritt am 1. Oktober 2005 in Kraft.

(2) ¹Der Tarifvertrag kann ohne Einhaltung einer Frist jederzeit schriftlich gekündigt werden, frühestens zum 31. Dezember 2007. ²Die §§ 17 bis 19 einschließlich Anlagen können ohne Einhaltung einer Frist, jedoch nur insgesamt, schriftlich gekündigt werden, frühestens zum 31. Dezember 2007; die Nachwirkung dieser Vorschriften wird ausgeschlossen.

Niederschriftserklärung zu § 34 Abs. 1:
Im Hinblick auf die notwendigen personalwirtschaftlichen, organisatorischen und technischen Vorarbeiten für die Überleitung der vorhandenen Beschäftigten in den TVöD sehen die Tarifvertragsparteien die Problematik einer fristgerechten Umsetzung der neuen Tarifregelungen zum 1. Oktober 2005. Sie bitten die personalverwaltenden und bezügezahlenden Stellen, im Interesse der Beschäftigten gleichwohl eine zeitnahe Überleitung zu ermöglichen und die Zwischenzeit mit zu verrechnenden Abschlagszahlungen zu überbrücken.

Tarifvertrag zur Überleitung der Beschäftigten des Bundes in den TVöD und zur Regelung des Übergangsrechts (TVÜ-Bund)

vom 13. September 2005

1. Abschnitt
Allgemeine Vorschriften

§ 1
Geltungsbereich

(1) ¹Dieser Tarifvertrag gilt für Angestellte, Arbeiterinnen und Arbeiter, deren Arbeitsverhältnis zum Bund über den 30. September 2005 hinaus fortbesteht, und die am 1. Oktober 2005 unter den Geltungsbereich des Tarifvertrages für den öffentlichen Dienst (TVöD) fallen, für die Dauer des ununterbrochen fortbestehenden Arbeitsverhältnisses. ²Dieser Tarifvertrag gilt ferner für die unter § 19 Abs. 2 fallenden Beschäftigten.

Protokollerklärung zu Absatz 1 Satz 1:
In der Zeit bis zum 30. September 2007 sind Unterbrechungen von bis zu einem Monat unschädlich.

(2) Nur soweit nachfolgend ausdrücklich bestimmt, gelten die Vorschriften dieses Tarifvertrages auch für Beschäftigte, deren Arbeitsverhältnis zum Bund nach dem 30. September 2005 beginnt und die unter den Geltungsbereich des TVöD fallen.

(3) Für geringfügig Beschäftigte im Sinne des § 8 Abs. 1 Nr. 2 SGB IV, die am 30. September 2005 unter den Geltungsbereich des BAT/BAT-O/MTArb/MTArb-O fallen, finden die bisher jeweils einschlägigen tarifvertraglichen Regelungen für die Dauer ihres ununterbrochen fortbestehenden Arbeitsverhältnisses weiterhin Anwendung.

(4) Die Bestimmungen des TVöD gelten, soweit dieser Tarifvertrag keine abweichenden Regelungen trifft.

§ 2 TVÜ-Bund

§ 2
Ersetzung bisheriger Tarifverträge durch den TVöD

(1) ¹Der TVöD ersetzt in Verbindung mit diesem Tarifvertrag für den Bereich des Bundes die in Anlage 1 TVÜ-Bund Teil A und Anlage 1 TVÜ-Bund Teil B aufgeführten Tarifverträge (einschließlich Anlagen) bzw. Tarifvertragsregelungen, soweit im TVöD, in diesem Tarifvertrag oder in den Anlagen nicht ausdrücklich etwas anderes bestimmt ist. ²Die Ersetzung erfolgt mit Wirkung vom 1. Oktober 2005, soweit kein abweichender Termin bestimmt ist.

Protokollerklärung zu Absatz 1:
¹Die noch abschließend zu verhandelnde Anlage 1 TVÜ-Bund Teil B (Negativliste) enthält – über die Anlage 1 TVÜ-Bund Teil A hinaus – die Tarifverträge bzw. die Tarifvertragsregelungen, die am 1. Oktober 2005 ohne Nachwirkung außer Kraft treten. ²Ist für diese Tarifvorschriften in der Negativliste ein abweichender Zeitpunkt für das Außerkrafttreten bzw. eine vorübergehende Fortgeltung vereinbart, beschränkt sich die Fortgeltung dieser Tarifverträge auf deren bisherigen Geltungsbereich (Arbeiter/Angestellte; Tarifgebiet Ost/Tarifgebiet West usw.).

(2) ¹Im Übrigen werden solche Tarifvertragsregelungen mit Wirkung vom 1. Oktober 2005 ersetzt, die

- materiell in Widerspruch zu Regelungen des TVöD bzw. dieses Tarifvertrages stehen,
- einen Regelungsinhalt haben, der nach dem Willen der Tarifvertragsparteien durch den TVöD bzw. diesen Tarifvertrag ersetzt oder aufgehoben worden ist, oder
- zusammen mit dem TVöD bzw. diesem Tarifvertrag zu Doppelleistungen führen würden.

(3) ¹Die in der Anlage 1 TVÜ-Bund Teil C aufgeführten Tarifverträge und Tarifvertragsregelungen gelten fort, soweit im TVöD, in diesem Tarifvertrag oder in den Anlagen nicht ausdrücklich etwas anderes bestimmt ist. ²Die Fortgeltung erfasst auch Beschäftigte im Sinne des § 1 Abs. 2.

Protokollerklärung zu Absatz 3:
Die Fortgeltung dieser Tarifverträge beschränkt sich auf den bisherigen Geltungsbereich (Arbeiter/Angestellte; Tarifgebiet Ost/Tarifgebiet West usw.).

(4) Soweit in nicht ersetzten Tarifverträgen und Tarifvertragsregelungen auf Vorschriften verwiesen wird, die aufgehoben oder ersetzt worden sind, gelten an deren Stelle bis zu einer redaktionellen Anpassung die Regelungen des TVöD bzw. dieses Tarifvertrages entsprechend.

2. Abschnitt
Überleitungsregelungen

§ 3
Überleitung in den TVöD

Die von § 1 Abs. 1 erfassten Beschäftigten werden am 1. Oktober 2005 gemäß den nachfolgenden Regelungen in den TVöD übergeleitet.

§ 4
Zuordnung der Vergütungs- und Lohngruppen

(1) ¹Für die Überleitung der Beschäftigten wird ihre Vergütungs- bzw. Lohngruppe (§ 22 BAT/BAT-O bzw. entsprechende Regelungen für Arbeiterinnen und Arbeiter bzw. besondere tarifvertragliche Vorschriften für bestimmte Berufsgruppen) nach der Anlage 2 TVÜ-Bund den Entgeltgruppen des TVöD zugeordnet.

(2) Beschäftigte, die im Oktober 2005 bei Fortgeltung des bisherigen Tarifrechts die Voraussetzungen für einen Bewährungs-, Fallgruppen- oder Tätigkeitsaufstieg erfüllt hätten, werden für die Überleitung so behandelt, als wären sie bereits im September 2005 bzw. höher eingereiht worden.

(3) Beschäftigte, die im Oktober 2005 bei Fortgeltung des bisherigen Tarifrechts in eine niedrigere Vergütungs- bzw. Lohngruppe eingruppiert bzw. eingereiht worden wären, werden für die Überleitung so behandelt, als wären sie bereits im September 2005 herabgruppiert bzw. niedriger eingereiht worden.

§ 5
Vergleichsentgelt

(1) Für die Zuordnung zu den Stufen der Entgelttabelle des TVöD wird für die Beschäftigten nach § 4 ein Vergleichsentgelt auf der Grundlage der im September 2005 erhaltenen Bezüge gemäß den Absätzen 2 bis 7 gebildet.

(2) ¹Bei Beschäftigten aus dem Geltungsbereich des BAT/BAT-O setzt sich das Vergleichsentgelt aus Grundvergütung, allgemeiner Zulage und Ortszuschlag der Stufe 1 oder 2 zusammen. ²Ist auch eine andere Person im Sinne von § 29 Abschn. B Abs. 5 BAT/BAT-O ortszuschlagsberechtigt oder nach beamtenrechtlichen Grundsätzen familienzuschlagsberechtigt, wird nur die Stufe 1 zugrunde gelegt; findet der TVöD am 1. Oktober 2005 auch auf die andere Person Anwendung, geht der jeweils individuell zustehende Teil des Unterschiedsbetrages zwischen den Stufen 1 und 2 des Ortszuschlags in das Vergleichsentgelt ein. ³Ferner fließen im September 2005 tarifvertraglich zustehende Funktionszulagen insoweit in das Vergleichsentgelt ein, als sie nach dem TVöD nicht mehr vorgesehen sind. ⁴Erhalten Beschäftigte eine Gesamtvergütung (§ 30 BAT/BAT-O), bildet diese das Vergleichsentgelt.

§ 5 TVÜ-Bund

Protokollerklärung zu Absatz 2 Satz 3:
Vorhandene Beschäftigte erhalten bis zum In-Kraft-Treten der neuen Entgeltordnung ihre Techniker-, Meister- und Programmiererzulagen unter den bisherigen Voraussetzungen als persönliche Besitzstandszulage.

(3) ¹Bei Beschäftigten aus dem Geltungsbereich des MTArb/MTArb-O wird der Monatstabellenlohn als Vergleichsentgelt zugrunde gelegt. ²Absatz 2 Satz 3 gilt entsprechend. ³Erhalten Beschäftigte Lohn nach §23 Abs. 1 MTArb/MTArb-O, bildet dieser das Vergleichsentgelt.

(4) ¹Beschäftigte, die im Oktober 2005 bei Fortgeltung des bisherigen Rechts die Grundvergütung bzw. den Monatstabellenlohn der nächsthöheren Lebensalters- bzw. Lohnstufe erhalten hätten, werden für die Bemessung des Vergleichsentgelts so behandelt, als wäre der Stufenaufstieg bereits im September 2005 erfolgt. ²§4 Abs. 2 und 3 gilt bei der Bemessung des Vergleichsentgelts entsprechend.

(5) ¹Bei Teilzeitbeschäftigten wird das Vergleichsentgelt auf der Grundlage eines vergleichbaren Vollzeitbeschäftigten bestimmt. ²Satz 1 gilt für Beschäftigte, deren Arbeitszeit nach §3 des Tarifvertrages zur sozialen Absicherung vom 6. Juli 1992 herabgesetzt ist, entsprechend.

Protokollerklärung zu Absatz 5:
¹Lediglich das Vergleichsentgelt wird auf der Grundlage eines entsprechenden Vollzeitbeschäftigten ermittelt; sodann wird nach der Stufenzuordnung das zustehende Entgelt zeitratierlich berechnet. ²Diese zeitratierliche Kürzung des auf den Ehegattenanteil im Ortszuschlag entfallenden Betrages (§5 Abs. 2 Satz 2 2. Halbsatz) unterbleibt nach Maßgabe des §29 Abschn. B Abs. 5 Satz 2 BAT/BAT-O.

(6) Für Beschäftigte, die nicht für alle Tage im September 2005 oder für keinen Tag dieses Monats Bezüge erhalten, wird das Vergleichsentgelt so bestimmt, als hätten sie für alle Tage dieses Monats Bezüge erhalten; in den Fällen des §27 Abschn. A Abs. 7 und Abschn. B Abs. 3 Unterabs. 4 BAT/BAT-O bzw. der entsprechenden Regelungen für Arbeiterinnen und Arbeiter werden die Beschäftigten für das Vergleichsentgelt so gestellt, als hätten sie am 1. September 2005 die Arbeit wieder aufgenommen.

(7) Abweichend von den Absätzen 2 bis 6 wird bei Beschäftigten, die gemäß §27 Abschn. A Abs. 8 oder Abschn. B Abs. 7 BAT/BAT-O bzw. den entsprechenden Regelungen für Arbeiterinnen und Arbeiter den Unterschiedsbetrag zwischen der Grundvergütung bzw. dem Monatstabellenlohn ihrer bisherigen zur nächsthöheren Lebensalters- bzw. Lohnstufe im September 2005 nur zur Hälfte erhalten, für die Bestimmung des Vergleichsentgelts die volle Grundvergütung bzw. der volle Monatstabellenlohn aus der nächsthöheren Lebensalters- bzw. Lohnstufe zugrunde gelegt.

§ 6
Stufenzuordnung der Angestellten

(1) [1]Beschäftigte aus dem Geltungsbereich des BAT/BAT-O werden einer ihrem Vergleichsentgelt entsprechenden individuellen Zwischenstufe der gemäß §4 bestimmten Entgeltgruppe zugeordnet. [2]Zum 1. Oktober 2007 steigen diese Beschäftigten in die dem Betrag nach nächsthöhere reguläre Stufe ihrer Entgeltgruppe auf. [3]Der weitere Stufenaufstieg richtet sich nach den Regelungen des TVöD.

(2) [1]Werden Beschäftigte vor dem 1. Oktober 2007 höhergruppiert (nach §8 Abs. 1 und 3 1. Alternative, §9 Abs. 3 Buchst. a oder aufgrund Übertragung einer mit einer höheren Entgeltgruppe bewerteten Tätigkeit), so erhalten sie in der höheren Entgeltgruppe Tabellenentgelt nach der regulären Stufe, deren Betrag mindestens der individuellen Zwischenstufe entspricht, jedoch nicht weniger als das Tabellenentgelt der Stufe 2; der weitere Stufenaufstieg richtet sich nach den Regelungen des TVöD. [2]In den Fällen des Satzes 1 gilt §17 Abs. 4 Satz 2 TVöD entsprechend. [3]Werden Beschäftigte vor dem 1. Oktober 2007 herabgruppiert, werden sie in der niedrigeren Entgeltgruppe derjenigen individuellen Zwischenstufe zugeordnet, die sich bei Herabgruppierung im September 2005 ergeben hätte; der weitere Stufenaufstieg richtet sich nach Absatz 1 Satz 2 und 3.

(3) Liegt das Vergleichsentgelt über der höchsten Stufe der gemäß §4 bestimmten Entgeltgruppe, werden die Beschäftigten abweichend von Absatz 1 einer dem Vergleichsentgelt entsprechenden individuellen Endstufe zugeordnet. [2]Werden Beschäftigte aus einer individuellen Endstufe höhergruppiert, so erhalten sie in der höheren Entgeltgruppe mindestens den Betrag, der ihrer bisherigen individuellen Endstufe entspricht. [3]Im Übrigen gilt Absatz 2 entsprechend. [4]Die individuelle Endstufe verändert sich um denselben Vomhundertsatz bzw. in demselben Umfang wie die höchste Stufe der jeweiligen Entgeltgruppe.

(4) [1]Beschäftigte, deren Vergleichsentgelt niedriger ist als das Tabellenentgelt in der Stufe 2, werden abweichend von Absatz 1 der Stufe 2 zugeordnet. [2]Der weitere Stufenaufstieg richtet sich nach den Regelungen des TVöD. [3]Abweichend von Satz 1 werden Beschäftigte, denen am 30. September 2005 eine in der Allgemeinen Vergütungsordnung (Anlage 1a) durch die Eingruppierung in Vergütungsgruppe Va BAT/BAT-O mit Aufstieg nach IVb und IVa BAT/BAT-O abgebildete Tätigkeit übertragen ist, der Stufe 1 der Entgeltgruppe 10 zugeordnet.

§ 7
Stufenzuordnung der Arbeiterinnen und Arbeiter

(1) [1]Beschäftigte aus dem Geltungsbereich des MTArb/MTArb-O werden entsprechend ihrer Beschäftigungszeit nach §6 MTArb/MTArb-O der Stufe der gemäß §4 bestimmten Entgeltgruppe zugeordnet, die sie erreicht hätten, wenn die Entgelttabelle des TVöD bereits seit Beginn ihrer Be-

schäftigungszeit gegolten hätte; Stufe 1 ist hierbei ausnahmslos mit einem Jahr zu berücksichtigen. ²Der weitere Stufenaufstieg richtet sich nach den Regelungen des TVöD.

(2) § 6 Abs. 3 und Abs. 4 Satz 1 und 2 gilt für Beschäftigte gemäß Absatz 1 entsprechend.

(3) ¹Ist das Tabellenentgelt nach Absatz 1 Satz 1 niedriger als das Vergleichsentgelt, werden die Beschäftigten einer dem Vergleichsentgelt entsprechenden individuellen Zwischenstufe zugeordnet. ²Der Aufstieg aus der individuellen Zwischenstufe in die dem Betrag nach nächsthöhere reguläre Stufe ihrer Entgeltgruppe findet zu dem Zeitpunkt statt, zu dem sie gemäß Absatz 1 Satz 1 die Voraussetzungen für diesen Stufenaufstieg aufgrund der Beschäftigungszeit erfüllt haben.

(4) ¹Werden Beschäftigte während ihrer Verweildauer in der individuellen Zwischenstufe höhergruppiert, erhalten sie in der höheren Entgeltgruppe Entgelt nach der regulären Stufe, deren Betrag mindestens der individuellen Zwischenstufe entspricht, jedoch nicht weniger als das Entgelt der Stufe 2; der weitere Stufenaufstieg richtet sich nach den Regelungen des TVöD. ²§ 17 Abs. 4 Satz 2 TVöD gilt entsprechend. ³Werden Beschäftigte während ihrer Verweildauer in der individuellen Zwischenstufe herabgruppiert, erfolgt die Stufenzuordnung in der niedrigeren Entgeltgruppe, als sei die niedrigere Einreihung bereits im September 2005 erfolgt; der weitere Stufenaufstieg richtet sich bei Zuordnung zu einer individuellen Zwischenstufe nach Absatz 3 Satz 2, ansonsten nach Absatz 1 Satz 2.

3. Abschnitt
Besitzstandsregelungen

§ 8
Bewährungs- und Fallgruppenaufstiege

(1) ¹Aus dem Geltungsbereich des BAT/BAT-O in eine der Entgeltgruppen 3, 5, 6 oder 8 übergeleitete Beschäftigte, die am 1. Oktober 2005 bei Fortgeltung des bisherigen Tarifrechts die für eine Höhergruppierung erforderliche Zeit der Bewährung oder Tätigkeit zur Hälfte erfüllt haben, sind zu dem Zeitpunkt, zu dem sie nach bisherigem Recht höhergruppiert wären, in die nächsthöhere Entgeltgruppe des TVöD eingruppiert. ²Abweichend von Satz 1 erfolgt die Höhergruppierung in die Entgeltgruppe 5, wenn die Beschäftigten aus der Vergütungsgruppe VIII BAT/BAT-O mit ausstehendem Aufstieg nach Vergütungsgruppe VII BAT/BAT-O übergeleitet worden sind; sie erfolgt in die Entgeltgruppe 8, wenn die Beschäftigten aus der Vergütungsgruppe VIb BAT/BAT-O mit ausstehendem Aufstieg nach Vergütungsgruppe Vc BAT/BAT-O übergeleitet worden sind. ³Voraussetzung für die Höhergruppierung nach Satz 1 und 2 ist, dass

- zum individuellen Aufstiegszeitpunkt keine Anhaltspunkte vorliegen, die bei Fortgeltung des bisherigen Rechts einer Höhergruppierung entgegengestanden hätten, und

- bis zum individuellen Aufstiegszeitpunkt nach Satz 1 weiterhin eine Tätigkeit auszuüben ist, die diesen Aufstieg ermöglicht hätte.

⁴Die Sätze 1 bis 3 gelten nicht in den Fällen des § 4 Abs. 2. ⁵Erfolgt die Höhergruppierung vor dem 1. Oktober 2007, gilt – gegebenenfalls unter Berücksichtigung des Satzes 2 – § 6 Abs. 2 Satz 1 und 2 entsprechend.

(2) ¹Aus dem Geltungsbereich des BAT/BAT-O in eine der Entgeltgruppen 2 sowie 9 bis 15 übergeleitete Beschäftigte, die am 1. Oktober 2005 bei Fortgeltung des bisherigen Tarifrechts die für eine Höhergruppierung erforderliche Zeit der Bewährung oder Tätigkeit zur Hälfte erfüllt haben und in der Zeit zwischen dem 1. November 2005 und dem 30. September 2007 höhergruppiert wären, erhalten ab dem Zeitpunkt, zu dem sie nach bisherigem Recht höhergruppiert wären, in ihrer bisherigen Entgeltgruppe Entgelt nach derjenigen individuellen Zwischen- bzw. Endstufe, die sich ergeben hätte, wenn sich ihr Vergleichsentgelt (§ 5) nach der Vergütung aufgrund der Höhergruppierung bestimmt hätte. ²Voraussetzung für diesen Stufenaufstieg ist, dass

- zum individuellen Aufstiegszeitpunkt keine Anhaltspunkte vorliegen, die bei Fortgeltung des bisherigen Rechts einer Höhergruppierung entgegengestanden hätten, und

- bis zum individuellen Aufstiegszeitpunkt nach Satz 1 weiterhin eine Tätigkeit auszuüben ist, die diesen Aufstieg ermöglicht hätte.

³Ein etwaiger Strukturausgleich wird ab dem individuellen Aufstiegszeitpunkt nicht mehr gezahlt. ⁴Der weitere Stufenaufstieg richtet sich bei Zuordnung zu einer individuellen Zwischenstufe nach § 6 Abs. 1. ⁵§ 4 Abs. 2 bleibt unberührt.

(3) Abweichend von Absatz 1 Satz 1 und Absatz 2 Satz 1 gelten die Absätze 1 bzw. 2 entsprechend für übergeleitete Beschäftigte, die bei Fortgeltung des BAT/BAT-O bis spätestens zum 30. September 2007 wegen Erfüllung der erforderlichen Zeit der Bewährung oder Tätigkeit höhergruppiert worden wären, obwohl die Hälfte der erforderlichen Bewährungs- oder Tätigkeitszeit am Stichtag noch nicht erfüllt ist.

§ 9
Vergütungsgruppenzulagen

(1) Aus dem Geltungsbereich des BAT/BAT-O übergeleitete Beschäftigte, denen am 30. September 2005 nach der Vergütungsordnung zum BAT/BAT-O eine Vergütungsgruppenzulage zusteht, erhalten in der Entgeltgruppe, in die sie übergeleitet werden, eine Besitzstandszulage in Höhe ihrer bisherigen Vergütungsgruppenzulage.

§ 9 TVÜ-Bund

(2) ¹Aus dem Geltungsbereich des BAT/BAT-O übergeleitete Beschäftigte, die bei Fortgeltung des bisherigen Rechts nach dem 30. September 2005 eine Vergütungsgruppenzulage ohne vorausgehenden Fallgruppenaufstieg erreicht hätten, erhalten ab dem Zeitpunkt, zu dem ihnen die Zulage nach bisherigem Recht zugestanden hätte, eine Besitzstandszulage. ²Die Höhe der Besitzstandszulage bemisst sich nach dem Betrag, der als Vergütungsgruppenzulage zu zahlen gewesen wäre, wenn diese bereits am 30. September 2005 zugestanden hätte. ³Voraussetzung ist, dass

– am 1. Oktober 2005 die für die Vergütungsgruppenzulage erforderliche Zeit der Bewährung oder Tätigkeit nach Maßgabe des § 23b Abschn. A BAT/BAT-O zur Hälfte erfüllt ist,

– zu diesem Zeitpunkt keine Anhaltspunkte vorliegen, die bei Fortgeltung des bisherigen Rechts der Vergütungsgruppenzulage entgegengestanden hätten und

– bis zum individuellen Zeitpunkt nach Satz 1 weiterhin eine Tätigkeit auszuüben ist, die zu der Vergütungsgruppenzulage geführt hätte.

(3) ¹Für aus dem Geltungsbereich des BAT/BAT-O übergeleitete Beschäftigte, die bei Fortgeltung des bisherigen Rechts nach dem 30. September 2005 im Anschluss an einen Fallgruppenaufstieg eine Vergütungsgruppenzulage erreicht hätten, gilt Folgendes:

(a) ¹In eine der Entgeltgruppen 3, 5, 6 oder 8 übergeleitete Beschäftigte, die den Fallgruppenaufstieg am 30. September 2005 noch nicht erreicht haben, sind zu dem Zeitpunkt, zu dem sie nach bisherigem Recht höhergruppiert worden wären, in die nächsthöhere Entgeltgruppe des TVöD eingruppiert; § 8 Abs. 1 Satz 2 bis 5 gilt entsprechend. ²Eine Besitzstandszulage für eine Vergütungsgruppenzulage steht nicht zu.

(b) Ist ein der Vergütungsgruppenzulage vorausgehender Fallgruppenaufstieg am 30. September 2005 bereits erfolgt, gilt Absatz 2 mit der Maßgabe, dass am 1. Oktober 2005 die Hälfte der Gesamtzeit für den Anspruch auf die Vergütungsgruppenzulage einschließlich der Zeit für den vorausgehenden Aufstieg zurückgelegt sein muss.

(4) ¹Die Besitzstandszulage nach den Absätzen 1, 2 und 3 Buchst. b wird so lange gezahlt, wie die anspruchsbegründende Tätigkeit ununterbrochen ausgeübt wird und die sonstigen Voraussetzungen für die Vergütungsgruppenzulage nach bisherigem Recht weiterhin bestehen. ²Sie verändert sich bei allgemeinen Entgeltanpassungen um den von den Tarifvertragsparteien für die jeweilige Entgeltgruppe festgelegten Vomhundertsatz.

§ 10
Fortführung vorübergehend übertragener höherwertiger Tätigkeit

[1]Beschäftigte, denen am 30. September 2005 eine Zulage nach § 24 BAT/ BAT-O zusteht, erhalten nach Überleitung in den TVöD eine Besitzstandszulage in Höhe ihrer bisherigen Zulage, solange sie die anspruchsbegründende Tätigkeit weiterhin ausüben und die Zulage nach bisherigem Recht zu zahlen wäre. [2]Wird die anspruchsbegründende Tätigkeit über den 30. September 2007 hinaus beibehalten, finden mit Wirkung ab dem 1. Oktober 2007 die Regelungen des TVöD über die vorübergehende Übertragung einer höherwertigen Tätigkeit Anwendung. [3]Für eine vor dem 1. Oktober 2005 vorübergehend übertragene höherwertige Tätigkeit, für die am 30. September 2005 wegen der zeitlichen Voraussetzungen des § 24 Abs. 1 bzw. 2 BAT/BAT-O noch keine Zulage gezahlt wird, gilt Satz 1 und 2 ab dem Zeitpunkt entsprechend, zu dem nach bisherigem Recht die Zulage zu zahlen gewesen wäre. [4]Sätze 1 bis 3 gelten in den Fällen des § 9 MTArb/ MTArb-O entsprechend; bei Vertretung einer Arbeiterin/eines Arbeiters bemisst sich die Zulage nach dem Unterschiedsbetrag zwischen dem Lohn nach § 9 Abs. 2 Buchst. a MTArb/MTArb-O und dem im September 2005 ohne Zulage zustehenden Lohn. [5]Sätze 1 bis 4 gelten bei besonderen tarifvertraglichen Vorschriften über die vorübergehende Übertragung höherwertiger Tätigkeiten entsprechend.

§ 11
Kinderbezogene Entgeltbestandteile

(1) [1]Für im September 2005 zu berücksichtigende Kinder werden die kinderbezogenen Entgeltbestandteile des BAT/BAT-O oder MTArb/MTArb-O in der für September 2005 zustehenden Höhe als Besitzstandszulage fortgezahlt, solange für diese Kinder Kindergeld nach dem Einkommensteuergesetz (EStG) oder nach dem Bundeskindergeldgesetz (BKGG) ununterbrochen gezahlt wird oder ohne Berücksichtigung des § 64 oder § 65 EStG oder des § 3 oder § 4 BKGG gezahlt würde. [2]Die Besitzstandszulage entfällt ab dem Zeitpunkt, zu dem einer anderen Person, die im öffentlichen Dienst steht oder auf Grund einer Tätigkeit im öffentlichen Dienst nach beamtenrechtlichen Grundsätzen oder nach einer Ruhelohnordnung versorgungsberechtigt ist, für ein Kind, für welches die Besitzstandszulage gewährt wird, das Kindergeld gezahlt wird; die Änderung der Kindergeldberechtigung hat die/der Beschäftigte dem Arbeitgeber unverzüglich schriftlich anzuzeigen. [3]Unterbrechungen wegen Ableistung von Grundwehrdienst, Zivildienst oder Wehrübungen sowie die Ableistung eines freiwilligen sozialen oder ökologischen Jahres sind unschädlich; soweit die unschädliche Unterbrechung bereits im Monat September 2005 vorliegt, wird die Besitzstandszulage ab dem Zeitpunkt des Wiederauflebens der Kindergeldzahlung gewährt.

§§ 11, 12 TVÜ-Bund

(2) [1]§ 24 Abs. 2 TVöD ist anzuwenden. [2]Die Besitzstandszulage nach Absatz 1 Satz 1 verändert sich bei allgemeinen Entgeltanpassungen um den von den Tarifvertragsparteien für die jeweilige Entgeltgruppe festgelegten Vomhundertsatz. [3]Ansprüche nach Absatz 1 können für Kinder ab dem vollendeten 16. Lebensjahr durch Vereinbarung mit der/dem Beschäftigten abgefunden werden.

(3) Die Absätze 1 und 2 gelten entsprechend für

a) zwischen dem 1. Oktober 2005 und dem 31. Dezember 2005 geborene Kinder der übergeleiteten Beschäftigten,

b) die Kinder von bis zum 31. Dezember 2005 in ein Arbeitsverhältnis übernommenen Auszubildenden, Schülerinnen/Schüler in der Gesundheits- und Krankenpflege, Gesundheits- und Kinderkrankenpflege und in der Entbindungspflege sowie Praktikantinnen und Praktikanten aus tarifvertraglich geregelten Beschäftigungsverhältnissen, soweit diese Kinder vor dem 1. Januar 2006 geboren sind.

§ 12
Strukturausgleich

(1) [1]Aus dem Geltungsbereich des BAT/BAT-O übergeleitete Beschäftigte erhalten ausschließlich in den in Anlage 3 TVÜ-Bund aufgeführten Fällen zusätzlich zu ihrem monatlichen Entgelt einen nicht dynamischen Strukturausgleich. [2]Maßgeblicher Stichtag für die anspruchsbegründenden Voraussetzungen (Vergütungsgruppe, Lebensaltersstufe, Ortszuschlag, Aufstiegszeiten) ist der 1. Oktober 2005, sofern in Anlage 3 TVÜ-Bund nicht ausdrücklich etwas anderes geregelt ist.

(2) Die Zahlung des Strukturausgleichs beginnt im Oktober 2007, sofern in Anlage 3 TVÜ-Bund nicht etwas anderes bestimmt ist.

(3) Für Beschäftigte, für die nach dem TVöD die Regelungen des Tarifgebiets Ost Anwendung finden, gilt der jeweilige Bemessungssatz.

(4) Bei Teilzeitbeschäftigung steht der Strukturausgleich anteilig zu (§ 24 Abs. 2 TVöD). [2]§ 5 Abs. 5 Satz 2 gilt entsprechend.

Protokollerklärung zu Absatz 4:
Bei späteren Veränderungen der individuellen regelmäßigen wöchentlichen Arbeitszeit der/des Beschäftigten ändert sich der Strukturausgleich entsprechend.

(5) Bei Höhergruppierungen wird der Unterschiedsbetrag zum bisherigen Entgelt auf den Strukturausgleich angerechnet.

(6) Einzelvertraglich kann der Strukturausgleich abgefunden werden.

§ 13
Entgeltfortzahlung im Krankheitsfall

(1) ¹Bei Beschäftigten, für die bis zum 30. September 2005 § 71 BAT gegolten hat, wird abweichend von § 22 Abs. 2 TVöD für die Dauer des über den 30. September 2005 hinaus ununterbrochen fortbestehenden Arbeitsverhältnisses der Krankengeldzuschuss in Höhe des Unterschiedsbetrages zwischen dem festgesetzten Nettokrankengeld oder der entsprechenden gesetzlichen Nettoleistung und dem Nettoentgelt (§ 22 Abs. 2 Satz 2 und 3 TVöD) gezahlt. ²Nettokrankengeld ist das um die Arbeitnehmeranteile zur Sozialversicherung reduzierte Krankengeld. ³Für Beschäftigte, die nicht der Versicherungspflicht in der gesetzlichen Krankenversicherung unterliegen, ist bei der Berechnung des Krankengeldzuschusses der Höchstsatz des Nettokrankengeldes, der bei Pflichtversicherung in der gesetzlichen Krankenversicherung zustünde, zugrunde zu legen.

(2) ¹Beschäftigte im Sinne des Absatzes 1 erhalten längstens bis zum Ende der 26. Woche seit dem Beginn ihrer über den 30. September 2005 hinaus ununterbrochen fortbestehenden Arbeitsunfähigkeit infolge derselben Krankheit oder Arbeitsverhinderung infolge einer Maßnahme der medizinischen Vorsorge oder Rehabilitation ihr Entgelt nach § 21 TVöD fortgezahlt. ²Tritt nach dem 1. Oktober 2005 Arbeitsunfähigkeit infolge derselben Krankheit ein, werden die Zeiten der Entgeltfortzahlung nach Satz 1 auf die Fristen gemäß § 22 TVöD angerechnet.

Protokollerklärung zu § 13:
¹Soweit Beschäftigte, deren Arbeitsverhältnis mit dem Bund vor dem 1. August 1998 begründet worden ist, Anspruch auf Beihilfe im Krankheitsfall haben, besteht dieser nach den bisher geltenden Regelungen des Bundes zur Gewährung von Beihilfen an Arbeitnehmerinnen und Arbeitnehmer fort. ²Änderungen der Beihilfevorschriften für die Beamtinnen und Beamten des Bundes kommen zur Anwendung.

§ 14
Beschäftigungszeit

(1) ¹Für die Dauer des über den 30. September 2005 hinaus fortbestehenden Arbeitsverhältnisses werden die vor dem 1. Oktober 2005 nach Maßgabe der jeweiligen tarifrechtlichen Vorschriften anerkannten Beschäftigungszeiten als Beschäftigungszeit im Sinne des § 34 Abs. 3 TVöD berücksichtigt. ²Abweichend von Satz 1 bleiben bei § 34 Abs. 2 TVöD für Beschäftigte Zeiten, die vor dem 3. Oktober 1990 im Beitrittsgebiet (Art. 3 des Einigungsvertrages vom 31. August 1990) zurückgelegt worden sind, bei der Beschäftigungszeit unberücksichtigt.

(2) Für die Anwendung des § 23 Abs. 2 TVöD werden die bis zum 30. September 2005 zurückgelegten Zeiten, die nach Maßgabe

– des BAT anerkannte Dienstzeit,

§§ 14–16 TVÜ-Bund

– des BAT-O bzw. MTArb-O anerkannte Beschäftigungszeit,
– des MTArb anerkannte Jubiläumszeit

sind, als Beschäftigungszeit im Sinne des § 34 Abs. 3 TVöD berücksichtigt.

§ 15
Urlaub

(1) ¹Für die Dauer und die Bewilligung des Erholungsurlaubs bzw. von Zusatzurlaub für das Urlaubsjahr 2005 gelten die im September 2005 jeweils maßgebenden Vorschriften bis zum 31. Dezember 2005 fort. ²Die Regelungen des TVöD gelten für die Bemessung des Urlaubsentgelts sowie für eine Übertragung von Urlaub auf das Kalenderjahr 2006.

(2) ¹Aus dem Geltungsbereich des BAT/BAT-O übergeleitete Beschäftigte der Vergütungsgruppen I und Ia, die für das Urlaubsjahr 2005 einen Anspruch auf 30 Arbeitstage Erholungsurlaub erworben haben, behalten bei einer Fünftagewoche diesen Anspruch für die Dauer des über den 30. September 2005 hinaus ununterbrochen fortbestehenden Arbeitsverhältnisses. ²Die Urlaubsregelungen des TVöD bei abweichender Verteilung der Arbeitszeit gelten entsprechend.

(3) § 49 Abs. 1 und 2 MTArb/MTArb-O i.V. m. dem Tarifvertrag über Zusatzurlaub für gesundheitsgefährdende Arbeiten für Arbeiter des Bundes gelten bis zum In-Kraft-Treten eines entsprechenden Tarifvertrags des Bundes fort; im Übrigen gilt Absatz 1 entsprechend.

(4) ¹In den Fällen des § 48a BAT/BAT-O oder § 48a MTArb/MTArb-O wird der nach der Arbeitsleistung im Kalenderjahr 2005 zu bemessende Zusatzurlaub im Kalenderjahr 2006 gewährt. ²Die nach Satz 1 zustehenden Urlaubstage werden auf den nach den Bestimmungen des TVöD im Kalenderjahr 2006 zustehenden Zusatzurlaub für Wechselschichtarbeit und Schichtarbeit angerechnet. ³Absatz 1 Satz 2 gilt entsprechend.

§ 16
Abgeltung

¹Durch Vereinbarung mit der/dem Beschäftigten können Entgeltbestandteile aus Besitzständen, ausgenommen für Vergütungsgruppenzulagen, pauschaliert bzw. abgefunden werden. ²§ 11 Abs. 2 Satz 3 und § 12 Abs. 6 bleiben unberührt.

Protokollerklärung zum 3. Abschnitt:

¹Einvernehmlich werden die Verhandlungen zur Überleitung der Entgeltsicherung bei Leistungsminderung zurückgestellt. Da damit die fristgerechte Überleitung bei Beschäftigten, die eine Zahlung nach §§ 25, 37 MTArb/MTArb-O bzw. § 56 BAT/ BAT-O erhalten, nicht sichergestellt ist, erfolgt am 1. Oktober 2005 eine Fortzahlung der bisherigen Bezüge als zu verrechnender Abschlag auf das Entgelt, das diesen Beschäftigten nach dem noch zu erzielenden künftigen Verhandlungsergebnis zu-

steht. ²Die in Satz 2 genannten Bestimmungen – einschließlich etwaiger Sonderregelungen – finden in ihrem jeweiligen Geltungsbereich bis zum In-Kraft-Treten einer Neuregelung weiterhin Anwendung, und zwar auch für Beschäftigte im Sinne des § 1 Abs. 2. ³§ 55 Abs. 2 Unterabs. 2 Satz 2 BAT bleibt in seinem bisherigen Geltungsbereich unberührt. ⁴Sollte das künftige Verhandlungsergebnis geringer als bis dahin gewährte Leistungen ausfallen, ist eine Rückforderung ausgeschlossen.

4. Abschnitt
Sonstige vom TVöD abweichende oder ihn ergänzende Bestimmungen

§ 17
Eingruppierung

(1) ¹Bis zum In-Kraft-Treten der Eingruppierungsvorschriften des TVöD (mit Entgeltordnung) gelten die §§ 22, 23 BAT/BAT-O einschließlich der Vergütungsordnung, die §§ 1, 2 Absätze 1 und 2 und § 5 des Tarifvertrages über das Lohngruppenverzeichnis des Bundes zum MTArb (TVLohngrV) einschließlich des Lohngruppenverzeichnisses mit Anlagen 1 und 2 sowie die entsprechenden Regelungen für das Tarifgebiet Ost über den 30. September 2005 hinaus fort. ²Diese Regelungen finden auf übergeleitete und ab dem 1. Oktober 2005 neu eingestellte Beschäftigte in ihrem jeweiligen bisherigen Geltungsbereich nach Maßgabe dieses Tarifvertrages Anwendung. ³An die Stelle der Begriffe Vergütung und Lohn tritt der Begriff Entgelt.

(2) Abweichend von Absatz 1

– gelten Vergütungsordnung und Lohngruppenverzeichnis nicht für ab dem 1. Oktober 2005 in Entgeltgruppe 1 TVöD neu eingestellte Beschäftigte,

– gilt die Vergütungsgruppe I der Vergütungsordnung zum BAT/BAT-O ab dem 1. Oktober 2005 nicht fort; die Ausgestaltung entsprechender Arbeitsverhältnisse erfolgt außertariflich.

(3) ¹Mit Ausnahme der Eingruppierung in die Entgeltgruppe 1 sind alle zwischen dem 1. Oktober 2005 und dem In-Kraft-Treten der neuen Entgeltordnung stattfindenden Eingruppierungs- bzw. Einreihungsvorgänge (Neueinstellungen und Umgruppierungen) vorläufig und begründen keinen Vertrauensschutz und keinen Besitzstand. ²Dies gilt nicht für Aufstiege gemäß § 8 Abs. 1 Satz 1 und 2 und Abs. 3.

(4) ¹Anpassungen der Eingruppierung aufgrund des In-Kraft-Tretens der neuen Entgeltordnung erfolgen mit Wirkung für die Zukunft. ²Bei Rückgruppierungen, die in diesem Zusammenhang erfolgen, sind finanzielle Nachteile im Wege einer nicht dynamischen Besitzstandszulage auszugleichen, solange die Tätigkeit ausgeübt wird. ³Die Besitzstandszulage vermindert sich nach dem 30. September 2008 bei jedem Stufenaufstieg um die

§ 17 TVÜ-Bund

Hälfte des Unterschiedsbetrages zwischen der bisherigen und der neuen Stufe; bei Neueinstellungen (§ 1 Abs. 2) vermindert sich die Besitzstandszulage jeweils um den vollen Unterschiedsbetrag. [4]Die Grundsätze korrigierender Rückgruppierung bleiben unberührt.

(5) [1]Bewährungs-, Fallgruppen- und Tätigkeitsaufstiege gibt es ab dem 1. Oktober 2005 nicht mehr; §§ 8 und 9 bleiben unberührt. [2]Satz 1 gilt auch für Vergütungsgruppenzulagen, es sei denn, dem Tätigkeitsmerkmal einer Vergütungsgruppe der Allgemeinen Vergütungsordnung (Anlage 1a) ist eine Vergütungsgruppenzulage zugeordnet, die unmittelbar mit Übertragung der Tätigkeit zusteht; bei Übertragung einer entsprechenden Tätigkeit wird diese bis zum In-Kraft-Treten der neuen Entgeltordnung unter den Voraussetzungen des bisherigen Tarifrechts als Besitzstandszulage in der bisherigen Höhe gezahlt; § 9 Abs. 4 gilt entsprechend.

(6) In der Zeit zwischen dem 1. Oktober 2005 und dem In-Kraft-Treten der neuen Entgeltordnung erhalten Beschäftigte, denen ab dem 1. Oktober 2005 eine anspruchsbegründende Tätigkeit übertragen wird, eine persönliche Zulage, die sich betragsmäßig nach der entfallenen Techniker-, Meister- und Programmiererzulage bemisst, soweit die Anspruchsvoraussetzungen nach bisherigem Tarifrecht erfüllt sind.

(7) [1]Für Eingruppierungen bzw. Einreihungen zwischen dem 1. Oktober 2005 und dem In-Kraft-Treten der neuen Entgeltordnung werden die Vergütungsgruppen der Allgemeinen Vergütungsordnung (Anlage 1a) und die Lohngruppen des Lohngruppenverzeichnisses gemäß Anlage 4 TVÜ-Bund den Entgeltgruppen des TVöD zugeordnet. [2]Absatz 1 Satz 2 bleibt unberührt.

(8) [1]Beschäftigte, die zwischen dem 1. Oktober 2005 und dem In-Kraft-Treten der neuen Entgeltordnung in Entgeltgruppe 13 eingruppiert werden und die nach der Allgemeinen Vergütungsordnung (Anlage 1a) in Vergütungsgruppe IIa BAT/BAT-O mit fünf- bzw. sechsjährigem Aufstieg nach Vergütungsgruppe Ib BAT/BAT-O eingruppiert wären, erhalten bis zum In-Kraft-Treten der neuen Entgeltordnung eine persönliche Zulage in Höhe des Unterschiedsbetrages zwischen dem Entgelt ihrer Stufe nach Entgeltgruppe 13 und der entsprechenden Stufe der Entgeltgruppe 14. [2]Von Satz 1 werden auch Fallgruppen der Vergütungsgruppe Ib BAT/BAT-O erfasst, deren Tätigkeitsmerkmale eine bestimmte Tätigkeitsdauer voraussetzen. [3]Die Sätze 1 und 2 gelten auch für Beschäftigte im Sinne des § 1 Abs. 2.

(9) [1]Bis zum In-Kraft-Treten der Eingruppierungsvorschriften des TVöD gelten die bisherigen Regelungen für Vorarbeiter/innen und für Vorhandwerker/innen im bisherigen Geltungsbereich fort; dies gilt auch für Beschäftigte im Sinne des § 1 Abs. 2. [2]Satz 1 gilt für Lehrgesellen entsprechend. [3]Ist anlässlich der vorübergehenden Übertragung einer höherwertigen Tätigkeit im Sinne des § 14 TVöD zusätzlich eine Tätigkeit auszuüben, für die nach bisherigem Recht ein Anspruch auf Zahlung einer Zulage für Vorarbeiter/innen, Vorhandwerker/innen oder Lehrgesellen besteht, erhält

die/der Beschäftigte bis zum In-Kraft-Treten der neuen Entgeltordnung abweichend von den Sätzen 1 und 2 sowie von § 14 Abs. 3 TVöD anstelle der Zulage nach § 14 TVöD für die Dauer der Ausübung sowohl der höherwertigen als auch der zulagenberechtigenden Tätigkeit eine persönliche Zulage in Höhe von insgesamt 10 v. H. ihres/seines Tabellenentgelts.

(10) Die Absätze 1 bis 9 gelten für besondere tarifvertragliche Vorschriften über die Eingruppierungen entsprechend.

Protokollerklärung zu § 17:
[1]Die Tarifvertragsparteien sind sich darin einig, dass in der noch zu verhandelnden Entgeltordnung die bisherigen unterschiedlichen materiellen Wertigkeiten aus Fachhochschulabschlüssen (einschließlich Sozialpädagogen/innen und Ingenieuren/innen) auf das Niveau der vereinbarten Entgeltwerte der Entgeltgruppe 9 ohne Mehrkosten (unter Berücksichtigung der Kosten für den Personenkreis, der nach der Übergangsphase nicht mehr in eine höhere bzw. niedrigere Entgeltgruppe eingruppiert ist) zusammengeführt werden; die Abbildung von Heraushebungsmerkmalen oberhalb der Entgeltgruppe 9 bleibt davon unberührt. Sollte hierüber bis zum 31. Dezember 2007 keine einvernehmliche Lösung vereinbart werden, so erfolgt ab dem 1. Januar 2008 bis zum In-Kraft-Treten der Entgeltordnung die einheitliche Eingruppierung aller ab dem 1. Januar 2008 neu einzugruppierenden Beschäftigten mit Fachhochschulabschluss nach den jeweiligen Regeln der Entgeltgruppe 9 zu »Vb BAT ohne Aufstieg nach IVb (mit und ohne FH-Abschluss)«.

§ 18
Vorübergehende Übertragung einer höherwertigen Tätigkeit nach dem 30. September 2005

(1) [1]Wird aus dem Geltungsbereich des BAT/BAT-O übergeleiteten Beschäftigten in der Zeit zwischen dem 1. Oktober 2005 und dem 30. September 2007 erstmalig außerhalb von § 10 eine höherwertige Tätigkeit vorübergehend übertragen, findet der TVöD Anwendung. [2]Ist die/der Beschäftigte in eine individuelle Zwischenstufe übergeleitet worden, gilt für die Bemessung der persönlichen Zulage § 6 Abs. 2 Satz 1 und 2 entsprechend. [3]Bei Überleitung in eine individuelle Endstufe gilt § 6 Abs. 3 Satz 2 entsprechend. [4]In den Fällen des § 6 Abs. 4 bestimmt sich die Höhe der Zulage nach den Vorschriften des TVöD über die vorübergehende Übertragung einer höherwertigen Tätigkeit.

(2) Wird aus dem Geltungsbereich des MTArb/MTArb-O übergeleiteten Beschäftigten nach dem 30. September 2005 erstmalig außerhalb von § 10 eine höherwertige Tätigkeit vorübergehend übertragen, gelten bis zum In-Kraft-Treten eines Tarifvertrages über eine persönliche Zulage die bisherigen Regelungen des MTArb/MTArb-O mit der Maßgabe entsprechend, dass sich die Höhe der Zulage nach dem TVöD richtet, soweit sich aus § 17 Abs. 9 Satz 3 nichts anderes ergibt.

§§ 18-20 TVÜ-Bund

(3) Bis zum In-Kraft-Treten der Eingruppierungsvorschriften des TVöD gilt – auch für Beschäftigte im Sinne des § 1 Abs. 2 – die Regelung des TVöD zur vorübergehenden Übertragung einer höherwertigen Tätigkeit mit der Maßgabe, dass sich die Voraussetzungen für die übertragene höherwertige Tätigkeit nach § 22 Abs. 2 BAT/BAT-O bzw. den entsprechenden Regelungen für Arbeiter bestimmen.

§ 19
Entgeltgruppen 2 Ü und 15 Ü

(1) Zwischen dem 1. Oktober 2005 und dem In-Kraft-Treten der neuen Entgeltordnung gelten für Beschäftigte, die in die Entgeltgruppe 2 Ü übergeleitet oder in die Lohngruppen 1 mit Aufstieg nach 2 und 2a oder in die Lohngruppe 2 mit Aufstieg nach 2a eingestellt werden, folgende Tabellenwerte:

Stufe 1	Stufe 2	Stufe 3	Stufe 4	Stufe 5	Stufe 6
1503	1670	1730	1810	1865	1906

(2) [1]Übergeleitete Beschäftigte der Vergütungsgruppe I zum BAT/BAT-O unterliegen dem TVöD. Sie werden in die Entgeltgruppe 15 Ü mit folgenden Tabellenwerten übergeleitet:

Stufe 1	Stufe 2	Stufe 3	Stufe 4	Stufe 5
4275	4750	5200	5500	5570

[2]Die Verweildauer in den Stufen 1 bis 4 beträgt jeweils fünf Jahre. [3]§ 6 Abs. 4 findet keine Anwendung.

(3) Die Regelungen des TVöD über die Bezahlung im Tarifgebiet Ost gelten entsprechend.

§ 20
Jahressonderzahlung 2006

Die mit dem Entgelt für den Monat November 2006 zu zahlende Jahressonderzahlung berechnet sich für Beschäftigte nach § 1 Abs. 1 und 2 nach den Bestimmungen des § 20 TVöD mit folgenden Maßgaben:

1. Der Bemessungssatz der Jahressonderzahlung beträgt in allen Entgeltgruppen

   a) bei Beschäftigten, für die nach dem TVöD die Regelungen des Tarifgebiets West Anwendung finden, 82,14 v.H.

   b) bei Beschäftigten, für die nach dem TVöD die Regelungen des Tarifgebiets Ost Anwendung finden, 61,60 v.H.

2. ¹Der sich nach Nr. 1 ergebende Betrag der Jahressonderzahlung erhöht sich um einen Betrag in Höhe von 255,65 Euro. ²Bei Beschäftigten, für die nach dem TVöD die Regelungen des Tarifgebiets West Anwendung finden und denen am 1. Juli 2006 Entgelt nach einer der Entgeltgruppen 1 bis 8 zusteht, erhöht sich dieser Zusatzbetrag auf 332,34 Euro. ³Satz 2 gilt entsprechend bei Beschäftigten – auch für Beschäftigte nach § 1 Abs. 2 – im Tarifgebiet West, denen bei Weitergeltung des BAT Grundvergütung nach der Vergütungsgruppe Kr VI zugestanden hätte. Teilzeitbeschäftigte erhalten von dem Zusatzbetrag nach Satz 1 oder 2 den Teil, der dem Anteil ihrer Arbeitszeit an der Arbeitszeit vergleichbarer Vollzeitbeschäftigter entspricht. ⁴Der Zusatzbetrag nach den Sätzen 1 bis 3 ist kein zusatzversorgungspflichtiges Entgelt.

3. Der sich nach Nr. 4 ergebende Betrag der Jahressonderzahlung erhöht sich für jedes Kind, für das Beschäftigte im September 2006 kinderbezogene Entgeltbestandteile gemäß § 11 erhalten, um 25,56 Euro.

Protokollerklärung zu § 20:
Diese Regelung ersetzt die nachwirkenden Tarifverträge über ein Urlaubsgeld sowie über eine Zuwendung mit Wirkung ab 1. Januar 2006.

§ 21
Abrechnung unständiger Bezügebestandteile

Bezüge im Sinne des § 36 Abs. 1 Unterabs. 2 BAT/BAT-O, § 31 Abs. 2 Unterabs. 2 MTArb/MTArb-O für Arbeitsleistungen bis zum 30. September 2005 werden nach den bis dahin jeweils geltenden Regelungen abgerechnet, als ob das Arbeitsverhältnis mit Ablauf des 30. September 2005 beendet worden wäre.

§ 22
Bereitschaftszeiten

¹Nr. 3 SR 2r BAT/BAT-O für Hausmeister und entsprechende Tarifregelungen für Beschäftigtengruppen mit Bereitschaftszeiten innerhalb ihrer regelmäßigen Arbeitszeit gelten fort. ²Dem Anhang zu § 9 TVöD widersprechende Regelungen zur Arbeitszeit sind bis zum 31. Dezember 2005 entsprechend anzupassen.

§ 23
Sonderregelungen für besondere Berufsgruppen

Die Überleitungs-, Übergangs- und Besitzstandsregelungen für besondere Berufsgruppen im Bereich des Bundes ergeben sich aus der Anlage 5 TVÜ-Bund.

5. Abschnitt
Übergangs- und Schlussvorschrift

§ 24
In-Kraft-Treten, Laufzeit

(1) Dieser Tarifvertrag tritt am 1. Oktober 2005 in Kraft.

(2) ¹Der Tarifvertrag kann ohne Einhaltung einer Frist jederzeit schriftlich gekündigt werden, frühestens zum 31. Dezember 2007. ²Die §§ 17 bis 19 einschließlich Anlagen können ohne Einhaltung einer Frist, jedoch nur insgesamt, schriftlich gekündigt werden, frühestens zum 31. Dezember 2007; die Nachwirkung dieser Vorschriften wird ausgeschlossen.

Erläuterungen zu den Überleitungstarifverträgen für Bund und Gemeinden

I. Gegenstand der Überleitungstarifverträge

Für den Bereich des Bundes und für die Arbeitgeber der VKA sind weitestgehend gleichlautende Überleitungsverträge geschlossen worden, die zum 1. Oktober 2005 in Kraft getreten sind. Diese Tarifverträge leiten die **tariflichen Arbeitsbedingungen** der Arbeitnehmer, die unter den Geltungsbereich des TVöD fallen, aus bisher geltenden Tarifverträgen auf den TVöD über.

Die Überleitungstarifverträge regeln

- die Einzelheiten der Ablösung der bisherigen Tarifverträge,
- die Zuordnung der bisherigen Vergütungsgruppen zu den neuen Entgeltgruppen und die vorläufige Einstufung der Beschäftigten in den Entgeltgruppen,
- den Erhalt und den Verfall der Anwartschaften auf Bewährungs- und Fallgruppenaufstieg,
- den Erhalt von Vergütungsgruppenzulagen,
- die Fortführung vorübergehend übertragener höherwertiger Tätigkeiten und deren Bezahlung,
- den Erhalt kinderbezogener Entgeltbestandteile und Strukturausgleichszahlungen.

Ferner enthalten die Tarifverträge vorübergehende Regelungen

- zur Entgeltfortzahlung im Krankheitsfall,
- für die Berücksichtigung von Dienstzeiten für das Jubiläumsgeld,
- zur Überleitung der Urlaubsbestimmungen,
- zur Abgeltung von Besitzstandsansprüchen und
- zur vorübergehenden Eingruppierung.

Neben sonstigen Überleitungsvorschriften enthalten diese Tarifverträge auch vorübergehende Bestimmungen zur Jahressonderzahlung und die Regelungen zu den Einmalzahlungen für die Jahre 2006 und 2007.

Erläuterungen zu den Überleitungstarifverträgen

II. Geltungsbereich

3 Der **persönliche Geltungsbereich** entspricht demjenigen des § 1 TVöD. Die Überleitungstarifverträge finden allerdings nur für die Beschäftigten Anwendung, deren Arbeitsverhältnis über den 30. September 2005 hinaus fortbesteht. Für Beschäftigte, deren Arbeitsverhältnis später beginnt, gilt der TVÜ nur, soweit dies ausdrücklich bestimmt ist.

4 Endet ein befristet abgeschlossenes Arbeitsverhältnis nach dem **30. September 2005** und wird dieses ohne zeitliche Unterbrechung durch Abschluss eines neuen befristeten Arbeitsvertrages verlängert, gilt dies als fortbestehendes Arbeitsverhältnis. Bis zum 30. September 2007 sind Unterbrechungen von bis zu einem Monat insoweit unschädlich (Protokollerklärung zu § 1 Abs. 1 Satz 1 TVÜ). Wird nach dem 30. September 2005 ein neues Arbeitsverhältnis mit einem Beginn vereinbart, der nicht mehr als einen Monat nach Ende der vorherigen Befristung liegt, gelten auch in dem neuen Arbeitsverhältnis die Bestimmungen des TVÜ. Soll die Anwendung des TVÜ durch Überschreitung dieser Monatsfrist umgangen werden, kann dessen Anwendung gleichwohl nach den Grundsätzen von Treu und Glauben (§ 242 BGB) in Betracht kommen. Dies gilt insbesondere dann, wenn für die Unterbrechung des Arbeitsverhältnisses kein sachlicher Grund gegeben ist.

5 Nach § 1 Abs. 3 TVÜ sollen für **geringfügig Beschäftigte** die bisherigen tariflichen Bestimmungen weitergelten und der TVöD nicht zur Anwendung kommen. Diese Differenzierung ist verfassungsrechtlich bedenklich (vgl. hierzu § 1 Rn. 17).

III. Ablösung bisheriger Tarifverträge

6 Durch § 2 TVÜ werden die bisher geltenden Tarifverträge vollständig durch den TVöD und die Überleitungsbestimmungen abgelöst, soweit nicht ausdrücklich etwas anderes bestimmt ist.

Soweit Arbeitsverträge im Bereich des Bundes oder der VKA für andere Arbeitgeber in diesem Tarifzuständigkeitsbereich auf den BAT oder andere bisherige Tarifverträge verweisen, gelten TVÜ und TVöD auch dann als **ersetzende Regelungen**, wenn dies in den Arbeitsverträgen nicht ausdrücklich vereinbart worden ist (vgl. hierzu auch die Niederschriftserklärung Nr. 1 zu § 2 Abs. 1 TVÜ). Im Bereich des Bundes sind die ersetzten Tarifverträge in den Anlagen 1 TVÜ Teil A und Teil B im Einzelnen aufgeführt. Ferner werden Tarifvertragsregelungen erfasst, die nicht ausdrücklich im TVöD oder TVÜ aufrechterhalten werden.

7 Im Bereich der VKA werden insbesondere der BAT, der BAT-O, der BAT-Ostdeutsche Sparkassen, der BMTG II, der BMTG-O und der TV Arbeiter-Ostdeutsche Sparkassen abgelöst, ferner die diese Tarifverträge ergänzenden Tarifverträge der VKA, soweit im TVöD oder TVÜ nicht ausdrücklich etwas anderes bestimmt ist. Die von den Mitgliedsverbänden

Erläuterungen zu den Überleitungstarifverträgen

der VKA abgeschlossenen Tarifverträge sind durch die landesbezirklichen Tarifvertragsparteien hinsichtlich ihrer Weitergeltung zu prüfen und bei Bedarf an den TVöD anzupassen, sofern nicht in den Überleitungstarifverträgen ihre vorübergehende Weitergeltung ausdrücklich bestimmt ist. Wird nicht bis zum 31.12.2006 anderes vereinbart, besteht die Möglichkeit der Kündigung. Durch landesbezirkliche Vereinbarungen der Tarifvertragsparteien kann diese Frist verlängert werden.

Tarifverträge zur Beschäftigungssicherung oder Sanierung bzw. zur Steigerung der Wettbewerbsfähigkeit gelten zunächst über den 30. September 2005 hinaus fort. Ihre Bestimmungen sind an die Neuregelungen des TVöD anzupassen, und zwar durch entsprechende Tarifauslegung, baldmöglichst auch durch eine entsprechende redaktionelle Anpassung der landesbezirklichen Tarifvertragsparteien. **8**

Tarifverträge nach §3 TVSozA gelten fort und sind ebenfalls bei Bedarf an den TVöD anzupassen.

Für die vom Geltungsbereich des TVöD ausgenommenen Beschäftigten in Versorgungsbetrieben, Nahverkehrsbetrieben und Wasserwirtschaftsverbänden in Nordrhein-Westfalen wird das alte Tarifrecht nicht abgelöst, es sei denn, sie werden in Einzelfällen auf landesbezirklicher Ebene in die Geltungsbereiche des TVöD einbezogen. In diesen Fällen besteht also das bisherige Tarifrecht unverändert fort, wenn sich die betreffenden Betriebe nicht für die Anwendung der hier einschlägigen Spartentarifverträge entscheiden. **9**

Führten Arbeitgeber, die nicht aus dem Geltungsbereich des TVöD ausgenommen sind, z.B. Eigenbetriebe einer Kommune, schon vor dem 1. Oktober 2005 Verhandlungen zur Anwendung eines der genannten Spartentarifverträge, ersetzt auch für die Beschäftigten dieser Arbeitgeber längstens bis zum 31.12.2007 der TVöD nicht das alte Tarifrecht nach näherer Maßgabe des §2 Abs. 6 TVÜ-VKA. Damit soll ermöglicht werden, die bereits begonnenen Verhandlungen ohne unangemessenen Zeitdruck fortzuführen. **10**

IV. Entgelt

1. Zuordnung zu den Entgeltgruppen

Es erfolgt eine vollständige Überleitung der bisherigen Eingruppierung in die Vergütungs- und Lohngruppen in die jetzigen **Entgeltgruppen**. Diese richtet sich nach §4 Abs. 1 TVÜ der Anlage 2 des jeweiligen Tarifvertrages. **11**

Maßgeblich für die Zuordnung ist die am 1.10.2005 maßgebliche, zutreffende Eingruppierung, die sich aus der bisherigen **Tarifautomatik** ergab. Es kommt also nicht darauf an, nach welcher Vergütungsgruppe bislang tatsächlich bezahlt worden war. Eine andere tarifliche Eingruppierung kann auch zu einem späteren Zeitpunkt noch festgestellt werden. Die Feststel- **12**

Erläuterungen zu den Überleitungstarifverträgen

lung unterliegt keinen Verfallfristen, auch nicht der tariflichen Ausschlussfrist, die nur die Zahlungsansprüche nach einer bestimmten Eingruppierung erfasst.

13 Die Zuordnung zu einer neuen Entgeltgruppe ist eine nach den Personalvertretungsgesetzen des Bundes und der Länder und dem Betriebsverfassungsgesetz **mitbestimmungspflichtige Eingruppierung** (a.A.: VG Mainz vom 5.4.2006 – 5 K 592/05.MZ). Dieses Mitbestimmungsrecht besteht nicht nur bei der Neueingruppierung, sondern auch dann, wenn Eingruppierungsvorschriften eine neue tarifliche Bewertung erfordern. Das Mitbestimmungsrecht dient der Richtigkeitskontrolle durch den Personal- oder Betriebsrat. Auch wenn die hiermit verbundenen Fragen einfacher Natur sind, ist das Mitbestimmungsverfahren durchzuführen, zumal anlässlich der Überleitung nochmals zu prüfen sein kann, ob die bisherige Eingruppierung richtig ist.

Nicht immer entspricht eine bisherige Vergütungsgruppe der gleichen neuen Entgeltgruppe.

Beispiele:
Ein Beschäftigter, der in Vergütungsgruppe V b nach Aufstieg aus der Vergütungsgruppe V c eingruppiert ist, erhält zukünftig Entgelt nach der Entgeltgruppe 9. Hier findet ein reduzierter Stufenaufstieg statt. Die Stufe 5 kann in dieser Entgeltgruppe erst nach neun Jahren in Stufe 4 erreicht werden, die Endstufe gar nicht.
Wer in Vergütungsgruppe V b originär eingruppiert ist und am Bewährungsaufstieg in die Vergütungsgruppe IV b teilnimmt, wird in die Entgeltgruppe 10 übergeleitet.

An diesen Beispielen wird deutlich, dass die rechtlichen, nicht ganz unkomplizierten Überlegungen bei der Überleitung in die neuen Entgeltgruppen zu beachten sind und damit eine Richtigkeitskontrolle der Personal- und Betriebsräte erforderlich ist.

14 Beschäftigte, die im Oktober 2005 bei Fortgeltung des bisherigen Tarifrechts die Voraussetzungen für einen **Bewährungs-, Fallgruppen- oder Tätigkeitsaufstieg** erfüllt hätten, werden für die Überleitung so behandelt, als wären sie bereits im September 2005 höhergruppiert worden.

Beschäftigte, die im Oktober 2005 bei Fortgeltung des bisherigen Tarifrechts in eine niedrigere Vergütungs- bzw. Lohngruppe eingruppiert bzw. eingereiht worden wären, werden für die Überleitung so behandelt, als wären sie bereits im September 2005 herabgruppiert bzw. niedriger eingereiht worden.

15 Da nicht alle bisherigen Eingruppierungen in der neuen TVöD-Tabelle vollständig abgebildet werden konnten, sind für die Überleitung zwei **Ü-Entgeltgruppen** in die Tabelle eingefügt worden, und zwar die Entgeltgruppe 2 Ü für die Überleitung der Arbeiter aus den Lohngruppen 1 bis 2 a und die Entgeltgruppe 15 Ü für die Angestellten, die aus der Vergütungsgruppe I BAT in den TVöD übergeleitet werden.

Erläuterungen zu den Überleitungstarifverträgen

Für **Lehrkräfte** des Bundes gelten die Überleitungsbestimmungen bezüglich der Eingruppierung zunächst nicht. Es wird das bisherige Entgelt fortgezahlt. Im Bereich der VII A gelten spezielle Überleitungsregelungen. **16**

2. Eingruppierung

Die Tarifvertragsparteien haben vereinbart, dass die **Eingruppierungsmerkmale** bis zum 31.12.2007 geschaffen werden sollen. Bis dahin gilt das bisherige Eingruppierungsrecht nach § 17 TVÜ weiter, die §§ 22, 23, 25 und die Anlage 3 BAT, die Vergütungsordnung zum BAT (Anlagen 1 a und 1 b) und die Lohngruppenverzeichnisse für Arbeiter finden also weiterhin Anwendung. Die Regelungen für den Bewährungs-, Tätigkeits- und Zeitaufstieg entfallen. Hier gelten nur die Besitzstandsregelungen (C IV 6). Gleiches gilt hinsichtlich der Vergütungsgruppenzulagen (vgl. C IV 7). **17**

Neueinstellungen werden somit zunächst nach den Tätigkeitsmerkmalen der bisherigen Vergütungs- und Lohngruppen vorgenommen. Es erfolgt allerdings eine sofortige Überleitung in die neuen Entgeltgruppen. Die Einstufung erfolgt regulär. **18**

Wird eine andere gleiche, höherwertige oder niedriger zu bewertende Tätigkeit übertragen, ist eine tarifliche Neubewertung der Eingruppierung nach dem bisherigen Recht vorzunehmen. Bei Umgruppierungen gelten die Überleitungsvorschriften (C IV 4).

Alle zwischen dem 30.9.2005 und dem In-Kraft-Treten der neuen Eingruppierungsvorschriften des TVöD nach altem Recht vorgenommenen Eingruppierungen sind vorläufig und begründen **keinen Vertrauensschutz oder Besitzstand** (§ 17 Abs. 3 TVÜ). Aus dem Gegenschluss dieser Vorschrift kann entnommen werden, dass korrigierende Herabgruppierungen nicht möglich sind, wenn die Eingruppierung nach den bisherigen Tarifvorschriften bis zum 30. September 2005 erfolgte und auf dieser Basis übergeleitet wurde. **19**

In die Entgeltgruppe 1 TVöD können Neueingestellte allerdings beginnend mit dem 1.10.2005 verbindlich eingruppiert werden. **20**

Tätigkeiten der Vergütungsgruppe I BAT sind künftig als **außertarifliche Tätigkeiten** zu behandeln; die Arbeitsbedingungen können ausschließlich arbeitsvertraglich vereinbart werden. Sinkt das arbeitsvertragliche Gehalt unter das fiktiv zustehende Niveau der Entgeltgruppe 15, findet der TVöD wieder Anwendung, wenn der Beschäftigte Gewerkschaftsmitglied ist. **21**

Anpassungen der Eingruppierung aufgrund des In-Kraft-Tretens der neuen Entgeltordnung erfolgen mit Wirkung für die Zukunft. Bei Rückgruppierungen, die in diesem Zusammenhang notwendig sind, sind finanzielle Nachteile im Wege einer nicht dynamischen **Besitzstandszulage** auszugleichen, solange die Tätigkeit ausgeübt wird. Diese vermindert sich nach dem 30. September 2008 bei jedem Stufenaufstieg um die Hälfte des Unterschiedsbetrages zwischen der bisherigen und der neuen Stufe. Bei Neuein- **22**

Erläuterungen zu den Überleitungstarifverträgen

stellungen nach dem 30. September 2005 vermindert sich die Besitzstandszulage jeweils um den vollen Unterschiedsbetrag.

23 Beschäftigte, die zwischen dem 1.10.2005 und dem In-Kraft-Treten der neuen Entgeltordnung in der Entgeltgruppe 13 eingruppiert werden und nach der Vergütungsordnung in Vergütungsgruppe II bzw. II a BAT mit fünf- bzw. sechsjährigem Aufstieg nach Vergütungsgruppe I b BAT eingruppiert wären, erhalten bis zum In-Kraft-Treten der neuen Entgeltordnung eine persönliche Zulage in Höhe des Unterschiedsbetrages zwischen dem Entgelt ihrer Stufe nach Entgeltgruppe 13 und der entsprechenden Stufe der Entgeltgruppe 14. Hiervon werden auch Fallgruppen der Vergütungsgruppe I b BAT erfasst, deren Tätigkeitsmerkmale eine bestimmte Tätigkeitsdauer voraussetzen.

24 Die **Vorarbeiterzulagen** sind bis zur Neuregelung der Eingruppierungsvorschriften fortzuentrichten.

25 Die Tarifvertragsparteien haben sich in der Protokollerklärung zu § 17 darauf verständigt, dass in der noch zu verhandelnden Entgeltordnung die bisherigen unterschiedlichen materiellen Wertigkeiten aus Fachhochschulabschlüssen auf das Niveau der vereinbarten Entgeltwerte der Entgeltgruppe 9 ohne Mehrkosten zusammengeführt werden, so dass z.B. die Abschlüsse der Sozialpädagogen, der Ingenieure gleichbehandelt werden.

3. Vergleichsentgelt

26 Für die erstmalige Zuordnung zu den Stufen der Entgelttabelle des TVöD wird für jeden Beschäftigten, dessen Eingruppierung übergeleitet wurde, ein **Vergleichsentgelt** auf der Grundlage der im September 2005 erhaltenen Bezüge gebildet. Dieses Vergleichsentgelt ist maßgeblich für die so genannte individuelle Zwischenstufe, mit der festgelegt wird, in welcher Stufe einer Entgeltgruppe sich der einzelne Beschäftigte befindet und zu welchem Zeitpunkt er in die nächste Stufe aufrückt. Ferner ist das Vergleichsentgelt zunächst maßgeblich für die weitere Bezahlung. Die Fortzahlung des Vergleichsentgeltes wird als **Mindeststandard** garantiert.

27 Das Vergleichsentgelt setzt sich zusammen aus der **Grundvergütung, der allgemeinen Zulage und dem Ortszuschlag** der Stufe 1 bzw. 2. Die kinderbezogenen Anteile des Ortszuschlages fließen in das Vergleichsentgelt nicht ein. Diese Lohn- oder Gehaltsanteile werden gesondert gesichert (vgl. hierzu C IV 9).

28 Ist auch der Ehepartner oder die andere Person i.S.d. § 29 Abschnitt B Abs. 5 BAT/BAT-O ortszuschlagsberechtigt oder nach beamtenrechtlichen Grundsätzen familienzuschlagsberechtigt, wird grundsätzlich nur die Stufe 1 des Ortszuschlages bei der Berechnung des Vergleichsentgeltes zugrunde gelegt. Der andere Teil, für den der BAT oder ähnliche tarifliche Bestimmungen oder beamtenrechtliche Grundsätze weiter gelten, hat dann zukünftig einen Anspruch auf Zahlung des vollen Ortszuschlages der

Erläuterungen zu den Überleitungstarifverträgen

Stufe 2. Findet der TVöD am 1.10.2005 auch auf die andere Person Anwendung, fließt der jeweils individuell zustehende Teil des Unterschiedsbetrages zwischen den Stufen 1 und 2 des Ortszuschlages in das Vergleichsentgelt ein.

Bei Teilzeitbeschäftigten ist hierzu die Rechtsprechung des BAG zu berücksichtigen:

Ist der andere Ehegattenteil in Teilzeit und die oder der Beschäftigte voll beschäftigt, so findet eine Kürzung des Differenzbetrages zwischen Stufe 1 und 2 entsprechend der vereinbarten durchschnittlichen Arbeitszeit des Angestellten abweichend von §34 Abs. 1 BAT nicht statt. Die Kürzungsregelung greift nicht ein, wenn der dem Ehegatten zustehende Ehegattenanteil des Ortszuschlages die in §29 Abschnitt B Abs. 2 BAT i.V.m. Anlage 5 zu §3 des Vergütungstarifvertrages geregelte Höhe nicht erreicht. Die Kürzungsregelung bezweckt nicht, in diesem Fall den dem Beschäftigten zustehenden Ehegattenanteil in dem Maße zu beschränken, dass beide Ehegatten zusammen nicht mehr als 100% des Ehegattenanteils des Arbeitnehmers erhalten (BAG v. 6.8.1998 – 6 AZR 166/97, ZTR 1999, 270f.). Entsprechend ist im Rahmen des § 5 Abs. 2 Satz 2 davon auszugehen, dass der andere teilzeitbeschäftigte Teil im Sinne dieser Vorschrift nicht »ortszuschlagsberechtigt« oder »familienzuschlagsberechtigt« ist. Denn nur die volle Ortszuschlagsberechtigung soll zur Halbierung führen. Greift diese Konkurrenzregelung nach bisherigem Tarifrecht nicht ein, bleibt dem Beschäftigten der Ortszuschlagsanteil der Stufe 2 beim Vergleichsentgelt erhalten.

Auch wenn der andere Ehegattenteil zum Stichtag 30.9.2006 keinen Ortszuschlag wegen Wegfalls des Anspruchs auf Entgelt (lang andauernde Krankheit, unbezahlter Sonderurlaub etc.) hat, greift die Kürzungsregelung nicht ein.

Ferner fließen im September 2005 tarifvertraglich zustehende **Funktionszulagen** in das Vergleichsentgelt ein, falls sie nach dem TVöD nicht mehr vorgesehen sind.

Etwas anderes gilt hinsichtlich der **Techniker-, Meister- und Programmiererzulagen**, die im September zustanden. Diese fließen nicht in das Vergleichsentgelt ein, sondern werden als nicht dynamische Besitzstandszulage längstens bis zum 31.12.2007 gezahlt.

Zwischen dem 1.10.2005 und dem In-Kraft-Treten der neuen Entgeltordnung erhalten Beschäftigte, denen ab dem 1. Oktober eine anspruchsbegründende Tätigkeit übertragen wird, eine **persönliche Zulage**, die sich betragsmäßig nach der entfallenen Techniker-, Meister- und Programmiererzulage bemisst, soweit die Anspruchsvoraussetzungen nach bisherigem Tarifrecht erfüllt sind (vgl. hierzu § 17 Abs. 6 TVÜ).

Ist eine Lebensaltersstufe nach §27 Abschnitt C BAT/BAT-O vorweg gewehrt worden, fließt das damit verbundene höhere Gehalt in das Vergleichsentgelt ein.

Erläuterungen zu den Überleitungstarifverträgen

Für Beschäftigte, die im September 2005 eine Gesamtvergütung nach §30 BAT/BAT-O erhielten, bildet diese das Vergleichsentgelt.

Vergütungsgruppenzulagen gehen in das Vergleichsentgelt nicht ein, für sie wurde eine eigene Besitzstandsregelung getroffen (§9 TVÜ, vgl. hierzu C IV 7).

Auch die persönliche Zulage nach §24 BAT/BAT-O ist gesondert in §10 TVÜ geregelt.

30 Leistungszulagen oder übertarifliche Zulagen bleiben bei der Ermittlung des Vergleichsentgeltes ebenfalls unberührt.

31 Bei **Arbeitern** bildet sich das Vergleichsentgelt aus dem **Monatstabellenlohn und den Funktionszulagen**. Vorarbeiterzulagen sowie persönliche Zulagen für die vorübergehende Ausübung einer höherwertigen Tätigkeit sind gesondert abgesichert.

Der **Sozialzuschlag** wird durch die Besitzstandsregelung des §11 TVÜ abgesichert und fließt nicht in das Vergleichsentgelt ein (vgl. hierzu C IV 7).

Auch **Erschwerniszuschläge** sind nicht Bestandteil des Vergleichsentgeltes. Es gelten die neuen tariflichen Bestimmungen. Bisherige Erschwerniszuschläge werden solange weitergezahlt, bis die Tarifvertragsparteien hierzu neue Regelungen geschaffen haben. Sind die Tarifverhandlungen nicht bis zum 31.12.2007 abgeschlossen, gelten die landesbezirklichen Tarifverträge ab dem 1.1.2008 mit der Maßgabe weiter, dass die Grenzen und die Bemessungsgrundlagen des §19 Abs. 4 TVöD zu beachten sind.

Stufensteigerungen, die im Oktober 2005 bevorstehen, werden auf den Monat September 2005 vorgezogen (§5 Abs.4 S. 1 TVÜ). Insofern erhöht sich das Vergleichsentgelt entsprechend. Gleiches gilt bezüglich der im Oktober 2005 bevorstehenden Bewährungs-, Zeit- und Tätigkeitsaufstiege sowie Herabgruppierungen.

Stehen dem Beschäftigten im Monat September 2005 keine Bezüge zu oder nur anteilmäßig wegen Ausfallzeiten, so ist das fiktiv für den Monat September zustehende Entgelt maßgeblich.

Soweit eine aus der Lohn- und Gehaltsrunde 2003 vereinbarte Stufenhalbierung noch bis zum September 2005 andauert, bleibt diese bei der Ermittlung des Vergleichsentgeltes unberücksichtigt.

4. Stufenzuordnung der Angestellten

32 Der Beschäftigte wird einer seinem Vergleichsentgelt entsprechenden **individuellen Zwischenstufe** einer bestimmten Entgeltgruppe zugeordnet. Diese Zwischenstufe wird in der Regel zwischen zwei regulären Stufen liegen, in Ausnahmefällen exakt in einer bestimmten Stufe.

33 Von dieser »Zwischenstufe« steigt der Beschäftigte nach zwei Jahren, also zum 1.10.2007, in die nächsthöhere reguläre Stufe auf. Die Höhe der Differenz zur nächsthöheren Stufe ist hierbei nicht maßgeblich, auch wenn die

Erläuterungen zu den Überleitungstarifverträgen

Steigerung nur einen geringeren Betrag ausmachen würde. Der weitere **Stufenaufstieg** richtet sich in der Folge nach den allgemeinen Regelungen des TVöD.

Während dieses ersten Stufenaufstieges nach dem TVÜ gelten die weiteren Regelungen des TVöD nicht insbesondere zur Leistungsbezogenheit der Stufensteigerung oder -hemmung.

Das **Entgelt** der individuellen Zwischenstufe ist für den Beschäftigten für die folgenden zwei Jahre im Regelfall maßgeblich. Es erhöht sich um die Bezahlungen nach den weiteren Besitzstandsregelungen.

Beispiel:
Angestellter aus der Vergütungsgruppe IV b BAT ohne Aufstieg nach Vergütungsgruppe IV a, verheiratet:
Vergütungsgruppe IV b Stufe 7 = 2246,03 Euro
Ortszuschlag Stufe 2 = 609,26 Euro
allgemeine Zulage = 114,60 Euro
individuelles Vergleichsentgelt: 2969,89 Euro
Überleitung in die Entgeltgruppe 9 (nach Zuordnungstabelle)
Zwischenstufen 4 und 5
nach zwei Jahren Stufe 5 = 2980,00 Euro
nach weiteren fünf Jahren Stufe 6 = 3180,00 Euro

Liegt das Vergleichsentgelt über der höchsten Stufe der zugeordneten Entgeltgruppe, also i.d.R. über der Stufe 6, wird der Beschäftigte nicht in eine individuelle Zwischenstufe, sondern in eine **individuelle Endstufe** eingeordnet (Stufe 6 +). Diese ändert sich nicht, solange der Beschäftigte in dieser Entgeltgruppe verbleibt und wird durch Tariferhöhungen dynamisiert.

Ist das individuelle Vergleichsentgelt niedriger als die Stufe 2, erfolgt die Zuordnung nicht in eine individuelle Zwischenstufe, sondern der Beschäftigte gelangt sofort zum 1.10.2005 in die Stufe 2. Der weitere Verlauf in den Stufen richtet sich dann aber nach allgemeinen Regelungen, so dass eine Höherstufung nicht regelmäßig zum 1.10.2007 erfolgen muss.

Wird der Beschäftigte nach dem 31.10.2005, aber vor dem 1.10.2007 höhergruppiert, erhält er in der höheren Entgeltgruppe Entgelt nach einer regulären Stufe, nicht mehr nach seiner individuellen Zwischenstufe. Es wird in der höheren Entgeltgruppe diejenige reguläre Stufe zugeordnet, deren Betrag mindestens dem Betrag der bis zur Höhergruppierung gezahlten individuellen Zwischenstufe entspricht, jedoch keine Stufe unterhalb der Stufe 2. § 17 Abs. 4 TVöD ist entsprechend anzuwenden. Der weitere Stufenaufstieg richtet sich nach den allgemeinen Regelungen des TVöD.

Beispiel:
Ein Beschäftigter erhält Entgelt der Zwischenstufe 3 und 4 (Stufe 3 +) in der Entgeltgruppe 5 = 2045,00 Euro.
Höhergruppierung zum 10.5.2006 z.B. wegen höherwertiger Tätigkeit in die Entgeltgruppe 6

Erläuterungen zu den Überleitungstarifverträgen

zustehender Betrag in der Entgeltgruppe 6 mindestens 2045,00 Euro; Zuordnung zur nächsten regulären Stufe in der Entgeltgruppe 6 = Stufe 3 mit 2060,00 Euro. Aufgrund des Garantiebetrags des § 17 Abs. 4 TVöD erhöht sich der Gehaltsanspruch auf 2070,00 Euro.

Werden Beschäftigte aus einer individuellen Endstufe höhergruppiert, erhalten sie in der höheren Entgeltgruppe mindestens den Betrag, der ihrer bisherigen individuellen Entgeltstufe entspricht. Auch hier ist § 17 Abs. 4 TVöD entsprechend heranzuziehen.

Wird ein Beschäftigter nach dem 31.10.2005, aber vor dem 1.10.2007 herabgruppiert, wird er in der niedrigeren Entgeltgruppe der individuellen Zwischenstufe zugeordnet, die sich bei Herabgruppierung im September 2005 ergeben hätte. Es wird also eine nochmalige fiktive Überleitung zum 1.10.2005 aus der niedrigeren Vergütungsgruppe vorgenommen.

5. Stufenzuordnung der Arbeiter

36 Bei Arbeitern wird der Stufenzuweisung grundsätzlich die **Dauer der Beschäftigungszeit** nach § 6 MTArb bzw. BMT-G zugrundegelegt. Üblich ist die Stufe der jeweiligen Entgeltgruppe, die der Arbeiter erreicht hätte, wenn die Entgelttabelle des TVöD bereits seit Beginn der Beschäftigungszeit gegolten hätte. Die Stufe 1 ist hierbei ausnahmslos mit einem Jahr zu berücksichtigen. Der weitere Stufenaufstieg richtet sich nach den Regelungen des TVöD.

Wie auch bei Angestellten erfolgt die Stufenzuweisung mindestens in die Stufe 2. Auch hier ist das Vergleichsentgelt zu ermitteln, das auch dem Arbeiter garantiert wird und – wie bei Angestellten – zur Einstufung in eine individuelle Zwischenstufe führt. In dieser Zwischenstufe bleibt der Beschäftigte bis er nach seiner Beschäftigungszeit die Voraussetzungen für einen Stufenaufstieg nach den allgemeinen Regelungen des TVöD erreicht hätte.

Liegt die individuelle Zwischenstufe oberhalb der höchsten Stufe seiner Entgeltgruppe, wird der Beschäftigte einer individuellen Endstufe zugewiesen und verbleibt dort, solange keine Umgruppierung erfolgt.

Beispiel:
Arbeiter aus Lohngruppe 5 a
Beginn der Beschäftigungszeit: 1.7.1996
Lohngruppe 5 a Stufe 6 (Vergleichsentgelt) = 2106,38 Euro
Überleitung in die Entgeltgruppe 5
mit neun Jahren Beschäftigungszeit Stufe 4 der TVöD-Tabelle = 2065,00 Euro
mindestens Vergleichsentgelt: 2106,38 Euro
nach insgesamt zehn Jahren Beschäftigungszeit (1.7.2006) Stufe 5 = 2135,00 Euro
nach weiteren fünf Jahren Stufe 6 (1.7.2011) = 2185,00 Euro

Erläuterungen zu den Überleitungstarifverträgen

Bei Höher- und Herabgruppierungen während der Dauer der individuellen **37**
Zwischenstufe ist wie bei Angestellten zu verfahren.

6. Bewährungs- und Fallgruppenaufstiege

Anwartschaften auf Bewährungs- und Fallgruppenaufstiege werden nach § 8 **38**
TVÜ zu einem Großteil gesichert:

Aus den neuen Entgeltgruppen 3, 5, 6 und 8 kommt ein Aufstieg in Betracht, wenn am 1. 10. 2005 die für die Höhergruppierung erforderliche **Zeit der Bewährung oder Tätigkeit zur Hälfte erfüllt** ist. Der Beschäftigte wird in diesem Fall zu dem Zeitpunkt, zu dem er nach bisherigem Recht höhergruppiert worden wäre, in die nächsthöhere Entgeltgruppe des TVöD eingruppiert. Beschäftigte, die bei Fortgeltung des bisherigen Tarifrechts vor Ablauf des 30. 9. 2007 höhergruppiert worden wären, werden unabhängig davon, ob sie am Stichtag die Hälfte der maßgeblichen Zeit bereits erfüllt haben, zum jeweils individuell zutreffenden Zeitpunkt höhergruppiert (§ 8 Abs. 3 TVÜ).

Im Zeitpunkt der späteren Höhergruppierung müssen die Bewährungszeiten nach dem bisherigen Tarifrecht weiterhin zurückgelegt und die Bewährung zu diesem Zeitpunkt festzustellen sein.

Wird der Beschäftigte aus der Vergütungsgruppe VIII mit ausstehendem Aufstieg nach Vergütungsgruppe VII übergeleitet, erfolgt die Höhergruppierung in die Entgeltgruppe 5, wenn die weiteren soeben genannten Voraussetzungen vorliegen.

Wird der Beschäftigte aus der Vergütungsgruppe VI b mit ausstehendem Aufstieg nach Vergütungsgruppe V c übergeleitet, erfolgt die Höhergruppierung in die Entgeltgruppe 8 ebenfalls unter der Voraussetzung, dass die Hälfte der Bewährungszeit am 1. 10. 2005 zurückgelegt ist und die Bewährungsvoraussetzungen gegeben sind.

Auch im Fall der Überleitung in die Entgeltgruppen 2 und 9 bis 15 kommt ein weiterer Aufstieg zur Sicherung erwarteter Bewährungsaufstiege in Betracht. Auch hier muss die Bewährungs- oder Aufstiegszeit am 1. 10. 2005 mindestens zur Hälfte erfüllt sein. Zusätzliche Voraussetzung ist, dass die Höhergruppierung nach altem Recht zwischen dem 1. 11. 2005 und dem 30. 9. 2007 erfolgt wäre.

Ein weiterer Unterschied besteht darin, dass die Sicherung der Höhergruppierungserwartung nicht durch eine Höhergruppierung in eine höhere Entgeltgruppe erfolgt. Es wird vielmehr eine **fiktive erneute Überleitung** aus dem alten Recht vorgenommen, und zwar bezogen auf den Stichtag 1. 10. 2005. Diese erneute Überleitung erfolgt aus der Vergütungsgruppe, in die ein Bewährungsaufstieg erfolgt wäre. Es wird das hiernach zu ermittelnde Vergleichsentgelt festgestellt und entsprechend eine neue individuelle Zwischenstufe ermittelt. Ein etwaiger Strukturausgleich wird ab dem individuellen Aufstiegszeitpunkt nicht mehr gezahlt. Der weitere Stu- **39** fenaufstieg richtet sich dann nach §6 Abs. 1 TVÜ, d.h. die Höherstufung erfolgt am 1.10.2007.

40 Die Neuberechnung des Vergleichsentgeltes führt nicht zu einem Wechsel der Entgeltgruppe.

7. Vergütungsgruppenzulagen

41 Eine dem Beschäftigten am 30.9.2005 zustehende Vergütungsgruppenzulage wird als **Besitzstandszulage** in dieser Höhe fortentrichtet. Sie fließt also nicht in das Vergleichsentgelt ein, sondern wird als dynamische Zulage gezahlt, d.h., sie wird im Fall von allgemeinen Entgelterhöhungen ebenfalls prozentual erhöht.

42 Zusätzlich werden **Erwartungen auf eine Vergütungsgruppenzulage** für einen Zeitpunkt nach dem 30.9.2005 geschützt. Hätte dem Beschäftigten diese Zulage ohne vorangegangenen Bewährungs- oder Fallgruppenaufstieg zugestanden, erhält er die Bestandssicherung auf dem Niveau vom 30.9.2005 zu dem Zeitpunkt, zu dem ihm diese Vergütungsgruppenzulage nach altem Recht zugestanden hätte. Voraussetzung ist auch hier, dass die **Anwartschaftszeit** zum 1.10.2005 bereits zur Hälfte zurückgelegt war und weiterhin eine Tätigkeit ausgeübt wurde, die zum Bezug der Vergütungsgruppenzulage berechtigte.

43 Für Beschäftigte, die im Anschluss an einen Fallgruppenaufstieg eine Vergütungsgruppenzulage erreicht hätten, gilt Folgendes: In eine der Entgeltgruppen 3, 5, 6 oder 8 übergeleitete Beschäftigte, die den Fallgruppenaufstieg am 30.9.2005 noch nicht erreicht haben, sind zu dem Zeitpunkt, zu dem sie nach bisherigem Recht höhergruppiert worden wären, in die nächsthöhere Entgeltgruppe des TVöD einzugruppieren. In diesem Fall entfällt eine Besitzstandszulage für eine bisherige Vergütungsgruppenzulage.

Ist ein der Vergütungsgruppenzulage vorausgehender Fallgruppenaufstieg am 30.9.2005 bereits erfolgt, wird für die erwartete Vergütungsgruppenzulage eine Besitzstandszulage in der Höhe, die am 30.9.2005 zu zahlen wäre, gezahlt, und zwar zu dem individuell erwarteten Fälligkeitszeitpunkt nach altem Recht. Voraussetzung ist auch hier, dass die Hälfte der Gesamtzeit für den Anspruch auf Vergütungsgruppenzulage, einschließlich der Zeit für den vorangegangenen und am 30.9.2005 bereits vollzogenen Aufstieg, zurückgelegt ist.

44 Die Besitzstandszulage wird solange gezahlt, wie die anspruchbegründende Tätigkeit ununterbrochen ausgeübt wird und die sonstigen Voraussetzungen für die Vergütungsgruppenzulage nach bisherigem Recht weiterbestehen. Diese Zulage nimmt an allgemeinen Entgelterhöhungen teil.

45 Eine **missbräuchliche Entziehung der Tätigkeit** mit dem ausschließlichen Ziel, eine Höhergruppierung zu verhindern, ist nach der Niederschrifterklärung zu §8 Abs. 1 Satz 2 und Abs. 2 Satz 2 sowie §9 Abs. 2–4 unzulässig.

Erläuterungen zu den Überleitungstarifverträgen

8. Fortführung vorübergehend übertragener höherwertiger Tätigkeiten

Beschäftigte, denen am 30.9.2005 eine **Zulage** nach §24 BAT zusteht, erhalten nach Überleitung in den TVöD eine Besitzstandszulage in Höhe ihrer bisherigen Zulage, solange sie die anspruchsbegründende Tätigkeit weiterhin ausüben und die Zulage nach bisherigem Recht zu zahlen wäre. Beginnend mit dem 1.10.2007 finden auf die Vergütung der vorübergehend übertragenen höherwertigen Tätigkeit die Vorschriften des TVöD Anwendung.

46

War die höherwertige Tätigkeit vor dem 1.10.2005 übertragen und stand die Zulage dem Beschäftigten in diesem Monat nach §24 Abs.1 oder 2 BAT/BAT-O noch nicht zu, wird auch die Besitzstandszulage beginnend mit dem bisherigen Fälligkeitsdatum entrichtet.

9. Kinderbezogene Entgeltbestandteile

Die kinderbezogenen Entgeltanteile des BAT/BAT-O und BMTG/BMTG-O in der für den Monat September 2005 zustehenden Höhe werden als Besitzstandszulage fortgezahlt, solange für diese Kinder **Kindergeld** nach dem Einkommensteuergesetz oder nach dem Bundeskindergeldgesetz ununterbrochen gezahlt wird oder zustehen würde, wenn das Kindergeld vom anderen Elternteil beansprucht würde.

47

Diese Besitzstandszulage ist ebenfalls **dynamisch**, verändert sich also bei allgemeinen Entgeltanpassungen.

48

Für die zwischen dem 1.10. und dem 31.12.2005 geborenen Kinder gilt für die übergeleiteten Beschäftigten Entsprechendes. Auch ihnen steht der fiktive kinderbezogene Anteil des Orts- oder Sozialzuschlages als Besitzstandszulage beginnend mit dem Geburtsmonat des Kindes zu.

49

Diese Besitzstandsregelung gilt auch für in ein Arbeitsverhältnis übernommene Auszubildende i.S.d. §11 Abs. 3 b TVÜ, deren Kinder vor dem 1.1.2006 geboren werden.

50

10. Strukturausgleich

Den Beschäftigten stehen **Strukturausgleichsbeträge** nach der Anlage 2 TVÜ für bestimmte Fallgestaltungen zu. Maßgeblicher Stichtag für die anspruchsbegründenden Voraussetzungen dieser Strukturausgleichszahlung ist der 1.10.2005, sofern in der Anlage 2 nicht ausdrücklich etwas anderes geregelt ist. Im Einzelnen gelten folgende Strukturausgleichsbeträge:

51

Die Zahlung der Strukturausgleichsbeträge beginnt im Oktober 2007, soweit in der Anlage 2 nichts anderes bestimmt ist. Bei Höhergruppierungen wird der Unterschiedsbetrag zum bisherigen Entgelt angerechnet. Die Strukturausgleichszahlung ist nicht dynamisch, nimmt also nicht an allgemeinen tariflichen Entgelterhöhungen teil.

Erläuterungen zu den Überleitungstarifverträgen

Einzelvertraglich kann der Strukturausgleich abgefunden werden.

Mit den Strukturausgleichszahlungen wollen die Tarifvertragsparteien künftige Ungerechtigkeiten, die mit der Überleitung verbunden sind, pauschal ausgleichen. Die Tarifvertragsparteien sind sich angesichts der Fülle der denkbaren Fallgestaltungen darüber bewusst, dass die Festlegung der Strukturausgleiche je nach individueller Fallgestaltung im Einzelfall sowohl zu überproportional positiven Wirkungen als auch zu Härten führen kann. Dies wird ausweislich der Niederschriftserklärung zu §12 TVÜ ausdrücklich hingenommen.

Derartige Differenzierungen sind auch in Ansehung des arbeitsrechtlichen Gleichbehandlungsgrundsatzes und des Art. 3 Abs. 2 GG zulässig.

V. Sonstige Besitzstandsregelungen

52   Beschäftigte, die bislang Krankenbezüge nach §71 BAT erhielten, erhalten nunmehr einen **Krankengeldzuschuss** in Höhe des Unterschiedsbetrages zwischen dem festgesetzten Netto-Krankengeld und dem Nettoentgelt. Das Netto-Krankengeld ist das um die Arbeitnehmeranteile zur Sozialversicherung reduzierte Krankengeld. Für Beschäftigte, die nicht der Versicherungspflicht in der gesetzlichen Krankenversicherung unterliegen, ist bei der Berechnung des Krankengeldzuschusses der Höchstsatz des Netto-Krankengeldes, der bei Pflichtversicherung in der gesetzlichen Krankenversicherung zustünde, zugrundezulegen (siehe auch B III 2).

53   Als **Jubiläumsdienstzeiten** gelten auch nach dem BAT anerkannte Dienstzeiten oder nach dem BAT-O oder BMTG bzw. BMTGO anerkannte Beschäftigungszeiten.

Die bisherigen Vorschriften über die **Dauer und die Bewilligung des Erholungsurlaubes** gelten noch für das Urlaubsjahr 2005. Allerdings berechnet sich das Urlaubsentgelt beginnend mit dem 1.10.2005 nach den neuen Vorschriften des TVöD (vgl. hierzu B III 1). Auch die Übertragung des Urlaubes auf das Kalenderjahr 2006 richtet sich nach den neuen Vorschriften (vgl. hierzu B V).

VI. Jahressonderzahlung für die Jahre 2005 und 2006

54   Bis zum 31.12.2005 gelten die **Zuwendungstarifverträge** fort und treten danach außer Kraft. Eine Rückforderung der Zuwendung aus dem Jahre 2005 wegen des Ausscheidens aus dem Arbeitsverhältnis bis zum 31.3.2006 ist daher nicht möglich, sofern das Arbeitsverhältnis nach dem 31.12.2005 aufgelöst wird.

55   Vom 1.10. bis 31.12.2005 gelten für die Angestellten der **Sparkassen** die bisherigen Bestimmungen zur Überstundenpauschvergütung fort. Bemessungsgrundlage ist allerdings das Vergleichsentgelt nach §5 TVÜ.

Erläuterungen zu den Überleitungstarifverträgen

Die mit dem Entgelt für den Monat November 2006 zu gewährende **Jahressonderzahlung** berechnet sich für die übergeleiteten Beschäftigten wie folgt: Der Bemessungssatz der Jahressonderzahlung beträgt in allen Entgeltgruppen im Tarifgebiet West 82,14 v.H.; bei Beschäftigten des Tarifgebietes Ost 61,60 v.H.

Der sich hiernach ergebende Betrag der Jahressonderzahlung erhöht sich um einen Betrag in Höhe von 255,65 Euro bei Beschäftigten, für die nach dem TVÜ die Regelungen des Tarifgebietes West Anwendung finden; bei denjenigen, denen am 1.07.2006 Entgelt nach einer Entgeltgruppe 1 bis 8 zusteht, erhöht sich dieser Zusatzbetrag auf 332,34 Euro. Gleiches gilt für Beschäftigte der Vergütungsgruppe Kr VI. Der sich nach dieser Vorschrift ergebende Betrag der Jahressonderzahlung erhöht sich für jedes Kind, für das der Beschäftigte im Dezember 2006 kinderbezogene Entgeltbestandteile gem. § 11 erhalten hat, um 25,56 Euro. Diese Vorschriften über die Erhöhung der Jahressonderzahlungen gelten nicht für Sparkassen.

VII. Einmalzahlungen für 2006 und 2007

Die **Tariferhöhungen** für die Jahre 2006 und 2007 werden durch **Einmalzahlungen** vorgenommen.

Für den Bereich der VKA gilt Folgendes: Die übergeleiteten Beschäftigten im Tarifgebiet West erhalten für die Jahre 2006 und 2007 jeweils eine Einmalzahlung in Höhe von 300 Euro, die in zwei **Teilbeträgen** in Höhe von jeweils 150 Euro mit den Bezügen für die Monate April und Juli der Jahre 2006 und 2007 ausgezahlt wird.

Der Anspruch auf diese Teilbeträge besteht, wenn der Beschäftigte an mindestens einem Tag des jeweiligen Fälligkeitsmonats Anspruch auf Bezüge (Entgelt, Urlaubsentgelt oder Entgeltfortzahlung im Krankheitsfall) gegen einen Arbeitgeber hat. Dies gilt auch für Kalendermonate, in denen nur wegen der Höhe der Barleistungen des Sozialversicherungsträgers Krankengeldzuschuss nicht gezahlt wird. Die jeweiligen Teilbeträge werden auch gezahlt, wenn eine Beschäftigte wegen der Beschäftigungsverbote nach §§ 3 Abs. 2 und 6 Abs. 1 MuSchG in dem jeweiligen Fälligkeitsmonat keine Bezüge erhalten hat.

Im **Tarifgebiet Ost** ist im kommunalen Bereich anstelle einer Einmalzahlung eine **Erhöhung des Bemessungssatzes** vereinbart worden. Der Bemessungssatz von 92,5 % steigt zum 1.7.2005, 1.7.2006 und 1.7.2007 um jeweils 1,5 Prozentpunkte.

Im Bund gelten die Ansprüche auf Einmalzahlungen in der oben genannten Höhe für beide Tarifgebiete (Ost und West) aufgrund des **TV Einmalzahlung Bund**.

Stichwortverzeichnis

Es wird auf Paragraphen und Randnummern verwiesen
(Beispiel: 22, 10 = § 22 Rn. 10).

Abfindung
- Aufhebungsvertrag 33, 8
Abgeltungsanspruch 26, 26
  s. Urlaubsabgeltung
Abgeordneter
- Teilzeit 11, 13
Abmahnung
- Ausschlußfrist 37, 3
- Bewährungsaufstieg 13, 23a
  BAT, 4
- Leistungsentgelt 18, 13
- Personalakte 3, 43, 51
Abmahnungsschreiben 3, 43
Abordnung 4, 4
- Reisekosten 44, 9
- Trennungsgeld 44, 12
Abrechnung 37, 6
Aids 3, 28
  s. HIV-Antikörpertest
Alkoholabhängigkeit 22, 19
Alkoholeinfluß 33, 10
Altersgrenze 33, 1
Altersteilzeit 11, 17; 33, 1
Altersversorgung 25, 1, 3
Amtshilfe 3, 7
Änderungsangebot 13, 22 BAT, 7
Änderungskündigung 13, 22 BAT,
  14, 17; 34, 11
- Teilzeit 11, 1
Anfechtung 33, 9
Anforderungen
- Eingruppierung 13, 22 BAT, 3

Angehörige 11, 2; 29, 3
Anhörung 3, 50
Anhörungspflicht 4, 9
Ansprüche 37, 2
Anstaltsverpflegung 41, 23
Anwartschaft
- Bewährungsaufstieg § 13, 23a
  BAT, 2; TVÜ, 38
- Versorgung 25 6
Anzeigepflicht/Krankheit 22, 36
Arbeit 6, 1
Arbeiter 1, 17; 14, 6; 38, 5; TVÜ, 7,
  15, 17, 31, 36
Arbeitgeberverband 1, 8
Arbeitsaufzeichnungen 42, 25
Arbeitsbefreiung 13, 23a BAT, 7; 29
Arbeitsbereitschaft 7, 4, 14
Arbeitsergebnis § 13, 22 BAT, 8
Arbeitserlaubnis 22, 9
Arbeitsfähigkeit 3, 27
Arbeitsgericht 13, 22 BAT, 2; 28, 2;
  30, 6; 34, 2; 42, 29
Arbeitsjubiläum 23, 5
Arbeitskampf 1, 22; 26, 16
Arbeitsleistung/Ort 41, 22
Arbeitslosengeld 33, 12
Arbeitspapiere 35, 5
Arbeitsunfähigkeit 22, 4ff.
- Arbeitszeitguthaben 10, 3
- Begriff 22, 5f.
- Bewährungsaufstieg 13, 23a
  BAT, 7, 8

Stichwortverzeichnis

- Sonderurlaub 28, 5
- Urlaub 26, 11
- Urlaubsabgeltung 26, 27

Arbeitsunfähigkeitsbescheinigung 22, 7, 38 ff.

Arbeitsunfall 17, 4;
Arbeitsverhältnis 1, 9

Arbeitsvertrag
- Bewährungsaufstieg § 13, 23a BAT, 2
- Direktionsrecht 41, 15
- Eingruppierung § 13, 22 BAT, 7, 14
- Schriftform 2, 1, 3, 4

Arbeitsvorgang § 13, 22 BAT, 8

Arbeitszeit 6 ff.
- Ausgleichszeitraum 6, 4, 9
- Beginn 6, 3
- Begriff 6, 1
- Berechnungszeitraum 6, 4, 9
- Betriebsvereinbarung 6, 26
- Dienstreise 44, 4
- Dienstvereinbarung 6, 26
- Ende 6, 3
- Günstigkeitsprinzip 1, 5
- Lage 42, 21; 11, 3, 6
- Langzeitkonto 10, 3, 4
- Qualifizierung 5, 4
- Volumen 42, 20

Arbeitszeitbeginn 6, 3
Arbeitszeitende 6, 3
Arbeitszeitgrenzen 6, 22

Arbeitszeitkonto
- Arbeitsunfähigkeit 10, 3
- Arbeitszeitkorridor 10, 1
- Betriebsvereinbarung 10, 2, 3a
- Dienstvereinbarung 10, 2, 3a
- Feiertag 10, 3
- Rahmenzeit 10, 1
- Zeitguthaben 10, 3
- Zeitschulden 10, 3

Arbeitszeitkorridor 6, 24
Arbeitszeitschulden 10, 3; 41, 21
Arbeitszeitverkürzung 11, 4
Arbeitszeitverteilung 6, 3
Arztbesuch 22, 12; 29, 3

Aufgabenkreis 13, 22 BAT, 8
Aufhebungsvertrag 33, 5 ff.
- Abfindung 33, 5
- Alkoholeinfluss 33, 10
- Anfechtung 33, 9
- Arbeitslosengeld 33, 11, 12
- Betriebsrat 33, 6
- Personalrat 33, 6
- Sperrzeit 33, 11
- Schriftform 33, 6
- Widerrufsrecht 33, 5

Aufklärungspflicht
- Aufhebungsvertrag 33, 11
- Sonderurlaub 25, 10
- Teilzeit 11, 11
- Zusatzversorgung 25, 9

Auflösungsvertrag
s. Aufhebungsvertrag

Aufrechnung 37, 15
Aus- und Fortbildung 44, 6
Ausbildungsbeihilfe 37, 2
Ausgleichsklausel 35, 5
Ausgleichszeitraum
- Arbeitszeit 6, 4

Auskünfte 35, 8
Ausländische Bewährungszeit 13, 23a BAT, 6
Auslandsdienststelle 1, 29; 37, 5
Ausschlußfrist 37
außertarifliche Vergütung 1, 28
Austritt des Arbeitgebers 1, 11
Auszubildende 2, 10, 18
- Übernahme 2, 10

Bankgeheimnis 3, 5
Beamtenrecht 1, 12
Beamtenstelle 2, 10
Beamtenversorgung 25, 1
Beanstandungen 13, 23a BAT, 4
Befristung 30
- Dauer 30, 4, 8
- Dauerarbeitsplatz 30, 9
- Führungspositionen 31; 32, 3
- Klage 30, 6
- Kündigung 30, 12
- Personalrat 30, 5

Stichwortverzeichnis

- Probezeit 2, 17; 30, 2; 32, 1
- sachgrundlose Befristung 30, 3
- sachlicher Grund 30, 2
- Weiterbeschäftigung 30, 11

Befruchtung, künstliche 22, 12
Behauptungen 3, 50
Beihilfe 40; 37, 5
Belohnungen 3, 15ff.
Bereicherung, ungerechtfertigte 37, 2
Bereitschaftsdienst 6, 19; 7, 4
- Arbeitszeit 6, 20

Bereitschaftseinsatz 7, 10
Bereitschaftszeit 7, 4; 9, 1ff.
Berlin 1, 9
Berufsgeheimnis 3, 6, 7
Berufsunfähigkeit
- Beendigung/Arbeitsverh. 33, 16ff.

Beschäftigungsanspruch 41, 16, 17
Beschwerden 3, 50
Bestechlichkeit 3, 14
Bestrahlungstherapie 22, 12
Betriebliche Übung 1, 8
Betriebsarzt 3, 29, 40
Betriebsausflug 26, 9
Betriebsferien 26, 9
Betriebsfrieden 41, 5
Betriebsratsmitglied 4, 11; 13, 23a BAT, 9; 34, 14
Betriebsrente 25, 6
Betriebsteil 3, 11
Betriebsübergang 1, 14; 33, 13; 34, 13
Betriebsvereinbarung 1,11
- Arbeitszeit 6, 26
- Arbeitszeitkonto 10, 3a
- Bereitschaftszeit 9, 5
- Stufenlaufzeit 17, 2

Beurteilung, dienstliche 3, 52; 37, 3
Bewährung 13, 23a BAT, 4
Bewährungsaufstieg 13, 23a BAT; 23b BAT, 2; 15, 6; TVÜ, 33ff.
Bewährungszeit 13, 23a BAT, 3, 5
Bezirkspersonalratsmitgl ied 44, 9
Bezugnahme, arbeitsvertraglich 2, 13, 14

Bremen 1, 9
Bürgerfreundlichkeit 41, 3

DAG 1, 3
Darlehen 37, 2
Datengeheimnis 3, 5
Datenträger, elektronische 3, 47
Deutscher Wetterdienst 3, 12
Dialysebehandlungen 22, 13
Dienst-/Betriebsvereinbarungen 1, 11
Dienstgang 44, 5
Dienstkleidung 6, 3
Dienstplan 7, 7a
Dienstreise 44, 4, 6, 8
Dienststelle 4, 2
Dienstvereinbarung 38, 3
- Arbeitszeit 6, 26
- Arbeitszeitkonto 10, 3a
- Bereitschaftszeit 9, 5
- Stufenlaufzeit 17, 2

Dienstwagen 44, 7
Direktionsrecht 41, 12ff.; 4, 1

EG-Mitgliedsstaat 13, 23a BAT, 6
Eignungstest, psychologischer 3, 28
Eingliederungszuschuss 1, 32
Eingriff, körperlicher 3,28
Eingruppierung 13, 22–23b BAT, 1ff.
- Abwesenheitsvertretung 13, 22 BAT, 11
- Änderungskündigung 13, 22 BAT, 17
- Arbeitsvertrag 13, 22 BAT, 7, 14
- Arbeitsvorgang 13, 22 BAT, 8
- Aufgabenkreis 13, 22 BAT, 8
- Ausschlußfrist 37, 7
- Bereitschaftszeiten 13, 22 BAT, 11
- Besitzstandszulage TVÜ, 22
- Betriebsrat 13, 22 BAT, 14
- Bewährungsaufstieg 13, 23a BAT, 1ff.
- Fallgruppenaufstieg 13, 23b BAT, 1ff.
- Herabgruppierung 13, 22 BAT, 14ff.

378

Stichwortverzeichnis

- Höhergruppierung 13, 22 BAT, 15
- Krankenschwester 13, 22 BAT, 1a
- Nachweisgesetz 13, 22 BAT, 14
- Neubewertung 13, 22 BAT, 14
- Neueinstellung TVÜ, 18
- Personalrat 13, 22 BAT, 15
- Probezeit 2, 20
- Tarifautomatik 13, 22 BAT, 4
- Tätigkeitsaufstieg 13, 23a BAT, 1
- Tätigkeitsbeispiel 13, 22 BAT, 8
- Tätigkeitsmerkmal 13, 22 BAT, 3
- Urlaub 48, 1
- Übergangsregelungen TVÜ, 17
- Vergütungsgruppe 13, 22 BAT, 3
- Vergütungsordnung 13, 22 BAT, 3
- Vertrauensschutz 13, 22 BAT, 16; TVÜ, 19b
- Zeitaufstieg 13, 23a BAT, 1
- Zusammenhangstätigkeit 13, 22 BAT, 8

Eingruppierungsklage 13, 22 BAT, 16 f.
Eingruppierungskorrektur 13, 14, 15
Einmalzahlung TVÜ, 57 ff.
Einsichtsrecht/Personala kte 3, 46
Einstellungsanspruch 2, 11; 59, 13
Einstellungsuntersuchung 3, 28
Elternzeit 22, 9
Entfernung/Schriftstücke 3, 50
Entgelt im Krankheitsfall 22, 1 ff.
Entgeltfortzahlung 21
Entgeltgruppe
- Außertarifliche Beschäftigte 15, 5
- Bewährungs- und Tätigkeitsaufstieg 15, 6
- Eingruppierung 13, 22–23b BAT; 15, 2
- Einfachste Tätigkeiten 15, 4
- Entgelttabellen 15, 3
- Neueinstellung 15, 4, 7
- Stufen 16 ff.
- Tabellenentgelt 15, 1
- Zuordnung TVÜ, 11 ff.

Entwicklungshelfer 13, 23a BAT, 8
Erfahrungen 13, 22 BAT, 12
Ermessen, billiges 41, 13 ff.
Ersatzdienst 13, 23a BAT, 8
Erscheinungsbild, äußeres 41, 4
Erschwerniszuschlag 19
Erstattungsanspruch 22, 34
Erwerbsminderung 33, 14 ff.

Fähigkeiten, gleichwertige 13, 22 BAT, 12
Fahrlässigkeit 22, 18
Fahrtkostenerstattung 44, 7
Fallgruppe 13, 23b BAT, 2
Fallgruppenaufstieg 13, 23a BAT, 1; 23b BAT
Fälligkeit 37, 8
Familienheimfahrten 44, 8
Feiertag 10, 3; 18, 4; 22, 10; 43, 1
Feiertagsarbeit 6, 10, 16
Feuerwehrtechnischer Dienstl. 9, 8
Folgebescheinigung 22, 39
Fortbildung, berufliche 5, 2
Fortbildungsveranstaltungen 29, 4
Fortsetzungserkrankung 22, 30
Fotokopien 3, 48
Freizeitausgleich 8, 2
Friedenspflicht 1, 22
Fristberechnung 37, 8
Führungspositionen 31; 32, 3
Fünftagewoche 6, 8
Funktion, gewerkschaftliche 35, 6

Geburt 29, 3
Gefahrstoffbelastung 41, 17
Gegendarstellung 3, 51
Gehaltsabrechnung 37, 6
Gehaltsansprüche 37, 13
Gehaltsvorschuß 37, 2
Geheimnis 3, 4 ff.
Gehör, rechtliches 3, 50
Geltendmachungsschreiben 37, 14
Gemeinderatsmitglied 29, 4
Geringfügig Beschäftigte 1, 34
Gesamttätigkeit 13, 22 BAT, 5, 8
Geschenke 3, 15 ff.

Stichwortverzeichnis

Gesundheitszustand 3, 43; 13, 4
Gewerkschaft 1, 3
- Werbung 6, 1; 8, 9
Gewerkschaftsbeauftragte 3, 46; 37, 15
Gewissensfreiheit 41, 19
Gleichbehandlung 1, 17, 25
Gleitende Arbeitszeit 7, 7a; 29, 4
Gruppenversicherungsvertrag 25, 6
Günstigkeitsprinzip 1, 11

Hamburg 1, 9
Hauptabrede 2, 1, 2
Hauttransplantation 22, 22
Herabgruppierung 13, 22 BAT, 14
HIV-Antikörpertest 3, 28
Hochschulen 1, 36
Höhergruppierung 13, 22 BAT, 15
Honorarvertrag 1, 16

Interessenabwägung
- Versetzung 4, 8

Jahressonderzahlung 20, 1 ff.
Jubiläumsdienstzeit 20, 1; 39
Jubiläumsgeld 23, 2 ff.; 50, 5
Jugendliche
- Arbeitszeit 6, 17

Kilometerpauschale 44, 7
Kind
- Arbeitsbefreiung 29, 3
- Ortszuschlag TVÜ, 47 ff.
- Sonderurlaub 28, 1
- Teilzeit 11, 8
Kinderbetreuung 13, 23a BAT, 8
Klage 37, 15
Koalitionsvertrag 1, 2
Kollegialität 41, 2
Konkurrentenklage 2, 11
Konsolidierungsvertrag 1, 5
Kontoeinrichtungsgebühr 24, 3
Kontoführungsgebühren 24, 3
Kosten
- ärztlicher Untersuchung 3, 39
- Qualifizierung 5, 3

Krankengeld 22, 28
Krankengeldzuschuß 22, 2, 32 ff.
- Barleistungen 22, 35
- Bruttokrankengeld 22, 2
- Nettokrankengeld 22, 2
- Privatversicherte 22, 2
Krankheit
- Anzeigepflicht 22, 36
- Arbeitsunfähigkeit 22, 4 ff.
- Arbeitsunfähigkeitsbescheinigung 22, 38
- Begriff 22, 11 f.
- Entgeltfortzahlung 22, 1 ff.
- Fürsorgepflicht 22, 3
- Gehaltsfortzahlung 22, 3
- Kündigung 22, 9
- Schwerbehinderte 22, 6
- Umsetzung 22, 6
- Urlaub 22, 9
- Wiedereingliederung 22, 6
Kritik 41, 2
Kundenfreundlichkeit 41, 3
Kündigung 34, 1
- außerordentliche Kündigung 34, 17 ff.
- Beschäftigungszeit 34, 21
- Entgeltfortzahlung 22, 29
- Schriftform 34, 7
- Unkündbarkeit 34, 11
- Urlaub 34, 8
- Zugang 34, 8
Kündigung, fristlose 34, 11
Kündigungsfrist 34, 2
Kündigungsschutzklage 37, 13
Kur
- Bewährungszeit 13, 23a BAT, 7
- Entgeltfortzahlung 22, 13
Kurzarbeit 6, 5

Landtagsabgeordneter 29, 4
Langzeitarbeitszeitkonto 10, 3, 4
Laufzeit
- Tarifvertrag 1, 19
Lehrbeauftragte 1, 36
Lehrkraft 1, 16, 36; 2, 13; 6, 4;
Lehrkräfte/Volkshochschulen 1, 9

Stichwortverzeichnis

Leiharbeitnehmer 1, 33
Leistungsbewertung 17, 2
Leistungsentgelt 18
- Betriebliche Kommission 18, 8
- Betriebsvereinbarung 18, 11, 12
- Budgeteinheiten 18, 9
- Dienstvereinbarung 18, 7, 11, 12
- Erfolgsprämie 18, 3, 15
- Gleichverteilung 18, 14
- Leistungsbewertung 18, 11
- Leistungsprämie 18, 3
- Leistungszulage 18, 3
- Schlecht-Leister 18, 4
- Sparkassen 18, 17
- Teilzeitbeschäftigte 18, 5
- Zielvereinbarung 18, 6, 10
Leistungsminderung 38; 41, 18
Leitende Angestellte 1, 28
Leitstelle 9, 8
Leitungsposition/Teilzeit 11, 8
Lektoren 1, 36
Lohngerechtigkeit 13, 22 BAT, 1

Manteltarifvertrag 1, 1
Mäßigung 41, 5
Mehrarbeit 6, 22; 7, 7
- Anordnung 6, 22
- Krankenbezüge 22, 10
- Teilzeit 11, 6
Meinungsfreiheit 41 5ff.
Mietersatz 44, 8
Mitgliederwerbung 6, 1
Mitverschulden 22, 23
Mobbing 41, 24
Mutterschaftsurlaub 13, 23a BAT, 8

Nachtarbeit 6, 18; 7, 6; 48a, 3
Nachtarbeitszuschlag 8, 3
Nachtschichtstunden 7, 3
Nachweisgesetz 13, 22 BAT, 14
Nachwirkung 1, 20f.
Nahverkehr 1, 30
Nebenabrede 2, 1, 2, 6, 7, 8
Nebenforderung 37, 14
Nebentätigkeit 3, 21ff.
Neueingestellte

- Entgeltgruppe 15, 4, 7
Neuerkrankung 22, 26
Normalarbeitszeit 6, 2
Notfälle 41, 26

Öffnungsklausel 1, 4
Orchestermusiker 1, 35
Organisation, verfassungsfeindlich 41, 11
Organspende 22, 22
Ortskraft 1, 29
Ortswechsel 4, 2
Ortszuschlag TVÜ, 28; 37, 11

Parteimitgliedschaft 41, 11
Parteipolitik 41, 5, 7
Pause 6, 3
Persönlichkeitsrecht 3, 41
Personalakte 3, 41ff.
- Ausschlußfrist 37, 3
- Vertraulichkeit 3, 37
- Weitergabe 3, 45
Personalgestellung 4, 14
Personalrat
- Arbeitszeit 6, 27f.; 10, 1
- Aufhebungsvertrag 33, 6
- Auszuübende Tätigkeit 13, 22 BAT, 7, 15; 23a BAT, 2
- Befristeter Arbeitsvertrag 30, 5, 11
- Betriebsarzt 3, 29
- Betriebliche Kommission 17, 3; 18, 8
- Betriebsferien 26, 9
- Eingruppierung 13, 22 BAT, 15
- Festeinstellung 2, 21
- Fristlose Kündigung 34, 19
- Geltendmachung 37, 15
- Konsolidierungsvertrag 1, 5
- Leistungsentgelt 17, 7
- Personalakte 3, 46
- Persönliche Zulage 16, 11
- Zielvereinbarung 18, 10
Personalratsmitglied
- Bewährungsaufstieg 13, 23a BAT, 9
- Kündigungsschutz 34, 14

Stichwortverzeichnis

- Schweigepflicht 3; 8
- Versetzung/Umsetzung 4, 10
Pflichten, staatsbürgerliche 29, 4
Plaketten 41, 8
Politik/Dienststelle 41, 5, 7
Politische Erklärung 2, 9
Post- und Fernmeldegeheimnis 3, 5
Praktikanten 1, 32
Privatgeheimnis 3, 6; 9, 6, 7
Probezeit 2, 15 f.
Professoren 1, 36
Professur 2, 12
Protokollerklärung 13, 22 BAT, 3; 25, 1
Psychische Erkrankung 3, 28, 38

Qualifizierung 5,1

Rahmenarbeitszeit 6, 25
Rauchverbot 41, 2
Rechtsanwälte 3, 46
Rechtsklarheit 37, 1
Rechtssicherheit 37, 1
Reisekostenvergütung 44
Rente 33, 1 ff., 14 ff.
Rentenvorschuß 22, 34
Rettungsdienst 9, 8
Richter, ehrenamtlicher 29, 4
Richterrecht 1, 5
Rückerstattung 37, 2
Rückforderung 22, 34
Rückgriff
- Ausschlußfrist 37, 10
Rücksprache 8, 24; 3, 50
Rückzahlung 5, 3; 37, 2
Rufbereitschaft 6, 21; 7, 5; 42, 5

Schichtarbeit 6, 18; 7, 1 8, 21
Schichtplan 7, 1, 7a
Schmiergeld 3, 20
Schöffe 29, 4
Schönheitsoperationen 22, 12
Schriftform
- Arbeitsvertrag/Nebenabrede 2, 1
- Geltendmachung 37, 15
- Tarifvertrag 1, 19

Schwangerschaft 22, 13
Schwangerschaftsabbruch 22, 14
Schweigepflicht 3, 1 ff.
Schweigepflicht, ärztliche 3, 29, 36
Schwerbehinderte
- Arbeitsunfähigkeit 22, 6
- Erwerbs- und Berufsunfähigkeit 33, 23
- Krankenbezüge 22, 34
- Stufenaufstieg 17, 4
- Versetzung 4, 11
Sektenmitgliedschaft 41, 11
Selbstbindung der Verwaltung 2, 9
Selbstverwaltungsorgan/Mitglied 29, 4
Sonderregelungen 1, 26
Sonderurlaub 28
- Arbeitsunfähigkeit 28, 5
- Beschäftigungszeit 28, 5
- Elternzeit 28, 5
- Erholungsurlaub 28, 5
Sonntagsarbeit 6, 16
Sozialauswahl
- Versetzung 4, 7
Sozialgeheimnis 3, 5
Sozialplananspruch 37, 2
Sozialwahlen 29, 4
Spezialist 41, 17
Springertätigkeit 41, 18
Stellenbeschreibung 2, 4; 41, 17
Stellenneubewertung 13, 22 BAT, 14
Stellenpool 4, 3
Stellungnahme 3, 50
Sterbegeld 23, 6 ff.; 46, 7
Sterilisation 22, 15
Steuerbeträge 37, 2
Steuergeheimnis 3, 5
Steuernachteile 37, 2
Streik
s. Arbeitskampf
Strukturausgleich TVÜ, 51
Studentische Hilfskraft 1, 36
Stufen der Entgelttabelle 16
- Berufserfahrung 16, 2
- Engeltgruppen 16, 1

Stichwortverzeichnis

- Leistungen 17, 2
- Neueingestellte 16, 2
- Stufenlaufzeiten 16, 3
- Ungleichbehandlungen 16, 5
- Zuordnung TVÜ 32 ff.
- Zwischenstufe 17, 4, TVÜ, 32 f.

Stufenlaufzeit
- Betriebliche Kommission 17, 3
- Höhergruppierung 17, 7
- Leistungen 17, 2
- Leistungsbewertung 17, 2
- Mitbestimmung 17, 2
- Unterbrechung 17, 6
- Zielvereinbarung 17, 2

Tabellenentgelt 15, 1 ff.
Tagegeld 44, 7
Tarifautomatik 13, 22 BAT, 4
Tariffähigkeit 1, 3
Tarifgebiete Ost und West 38, 1 ff.
Tarifgebundenheit 1, 18
Tarifkommissionsmitglied 29, 6
Tarifvertrag 1, 2
Tätigkeit, auszuübende 13, 22 BAT, 7
Tätigkeitsaufstieg 13, 23a BAT, 1; 23b BAT, 3; 15, 6
Tätigkeitsbeispiele 13, 22 BAT, 8
Tätigkeitsmerkmal 13, 22 BAT, 3
Tätigkeitsübertragung 13, 22 BAT, 15
Tatsachenvergleich 1, 23
TdL 1, 3
Teilkündigung 1, 7
Teilzeitarbeit 6, 2; 11, 1 ff.
Teilzeitarbeitsverhältnis 11, 1
Teilzeitbeschäftigte 11
- Änderungskündigung 11, 4
- Anspruch auf Teilzeit 11, 6 ff.
- Bereitschaftsdienst 6, 23
- Bewährungsaufstieg 13, 23a BAT, 10
- Kinderbetreuung 11, 8
- Lehrer 24, 9, 12
- Mehrarbeit 6, 23; 11, 15
- Nebentätigkeit 3, 21 ff.
- Rufbereitschaft 6, 23
- Überstunden 6, 23; 11, 15
- Vergütung 24, 8
- Zusatzversorgung 29, 4

Termine, amtliche 29, 4
Theater 1, 35
Tierärzte 1, 31
Tod 29, 3
Trennungsentschädigung 2, 8
Trennungsgeld 44, 8
Treuepflicht, politische 41, 11

Übernachtungsgeld 44, 7
Überstunden 6, 22, 7, 7a; 41, 1
- Anordnung 7, 11; 41, 21
- Faktorisierung 8, 1
- Krankheit 22, 10
- Teilzeitbeschäftigte 11, 6
Überstundenzuschlag 8, 2; 35, 2
Übertarifliche Leistungen 2, 8
Überzahlung 24, 6; 37, 11, 16
Umsetzung 4, 2, 5; 37, 4
Umzugskostenvergütung 44, 12
Unfall 22, 20 f.
Unfall, alkoholbedingt 22, 19
Unterbeschäftigung 41, 16
Untersuchung, ärztliche 3, 29 ff.; 59; 9
Untersuchung, psychiatrische 3, 28
Urlaub 26
- Arbeitskampf 26, 16
- Betriebsausflug 26, 9
- Betriebsferien 26, 9
- Bewährungszeit 13, 23a BAT, 7
- Erkrankung 26, 11 f., 15
- Erwerbstätigkeit 26, 17
- Kündigungsschutzverfahren 26, 7, 8, 25
- Neueingestellte 26, 14
- Suspendierung 26, 7
- Teilzeitbeschäftigte 26, 18, 20 f.
- Übertagung 26, 1, 12 f.
- Wartefrist 26, 2
- Widerruf 26, 6
Urlaubsabgeltung 26, 26 ff.
- Ausschlußfrist 37, 2, 13

Stichwortverzeichnis

Urlaubsanspruch 26, 1
- Ausschlußfrist 37, 5, 13
Urlaubsantrag 26, 8
Urlaubsbescheinigung 26, 4
Urlaubsentgelt 26, 5; 21
Urlaubsgeld 20, 1
Urlaubsgewährung 26, 6
Urlaubsjahr 26, 3
Urlaubslage 26, 6
Urlaubsplan 26, 6
Urlaubsreise 26, 7
Urlaubsvergütung 37, 5
Urlaubswunsch 26, 6

VBL 25, 4
Verdienstbescheinigung 37, 6
Vereinte Dienstleistungsgewerkschaft e. V. 1, 7
Verfassungstreuepflicht 41, 11
Vergleich 37, 6
Vergleichsentgelt TVÜ 26, ff.
Vergütungsgruppe 41, 17, 11; 13, 22 BAT, 3;
Vergütungsgruppenzulage TVÜ, 41 ff.
Vergütungsordnung 13, 22 BAT, 3
Verhalten 41, 23 ff.; 4, 6
Verhalten, außerdienstliches 41, 10
Verhaltenspflichten 41, 1
Verjährung 24, 2; 37, 17
Vermögenswirksame Leistungen 23, 1
Verrechnung 37, 15
Verschwiegenheit 3, 1
Versetzung 4, 2; 44, 4
Vertragsfreiheit 2, 10; 11, 1
Vertrauensarbeitszeit 7, 7a
Vertretungsaufgabe 41, 26
Verwaltungsvorschriften 2, 9
Verwirkung 37, 18
Verzicht 1, 13
Verzugszinsen 24, 7
VKA 1, 3
Volontäre 1, 32
Vorarbeiterzulage TVÜ, 24
Vorgesetzter 37, 15

Vorsatz 22, 17
Vorschuß 37, 2
Vorstellungsreise 42, 5
Vorteilsannahme 3, 14

Wahlen 29, 4
Wechselschicht 7, 1
Wechselschichtarbeit 6, 7, 18; 7, 3
Wegstrecken- und Mitnahmeentschädigung 44, 7
Wehrübung 13, 23a BAT, 8
Weisungsrecht 41, 12ff
Weiterbildung 5, 2
Werbung, gewerkschaftliche 41, 9
Werkdienstwohnungsvergütung 37, 2
Werkvertrag 1, 16
Widerrufsvorbehalt 1, 7
wissenschaftliche Hilfskraft 1, 36
Woche 7, 8
Wochenarbeitszeit 6, 2

Zeitaufstieg 13, 23a BAT, 1
Zeitguthaben 10, 3
Zeitkorridor 7, 9
Zeitschulden 10, 3
Zeitzuschlag 8, 1
Zeuge 3, 7
Zeugnis 35, 1ff.; 37, 2, 12
Zeugnisverweigerungsrecht 3, 7
Zielvereinbarung 17, 2
Zinsen 36, 9; 37, 14
Zulage, persönliche 14, 2
Zurückbehaltungsrecht 41, 17; 61, 5
Zurückhaltung 41, 5
Zusammenhangstätigkeiten 13, 22 BAT, 8
Zusatzurlaub
- Wechselschicht 27
Zusatzversorgung 37, 4
Zuschläge 8, 1ff., 4
Zuweisung 4, 12f.
Zuwendung
- Geschenk 3, 18
Zuwendung 20, 1
Zwischenstufe 17, 4